Paris at War

1939—1944

David Drake

巴黎烽火

1939—1944

[英] 戴维·德雷克 著

李文君 王玥玄 译

上海人民出版社

别开生面、鲜活真实的战时巴黎史

20世纪堪称“战争的世纪”，始则先后经历两次世界大战，继而又不得不面对长达四十多年的“冷战”，作为欧洲大国的法国，同样未能幸免于这些战事。更有甚者，法国不仅在第二次世界大战期间经历了其现当代史中最为严重的危机，而且还遭受了前所未有的奇耻大辱：巴黎被德军直接占领，纳粹的“卐”字旗竟然在为纪念一战中为国捐躯的法国士兵修建的无名烈士墓上的凯旋门迎风飘荡。由此，巴黎，这一长期作为“法兰西的心脏在跳动”的法国首都，这座在1919年巴黎和会期间绝对堪称世界首都的富有传奇色彩的大都市，一度沦为“废都”。

毋庸置疑，探究巴黎这座特殊的都市在这一特定时期的历史，特别是巴黎民众的战时经历或表现，对于丰富和深化人们对第二次世界大战时期的法国史，乃至整个欧洲史的认知不可或缺。然而，由于种种原因，在相当长的时间里，法国学者笔下二战时期的法国史总是有不够客观、全面之嫌。概而言之，他们最热衷于展现的是当时法国人共同遭受的苦难，以及法国人在抵抗运动中的英勇表现，力求使“抵抗”在战后法国人的心目中成为二战最主要的象征，与此同时，对那段历史中一些让法国人觉得不太光彩的史事则自觉或不自觉地予以回避。随着时间的推移，法国的历史学家，乃至其他相关人士面对这段历史时的态度固然已经出现了诸多新的变化，能够日渐坦然地涉及甚至讨论一些早年注定讳莫如深的话题，例如维希政权在对犹太人的“最后解决”方面的“同谋罪”、抵抗运动史“英雄记忆”中的一些著名人物的真实身份或面目等。但是，出于不难理解的原因，对这段历史更加客观、全面的认识，还是得在一定程度上借助于像本书作者这样的身份相对超脱，且具有“旁观者清”之优势的外国学者的介入与推动。事实上，法国学者20世纪晚期以来就此出现的一些新变化，何尝不是与美国学者罗伯特·帕克斯顿（Robert Paxton）在1972年推出的《维希时代的法国》（*Vichy France*：*Old Guard and New Order*，*1940—1944*，翌年在法国出版该书法文版）及其引发的争论密切相关呢？

由于对20世纪法国知识分子史素有浓厚兴趣，本人不仅早就耳闻戴维·德雷克（David Drake）的大名，而且还读过他的相关著作。这位20世纪法国知识分子史研究领域颇有代表性的英国学者，先后执教于英国密德萨斯大学（Middlesex University）和法国巴黎第八大学（Université de Paris VIII），并以自己对萨特的精湛研究，以及对法国知识分子与政治之间密切关系的系统梳理和深入探究广受关注。曾任英国萨特研究会会长并担任过《萨特研究》主编的德雷克还多次应邀在英国、法国、爱尔兰、中国以及北美等国家与地区讲学，享有较高的国际声誉。鉴于其为法国文化、教育和艺术的发展及传播作出的重要贡献，德雷克还在2005年荣获法国政府颁发的“法兰西共和国棕榈叶教育骑士”（Chevalier dans l’Ordre des Palmes Académiques）勋章。正是因为对德雷克的学养和识见早就有既深又好的印象，此前已从法国同行那里获悉德雷克已转向潜心研究二战时期的巴黎的笔者，在外文报刊上看到本书英文版的书讯时，就期待着能有机会早日拜读。有鉴于此，当本书中文版《烽火巴黎：1939—1944》

出版者以提供“先睹为快”的机会约写推介文字时，本人欣然接受。

期望值越高失望越大，这确实是人们时常会碰到的情况，但至少本人在阅读后觉得，一开始就让我充满期待的这部著作绝对不在此列。事实上，在饶有趣味的新鲜感的驱使下，本人几乎是一口气看完了此书。那么此书何以会令我不忍释卷呢？我想至少得归因于它的以下三个特点。

第一，视角独特，材料新颖。

历史学归根结底是关于“人”的学问，必须坚持以人为中心，并且当以关心人们特别是芸芸众生在过往的命运为要务。与此前不少往往围绕着某些“大人物”来构建战时巴黎的历史，甚至是热衷于谱写“抵抗英雄史诗”的相关学者不同，德雷克独具慧眼，让自己的研究聚焦于巴黎被占时期普通民众的日常生活。他在“前言”中明确表示：“我希望深入挖掘个人生活史、对话、日常细节和记忆片段。”更难能可贵的是，他还在别开生面的研究过程中始终具有“语境意识”，极为清醒地意识到“距巴黎沦陷七十多年的今天，我们知道沦陷如何随德国战败而终结，而彼时，没人知道历史走向；或许纳粹取得胜利？或许巴黎解放？或许结局更为暧昧不清？”力求以此来关照自己的研究对象。

也正因为视角独特，德雷克在史料的发掘和利用上也有许多值得圈点之处。例如，鉴于“情报人员和警察出入火车站、小吃店、咖啡厅和其他公共场合，监听市民对话，收集关于市民情绪的消息。他们还为官方政治会议作笔记，记录反抗行动和黑市交易的逮捕行动，总结‘合作派’报刊上的文章，并兼有其他任务”，因而由他们写在“极薄乃至透明的纸上”的“这些资料对本书研究至关重要，有助于找出巴黎日常生活的变迁”。为此，他不仅曾花费大量时间在巴黎警察总局档案馆阅读相关材料，而且还在书中充分地利用它们。应当说，这些前人关注不多、利用更少的材料的大量使用，在让本书的叙事变得更加鲜活真实方面颇有成效。此外，这一时期不同年龄层普通市民的日记、广播的记录文稿的引用，则有助于洞察当时巴黎市民的“被抛弃感”“无力感”等各种真实心态，让读者在阅读过程中获得更多的“现场感”。

第二，取舍得当，引人入胜。

由于篇幅毕竟有限，意欲在书中全方位地展示这一巴黎历史上最惨痛时期的德雷克，势必在内容的主次排序、繁简取舍方面煞费苦心，尤其是在情节、案例的选择上更得精挑细选。应当说，德雷克在这方面的努力还是比较成功的，特别是叙述过程中呈现、凸显的一些场景或“细节”，往往能收到“画龙点睛”的成效。

例如，书中在序幕里以不小的篇幅叙述了 1939 年法国国庆节举办的阅兵式，“这场精心策划的阅兵式旨在让法国人民放心：即便希特勒胆敢轻率引发战争，他们的国家也做好了充分的应对准备”。“除了向公众证明法国军事实力和辐射全球的影响力，此次阅兵还意欲震慑巴黎的德国官员，希望他们向柏林发送的报告可令纳粹元首三思。”又如，他在书中特意提及雷诺、贝当和其他内阁官员当年竟然在巴黎圣母院参加一场特殊的弥撒，更是把当时形势的糟糕真实地揭示“到了近乎残忍的地步”：“在法国这个 1905 年已完成政教分离的国家里，政府的无神论者、不可知论者和共济会成员求助宗教连祷、寻求超自然的帮助，足以证明情况比想象中更为绝望。”

此外，作者还在书中不时加入一些当事人对亲身经历的描述，更是使读者有更多的“身临其境”之感。例如，他曾引用《曼彻斯特卫报》驻巴黎记者的描述来如是反映“大逃亡”即将开始之际巴黎老佛爷百货商场的场景：“为各式旅行许可证准备照片的人排成了长龙。商场空空如也，唯一忙碌的角落便是箱包部。”窃以为，德雷克的这一处理方式实属高明。这些当事人在记忆还未凝固，甚至尚未冷却之际的叙述，不仅具有弥足珍贵的独特“史料”价值，而且有助于让本书更加引人入胜。

第三，洞见迭出，结论公允。

《烽火巴黎》之所以让人不忍释卷，除了叙述流畅生动，情节引人入胜，更多的还是因为其借助丰富的史料和案例铺展巴黎历史上最惨痛时期“社会全景图”的过程中，不时会有精辟的提示、分析以及能让读者产生共鸣的洞见。作者在书中以相当多的篇幅提及著名戏剧家和杂文家吉罗杜及其掌管的新闻信息监管署的活动和作用，就是一例。

在战争初期，法国官方机构大肆向民众宣称本国军事力量的强大，使巴黎到处弥漫着自我麻痹的气氛。许多民众，甚至很多政治、军事精英都相信战争将在法国毫发无损的情况下结束。吉罗杜掌管的宣传机构不仅宣称巴黎代表文化、启蒙和光明，而德国代表野蛮与黑暗，他本人甚至还颇为荒唐地宣称，空中飞翔的死亡天使认为，法军远比德军悠闲、自信和宁静。天使后悔自己不是生命天使，否则便会青睐法军，让他们的战争更加轻盈松弛。“不过，作为死亡天使，他必须公正，便计划从双方军营都带走一些人。”对此，德雷克一针见血地指出：“有效的战争宣传应不断重申清晰的参战目的，以实现国家团结，同时，适度的新闻审查能够有效激发士兵和平民的斗志。

但是，新闻信息监管署在两方面都失败了。”

诚然，德雷克书中出现的诸多富有真知灼见的分析亦不乏锐利的色彩，但本书让我最为欣赏的地方还是他基于丰富、新颖的史料得出的冷静判断，其中最让我深以为然的则是以下不失公允的结论：本书尽力展现出的巴黎（和其他地方一样）的情况并不是非黑即白，在巴黎，有些人（极少数充满勇气的一群人）投身抵抗，其中很多人都付出了巨大代价；有些人（同样也是极少数）出于意识形态和投机的原因，为了个人利益或是谋求提升地位与纳粹合作；还有些人利用战时物资短缺的境况从中牟利。然而绝大多数巴黎人都在越来越多的困难和剥削中尽力求生，同时尽己所能地不予妥协。

“历史是现在与过去永无休止的对话”。由于诸多复杂因素，写好现当代史的书实非易事，而写好涉及“尚未过去的过去”（此为法国学者在帕克斯顿的《维希时代的法国》在法国引起震动和争论时的提法）的现当代史的书，则可谓难上加难。不过本人觉得，本书的读者们或许大可感到庆幸，德雷克不仅知难而上，而且还凭借自己的学识、才情和努力，为大家奉献了一部别开生面、鲜活真实、洞见迭出、发人深思的战时巴黎史。

总之，本人在初读此书后深感《烽火巴黎》是一部既有学术性又有可读性的佳作。特此大力推荐。

吕一民

2018 年 7 月

目　录

前　　言 1

2008 年，巴黎市立历史图书馆举办了一场颇具争议的彩色相片展。参展的大多数照片都表现出巴黎的伟大之处，对于熟知市区、街巷、大道和市民的人来说，这些影像并不新鲜。不过，其中仍有些令人不安的成分：少数作品捕捉到身穿纳粹军装的德国“客人”。他们时常混迹于人群之中，虽不请自来，但却已被接纳，并未造成威胁。相片由法国摄影师安德烈·祖卡（André Zucca）拍摄于巴黎沦陷时期。那时，他在德意志国防军摄影杂志《信号》（*Signal*）担任记者。与德国兵相比，影像中巴黎波澜不惊的景象更冒犯观众。很多观展者认为，沦陷时期的巴黎远比祖卡的相片丰富。

少年时期，我有一位法国笔友，名叫皮埃尔。他住在地中海沿岸的弗雷瑞斯（Fréjus，靠近里昂）。1961 年夏天，我在他家住了一个月。在此期间，我第一次意识到英法两国在第二次世界大战中截然不同的经验。从此，我对二战时期的法国产生了浓厚的兴趣，这也正是我参观展览的重要原因。

2008 年，我已着手写作本书，并读过二战时期巴黎各年龄段 2
市民的日记和回忆录。这些人并非政府高官——很多人甚至不是公职人员。但我认为，他们为本书带来了更为丰富复杂的故事，即“普通巴黎人”的故事。巴黎市长办公室为展览编写了介绍手册。我同意当中的观点：祖卡几乎未能捕捉到“绝大多数巴黎人经历的艰辛。相片里，忍耐、孤立和痛苦都缺席了”。

1939 年 9 月 3 日，法德开战。这是不到七十年间，两国经历的第三次武装冲突。一些法国人还记得 1870 年的普法战争和 1871 年普军围攻巴黎的情形。第一次世界大战仍旧是所有法国人挥之不去的梦魇。血战中，多数家庭至少失去一名亲人；六百多万名法国士兵死伤、入狱或失踪，占法国征兵总数的四分之三，比大英帝国损失的士兵多出一倍，将近二十倍于美军伤亡人数。

第二次世界大战的五年（特别是 1940 年 6 月到 1944 年 8 月德国占领巴黎时期）是巴黎历史上最惨痛的时期。即使今天，它仍是引人争议的敏感话题。这便是为什么，在写作《烽火巴黎》时，我希望深入挖掘个人生活史、对话、日常细节和记忆片段。

本书描述 1940 年春德国突袭前夕（即“假战”时期）巴黎的社会气氛；紧接着，市民大批撤离，留下的人有种被弃之感。德国占领期间，多数巴黎人不得不面对愈加严重的物资匮乏。不过，仍有少数人享受上层生活：和纳粹迅速达成一致的“合作主义分子”[1]大多来自巴黎。同时，在德国入侵的几个月里，零散的反抗群体也在巴黎产生、壮大。书中记述自 1941 年夏天起巴黎武装反抗力量的兴起——德国兵在街头被击毙，以及市民和德军对这种戏剧性发展的反应；针对犹太人惨无人道的
3 “围捕”——大规模逮捕、拘留犹太人，将他们经巴黎郊区德朗

① 在当时的法国，通敌者可分为两种类型。一种为“合作主义分子”（Collaborationists），他们与德方合作并认同纳粹的意识形态，主张仿照德国的模式进行国家建设，创建单一政党，建立极权国家。另一种为“合作者”（Collaborator），他们出于各种各样的原因与德方合作，但并不认同纳粹的意识形态。基于此分类，维希政府元首贝当乃至头号法奸赖伐尔都不是典型的“合作主义分子”，而是“合作者”。——此类注释为译者注，下同，不另标出

西集中营转送到灭绝营，进行屠杀；地下俱乐部里，“爵士青年”（Zazous）伴着摇摆乐起舞，度过长夜；黑市和灰市在市民生活中的作用；“法国盖世太保”的罪行；还有一些奇闻，如连环杀手伪装成反抗组织成员逃过追捕。本书结尾提及 1944 年 8 月巴黎解放时的欢乐，和之后生活水平持续下降引发的巨大失望。

大约十年前[1]，我开始为本书调研。最重要鲜活的资料来自沦陷时期留守市民书写的回忆录和日记。其中很多尚未翻译为英语。我援引的材料来自蒙马特高地的退休女教师，1942 年被遣送至集中营后再未返回的俄裔犹太艺术批评家、记者，1940 年 11 月加入抵制德国的首次抗议活动、之后却与年轻德国兵成为朋友的女学生，以及在战争、撤离和沦陷时期挣扎于青春期的迷茫和生活变故的一对姐妹。其中还包括有足够时间在城市游荡、记录见闻的退休军官，战争初期对政治一窍不通、后来却参与巴黎解放的天主教医学院学生，“假战”时期被征召入伍的巴黎市民（提供了前线生活的细节），还有为支持犹太人而佩戴黄色星的天主教女学生，后因此被遣送至德朗西集中营。我还在书后加上了主要人物姓名、大事年表以及核心组织的名称索引表。

社会学要求，采样应反映整体人口状况。依照这个标准，我选取的人物不能全面代表巴黎市民——比如，我在公开出版物中并未找到工人的日记。不过，本书材料的总和——包括当时的警局报告和报纸——的确生动传达出沦陷期间巴黎的日常生活。这些信息由该时期住在巴黎的其他人进一步证实。我没有找到“普通合作主义分子”的日记；不过，寄给德军高层污 4

① 本书出版于 2015 年。

蔑犹太人的信件提供了丰富、刺目的资料。驻守巴黎的普通德国士兵的记录也让我们看到，巴黎在占领者眼中是何等景象。

那么，德意志国防军领袖——负责占领巴黎，同时抗衡海因里希·希姆莱（Heinrich Himmler）的秘密警察和德国驻巴黎大使奥托·阿贝茨（Otto Abetz）——又如何呢？我查阅了这些高层人士对犹太“问题”的态度，发现当中一些人曾尽力阻止奥托·阿贝茨、赫尔曼·戈林（Hermann Göring）和国家领袖罗森贝格任务小组（Einsatzstab Reichsleiter Rosenberg，自占领之初便在巴黎劫掠的纳粹秘密组织）强取法国艺术品。

为捕捉时代变化，本书按时序书写。我希望展现巴黎在“假战”和沦陷时期的不同面貌；随战争推进，当果腹御寒的基本需求无法满足时，大多数巴黎市民的日常生活。距巴黎沦陷七十多年的今天，我们知道沦陷如何随德国战败而终结，而彼时，没人知道历史走向：或许纳粹取得胜利？或许巴黎解放？或许结局更为暧昧不清？本书的叙述将展现这种不确定。

我曾在巴黎警察总局档案馆长时间阅读普通情报局人员和便衣警察（类似英国警察政治部）的双周记录。这些资料对本书研究至关重要，有助于找出巴黎日常生活的变迁。情报人员和警察出入火车站、小吃店、咖啡厅和其他公共场合，监听市民对话，收集关于市民情绪的消息。他们还为官方政治会议做笔记，记录反抗行动和黑市交易的逮捕行动，总结“合作派”报刊上的文章，并兼有其他任务。这些内容写在极薄乃至透明的纸上。我有时想象一个大胡子法国人，嘴边叼根黑市买来的“高卢人”牌香烟（Gauloise），在烟雾缭绕的房间里，俯在打字机前，一字一句地敲下我正在研读的文章。日记和警察记录也
5 表明巴黎人对国际事件的反应，如 1940 年希特勒进攻英国失

败，1941 年 6 月转而进攻苏联的致命性决定，1942 年 11 月德国侵占此前的未沦陷区，以及 1944 年 6 月的诺曼底登陆。本书并未细述高层政治的风起云涌，只是以法国为背景讲述巴黎生活。巴黎自 1940 年 6 月沦陷起，市民便受制于德军指令。不过，巴黎的犹太人和共济会成员（freemason）很快发现，市民和所有占领区居民必须遵守贝当维希政府出台的法律。事实上，正是法国警察为“犹太围捕”提供了人力。最初在德朗西集中营维持秩序的也是法国宪兵，而维希法律致使全法（包括巴黎）成千上万年轻人被征招进入德国工厂。

德军轰炸是战后英国人集体回忆的重要部分。我父亲曾是伦敦大轰炸时期的消防员，我出生、成长于战争阴影笼罩下的埃克塞特。1942 年，这座英国西南部城市在希特勒授命的“贝德克闪电战”[①]中遭到重创。直到写作本书时，我才意识到巴黎受到多么频繁的轰炸——大多来自被视作未来解放者的英美两国。举例来说，1944 年 8 月前的两周内，巴黎及其市郊便有超过一千五百人在盟军的空袭中丧生。市民的日记将表明巴黎人对空袭的反应，以及“合作派”反英、反美的舆论战。

我在 1950 年代长大，童年生活充斥着有关第二次世界大战的书籍、漫画和电影。不过，直到 1961 年夏天拜访皮埃尔一家时，我才逐渐认识到战争的另一个层面。尽管皮埃尔父母当时在里昂附近，他们的经历不在本书范围之内，但让我第一次认识到二战期间英法两国的深刻差异。皮埃尔的父亲被强行招入

① 贝德克闪电战：1942 年春夏两季，德国飞机轰炸了一连串毫无战略价值的英国城市。英国记者想出了“贝德克闪电战”这个词，因为德国空军的指挥者似乎是按照贝德克这本德文旅游指南（根据城市的文化价值为其评分）来选择英国的空袭目标。埃克塞特、巴斯、约克等地的古建筑悉数遭到毁坏。

德国工厂，接着，和很多被强行征召的工人一样，他“错过”了列车，东躲西藏，继而加入抵抗组织。他带着伪造的身份证件，怀揣“尽力破坏”的使命进入军火厂工作。1940年，皮埃
6 尔的母亲十七岁，在伪造身份证件的抵抗组织工作。她曾险些被捕，而她的好朋友则被纳粹逮捕，浇上汽油后活活烧死。1944年7月，皮埃尔家对面的村庄边，德国兵处决了里昂监狱中的五十二名囚犯。他们大多为犹太人，年龄从十七岁到四十五岁不等。处决结束后，德国人哼着歌扬长而去，留下横尸一片。

童年和少年时代，我曾在埃克塞特见过很多废墟。不过，我从没见过弗雷瑞斯沿海房屋上的大洞。它们由1944年8月15日盟军登陆时的坦克和大炮造成，即使在1960年代早期仍旧可见。在我和皮埃尔时常潜水的石头边，可以清楚地看到海床上生锈的盟军登陆船；当地每家都有盟军北上时丢弃的铲子。

七年后，我在法国学习了一年。那是1968年秋天，距5—6月的学生运动①只有几个月。学运中，法国人重新审视过去。那时，抗议的学生将法国警察与德国党卫军相提并论，令很多市民不寒而栗。此前，我的研究方向集中在法国知识分子（特别是让-保罗·萨特）和法国政治，但我对法国和二战的兴趣从未减弱。自1990年代初，我在伦敦的大学里教授有关法国政治和社会的课程。2004年，我开始在巴黎第八大学欧洲研究所任教，决定写作本书深化我对二战的认识。

① 1968年5月，巴黎爆发学生运动。学生以罢课抗议资本主义、消费主义和美帝国主义。受到激励的工人很快罢工，运动波及法国总人口五分之一，法国经济受到重创。最初，戴高乐政府通过警察镇压运动，却进一步激化了矛盾；最终，政府让步，宣布解散议会，重新进行全国选举，由此为学运画上句号。

序幕　通向战争之路

1938年9月30日，勒布尔热（Le Bourget）机场[①]到巴黎的公路边聚满人群：所有人都在迎接自慕尼黑归来的法国总理爱德华·达拉第。在刚刚过去的慕尼黑会议上，他与英国首相内维尔·张伯伦、德国总理阿道夫·希特勒以及意大利独裁者贝尼托·墨索里尼签署了《慕尼黑协定》：向纳粹德国割让苏台德地区（捷克斯洛伐克的德语区）。人们相信或至少盼望，该协定将防止战争冲突。烈日下的漫长等待后，达拉第终于出现了——他直立在敞篷车里，向首都飞驰；人们随即发出欢呼，纷纷挥舞法国国旗，向总理投去鲜花。法国媒体也认为，战争已被规避。《晨报》（*Le Matin*）高喊着："胜利！胜利！胜利！"《巴黎晚报》（*Paris-Soir*）回应道："和平！和平！和平！"

不过，并非所有人都像夹道欢迎的市民一样欢欣鼓舞。人民阵线联合政府时期[②]的法国前总理莱昂·布鲁姆（Léon Blum）曾私下表示，自己"像懦夫般感到宽慰"[③]。反纳粹德国

---

① 勒布尔热机场：位于巴黎市区东北方向。1932年前，勒布尔热机场是巴黎地区唯一的机场。现在，它主要用于商用航空。

② 人民阵线：两次世界大战之间法国左翼政治联盟，包括法国共产党、工人国际法国支部（Section Française de l'Internationale Ouvrière）和激进党（Parti Radical）。1936年，人民阵线赢得选举，组建了以莱昂·布鲁姆为总理的首届人民阵线政府。

③ 布鲁姆的原话是，自己心中"夹杂着懦夫般的宽慰和羞耻"。《慕尼黑条约》一方面牺牲了捷克斯洛伐克的利益，令人羞耻；另一方面看似保全了欧洲和平，对懦夫而言是种宽慰。

作家、文学批评家和政治难民恩斯特·埃里希·诺斯（Ernst Erich Noth），在香榭丽舍一家影院观看达拉第归来的新闻影像时，认为总理看起来“心事重重、恐慌焦虑”，似乎不相信自己
8 会在机场和回巴黎的路上受到如此热烈的欢迎。[1]或许，诺斯的确捕捉到某些蛛丝马迹：据报道，达拉第看到勒布尔热机场欢呼的人群后，曾低声咕哝道：“这些笨蛋！真希望他们知道自己在庆祝什么！”[2]

在慕尼黑，达拉第与其他三国首脑共谋了捷克斯洛伐克的分裂。不同于张伯伦，达拉第不相信希特勒毫无吞并别国领土的野心；他认为，最好的结果不过是法国借此获得喘息之机。一回到巴黎的私宅，达拉第便告诉儿子，自己将马上整装待发，加入战争。[3]

1939 年 3 月 15 日，希特勒的军队再次踏入捷克斯洛伐克，占领波希米亚，并在斯洛伐克建立保护国政权。接着，希特勒将矛头指向波兰，要求将但泽①纳为第三帝国（即纳粹德国）附属领地。法、英两国随即正式承诺，将捍卫波兰领土完整，抵御德国入侵。他们期望，希特勒面对与英法同盟为敌的局面时能够停止扩张的脚步。[4]新的僵局让国际局势更为紧张，恐慌席卷巴黎和法国其他地区：战争极有可能再次爆发。4 月，法国共产主义哲学家昂利·列斐伏尔（Henri Lefebvre）在信中写道：“我们正处在和平与战争间奇怪的临界地带。”[5]

---

① 但泽自由市：1920—1939 年间短暂存在的半自由市，绝大多数居民是德意志人。第一次世界大战结束后，《凡尔赛条约》将原属普鲁士的但泽辟为自由市：它拥有独立的政府机构，受国际联盟保护和制约；同时需向波兰开放出海口，外部事务受后者干预。这便引发了但泽的德意志居民和波兰的矛盾。纳粹在德国兴起后，积极渗透但泽。但泽政府内部，不少人加入纳粹党，表达并入德国的决心。

对法国因波兰卷入对德战争的担忧，勾起了人们关于第一次世界大战四年惨烈杀戮的痛苦回忆。反战情绪令和平主义在法国各阶层空前高涨。前政府官员、社会主义者马塞尔·德亚①(Marcel Déat)[6]也受这种情绪影响，从左派转为极右分子。他在1939年5月一篇引发争议的文章中表示，法国人民没必要为但泽白白牺牲。[7]

夏天结束时，越来越多人相信，战争已经不远了：7月的民意调查表明，45%受访者认为战争将在年内爆发；而3个月前，持这种观点的受访者只占37%。尽管和平主义盛行，仍有人担忧倘若英、法未能坚决抵抗希特勒，整个欧洲便会落入纳粹掌中。这份民意调查还显示，超过75%的受访者认为，一旦德国试图吞并但泽，法国就应该干预，即使需要动用武力。[8] 9

与此同时，达拉第政府发出声明，他们仍将努力寻求维持欧洲和平的方式，然而，倘若希特勒入侵波兰，法国定会反击。政府高调宣称战争不会爆发，希望以此遏制希特勒；同时，他们相信或至少希望，希特勒不会愚蠢到与法国为敌。7月初，巴黎报纸刊登了马克西姆·魏刚（Maxime Weygand）将军的一则演讲。这位退役的法国最高军事将领表示："当前，法国军力达到史无前例的强大程度。"[9]仅仅不到两周后，巴黎人便有机会亲眼见证此言不虚。

1939年7月14日的巴士底日是法国大革命之初攻陷巴士底狱的一百五十周年纪念日[10]，同时，它也是法国政府向世界展现军事实力的机会。据《晨报》报道[11]，这天，两百万名观众顶着盛夏的瓢泼大雨，在香榭丽舍大道两侧观看阅兵式。当

① 马塞尔·德亚，现也多译为马塞尔·戴阿。

坦克部队和超过三万五千名士兵穿过这条著名街道时，人群发出阵阵欢呼声。这场精心策划的阅兵式旨在让法国人民放心：即便希特勒胆敢轻率引发战争，他们的国家也做好了充分的应对准备。

格外引人注目的是，7 月 14 日阅兵式中有些士兵来自“固若金汤”的马其诺防线[12]——法国防御体系皇冠上的明珠。这条庞大的防御线沿法国东北国界而建，自瑞士巴塞尔到斯特拉斯堡北部 20 英里①处的阿格诺（Haguenau），绵延 100 多英里，被认为是无法穿越的。马其诺防线宽 7 英里，任何入侵此处的陆军必须攻破森严的铁丝网、碉堡、地雷和反坦克拒马。地下约 60 英尺②处是隧道、营房、医院甚至电影院组成的复杂网络。这条钢铁——更准确地说，混凝土——铸成的法国长城似
10 乎确保德国无法从陆地进犯法国。马其诺防线并未沿国界继续修建，因为法国将领相信，德国人不可能穿过阿登的密林和山区发动攻势。

巴士底日阅兵也告诉法国人，他们并不孤单。《新闻报》（*Le Journal*）的头条特别由英语写就——“热烈欢迎我们的英国盟友”。下面的彩色配图中，两名儿童分别挥舞英国国旗和法国三色旗。此次阅兵式的贵宾还包括英国陆军大臣莱斯利·霍尔-贝利沙（Leslie Hore-Belisha）、英国陆军总参谋长（即英军最高指挥）约翰·戈特（John Gort）将军以及英国皇家空军西里尔·纽沃尔（Cyril Newall）元帅。他们一同检阅了法国本土军队、外籍兵团和法兰西殖民帝国部队以及英国近卫步兵第一团、冷溪卫队、苏格兰近卫团、爱尔兰近卫团和威尔士近卫团。

---

① 英里：英制长度单位，1 英里约 1.6 千米。

② 英尺：1 英尺约 30 厘米。

空中飞过的英国皇家空军和法国空军战机象征着英法军事联盟。与此同时，为强调这一信息，帝国影院的银幕上反复出现加里·莫利（Gary Morlay）饰演的维多利亚女王和维克托·弗朗塞恩（Victor Francen）饰演的爱德华七世——这正是电影《英法协约》。

同时，阿尔及利亚、摩洛哥、突尼斯、塞内加尔和印度支那步兵分队提醒人们，一旦开战，法国有能力召集广袤的帝国殖民地的士兵。为证明法国与殖民帝国不可分割的关系，当晚的广播播放了帝国民众对法兰西价值观和文化的高度赞扬，其中包括阿尔萨斯人、里昂的丝绸商和铁匠、华裔安南（今越南）人和塞内加尔的伊斯兰信徒。

除了向公众证明法国军事实力和辐射全球的影响力，此次阅兵还意欲震慑驻巴黎的德国官员，希望他们向柏林发送的报告可令纳粹元首三思。

但是，希特勒似乎不想放弃入侵波兰的念头。8 月 23 日，就在他核实最终计划之时，纳粹德国和苏联签订了互不侵犯条约。[13]此消息令法国、英国乃至整个世界大为震惊，将法国共产党推入乱局。一直以来，苏联政府自我标榜为世界反法西斯运 11
动领袖，全球共产党始终忠心追随莫斯科制定、共产国际（亦称第三国际）颁布的策略和方案。和欧洲其他国家一样，法国曾有共产党抵制法西斯的游行，党员甚至在街头与法西斯拥趸发生武力冲突。西班牙内战期间（1936—1939 年），共产主义者进入西班牙，武装反抗法西斯。欧洲很多共产主义者和社会主义者都无法相信苏联会与魔鬼为伍。

巴黎普通共产党员和党内领袖都受到极大震动。一位共产党员听到消息后便落泪了，另一位党员把自己锁在办公室里，两天两夜没有出门。苏联记者、作家、西班牙内战的退伍老兵伊利亚·爱伦堡（Ilya Ehrenbourg）咽不下饭，也睡不着觉。法国共产党报《人道报》（*L'Humanité*）前编辑皮埃尔-洛朗·达亨纳（Pierre-Laurent Darnar）表示，条约签订的消息“像块巨石，重重砸在党员头上”。各阶层党员都不禁慨叹：“这不可能！”[14]支持共产主义的法国作家罗曼·罗兰在 8 月 24 日的日记中写道：“希特勒为民主带来前所未有的威胁。没人理解苏联为什么在此时选择背叛。”[15]

互不侵犯条约的签订极大增加了战争可能性：现在，希特勒知道，苏联不会干预德国入侵波兰。彼时的中学老师（尚未成为哲学家和作家）西蒙娜·德·波伏娃写道：“这是怎样的打击啊！斯大林任由希特勒横行欧洲。我们将永远失去和平的机会……斯大林完全不在乎欧洲的无产阶级。”[16]保守派报纸津津乐道：巴黎极右民粹组织在法共总部门口集合，大声呼吁将共产党员以叛国罪枪毙。几天内，“共产主义”成为法国人民头号公敌；相较希特勒带来的威胁，法国政府和不少法国国民更愤慨于苏维埃的背叛。[17]

1939 年，法共是法国最大的单一政党，拥有七十多名众议院议员、两名参议院议员和一百五十多万选民的支持。法共总
12 部位于巴黎，那里还聚集着党内领袖和三分之一党员。因此，巴黎和周边郊区是法共支持力量最集中的地区。同时，巴黎地区也是法国工业中心：工厂大多位于工人阶级集中的郊区，那里通常还是党员和共产主义支持者集中的地区。[18]

条约签署令大多数普通党员感到困惑、反感、不知所措。有人立即退党；有人从此不再积极参与活动。只有少数人依旧忠诚，顽固地希望这只是斯大林的诱敌之计。8 月 25 日，面对

法共对互不侵犯条约无声的支持，达拉第政府采取行动：禁止出版日报《人道报》和晚报《今夜》（*Ce Soir*）。警察冲入法共办公区和激进分子的私宅，没收宣传册，任何试图阻挠的人都被逮捕入狱。[19]外国人中可疑的共产党支持者——特别是西班牙共和国流亡者和从奥地利、德国逃亡而来的反纳粹激进分子——被遣返或拘留在可怕的集中营。[20]

当官方镇压“叛国”的共产党员时，大多数人仍死守和平的希望，政府却不那么乐观。比如，塞纳省①省府——包括巴黎在内的塞纳省最高行政机构——已采取预防措施。

8 月 24 日，即《苏德互不侵犯条约》签订次日，法国政府便命令三十五万法国预备役士兵归队；两天后又召回七十多万预备役士兵。波伏娃称，当时巴黎的情绪“混杂着自大、胆怯、无望和恐慌”。[21]法德间的火车停运，战争似乎无法避免。五十岁的档案管理员夏尔·布莱邦（Charles Braibant）在日记中写道：“达拉第曾表示，和平的可能性约为十分之三四。然而，自希特勒和斯大林签署互不侵犯条约以来，和平的可能性降为十分之一。”[22]

虽然未对政府失去信任，很多恐慌的巴黎人仍求助于宗教或迷信。8 月 27 日礼拜日，两万名巴黎人前往蒙马特高地的巴黎圣心大教堂（Sacré-Coeur Basilica）。那是为纪念首都 1871 年脱离巴黎公社②的统治而建。人们在此聆听韦迪耶枢机主教

① 塞纳省的地理区域包括巴黎及其郊区市镇。1968 年，因人口过多，不利于行政管理，塞纳省解体为四个新省份。

② 巴黎公社：1871 年 3 月 28 日—5 月 28 日短暂存在的巴黎政府。由于普法战争失败和工人内部不满情绪，巴黎工人在 1871 年 3 月举行武装起义，占领市政府，举行选举。5 月 21 日，法国当局对巴黎公社发起“血腥一周”的严厉镇压，致使其最终失败。

（Cardinal Verdier）激动人心的和平请愿。他安慰听众说，上帝早在一年前《慕尼黑协定》签订时便听到教众的祈祷，已在心中为法国预留了特殊的位置。同时，他敦促教众再次祈祷和平，并保有信仰、自信和希望。[23]巴黎其他教堂也能听到类似祷告。一天前，首席拉比朱利安·魏尔（Julien Weill）公开表达自己的期望：智慧和理智将战胜疯狂和暴力。[24]

次日，一名占星师为《新闻报》撰文，宽慰读者：夏天不会爆发战争，因为希特勒和墨索里尼的星盘表现出“羸弱之势”。另一名占星师预言道，1940 年是法国荣耀之年，“波兰将击垮德国，墨索里尼将被意大利国王免职，希特勒将被锁进精神病院，他倒台引发的内战将在法国介入下结束”。[25]与此同时，也有悲观主义者指出，德国和法国东部出现了波希米亚朱缘蜡翅鸟。此鸟被视作灾难的先兆。据称，它们的数目曾在 1870 年和 1914 年激增，而那正是法德最近两次爆发战争的年份。[26]

8 月 29 日，《晨报》头版刊登了一篇文章，报道战争威胁下的法国经历何种改变。商铺死气沉沉；广告灯熄灭了；巴黎中央菜市场（Le Halles）里的卡车被部队征用，取而代之的是马车。巴黎市内仍可通电话，不过，为了安全起见，若想与外地取得联系，市民必须携带身份证件在邮局拨打远程电话。夜间禁止使用公共电话（包括咖啡馆和宾馆里的电话）拨打市内号码。发至境外的电报必须经过当地警察的审查。[27]

当时的法国分为九十个省（即行政区域），各省均由省长（prefét）管理。巴黎位于面积最小、人口最密的塞纳省。阿希尔·维莱（Achille Villey）[28]担任该省省长。这年夏天，巴黎和
14 周边郊区不少儿童离开首都，到外地参加夏令营。8 月初，维莱命令孩子和监护老师留在当地。8 月 30 日，政府开始疏散滞

留巴黎的儿童。次日，报纸上出现大量巴黎主要铁路站撤离人员的照片。同时，十四岁以上的童子军获准去乡下务农，取代入伍的农民。8 月 30 日[29]，一万六千多名儿童撤离巴黎，前往法国其余各省。9 月 1 日，《晨报》报道说，二十四小时内，巴黎疏散了三万一千名儿童。[30]

巴黎的二十个区（市行政管理区域）分别与某省或外省某市建立了互助关系。父母理应和孩子被送往同一地区，但事实往往并非如此。比如，沙特尔（Chartres）本应接纳巴黎第二、三区的儿童；而实际上，六个其他区的孩子也涌向那里。[31] 离开的不只是儿童：9 月最初几天，约五十万市民也离开了。[32]

巴黎之外的生活也不那么轻松：市镇挤满了撤离人群。比如，约讷省（Yonne）本已接纳大批西班牙内战流亡者，现在则更加不堪重负。新涌入的巴黎人重新引发城市人和农村人间根深蒂固的矛盾，部分地区甚至出现了巴黎人被扔上火车、送返巴黎的情况。不过，一连几个月，撤出巴黎的人流从未中断。内政部善意号召城镇和乡村为撤离人群提高基础设施建设，但全法地方政府都在抱怨，房源或资源不足以应对撤离人群。[33]

除却成百上千选择离开的市民，很多在别庄度假的富人决定留在那里。他们认为，倘若战争爆发，外省地区一定比首都更为安全。巴黎的财富也被转移出去。北郊圣德尼（法兰西国 15
王和王后埋葬之地）教堂、巴黎圣母院、圣礼拜堂（La Sainte-Chapelle）、圣厄斯塔什教堂（Saint-Eustache）和圣塞弗兰教堂（Saint-Séverin）无数昂贵的彩色玻璃板被送往巴黎外保管。卢浮宫和其他博物馆的藏品也被送出巴黎。

早在一年前的慕尼黑危机时，《蒙娜丽莎》便被暂存于卢瓦尔河畔（River Loire）[①] 的香波城堡。确保和平后，人们把它送回巴黎。现在，它躺在特制的木箱里，乘坐十四辆卡车组成的车队[34]，即将展开新旅程。送出巴黎的艺术品还包括重达 3 吨的大理石雕像《萨莫色雷斯的胜利女神》（Victory of Samothrace），路易十四佩戴过的 20 克拉钻戒，纸质脆弱的埃及《亡灵书》（*Book of the Dead*），委罗内塞的巨幅《迦拿的婚礼》（高 7 米、宽 10 米）以及居斯塔夫·库尔贝（Courbet）、雅克·路易·大卫（David）、彼得·保罗·鲁本斯（Rubens）和泰奥多尔·席里柯（Géricault）的巨幅油画。在法兰西喜剧院院长的帮助下，这些艺术品由运送舞台布景的大卡车送往安全地带。法国电信公司派出一队人为车队护航，他们举起空中的电线，以防绊住卡车。[35]

随着市民和国宝被转移到安全地带，巴黎的面貌彻底改变了。协和广场（place de la Concorde）的纪念碑、建筑物和雕塑，胜利广场（place des Victoires）的路易十四雕像以及新桥（pont Neuf）上的亨利四世雕像周围都堆满沙袋，保护它们免受德国轰炸。无法转移的宝藏也得到了一些基本保护。比如，荣军院（Les Invalides）里的拿破仑坟墓就由木架和沙袋组成的金字塔保护。尽管政府仍在宣传和平，没人公开承认巴黎正在备战，但是，这已是无法否认的事实。

政府已备战了一段时间。1938 年，巴黎的路灯上套着遮光罩，灯柱周围也裹上保护套以防汽车在宵禁时撞上去。1939 年初，民防机构在荣军院前进行为期一周的展览，向市民展示防
16 空洞模型。自 5 月起，民防课便成为学校必修课。国防部和教

---

① 卢瓦尔河是法国境内最长的河流，源于法国南部，向北再折向西方注入大西洋。卢瓦尔河流域被称作“法国花园”，两岸伫立着上千座城堡。

育部联合出版儿童民防手册，以便他们在家和父母一同学习。巴黎警察总局（位于西岱岛圣母院对面）也出版了一本小册子，封面写着："请用心阅读、保管这本说明册。总有一天，它会救你于危难。"其中详细记述了如何应对空袭和毒气弹，以及空袭警报拉响时的逃难步骤。[36]

1939年9月1日上午，蒙帕纳斯（Montparnass）的穹顶咖啡馆（Dôme café）里坐着西蒙娜·德·波伏娃。这天是她近来心情最好的一天，以致认为未来的人生将快乐祥和。她刚点了杯咖啡，就听服务员说，德国对波兰宣战了。一位客人最先在《巴黎午报》上读到消息，不久后，德国便进军波兰。德国向波兰宣战时间过晚，《晨报》未能及时刊登。不过，这天的《晨报》登载了一则类似预兆的政府公告：只要能找到安身之处，市民应尽快离开巴黎。[37]

下午，广播宣布，自午夜起，法国将在全国征兵。巴黎各处挂出征兵海报。同时，塞纳省省长发布通知，敦促巴黎市民履行义务："各位市民，我们的国家正深陷危机，我们的自由正深陷危机……请您和往常一样，保持冷静、安定和克制，履行义务。让我们团结在国旗周围，维护同一个理想。法兰西万岁！"这无疑是为了再次安抚巴黎人，激起他们众志成城的决心。但是这天，很多巴黎人和波伏娃一样，感到深深的恐惧和迷惘，他们将未来视作庞大危险的黑洞："隐秘的恐慌感攫住此时此刻和未来的一切，你无法做出任何预测或猜测，也无法认同任何事情。"[38]

巴黎征兵进展顺利。阿纳托尔·德·蒙齐（Anatole de Monzie，公共建设工程部部长）从巴黎东站（Gare de Paris-Est，应征入伍士兵离开巴黎的主要火车站）返回府邸的路上颇

17 为满意地说："那里一丝不乱，没有任何不满。"[39]德国常驻代办向柏林汇报说："法国人镇定应对征兵。据驻外武官所言，一切依计划有序进行。"[40]但是，这并非波伏娃的经历。彼时，她正陪着男友萨特[41]，前往规定的集合地——小教堂门站（Porte de la Chapelle）旁的广场[42]。到达时，那里除了两名国家宪兵外空无一人。他们告诉萨特，凌晨5点再回来集合。次日凌晨，波伏娃和萨特顶着月光，走过几乎空荡荡的街道，经过他们时常出入的穹顶咖啡馆。此时，咖啡馆里站满了身着军装的人，格外嘈杂。两人在那里等了一会儿，喝完咖啡便乘出租车回到集合地。清冷的月光下，除了那两名国家宪兵，街区仍旧空空如也。他们又让萨特去巴黎东站报到。波伏娃在日记中写道："这简直像卡夫卡的小说。"[43]

将近8点，萨特终于坐上前往南锡（Nancy）的列车。东站依旧冷清，但几小时后，那里便挤满了人。年轻男人和不再年轻的男人一同等候列车去往前线。约五百万法国人受到军事动员，其中40%的人曾参加过第一次世界大战，现在仍旧年轻，可以被再次征召。[44]

站台上，不少被征召的士兵来自其他省份。他们告别家乡的亲人朋友，此刻独自一人。相反，来自巴黎和周边郊区的士兵多由妻子、母亲、女友或孩子陪伴。反犹主义者、极右翼记者阿兰·洛布罗（Alain Laubreaux）在蒙帕纳斯站感受到一种压抑却强烈的情绪。"女人在沉默中拭去泪水……我想起1914年哥哥在人群的哭号中登上列车……这次的情形与那时不同，到处弥漫着悲伤和屈服于命运的无奈。"[45]

集合地点气氛沉重而压抑。往好里说，被征召的士兵怨气连天；往坏里说，他们便是心怀怨恨。知名杂志《新法兰西评论》

（*La Nouvelle Revue Française*）的编辑让·波朗（Jean Paulhan）将这种情绪形容为“无奈的认命”。[46]此时看不到1914年8月某些巴黎 18
地铁站出现的标语——“棒极了”。那时的法国军队兴致高昂地参战，自信满满，欲重夺阿尔萨斯—洛林（Alsace-Lorraine）①，挫败德军，然后按时回家过圣诞。

萨特对军旅生涯最初几小时的描述代表了当时的典型情绪。“我被生生拽离了原本生活之地，被迫与爱人诀别。火车将带我去一个我不想去的地方。同行的人和我一样士气低落，和我一样依旧穿着日常衣服，和我一样问自己，到底怎样到了这般田地。”[47]

被征召的士兵克制着怨恨和听天由命的心情，离开心爱的家人。不过，火车站之外的景象就大大不同。驻巴黎瑞士记者艾德蒙·迪布瓦（Edmond Dubois）记录了挤满不安市民的巴黎：男人很快逃到乡下与妻儿团聚；商人计划搬迁；工厂主急于应对军事动员带来的劳动力匮乏；耽于焦虑的人们；号称了解内情、似乎依政府领袖意见行事的人。迪布瓦写道：“还有些人只是被吓蒙了，不管走到哪里都散发着恐慌的气息。”[48]

9月2日的《晨报》刊登了详细说明，解释炸弹和毒气弹造成的死伤者将得到怎样的救治。他们还绘制了一只多足昆虫，这正是巴黎，它的“十一条腿”是驾车离开巴黎的路线。[49]此外，主要交通枢纽和广场立起巨大牌匾，上面标注着路线和数字箭头，指示人们沿公路离开巴黎的路线。倘若未能采取官方路线，市民便可能堵住向北方前线运送士兵和武器的车队。

---

① 阿尔萨斯—洛林：属于历史词汇，包括今天的上莱茵省、下莱茵省和摩泽尔省等省。普法战争后，阿尔萨斯—洛林地区被割让给德国，第一次世界大战后并回法国，二战期间又被德国割据，二战结束后重返法国。今天提及阿尔萨斯和洛林时，人们主要指法国东北部两个大区。

不出所料，巴黎很多地区很快塞满满载乘客和行李的汽车。它们沿城市主干道出城。右翼作家阿尔弗雷德·法布尔-吕斯（Alfred Fabre-Luce）说："恐慌的人们带着行李和家具，把床垫叠在车顶，
19 在忙乱中收拾一切，好像敌机已经到家门口一样。"[50]迪布瓦说："超载的汽车装满行李向巴斯克海岸、诺曼底和其他省份的偏僻地区行进。整个法国以巴黎为中心疯狂旋转。"[51]同时，几乎同样多的汽车返回巴黎，带来急于处理事务、取钱和安顿财物的人。[52]

想离开巴黎却没有汽车、也不能得到朋友帮助的人还可以乘坐火车。9月2日，塞纳省省长发出通知，法国国家铁路公司将在接下来的十天内提供特殊长途服务。巴黎人在当地区政府或者学校免费领取车票，便可乘坐九百列火车中的任意一列。乘客必须携带身份证件，最好带上两顿饭和一条毯子；如果可能，还需带着睡袋。他们只能携带手提箱上车，离家前必须依据报纸说明，用特殊的钥匙关掉煤气。但是，响应号召离开巴黎的人过多，运输系统几乎瘫痪。列车上的八座隔间快被挤爆了，火车晚点将近两天。

士兵逐渐进入巴黎外的军营，更多儿童被迁出，市民也尽量驾车飞快离开首都。9月2日下午，达拉第在法国众议院（与协和广场隔塞纳河相对）发表演讲，号召议员为提高军费投票，以"尽法兰西在当下国际局势中的义务"。他们的确照做，只有几票否决和二十多票弃权。达拉第在演讲中多次使用"和平"一词，极少提及"战争"。事实上，战争已几乎无法避免。

政府害怕德国的毒气弹和空袭。人们大都认为，空袭最可能发生在晚上，因此保护市民最有效的方法便是严格执行灯火管制。9月2日晚，从超现实主义转向共产主义的乔治·萨杜尔（Georges Sadoul）也应征入伍，来到巴士底狱附近，准备出发去梅斯（Merz）报到。民防部门熄灭所有路灯。他看到各式

黑着车灯、顶着床垫的车辆在巴士底狱附近打转，急于离开巴黎。[53]不过很快，有关车灯的条例便放松了一些：除非画上蓝色横条纹或装上蓝玻璃，所有车灯必须熄灭。波伏娃称这些车看起来像“巨大的蓝宝石”。[54]一旦空袭警报响起，司机必须关掉车灯，下车躲进最近的防空洞。自行车车尾的挡泥板必须涂有一道白线，夜行的路人则必须携带报纸或手帕，让他们更加显眼。 20

那天晚上，波伏娃还注意到，咖啡馆 11 点便关门了，夜总会不再营业；她还看到人们在歌剧院大街（avenue de l'Opéra）排队领取防毒面具。6 月，法国政府终于宣布分发防毒面具的强制命令。因为多年准备工作的拖延，防毒面具存量大约只可供应三分之一市民。巴黎人仍记得德国人 1914—1918 年间在壕沟中使用的芥子毒气；近期意大利在埃塞俄比亚的毒气战又加剧了市民对毒气攻击的担忧。

德国进攻波兰当天，特立独行的作家和文学评论家保罗·莱奥托（Paul Léautaud）从当地区政府领到一个防毒面具。他写道：“我一戴上面具，就得让别人帮我摘下——太难受了，简直快昏过去了。正如负责分发防毒面具的政府官员所说，面具很难戴上，呼吸器尤其如此，戴眼镜的人几乎不可能戴上它。”[55]艾德蒙·迪布瓦也表达了同样的忧虑：“有个救火员曾试戴这个面具，称其可以防毒。但是，我只能把面具歪七扭八地扣在脸上，还留下一些缝隙。我几乎可以断定，只要吸入一点毒气，自己便会立即倒地，窒息而死。”[56]作家乔治·佩雷克（Georges Perec）想起了防毒面具恶心的橡胶味：孩童时期，他曾在学校的地窖里试戴过有云母眼罩的防毒面具。[57]

同时，成千上万巴黎人申请加入民防机构，想为保护首都和市民贡献力量。[58]向民防机构提交申请时，他们必须附带出生

21 证明和健康证明。已婚妇女须出示丈夫的书面许可信，二十一岁以下的人须提交父母的许可信。巴黎警察总局有权拒绝任何道德堪忧的候选人。[59]

为了民防准备，巴黎大约被分为五千个小区域。每个区域由一名空袭监督员负责，他们戴着醒目的黄色臂章。空袭监督员下是防空洞监督员。他们通常也是楼房的门卫，负责所在建筑的防空洞。大多数情况下，防空洞都在地窖里。有防空洞的建筑必须在外墙贴上告示，指明除却居民外可容纳多少人。为防止毒气，监督员必须确保，所有通风口都被堵死了。同时，他们还需检查镐和铁锹，以便建筑物在空袭中坍塌时，人们能借此自救。宠物禁止进入防空洞，所有人都得戴上防毒面具。住户必须扔掉无关紧要的易燃品。一旦建筑物被燃烧弹击中，人们须使用沙子（而不是水）灭火，因为水可能冲散可燃有机液体。[60]

截至 1939 年 9 月 3 日，巴黎已完成所有战前准备：建筑物得到保护，人员得以疏散，民防系统开始运转，约五十万巴黎市民和大多数国家财宝被转移到安全地带。“自从我们忙于备战以来，天气便好极了。”[61] 夏尔·布莱邦在日记里自嘲道。事实上，9 月 3 日温暖和煦，和令人惶惶不安的新闻形成鲜明对比。

这天，法国驻柏林大使罗贝尔·库隆德尔（Robert Coulondre）会见前香槟酒商、时任德国外交部部长约阿希姆·冯·里宾特洛甫（Joachim von Ribbentrop）。库隆德尔对里宾特洛甫说，如果德军不能在当天下午 5 点前撤出波兰，法国就必须履行义务，对波兰伸出援手。

“很好，”里宾特洛甫说，“如此一来，法国人就是入侵者。”

“历史将做出公正的评判。”库隆德尔回应道。

下午 5 点，德国并未发出从波兰撤军的声明。七十年内，法国第三次与德国开战。

第一章 “假战” 22

法德开战的消息传来时，诗人保罗·瓦莱里（Paul Valéry）模拟语音报时钟的钟声说：“钟声敲响第四次时，便是世界末日来临之际。”[1]记者热纳维耶芙·塔布伊（Geneviève Tabouis）也生出相同的宿命感：“明天，一切都会消亡：我们挚爱的巴黎将不复存在。”[2]作家、记者弗拉迪米尔·多麦颂（Wladimir d’Ormesson）在日记中写道：“一群恶棍把持着欧洲中心的德国，我们都知道战争将会发生。现在，战争终于来临，我们竟不能相信这是真的。人类文明、生活方式和个体生活都将土崩瓦解。每个人都向深渊下坠。”[3]

9月4日凌晨，大约4点15分，巴黎响起令人恐惧的声音——空袭警报的哀鸣。保罗·莱奥托说，这是“一串可怕、缓慢、漫长、高低起伏的旋律，是痛苦、绝望的哭嚎”，接着他没好气地说：“他们应该选些好听点儿的音乐。”[4]

听到警报后，大多数市民向防空洞冲去。他们没有意识到，这只是未来很多次“警报预演”中的一次。不少人奔向公寓的地窖，还有人跑向八十多个公共防空洞中的某一个。地铁站亦是公共防空洞，其中最大的节日广场站（位于巴黎东北部）可容纳五千人。[5]但是，地铁站并不安全。9月4日的警报中，市
中心圣马丁站的铁轨突然通上电流。[6]当时三名来此躲避的年轻 23
女性出于好奇走上铁轨，结果被严重烧伤。这天晚上，波伏娃和朋友帕尔多（Pardo）、热热（Gégé）在一起。警报响起后，

热热来到波伏娃卧室。两人一同望向窗外，看到人们朝防空洞或走或跑。“我们下楼去找门房，看见他正在戴防毒面具，”波伏娃在日记中写道，“后来我们发现这只是假警报，便回到楼上。”[7]

此后很多次警报预演中，逃到地铁站的人必须等到地面响起解除警报的信号、得到民防监督员允许后才能离开。不过，地铁站的人们几乎听不到任何地面信号。于是，监督员必须不断派人返回地面，查看警报是否解除。

地铁站和地窖条件简陋，尽管人们尽量让环境舒适。与此相反，巴黎丽兹酒店的地窖被改造为铺有毛毯和配备爱马仕睡袋的豪华防空洞。政府官员意识到，市民躲入防空洞为小偷提供了可乘之机。9月2日，政府颁布法令，空袭警报期间入室抢劫的小偷可能被判处死刑。

9月最初几天，防空警报频率过高，巴黎人不得不早些睡觉，以得到几小时睡眠；之后他们不得不找更安全的地方过夜。一些人对防空警报视而不见；很多人甚至在街上查看飞机是否从头顶飞过——这让严肃对待警报的人异常郁闷。9月5—6日晚，巴黎响起两次警报。几天后，法国内政部部长阿尔贝·萨罗（Albert Sarraut）私下表示，第二次警报由一架飞过巴黎的法国飞机引发。它被错认为德国飞机，受到高射炮集中打击。经过一番努力，法国飞行员最终在勒布尔热机场安全着陆。[8]

24 夏尔·布莱邦严格履行民防建议，家中“浴室窗户缝隙处都贴了密封纸（以防毒气）”。[9]这天晚上，在浴室躲空袭的布莱邦也放弃了，没等解除警报的信号响起，他便回床上睡觉了。[10]这并非特例。《时报》（*Le Temps*）略带否定地报道说，7点零5

分响起第二个解除警报的信号时，“很多人已回到公寓，还有一些人上床睡觉了”。保罗·莱奥托在9月7日的日记里提到前一天的一篇报道：有位法国将军抱怨说，警报预演会让大众渐渐漠然。如此一来，当真正的警报响起时，情况便会非常危险。[11]

尽管巴黎实施警报预演和限电，军事冲突似乎仍旧遥远。9月5日，波伏娃写道：“我觉得这不像正常的战争。我们一直在等待。但是等待什么呢？难道是第一场战役？现在，一切像场闹剧——人们时刻携带防毒面具，看起来极其惜命，咖啡厅停电了。官报没有传达任何信息，只说‘军事行动正常进行’。前线有人阵亡了吗？”[12]

9月3日（即英法对德宣战日）过后，前线几乎没有任何军事行动，巴黎和法国其他地区也没有遭受空袭。很快，法国人就将这一时期调侃为“怪战”，英国将此称为“假战”，德国则取名“静坐战”。前线没有军事行动的消息传到后方。人们纷纷猜测，或许战事就此平息，士兵们很快就会回家。

法德间出现过一两次小规模冲突，但那几乎是孤立的偶然事件。最严重的冲突发生在9月7日：十个法军师带着空中支援小心翼翼地进入德国萨尔州（Saarland），走过5英里后便停了下来。这次试探性前进造成两千名法国士兵死伤或失踪，六名飞行员丧生，完全兑现了法国协助波兰的承诺。[13]

巴黎人原本应该时刻拎着政府发放的圆筒携带防毒面罩，即便是妓女也将它挂在肩头。[14]不过，他们很快就不再遵守规定，顶多在警报响起时躲进防空洞，直到解除警报的信号响起。 25
9月9日，《日报》（*Le Jour*）报道说：“昨天早上，街上没携带防毒面具的行人更多了。”[15]约两周后，讽刺周报《鸭鸣报》（*Le Canard enchaîné*）报道说，巴黎女性轻佻地将防毒面具从圆筒里拿走，继而将后者当作“手提包，装上口红、粉饼盒、公交车票簿、地铁票和男友从部队写来的信”。[16]生活杂志《小屋之夜》（*Les Veillées de chaumières*）则采取理性清醒的态度。它提醒读者，防毒面具最重要的功用在于提醒人们，死亡将近。“这个东西挂在办公室或床边，告诉我们死亡可能随时降临。”[17]

9 月最初几天过去后，巴黎并未遭到任何德军毒气攻击或空袭。但是，平民和政府高层仍旧担忧轰炸。这就是为什么法英两国任由德国军队在波兰烧杀抢掠，即使口头表明将武力干预德国入侵。达拉第反对英国在莱茵河埋下水雷的计划，担心德国人轰炸巴黎报复。波兰大使不满地埋怨法国没有履行承诺。法国外交部部长乔治·博内（Georges Bonnet）只是反问大使，是否想让巴黎的妇女儿童被德军屠戮。[18]

与此同时，巴黎人不知道前线是否发生了军事冲突。战时国家通常禁止刊登可能鼓舞敌军或打击本国信心的报道。但是，这一禁令在法国维持了过长时间，让人觉得荒唐。新闻信息监管署（News and Information Commissariate）成立于 1939 年 7 月底。8 月底时，它的重要性得到极大提升。达拉第任命知名剧作家、杂文作家让·吉罗杜（Jean Giraudoux）担任署长。新闻信息监管署办公室在里沃利路（rue de Rivoli）政府征用的奢华大陆酒店办公，负责审查法国所有读物、电台、海报和电影。巴黎作为全国传媒通信中心，最为强烈地受到政府严苛且时常荒谬的决策影响。

26 法国政府禁止媒体将希特勒进攻波兰的举动称作“侵略”；同时，英法两国威胁德国退兵波兰的最后通牒不可被称作“最后通牒”。禁止媒体将意大利领袖与希特勒、斯大林相提并论（据说是由于墨索里尼极端敏感的性格和意大利非交战国的地位）。

同时，报纸无论如何都不能将这场战争定义为“反法西斯战争”。

开战两周后，夏尔·布莱邦指出“假战”的问题：“参战国最可怕的危险便是毫无作为，无事可做，长期原地等待……我的兄弟、侄子和好友从前线来信，都说快无聊疯了。”[19]和他们不同，同为士兵的萨特利用这一空闲时期写作。“假战”结束时，他已完成十四本笔记，此外他每天向母亲和新女友旺妲·科萨切维茨（Wanda Kosakiewicz）写信。后来，波伏娃出版了两部萨特书信选：1939 年 9 月 2 日—1940 年 6 月 10 日的信件超过五百页。[20]此外，萨特还完成了小说《理智之年》的初稿。总的来说，这一时期，他井喷式地写下约一百万字。[21]

法国为帮助波兰抵抗纳粹而参战。然而，比起镇压纳粹拥趸，后方的法国政府却下了更大决心追捕反法西斯境外人士和法共党员。第二次世界大战前，德国反纳粹主义者在法国寻求避难；但早在战争真正爆发前，他们便遭到围捕，被关入集中营。9 月 5 日的波伏娃日记提及政府通过一个决策：所有德国人都必须拘留在法国集中营。同样在那儿的还有成千上万的西班牙共和党人，他们在佛朗哥①赢得西班牙内战后翻越比利牛斯山而来。9 月中旬，巴黎又发生了镇压西班牙共和党人的行动。

尽管 9 月 2 日众议院中的共产党代表一致同意增加军费，
但是，达拉第决心将共产党逐出政坛和公共生活。9 月结束前， 27
政府已取缔共产党议会党团，禁止共产党及任何共产党员占多数的地方委员会活动。[22]在媒体的助力下，反共行动蔓延到政府

---

① 弗朗西斯科·佛朗哥（1892—1975）：前西班牙国家元首、首相，1936 年发动西班牙内战，推翻共和政府，取得战争胜利。自 1939 年成为国家元首，佛朗哥独裁统治西班牙长达三十六年之久。

之外。9月，巴尼奥雷（Bagnolet）东郊一群居民带着对德苏条约的满腔愤怒，拒绝当地一名共产党议员进入防空洞。他们高声喊道："真希望老天开眼，让你的苏联朋友把炸弹投到你头上！"[23]

政府的反共策略在工厂和巴黎周边尤为明显，成千上万工人党员被捕。一些工人因本职工作对战争的特殊意义而免于入伍；但此时，他们每周必须工作六十个小时。社会矛盾急剧激化，因为不少工人认为，富人不仅逃过兵役，还悠闲自得地在外省私宅花天酒地。工厂老板也在抱怨：免除兵役的工人人数不足，严重影响生产。在巴黎西南部布洛涅-比扬古（Boulogne-Billancourt），路易·雷诺（Louis Renault）① 的工厂为陆军和空军提供军需物资。9月，他向达拉第抱怨，自己几乎失去了一半劳动力；达拉第保证，两个月内会提供一万三千名工人。而实际新来的只有不到六百人。尽管订单翻了三倍，工厂也只能在白天开工，六千多台机器都被闲置了。[24]

战争开始后，很多电影院、饭店和咖啡馆暂时歇业。但是，它们自9月中旬起又重新营业，尽管晚上11点必须打烊。未能遵守这一规定的商家将被警察勒令停业，比如香榭丽舍附近的马里尼昂法式餐厅（Brasserie Marignan）。这还不是唯一的变化。现在，服务员上菜后，顾客必须立即结账。如此一来，就算发生空袭，顾客躲进临近的防空洞，服务员也能保证得到酬劳。10月中旬的一晚，波伏娃光顾了喜爱的咖啡馆——圣日耳曼大道上近期重新营业的花神咖啡馆（Café de Flore）。老板采

① 路易·雷诺（1877—1944）：法国实业家、雷诺汽车创始人，被尊称为汽车行业的先驱者。

用了效果极佳的遮光方式，当波伏娃从室外的黑暗踏入咖啡馆
时，感到里面的亮光“格外刺目”。[25] 9 月 3 日，她在日记中写 28
道，蒙帕纳斯穹顶咖啡馆受到警察警告，须安装更厚的遮
光帘。[26]

空袭迟迟未来，巴黎人便有些放松。除限电外，巴黎几乎回到战前正常生活。10 月 10 日，夏尔·布莱邦写道：“我们都忘了还有空袭警报这回事……人们不再携带防毒面具出门，它已经落伍了。”[27] “假战”时间越来越长[28]，越来越多的平民和士兵开始猜测，现在是否仍是战时。如果法国（和英国）希望保护波兰免受德国入侵，那么双方为什么在波兰沦陷时无动于衷？如果保卫波兰是参战的理由，那么为什么 9 月底波兰向德国屈服后，法国仍在战争状态？政府无法提供清晰的战争目的，局势更加扑朔迷离。

10 月底，保罗·莱奥托在日记里讽刺法国所处的奇怪位置。“德国宣布入侵波兰。法英两国对德国说：‘若你胆敢动波兰一根手指头，我们便会为保护它而战。’现在，希特勒不仅动了波兰的手指头，甚至将它活活吞下。法英两国征召士兵，对德宣战，军队在国界集结，进入战争状态。德国呢，称自己与法英两国并无冲突，尤其不愿与法国为敌，甘愿维持防御状态。一些报纸称，对德宣战的法英两国在等待德国打响第一枪。我们可以想象，希特勒将怎样评价我们：‘我不知道这些人想干什么。我没有对他们造成伤害，他们为什么要如此威胁我？’”[29]

巴黎人找到各种借口解释德国不发动攻击的原因。所有理由都强调德国的无力，夸大法国的力量：希特勒没有借口进攻法国；希特勒害怕被法英的报复击垮；希特勒被不可逾越的马
其诺防线吓破了胆。法国政府的官方宣传称，德国士兵营养不 29

良，无法参战。这很快发展为流行的笑话：“如果德军发动攻击，我们只需给饥肠辘辘的士兵提供一些面包、黄油，一瓶潘诺酒（Pernod），他们便会缴械投降。”[30]

法国外交官安德烈·弗朗索瓦-蓬塞（Andre François-Poncont）造访巴黎时惊讶地发现，这里弥漫着自我麻痹的气氛：很多政治、军事精英相信，战争将在毫发无损的情况下结束；法英两国将以默认波兰沦陷（正如此前的捷克斯洛伐克）的方式，把伤害控制到最低。

士兵仍须原地待命，他们希望妻子或女友应对生活琐事并保持忠诚。滞留巴黎的女性不得不在男性缺席的情况下维持生计，猜测踏上前线的儿子、丈夫或男友何时返家。但是，并非所有女人都忧心忡忡。不少女性得以摆脱无聊的追求者和丈夫；对于处于恶劣关系中的女性来说，伴侣的离开带来了巨大的解脱。[31]

不忍与爱人分离的女人决定去前线探访，其中包括波伏娃。她极幸运地筹到旅费，并说服医生为她开出病假单，离开学校休假一周。10月，她收到萨特来信，当中的“密码”暗示了驻军地址。波伏娃谎称去洛林看望病重的妹妹，从警察手中骗来旅行通行证。10月底，她在巴黎东站搭乘两个月前萨特乘坐的那班列车去往南锡。在那里，她用同样的借口蒙混过关，来到斯特拉斯堡附近布吕马特（Brumath）的气象兵营地。在短短几天里，这对情侣只能在萨特休息时共度一些时光。[32]

但是，大多数女性必须依靠书信维持联系。信件寄送耗时长久，8月底入伍的预备役士兵三周后还在等信。全国动员后，
30 邮局效率再次降低。巴黎几乎三分之二邮递员都被征召入伍，不少邮局只能暂时关门。整个秋天，前线士兵都感到无聊和不

满，苦涩地抱怨迟迟未见家书；守在巴黎的妻子、女儿、母亲和情人也在抱怨，等待很长时间才能得到家人的消息。仍旧营业的少数邮局里，排队往往漫长而缓慢。在写给陆军总司令莫里斯·甘末林（Maurice Gamelan）将军的信中，达拉第指出，通信问题令平民和士兵情绪低落。

当邮政服务水平渐渐回升时，商家立即看到其中的商机。创建于1838年的好商家百货公司（Au Bon Marché）[33]是法国第一家百货公司，它迅速捕捉到男性困于前线带来的商机，表示将“为士兵定制3千克重的包裹，依照顾客要求装上食物、袜子、毛衣和麻布等”。其他公司也在降价促销里打起了“士兵”的名号，鼓励妇女向前线寄送剃须产品，比如罗莎琳（Rasoline）剃须膏、肥皂和古龙水。广告称，头盔将损伤男性发质，引起脱发，因此女人们应该向士兵寄出清香宜人的贝朵蓝洗发水（Pétrole Hahn）。倘若担心家人健康，她们便要寄去两瓶阿司匹林，包治感冒、流感、偏头痛、神经痛和风湿。此外，广告还鼓励“妻子”和“女友”用心打扮，直到爱人放假或战争结束回家。商场售卖各式面霜和美容产品，让留守的女性重新绽放光彩。

圣诞期间放假回家的士兵又为促销提供了机会。一家钢笔公司意识到家书的重要性，鼓励人们“为士兵购买一支优雅、实用的杰夫-华特曼（Jif-Waterman）钢笔”。这些钢笔在前线和后方都是“可靠的伙伴”。另一家公司则售卖昼夜皆可使用的“军用腕表”①。那么，有幸在圣诞返乡的士兵是否想喝一杯呢？

---

① 男性腕表直到19世纪末才首次出现，以解放战斗中士兵的双手，让他们灵活射击。随第一次世界大战的到来和发展，人们意识到准确计时对战争的重要性，腕表变为军人必不可少的装备。由于一些士兵长时间身处战壕或在夜间战斗，“照明腕表”的出现，保障了黑暗环境下战局的顺利发展。因此，“昼夜皆可使用”便算得上值得手表商大力宣传的卖点。

“为了迎接他们的到来，一切准备就绪……不可或缺的还有玛丽
31 莎（Marie Brizard），它将为圣诞欢迎宴增添光彩。为他打开一瓶玛丽莎吧！”留守军营的人又该如何呢？“没有廊酒（Bénédictine）的新年不是新年。倘若没了廊酒，寄往军营的包裹便不算完整。”[34] 1939年好商家百货公司的圣诞促销册封面极具时代气息——缝衣服的洋娃娃，一旁的标语是“我们为他们而缝”。这幅图一方面表现无数法国妇女为士兵赶制袜子和头套，另一方面也暗示她们从好商家百货公司购买毛线。孩子的圣诞礼物也反映出战时气氛。锡兵仍是男孩间的流行礼物。不过现在，这个传统拥有了一个劲敌：马其诺防线模型，里面布满防御塔和高射炮。女孩间流行的礼物是护士或飞行员扮相的洋娃娃。[35]

10月起，地下活动的法共通过共产国际收到莫斯科的新领导精神：这场战争是两个帝国主义政权间的战争，法国——尤其工人——理应置身事外。[36] 10月4日，法共领袖莫里斯·多列士（Maurice Thorez）脱离部队，前往苏联，反共分子便利用此事，证明共产党是“内部敌人”。[37] 同时，法国警察继续搜寻法共地下领导。后者在巴黎设有活动中心，还在布鲁塞尔有个重要基地。自11月起，法共嫌疑人也被逮捕或拘禁了。

1939年底，前线还是没有战争的迹象。萨特依旧从法国东北部寄来信件。在11月20日的日记中，他写道：“现在，战局更为扑朔迷离，我明显感到战争缺席。如果没有战争，我为什么会在这儿呢？”[38] 12月，驻扎在蒙贝利亚尔（Montbéliard）附近的乔治·萨杜尔写道：“前线出乎意料的和平本应让我们心中平静，忍耐半囚禁的生活，起码这里没有危险。但是，它只令人生厌。为什么不直接送我们回家呢？这里无事可做……军官

（大多是预备役）和士兵对此有着一致看法，他们反复重申，真想尽快回家。”[39]

没有严肃的军事行动，士兵便相对容易地回到巴黎度假。不 32
过，很多人在巴黎感到尴尬、格格不入，甚至受到排斥。在萨特的回忆中，一位从巴黎度假归来的士兵曾说：“巴黎人觉得我们像无业游民。”[40]保罗·莫塞特①（Paul Mousset）也回到巴黎度假。他同意另一名士兵的看法：“十天假期太短，但当中有些时间又让人觉得极度漫长。”[41]萨特记录了另一位返回军营的士兵的说法：“如果老婆不在巴黎，我两天后就会回来。”[42]电影导演弗朗索瓦·特吕弗则记住了更感人的场面。八岁的特吕弗在巴黎一家电影院观看费尔南·格拉韦（Fernand Gravey）和埃尔维拉·波佩斯科（Elvire Popesco）主演的电影《失乐园》（*Paradis perdu*）。“观众是身穿军装回家探亲的士兵，身边是他们的妻子或爱人。”影片中有第一次世界大战堑壕战和女人在工厂劳动的场景。“角色和观众的处境如此相似，大家很快便落泪了。”[43]

12 月的巴黎挤满了放假回家的士兵。11 月 1 日起，士兵们每四个月便可得到十天假期。12 月 6 日，阿涅丝女士（Madame Agnès）在《玛丽安娜》杂志上为妇女提供了一些小贴士：“女士们，不要忘记，士兵回家时，希望看到你们和他离开时一样美丽、优雅。尽管我们的穿着应当更为朴素，但请不要彻底放弃对优雅的追求。”[44]12 月，乔治·萨杜尔回到巴黎，短暂地见到同样回家度假的朋友——摄影师亨利·卡蒂埃-布雷松（Henri Cartier-Bresson）。他们彼此对照观感，萨杜尔发现，布雷松所在部队的风气甚至比自己军营还糟。[45]萨杜尔还遇到一名

---

① 保罗·莫塞特（1907—1981）：法国作家、记者。

从马其诺防线归来的士兵，后者向他诉说了每月二十八天困在钢筋水泥墙里的感受。“我们每天面对同样的面孔，最终无法忍受彼此，常用暴力发泄这种讨厌的情绪。”[46]

萨杜尔发现，巴黎几乎没有受到战争的任何影响。作家和艺术家云集的咖啡馆几乎一点儿没变。比如花神咖啡馆，“同样
33 一群人坐在同样的桌子前，面前摆着同样的餐前酒”。[47]巴黎舒适、相对正常的生活和无聊、寒冷、简陋的前线生活形成明显反差，令不少士兵怒火中烧。“士兵无法原谅巴黎的生活一如往常。”[48]萨杜尔写道。萨特见到一名怒气冲冲的士兵，后者大声说：“巴黎人就该每周被轰炸两次。”[49]

在萨杜尔看来，巴黎的唯一变化是街上出现的英国远征军。这些士兵的酬劳高于法国远征军；即使爆发军事冲突，他们也将远离前线；还有谣言称，他们会在动荡时期摇身一变，成为狱卒。[50]因此，法国士兵对他们心存不满。

这个冬天相当寒冷。圣诞节几天前，巴黎大雪飘扬。士兵的情况就更糟。12 月底，在萨杜尔驻扎的伊尔桑格（Hirsingue），凌晨气温已降至零下二十度；士兵困在营房，为了取暖不得不在附近的火车站偷煤。无聊和寒冷让士兵郁郁寡欢，很多人不再梳洗、剃须，晚上也不再脱衣就寝或打扫住所。[51]萨杜尔记下剧团在新年为部队带来的演出，以及为激发士气组织的足球、扑克比赛——然而一切都是徒劳。2 月底，萨杜尔写道：“这天晚上，很多人都喝醉了。日子一天天过去，越来越多的人借酒浇愁，其他军营也是如此。”[52]

战争最初几周，巴黎媒体幸灾乐祸地报道：德国已经引入物资供给制，而法国的物资储备仍旧充足。战争爆发后几天内，政府已采取一些措施保护消费者：为防止投机和牟取暴利，物

价维持不变；违法商家可能会被罚款、拘禁甚至禁止营业。不过，1939年底前，事情看起来不那么妙。巴黎人越来越难在商店里买到所需之物。咖啡供应不足，人们便混合咖啡和菊苣根①，和着牛奶一起喝下；油、香皂和煤炭也同样难以找到。 34
尽管政府出台价格调控政策，生活成本却越来越高；煤气、水、衣物、纸和五金的价格都在不断攀升。

带着迷茫和不断加深的忧虑，巴黎人进入1940年。政府无力提供促进团结的领导，这在新闻信息监管署尤为明显。有效的战争宣传应不断重申清晰的参战目的，以实现国家团结，同时，适度的新闻审查能够有效激发士兵和平民的斗志。但是，新闻信息监管署在两方面都失败了。

相反，它禁止所有可能引发观众不悦或压抑的电影。任何嘲弄法国士兵的音乐剧和稍微贬低法国士兵的话剧都被禁演；带有些许政治宣传痕迹的德国、苏联电影也都被禁。1940年1月9日，将近八十部电影遭禁，尽管其中有些电影之后又得到放映许可。

报道社会矛盾、罢工和社会运动的新闻被禁；描写世俗和宗教冲突的电影被禁；可能重新激发类似1930年代左右翼冲突的电影被禁（那时的法国几乎将掀起内战）。1月25日，新闻信息监管署过滤所有针对法国国民议会的批评，同时禁止公开国民议会报告。军备部下属的法国国家铁路局负责人称，新闻信息监管署的审查“随机、混乱且荒谬；有时允许一些内容，有时又禁止它们，甚至还禁止过自己发布的消息”。[53]保皇极右派杂志《法兰西行动》（*L'Action française*）曾发表一篇抗议审查的文章，结果也被审查过滤了。[54]

---

① 菊苣根经过烘焙和碾磨后，可作为廉价的咖啡替代品。

巴黎报纸上出现越来越多的空白，表示某些段落甚至整篇文章都被删去。媒体甚至不能播报天气预报，以防为敌军利用。事实上，巴黎的德国间谍和纳粹支持者完全可以将巴黎的天气情况汇报给柏林。1940 年 2 月，《巴黎晚报》不得不报道说，
35 十二个人“被路上的××滑倒了，送往医院”。[55]

通过许可发布的“新闻”，读者得知，希特勒病重，帝国元帅赫尔曼·戈林或许将取而代之；德国正在遭遇全国性的饥荒。读者还从报纸上了解到德国飞机的低劣品质、德国进攻波兰引发的巨大损失（吉罗杜私自将德军死难人数增加了五倍）以及德军士气低落。[56]除却军队或政府试图抚慰人心的陈词滥调，读者还读到很多虚伪的爱国主义言论。比如，七十七岁的退伍老兵用鞋油涂黑头发，以便蒙混过关，再次参军；此外，还有被部队拒绝的俾格米人拿起弓箭，以自杀要挟征兵部门。[57]

前线偶尔发生小规模战争，但从未出现严重冲突。市民不断听到空洞的新闻，极少听到好消息。比如，1940 年 3 月，《竞赛》（*Match*）杂志报道[58]，在与敌军的短暂冲突中，士兵、未来的头号“合作者”约瑟夫·达尔南（Joseph Darnand）返回两军交火之处，带回一名战友的遗体，因此被授予勋章。[59]这一行为固然算得上英勇。不过，《竞赛》杂志将它称为开战六个月来“最出色的武装行动”，足见此次战争多么奇怪。3 月，乔治·萨杜尔阅读了《巴黎晚报》整个版面的文章。当中罗列的至今为止的战争大事中并未包括地面冲突的记录，通过外交抵制苏联的报道远多于对德海空乃至外交冲突的报道。[60]

为严格监控巴黎和法国其他地区信息，新闻信息监管署开放电台，以帮助听众缓解紧张情绪、坚定意志。巴黎的听众希望听到鼓舞人心的口号，但广播里只有吉罗杜的精英思想。政

府特意选择吉罗杜领导新闻信息监管署，以强化法国（特别是巴黎这座“光明之城”）代表文化、文明和启蒙的形象，这恰好和纳粹德国庸俗、野蛮、无知的形象形成对立。因此，法国 36
的“政治宣传”更为含蓄、高雅和诚实，而不是纳粹宣传部部长约瑟夫·戈培尔（Joseph Goebbels）博士粗陋、虚假的咆哮——被吉罗杜称作“惊人的广告”。在对大陆酒店的员工进行圣诞讲话时，吉罗杜说：“法国宣传关乎格调、真相和纯粹。”[61]

但是，吉罗杜高蹈、抽象的演讲完全无法鼓舞人心。在10月的广播中，他说：“民主并不总是在法国上空飘扬的真理，它有时也伴随着战争的硝烟。这是上天‘赋予每位法国士兵的秘密’[62]。”他这样形容法国士兵：“身上的军装让他们在敌军中遁形，却在家乡的亲人和朋友眼中格外醒目。”[63]接着，吉罗杜提到休息时的对阵军队：“所有士兵都在睡觉，但他们的睡眠并不一样。”他称，空中飞翔的死亡天使认为，法军远比德军悠闲、自信和宁静。天使后悔自己不是生命天使，否则便会青睐法军，让他们的战争更为轻盈松弛。不过，“作为死亡天使，他必须公正，便计划从双方军营都带走一些人”。[64]

《小王子》的作者安东尼·德·圣埃克苏佩里（Antoine de Saint-Exupery）嘲讽道，吉罗杜“精英式的腔调和可笑的双关语，对头脑来说或许还有些吸引力，但对人心毫无作用”。[65]法国公共建设工程部部长阿纳托尔·德·蒙齐说，吉罗杜与戈培尔相比，就像用匕首去刺利剑。[66]毫不意外，巴黎亲英派匈牙利人彼得·德·波内（Peter de Polnay）称，新闻信息监管署“似乎被一帮愚蠢的傻瓜把持”。[67]

3月底，政府公布全法镇压共产党的结果：超过两千七百名法共地方议员被免职，所有共产党刊物被禁，超过三千四百名激进分子被捕，其中不少人被拘禁在集中营。3 月举行了四十四名共产党国民议会议员的审判，全程拍摄，除却三个人（审判期间决定退党），其余所有人都被判处监禁。他们的罪名
37 是重新组建议会党团，组织议会辩论，与共产国际保持联系。4 月颁布的法令将私藏法共宣传品判为死罪。

尽管右翼和极右翼势力都热衷镇压共产党，但是，信奉民主原则的人们认为，这样严苛的方式并不合适。毕竟，法国正打着民主和平的大旗，对阵一个极权主义国家。

3 月前，外出购物和吃饭变得愈加困难。巴黎人购物的种类和时间限制越来越多；除却每周三天不出售肉类外，周二、四、六也禁止出售餐前酒；因此，人们往往采购超过自身需求的东西。

1940 年 4 月，一个月前替代达拉第成为总理的保罗·雷诺[68]不时通过电台解释限制物资供给的原因。他告诉听众，大量男性劳动力留在部队，远离田地和工厂，导致法国生产总量逐步下降，消费量却保持不变，甚至更高。他声称，限制物资供给等于限制价格或生活成本；此外还能减少浪费，防止货物囤积。

5 月，为期八个月的“假战”结束，巴黎人已经走出严冬。随着春天的到来，他们感到困惑，而非恐惧。正如所有法国人，他们担忧限制物资供给的后果，不明白国家是否仍处于战时，猜测这种奇怪的状况将维持多久。他们很快便会知道答案。

第二章　闪电战和大出逃 38

1940年5月，想在政府谋职的米歇尔·朱诺（Michel Junot）带着妻子和幼子住在巴黎。5月10日，温斯顿·丘吉尔取代内维尔·张伯伦成为英国首相的几小时前，米歇尔在日记中写道：“今早4点50分，我被警报声惊醒。这是2月以来的头一次警报。飞机从房顶轰隆而过，与之相伴的是高射炮声。莉迪（Lydie）立即把小菲利普（Philippe）抱进手中的睡篮，带着他向地窖跑去。”米歇尔并未受警报干扰，而是和母亲站在窗前，看着窗外，“太阳升起，又是美好的一天”。[1]大约两小时后，无线广播通知，德军大举入侵比利时和荷兰。“假战”结束了。

最初，法国将领并未过分担忧。开战以来，他们始终认为德军会在某时发起进攻，而比利时和荷兰恰好是他们预期的入侵地点。根据应急战略，法国大部分军力向北进发，抵抗德军。不过，法国将领没有料到，德军另一支部队将进犯阿登地区，因为他们自信地认为，敌人不可能穿过那里的高山和密林。

法军指挥官将军力集中在低地国家，与此同时，十三万四 39
千名德国士兵，一千一百二十二辆坦克和将近四万辆卡车——“（到那时为止）欧洲历史上最大规模的交通堵塞”[2]——正隐秘地穿过阿登密林。它们排成四列纵队，每列长250英里，缓慢却无情地向默兹河①逼近。

5月12日，《曼彻斯特卫报》②驻巴黎记者亚历山大·韦斯（Alexander Werth）批评法国广播废话连篇："实际上，它只传达出一个信息——比利时正在全线溃退。"[3]他指出，广播主题曲——《马赛进行曲》的最后一段——极像葬礼音乐。他埋怨道，政府对新闻（巴黎市民的消息来源）审查过分严苛，近乎荒谬："审查对法国造成严重伤害，滋生民众自大情绪，让他们认为胜利唾手可得。听了这么多漂亮话，我怀疑，现在法国人的士气能否抵挡可怕的闪电战。报纸反复重申，马其诺防线是不可逾越的；报纸甚至不允许刊登最小的质疑。好吧，让我们拭目以待！"[4]

5月12日，第一支德国军队到达色当附近的默兹河畔。那是1870年德国击溃法国的地方；也正是在那里，德军首次遇到真正的抵抗。德军指挥官出动约一千架斯图卡轰炸机（Stuka），重重打击色当周围的法军。这是军事史上最严重的空袭，轰炸一波波袭来，持续近八小时。地面上的法军别无选择，只能躲藏或撤退。空袭后紧接着地面进攻。5月13日，德国军队已到达默兹河畔的法国境内。尽管法军英勇无畏，但由于反扑太晚，终究无法阻挡德国的进犯。

局势发展之快令法国政府不寒而栗。保护巴黎的计划始终基于马其诺防线抵挡德军东部进犯的前提。政府猜测，德军进攻巴黎时会采用空袭，因此极重视民防，分发防毒面具并建立防空洞。

---

① 默兹河：发源于法国东北部，向北流经比利时，由荷兰注入北海。

② 1959年，《曼彻斯特卫报》更名为《卫报》，与《泰晤士报》《每日电讯报》并称为英国三大报。

不过，德军以诱敌之计展开成功的地面攻击，令法军误以为进攻主要来自北方。现在看来，巴黎的防护少得可怜：全长80英里的半圆形地面防护圈，从城市西部延伸至东部，再扩展 40
到北部；市区有约两百个水泥遮蔽墙，同等数目的机枪阵地，约一千个反坦克拒马，以及约8英里长的反坦克堑壕。这个防护工事在德军入侵阿登地区和5月进攻色当后才得到加固。除却警察总局和共和国卫队（即法国亲卫队，只在举国皆兵时参战），巴黎还有两个塞内加尔兵营，四个防暴警察排和几辆坦克。

德军攻入本国领土后，法国军事和政治将领谨慎的乐观心态荡然无存。东北前线大本营下茹瓦尔堡（La Ferté-sous-Jouarre）气氛凝重，就像家中有人即将去世一般。安德烈·博弗尔（André Beaufre）这样形容总指挥官阿方斯·乔治（Alphonse Georges）的反应："乔治立即站起来……面容惨白。'我们的色当前线被冲破了。溃不成军……'他瘫坐在椅子上，眼泪止不住地流出来。"[5]

尽管色当附近发生了戏剧性转折，严格的审查制度依旧蒙蔽法国民众视听。人们不得不在法媒的假新闻、英国广播公司报道和德国官媒斯图加特广播（Radio Stuttgart）的胜利宣言中做出抉择。

巴黎人拼凑自己听到的一切，察觉到事情不像想象中顺利。十九岁的贝诺瓦特·格鲁（Benoîte Groult）和十五岁的妹妹弗洛拉（Flora）出生于受人敬重的服装设计师之家。一家人住在巴黎第七区的瓦诺路（rue Vaneau）。5月13日，贝诺瓦特仍旧希望比利时成为法国的战火缓冲带："昨天，空袭警报响了三次。比利时发生的一切让我们更严肃地对待当下局势。我们躺在床上无法入睡，心里想着那七八百万为我们挡枪子儿的人。”[6]

5月14日，《时报》报道，荷兰局势“大幅好转”。次日，即德国发起进攻五天后，荷兰投降。法国总理保罗·雷诺致电丘吉尔称：“我们已经败了。”巴黎记者并未听说这些灾难性的
41 新进展。当晚，亚历山大·韦斯写道：“刚才为报纸写了篇极其无聊的文章。军方不愿提供任何信息，我们别想写出什么重要报道。”[7]

很快，斯图加特广播便大张旗鼓地报道法国和比利时的新闻，以及法国被德国闪电战逼得节节败退的消息。法国报纸将德军坦克攻击轻描淡写地称作“突击队进攻”。相比而言，贝诺瓦特·格鲁的描述更接近事实，“我们周围的堡垒一个接一个地被摧毁，”她在5月14日的日记中写道，“就像衣服一件件从身上剥落一样，我们很快将在敌军阵前赤身裸体。”[8]次日，她在日记中写道：“所有人都在说，巴黎形势危急。”[9]同时列出已离开巴黎或计划离开的朋友。亚历山大·韦斯在5月16日的日记中印证了这种说法：“市民们无疑在逃出巴黎。出租车很难找到，空气中充斥着恐慌的气息。”[10]1939年9月离开巴黎之后又返回的市民考虑再次出逃。

讽刺的是，此时的巴黎并未受到直接威胁。攻陷色当后，德军并未向南朝巴黎进发，也没有折回东边从后方攻击马其诺防线——这正是驻守马其诺防线的士兵所担心的，他们向东举起武器等待德军。相反，德国部队向西和向北朝英吉利海峡进发。

5月16日，即雷诺致电的第二天，丘吉尔抵达巴黎会晤法国领袖。他观察到“每张脸上都写着沮丧”。丘吉尔询问法军总司令莫里斯·甘末林打算如何反击。“甘末林回答道：‘士兵不

足，武器不足，战术落后’，接着无奈地耸了耸肩。”[11]

战场上的法军将领指挥乏力，他们防御为主的静态策略完全来自1914—1918年第一次世界大战的经验。尽管对指挥失望，法国士兵仍旧奋勇作战。有位德国军官曾提及一支摩洛哥骑兵团（其中一半士兵都在色当附近丧生）：“两次战争里，我对抗过不少敌军……很少见到这么出色的战士。”[12]比利时中部一场激烈的坦克战后，坦克指挥官恩斯特·冯·容根菲尔德（Ernst von Jungenfeld）间接向法国士兵致意，他称此次战役“惨烈血腥，很多英勇的（德国）装甲兵向祖国奉献出宝贵生 42
命。伤亡惨重，不少坦克都损毁了”。[13]

德军向英吉利海峡进发时，法国政府仍旧不愿公开承认战况的严重性，而是机械重复假消息和陈词滥调。这种真空很快被谣言填满，后者以“新闻”的面目频频出现在巴黎报纸上。不断见报的一则流言便是，德国伞兵（一些版本称他们伪装为修女）空降到巴黎。《纽约时报》记者珀西·菲利普（Percy Philip）被错认为伞兵，差点在阿尔玛广场（Place de l’Alma）[14]被私刑处死。还有谣言称，某些法国政府官员和部队将领已经丧命或自杀。还有人声称，希特勒被抓进监狱，苏联已对德国宣战；或者，德国向巴黎投下有毒的糖果，一些孩子吃过后便死了。[15]谣言加强了巴黎人的恐惧和焦虑。他们频频自问，到底发生了什么，为什么政府不公开事实。

在5月17日的广播讲话中，雷诺终于承认，前线遭受惨痛失败。他特别驳斥了“最荒谬的流言”：“有人说政府想离开巴黎。这纯属无稽之谈。政府在巴黎，也将永远留在巴黎。”[16]就算这并非戈培尔柏林宣传部制造的流言，他们也在为谣言传播煽风点火，激化法国人的恐慌和困惑。

雷诺广播讲话当天，戈培尔命令下属宣传机构，尽一切可能激发法国人的恐慌。5 月 18 日，针对巴黎，斯图加特广播特别宣称，地铁站发生“动乱”，离开巴黎的所有路段都由巡警保护，政府正准备逃往加拿大。

希特勒担心德军向英吉利海峡行进过快。于是，在柏林示意前，德军暂停攻势。5 月 18 日，雷诺利用这次短暂停歇，从
43 达拉第手中夺回国防部部长一职，让其改任外交部部长。为加强政府可信度并提升群众士气，他邀请菲利普·贝当元帅（Philippe Pétain）——八十多岁的一战英雄——回到巴黎。此前，贝当以法国大使的身份驻留在佛朗哥将军的新右翼独裁政府，此时，他重回雷诺政府。雷诺在广播中热情赞扬元帅的归来：“这位 1916 年凡尔登战役的胜利者——因为他，入侵者未能达到目的；因为他，我军重获士气，取得胜利……——他现在就在我身边……倾其智慧与力量服务法兰西。”[17]

法国北部地面战役仍旧严酷。巴黎市民还是无法从报纸上得知此类消息。5 月 18 日，亚历山大·韦斯说：“《巴黎晚报》称，法国士兵慢慢习惯了俯冲轰炸机，很快学会了如何躲开炸弹和子弹。”韦斯讽刺这是“胡言乱语”。[18]巴黎人还能听到其他假“新闻”：《费加罗报》报道说，敌人在色当停了下来，英国皇家空军展开伟大反击；《巴黎回声报》（*Le Jour-Echo de Paris*）称，德国似乎停止了进攻；《晨报》宣称，德军损失飞机的数量比盟军高出三倍。[19]

5 月 19 日周日，雷诺免除甘末林的法国总司令一职，取而代之的是已退休的马克西姆·魏刚将军。为重振法国信心，雷诺、贝当和其他内阁成员，以及英、美、加三国大使在巴黎圣母院参加了一场特殊的弥撒。他们向米迦勒天使长（Archangel

Michael）请愿，希望他在这场战役中支持法国，祈祷圣路易保护法国政府，愿圣雷米（Saint Rémy）为法国带来信仰，请求圣女贞德（Saint Joan of Arc）与法国将士同进退，向巴黎守护圣女热纳维耶芙（Saint Geneviève）祷告。①对持怀疑态度的巴黎人来说，在法国这个1905年已完成政教分离的国家里，政府的无神论者、不可知论者和共济会成员求助宗教连祷、寻求超自然的帮助，足以证明情况比想象中更为绝望。

在政府寻求神助之时，韦斯记录了到达巴黎的比利时难民和更多准备离开的巴黎人。“街上不少比利时车顶着床垫——不少法国车也是如此——挂着法国车牌。该死，赶快滚出去！”[20] 44

斯图加特广播继续加大宣传攻势：5月20日的法语新闻播报，政府将迁往波尔多；两天后，它又声称，一半政府官员已转移到南部的克莱蒙费朗。[21]广播批评试图保卫巴黎的人；鼓励寻求和平“以避免最差的情况”；将战争的责任推到犹太人身上；同时，借助露出苗头的仇英情绪，宣称法国政府不过是英国人的工具，无权代法国人民做出决定。德国人扰乱首都的常

① 米迦勒天使长：《圣经》中的人物。《启示录》中，米迦勒为维护上帝统治，奋力对抗撒旦并将其击败。圣路易（1214—1270）：即路易九世，虔诚的天主教徒，在位期间推行改革，巩固王权，实现法国繁荣稳定。圣雷米（?—533）：天主教法国总教区主教，496年为法兰克国王克洛维一世受洗。该事件标志法兰克人皈依天主教，是欧洲天主教会的标志性事件。圣女贞德（1412—1431）：天主教圣人，曾在英法百年战争中带领法军对抗英军入侵，被视作民族英雄。1430年，贞德被捕，在1431年被英国人处以火刑。圣女热纳维耶芙（422左右—502）：出生于巴黎西部市郊，父母去世后来到巴黎，十五岁成为修女，终生虔敬上帝，后被尊为巴黎的守护圣人。相传，匈人即将攻入巴黎时，热纳维耶芙号召巴黎人禁食，向上帝祈祷以求保护。最终，匈人改变进攻路线，远离巴黎而去。法兰克人统治巴黎时，热纳维耶芙说服国王释放囚犯，此外，还帮助巴黎人解决灾荒困扰。

用策略便是不断重申，德国间谍构成的庞大“第五纵队”①现已渗透巴黎，时刻准备行动。这令巴黎政府官员异常紧张，甚至打算撤离。自5月底起，武装警察每天巡逻地下排水系统十二次，为市民“提供监督，防止蓄意破坏，并在必要时逮捕嫌疑人”。[22]

乘车而来的零散比利时难民很快形成洪水之势[23]；还有不少难民步行而来。难民人数远远超出巴黎政府的预期。难民乘火车向南转移前，学校、体育馆和医院建起了收容所。政府禁止难民提及战时经历，以防对市民产生负面影响。除却比利时难民，还有荷兰难民。市民普遍担忧德国间谍和“第五纵队”混进难民中，潜入巴黎。

5月21日，保罗·雷诺在参议院表示：“国家处于危难之中。”随即，他宣布法国亚眠（Amiens）和阿拉斯（Arras）都被攻陷了。[24]台下的议员不禁倒吸一口冷气。富人将此作为离开巴黎的信号。不过，尽管坏消息不断传来并且有人离开，大多数市民仍旧暂留原地。

亚历山大·韦斯也在考虑离开巴黎。5月22日，他在巴黎老佛爷百货（Galeries Lafayette）[25]的照相部取照片时，发现“为各式旅行许可证准备照片的人排成了长龙。商场空空如也，唯一忙碌的角落便是箱包部”。[26]

45 5月24日，希特勒又一次在法国北部停下进攻的脚步。元首副手、纳粹德国空军司令赫尔曼·戈林向他保证，德国空军可以击垮盟军。此外，希特勒想在向南进攻巴黎前给士兵休息

---

① 第五纵队：1936—1939年西班牙内战时期，佛朗哥手下将领拉诺安插在马德里的内奸队伍。此后，泛指内奸或间谍。

的机会。此次进攻暂缓让英国远征军总司令约翰·戈特将军有机会遣返二十五万到三十万英国远征军。得到伦敦的许可后，士兵带着武器向敦刻尔克撤退——那是唯一一个不受德国控制的英吉利海峡港口。5 月 26 日，英国远征军展开穿越海峡的大撤退。一支支小船从英国南部海岸驶来，载着英国士兵返乡。同行的还有困在大海和德军间的法国士兵。

德国人将敦刻尔克大撤退称为“盟军溃败”[27]，法国政府将此视为谎言，不予理会。不过，官方声明仍旧含糊其词。5 月 28 日，比利时投降。

截至 5 月 29 日，十二万士兵从敦刻尔克撤退，其中包括六千名法国士兵。德国军队再次前进。就在英法士兵继续撤退时，为了将德国人拖在海湾，法国士兵展开一场英勇的保卫战。6 月 4 日，德军终于攻入敦刻尔克，不过此时，已有超过三十万士兵撤退了。[28]

由于新闻审查，巴黎人并未意识到，政府否决了从索姆河到马其诺防线修筑防御工事的计划。他们不知道，法国士兵并未夺回阿布维尔（Abbeville)、亚眠、拉昂（Laon）和勒泰勒(Rethel)。不过，他们看到了一批批难民陆续抵达巴黎，其中不止有比利时人，还有越来越多向南逃命的法国士兵和平民。

难民们带来可怕的故事，“德国战机从奔逃的平民头顶低空掠过，用机枪扫射他们。人群中有因战争成为孤儿的孩子，还有假扮为修女甚至法国军官的德国人”。[29]难民的故事和法军混乱撤退、从垃圾里搜寻食物的场面成为巴黎人可怕的梦魇。越来越多市民意识到，法国士兵在逃亡，野蛮的德国兵在大刀阔斧地前进。

与此同时，留下的巴黎人决心维持常态，好像这样便能驱散战 46

争。6月2日，星期日，天气晴好。人们乘坐火车、巴士、汽车或骑自行车向邻近郊区而去。就在前一天，保罗·帕雷①（Paul Paray）在巴黎歌剧院指挥管弦乐队演出柏辽兹的《浮士德的天谴》，现场座无虚席；夜总会照常营业；高级饭店宾客盈门；莫里哀的《伪君子》和《可笑的女才子》在奥德翁剧院（Odéon Theater）上演；巴黎人在影院门口排起长队观看最新大片《雨季来临》（*La Mousson*）和《万世师表》（*Goodbye，Mr. Chips*）。而此时，官方声明依旧没有提及敦刻尔克大撤退，或指明巴黎面临的危险。[30]

这天，保罗·雷诺和贝当从索姆河返回巴黎时，顺路检查了首都的布防工事。他们不安地发现，工人散漫地坐在机枪旁，看着难民从眼前走过。次日，劳工部部长承诺派遣十万名工人修筑防护线。不过，提议很快遭到军队上层反对，后者质问，这些工人吃什么、住在哪里，谁为他们提供工具。气急败坏的雷诺将扩建巴黎防护工事的任务交到平民手中，然而，这立即激起军队对于工人能力和政府策略的怀疑，认为这会让市民更为混乱和手足无措。

除却难民，越来越多惊恐、沮丧和愤怒的法国士兵令强化巴黎脆弱防御线的工程变得更为复杂。其中很多人认为，军队高层背叛了他们。正如对待比利时难民一样，巴黎政府禁止阴郁疲惫的士兵接触市民，以防引发后者不安，削弱政府公信力。巴黎外的科隆布（Colombes）、梅松-拉斐特（Maisons-Laffitte）和马西（Massy）分别建起欢迎中心。那里几天内便人满为患，卡车和列车数量不足，无法有效转移部队。武器不足，指挥官不够，士兵们受命步行到约两百英里之外的布列塔尼大区

---

① 保罗·帕雷（1886—1979）：法国指挥家、作曲家。1930年代至1960年代活跃于美国，留下众多录音。

（Brittany）和下诺曼底大区（Lower Normandy）。一些士兵假扮平民逃出队伍，因为士兵和平民常常互换衣物：士兵回家，平民得到部队提供的食宿。[31] 47

6月3日，星期一，巴黎人首次得到城市危急的消息。不过，这个消息并不是由法国政府带来，而是由德国人提供。当时，学生、空袭监督员伊戈尔·德·肖特（Igor de Schotten）正在巴黎西南部第十六区[32]的家里吃午饭。突然，空袭警报响了。他抓起头盔和防毒面具，戴上臂章，跳上自行车，向自己负责的区域骑去。根据培训，他将站在塞纳河畔的一个高楼楼顶，观察并汇报眼前所有炸弹造成的破坏。在那里，庞大的人群正拼命挤入建筑物地下防空洞的窄门。主楼梯太挤，肖特不得不违反安全规章，坐电梯到顶层，再通过一扇门登上楼顶。

他写道："我打开门……难以置信……德军俯冲轰炸机向我直直冲来，发出刺破鼓膜的声音。我被吓破了胆，浑身发抖，只能趴在地上，用手压住耳朵……接着，我站起来，视线掠过雪铁龙工厂，望向塞纳河对岸……和我等高的地方，每架飞机都投下一连串炸弹。炸弹爆炸时，空中腾起碎渣和火焰。"[33]

肖特刚目睹了一场可怕的德军日间空袭。不到一小时内，两百多架德国飞机便向巴黎西南部的雷诺和雪铁龙工厂区——法国战时的重要支柱企业——投掷了约一千枚炸弹。炸弹还摧毁了工人居住的第十五区[34]以及相邻富人居住的第十六区。

起初，法国政府声称，这场轰炸"仅仅"造成两百平民伤亡，其中包括四十五例死亡。二十四个小时后，他们便不得不承认，此次轰炸中，伤亡总数为九百零六人，其中二百五十四人丧生，包括二十名儿童。德国空军在光天化日下空袭巴黎，证明了敌人领先的军事技术，也让市民意识到政府无力保护巴

48 黎。巴黎轰炸当天，媒体仍在迷惑人心。《日报》称："敌人的胜利只局限在地图上。他们终将失败。"[35]

巴黎政府一边捉襟见肘地应对涌入城市的难民，一边尽力强化防御。6 月 4 日，亨利·登茨（Henri Dentz）将军任命拉努瓦（Lanoix）将军为巴黎地区总司令，皮埃尔·黑林（Pierre Héring）将军为巴黎市军事指挥官。这样的权力分配让登茨和拉努瓦下属对程序和分工展开了无休无止的争论。

6 月 5 日早上 7 点，距空袭三十六个小时之后，巴黎广播传来了沉重的声音：德军沿索姆河展开新一轮进攻。6 月 8 日，德军抵达巴黎北部 75 英里之外的福尔日莱索（Forges-les-Eaux）。巴黎征召更多士兵加强防护。截至 6 月 8 日，巴黎北部 30 英里处驻守着约一万名士兵。那里还有两百架机枪，以及三十辆突击坦克——尽管当中只有十辆是最新型的。这种努力代表了进步，但仍不足以在德军的全面攻击下提供有效防御。6 月 9 日，德军距巴黎仅 19 英里。

自从德军踏入法国国土以来，政府不断重申一个原则：政府将始终留在巴黎。这个信号一方面出于安抚巴黎人，另一方面也表明巴黎并不面临直接危险。不过，它的逆否命题也成立：政府倘若逃亡，便表明巴黎处于威胁之下。因此，当 6 月 10 日，政府在广播中宣布"出于不可抗拒的军事原因，不得不离开巴黎"时，人们意识到，巴黎已陷入战区，即将落入德军手中。成千上万巴黎人以政府为"榜样"，向南逃亡。

巴黎地区总参谋长格鲁萨尔（Groussard）上校表示："政府出乎意料的逃亡对巴黎市民来说是毁灭性的打击。他们被政府抛弃了，没有得到任何官方指示甚至建议。各阶层民众都慌
49 乱不堪，精神错乱。"[36] 更糟糕的是，就在法国政府抛弃巴黎的

当天，意大利对法宣战了。

德国人向巴黎进发时，法国报纸和广播不断煽动反德情绪，希望借此强化巴黎市民的意志。他们提及近期的鹿特丹和华沙轰炸，称德国人为“野蛮人”；他们还将德军称为“德国屠夫”，把希特勒与烧杀抢掠的阿提拉①相提并论。不过，此类煽动的报道并未使巴黎人坚强，反而起到负面作用。巴黎人本已处于震惊之中：他们被政府抛弃了。现在，媒体又勾起了第一次世界大战的回忆：当时，法国人认为德皇军队将强奸所有法国妇女，将儿童开腔破肚，阉割男人；他们还会随机挑选一些平民，挖出眼珠，砍断手臂。斯图加特电台欢欣鼓舞的宣传也令巴黎人不寒而栗，尤其德国报道几乎总是迅速得到法国媒体的勉强确认。6 月 12 日，法国女学生米舍利娜·博德（Micheline Bood）在日记中写道：“下午 1 点半，韦尔讷伊（Verneuil）被轰炸了。斯图加特电台报道此事时，没人愿意相信。不过，它的报道总是真的。”[37] 到那时为止，越来越多巴黎人以斯图加特电台作为消息来源，特别是法国俘虏的名单。

6 月 3 日的空袭、德军逼近的消息、德国人引发的恐惧、反德宣传的负面作用和法国政府的匆忙逃离，合力引发了巴黎市民的大撤离。其中涉及人数远远超出已经逃往南部的难民数目。提及 1940 年 5—6 月的人口变动时，一名法国历史学家曾说：“无疑，这次大撤离是迄今为止对人口分布和民众心理影响最大的人口迁移。”[38]

巴黎和周边地区约三百万人的离去改变了城市面貌。瑞士

① 阿提拉（406—453）：古代欧亚大陆匈人皇帝，在位期间四处征战，开疆拓土，入侵东罗马帝国和西罗马帝国，同时进攻巴尔干半岛，令欧洲人闻风丧胆。

记者艾德蒙·迪布瓦写道："我之所以离开，是因为巴黎突然变了。"[39]内政部工作人员烧毁记录，办公室、剧院、咖啡厅、酒
50 吧、饭店和面包铺关门歇业。营业的影院越来越少，并且其中大多数空无一人。人们不能用电话联系巴黎之外的人；若向巴黎市内拨打电话，往往无人接听。街上的汽车和公交车越来越少。最奇怪的是，一群饥饿的奶牛无人管理，在阿尔玛广场附近徘徊，发出低鸣。大街上熟悉的面孔消失了。"你不能想象清洁工和报亭对稳定人心的作用，"迪布瓦写道，"清洁工不再出现或报亭关门时，巴黎人都害怕起来。"[40]

巴黎的状况达到了戈培尔想要激发的全面恐慌。彼得·德·波内认为，德国轰炸雷诺和雪铁龙的日子（即6月3日）是"大出逃"的开端。"'大出逃'最初的原因不过是德军闪电战；接下来，是谣言、恐惧以及不知道将发生什么的困惑；更重要的则是对德军的恐惧。头脑简单的人相信，德国人会砍下他们的脑袋，挖出他们的眼睛。中产阶级或布尔乔亚……离开的原因是害怕巴黎开战。不过，大多数人选择离开只是因为朋友离开了。"[41]

大出逃的人数达到八百万到一千万，当中有撤退的法国兵，以及比利时、荷兰、卢森堡、法国北部和巴黎的难民。其中还有不少女性：年轻及年纪稍长的女士、祖母、带着稚子的母亲、孕妇、待嫁姑娘和少女。[42]

尽管各个阶层的巴黎人都在出逃，但做好离开打算的富人往往早就离开了，经济困窘的人更晚离开甚至只能留下。一个多月后，骑车穿过巴黎的金属加工工人写道："富人区彻底空了，看不到一个人。所有窗户都上了锁——第十六区尤其如此。不过，热闹的街区还是有些人。"[43]和往常一样，富人拥有更多

选择。很多富有的巴黎人在1939年9月逃出首都后，便再未返回。5—6月仍旧留在巴黎的富人不仅拥有离开的手段（汽车和汽油），还有地方可去（私宅或外省租房）。他们的财富也足够维持避难时期的生活。

1936年人民阵线政府成员、激进社会主义党代表皮埃尔·孟
戴斯-弗朗斯（Pierre Mendès-France）写道："最初，奢华的美国 51
车从街上呼啸而过，驾车的司机神采奕奕，车里坐着手捧首饰盒的优雅女士，以及低头研读通讯录或地图的男士……中产阶级驾驶着有些年头、不那么时尚的轿车，载着全家人。一两天后，街头便驶过难以置信的怪'车'……接着就是骑自行车的人。"[44]

离开的人需要准备行囊，并痛苦地决定将留下什么。住在巴黎的苏联记者和作家伊利亚·爱伦堡记下了巴黎人逃亡时的超现实场景："男人背着座椅，看起来像是迷了路。小男孩紧紧抓住木马，不想和它分离。老太太提着鸟笼出发。戴着夹鼻眼镜的男人胳膊底下夹着包，手里抱着猫。小猫发出绝望的叫声，像是急欲挣脱逃走。祖母坐在手推车里。女人怀里抱着两个孩子。在巴黎这座废都里，我的心被焦虑攫住。"[45]另一位旁观者这样描述通向巴黎南部奥尔良门路上的慌乱感："马路上塞着汽车、自行车、婴儿车和手推车，它们都被床垫、毯子、猫、鸟、笼子、洋娃娃、花盆、锅、快炸开的行李箱以及各式大小的包袱塞得满满当当。也就是说，有种疯狂的混乱感。"[46]

乔治·萨杜尔随部队向南而去。在靠近隆格瑞莫（Longjumeau）的路上，他看到年迈体弱的人坐在手推车里，被推着向前。有个老太太身材矮小，或许平日里去卢森堡公园散步都要考虑再三，此时却开心地走在路上，拖着两个沉重的行李箱，由小狗在前面引路。她告诉所有人，自己打算步行到奥尔良门，在那

里坐火车。[47]

即使对于驾车离开的人来说，决定行李里装什么也不那么容易。6月10日，一位消息灵通的朋友提醒作家、历史学家安德烈·莫洛亚（André Maurois），政府打算离开巴黎。或许因为莫洛亚是犹太人，朋友建议他也离开。第二天一早，莫洛亚和妻子向卢浮宫和巴黎圣母院告别。“和无数巴黎人一样，我们回到家，问自己应该留下什么，能带走什么。痛苦的是，我在
52 家中环视四周，看到用心收藏的书籍和装满信件的柜子，然后想：我只有一辆车，必须做出抉择，只能带走极少的东西。”他们选出十分必要和不忍割舍的心爱之物。不过，筛选结束后，选出的东西仍比能够带走的东西多出十倍。同时，他们没有足够多袋子装书籍和信件，于是不得不买更多袋子。[48]

如果书籍和信件是莫洛亚夫妻珍视之物的话，那么对一些人来说，最重要的则是奢侈品。演员、剧作家萨沙·吉特里（Sacha Guitry）的第四任妻子热纳维耶芙·德·塞雷维尔（Geneviève de Séréville）带走了很多指甲油、口红和面霜。之所以这样做，是因为她有辆宽敞的凯迪拉克，停在豪宅（位于埃菲尔铁塔旁的埃利泽-何可律大道）门口。[49]

5月中旬，德国展开攻势的几天后，贝诺瓦特·格鲁和弗洛拉·格鲁被送往外婆家——接近坎佩尔的布列塔尼半岛大西洋沿岸。[50]6月9日，表哥热拉尔德（Gérald）从巴黎驾车而来。汽车里“塞了塞夫尔瓷器、珠宝、三件毛皮大衣、装饰品、缎面靠枕、金银制品和装满男帽及女帽的礼帽盒”。热拉尔德的母亲住在香榭丽舍大街旁极具声望的雨果大街。她在公寓门口贴了张写给德国兵的字条（她以为只有德国兵才会闯入私宅），请他们进屋，随便挑选食物酒水，收听收音机。不过，她恳求士

兵看在“好家教”的分上，不要破坏公寓和其中的家具。[51]

“大出逃”最初几天，道路不那么拥挤，司机可以相对容易地买到汽油，并保持较高车速。对离开较晚的市民来说，旅行并不那么容易：汽油供应不足，主干道上停满了因缺乏燃料而熄火的车；有些时候，人们甚至拉来牲口，拖走汽车。不过，即使推迟行程的人找到卖汽油的商贩，并有能力负担对方提出的高价，行程仍旧缓慢，正如作家莱昂·韦尔特①（Léon Werth）所说。上路第一天，他便被困在“无尽的车队”里，几乎每小时只能前行 5—10 千米。第二天的情况更为糟糕。尽管凌晨 4 点出发，他花了十五个小时只走了 10 英里。[52]

这样走走停停的节奏为所有车带来了压力：变速器发出 53
沙哑的声音，水箱快被烧干了。摩托车、自行车、木板和旧自行车胎堆起来的交通工具甚至行人都不断超过汽车。一些人推着婴儿车，上面高高地摞着个人物品。韦尔特甚至看到有人骑三轮车，后座坐着一个女人。“大马”拉动的两轮货车跟在后面。[53]

“大出逃”的乱象因流言和现实问题变得更为严峻：在哪里购买汽油？汽车几乎无法离开“车队”，因为部队为保障军需供应，堵住其他路段的入口。“我被囚禁在这条不是自愿选择的路上，”韦尔特抱怨说，“我是没有避难所的难民。我非常困倦。”[54]

一些难民无法承受焦虑、食物短缺、睡眠不足、疲惫、低空飞行的敌机和时不时的枪声，心理严重失衡。6 月 11 日早上，莱昂·韦尔特驾驶汽车离开巴黎。城南的路上，他看到一个女人从车上跳下来，大喊：“我们被出卖了！我们被背叛了！”

---

① 莱昂·韦尔特（1878—1955）：法国作家、艺术评论家。圣埃克苏佩里与其关系密切，《小王子》一书即题献给他。

她手舞足蹈地指挥交通，大骂一名士兵，高声要求面包和汽油。后来，韦尔特看到“一个骨瘦如柴、披头散发的女人，像预言家般吐出晦涩的词汇”。[55]之后，韦尔特和一个老太太坐在干草棚里，后者“用愤怒和哀鸣之声，侮辱、责难儿子和儿媳”。[56]

波伏娃也在6月11日离开巴黎。她乘坐学生比安卡·比嫩费尔德（Bianca Bienenfeld）父亲的车离开。[57]在与朋友约定见面的昂热，波伏娃注意到，车站前的难民队伍中，“有些疯女人裹着毯子，推着堆满行李的婴儿车，绕广场一圈圈地走”。[58]6月16日，在法德争夺奥尔良桥控制权的战役中，巴黎士兵乔治·萨杜尔见到一个女人因恐惧而精神错乱。她无比痛苦，身边的女伴也受到感染，变得疯癫。她们将驶过的法国车队错认为德国坦克部队，整个晚上都在大喊：“希特勒万岁！希特勒万岁！”[59]

54 尽管妇女在法律上仍处于弱势地位，没有投票权[60]，但是，此次危机却逼着她们在极端情况下担负新使命。在丈夫参军的家庭里，女人成为一家之主，独自做出重要的财务决定，同时照顾孩子和家庭。逃难路上，妇女间相互寻求支持，变得更加有力、自信。很多人认为，和多数人行动保持一致意味着不会犯过多错误。[61]“我告诉你，这些女性相当优秀，”出逃的安娜·雅克（Anne Jacques）这样说，“我见过不少妇女，看到她们时时面临挑战。她们不说大话，也不过分紧张或虚弱；她们理性、冷静、豁达，有英雄气概。”[62]

不少人在车顶绑着一两个床垫，相信或者希望这能为他们抵御空袭。波伏娃见到的一个女人告诉她，北部难民把家人的尸体藏在车顶的两个床垫间，而车已经被子弹打得千疮百孔。如果若尔热特·吉约（Georgette Guillot）的记录可信，那么，这个女人的话便不那么荒谬了。吉约在日记里写道，她在路上遇到一家人。家中姑母年事已高，半路便去世了。家人找不到安葬之地，便把尸体藏在车顶的床垫下，以防孩子看到。可是，当他们半路在旅店休息时，有人偷走了车，也顺便带走了车顶的尸体。如此一来，他们便无法得到死亡证明，不能领取遗产。[63]

“大逃亡”的目睹者认为，这场巨大的难民迁徙极其混乱。不过，对难民心态的看法也因人而异。韦尔特觉得，难民认为逃亡无聊且单调。[64]而有些人则描述了更轻松的场景。有位难民将此形容为“大型乡村聚会”。[65]乔治·萨杜尔称，年轻女人把此次出逃当作时尚游行。“步行或骑车而过的十八岁少年是最快乐的。这些男孩和女孩背着轻便的登山包，成群结队，兴奋不已，认为自己终于拥有前往未知远方的自由。”[66]

还有一些人不得不放弃逃亡计划；有人体力不支，无法继续前行；有人发现自己穿得太多时已经晚了，但不想拿着多余的衣服或者扔掉它们。炎热的6月中旬，尘土飞扬的柏油路将 55
热量反射到行人身上。路边没有树荫，女人穿着层层叠叠的衣服，戴着围巾、手套和帽子。与装进行李箱相比，她们更想穿上这些衣服。

亲人极易走失。有时，孩子在人群中迷路；有时，步行的母亲恳求骑摩托车的人带走孩子，远离空袭，却再也没能追上他们。据估计，约九万名儿童在“大出逃”中和家人分开了。[67]通向南方的道路两边，人们用粉笔在墙上写下令人心碎的留言。他们还在政府大楼里留下消息，告知亲人自己的去向。[68]

对想离开巴黎却没有车的人来说，理论上而言，火车也是一种选择。成千上万名巴黎人和无数比利时、法国北部的难民，涌入城市主要火车站，特别是提供通往南部城镇列车服务的火车站。他们希望在火车上找到座位。不过，尽管法国国家铁路安排了额外列车，但火车站很快便穷于应付急欲离开的人。

年轻公务员加布里埃尔·当茹（Gabriel Danjou）计划和同事前往卢瓦尔河南部流域。他形容蒙帕纳斯站（即巴黎南部的主要铁路站）时说："仅可容纳一万人的入口大厅挤入了五万人。通向站台的过道本来只能容纳两万人，现在却有十万人挤在那里。我该怎么形容如此可怕的人数呢？……在乱七八糟的行李和提包之间，妇女、老人和孩子蹲在一起。有人坐着，有人躺着，有人头晕，有人睡觉，有人吃东西，还有不少人饿坏了。巴黎和周边郊区的居民已在车站坐了好几天；法国北部、东北部默兹省、比利时和卢森堡的人以为到了巴黎，出逃便结束了。所有人都焦灼地等待列车。但是，当列车真正驶入站台时，他们发现，自己没有冲上去的力气。"[69]

56 6月10日，拉脱维亚记者阿尔费德·阿伦斯特姆（Arved Arenstam）在奥斯特里茨车站（Gare d'Austerlitz）也感受到类似情形。"火车四小时后出发，"他在日记中写道，"约两万人挤在火车站，其中多数人坐在行李上。我们几乎不可能在人群中移动，热量令人无法忍受……迄今为止，我已经在拥挤的人群中站立超过三个小时……一个女人晕过去了。两名警察在人群中辟开一条路，拉她出去。周围都是孩子的哭声。怀里的孩子看起来像是快被挤死了。"[70]

这便是巴黎车站的难民规模。工作人员担心有人在火车进站时被推下铁轨，很快便不得不关闭通向站台的通道。仅6月10日一天，约十二万巴黎人乘坐火车离开；次日，火车班次更少；6月12日，主要的车站也关门了。[71]接着，人流疯狂涌向文森森林（Bois de Vincennes）[①]附近的沙朗通（Charenton），因为谣言称将有列车从那里离开。

挤上火车的人发现，车上的条件比车站更为糟糕。妮科尔·奥利耶（Nicole Ollier）说，西行列车是“封闭、卡夫卡般的地狱世界，你们无法在车上洗漱、吃饭或者走动”。[72]列车到站前，乘客禁止下车。尽管他们尽可能违反规矩，不过，车门从外面锁上了，火车站持枪的保安常常站在车门外把守。乘客不能吃饭，不能洗澡，觉得自己沦为“贱民，遭受了罪犯般的待遇”。[73]

反纳粹女权主义者、未来的反抗组织成员贝尔蒂·阿尔布雷克特（Berty〈Berthe〉Albrecht）和女儿米雷耶（Mireille）挤上离开巴黎的最后一班列车，前往巴黎以南 150 英里的讷韦尔（Nevers）。车厢和过道人满为患。一些女乘客因为太热，不得不脱下内衣。还有乘客盘踞在卫生间，坐在马桶上，致使人们无法使用。火车第一次停车时，车厢里的男人将女乘客从窗户托举出去。她们担心火车离开，便沿火车排成一列，蹲在铁轨旁撒尿。[74]

这便是离开巴黎之人的际遇。很多人没有选择。6 月 10 57
日，和巴黎所有监狱一样，谢尔什-米迪监狱（Cherche-Midi）的犯人也被送出巴黎。其中一些被巴士押送至奥尔良的监狱。不过，后者拒绝接收。于是，这个右翼激进分子、无政府主义者、走私犯、间谍和小偷组成的奇怪队伍，被戴上手铐扭送到旺代省的格吕（Grues）集中营。队伍中还包括六名共产党员，其中四人只有十八岁。他们因工业间谍活动入狱，十天后便被

① 文森森林：巴黎市东南部的森林，面积近 10 平方千米，是市民重要的休闲、娱乐地点。

执行死刑。前往格吕集中营的路上，右翼杂志《我无所不在》（*Je suis partout*）的核心撰稿人蒂埃里·德·吕德（Thierry de Ludre）因哮喘无法跟上大部队，便被狱卒开枪打死了。[75]

还有人无法离开。巴黎西南郊的奥赛医院收到疏散指令。那里有八十岁左右的重病患者和红十字会送来的平民和士兵。其中六名病人病情极重，无法转移。护士们依照上级指令，为他们注射大量吗啡和士的宁，接着便加入逃难队伍。两年后，这些护士因“特殊情况”下的谋杀罪被判刑，缓期一年到五年执行。[76]

与此同时，巴黎进展缓慢且不够充分的防御工事因争论而被进一步搁置。自 6 月初，人们便对巴黎是否应当设防争论不休。根据罗歇·朗热隆（Roger Langeron）的记录，6 月 4 日，巴黎军事指挥官黑林将军告诉新上任的国防部总参谋长魏刚将军：“我决定在巴黎实施全线防御政策。”[77] 6 月 9 日，黑林在广播中号召无业的市民保护巴黎。朗热隆称，人们因此相信，巴黎的防御将落实到“每家每户”。[78] 6 月 10 日（即政府弃城而逃的前夜），雷诺告诉富兰克林·罗斯福总统，他将为保护巴黎的每一个角落而战。[79]不过，与此同时，魏刚致信雷诺称，巴黎无
58 须防护。也就是说，巴黎不会抵抗德军，德军也不会攻击巴黎及其市民。

6 月 11 日，1936 年人民阵线联合政府总理、社会党领袖莱昂·布鲁姆回到巴黎，找到黑林。“那么，巴黎被抛弃了？”布鲁姆问道。据他的回忆，黑林这样回答：“我能说什么呢？我们什么都不知道。我们没有得到任何指示，也没有收到任何命令。”[80]当天，黑林在广播里命令所有未被征召入伍的工人立即加入武装部队；次日，巴黎街头又出现另一个通知，以黑林个

人之名取消这个命令。[81]事实上，早在此次混乱声明前，朗热隆便抱怨道："非官方的政府声明不断宣称，首都无须布防，接着又说有这种需要，然后又发出相反声明。"[82]

这样的混乱局面加重了百万留守巴黎市民的恐惧。没人告诉他们发生了什么，或者应该怎么做。政府官员、公务员，几乎所有国民议会议员和大多数代表都逃走了。那么，巴黎留守市民感到恐慌、气愤甚至感觉被出卖，便不足为奇。

塞纳省最高行政长官阿希尔·维莱和巴黎警察总局最高长官罗歇·朗热隆仍旧留守岗位。七名议会代表也选择留下[83]，决心"永远履行责任"，代表市民与维莱、朗热隆紧密合作。但是，政府对这七个人的工作分配仍旧不能达成统一。6 月 10 日，内政部部长乔治·曼德尔（Georges Mandel）强烈建议他们离开。然而次日，他们又收到雷诺亲笔信，褒奖他们留下的决定。[84]

6 月 12 日，最后的决策终于出台：魏刚宣布，首都不再布防。登茨将军（Dentz）被任命为巴黎军事指挥官，黑林则被派往巴黎南部，管理仍属军方管辖的小片区域。登茨随后向美国大使蒲立德（William C. Bullitt Jr.）确认了巴黎不设防的决定。

6 月 12 日，即德军入城前，《巴黎战争特刊》（*Édition parisienne* 59
de guerre）最后一期降价出售，引人唏嘘。《晨报》《新闻报》和《小日报》（*Le Petit Journal*）携手出版了这份双面印刷的特刊，报头标语便是："坚守巴黎……即使……"这期报纸中，有用的新闻仍旧不多：依旧捏造事实，传播假消息，称"我们正对敌人展开无情的反击，对德军造成严重损失"。报纸上印出了英国副首相克莱门特·艾德礼（Clement Attlee）对英国下议院的讲话。同时，黑林通过此报号召十七岁以上、身体健全的男性在

巴黎南部城门（意大利门、奥尔良门和沙蒂永门）等待参军指示（比如在哪里、如何入伍）。战前右翼团体领袖德·拉·罗克上校（Colonel de La Rocque）也发表文章，抱怨巴黎人仍旧被蒙在鼓里。知名记者热奥·伦敦（Géo London）通过电话自利摩日传来新闻，报道意大利参战的决定。同时，巴黎一名记者写道，巴黎在“浓烟蔽日……末日般的天空之下”苏醒。[85]据报道，浓烟来自熊熊燃烧的炼油厂。法国人烧掉炼油厂，德国人便无法偷取燃料了。

就在消息混乱传播，法国政府和部队高级长官犹豫不决之时，德军距巴黎更近了。6 月 13 日，登茨以新任巴黎军事长官之名发布海报，指导巴黎人到当地警局上交所有武器。这天，登茨还以个人名义发布另一张海报，告知巴黎人，“我们的首都将‘不再设防’，军事长官号召市民不要采取任何对抗行动，保持镇定与尊严。这正是眼下急需的”。[86]除却少数个例，巴黎将成为“不设防城市”的计划令留守市民和军官松了口气。这意味着他们不会受到战争恐吓，令人宽慰的是，巴黎不会成为第二个华沙。

60 不过，德军仍可能全力攻击巴黎。6 月 13 日，德国部队到达巴黎东郊的庞坦（Pantin）、奥贝维利耶（Aubervilliers）和邦迪（Bondy）。下午 5 点 10 分，德军通过收音机向西岱岛的巴黎警察总局发出消息，命令巴黎代表 6 点整到达穆瓦塞莱（Moisselles）[87]北郊指定街道。

面对一座不设防的城市和政府的缺席，登茨认为自己的使命只是在敌人到来前尽量维持秩序，而不是和敌人谈判。于是，他没有回应。晚上 11 点 25 分，德军谈判团队发出另一则消息，称他们受到侮辱，一名成员被杀（事后证明是假的）[88]。德国人警告登茨：如果凌晨5点前，没有巴黎代表前来谈判，德军便会对巴黎展开全面陆地攻击和空袭。登茨迅速派出一名军官和一名翻译官与德国人会面。

德国人将巴黎代表护送到埃库昂村（距巴黎北部12英里处）的临时大本营。德军将领在这里提出不攻击巴黎的四个前提条件：第一，没有抵抗；第二，巴黎市区和郊区必须听从德军指挥；第三，桥梁、公共设施（尤其水电）和广播设备不能被损毁；第四，德军入城的四十八小时内，巴黎人必须留在家里。

德国人说，倘若遇到反抗行为，反抗组织便会受到“最可怕的陆地和空中攻击”。巴黎警察留守岗位，保护公共财物，防止故意破坏和劫掠。[89]

6月14日黄昏，德军在没有任何抵抗的情况下进入巴黎。早在4月，戈培尔便在一份瑞士杂志上宣称，德军将在6月15日占领巴黎。他的预言成真了，尽管有一天的误差。

第三章　巴黎人和德国人，德国人和巴黎人

61

6月14日，星期五。天蒙蒙亮时，退休铁路工人皮埃尔·吉尔穆（Pierre Guillemor）看到一列军容整齐的德国兵穿过自己居住的阿让特伊（Argenteuil）。阿让特伊位于巴黎北部郊区，居民多为工人。他发现，德国士兵展示出青春、效率、纪律，以及令人惊叹的“先进军事装备”。让人安心的是，德军对法国人并无敌意。[1]

巴黎警察总局局长罗歇·朗热隆深感愕然：“我们一直担心的事发生了——德军挺进巴黎。”[2]早上8点，他得到消息，漫长无尽的摩托化步兵队伍从圣德尼和其他北部郊区进入巴黎。朗热隆注意到，“最初入城的是身穿皮夹克的摩托化步兵，接着便井喷式地出现武器装备和坦克”。[3]

德军入城前一天，凯旋门无名烈士墓的火焰管理员称，眼前的巴黎如荒漠一般。德国人也持同样看法，误以为自己走入鬼城。[4]德国作家、诗人威廉姆·埃默尔（Wilhelm Ehmer）随军穿过巴黎，看到街道和民居死寂一片，多数商店店门都被木板钉死
62 了。在“阴森的寂静”中[5]，他和队伍沿塞瓦斯托波尔大道（boulevard de Sébastopol）向南而行，穿过沙特莱广场（place du Châtelet）。他们在圣米歇尔桥（pont Saint-Michel）短暂停歇，瞻仰左边西岱岛上恢宏的巴黎圣母院，之后沿圣米歇尔大道行进，来到奥尔良门（即通向法国南方的城门）。埃里希·马

克斯（Erich Marcks）将军站在车里，如指挥牌一般指向卢瓦尔河，注视部队向南走去。

同时，第二列德军从西进入巴黎。他们穿过协和广场，跨过塞纳河，同样向南朝卢瓦尔河进发。第三列德军从更西的地方过来，在香榭丽舍大道的凯旋门集合，接受第十八集团军司令格奥尔格·冯·屈希勒尔（Georg von Küchler）及其长官费多尔·冯·博克（Fedor von Bock）将军的检阅。随后，马克斯乘车从奥尔良门赶来。随着军乐响起，德军开始了首次长时间的军事演习。早上9点45分，无名烈士墓之上的凯旋门便飘起纳粹“卐”字旗。[6]讽刺的是，无名烈士墓正是为了纪念二十五年前在抗德战争中丧命的法国士兵。

很多巴黎人并未遵守留守家中的命令，而是小心翼翼地出门，想看看到底发生了什么。一名德国士兵发现巴黎人“带着慌乱和好奇的神情”盯着自己的队伍。有些大胆的人干脆站在路边；其他人则迅速退回住宅区入口；母亲拉着孩子回家，紧锁门窗。这名士兵记录道：“不过，什么都没有发生。没人对我们开枪。队伍缓慢而平静地走在路上。”[7]除了入城前有人在北郊对谈判队伍乱开一枪之外，德国入侵者并未遇到任何抵抗。[8]不过，第十四区警察局局长在奥尔良门旁见到一名法国上校和两三名士兵。他们带着一挺机枪，还不知道巴黎已放弃防御计划，进而打算袭击德国人。警察局长告诉他们，这不符合当前策略，后者便放弃了袭击计划。[9]

博吉斯拉夫·冯·施图德尼茨（Bogislav von Studnitz）将军被委任为巴黎临时军事长官。他的第七步兵师对巴黎担负全责。德国坦克包围市政厅——与巴黎圣母院隔塞纳河相望的19世纪新文艺复兴建筑。身着典礼制服，胸前佩戴红色饰带的塞 63

纳省行政长官阿希尔·维莱接待了坦克营营长。营长“邀请”维莱和警察总局局长朗热隆上午 11 点在克里雍大饭店（Hôtel de Crillon，被征用为德军指挥部）会晤施图德尼茨将军。就在双方交谈时，德国士兵移去了市政厅楼顶的法国国旗，升起“卐”字旗。

中午前，德军便控制了巴黎中心地带。坦克营营长前往协和广场，观看第九步兵师的阅兵式。在那里，冯·屈希勒尔将军和第七装甲师司令斯图姆将军（Stumme）接受士兵致意。接着，步兵师正步走上香榭丽舍大道，加入凯旋门附近的另一支阅兵队伍。巴黎人清楚地知道，德军入城了，现已控制整个巴黎。入侵者甚至打算开展规模更大的胜利阅兵，邀请希特勒本人检阅。不过，由于忌惮英国皇家空军，他们极不情愿地放弃了这个计划。

留守巴黎的两名政府代表——阿希尔·维莱和罗歇·朗热隆——按时到达克里雍大饭店。尽管巴黎已经宣布放弃一切抵抗，施图德尼茨将军还是担心反德运动。他最重要的任务便是确保巴黎安全，防止动乱。这位德国将军长着两撇小胡子，戴着单片眼镜，看起来像漫画里的普鲁士军官。他问朗热隆，能否维持巴黎秩序。“只要可以正常开展工作，我们就能保证市内秩序良好。”朗热隆回答。施图德尼茨考虑了一会儿，回答说：“只要社会秩序能得到保证，我的士兵人身安全有所保障，我就不会干预。”[10]确认巴黎不可能存在反抗力量后，他便取消了市
64 民的禁足令，尽管很多人并未严格遵守。或许，施图德尼茨还意识到，如果所有人都留在家里，巴黎便无法像德国人希望的那样正常运转。

此时留在巴黎的两位法军最高军官是登茨将军和副手格鲁

萨尔上校。他们担心与德军高层的会面被误解为通敌，于是便在晚上偷偷潜入克里雍大饭店与施图德尼茨会面。法国政府（德军入城那天已离开图尔地区前往波尔多）命令登茨维持巴黎秩序，确保市内和郊区食物供给。现在，德军已经入城。登茨认为，自己不再担负其他义务。施图德尼茨并未提出异议。但他认为，法国军方应该对此前油库被毁一事负责。此外，他告诉登茨和格鲁萨尔，他们的命运将由德军高层决定。[11]

法国军队如此迅速地全线溃退，让留守的巴黎人胆寒。尽管有眼前所见为证，他们还是不能相信，巴黎已处于德国控制之下。不少德国士兵也感到难以置信。冯·韦德尔中尉（von Wedel）写道："我们取得了胜利。虽然大脑接受了这个事实，但内心里，大家还是不能完全理解此次胜利的重要性。"[12]

韦德尔被授命守护玛德莱娜教堂（Madeleine Church）。[13]站在台阶顶层，他有机会从历史的角度分析德国胜利的意义。"拿破仑修建了这座雄伟的建筑，作为法国伟大军队的光荣庙宇。我的目光移向皇家路：德国士兵从长官面前昂扬走过，穿过空旷的协和广场，大步流星地向荣军院[14]的金顶而去。作为胜利之师的军人，我在这里与见证法国军队最高荣耀的神庙默然相对。难以形容此时的内心感受。"[15]

不久之后，接到命令驻守巴黎的德军便开始征用住宅，其 65
中包括无人居住的私宅。德军入侵那天，作家保罗·莱奥托去圣米歇尔广场附近的圣安德烈艺术路（rue Saint-André-des-Arts）访友。朋友看向窗外，发现有个德国士兵拿着串钥匙，打开一户房子的前门。他告诉莱奥托，只要没人应门，德国人便会这样做。莱奥托想起自己南郊紧锁的空房子，立即向地铁站走去。[16]

6月底，西蒙娜·德·波伏娃回到巴黎。她看到巴黎北部郊区的房门上挂着各式牌子，其中一些写着法语，但更多的牌子上写着德语，表明房子已被德军征用。[17]

德军入城的历史性清晨，住在蒙马特的彼得·德·波内离开家，来到附近的克利希大道（boulevard de Clichy）。一群人站在那里，盯着纪律严明的德国军队走过。“巴黎沦陷那天，这一灰色的人潮似乎无边无际。”[18]一名旁观的市民将他们错认为英军。当警察告诉他这些人是德国士兵时，他随即放声大哭。[19]

一些市民的心态更为放松。保罗·莱奥托穿过卢森堡公园附近的圣米歇尔大道时，看到有个法国警察正向一名德国兵演示如何使用电话。他在日记中写道：“我没有感到丝毫不适，甚至没有停下来多看他们一眼。”[20]费迪南·迪皮伊（Ferdinand Dupuy）回到自己工作的第六区警察局后，听说德军占领了所有主要街区，却未对市民表现出丝毫敌意。根据见闻，他这样形容市民对德国人的普遍印象——“惊愕中夹杂着一丝胆怯的好奇”。[21]

德国士兵穿着整齐，遵守纪律，健康有力，并且大多比较年轻。与此形成对比的是几个月来法国官方宣传的德军形象——饥饿失德的士兵，或者奸淫劫掠的队伍。他们甚至不像
66 德军入城前，肮脏、邋遢、四处游荡的法国部队残部。不少巴黎人惊讶地发现，这群年轻的德国兵极其礼貌、友好、乐于助人：巴黎沦陷的第一天，德·波内见到的每个人都会提到德国士兵得体的行为。他写道：“我听‘得体’这个词太多次，已经到了恶心的地步。”[22]巴黎沦陷几天后，费迪南·迪皮伊对比了眼前的德军和市民的预期：“说实话，至少德国人表现出的得体礼貌，和我们此前对莱茵河对岸士兵的设想大相径庭。”[23]

德·波内还遇到一些巴黎人，他们甚至表示，看到德军出现在巴黎时终于松了一口气，因为巴黎将不再受空袭或毒气袭击。有人似乎很欢迎入侵者。登茨的副手格鲁萨尔上校惊恐地发现，各阶层的巴黎人和德国士兵一起放声大笑，甚至为他们提供帮助。[24]德·波内在街上遇到一群旁观德国士兵的群众。一名德国军官摔下马，人群中立即有人冲过去帮他。[25]左岸[①]市民中，有人（或许是支持墨索里尼的意大利人）看到德国人走过圣日耳曼大道时，甚至欢呼鼓掌。[26]

不过，还是有人不能接受巴黎落入德国人手中的事实。这天，全市发生十六起自杀事件，打破纪录。其中包括蒂埃里·德·马泰尔（Thierry de Martel）——杰出脑科医生、著名反犹主义小说家德·让维尔伯爵夫人（de Janville，笔名为“吉普”〈Gyp〉）的儿子，以及1939年12月退出法共的克利希镇副镇长莫里斯·马伊（Maurice Maile）。[27]

由于入城时并未遭到武装抵抗，德国人无须处理公物破坏和平民死伤问题。煤气和水电供应还算正常。地铁勉强继续运营，每天只运载三十万名乘客；年底时，这个数字将接近三百万。

德军高层强制晚上9点宵禁。“作为对巴黎市民平和、理解态度的奖励”，7月的宵禁时间推迟到晚上11点，11月则将这个时间推迟到午夜。[28]战前，法国和德国位于两个不同时区。不过，德国人要求巴黎时间调快一小时，和德国时间保持一致。这意味着，一年中的很多时候，不少人在黑暗中开始新的一天。67
德国人维持灯火管制条例，电影院和夜总会外面的标牌仍是暗

① 左岸：巴黎塞纳河以南地区，历史上曾因艺术家聚居于此闻名。这个名词代表着波希米亚风格、艺术和创造，以及文艺生活方式。

着的。夜间唯一可见的光亮便是鬼火般的蓝色路灯，以及某些幸运的路人举着的手电筒。

朗热隆派出民防人员组成的特派队，打开关门的商店，征用里面所有食物，在当地政府大楼低价出售。香榭丽舍大道的咖啡馆很快坐满了身穿军装的德国兵。他们和穿着夏装的巴黎女人一道，在阳台上晒太阳。皮加勒电影院重新营业，巴黎恢复了一些往昔的生活。不过，朗热隆表示，因为刚刚经历变故，市民整体而言比较消沉，极其安静，很少说话。[29]

两天后，更多商店开门营业——尤其是蛋糕店、食品杂货店和肉铺；还有鞋店和家居用品店。一些商店宣布即将营业。食品店老板从巴黎中央菜市场[30]和主要地铁站的铺位购买蔬菜水果。不过，巴黎一些地区的市民仍旧感到货物短缺，特别是咖啡、牛奶、酒、罐头和意大利面；朗热隆则表示，市民很容易买到水果、蔬菜和奶制品。[31]

6月17日，《晨报》和《胜利报》（*La Victoire*）两份报纸发行。三天后，德方命令《胜利报》停刊。[32]之前一期《晨报》发行于6月11日，现在拥有两个版面。《晨报》的重新发行归功于老板——八十多岁的狂人莫里斯·比诺-瓦里拉（Maurice Bunau-Varilla）——的努力，他甚至和儿子亲自经营报社。不过，就算比诺-瓦里拉这样反共、反民主、反犹的狂人，也很快收到了德方警告。战前德国新闻署署长[33]韦伯（Weber）中尉加入巴黎的德国出版局。他警告比诺-瓦里拉，《晨报》必须报道“德国人认为客观”的新闻。[34]

巴黎沦陷初期，德国军队明确表示，希望编辑、出版商和记者自我审查，不要麻烦德国人出手。编辑服从安排，因为他
68 们知道，如果不能遵守命令，报纸发行量便会降低，甚至彻底

停刊。《晨报》是当时发行量最大的报纸（7 月发行量超过五十万份），尽管很快被《晚报》赶超。不久前从共和国卫队退休的乔治·伯努瓦-居约德（Georges Benoit-Guyod）买到复刊首日的《晨报》时想“这看起来真像份德国报纸”[35]，虽然比诺-瓦里拉可能没有得到韦伯“提点”。回到巴黎的波伏娃将《晨报》称作《德国晨报》。[36]

6 月中期，未经武力攻击的沦陷之都试图重回常态。但是，法国和德国仍处交战状态。巴黎之外的法国军队还在抵抗入侵者。在波尔多，雷诺赞同英法联合，在北非战场继续对抗德国。不过，菲利普·贝当元帅和魏刚将军希望尽快停战。6 月 16 日，饱受非议、意志消沉的雷诺总理辞职，一战英雄菲利普·贝当元帅上任，成为法国总理。[37]次日，巴黎出现一些海报，上面题写着德国 B 集团军总司令费尔多·冯·博克对市民的指令：

巴黎市民

德军已占领巴黎。

巴黎处于军事政府的管辖之下。

巴黎地区的军事指挥官将采取必要措施保障部队安全，维持秩序。

市民必须无条件遵守军方命令。

避免仓促行事。

任何故意破坏行为，无论肇事方主动与否，都将施以严惩。

巴黎能否避免军事破坏取决于市民谨慎、合理的行为。

德国士兵已经得到命令，在市民维持秩序的前提下，尊重市民及其财物权利。

69 每个市民必须在家中或工作场合维持日常生活。

以上指令是服务巴黎、市民和你们的最好方式。

——B集团军总司令[38]

当天（6月17日），贝当首次发表全国广播讲话。他说，自己“怀着沉重的心情”宣布，现在是“止戈的时机”。[39]贝当承认，政府在寻求体面的停战途径。这样悲戚的模糊发言令不少法国士兵认为，他们应当立即停止战斗。从发表广播讲话到签订停战协定的五天之间，将近五十万名法国士兵被俘。

贝当讲话[40]令朗热隆和警察们目瞪口呆。巴黎各个广场上的德国广播车也通过高音喇叭宣布这一消息。消息公布时，美国记者威廉·夏伊勒（William Shirer）正在市中心：“巴黎人被之前的事吓呆了，此时几乎无法相信自己的耳朵。我们也懵了……最初听到消息时，我正和一群法国人站在协和广场。他们被吓坏了……先看看地面，再看看彼此。他们说：‘贝当投降了！这是什么意思？怎么回事？为什么？’没人能回答这些问题。”[41]

与此同时，一名默默无闻的法国军官——曾在雷诺政府担任较低职务——夏尔·戴高乐（Charles de Gaulle）前往伦敦。贝当讲话第二天，戴高乐通过英国广播公司向法国人发来消息。不同于贝当向敌人的妥协，戴高乐热情鼓励法国民众加入自己刚在伦敦创建的“自由法国”。他这样为自己的讲话收尾：“无论如何，法国人的反抗火焰一定不能、也不该熄灭。”之后，他又以同样方式发表其他讲话。

无数法国人聆听贝当讲话，但几乎没人听到戴高乐的发言。

少数听到讲话内容的巴黎人中有银行家、经济学家夏尔·里斯特（Charles Rist）。他在日记中写道：“昨晚，我在广播上听到 70
戴高乐将军勇敢动人的呼吁，为我们带来希望和信心。”[42]支持戴高乐“自由法国”的英国广播公司将成为无价的消息源，提升反抗占领的法国人的士气。

四十四岁的左翼离异妇女阿涅丝·安贝尔也听到了戴高乐的讲话。逃出巴黎前，她在夏约宫（Palais de Chaillot）附近的巴黎国家民俗博物馆（National Museum of Popular Arts and Traditions，与埃菲尔铁塔隔塞纳河相望）工作。大逃亡中，她来到利摩日附近的亲戚家。这天，安贝尔正在摆弄无线收音机的按钮，不经意间听到了一位法国将军的号召，尽管并未听清他的名字。这位将军鼓舞法国人支持他，继续战斗。这让安贝尔感到，一切并没有结束。“我又一次活了过来。本以为我们已永远丧失希望，现在，它又回到我心中。至少还有一个人——即使只有一个人——和我一样，告诉我一切并未结束。”[43]不过，村里一名退伍上校听到戴高乐的讲话时，不屑地将其称作“疯子”。[44]

6 月 18 日，朗热隆报告，巴黎的德国人仍不断征用建筑，包括政府办公楼、宾馆、工厂厂房、商店和医院。[45]记者、作家皮埃尔·奥迪亚（Pierre Audiat）称，他们征用房屋的速度极快。重要的征用建筑很快由哨兵武装护卫，房顶飘着“卐”字旗。不少建筑物正面悬挂着巨大的红、黑、白纳粹标旗。奥迪亚表示：“众议院、参议院、战争部、海军部，香榭丽舍、里沃利路、歌剧院附近的宾馆，很快就飘起了邪恶的旗帜。纳粹旗的红色背景上画着一个白圈，中间是‘卐’字，看起来正像大蜘蛛。”[46]巴黎的主要街道还出现了黑色哥特体德文，为德军指路。它不断提醒巴黎人，自己的城市在德军掌控之下。

除非拥有特殊通行证，否则巴黎人不得进入德军掌控的建
71 筑。事实上，对他们而言，整个巴黎几乎都是禁地，包括布洛涅森林在内的一些公园连续几周闭门谢客。卢森堡公园重新开放时，赫尔曼·戈林征用了奢华的卢森堡宫，那里曾是法国参议院。高高的围栏和德国守卫禁止巴黎人接近卢森堡宫，乃至整个公园北部。[47]德军入城一周后，朗热隆前往蒙梭公园（Parc Monceau）附近的中产阶级区。他发现，那里完全由德国人控制："我的警察被赶出来了。"[48]

巴黎人一边焦灼地等待德国人回应贝当政策，一边承受着无休无止的宣传口号。街上的广播车和斯图加特电台的法语频道坚持说，贝当代表绝大多数法国人——他们不愿牺牲更多士兵，只想终结战争和无意义的牺牲。[49]

6 月 19 日，德国政府同意讨论停战的可能性。两天后，市政厅外的广播车向一小群人宣布，德国停战的条件都是为了阻止法德战争，保障德国安全，继续进攻英国。[50]这天，巴黎市内师生较多的学校重新开学。高中毕业考试[51]延期到 7 月底。朗热隆听说，医疗服务也多少按计划进行，虽然医生们——少数仍可驾车的巴黎人——很难找到足够汽油上班。[52]

6 月 22 日，法、德政府代表会面，签署停战协定。希特勒也参加了此次会议。在他的坚持下，会议在 1918 年 11 月法国元帅斐迪南·福煦（Ferdinand Foch）向德国提出战败条款的同一个地方、同一节火车车厢举行。[53]

停战协定指明停战的前提条件，但这并非和平条约。举例来说，完整的和平条约应该指出将近两百万法国战俘的处置方
72 式——其中一半人在 6 月 17 日贝当广播讲话到签订停战协定的

五天之间被捕。协定并未将法国简单地划分为两个区域，而是将其肢解了。

为“保护德意志利益”，法国面积最大的区域是沦陷区，占总领土五分之三。巴黎位于沦陷区中心，事实上是德军在法兰西的都城。由于德军占领法国是军事行动，德意志国防军迅速在克勒贝尔大街的巴黎美琪酒店（Hôtel Majestic）建立了在法国的主要行政机构——驻法德军军政府（MBF，该缩写既指军政府机构，也代表军政府领袖）。占领区和非占领区被随意划出的分割线隔开了。这并非仅仅出于德国的行政方便：分割线全长超过 1 000 千米，弯弯曲曲划过整片国土，割裂了十二个省，造成家人和朋友分离，摧毁了法国社会生活的基本结构。

此外，北部诺尔省（Nord）和加莱海峡省（Pas-de-Calais）由比利时的德军指挥官管理。保留区位于法国东部，逃往那里的难民禁止返回。德国人特别划定保留区和比邻的禁区（某些地图将二者划为一个区域）为德国殖民地。[54]法意边境出现了一小块意大利占领区。1940 年夏天，阿尔萨斯的两个省和洛林的一个省由两名德国大区长（纳粹时期的政治领袖）管理。因此，从事实来说，阿尔萨斯和洛林的部分地区被瓜分了。三个省份被德国化：法国公务员被免职，日常用语变为德语——说法语的居民必须支付高额罚款，所有城、乡名都改为德语名，公共设施被德国人控制。瓜分领土并非停战协定的一部分。此外，纳粹在 1941 年建立了全长 10—20 千米的沿海区域。该区域起自法比边境，沿英吉利海峡而下进入大西洋沿岸地区，直至法西边境的昂代伊（Hendaye）。德国由此掌握了法国北部和西部 73
海岸线。该地区禁止军民之外的其他人进入。没有旅行许可的人和“不受欢迎”的犹太人也被驱逐出境。

德国占领法国政策的特别之处在于，法国将继续拥有本国政府。根据停战协定，法国政府可以保留小规模“停战武装部队”，并有权在占领区或未占领区设立行政机构。理论上来说，
74 法国政府对两个地区都有统治权，尽管停战协定规定，德国有权在占领区行使“占领力量的一切权利”。这意味着，巴黎人和其余占领区居民将同时受制于法国政府法律和德国官方命令。根据停战协定，法国政府将向德军转交纳粹掌权后所有在法国避难的德国公民——其中不少人住在巴黎。

重要的是，停战协定规定，占领区的法国政府官员必须与纳粹合作，协助他们贯彻德方命令，维持法律和秩序。这个条款对德国人相当关键：他们在占领区缺乏人手，必须仰仗法国警察的合作。法德双方将在德国威斯巴登（Wiesbaden）的法德停战会议上确认停战协定细节，并签署协定。

动荡的数周令巴黎人的生活陷入混乱——无论他们已经离开还是留下。不少市民的家人在战争中丧生，成为九万名烈士中的一员。此外，近两百万战俘中，将近四分之一是巴黎人。对于法国这个六周之内便被摧毁的国家来说，停战带来苦难终结的可能，人们也因此期待和平条约和战俘释放。

除却对法国战事平息的希望，不少巴黎人还接受了纳粹铁蹄征服全欧洲的现实。而这正是少数亲纳粹派积极追求的目标。但是，只要英国未被打败，全面的和平条约便不可能到来。考虑到德军击垮法国、波兰、丹麦、挪威、比利时、芬兰和卢森堡的闪电之势，美国的中立立场以及纳粹—苏联互不侵犯条约，巴黎人很难相信英国有能力长期抵抗纳粹。

75 和其他法国人一样，大多数巴黎人愿意付出一切代价换取和平和稳定，重回正常生活。因此，停战协定让他们松了一

口气。

有些巴黎人并未感到轻松，而是觉得羞耻。教师、杂文家让·盖埃诺（Jean Guéhenno）的学校转移到奥弗涅省（Auvergne）。他表示，克莱蒙-费朗教堂（Clermont-Ferrand church）的钟声宣告战争终结，这声音令他“痛苦、愤怒和羞耻”。[55]贝当演讲让布列塔尼大区的弗洛拉·格鲁深感耻辱和绝望。她和姐姐贝诺瓦特听到停战协定签订的消息时，不禁嚎啕大哭。[56]

6 月 23 日（星期日）是停战协定签署的第二天。巴黎每个教堂都传诵了天主教枢机大主教叙阿尔（Suhard）的信——他在 4 月取代了枢机主教韦迪耶。这封信号召教徒保持冷静，继续工作和祈祷。[57]但是，并非所有教会人员都支持这封号召虔诚、消极应对的信。医学院学生、天主教学生组织[58]激进成员贝尔纳·皮埃坎（Bernard Pierquin）时常去荣军院旁圣方济各·沙勿略教堂（Saint-François Xavier）参加礼拜。据他回忆，那里的谢弗罗（Chevrot）神父极其反感停战协定，将此视作叛国。他强烈反对消极接受现状，认为贝当带法国走上了羞耻之路。[59]

巴黎天主教极端保守派领袖博德里亚（Baudrillart）则积极支持停战协定。他说：“此刻我们需要德国人重建秩序。”[60]另一名保守分子、天主教右翼外交家、剧作家、作家和诗人保罗·克洛岱尔（Paul Claudel）同样支持停战。他相信，这将带来第三共和国的覆灭，而后者正是“可恶的政权，癌细胞一般年复一年地吞噬法兰西”。[61]

身在伦敦的戴高乐当然反对停战协定。某次广播讲话中，他再次号召法国人继续抗争。这并未得到军人的认同。驻守西南地区的乔治·萨杜尔称，身边的士兵都在大喊：“混蛋，你去

76 打仗吧！你龟缩在座椅里，大喊大叫，让别人牺牲！”萨杜尔称：“难民和当地人都同意士兵的说法。军人和平民都受够了，他们愿意为和平付出任何代价。”[62]

1940 年 6 月 28 日是《凡尔赛条约》签订的二十一周年纪念日——那正是标志第一次世界大战正式结束的和平条约。当天，阿道夫·希特勒出乎意料地造访巴黎。[63]他告诉雕塑家阿尔诺·布雷克尔（Arno Breker）：“巴黎令我着迷，多年来让我魂牵梦萦……现在，巴黎的大门向我敞开。”[64]希特勒和他的陪同小队——当中包括布雷克尔和元首最欣赏的建筑师阿尔贝特·施佩尔（Albert Speer）——飞抵勒布尔热机场，在破晓时分抵达巴黎。接着，由元首的敞篷奔驰开路，五辆汽车组成的元首车队拜访了巴黎市大多数地标建筑——巴黎歌剧院、玛德莱娜教堂、协和广场、凯旋门、夏约宫、埃菲尔铁塔、荣军院、卢森堡宫、巴黎圣母院和杜伊勒里公园（Tuileries Garden）。此次旅程由影像记录，在德国各处放映。希特勒这名有力的征服者，优雅、轻松地驶过陷入德军之手的巴黎。

据布雷克尔回忆，只有少数巴黎人见到元首一行人，其中包括几名报童、一名警察和巴黎中央菜市场附近的几名妇女。施佩尔的回忆还提及圣心大教堂旁晨祷的教徒。演员、剧作家萨沙·吉特里（Sacha Guitry）则记得夏约宫旁一名垂钓的巴黎人。据说，他看到了希特勒却假装没看见，继续垂钓。参观队和巴黎人最近距离的接触发生在歌剧院。他们在那里见到了被称作“咕噜咕噜”的看门人——因为他酷似尼古拉酒广告里的酿酒师。“咕噜咕噜”为参观者打开灯，接着出于自尊拒绝了小费，令对方惊讶不已。巴黎的乌克兰芭蕾舞演员谢尔盖·里法尔（Serge Lifar）后来写道，“咕噜咕噜”没认出希特勒，误以为他是歌手或演员。里法尔有些夸张地说，后来，一听说造访者的身份，“咕噜咕噜”便晕了过去。人们不得不用一桶水把他浇醒。[65]

6 月底，巴黎的生活渐渐回归战前状况：越来越多电影院上映影片；银行月底开门营业；火车再次驶入、驶出巴黎火车站，多数地铁站重新运营；同时，德国人命令开放公共博物馆，包括 77
香榭丽舍旁的科学博物馆“探索宫”（Palais de la Découverte）。[66] 7 月 1 日，法国政府迁至未占领区的安静温泉乡维希，几乎所有人都认为这只是暂时的停留。

三天后，朗热隆称，德军支持任何有助巴黎正常运转的举措，下令移除公共雕像周围的沙袋。他在日记中写道：“城市的面貌再次改变。”[67] 为继续入侵英国，德国需要法国——特别是巴黎——提供稳定、可靠的欧陆基地。德军高层希望通过提供足够的娱乐消遣让巴黎人相信，自己的城市已重回原来的面貌，以此消解公众的不满和反抗情绪。这正是德国人下令开放剧院和影院的原因，尽管其中的文化内容无法得到广泛认同。

第一批开放的剧院中包括大使歌剧院（Les Ambassadeurs）。那里上演了一部闹剧《我们还没结婚》（*Nous ne sommes pas mariés*），讲述一个男人无法决定是否与情妇分手。话剧的海报上写着，保证“让您连续三小时捧腹大笑”。[68] 不过，天主教作家、未来的头号“合作者”阿方斯·德·沙托布里昂（Alphonse de Châteaubriant）[69] 创办不久的文学周刊《禾束》（*La Gerbe*）表示，该剧是法国戏剧的肤浅反映，只能印证德国人的观点——法国人不值得被严肃对待。[70] 这种文章并未招致德国高层反感。毕竟，阿尔贝特·施佩尔曾问希特勒：“您是否在乎法国人的精神健康？”希特勒这样回答：“让他们堕落吧，这对我们有好处。”[71] 接下来演出的只是些轻喜剧，为人们提供廉价娱乐，价值恰好对应 1939 年 9 月之后不再上涨的票价。[72]

78 德国高层还用广播传达“巴黎几乎没变”这一讯息。6 月，他们关闭所有广播台；7 月，驻法纳粹宣传部支持的唯一电台——巴黎电台——开始播放。“巴黎电台”恰好是战前四个公共电台之一的名字。这个名字强调了延续性。电台建在香榭丽舍大道一家战前私人广播台旧址[73]，其辐射范围超出巴黎。电台希望通过长期重复“巴黎生活并未改变”的讯息，使市民相信这一说法，吸引离开巴黎的人返回。比如，1940 年夏末，广播向听众宣布：“今天下午，我们走遍巴黎每个角落，看到生活几乎恢复常态。电影院开门了，咖啡馆里坐满了人，剧院和歌厅又重新营业。这里没有变化，除了街上与女士衣裙相映成趣的纳粹军服。”[74]

作为“回归正常”的策略，德国人鼓励战前一切娱乐以麻痹巴黎人，令他们忘却痛苦。巴黎广播的节目聚焦战前知名演员，如夏尔·迪兰（Charles Dullin）和让·路易·巴罗（Jean Louis Barrault）。同时，莫里斯·舍瓦利耶（Maurice Chevalier）和蒂诺·罗西（Tino Rossi）这样的歌星贡献了不少演出。夏天和初秋，巴黎广播大多播放轻松的娱乐内容。比如，10 月，贝诺瓦特·格鲁听到比利时手风琴演奏家格斯·维绪（Gus Viseur）整晚演奏摇摆乐。[75]随着秋意渐深，巴黎广播更富政治性，新闻越来越多且大多来自右翼的法国记者。

德国人还用报纸引导巴黎人意识到 6 月 14 日前后生活的连续性。德军占领前最畅销的晚报《巴黎晚报》便是极好的例子。[76]6 月 23 日重新发行时，该报采用了德军入侵前同样的字体，并在同一印刷厂印刷。为突出新旧两个版本的相似性，

7月2日的《巴黎晚报》称“本报还是我们曾经挚爱的《巴黎
晚报》”[77]，同时否认这是德国报纸，并吹嘘本报是彻头彻尾的 79
法国报纸，巴黎还是法国城市。“巴黎警察还是法国人……多亏
法国人民，剧院和舞厅也回归了……《巴黎晚报》还由法国人
执笔……巴黎还是巴黎。”[78]

1939年，有超过两百份日报和期刊供巴黎人选择。[79]而1940年7月，他们只剩下四个选择[80]，且均在德军宣传部的监控下运作。不过，巴黎人对媒体文章和电台报道充满怀疑。7月1日，其中一份日报《劳动法兰西》（*La France au travail*）称：“蒙帕纳斯有很多人围在一辆车旁听广播，其中一个人评论道：‘他们想说什么就说什么。这都是些政治宣传。’”第二天，撰稿的记者听买到报纸的路人嘟囔，这只不过是政治宣传。这位记者说：“巴黎人曾经非常开放，但今天的他们疑神疑鬼……以为我们不过想欺骗、愚弄他们。”[81]

德军一直尝试劝说巴黎人将他们视作值得信赖的朋友。7月初，巴黎出现一张海报：卸下军帽的德国兵年轻英俊，凝视着怀里的男孩；满脸笑容的孩子在吃面包；士兵脚边站着两个小女孩，其中一个羡慕地盯着他们。海报的标题是“被遗弃的市民，请相信德国士兵”[82]；同样的海报也出现在《晨报》，题为“真相”，说明文字写着“德国士兵要帮助被抛弃的巴黎人”。[83]

巴黎沦陷最初几周，纳粹的报纸、海报和广播中不断重复宣传“抛弃”的概念。德国人希望利用留守市民心中的苦涩。他们当中很多人认为，自己被政府抛弃了，因为政府承诺留守巴黎但却独自逃生。德国人希望让巴黎人放心，让他们相信德军不会让他们失望，而和德国合作也符合巴黎人自身的利益。

纳粹还为巴黎人提供德国文化活动。德国陆军或空军管弦
80 乐队在亭子、公园、广场和其他户外场所举办音乐会。[84]“德国音乐展示会”通常免费，除非你想花两法郎租折叠座椅。音乐会是德国高层唯一允许的户外聚会。倘若天气较好，音乐会就会每周举行，通常在周末接近傍晚时分开始，吸引了很多巴黎人。[85]7月3日，巴黎警察局行政人员费迪南·迪皮伊便在市中心参加了一场音乐会。他说：“人们不可能不享受一个小时的优美音乐。”音乐会后，他哼着一首维也纳华尔兹回家，冷不丁地打了个冷颤：“想想吧，歌剧院广场响着德国音乐。”[86]

为讨好巴黎人，德国高层极力阻止法国人将英国人当作朋友或救星。他们利用“背信弃义的阿尔比恩”①的长期偏见，称英国人在敦刻尔克撤退正是背信弃义的表现。在那里，他们抛弃法军，自己迅速撤退。德国人坚称，巴黎人现今遇到的困难都是由英国人、犹太人、共济会成员和第三共和国的腐败政客造成的，后者极力唆使法德开战。7月3日，英国飞机在阿尔及利亚的奥兰附近（凯比尔港）击沉法国舰队，超过一千二百名法国水手丧生。英国人认为，他们必须采取行动阻止敌人偷用盟军船只。不过，巴黎的德国人立即抓住这个机会，在全市张贴海报：受伤的法国水手在海里挣扎，标语写着“不要忘记奥兰”。

尽管塞纳省省长和警察总局长官在巴黎代表法国，但维希政府并未派出代表。不过，7月9日，情况有了变化。莱昂·诺埃尔（Léon Noël）到达巴黎，代表维希政府与德军合作。[87]此前，诺埃尔是位知名的外交官，见证了停战协定的签署。他坚

---

① 阿尔比恩：大不列颠岛的古称。欧洲大陆人将英国人称作“背信弃义的阿尔比恩”，因为他们认为英国人在外交中不值得信任。

信，只要立场坚定、怀抱尊严，便能确保法德合作被严格限制在停战协定的范围内。他还认为这种方式将使法国受益，同时天真 81 地期待敌人“停下脚步，减少、甚至放弃某些要求”。[88]

诺埃尔到达巴黎时，国民议会的绝大多数议员已经到达维希。7 月 10 日，他们以 569∶80 的投票结果，同意贝当重修宪法。贝当随即解散第三共和国政府，建立新政府法兰西国（l’État français，即维希法国）。保守价值观支撑起新政权，引导社会和经济政策。第三共和国已死；七十年的议会民主已到尽头。共和国的格言“自由、博爱、平等”被“劳动、家庭、祖国”取代。贝当承诺发动“民族革命”①（National Revolution），扫除第三共和国的“堕落之风”：议会政府被视作法兰西的腐化剂，在 1940 年 6 月将法国引向失败与瓦解。

贝当宣布自己为国家元首，任命皮埃尔·赖伐尔（Pierre Laval）为总理（部长会议副主席②，Vice-Président du Conseil）。后者擅长阴谋诡计，曾在贝当夺权过程中起到关键作用。倘若元首去世或无法履行职责，赖伐尔便可以官方指定继任者的身份，成为维希政府元首。新的极权宪法规定，贝当有权任命或免除内阁成员，并借钦定的内阁通过法案。不过，尽管巴黎人听从法国政府法规和德国指令，维希似乎仍太过遥远，巴黎人对那里发生了什么不感兴趣。贝当成为元首并非流行话题[89]，朗热隆发现，巴黎人更关心市内的德国兵。

在 1936 年巴黎二百二十五万总人口中，约七十万到一百万

---

① 民族革命：现也多译为国家革命。当时，贝当为了更好地凝聚法兰西民族，维护统治秩序，以“民族革命”之名来推行社会改革运动。

② 法国总理在第三和第四共和国时期又被称为部长会议主席。1940—1942 年，贝当既是国家元首，又是政府首脑（部长会议主席）。事实上当时的总理，被称为“部长会议副主席”。

人在1940年6月14日德国入城后仍留在巴黎。[90]不过，早在签订停战协定前，难民便带着悲伤、反对、焦虑和对抗的情绪慢
82 慢回归巴黎。随时间推进，零星的难民汇成稳定的回归人流，直到秋天。有人走路回到巴黎；有人乘坐自未占领区驶出的特殊列车回家；有人开车回来，有时还要借助德军帮助。1941年1月，巴黎人口达到二百五十万；周边郊区的人口也接近两百万。

6月底，西蒙娜·德·波伏娃搭同伴的车离开昂热附近的拉普厄兹（La Pouëze）。不过，他们没有足够汽油回到巴黎。第二天，波伏娃告别同伴，先后乘坐德国人的卡车和红十字救护车回到巴黎。[91]还有一个女人是在德军的帮助下回到巴黎的。“他们给我们汽油，帮我们继续上路，却不收钱。他们和我们的同胞多么不同。有些法国人即使卖几滴汽油也要收50法郎。”[92]

帮助难民是德军讨好法国人的手段。此外，大批难民在外游荡也不符合德国利益。德方宣传强调德国的宽容大度，并称维希政府有责任组织难民回家。7月底，德国高层在法国报纸上发表公告，指出某些媒体用更多篇幅报道难民问题，还称这个问题由占领力量全权负责。这份公告发起了反击，提及一战之后法国是如何对待德国公民的：“德国人知道难民面临的一切艰险痛苦和它造成的可怕后果。作为文明的国度，德国已尽一切努力减轻此类痛苦和困难。但是，这并不意味着，德国该为难民遇到的困难负责。”[93]公告继续申明，每个法国人都要为发生的一切负责：他们民选的政府发了疯，向德国宣战。“谁让法国人允许共济会、犹太人和英国人管理法国呢？”也就是说，谴责你们的政府造成难民问题吧，谴责你们自己为他们投票吧，谴责他们让法兰西的敌人僭越吧，但不关我们的事。

很快，法国火车站再次人满为患，每天有无数乘客抵达这里。[94]难民在德方的监控下回到巴黎，但这里不再是“家”，无法提供工作、家庭、朋友和稳定的生活。大多数巴黎人相信，83
相比逃难路上的不确定性、恐惧和困窘，这或许是更好的选择。不过，他们也认为，在非占领区开始新生活或许更有优势，那里没有德国人，尽管他们也不认识任何人。

朗热隆记录道，返回的难民惊讶地发现，巴黎没有任何经历动荡或被劫掠的痕迹。[95]比如，退休教师贝尔特·奥鲁瓦（Berthe Auroy）发现，蒙马特勒比克路（rue Lepic）的家中没有任何东西丢失或受损。她终于放下心，写道：“这感觉就像从可怕的噩梦中醒来。”[96]但是，回家的难民仍不得不接受巴黎的改变。每个角落都告诉他们，巴黎在德军控制之下。米舍利娜·博德（Micheline Bood）说，香榭丽舍“到处都是德国人”。此外，内政部原办公大楼外的“德国鬼子”（Boche）让她恶心。[97]弗洛拉·格鲁惊恐地发现德军占领的证据。但是，恐惧很快散去。“看到众议院外飘扬着‘卐’字旗真是种耻辱。不过，你的确会慢慢适应。噩梦变为常态。”[98]

回到巴黎时，波伏娃并不知道萨特的处境。她听到谣言——巴黎郊区加尔舍（Garches）和安东尼（Antony）集中营里的法国战俘被喂食死狗。波伏娃的父母还说，犯人必须留在那里直到战争结束。[99]不过，她还是宽慰地发现，常去的蒙马特重获旧有风采。她可以再回到那里。[100]公开双性恋身份的作家莫里斯·萨克斯（Maurice Sachs）[101]和波伏娃同一天回到巴黎。绕巴黎走过一圈后，他说：“巴黎已死。眼前的景象很是壮观，就像文明刚被摧毁一般。”[102]他在拉丁区见到零星数人：圣米歇尔大道的卡普拉德（Capoulade）咖啡馆里，几个女孩坐在德国军官间，圣日耳曼大道上有一两个路人。里沃利街和协和广场上除了奇怪的德国人之外没有任何人。不过，和很多人一样，萨克斯还是被风中飘扬的“卐”字红旗吓了一跳。

金属加工工人乔治·阿德雷（Georges Adrey）从奥斯特里茨站回到巴黎。当时恰好是宵禁过后半小时，他必须在火车上过
84 夜。次日凌晨，尽管车站很吵，阿德雷还是觉得巴黎气氛悲伤，像弃都一般。“巴黎看起来像穿着丧服，欢迎我们回家。”[103] 乔治·阿德雷认为，巴黎“被抛弃了，安静且悲伤。走在人行道上时，你甚至可以听见自己的脚步声”。[104]

重回巴黎也让贝诺瓦特·格鲁紧张。她将此喻为见到多年不遇的旧爱。不过，街道没有想象中的空荡。德国飞机在巴黎低空飞过，似乎监视着市民生活。[105] 回到巴黎后，米舍利娜·博德在日记中写道，街上没有一辆车，更别提什么出租车了，她不得不坐地铁回家。[106] 玛德莱娜·热克斯·勒·韦利耶回到巴黎后，只见到一种“出租车”——双人自行车拉动的车子。由于公交车和卡车被法军或德军征用了，路上鲜有车辆。德国人只为上班需要开车的巴黎人提供驾驶许可证，以减少法国车辆数目。玛德莱娜·热克斯·勒·韦利耶的老朋友在火车站接她回家时，身边站着位陌生人。朋友说：“你太幸运了！来的路上，我碰到这位家庭医生。他有驾驶许可证，可以在市内开车。他愿意把我们送回家，顺便帮你送行李。”[107]

汽车稀少意味着走路或搭乘地铁的人更多。倘若能找到自行车，他们也可以骑车。7 月，贝诺瓦特·格鲁和弗洛拉·格鲁的父亲开始修自行车，打算不久后重新工作。8 月 5 日，贝诺瓦特写道：“你再也不可能在巴黎找到自行车了。我像对待劳斯莱斯一样珍惜我的‘小破车’。”[108] 格鲁家的雷诺轿车被德国

人征用，但由于太过耗油，便被还了回来。它最后停在“院子里，像只没用的奶牛”。[109]街上可见的少量车辆采用气化炉供能：汽车、卡车或者存留下来的少量公交车在车顶或车后挂着气缸或油箱。车辆由其中的可燃气体供能，而非汽油。少数电力车也出现了。

牲口拉车开始替代出租车和公交车。周刊《画报》 85
（*L'Illustration*）发表题为《重生 1900》的文章赞扬这种变化，同时警告动物粪便潜在的健康隐患。8 月，格鲁家在火车站接到一位朋友，用马拉的出租车带她回家。[110]《晨报》恢复了 19 世纪往返玛德莱娜教堂和巴士底狱的马拉公交车服务，供购买当天报纸的乘客免费乘坐。路上出现更多马还有另一个原因。运载牲口去屠宰场的卡车很少，它们不得不步行走完最后一段路。[111]出租车很快被人力出租车取代。后者质量和舒适程度不一，有些只是单人或双人自行车拉动的拖车。[112]

尽管市内出行变得更为困难，但优质的铁路服务令占领区内的通行更为容易。8 月，贝尔特・奥鲁瓦离开巴黎休假。返回巴黎的路上，她像很多巴黎人一样，乘火车到城市附近的乡下买食物。但是，从占领区乘车到未占领区困难重重。合法穿过分界线的前提是从科利赛街的德国办公室得到旅行通行证，而这几乎不可能。非法过境意味着需要一名向导秘密护送。这种途径一则昂贵，二则危险。

同时，自 7 月起，占领区和非占领区间的任何书面通信都被裁定为违法行为。穿越边界线被捕的人将受到严厉惩罚，情节严重时，可能被处以死刑，比如间谍罪的嫌犯。8 月，贝诺瓦特・格鲁写道：“占领区和非占领区间仍旧禁止通信。德国人怕什么呢？”[113]与此同时，贝尔特・奥鲁瓦没有听到朋友露易丝

（Loïs）的消息，而一个月前，后者还从未占领区寄来信件。“所有人都回到巴黎……除了露易丝！露易丝！自 7 月初，她从吕雄（Luchon）寄来卡片后，我便没有得到任何消息。这可怕的寂静。该死的边界线！它像万里长城一样阻止我们通信。”[114]
86 听到两地间的邮政服务被禁时，瑞士记者艾德蒙·迪布瓦正在法国南部的贝济耶（Béziers）。“我们在边界的另一边，与巴黎隔离，与和我度过十五年岁月的朋友隔离，与曾经工作的地方隔离。”[115]

夏天，回到巴黎的市民越来越多。德国宣传坚称，巴黎的生活已回到战前状态。除此之外，一切消息都令人安心。德国高层为五六月至 9 月逃出巴黎的人设定了返回的截止日期。很多人都想在此之前回到巴黎。

返回的市民和留守市民关系紧张。很多留下来的人感到自己被抛弃了，甚至认为离开的人是胆小鬼。留守巴黎的少数军官被贝当称赞为尽忠职守。阶级差异强化了这种分歧。一般而言，离开的人往往最为富裕，因为他们在外地有容身之处，也有离开的办法；而留在巴黎的人往往出身卑微，没有旅费，更没有安顿新家的财力。

另一方面，留守者会受到离开者的攻击，被称为纳粹同情者甚至“第五纵队”成员，因为巴黎沦陷前，德国宣传广播时常提到“第五纵队”。凡尔赛镇的官方报道表示，直到 9 月，两个群体的紧张关系才渐渐缓和。[116]

不少人除了留在巴黎外没有选择。6 月 11 日，保罗·莱奥托写道：“我留下来了。我决定永远留在这里。此刻，这一信念空前坚定。我不想离开我的宠物，我不知道能去哪里。”[117]其他人，比如某咖啡馆的老板和妻子，出于经济和年龄原因留了下来。“离开意味着拮据的生活，所以我们留了下来。此外，我和老伴都六十五岁了。”[118]还有无法离开的重病患者。巴黎西北部阿让特伊的医院剩下大约两百名患者，而照顾他们的只有一名护士。很多人死了。医院没有棺材，尸体被装进空面袋。[119]

去往北部郊区的途中，波伏娃遇到很多此前离开又返回的人。他们说，如果知道局势如此，他们一定不会离开。[120]北部 87
郊区圣勒拉福雷（Saint-Leu-la-Forêt）有个人载了她一程。他便是后悔离开的人。他从南部蒙托邦（图卢兹附近）回到巴黎，整整驾车450英里。漫长的旅行让妻子脊椎受损，而自己“私处很痛”。[121]

1940年巴士底日（7月14日），维希政府驻巴黎代表莱昂·诺埃尔和一小队人，在无名烈士墓放下花圈。那里没有小号开路，没有军队，没有人群。1939年7月14日，巴黎人在这里看英、法军队走过，坦克驶过，英国皇家空军飞机从头顶飞过。他们是否想过，一年之后的今天，巴黎人将在德国控制之下生活？当时的人们不知道这种情况将持续多久，不知道法国战俘何时才能回家，更不知道接下来将发生什么。

88

第四章　德国人治下的巴黎

希特勒向德军高层保证，军方是负责法国占领行动的唯一力量。高层军官还想得到另一份保证：海因里希·希姆莱的秘密警察[1]不会任意屠戮平民。他们在波兰的举动已经重创了德国军队的国际声誉。[2]

最初，占领区的管理权落在德军总司令、沉着的陆军元帅瓦尔特·冯·布劳希奇（Walther von Brauchitsch）手中。1940年10月之前，他身兼驻法德军军政府首长一职，即法国军事指挥官。布劳希奇直接向希特勒——德国武装力量总司令——汇报。[3]不过事实上，真正管理驻巴黎德军的是元首首席参谋、陆军元帅威廉·凯特尔（Wilhelm Keitel）。

令人稍感困惑的是，“MBF”这一缩写既指驻法德军的最高领导，也代称他管理的部门，即法国军政府。军政府总部位于第十六区克勒贝尔大街上奢华的美琪酒店——那是1919年英国代表参加巴黎和会时下榻的宾馆。名义上来说，10月奥托·冯·施蒂尔普纳格尔（Otto von Stülpnagel）将军任职之前，布
89 劳希奇都在军政府。不过事实上，他在枫丹白露宫（位于巴黎东南方向45英里处）和柏林度过了大多数时间。军政府领导层臃肿复杂，不够稳定，包括多个责任重叠的部门和子部门。这意味着，从初建时起，组织内部便存在部门和人员的冲突，它激化了军队中纳粹党员和非党员间的紧张关系以及军方和非军方组织的长久冲突。[4]这样的安排符合希特勒喜欢的失调组织模

型。如此一来，他便可以通过分化和统筹控制军政府。

军政府的混乱结构一方面反映出德军缺乏准备和部署：法国军队出人意料的迅速倾覆令高层没有足够时间思考巴黎和占领区的管理结构和人员安排。早期的混乱大多来自仓促的临时决定。更糟的是，军官未能明确认识到希特勒的长期对法政策。短期来看，纳粹德国空军击退英国皇家空军之后，法国将为德军进攻英国提供关键跳板。

布劳希奇需要有人在巴黎负责军政府复杂网络的日常管理。两名过渡时期的负责人退位后[5]，6 月底，六十五岁的阿尔弗雷德·冯·施太秋（Alfred von Streccius）将军被重新起用。这个长着络腮胡子的奥地利人曾在中国任军事参谋，在那里爱上老子的哲学。因此，他在一切可能下选择“无为”。

军队原本负责占领法国的事务。但是，从一开始，它就必须对抗柏林某些纳粹精英——后者想借蚕食军政府填补私欲。因此，纳粹内部权力斗争和冲突也在法国上演，挑战着德军权力和权威。

按规矩，军政府的两个宣传部门[6]应向军方汇报。而事实上，它们互相竞争。7 月，纳粹宣传部部长约瑟夫·戈培尔造访巴黎时，它们听从他的指示；戈培尔回到柏林后，它们仍旧秘密执行他的命令。德国军事情报部门阿勃维尔（Abwehr）的 90
法国总部位于拉斯帕伊大街的卢滕西亚酒店，负责情报搜集、破坏和反间谍行动。作为部队的情报部门，它应向军政府汇报。而事实上，阿勃维尔驻巴黎最高长官弗里德里希·鲁道夫（Friedrich Rudolph）中校听命于阿勃维尔领袖、海军上将威廉·卡纳里斯（Wilhelm Canaris），后者也曾造访巴黎，现已回到柏林。德国外交部部长约阿希姆·冯·里宾特洛甫（Joachim

von Ribbentrop）在巴黎也有亲信。德军入城第二天，里宾特洛甫派“军政府顾问”奥托·阿贝茨前往巴黎。阿贝茨带着自1930年代中期便开始共事的亲信，在第七区的前德国大使馆建立总部。[7]

1939年9月，可怕的纳粹德国国防安全领袖海因里希·希姆莱（Heinrich Himmler）将多个准军事部队、警察和安全机构并入同一组织——帝国安全总局（RSHA）。同时，他派亲信莱因哈德·海德里希（Reinhard Heydrich）[8]来领导。尽管希特勒禁止非军事警察或安全机构进入巴黎，但希姆莱还是在1940年6月派遣约二十名帝国安全总局成员潜入巴黎。他们穿着德军秘密战地警察（GFP）[9]的制服，很快便在卢浮宫后的卢浮宫酒店建立了自己的基地。[10]这个特别支队由安全总局的赫尔穆特·克诺亨（Helmut Knochen）少校带领，他当时只有三十多岁，为投身纳粹抛弃了记者工作。

特别支队成员来自安全总局的不同组织，即党卫军（纳粹准军事组织）和安全警察（纳粹党和第三帝国的情报调查部门）。国家秘密警察，即“盖世太保”[11]，现在也是安全部治下的部门，其巴黎分支由此前担任参谋的卡尔·伯梅伯格（Karl Bömelburg）领导。莱因哈德·海德里希认为，“盖世太保”在巴黎的使命在于辨识、监视反纳粹的“意识形态敌人”，其中主要有犹太人、共产党员、反纳粹德国人和共济会成员。巴黎人无法辨别相互竞争的部门，便将德国的所有安全组织统称为“盖世太保”。

军政府为保证自己对警察和安全的控制，密切监控克诺亨的秘密组织，坚持将其活动控制在信息搜集范畴之内。此外，
91 他们应向军政府汇报一切调查成果。希姆莱等人暂时勉强接受

安排，很快便忙于搜查反纳粹嫌疑人、收集记录，并命令军事警察继续逮捕或搜查。不过，他们仍在耐心等待时机从军队手中夺回安保职权。不久，克诺亨便得到第二个分队的支持，8月又得到第三个分队的辅助。克诺亨的特别支队基地后迁至博卡多尔酒店，办公地点是伯梅伯格所在的索赛路 11 号法国安全部（掌管两支秘密安全力量——盖世太保和安全警察）。

同时，军队鼓励士兵礼待巴黎市民。很多市民都感受到了德军的礼貌甚至善意。他们在地铁上为老人让座，向孩子分发巧克力和糖果。不过，占领行动也有黑暗的一面。

6 月 15 日，德军入城次日，帝国安全总局某“盖世太保”造访罗歇·朗热隆。他询问朗热隆是否仍听从“犹太人曼德尔”[12]的指挥，后者曾短暂担任保罗·雷诺政府内政部部长。来者想知道警察总局文件的存放地点，朗热隆佯装不知情，他便冲出办公室，威胁说自己不久后将返回。[13]两天后，朗热隆得知，四名警长被带走接受“盖世太保”审问，再也没回来。[14]五天后，又有三人被捕，和此前的四个人一同被送往德国。朗热隆也被赶出办公室，受到监控。不过，他很快就官复原职，仍留在巴黎，直到 1941 年 2 月，维希政府在纳粹压力下解雇了他。7 月中旬，通过法国政府代表莱昂·诺埃尔的干预，七名警长被释放了。

早在占领初期，国家领袖罗森贝格任务小组（Einsatzstab Reichsleiter Rosenberg，ERR）便在巴黎建立分部，与安全总局分庭抗礼。该组织由纳粹思想领袖阿尔弗雷德·罗森贝格（Al- 92
fred Rosenberg）创立。希特勒希望罗森贝格任务小组的巴黎分部为战后的德国“纳粹大学”搜集犹太和共济会书籍、工艺品及宝藏。事实上，它只是个劫掠组织，致力掠夺“纳粹德国敌人”的艺术品和书籍。其中，“纳粹德国敌人”指犹太人、共济会成员和中欧、东欧的“堕落族群”。罗森贝格任务小组掠夺了法国最大的共济会组织，即法国共济会总会（Grand Orient de France）和法国共济会总支部（Grand Loge de France）。[15] 6月底，罗森贝格幸灾乐祸地宣称，多亏手下的雷霆之势，纳粹在巴黎[16]缴获大批共济会财宝，以及号称“被法国劫掠”或对纳粹具有独特历史意义的工艺品。[17]

一个月后，德国人还在掠夺或征用犹太人、共济会成员和其他“不受欢迎”族群的房屋。7月15日，罗森贝格任务小组袭击了德·洛代翁广场上著名的利普舒茨书店（Lipschütz bookshop）。店主已逃走，他们便顺带拿走了他留下来的六万五千本书籍。[18]作家保罗·莱奥托认识利普舒茨本人，称他极富魅力、勇敢、乐于助人、有正义感。莱奥托看到空空如也的书店，谴责“德国人的行为纯属偷窃”。[19]

罗森贝格任务小组和安全部组织干着肮脏勾当时，德军并不满足于促进公共关系的任务。军政府同样如此，一旦看到不满的事，便立即插手。6月底，德国部队推倒并摧毁了德尼-科尚广场（第七区）[20]上法国一战英雄马然将军（Charles Mangin）的雕塑。7月5日，英军在凯比尔港击沉法国舰队后，军政府命令摧毁杜伊勒里公园中网球场现代美术馆墙上的浮雕以及护士艾迪丝·卡维尔（Edith Cavell）[21]的雕塑。后者是英国护士，一战期间，曾在比利时沦陷区抢救双方士兵，后因“通敌罪”被德国人杀害。7月26日，德国士兵摧毁了文森的第一次世界大战纪念碑，因为上面的刻字让他们“备感羞辱”。[22]

在削弱军政府力量的德国人中，奥托·阿贝茨（即里宾特洛甫的代表）行事效率最高，因此也最为危险。当时阿贝茨只

有三十七岁，曾做过艺术老师，于 1937 年加入纳粹；他自称为 93
亲法派，妻子也是法国人。[23]战前，他不停鼓吹法德协议，劝说有影响力的巴黎人，告诉他们法德修好是互惠共赢的。他常造访巴黎，直到 1939 年 6 月因"政治干预"被驱逐出境。阿贝茨足智多谋、充满魅力，还有副火暴脾气。继莱昂·诺埃尔担任维希政府代表的伯努瓦-莱昂·福内尔·德·拉洛朗西将军（Benoîte-Léon Fornel de la Laurencie）称阿贝茨"虽是纳粹党员，但品德和样貌都是二流的，浑身带着傲慢的粗鲁……初次见面时，你会惊讶于他粗鲁的言谈、想法和举止"。[24]军队急于稳固自身权威，同时不安地观察阿贝茨的行动。阿贝茨在巴黎修建官邸，与法国故友和纳粹同情者重新联络，捕风捉影，为熟人获取驾驶许可证、非占领区通行证和抢手的汽油优惠券，甚至从战俘集中营解救他们的朋友和亲戚。[25]他还支持《人道报》合法出版，以此颠覆处于地下的法国共产党。

法国共产党——自 1939 年 9 月被法国政府禁止，被法国警察打压——希望自身处境会在德国人掌控法国后发生变化。领袖雅克·杜克洛（Jacques Duclos）认为，法共可仰仗《苏德互不侵犯条约》，便号召党员不要再东躲西藏，而要出面游说维希政府代表莱昂·诺埃尔。他们希望重建已然解体的市议会，恢复法共议员旧有职位。法共领袖仍在暗处，但这一号召让无数共产党员重回公众视野。然而，这些党员立即就被法国警察逮捕，关进了集中营。

法国共产党勉强维持：不少党员在《苏德互不侵犯条约》签署后退党；更多人被杀，被关进布满铁丝网的集中营，或被
法国警察逮捕拘留。现在，更多党员被捕。法共领袖希望《人 94
道报》合法出版，借此与普通党员再次取得联系。

两名法共中央委员会成员，让·卡特拉（Jean Catelas）和莫里斯·特雷昂（Maurice Tréand，人称“胖子”）派遣年轻女士德尼·吉诺兰（Denise Gionollin）打探德国高层口风。[26]她联系了韦伯中尉，后者在军政府主要宣传部门的出版机构任职。[27]韦伯告诉她，“原则上来说，我部对《人道报》的发行没有异议”。不过，官复原职的朗热隆和巴黎警方不这么想。他们逮捕了特雷昂、吉诺兰和另一名女士让娜·施罗特（Jeanne Schrodt）。

气急败坏的阿贝茨立即释放了这几名党员。作为纳粹党党员，他痛恨共产党。但是，他希望将《人道报》化为己用：一方面挑战军政府宣传机构的权威，另一方面联络法国工人，说服他们放弃马克思主义、投身纳粹，以此削弱法共影响力。

6月26日，特雷昂和卡特拉在前德国领事馆与阿贝茨会面。他们强调，法共因反战被政府列入黑名单；同时，《人道报》将推动法国经济重建，批判英国的帝国主义，号召持久和平。但是这个计划落空了。柏林不支持阿贝茨的想法，杜克洛和法共领袖（此后，他们否认有过这次讨论）也改变了主意。不仅如此，这次计划也被第三国际否决了。

谈判失败后[28]，阿贝茨开办了一份全新的巴黎报纸《劳动法兰西》。除却坚定的反犹论调，这份报纸与《人道报》[29]惊人地相似。阿贝茨希望，这份伪共产主义报纸将从法共手中夺取工人的支持。从某种意义上来说，他成功了：《劳动法兰西》抨击将法国卷入战争的资本家和不作为的政府，支持失业者和妇女——寡妇或丈夫被关入战俘营的女人——独立战斗。此类论调和地下《人道报》极端类似，以至于后者不断向读者撇清法共与《劳动法兰西》的关系。

除了颠覆法共，阿贝茨还有其他想法。6 月 23 日，即停战协定签署次日，他提议将犹太人和其他“对战争负有责任”的法国政客的财产充公。[30]一周后，里宾特洛甫向阿贝茨传达希特 95
勒的指示：没收“并保护”私人（特别是犹太人）拥有的艺术品和历史文献。阿贝茨立即通知巴黎的德军，自己得到元首授命，在巴黎和剩余占领区检查、没收犹太人拥有的艺术品。[31]

由于战前的多次巴黎之行和艺术教师的训练，阿贝茨不但了解艺术，还知道巴黎各家犹太艺术画廊的位置。他求助于秘密军事警察（GFP），告诉他们大致 15 个犹太艺术画廊的地址，并下令没收其中的艺术品，将它们转入德国领事馆。[32]经过两天突袭行动，德国领事馆成为阿拉丁的神洞，当中垒着绘画、珠宝、挂毯、雕塑和古代家具。阿贝茨接着告诉军队，巴龙·冯·孔斯贝格（Baron von Künsberg）的特别突击队将很快到达巴黎，帮他缴获更多艺术品。此前，孔斯贝格已夺取里尔、布洛涅和加莱的文献。

美琪酒店里，驻法德军军政府艺术珍品保护协会会长弗朗茨·沃尔夫-梅特涅（Franz Wolff-Metternich）伯爵忧心忡忡。阿贝茨和孔斯贝格认为艺术品是战利品，迫不及待地加以搜刮。沃尔夫-梅特涅祖上是有名的政治家，他自己也是中世纪建筑专家和波恩大学艺术教授，被临时调派到部队，自认是艺术守卫者。他认为，巴黎占领行动必须严格符合 1907 年的《海牙公约》（*Hague Convention*）①，公约要求，禁止以军事威胁掠夺艺术品。因此，阿贝茨收缴艺术品的行为是向巴黎军政府的第一次公然挑衅。

---

① 1907 年第二次海牙和平会议延续了 1899 年第一次海牙和平会议，旨在通过一系列公约和宣言保障国际和平。

尽管德国人内部权力争夺不断，但是，没人否认他们对巴黎的控制。巴黎主要建筑上飘扬着“卐”字旗和标语，到处都是德国士兵：他们出现在人行道、咖啡馆、剧院、商店和地铁站，总是坐地铁头等位。大批德国兵在埃菲尔铁塔、圣心大教
96 堂、巴黎圣母院和凯旋门旁拍照，把照片寄给骄傲的家人。士兵很少进入更为危险的工人区和北部、东部的郊区，除非驻扎于此。

他们很快便探索了皮加勒区的著名夜总会，比如艳女裸露上身的红磨坊，还有其他不那么出名却提供更多服务的地方。军人时常光临蒙马特高地圣心大教堂附近的夜总会。退休教师贝尔特·奥鲁瓦提到，满载德国士兵的卡车停在煎饼磨坊前，那里因梵·高、图卢兹-罗特列克和雷诺阿的画作而不朽。

还有一些地方专门满足德国士兵的特殊要求：渔船大道上的雷克斯（Le Rex）等电影院和瓦格兰大街上的帝国剧院等歌剧院都被征用、重组，只向德国人和持特殊通行证的法国人开放。[33]为鼓励健康的文娱活动，军方鼓励士兵在“士兵之家”放松、吃东西、读报纸、玩室内游戏。赛马被重新允许后，德国士兵异常青睐奥特伊（Auteuil）和隆尚赛马场（Longchamp），那里开设德国人专区。一些饭店，比如巴黎圣母院旁高级的银塔餐厅（Tour d’Argent），开始提供德语菜单，以服务有消费能力的军官。这些饭店和将“这里说英语”换为“这里说德语”牌子的咖啡厅、小餐厅、饭馆，都生意兴隆。

驻守巴黎的德国人可得到50德国马克零花钱。由于当时德国马克与法郎的兑换比例为1∶20，德国人可毫无顾忌地[34]购买食物、衣物和娱乐体验以及奢侈品和家居用品——寄给多年不见此类货物的德国家人。记者、作家皮埃尔·奥迪亚说，军人

被怀里的布料盒、一打打丝袜、以升计算的香水和各式女鞋压弯了腰。[35]贝尔特·奥鲁瓦看到德国兵“走出商店，抱着一大摞购物袋”。[36]巴黎流行一则笑话称，两名英国间谍伪装为德国兵， 97
但很快就被盖世太保认出。他们问盖世太保自己是如何暴露的，后者回答说：“因为你们没带盒子。”[37]

巴黎人用专有词汇指代无处不在的德国人。米舍利娜·博德和夏尔·布莱邦在日记里将他们称作“德国鬼子”。不过，这个一战期间常用的蔑称很少在公开场合出现。[38]德国人认为这是羞辱；皮埃尔·奥迪亚提到一些女人因使用该词而被拘禁了一整天，不得不为德国士兵刷皮鞋以作惩罚。[39]另一个更常见的称呼是，德国人能够容忍的“弗里茨”（les Fritz）以及他们喜欢的“弗里多兰”（les Fridoline）。他们也被讽刺地称作“那些绅士”。食品供应不足后，他们被称作“什么都吃的人”（les Mange-Tout），或被讽刺为“科罗拉多金花虫”，以表明他们吃光了土豆。

男兵并非唯一驻守巴黎的德国人，进入首都的还有一支女兵后勤部队[40]，当中包括打字员、秘书和接线员（因穿着灰色制服而被称作“灰鼠”）。她们住在征用的宾馆里，还有一大部分住在巴黎大学城的国际生宿舍（让蒂伊大门附近、蒙苏里公园对面）。护士进入德军征用的医院，因头戴白帽而被称作侍女。她们往往比“灰鼠”更年长。据奥迪亚所说，她们“没有魅力，没有美貌，病人和白衣天使间从不调情”。[41]

巴黎的德国人有份专门的双周刊，为他们介绍巴黎。[42]1940年7月，第一期杂志出版，其中包括法语和德语序言。德语序言称，正是由于德国士兵的示范作用，饭店、夜总会、剧院和博物馆才很快重新开放，为“我们曾经的敌人”提供更好地享受巴黎的机会。此外，这份刊物还列出了推荐景点的名单。[43]第

二期杂志报道女神游乐厅开张，强调巴黎又重新活了过来。同
98 期出现的还有赛马场、商场、剧院、饭店和夜总会的广告。[44]

德军高层依旧密切关注士兵行为，命令他们任何时候在公共场合都应行为得体。军人禁止在大街上抽烟，哪怕松开鞋带也不行；他们不能在塞纳河游泳、不能在公共场合跳舞、不能在街上唱歌或购买色情用品和毒品。军官试图将德军与巴黎人，尤其是女性，隔绝开来，但却不太成功。理论上来说，他们不得与黑人或犹太女性产生身体接触。更早的指示禁止德国士兵和法国女人手牵手走在街上，尽管很少有人遵守。巴黎警察总局报告表明，德军的作为完全符合一大群远离故土、拥有大笔钱财的男兵行径：吵闹、醉酒、斗殴等。

德军自入城后便和法国女人产生纠葛。高层认为，这使军队和纳粹党荣誉受损，同时削弱了部队纪律，更何况这种行为一点儿都不爱国。法德虽已签订停战协定，但在没有和平条约的情况下，理论上来说双方仍处于交战状态，和法国人产生情感关系等同于通敌，因为在德国人眼中，正是法国人将战争强加给德国民众。

为约束并监视士兵的性行为，德军高层征用了大约四十家妓院，仅向德军开放，平民禁入，同时规定客人行为：禁酒，必须使用避孕套，士兵们必须记下提供服务的妓女的号码，嫖资为 1.5 德国马克（即 30 法郎）。[45]保罗·莱奥托和朋友在圣日耳曼大道附近散步时，看见一个妓院："我们走在格雷瓜尔·德·图尔路上，看到有家妓院门口挂着不知所云的德语标志，下面的法语标志写道：平民和外国人禁止入内。"[46]

7 月德国军方报告表示，高层几乎只能勉强控制部队行为。"蒙马特和巴黎其他地方有最恶心的舞池和最差劲的妓女，里面

挤满德国士兵，他们和他们的女伴一样糟糕。”此外，军官也时常光顾这些地方，对士兵的行为习以为常。[47]一名奥地利中尉与 99
其副官光顾了蒙马特的夜总会。回忆此次经历时，他说：“两名美艳的年轻女人——黑发的塞西尔（Cécile）和金发的伊冯娜（Yvonne）——接待了我们。副官是个谨慎的家伙，很快便离开了。我转头开了间房，和塞西尔度过了一个美妙的夜晚。她远远超出我的想象。她的父亲是巴黎人，母亲是突尼斯人。这血统混得不错。”[48]

很多德国士兵来自农村，有些人甚至从未离开过自家农场。他们常常听到巴黎的名字，却没料到能亲临此处。巴黎的景观深深震撼了来自德国城乡的士兵。第三十步兵师的一名步兵写道：“我是汉堡人，算不上乡巴佬。不过，我从来没见过这么美的城市。”他被巴黎的文化传统和便捷交通深深吸引。[49]和很多战友一样，他登上埃菲尔铁塔，把妻子的名字刻在柱子上。他还去了家俱乐部：“舞台上的表演多么美妙！此前，它只存在于我最疯狂的幻想中。”这天结束时，他还去了家妓院，并宣称：“天哪，士兵们，巴黎的妓院比教堂还多！”[50]不过，倘若士兵行为过分出格，便会很快受到严重惩罚：7 月 15 日，一名德国士兵因在阿莱西亚路（rue d’Alésia）强奸五十七岁的宾馆前台而被枪毙。[51]

尽管部队高层竭力约束士兵的性行为，但这种努力注定以失败告终。其中一个主要因素是巴黎和塞纳省“自由妓女”和兼职妓女人数过多。据德国官方估计，这些不在正式妓院工作的妓女人数大约在八万到十万。[52]她们的工作地点从类似瓦格朗（Wagram）大街的富人区到圣德尼门、巴黎中央菜市场附近的穷人区。还有人在香榭丽舍、蒙马特和蒙帕纳斯的咖啡馆里招

揽生意。法国警察往往在这些地方突击检查。[53]不少兼职妓女是
100 法国战俘的妻子，无法以政府发放的微薄津贴为生。她们的津贴大约等于男性工人工资的一半，此外，每个孩子都能收到少量补贴。女人们用这些钱支付房租、衣食费用，购买剃须刀等日常用品寄给丈夫。1940 年底，抚养一个孩子的女人每天可收到 28.5 法郎补助，而肉和萝卜的单价却是 22 法郎/磅和 4.5 法郎/捆。[54]本质上来说，此类补贴延续了 1939 年 9 月战争爆发后第三共和国对士兵的特殊照顾。它基于一个假设：和平协定很快便会解决战俘问题，男人们很快就会回家。但直到 1941 年结束时，希特勒仍不愿释放战俘，因为他们提供了劳动力，必要时还是谈判筹码。1941 年 7 月，维希政府家庭和卫生部部长雅克·舍瓦利耶（Jacques Chevalier）写道："法国对战俘家人有所亏欠，却未及时补偿。"[55]舍瓦利耶称，战俘家人的贫困正在"逼良为娼"，不少新生儿的父亲是德国人。[56]这引发了政府内部分化。1941 年底到 1942 年初，维希政府的议员提议增加战俘家人配给，宣称 60%—75%的巴黎妓女都是战俘的妻子；当中大多数人因饥饿沦为娼妓。从一定程度上来说，这是为增加战俘配给的夸张说法；不过据估计，卖淫的战俘妻子至少达到三千人，占塞纳省暗娼的 10%。[57]最终，1942 年 7 月，巴黎和塞纳省战俘妻子的津贴从每天 16 法郎涨到 20 法郎。不过，这在物价极速膨胀的时期远远不够。

1940 年 9 月引入配给制时，战俘的妻子并未获得更多配给
101 来为丈夫准备每月的包裹。这些包裹通常花费近 250 法郎。[58]每当需要额外收入为丈夫准备包裹时，一些战俘的妻子，比如二十一岁的工人奥黛特（Odette P.），便在凯旋门附近的双三点广场（Ternes）接客。[59]

生活拮据和贫困并非战俘妻子面临的唯一问题。在确认丈夫活着之前，她们必须忍受几周甚至上月的煎熬。7 月 1 日，西蒙娜·德·波伏娃提及圣母院旁的一名妓女。她没有得到恋人的消息，担忧落泪。旁人安慰说："他的确没有来信，不过也没有其他人来信，不要担心。""到处都是这样，"波伏娃接着说，"女人在地铁站和家门口相互询问：'你得到什么消息了吗？''没有，他肯定是战俘。''什么时候公布名单？'"波伏娃对战俘释放不抱希望。"我又一次确定，和平来临前，战俘不会被释放。"[60]

大多数女人必须等到 8 月，才知道丈夫是战俘。一些人在 1940 年秋天得到消息，还有人直到 1941 年 1 月底才听说此事。[61]

很多女人以为，停战协定意味着战争结束。在维希政府的宣传下，她们相信自己和丈夫将很快重聚。时间一天天过去，几乎所有战俘仍被监禁。战俘的妻子越来越焦虑，不知这种分离将持续多久，甚至连玛丽-埃莱娜·科贝尔（Marie-Hélène Corbel）也是如此。她是亲共派，比大部分人都清楚，丈夫的性命安危取决于战争的结果。她被焦虑所苦："战争何时结束？怎样结束？以何种方式结束？"还有一名战俘的妻子，不得不求助朋友。后者用塔罗牌占卜他回家的时间。[62]

战俘得到允许，每月写两封家书和两张明信片。信件寄送要花费一个月的时间，这也是造成焦虑的原因。住在楠泰尔郊区的若赛特·洛兰（Josette Lorin）的丈夫也是战俘。她回忆说："我们常常在自问'他还活着吗'之后，才能读到他们的信，然后一遍遍重读。"[63]

战俘的妻子一面忧心丈夫境遇，一面作出巨大调整以便独

自谋生，同时忍受由此而来的孤独。巴黎的西蒙娜（Simone）
102 在 1930 年结婚，以为古董商修复挂毯为生。丈夫成为俘虏时，她和两岁半的儿子留在巴黎。西蒙娜无法照顾儿子，只好把他送到贝尔福（Belfort）附近乡下的一户人家，后者不久后便搬到瑞士。“多么孤独！白天，我必须工作；晚上，丈夫和儿子的消息也无法弥补他们的缺席。整栋楼都是空的。周围邻居都是自由手工艺者，此刻已离开巴黎。我在夜晚感到极度恐惧！你永远不会高估一声安慰对我的意义。你必须经历独自一人的生活才能体会这是多么可贵。”[64] 玛蒂娜·隆巴迪（Martine Lombardi）身边有家人环绕——母亲、祖母和孩子，同时拥有一份办公室的工作。可是，她也认为自己“独自面对所有困难，没人给我支持，此外，我必须帮助家人忍受悲伤，在写给丈夫的信中掩藏他不在时我的孤单难过”。[65]

另一位战俘妻子埃丝特勒·塞尔让（Estelle Sergent）回忆说，自己比其他类似境遇的女性面临的问题稍少，因为“父母给我极大支持”。对于玛德莱娜·卡波（Madeleine Capot）来说，父母的支持剥夺了她的部分自由。玛德莱娜来自一个异常保守的家庭。1940 年 3 月结婚后，母亲便住在她家。丈夫被捕后，玛德莱娜仍和母亲一起生活：“她不愿让我一个人住。我还年轻，必须在保护下维持美德和忠贞。”伊薇特·吉罗（Yvette Giraud）的未婚夫是战俘。父母对她社交生活的控制维持到二十七岁那年。[66] 除了父母之外，公婆也可能施加压力：吉塞勒·德布瓦（Gisèle Desbois）的公婆住在乡间。他们拒绝为她寄来食物，以此施压让她搬来同住。[67]

孩子在身边的战俘妻子也面临困难。她们认为，家中缺乏男性对男孩成长不利，希望用权威的形象维持纪律。埃丝特

勒·塞尔让的女儿将外祖父称作“爸爸”。一些孩子心目中唯一
的男性形象是穿着军装的军人，于是便把士兵视作父亲。比如， 103
安妮·德夫龙（Anne Devron）的儿子在街上见到一个德国兵，
便问母亲，这是不是爸爸，让她格外尴尬。[68]

停战协定要求德国军事警察和巴黎警察合作。最初，双方合作顺利。巴黎警察为德国人维持街道秩序、搜查民宅、指挥交通（尽管车辆很少）。一些巴黎警察还向德国官员热情敬礼[69]，尽管后者抱怨道，这样做的人太少，况且某些人只是装模作样，不够认真。[70]

尽管有些市民接纳德军进驻巴黎，但整体上来说，他们并不急于向占领者献媚，而是选择暂时共存，等待形势发展。巴黎沦陷后，一些市民开始消极抵抗。7 月，巴黎流传一本非法印制的匿名宣传册，共五十页，题为《沦陷时期的国民建议》（*Conseils à l'occupé*）。作者让·特希耶（Jean Texcier）当时五十岁，在贸易部工作，拥护工会。宣传册中包括消极抵抗宣言，以及三十三个指导巴黎人应对占领力量的段落。若听到德国人讲德语，便假装听不懂；若德国人用法语询问，便不该给出正确答案。宣传册末尾号召读者复印、传播本品。[71]特希耶还用克制讽刺的语调建议巴黎人尽量少接触德国人。“表面装作无所谓，心里保持愤怒。这招很有效。”[72]令特希耶欣慰的是，宣传册还跨过英吉利海峡，传到伦敦。10 月，自由法国在英国广播公司的电台节目中将它宣读给法国民众。[73]

消极抵抗的一个常见策略便是故意避免与德军视线接触，就像他们不存在。德军到达几天后，人们便开始实行这个策略。这种情况在夏天更为普遍。早在 6 月 16 日，朗热隆便写道，巴

104 黎人“直视前方，好像身穿绿军装的德国兵是透明的”。[74] 7月，年轻的贝诺瓦特·格鲁说：“我们自我训练彻底避开德国人的视线，麻痹自己这便是抵抗行动。”[75] 8月，医学院学生贝尔纳·皮埃坎发现：“可怕的是，巴黎人在不直视德国人的情况下和他们近距离接触。”[76]一个月后，教师让·盖埃诺欣慰地说：“我为巴黎人骄傲。他们从德国人身边走过就像路过猫狗一般，看不到也听不到他们。”[77]据皮埃尔·奥迪亚所说，德国人很快意识到巴黎人刻意忽视他们，将巴黎称作“拒绝看你的城市”。[78]

地铁上的法国妇女拒绝德国兵的让座；市民故意让地铁站走廊的门扇到德国人脸上；路人为德国人指示错误路线。[79]德国人通过自己的巴黎广播抱怨道，法国人忘了如何微笑，忘了基本礼仪，“因胜利者的大度而占尽便宜”。[80]有些巴黎人则更为激进，反对德国人在商店受到优待。7月底，一名德国士兵在奶站买牛奶时冲到队伍前。店主告诉他要和其他顾客一样排队。“他一声不吭地回到队伍里，顺从地等待。”[81]

少数巴黎人并不止于消极抵抗。诗人、小说家克洛德·阿夫利纳（Claude Aveline）回忆道，7月的美好夜晚里，“三个朋友”在蒙帕纳斯大道的宾馆相聚，“发现彼此都很鄙夷贝当的懦弱，决心反击”[82]。很快，阿涅丝·安贝尔便加入阿夫利纳、作家让·卡苏（Jean Cassou）和马塞尔·亚伯拉罕（Marcel Abraham）的三人组合。卡苏称她是位“开朗、冲动、勇敢的女士”。[83]

安贝尔受戴高乐鼓舞，从利摩日旁的村子回到巴黎。她被沦陷之都的景象和同事满足现状的消极心态惊呆了，不禁想自己是否有什么问题；后来她发现，那些人才是不正常的，而保持理智的方式便是加入抵抗组织。她在日记中写道：“唯一的办

法便是团结起来，和十来个志同道合的人（无需更多）组成集体，在约定的日子交换信息，出版、传播宣传册，总结伦敦法 105
语广播电台的节目。我不奢求这带来实际效果。只要我们保持理智和清醒，便是某种胜利。”[84]

最初抵抗德军占领的人感到孤立无援。这意味着，他们必须低调，进行微弱反抗，并期待最好的效果。因此，读到特希耶的小册子时，安贝尔异常开心：“《沦陷时期的国民建议》的作者是否意识到，他所做的一切对我和千千万万名法国人有着怎样的意义？这是黑暗中的一线光亮……现在，我们明确知道自己并不孤单。还有人和我们有同样的想法，煎熬并反抗。”[85]积极反抗的种子已播撒在民众心中。

占领最初几周，德国人并未感到潜在威胁。德军官方报道称，巴黎人“安静、行为合理”或者“内敛小心”。不过，有部分不满的共产党员在巴黎外进行孤立的破坏行动——比如切断电话线。尽管如此，驻守巴黎的德军领袖仍旧忧虑，很多事情或许将发展为反德行动。只要出现类似事件，他们便想到最坏的情况。

占领几天后，巴黎南部奥尔良门附近的铁轨上出现了一具尸体。死者是希特勒亲卫队士官，驻扎在巴黎南郊蒙鲁日（Montrouge）。高层立即认定，该士官被蓄意谋杀，并威胁说，凶手将得到惩罚。而事实上，死者只是喝醉了酒，在从妓院归营的路上被火车撞死了。另一具德国士兵的尸体在凡尔赛镇被发现时，德国高层再次过度反应。[86]8月中旬，有人在布洛涅森林向德国军营开枪，让他们又一次警觉。尽管朗热隆猜测，此事与德国陆军和海军长期的矛盾有关，不过德军却禁止巴黎人进入这一地带。[87]布洛涅森林事件过去十天左右后，在距巴黎几

106 英里的萨尔塞勒（Sarcells），一辆德国卡车撞上路边的地雷。爆炸中，三名士兵丧命，其他人受伤。德国人坚持认为有人暗算，便警告当地警察局局长，倘若不能找到“犯人”，三十名平民便会被当作人质抓捕、枪决。最后，德国人极不情愿地接受这只是场意外，而不是武装反抗行为，便不再报复。[88]

德军报道称，最初因占领引发的震惊逐渐消散，夏天时，巴黎气氛发生了变化：没有和平条约，战俘便不能回家；巴黎人越来越难以在商店买到所需之物；市民不能和非占领区的人见面、通信或通话——一切都激化了巴黎人对入侵者的仇恨。8月底，巴黎秘密警察领袖赫尔穆特·克诺亨指出，“反德情绪更为强烈”。同时，施太秋的军政府下属表示，反德情绪逐渐蔓延。几周后，奥托·阿贝茨表达了类似观察说明：6月来，德军与法国人间的关系“大幅恶化”，我们的确可以认为，巴黎人在“消极抵抗”。阿贝茨的助手格里姆教授也这样想，他表示，如果说，德军入城最初带给巴黎人恍惚和挫败感，那么，这种情绪很早之前就消失了，取而代之的是苦涩的怨怼。他认为，德军不可能与法国人真正和解。[89] 8月初，希特勒正式任命奥托·阿贝茨为德国驻巴黎大使，尽管自6月进入巴黎以来，阿贝茨便堂而皇之地自称大使，以大使之名得意地签署文件，借此削弱军政府力量，把巴黎转化为以自己为中心的法德合作大本营。

德军和维希政府本应通过驻巴黎法国代表莱昂·诺埃尔进行合作。但是，诺埃尔自7月初进入巴黎后便处境艰难，他意识到自己被德军边缘化，受阿贝茨排挤，同时被夏尔·安齐热将军（Charles Huntziger，威斯巴登法德停战委员会的法国代表）架空。诺埃尔（明智地）认为，安齐热经常过分地轻易让步。诺埃尔认为自己无法完成任务，便在7月19日辞职了。[90]

就在同一天，阿贝茨和皮埃尔·赖伐尔首次会面，后者是 107
贝当政府总理和官方继承人，也是首位进入巴黎的维希政府部长。赖伐尔认为，德国很快会征服欧洲，和第三帝国合作符合法国利益，于是对法德紧密合作深信不疑。他和阿贝茨一见如故。为推进法德合作，阿贝茨为这位体态臃肿、烟不离口的政客发放旅行通行证，令他在巴黎和维希间自由往来。赖伐尔在夏天回过几次巴黎，遭到没得到同等特权的同僚妒恨。

赖伐尔和阿贝茨的确合得来。他们都希望借彼此加强自身地位，引入符合私利的法德合作。两人出身寒微，都曾做过教师，也都曾在转向右翼前信仰过社会主义。两人公开支持法德合作，不认同战争作为政治武器的方式。他们还都是了不起的演说家，喜欢夸大自己的重要性和能力，因为他们自认为能凭此随心所欲地设计政治解决方案。[91]两人都欺软怕硬，喜欢密谋和政治手腕，而不在乎组织和官僚协定。

德军最高指挥官不满阿贝茨和赖伐尔的私人关系。同时，赖伐尔未经官方授权的“自由外交”也打乱了维希政府内部秩序，至少外交部部长保罗·博杜尔这样认为。他们（明智地）判断，赖伐尔正在僭越。

阿贝茨和赖伐尔在巴黎密谋时，普通巴黎人的生活变得更加恶劣。德军进入巴黎最初几周，市民仍可在商店找到所需食品。7月11日，波伏娃给身处德国战俘营的萨特写信（后者在6月成为战俘）：“巴黎还是巴黎。食物供应和原来一样。说实话，我看不到任何限制。”[92]贝诺瓦特·格鲁也有同样感受。7月19日，回到巴黎的贝诺瓦特写道，商店里都是水果、蔬菜和巧克力，可以满足所有人的需求（包括德国人和已经离开的巴黎

108 人）。但她也不知道这种情况能维持多久。[93] 与此同时，贝尔特·奥鲁瓦发现，难以买到床单或衣物，弥补在大撤逃中丢掉的东西。“这并不容易。所有货架都空了。德国人、难民和明白形势的人直接冲向货物。为了找双鞋，我走了七八家店，甚至更多。”[94] 物流供应并不可靠，巴黎各处货物分布不均。雅克·别林基（Jacques Biélinky）是苏联流亡者。1909 年，他以政治难民的身份到达巴黎，1927 年得到法国国籍，在巴黎做艺术评论者和记者。[95] 7 月 26 日，他在日记中写道，黄油很难买到，鸡蛋和奶酪几乎消失了。牛奶依旧可见，但每个人只能买半升。三天后，他连咖啡都找不到了。[96] 与此同时，根据住在巴黎以西几英里外的米舍利娜·博德记述，食品相对容易购买，除了黄油和牛奶。不过她也表示：“所有东西都很昂贵。”[97]

7 月 31 日，法国政府再次抑制消费。法令规定，面包只能在烘焙后的二十四小时内售卖，避免之后的变质。很快，商店的货架越来越空，购物队伍越来越长，也越来越普遍，政府于是引入进一步限制措施。8 月 1 日，占领区和非占领区禁止售卖羊角面包和糕点；此外，政府出台了更严苛的饭店就餐限定（不包括酒）：一份前菜——生蔬菜或汤，一份主菜——搭配蔬菜、意粉或肉类的蛋类或鱼类菜品，蔬菜，奶酪或水果（新鲜或烹调）。饭店不能单独提供黄油和法式酸奶油，它们必须用以佐餐。理论上来说，基本商品售价固定不变。不过，由于各省标价不同，人们会到物价更便宜的相邻省份购物。

8 月 13 日，贝当发表演讲，承认政府正在竭力解决食品和其他生活必需品的供应问题。不过，他坚持表示，政府首要任务便是“保证每个人，无论贫穷或富裕，都有权享受足够的国家资源”。[98] 一周后，巴黎警察总局报告表明，巴黎的状况越来越差。不同于贝当，这份报告总结说，德国人是造成短缺的主要原因。比如，黄油供应极其有限，“最重要的原因是德军高层征用了大量黄油”。此外，鸡蛋供应极少；牛奶只能在下午送达巴黎，并且往往在消费前就变质了。除格吕耶尔（Gruyère）① 外，奶酪供应不足，意大利面也是如此，无论鲜面还是干面。 109

报告进一步指出，番茄和水果（尤其葡萄和桃子）是“足量的”。不过，由于液体货车没有足够汽油，酒极少运抵巴黎。新鲜肉类的供应恰好满足需求，“尽管德国人仍在征用”。大大小小的批发商和零售业主不能满足顾客需求。很多商店没有罐头肉、罐头鱼、米、咖啡、巧克力或茶叶。盐和茶需求量极大，尽管货物总是“即将”送达，同时由于商品短缺，小食品店每天只能开门几小时。报告坚称：“德国人造成各类货物短缺。”[99] 一个月后，另一份巴黎警察总局报告指出，德国人购买日常用品，比如床单、餐巾、桌布、羊毛、鞋、棉制品、袜子和丝袜。[100] 蓬图瓦兹（Pontoise）西北郊区一位银行经理说：“食品店、服装店和鞋店都被德国平民和士兵买空了。”[101] 由于德国人要从巴黎购买大量物品寄回德国，他们便出台了专门的邮政服务——包裹用特殊纸张打包，上面打着特殊标签，以保证包裹顺利运送。

8 月初，贝诺瓦特·格鲁不得不用焦油混合物洗发[102]；8 月底，她没有黄油佐餐，并买回最后一块香皂，倒数第二块巧克力和 1 千克面条——店主不愿多卖给她。“未来很灰暗。”她写道。[103] 此刻，在丰特莱的家中，自 6 月起便囤积烟草的保

---

① 此处指原产地在瑞士格吕耶尔镇的格吕耶尔奶酪，质地坚硬，口感细滑，有很多小洞眼。

罗·莱奥托只剩下一枚鸡蛋。[104]

110 7月下半月，正当很多巴黎人真切地感受到生活的窘迫时，维希政府开始频频立法。尽管维希政府是孕育私愤和政敌的温床[105]，但是，他们有个共识——犹太人、外国人、法国共产党和共济会成员是削弱、颠覆法国的主要力量。他们必须被处罚或根除。战前，达拉第政府便开始追捕法共党员，拘禁外国人。现在，轮到维希政府处理“叛徒”和“内部敌人”。

7月18日，维希政府规定，5月10日—6月30日之间离开法国的公民将被剥夺国籍，其中包括很多巴黎的犹太富人。不同于留守巴黎的普通犹太人，他们逃出法国，不少人穿越比利牛斯山到达西班牙。这条法令为阿贝茨掠夺犹太人的艺术品打开方便之门，因为他可以说，这些艺术品的主人没有任何国籍。对维希政府来说，夏尔·戴高乐是最危险、最臭名昭著的叛徒，于1940年8月2日在缺席情况下被判处死刑。

7月17日，维希政府通过一条排外法例，在占领区和非占领区同样适用：禁止雇用生父不是法国人的公民。五天后，政府发布1927年之后的首次国籍调查。司法部部长拉斐尔·阿利贝尔（Raphaël Alibert，保皇派和失败的商人）带领一个委员会执行这项艰巨任务：调查近十三年来获得法国国籍的难民及其家属的大量卷宗。尽管并未特别针对犹太人，但这条法例最为严重地影响了定居法国并拥有法国国籍的外国犹太人——他们约占巴黎二十万犹太总人口的四分之一，而巴黎是法国犹太人口最多的城市。这便是法国人口“清洗”的第一步。[106]7月28日驱逐“外来者”的行动中，法国政府通过巴黎警察总局，命令塞纳省十五岁以上的外国人到政府注册。所有注册表格必须在8月6日之前交到房东或门房手中。

与此同时，阿贝茨在巴黎和柏林进一步巩固地位。他在大使馆为希特勒挑选了大约十五张最大、最美的地毯。8月1日，孔斯贝格监督一队卡车将它们运送到柏林。[107]阿贝茨希望以此 111
打动希特勒，稳固元首的支持，挑战巴黎的德国军方。在此期间，阿贝茨在贝希特斯加登（Berchtesgaden）的“鹰巢”面见希特勒，与之商讨法国未来。[108]此次会面中，希特勒正式任命阿贝茨为驻巴黎德国大使。此前不久，阿贝茨向上级里宾特洛甫寄出一份书面材料，指出他所设计的法国未来：“德国要求法国内部羸弱，与反纳粹的外国势力保持距离。德国必须尽一切努力造成法国内部的割裂和弱势。”[109]希特勒并未公开表明他为法国预设的未来，但热情欢迎这一建议，命令阿贝茨（而非德国军方）负责巴黎一切政治事务，其中包括印刷、出版、广播、电影和戏剧。据阿贝茨所说，元首还表示：“德国军方高层应当自我审查，保证德方报纸、书籍、电影或广播不会激发法国人的抵抗行为。”[110]军政府主要宣传机构的领导海因茨·施米特克（Heinz Schmidtke）少校听到这个消息后，赶回柏林，试图扳回局面，却铩羽而归。回到巴黎的阿贝茨大使向施太秋将军宣布，军政府宣传机构未来只负责审查；也就是说，自己将负责其他所有文化问题。

为强化自身地位，阿贝茨还在巴黎成立了两个新机构：德国研究所（Deutsches Institut）和新闻部（Informations Abteilung）。德国研究所位于塔列朗路（rue Talleyrand）上奢华的德·萨冈酒店（Hotel de Sagan），即波兰大使馆旧址；由阿贝茨1930年代以来的副手卡尔·埃普坦（Karl Epting）领导。德国研究所的任务在于推广德语和德国文化，团结艺术、科学和文学界的法国和德国精英。新闻部将致力于大众传播，特别要将印刷和出版控制在德国预期之内，在 1941 年 5 月前由亲法派鲁道夫·拉恩（Rudolf Rahn）领导。

阿贝茨明智地认为，军政府宣传部门的戈培尔下属不懂也不在乎法国文化：他们只想瓦解法国文化的霸权地位。此外，
112 他还担心，对法国文化的全面攻击将引发反抗和抵制。相反，阿贝茨采用谨慎小心的“诱导合作”政策，向巴黎人灌输德国世界观。他认为，这个政策是对他与赖伐尔讨论内容的补充，同时达到了削弱或分化法国的目的，这也正是他在 7 月寄送给里宾特洛甫的书面文件中阐述的观点。

在里尔路的大使馆和尚蒂伊（Chantilly）一座维希政府赠送的 18 世纪老房子里，阿贝茨和妻子组织午餐和奢华晚宴。此类活动聚集了阿贝茨战前认识的巴黎熟人、歌手、演员、舞蹈演员、艺术家和文化人士，当中包括阿贝尔·博纳尔（Abel Bonnard，诗人、小说家、此后的维希政府教育部部长）、作家罗贝尔·布拉西亚克（Robert Brasillach）、路易-费迪南·赛利纳（Céline）、阿方斯·德·沙托布里昂、亨利·德·蒙泰朗、阿尔弗雷德·法布尔-吕斯、萨沙·吉特里和保罗·莫朗；雕塑家保罗·贝尔蒙多（Paul Belmondo）和夏尔·德斯皮奥（Charles Despiau）；演员阿尔莱蒂（Arletty）、艾薇琪·弗耶尔（Edwige Feuillère）以及伊冯娜·普兰当（Yvonne Printemps）；巴黎歌剧院芭蕾舞团的舞蹈演员、导演谢尔盖·里法尔。

与文化精英相处时，阿贝茨将自己打造为善良文明的德国人、法国人民的朋友，号称自己致力于打压法德两国的共同敌人——犹太人和共济会成员。他带着优雅的微笑，温和地向法国客人指出，法国向德国宣战才引发战争，而不是相反。但他

很快表示，希特勒希望德法和解；并极有说服力地撒谎说，元首希望法国和德国在纳粹建设的“新欧洲”成为平等伙伴。阿贝茨认为，如果法国人相信德国愿与法国建立合作关系，就会变得消极顺从，更乐于合作、接受德国专制，因为这符合他们的长远利益。在所有美丽的谎言背后，德国事实上希望法国安稳，以此为大本营对抗英国。即使入侵计划延期或被最终搁置，法国仍可向德国提供丰富资源，支持对英战争。

在向赖伐尔献媚并监视其反动宣传时，阿贝茨也极关心艺术战利品。他将注意力转移到 1939 年撤出巴黎、现装在巴黎南 113
部城堡成千上万个箱子中的国家财富，也因此再次与沃尔夫-梅特涅产生冲突。阿贝茨和希特勒会面不久后，军队听说大使馆和孔斯贝格出炉了一个计划：向德国运输法国国家博物馆的一千五百件左右艺术品，当中包括签订《凡尔赛条约》的桌子。德军将领布劳希奇立即下令，里宾特洛甫的“代表”（即阿贝茨、孔斯贝格和他们的仆从）只能统计移出法国国家博物馆保管的艺术品库存。此外，禁止将艺术品据为己用。

阿贝茨试图规避布劳希奇的命令，让孔斯贝格管理沃尔夫-梅特涅的队伍。但军政府无法接受这样的安排。依赖军队运输艺术品的阿贝茨被限制了。他并未屈服，仍旧组织手下劫掠巴黎犹太富人的私宅，还把夺来的艺术品放在大使馆里，尽管这一过程往往仓促，艺术品的来源未及记录。[111]沃尔夫-梅特涅不断挑战、反对阿贝茨[112]，（或许）最终造成孔斯贝格被召回柏林。

9 月中旬，阿贝茨和沃尔夫-梅特涅为期两个月的争论终于结束。希特勒决定，必须由国家领袖罗森贝格任务小组将珍贵的艺术品送往德国，保护其安全。此后，元首将决定它们的命运。[113]自占领之初，任务小组始终在劫掠图书馆和共济会会所的第一线，现在在犹太人联盟图书馆（universal Israelite alliance）建立了巴黎基地。巴黎的任务小组分部由极端虚荣的库尔特·冯·贝尔（Kurt von Behr）男爵领导。他为了炫耀，喜欢穿着夸张的制服（事实上是德国红十字会①的制服）晃来晃去。

就在元首为罗森贝格任务小组开绿灯时，贝尔指导巴黎的法国搬家公司将掠夺来的艺术品送到卢浮宫近东古物部（Department of Eastern Antiquities）。10月后，它们又被送到协和广场附近的国立网球场现代美术馆（Jeu de Paume Museum）。贝尔意识到网球场现代美术馆存放艺术品的优势：它位于巴黎
114 中心，安全地坐落在杜伊勒里公园的围栏之后；此外，它比卢浮宫要求的守卫更少；最后，它的地理位置更容易隔绝阿贝茨及其副手，令法国官员——法国国家博物馆馆长雅克·若雅尔（Jacques Jaujard）——更难染指。唯一例外的是自1932年起便在此工作的罗丝·瓦朗（Rose Valland）。贝尔认为这个看似软弱、戴眼镜的四十二岁女人并不构成威胁，但外表往往极具欺骗性。

除了从美术馆和私宅掠夺艺术品，贝尔还将目光投向阿贝茨藏在大使馆的艺术品，最后大使馆保住了一百多件——阿贝茨声称它们是纳粹财产，将用来装饰大使馆；或是“犹太堕落艺术品”，将用来交换更有价值的艺术品。[114]

① 德国红十字会：纳粹德国对国际性的组织不是很感兴趣，但是对红十字会组织却很重视。在纳粹政权领导下，德国成立了国家性的组织“德国红十字会”，重新设计了组织的制服和徽章。这个组织男女成员皆有，最初穿戴军事服装，后通常穿戴传统的护理服。组织徽章是一个胸部有白色“卐”字的黑鹰，鹰爪抓着红十字。

为了攻击“内部敌人”，维希政府从法律上排挤外国人和近期入籍的法国公民，现在轮到了共济会成员了。8 月 13 日，政府出台去除“秘密团体”的法例，适用于占领区和非占领区。尽管没有明确指向共济会成员，但他们的确是法例的主要目标。历史上的共济会曾与共和主义、世俗主义和反教权主义有过联系；反对者抨击他们以秘密仪式做掩护，从事各种堕落、可怕的行动。1940 年，包括传统保守主义者、天主教廷人士和贝当“民族革命”支持者在内的反对者，共同指责共济会对 1936 年左翼人民阵线政府的影响。这些团体宣称，共济会对法国战前的堕落、1939 年军事准备的匮乏和 1940 年的战败负有责任。众所周知，贝当对共济会极其反感。内阁成员阿德里安·马凯（Adrien Marquet）表示：“元帅认为，共济会是典型的罪恶对象。他说，犹太人无法选择自己的出身；但共济会成员却对自己的选择永远负有责任。”[115] 贝当的妻子和他的私人医生、心腹 115
贝尔纳·梅内特雷尔（Bernard Ménétrel）也有强烈的反共济会立场。这再次加强了贝当本人的观点。维希政府对共济会的打击，是一个月前将贝当推上至高之位的不同政治党派对共济会议员的共同打击。[116]

8 月 13 日的法例规定，占领区和非占领区的政府官员必须以书面形式发誓，他们不是——或不再是——共济兄弟会成员。说谎者将受到六个月到两年的监禁处罚，并上缴 6 000 法郎罚款。9 月 19 日，让·盖埃诺在日记中写道：“今天，我不得不签名，‘以自己的名誉为担保，严肃宣誓’，我从来不是共济会成员，也不从属于任何秘密团体。多么愚蠢啊！”[117]

巴黎“合作派”杂志将共济会看作危险的叛国势力，支持维希政府攻击兄弟会。“共济会的解体并非出于党派报复，而是由于必要的社会清洗，以防外来人逐步渗透法国。”[118] 7 月 12 日出现的巴黎反犹周报《示众》（*Au Pilori*）自 11 月起便在社论后列出共济会成员名单。社论表示：“法国人民，这是谋杀法国之人的姓名！从今天起，我们将列出长长的名单。请保留这份名单，未来会派上用场。”[119]

随着巴黎共济会的垮台，越来越多共济会档案和艺术品被夺走：它们被存放于黎塞留路的法国国家图书馆（Bibliothèque nationale de France），等待被转移到筹建的秘密社团博物馆。负责此事的是图书馆新馆长贝尔纳·费伊（Bernard Fay），而此前的馆长是犹太人朱利安·卡安（Julien Cain）。官方认为，费伊是“清算共济会政府代表”的理想人选。他认为法国大革命令人恶心，同时狂热拥护贝当和西班牙佛朗哥将军。也就是说，他是坚决的反动者和君主派。[120]

当赖伐尔和阿贝茨在巴黎会见、人们审查入籍者档案、共济会成员和共产党员遭到追赶和骚扰时，法德停战委员会的德
116 方官员在威斯巴登投掷了一枚“重磅炸弹”。停战协定第十八条规定，法国政府将负担德国军队在法开支。德国代表告诉法国人，希特勒将这个数目设为每天 2 000 万德国马克（4 亿法郎）。这笔钱将每十天分期汇入巴黎法兰西银行特设的“占领开支”账户，供军政府无限使用。

法国代表团团长安齐热将军抗议道，这简直是天文数字，受益人除了德国占领力量，还有驻守法国、计划进攻英国的德军。他的反对很快就被忽略了。安齐热气急败坏地强调法国政府的权威地位，痛斥德国的要求专横无稽。不过，德国代表团团长只是回答，如果法国政府当天没能给出 8 月 21—31 日的 2.2 亿马克和自 6 月 25 日以来亏欠的 11.4 亿马克，便会面临

“最可怕的后果”。安齐热担心德国人采用第二十四条（若法国未能履行义务，整个停战协定则被宣告无效），便顺从地答应了。

更可怕的是，法国代表团惊恐地发现，这个天文数字并不包括住宿和家具的开销。法国政府很快收到巴黎征用建筑翻修的支票，当中包括购买昂贵的地毯、绘画、镜子、椅子、收音机和冰箱的费用。德国人用法国政府的资金疯狂消费。但事实上，他们收到的钱远远超出了可能花销的费用。1940 年底，占领队伍“只”花了 6 200 亿马克（310 亿法郎），而法国政府支付了 1.6 万亿马克（800 亿法郎）；1941 年 6 月，法兰西银行的德国账户存款达到 1.2 万亿马克（600 亿法郎）。[121]

一系列事件表明，维希政府吹嘘的“权威”不过是块遮羞布。在未来无限的时间里，每天的巨额花费将令法国经济干涸，剥夺维希政府本就不足的资金，对全法男女老少造成致命影响。 117

8 月 27 日，维希政府废除了《马尔尚多法》（*Marchandeau Law*）[122]，该法例规定种族歧视和宗教歧视为非法行为。这一举措打开了反犹主义的水闸，让媒体毫无后顾之忧地攻击犹太人。书面表达并非全部；反犹主义论调也出现在巴黎大街上。自德雷福斯事件①后，法国文化中始终存在反犹情绪，它在 1894—1906 年间搅动巴黎，并在 1930 年代复苏，现与巴黎反犹主义混为一体。[123]

事实上，早在废除《马尔尚多法》前，反犹主义就已再次复

① 1894 年，法国陆军犹太军官阿尔弗雷德·德雷福斯（Alfred Dreyfus）被误判为叛国罪，法国右翼势力趁机掀起反犹浪潮。1894—1906 年之间的十二年，法国上上下下就德雷福斯事件形成对立两派。1906 年，最高法院重审此案，宣布德雷福斯无罪。

苏。7月29日，朗热隆的记录中提到街上的反犹贴画。[124]此后，梅尼蒙当（Ménilmontant）大道、圣旺（Saint-Ouen）跳蚤市场、犹太商店（如第十区的莱维坦家具店，Lévitan Furniture Store）和共和国广场（Place de la République）的咖啡馆都出现了进一步反犹行动。[125]8月底，热纳·弗龙（Jeune Front）和罗贝尔·埃尔桑（Robert Hersant）带领的反犹小团体在两天内砸碎了香榭丽舍大道上所有犹太商店的窗户。

雅克·别林基在日记中记录了夏天几个月里的反犹事件。有人在圣殿市场（Carreau du Temple）的走道里售卖《示众》[126]；六七个年轻人在第四区的犹太社区里大喊“读《示众》，反犹太！”[127]；犹太人聚居的蔷薇路（rue des Rosiers）上，《示众》的拥护者和一个犹太妇女发生冲突，后者的三个儿子都响应征召入伍，此刻已是战俘。[128]

不过，别林基还记录了事情的另一个面向：法国（甚至德国）警察抓捕反犹暴徒，支持受到侮辱或恐吓的犹太人。一名老兵在他工作的林畔丰特奈（Fontenay-sous-Bois）市场对抗
118 《示众》的报商，并受到攻击；后来德国警方逮捕了攻击者。[129]沙托丹路（Rue de Châteaudun）上一家法国咖啡馆主人贴出告示，禁止犹太人入内。一名年轻的犹太人来到店里，要了杯啤酒，并告诉店主自己的犹太身份。店主随即羞辱他，让他滚蛋。德国警察接着介入。他们问店主，是否有德国高层许可他们赶走犹太人。主人回答说没有。年轻人便安全、悠闲地离开了咖啡馆。[130]别林基还注意到，法国警察开始在第四区（当中包括蔷薇路和费迪南-迪瓦尔路〈rue Ferdinand-Duval〉）巡逻，保护再次聚居的犹太人不受攻击。这种行为打动了当地居民。[131]7月和8月，朗热隆安排巴黎警察总局干预反犹行动，逮捕堵

劫犹太商店[132]或砸碎玻璃的暴徒。[133]他还命令警察调查不断出现的反犹海报和宣传册。[134]

德国士兵甚至结交犹太人。别林基知道巴黎以北 8 英里处的温泉镇昂吉安莱班（Enghien-les-Bains）有家卖洁食①的好饭店。[135]一些德国士兵常在那里吃饭。店主指着“洁食”的牌子，问他们是否意识到自己在哪里。他们回道：“当然。我们很喜欢这里的食物，所以才会来。”[136]夏天，罗贝尔·比朗博（Robert Birenbaum）在巴黎北部的家庭零售店帮犹太父母打理生意。驻扎在坦格尔附近征用学校里的德国士兵喜欢到这里，用德语和罗贝尔父母交谈。士兵们总是当场付款。晚上，罗贝尔和朋友在奥贝维埃路（rue d’Aubervilliers）的斯大林格勒站（Stalingrad Metro Station）前见面，和年轻的德国兵交谈。他回忆道：“气氛非常友好。”[137]无论如何，至少暂时如此。

① 洁食：符合犹太膳食戒律的食品，对可食用动物种类、烹饪方式等均有规定。市场上的洁食需经相关机构认证。

第五章　失业，配给，维希政府镇压犹太人，蒙特瓦尔

119

9月1日，警察总局局长罗歇·朗热隆总结了巴黎自6月以来的变化。他指出，多数市民的想法有了明显转变。最初，德军并未袭击巴黎，人们因而感到宽心。他们认为，法德两国很快便会签署正式的停战协定，法国不会长期沦陷。然而，占领仍旧持续。

占领初期，市民生活并不过分困难；然而情势每况愈下，特别是经济层面。建筑和商品被征用，失业率上升，食物和日常用品供应不足。越来越多的市民回到巴黎，支持英国的情绪更为强烈。朗热隆写道："市民对占领势力带有明显的敌意。巴黎没有适应——也不会适应——德军铁蹄踏过马路的声音。"朗热隆发现，仇视德国人并不意味着支持维希政府，尽管贝当在不少人心中仍有威信。不过，他认为："很多人还是相信，倘若政府迁回巴黎，便会与德军高层更好地交涉，处理失业和食物短缺问题，改善战俘处境。"[1]

120 工作机会不足是关键问题。7月底，超过十五万巴黎人领取失业保障金。8月一份统计数据表明，塞纳省就业人数低于1939年上半年月平均就业人数的一半。[2]德国高层趁机号召法国工人前往德国寻求工作机会，却鲜有人应召。

自7月中旬，为支持战争需求，德军控制了巴黎及其周边地区的重要工厂，其中包括雪铁龙、雷诺和西姆卡（Simca）汽

车厂，格诺姆与罗纳（Gnome and Rhône）飞机发动机厂，希斯巴诺-苏伊莎（Hispano-Suiza）交通工具及武器生产厂，法尔曼（Farman）飞机厂，文森的子弹厂，以及皮托（Puteaux）的武器厂。但是，控制并不意味产量提升。

战争造成巴黎和周边地区工人人数锐减。8月，雷诺和雪铁龙的工人人数只有战前10%[3]；五十万左右巴黎人仍困于纳粹战俘营[4]；还有很多人滞留在非占领区或在6月的战役中丧生。同时，失业者无法直接填补空缺。就算他们拥有所需的技术，工厂也无法招收工人，只能和现有工人签订短期合同。工厂缺乏管理和监督人员；由于德军或当地居民的掠夺，工厂存货极少甚至没有。工厂主很难接触供应商，尤其当后者身处未占领区或国外时。就算能够接触供应商，他们还是没有足够资金购买货物；即使拥有足够资金，他们还须寻找将货物运入巴黎的途径。[5]

巴黎西郊皮托的优丽可汽车厂（Unic Car）里，八百名员工（相比战前的两千两百人）的工资降为手工劳动标准。此外，他们还须清扫、整理厂房。回到巴黎后，很多工人的工作合同变为短期协定。比如，雷诺的工人只能每隔一天上班，雪铁龙的工人每周仅工作二十四小时。德军勒令一些工厂关门歇业，将设备和库存移至德国，比如热纳维耶北郊的马松工厂（Masson factory）。阿让特伊郊区一家工厂的三百台机器被转 121
移，上百名工人因此失业。[6]

百货公司供货不足。偶尔库存充足时，德国人也会很快买走在德国短缺的商品，将它们寄回家。和工人一样，大商场的雇员也面临工作时间减少的问题：莎玛丽丹百货公司（La Samaritaine）员工每月必须停薪休假十天，市政厅百货公司

(Bazar de l'Hôtel de Ville，BHV）员工每月只能工作三周，老佛爷和好商家百货公司有三分之一的员工都被解雇了。[7]

旺多姆广场和圣奥诺雷路（rue du Faubourg Saint-Honoré）的奢侈品店破产了：有钱人并未回到巴黎，他们不是逃出法国，就是留在未占领区；奢侈品价格又远超普通德国兵的承受能力，尽管马克汇率甚高。原材料短缺和德军征用令致使不少小生意人无力支付债务；床上用品厂商受到纺织业下滑的冲击；文具商缺乏纸张；鞋厂皮革供应不足，还须为德军供货。[8]此外，外国游客无法进入巴黎，很多旅游公司因而破产；英国的封锁对从北非和远东法国殖民地进货的公司造成致命打击。

德方叫停战前一切国有建筑项目，工人因此失业，而 1939 年，从事这些项目的工人数目超过一万三千人；公交车和出租车司机也失了业，因为无需公共汽车服务；卡车司机也丢掉了饭碗，因为大多数卡车在 6 月前便被法国军队征用了，仅存的一些车辆也被德军搜刮一空。女佣和家政工作者也丢掉了工作，因为东家无力支付薪水或提供食宿。

对于某些人来说，占领带来了更稳定的工作机会：为服务德国人，豪华酒店全年无休，雇员因此无解雇之忧。外国游客
122 极少，小旅馆被迫关门，不过铁路边仍有些酒店为宵禁后抵达巴黎的旅客提供住宿。修鞋匠生意兴隆，因为人们很难买到新鞋，不得不修补旧鞋；人均自行车持有量上升，这意味着修车店和售卖轮胎等配件的商店也将顾客盈门。[9]

德军高层将宵禁时间推迟到晚上 11 点，以推进 6 月起便大力宣传的“回到常态”。9 月 7 日，巴黎著名的法兰西喜剧院重新开业。阿贝尔·博纳尔——不起眼的诗人，曾为雅克·多里奥（Jacques Doriot）的极右纳粹政党法国人民党煽动民心——

和剧院经理雅克·科波（Jacques Copeau）为此致辞。两人都强调当下和过去生活的连续性。博纳尔强调“工作、家庭和祖国”三大主题，科波则充满热情地指出法国内在的力量，法兰西的灵魂以及国家精神的复苏。两周后，法兰西喜剧院再次推出皮埃尔·高乃依（Corneille）、让·拉辛（Racine）和其他法国剧作家的作品，以此证明生活的连续性。

朗热隆指出，8 月底，更多剧院开门营业。[10]不少剧目让巴黎人缅怀过去，不再留恋当下。此类现象不仅出现在戏剧界。9 月，《今日》（*Aujourd' hui*）称，香榭丽舍大道近期重新营业的小鹰歌厅（L'Aiglon）“将令你忘记当下痛苦，重拾战前的记忆和情谊”。[11]电影院依旧吸引观众，尽管自 9 月 9 日起，影片放映便受到限制——英国电影和犹太演员参演的电影都被禁播。

巴黎人的阅读也受到限制。从历史上来说，巴黎无疑是法国的出版中心：法国所有出版社都位于巴黎，特别集中在第五区和第六区，其中有不少家族企业，比如伽利玛、阿歇特、阿尔芒·科兰（Armand Colin）、贝尔纳·格拉塞（Bernard Grasset）、阿尔泰姆·法亚尔（Arthème Fayard）和罗贝尔·德诺埃尔（Robert 123
Denoël）。出版社和附近古老的大学，比如巴黎索邦大学（Sorbonne University）、法兰西公学（Collège de France）、法兰西学院（Institut de France）和巴黎高等师范学校（École Normale Supérieure），共同构筑了全国文化中心。

自 1939 年 9 月中旬起，出版社就受到法国政府监控：它们必须得到政府许可才能出版新书或重版旧书。[12]所有出版社均受德军控制。而在德国，纳粹不仅审查书籍，而且公开烧书。德军进入巴黎后，所有大出版社都极力迎合占领者的要求。

9 月底，法国出版行会会长勒内·菲利蓬（René Philippon）

和德国军方达成协议：只要出版社不出版损害德国声誉和利益或在德国遭禁的图书，就可继续经营。至于媒体，德国高层希望它们自我审查；如遇到困惑，必须向宣传局求证。

占领力量还决心禁止市面流通的“不宜”书籍。9月，菲利蓬将德国禁书名单（包括一百四十本）[13]扩展为更全面的“奥托书单”——或许得名于德国驻巴黎大使奥托·阿贝茨。其中包括一千多本被认为妨害德国意识形态或荼毒法国读者的图书。为赢回读者，“奥托书单”的前言表示，书单旨在营造“更健康的文化氛围”，令民众“对欧洲问题形成更加客观的认识”。它同时表示，“法国出版商的举动获得了德军高层肯定”。[14]

巴黎两千多家书店、报亭、图书馆和旧书摊（市中心沿塞纳河而建的深绿色亭子是常见的二手书店）都收到了“奥托书单”；书单在整个沦陷区的发放量约为四万份。书单中的被禁作
124 家包括德国作家托马斯·曼、亨利希·曼（Heinrich Mann）、斯蒂芬·茨威格、埃里希·玛利亚·雷马克（1929 年出版的《西线无战事》的作者）；法国作家夏尔·戴高乐、路易·阿拉贡（Louis Aragon）、乔治·杜阿梅尔（Georges Duhamel）、安德烈·马尔罗（André Malraux）；外籍犹太作家弗洛伊德和卡夫卡[15]；以及法国犹太作家马克斯·雅各布（Max Jacob）、安德烈·莫洛亚（André Maurois）和马塞尔·普鲁斯特（Marcel Proust）。[16]德国人指责犹太作家和政治难民“背叛了法国人的亲善”，“不择手段地发起自私的战争”。[17]名单中还包括英国作家威廉·莎士比亚，弗吉尼亚·伍尔夫和 G.K.切斯特顿。在《苏德互不侵犯条约》的影响下，反斯大林作家列夫·托洛茨基（Leon Trotsky）和鲍里斯·苏瓦林（Boris Souvarine）的作品也被禁了。法国警察检查巴黎每一家书店，收缴约七十五万册

图书；在查抄的七十家出版社中，十一家被迫歇业。[18]此后，“奥托书单”不断更新、发行。巴黎解放后，法国政府估计，占领期间收缴图书约 2 250 吨。[19]

与此同时，公众对食物短缺的不满与日俱增。法德高层决定采取措施避免引发动荡。9 月中旬，流亡的苏联犹太作家雅克·别林基写道，食物供给制的消息传来时，巴黎人一股脑地冲进食品店。一家店有 20 磅黄油的存货，便吸引了约三百五十个人。[20]9 月 17 日，维希政府正式引入一种极其复杂的配给制，却仍不足以解决食物短缺的问题。

区政府为每个人发放四页厚的配给簿。不过，政府人手不足，人们无法及时收到配给簿。为领取单张配给卡，教师、散文作家让·盖埃诺不得不在区政府排队五个小时。[21]此后，人们必须在媒体宣布的日期再到区政府，凭卡领取彩色配给票，用来购买不同食物。“我不得不排很多次队，才能领到一摞彩色纸片。接下来的一个月里，我们将从中剪出配给票，才能不致饿死，”乔治·伯努瓦-居约德写道，“每天食物都配给不足。这该怎么解决？这真是个难题。”[22]

成年人的配给量如下：每天 350 克面包（相当于今天一个半 125
法式长棍），每月 250 克意大利面，每周 50 克奶酪，每月 200 克脂含量超过 25%的奶酪，每月 200 克人造奶油，每周 300 克带骨肉，每月 500 克糖和每月 50 克米。这相当于每天摄入 1 300 卡路里热量，而战前成年人平均每天消耗的热量约为 3 000 卡路里。[23]一些食物无需配给，其中最出名的是常见的芜菁甘蓝。此前，它被用来养牛，寡淡无味，没人喜欢它。占领期间，芜菁甘蓝成为食物短缺的标志。

和其他地方的法国人一样，巴黎人必须学会节俭，将配给票维持到下一次发放时。复杂臃肿的配给系统相当失败：由于食物供应不足，大多数食品店门口排起长队——特别是面包房、肉店和奶制品店。某些蔬菜很难找到，甚至是无需配给票购买的土豆。引入配给制几天后，雅克·别林基为了 3 磅土豆，在穆浮塔路（rue Mouffetard）的一家店外等了一个半小时。[24] 巴黎商店外的队伍让医学院学生贝尔纳·皮埃坎想起历史书中写到的 1870 年巴黎围攻。[25] 多年后，让·路易·贝松（Jean Louis Besson）忆起儿时的这段经历时说："你常常要排很久的队，特别是在售卖大葱、土豆这类无需配给票食材的商店里。妈妈常让我们帮她排队，这个过程耗时良久。折叠板凳是不可或缺的排队工具。"[26]

尽管不少男性失业，但排队主要还是女性活动。女人承担了购买食物和生活必需品的重担。她们排了几小时队，却常常发现自己的努力是徒劳的：货物极少或已经售空。很快，排队变为一种社会活动，拥有特定的礼仪和规则。排队时，女人们分享自己的经历或传播流言、交流烹饪心得和八卦新闻。根据罗歇·朗热隆所言，这些队伍往往是"宣传（比如反德）中心，同时也是密谋、挑衅和揭发的中心"。[27]

基于自己的经历，波兰移民安杰·鲍伯考斯基（Andrzej Bobkowski）对女性排队的看法更为消极。"大家都在抱怨自己
126 排了多少队、花了多少时间……有人打架，有人想挤到队伍前面。"他还提到人们大喊大叫、相互侮辱，还有人不断抱怨。"一名孕妇没排队便挤到前面，她挺着肚子，回过头来向大家嚷着八卦。"[28] 10 月，孕妇得到优先配给票。在此之前，据鲍伯考斯基所言，不少女人在裙子或衣服下塞了枕头假装孕妇，冲到队伍前面。

第六区毕西路家乐福周边的小店是巴黎最可能买到食物的地方。[29]“现在却很难买到食物，”乔治·伯努瓦-居约德写道，“很多市民在马路上排队。这里从破晓时便被人占据了。各年龄段、社会背景的男男女女都在等待购买食物。”[30]

所有人都将食物短缺问题归咎于其他人。店主埋怨农民和囤积货物、操控价格的批发商；顾客抱怨店主谋求暴利；“合作派”媒体抨击犹太人；法国政府和德国军方将此归罪于英国的海上封锁。为加强恐英情绪，亲德的巴黎媒体夸大最后一条原因。但这无法令人信服，法国人至少意识到，很多法国产品（比如酒）同样很难找到。巴黎人普遍认为，食物短缺主要是因为德国人想剥夺法国的所有财富。流行的歌谣唱道：“他们夺去了我们的一切。”这一观点由 9 月的巴黎警察总局报告得到证实：“蔬菜更为稀少：大葱、萝卜、芜菁和白菜供应不足……几乎找不到土豆。德军在原产地、运输途中或巴黎中央菜市场征用了所有土豆。”[31]

食物短缺的成因还包括以下三点：约四十五万农民或从事农产品业的工人仍被囚禁于战俘营[32]；维希政府必须支付高昂的占领开支；城市各个角落冒出来的德国“采购办”也加剧了当下状况。德国民事和军事机构掌控两百多家“采购办”，借此 127
进行敲诈。他们每周从法兰西银行领取维希政府支付的“占领开支”，以此购买可找到的一切商品。接着，他们将这些货物高价出售给军方或出口到德国，赚取巨大利润。换言之，维希政府支付百万法郎，令“采购办”廉价购买商品；之后，德国军方出示从“采购办”购买产品的收据，维希政府不得不再次割肉。就在大多数巴黎人为三餐挣扎时，“采购办”已从中赚取了巨额利润。

最臭名昭著的“采购办”由阿勃维尔外号“奥托”的赫尔曼·布兰德尔（Hermann Brandl）管理。这家“采购办”一方面掩护阿勃维尔的间谍活动，一方面为其提供秘密经费——不受外界审核。布兰德尔办公室位于福煦大街附近的布洛涅广场。每天下午 2—5 点间，想出售商品的人在那里排队，等着出示产品样品。其中一些人在德军入城后便藏起了货物，现在想在它们被发现、充公前卖出去。只要商品数量不小，布兰德尔和手下便来者不拒。皮革和皮制品极其抢手，他们还会收购金属、工具、汽车、零件、布、办公室用品、日常用品、家居用品、室内装饰、药、香水、食品、玩具和糖果。布兰德尔不在意产品生产地，或人们是否有权出售——处理书面文件因此变得极其简单。[33]

9 月 26 日起，横跨分割线的邮政服务建立了起来。人们只能使用邮局发行的 90 生丁[①]的官方卡片，向另一个区域的亲人送去极少信息。此类例行卡片类似于士兵和战俘使用的卡片，
128 只能让寄信人提及极其有限的信息：健康/疲惫/生小病/生大病/受轻伤/受重伤/死亡。此外，寄信人可以提出物质需求（包括金钱），表明自己在哪里工作，或孩子在哪里上学，还可以提及自己收到的卡片。剩余的空间人们可以写下几行新闻，之后是两句告别和签名。[34]倘若卡片被寄信人违规使用，将被销毁。11 月，让·盖埃诺得知，住在非占领区的祖父生病了。祖父决定每周一向巴黎寄送卡片，如果没有收到就说明他已去世。盖埃诺无法和祖父通话，因为平民不得使用电话，1940 年 12 月

① “生丁”是“分”的法语译词。100 生丁等于 1 法郎。

之前，跨区域的电报通信也被禁止。“我只能寄去德国人派发的卡片，一周之内送达，”盖埃诺写道，“如果他死了，我甚至不可能参加葬礼。这种监狱一样的生活让我精疲力竭。”[35]

不过，多亏了这种卡片，贝尔特·奥鲁瓦和非占领区的朋友露易丝取得了联系。“终于，我用‘跨区卡片’和马赛的露易丝取得了联系，结束了此前的煎熬。如果没有生病、没人被杀、没人去世，你只能写两行字，而我想说的话有好几页……你用电报的形式写出两行字，无法表达自己想说的话。他们将此称作‘家庭卡片’。”10 月，她从露易丝那里收到回复，后者在几行内告诉她，自己和孩子将前往美国。[36]

纳粹在德国和波兰残忍的反犹政策让巴黎的犹太人比其他人感到更强烈的恐惧。1939 年 9 月，法国犹太人口约三十万，其中三分之二住在巴黎。这些人中，约一半是苏联、东欧和中欧的阿什肯纳兹犹太人①，不少人刚刚逃脱波兰的纳粹追捕，主要聚居在巴黎东部和北部的穷人区。[37]还有四分之一是生在法国、源于伊比利亚半岛的塞法迪犹太人②。很多人家连续几代住在法国，已与法国人很好融合。富有的塞法迪犹太人住在巴黎西部更布尔乔亚化的地区以及富有的郊区，如讷伊和布洛涅。[38]剩下四分之一是在国外出生，但已获得法国国籍的犹太人。[39]

因此，巴黎没有单一的犹太社区；相反，不同犹太社区共

① 阿什肯纳兹犹太人：源于德国西部和法国北部的莱茵河地区，中世纪后期逐渐向东迁移。他们以意第绪语为第一语言，以希伯来语为宗教用语。历史上来说，阿什肯纳兹犹太人曾为欧洲的哲学、文学、艺术、音乐和科学发展作出突出贡献。

② 塞法迪犹太人：源于伊比利亚半岛，受伊斯兰文化影响较深。15 世纪后期，塞法迪犹太人被逐出西班牙和葡萄牙，迁往北非、南欧、北欧、拉丁美洲等地。

存。大多数巴黎北部和东部的穷困犹太难民并未受到德国人掠夺犹太财富的影响。难民（尤其共产党员）和多数塞法迪犹太人不住在同一社区，他们将后者视作碰巧是犹太人的富人。

停战协定签订后，南逃的上万犹太人重回沦陷区。8月，首席拉比回到巴黎，尽管仍有些拉比留在南方，或决定晚些回来。考虑到反犹主义和纳粹主义盛行，犹太人从非占领区回到沦陷区的举动或许略显奇怪。这些人中包括苏联犹太人，他们认为《苏德互不侵犯条约》将提供保护；还有大学教员马塞尔·亚伯拉罕这样的犹太人，回到巴黎“只是为了履行责任，即回到工作岗位”[40]。还有人没有经济能力留在非占领区，或者对留在陌生、充满敌意的地区感到孤立和不适。

法德开战后，银行家阿尔芒·科恩（Armand Kohn）和家人一同离开巴黎。他便属于典型的犹太富人，出于爱国热情回到巴黎。科恩从未否认自己的犹太身份，但认为自己首先是法国人。阿尔芒在一战中取得荣誉勋章，对此深感骄傲。他对未来抱有谨慎的乐观情绪：“只要和家人在一起，我便不会遇到任何问题。我是荣获勋章的老兵，曾为自己的国家而战。我们什么也不怕，只要遵纪守法，便不会受到伤害。”[41]

还有些犹太人并不恐惧。为什么要逃走？巴黎是他们的家。医学院教授罗贝尔·德勃雷（Robert Debré）从波尔多回到巴黎，尽管前巴黎警察总局局长曾向他透露，德国人打算攻击犹
130 太人。“我立即做出决定，”他回忆道，“我要回到巴黎，不再离开。”[42]与此相反，不少法国人认为犹太人是虚伪、狡诈的阴谋家，对国运的衰弱负有责任。当然，纳粹本就认为犹太人是低等人群，不可能爱国。

到目前为止，维希政府或德国权威并未引入明确的反犹政

策。巴黎犹太人因此松了一口气。很多人认为，除了德国士兵、纳粹旗、标语和旗帜，巴黎没有任何变化。“生活重新开始”“生活继续”“日常生活毫无变化，至少似乎如此”，这是人们常听到的话。[43]犹太人和大多数巴黎人面临同样的困难。所有人都在挨饿，外国犹太人尤其如此；报纸还是不断指责说，犹太人造成了法国当前的困境。

公开批判“犹太人威胁法国”并非新鲜事，也不是极右分子才会做的事。1939 年接任新闻信息监管署署长后不久，让·吉罗杜写道：“成百上千阿什肯纳兹犹太人从波兰和罗马尼亚的犹太区逃来法国。”他继续指责这群犹太人拉低法国工人工资、不融入当地生活、参与非法勾当。同时，由于健康状况普遍较差，他们几乎占满了医院的床位。[44]人们普遍认为，法国将被贫穷、绝望的犹太移民侵占，他们将“造成法国文化的堕落”。当然，这种论调夸大了事实，传媒利用群众的恐惧心理煽动民愤。根据估算，1933—1939 年间，约五万五千名犹太人进入巴黎；很多人并未定居，而是移民到其他地方，最常见的目的地是美国和巴勒斯坦。[45]若反犹主义并未深入法国社会，并未在第三共和国期间广泛流传，便不会造成这么大的影响。

8 月 17 日，军政府顾问奥托·阿贝茨命令维尔纳·贝斯 131
特——纳粹铁忠分子和军政府行政部门领导——禁止犹太人从非占领区进入占领区、驱除占领区所有犹太人，同时将他们的生意和财产充公。[46]三天后，阿贝茨敦促柏林为犹太人和犹太商店引入特殊身份认证。[47]

军政府迫切地想在占领区引入反犹政策，同时希望表现出按规矩办事的样子。或许，军方不愿放弃不反犹的法国公民，以防威胁到他们努力维持的巴黎和平。军方的主要目的仍是赢回民意，推进法德合作。同时，军政府认为，不该重演入侵波兰时的屠戮，而要让人们认为，德国在国际法的框架下占领法国。因此，军政府雇用了一批法学家，细细研读战争条款和其他文献，寻求令反犹合法化的法律或国际策略。[48]他们采用的方法便是将犹太人归类为“安全威胁”，因此，根据《海牙公约》第四十六条，他们可以被合法侵犯。[49]

带着这样的合法性，德国军方高层计划打击犹太人。9月27日，军政府公布了犹太人的法律定义[50]，禁止离开占领区的犹太人返回。不到一周后的犹太新年夜，媒体和犹太会堂分发宣传册，命犹太人在10月30日前，在当地警察局注册。这条规定还命令，犹太店主必须在10月底前挂出黄色海报，用法语和德语标注店主的犹太身份。[51]

尽管通告激起巴黎犹太社群的不安，90%的犹太人仍向法国警察注册，登记姓名、地址、国籍和职业。[52]犹太人身份证上的红色大字标注出“男人”或“女人”。这样一来，倘若法国人或者德国人查看身份证件，便会立即知道他们的犹太身份。

132 我们不难理解，为什么巴黎几乎所有犹太人都去注册了。第一，他们倾向于遵守官方指令和命令。第二，犹太领袖并未公开反对注册；事情看似可以接受，特别是外籍犹太人在第三共和国期间便习惯性地到警察局注册，更新住址和工作许可证。第三，犹太人毕竟是在法国警察处而不是德国军方注册。此外，很多外籍犹太人发现很难靠假装非犹太人蒙混过关，正如近期从波兰回来的犹太共产党员大卫·朗贝热（David Lemberger）所说：“你怎么能谎称自己不是犹太人呢？你出生在波兰，几乎不说法语，还在手工业街做裤子！”[53]

有时，巴黎犹太人表现出对民族身份的自豪。杰出、年迈的哲学家亨利·柏格森（Henri Bergson）便属于一小群无需注册的犹太人，但他坚持穿袍子和拖鞋，去警察局注册。还有些人因自己既是犹太人又是法国人骄傲：皮埃尔·布里萨克（Pierre Brisac）上校穿着军装注册。阿尔芒·科恩认为只要自己遵纪守法，便会被正常对待，于是去注册了。维达尔·纳乌姆（Vidal Nahoum）则担心，倘若不注册，便会招来厄运。他的儿子，未来的社会学家埃德加·莫兰（Edgar Morin）[①]回忆父亲坚持说："我们必须遵守要求。想想吧，如果我们证件上没有盖章，被当街拦下后会有怎样的后果。"[54]反犹杂志进一步加强了忧虑，它威胁说，不注册的后果极其可怕。

很多犹太人并未在截止日期前注册，但他们也同样被算入犹太人普查。1941 年 6 月，阿佩罗伊格（Apeloig）拉比偷偷到达巴黎，此时截止日期已过去八个月。尽管身份文书中表明他是拉比，但他却没有得到关键的犹太印章。他向朋友、亲人甚至首席拉比求助，却未能弥补这个疏忽。在绝望中，阿佩罗伊格拉比赶到当地警察局，说服警察记下自己的名字，为证件盖章。他甚至向警官承诺说，自己还将告知德国军方。[55]

极少有犹太人像九岁男孩罗歇·埃尔曼（Roger Herman）的父亲那样置身事外。"我记得身份证上的盖章。只有父亲顽固地拒绝注册，不听别人劝告。他认为，如果'犹太人'这个字 133
眼出现在身份证上，他便很难找到工作。当然，他是对的。"[56]有时，富有同情心的法国警察会谨慎地劝告犹太人不要注册，如果他们的名字并非"典型犹太名"；虽缺乏量化计算，总的来说，不注册的犹太人极少。[57]当然，他们也不知道德国人将如何

---

① 埃德加·莫兰原名埃德加·纳乌姆，莫兰为其笔名。

在法国警察的帮助下使用这些采集到的数据。

和犹太人遵守注册规定一样，大多数犹太店主也挂出黄色海报，用法语和德语标出店主的犹太身份。此类标志在巴黎穷困的地区更加常见，且多为服装店。比如，第三区约有七百四十家店挂出黄色告示牌，其中有六百二十二家服装店和三十一家鞋店。[58]

10 月 4 日，雅克・别林基在拿撒勒圣母路的犹太会堂旁遇到一位法国咖啡馆店主。这位“百分百的天主教徒”大声指责对犹太人的镇压，并宣称当地“真正的法国人和巴黎人”虽不关心罗斯柴尔德这样的犹太富人受到何种待遇，却会公开支持普通犹太人。[59]

“合作派”媒体和广播对巴黎人展开宣传攻势，声称犹太人是外国寄生虫，无法融入当地群体，因此不可能爱国；他们为谋私利，损害法国利益。10 月 5 日，雅克・别林基外出时，发现很多挂出身份标识的犹太店主通过表明爱国情怀，来反击反犹宣传。

一名一战老兵在黄色海报边挂出勋章，其他犹太老兵也这样做。[60]拉比们纷纷提及法国犹太人的爱国情怀：10 月 12 日，首席拉比在第九区胜利路的犹太会堂提醒六千名信众（其中包括别林基），犹太人对法国科学、艺术和文学作出了杰出贡献，此外，还有成千上万名犹太人在第一次世界大战以及近期的战役中为法国牺牲。

随着 10 月底截止日期到来，别林基发现巴黎出现越来越多
134 的黄色海报，更多犹太人公开表达自己的爱国情怀。第四区一家面包店的海报上写道：“我家三个儿子都去参军了”；共和国广场旁一家帽子店宣称：“1909 年，莫里斯・莱维（Maurice

Lévy）创建本店；1916 年，他在杜奥蒙（Douaumont）为法国牺牲。此后，他的儿子继承本店，在 1939—1940 年间参战，并获得荣誉勋章"；圣殿市场[61] 旁有家服装店写道："店主在第一次世界大战中志愿参军，两名雇员也在 1939—1940 年参军。"[62]

很多犹太小店售卖的东西很少见，顾客并没有因黄色海报而不再光顾。据别林基所言，圣殿市场一名犹太店主表示："所有人都知道我们是犹太人，基督教徒总会来这里买衣服、床单等。海报并未向我们的熟客提供任何新信息。"[63] 一名店主告诉别林基："海报挂起来已经三天了。我可以告诉你，生意并未下滑，反倒好转了很多。过去几天是我生意最好的几天，来的几乎都不是犹太人。"[64]

不过，接下来的通知进一步将犹太人从巴黎和占领区的经济生活中剔除。10 月 20 日，德国高层通知，12 月 26 日前，所有犹太商店必须转让，或由非犹太管理委员会管理。只要完成所有权的转让，黄色海报便可由红色海报取代。

1941 年 2 月，红色海报遍布巴黎。[65] 德国指令适用于大小商家。仅次于莎玛丽丹百货和春天百货（Printemps）的巴黎第三大百货公司老佛爷也挂出红色海报，先后被转入一系列管理委员会手中。[66] 贝尔特·奥鲁瓦的犹太朋友埃莱娜·伊塞利（Hélène Isserlis）有家小书店，必须在管理员的监视下营业，而管理员几乎控制了一切。她受命尽快处理自己的商店，发现有人"想利用这个时机廉价买入小店"。[67] 她表示："就算托洛兹路 135
（rue Tholozé）那个只买得起榔头、钉子和胶水的小鞋匠也有个管理员。上帝呀，究竟有什么值得管的？"[68]

维希政府同样急于推出反犹法令。废除《马尔尚多法》、重审 1927 年后入籍的决定或许并未明确针对犹太人，但是，失去法国国籍的人中有一半是犹太人。法律规定，某些工作和职业只能对父亲是法国人的公民开放，如公共服务（1940 年 7 月）、医护（1940 年 8 月）和法律（1940 年 9 月）。犹太人因此受到严重影响。这些法令为维希政府 1940 年 10 月 3 日出台的首部犹太法律《犹太法》（*Statut des Juifs*）开路。它适用于占领区和非占领区，且背后并无德国人的命令。[69]它否定共和价值，特别划出一群人，在法律中以种族标准定义犹太人。[70]因此，占领区和非占领区的犹太人，无论国籍，都不可在省级或国家机构担任公务员，也不可在军队工作。年底时，在大学或学校工作的犹太人必须辞职。他们也不可从事媒体或电台行业。超过一百名犹太画家被禁止在巴黎展出作品。法律限制从事法律或医护行业的犹太人数目——1941 年 6—12 月间引入定量额度。地区长官有权将犹太人拘禁在特殊的集中营或家中。

巴黎的“合作派”杂志对维希反犹法例表示欢迎。雅克·多里奥的法国人民党不久前创办的《人民呼声报》（*Le Cri du Peuple*）在首页发出胜利的宣告：“犹太人终于被逐出了公务人员的行列！”《晨报》为政府的庄严喝彩，因为它终结了犹太人对法国社会“广泛且深入的负面影响”。[71]

非犹太巴黎人对新法例没有特别反应。很多人仍尽力使生活从 5 月和 6 月的变故中恢复常态。他们挣扎于供应短缺，担
136 心非占领区的家人和朋友，为战死的亲人默哀，或者忧虑上万名集中营的战俘。除却极少几名神父，天主教徒要么公开支持反犹法令，要么保持沉默。

尽管大多数人对此漠不关心，仍有不少人私下表达自己的想法。“（德国）胜利者让我们染上了疾病，”让·盖埃诺在日记中写道，“今早，维希政府公开了《犹太法》。这就是我们，一

群反犹主义者和种族主义者……我深感羞耻。”[72]因为自己的犹太身份，经济学家夏尔·里斯特被巴黎高等矿业学校解雇，里斯特认为，维希法律“极不体面”。“很明显，政府被卷入一个政策，他们误以为可以迎合德国人，”他说，“并将得到法国极端主义者的支持。”[73]

比起犹太人的境遇，格鲁姐妹更担心维希政府对已婚妇女的歧视：倘若丈夫有了工作，妇女便不可以从事一系列职业。她们将妇女的境遇和犹太人做比较。“政府部门雇用已婚妇女是非法行为，”贝诺瓦特·格鲁写道，“女人和狗都不得进入。从性别上来说，我们就是犹太人。”[74]

歧视犹太人的政策并不意味共济会成员被抛诸脑后。贝尔纳·费伊领导国家图书馆后，受命准备揭发共济会阴谋的展览。阿贝茨认为，很多巴黎人没有意识到“共济会的罪恶”；希望借此矫正人们的认识。这也是阿贝茨分化、统治法国社会的策略之一。

10月13日，“共济会曝光展”（La Francmaçonnerie dévoilée）在小皇宫博物馆免费开放。[75]入口处的展示牌表示，一百五十年来，共济会不仅掩盖了法国的真正局势，还将法兰西拖入战争。展览展出共济会的活动，表明“其丑陋、欺瞒和虚伪，打着民主的幌子欺世盗名，意图蚕食、毁灭一个国家”[76]。展出传达的信息便是：法国自救的唯一希望是毁灭共济会及其同谋——犹太人，阻止他们造成更大的破坏。

一名参观者注意到，展出的还有“共济会会所的内部结构、 137
入会仪式、三角标志、骷髅、典礼用具、服装及装饰……批判共济会在历史中影响的一个展示板……价值40生丁的共济会名册——购买者想在其中找到同事的姓名”。[77]贝尔纳·费伊团队撰写的插图名册以50生丁出售。同样售卖的还有费伊的书和《示众》。10月初，《示众》号召当地政府公开共济会成员的姓名和地址，接下来的一个月里，在他们私宅前门和工作地点展示其姓名、身份。[78]

未观展的巴黎人只能在《示众》或《画报》中读到共济会活动、仪式和典礼的可怕描述。《画报》对展览进行全面报道，辅以大量照片。11月底展览结束时，组织者称，约九十万人参观展览。这是个夸大的数字。无论怎样，展览结束前，寒冷和燃料短缺会让巴黎人离开寒冷的家，逃到更暖和的地方，比如电影院、图书馆和博物馆。可以推测，至少有一小部分在小皇宫观展的人只想借此逃避严寒。

同时，费伊继续接受从共济会偷来的文献和工艺品，并为此登记分类。11月，德国高层将卡代路原法国共济会总会（全法最大共济会组织）所在地划分给费伊使用。此外，德国高层保有“随时参观、获悉工作进展”的权利。[79]德国人或许不知道维希政府秘密赞助费伊的行动；但是他们明显乐意让费伊团队包揽脏活重活，自己继续掌控全局。

10月，配给制度显然未能改善食物短缺问题。共济会曝光展开幕当天，保罗·莱奥托在日记中写道：“越来越难找到食物了。几天前，我用完了所有黄油、奶酪、面包和肉的配给
138 票……有时，我的午餐只是几个苹果和几片面包……宠物境遇就更差了。”[80]年轻的法国女孩莉莲·詹姆森（Liliane Jameson，父亲是美国人，母亲是法国人）发现很难找到咖啡、肥皂、土豆或大米。[81]贝尔特·奥鲁瓦也有类似经历：“没有土豆、干蔬菜、黄油、鸡蛋、奶酪、肉或鱼。完全找不到咖啡、食用油或肥皂。”[82]巴黎人偶尔会有惊喜。吉尔贝·巴迪亚（Gilbert

Badia）回忆在塞瓦斯托波尔大道的一家店看到干香蕉。他对此的惊讶和欢喜佐证了生活更为乏味和困难。[83]很多人为生存不得不做出物质上的牺牲，比如，吉尔贝·巴迪亚的妻子用父母赠予的钢琴换来几千克土豆。[84]

为了将短缺的资源转给有需求的人，10 月 20 日，配给系统得到了更新。官方根据年龄段将市民分类，其中包括孕妇和从事繁重工作者这两种子类型。[85]更新后的系统或许会改变某些现状，但供应量仍旧不足，商店食物存货也不够。巴黎人越来越多地在周边乡村寻求食物，或仰仗农村的亲友寄来食物。

比如，贝尔特·奥鲁瓦在距沙特尔 16 英里之外的埃佩尔农（Épernon）过夏。她发现，尽管新鲜蔬菜水果不易购买，但情况仍比巴黎好一些；埃佩尔农总有些可以买的东西。当然，他们往往以物换物：奥鲁瓦从巴黎带来毛线，为农民的孩子买来礼物，然后带着罐头、意大利面、昂贵的蜂蜜、土豆、大米、豆子和奶酪满载而归。回到蒙马特的家后，她心满意足地记下箱子和罐子里的食物。“面对未来的困难，它们至少能带来些许安全感。”[86]

米舍利娜·博德极其幸运地认识了布列塔尼的一户人家。“我家保姆是布列塔尼人，住在布雷斯特。她为我们寄来 50 千克土豆，”10 月，米舍利娜写道，“现在，你在巴黎甚至买不到一个土豆，因此它们价值连城。我们不知道这些东西是怎样被寄来的。除此之外，我们还收到了黄油和鸡蛋：7 月 30 日回到巴黎后，我们从没见过这些东西。上帝待我们真好，特别是当 139
我想到那些没有食物或失去一切的人。”[87]

邮寄食物的确存在困难。吉尔贝·巴迪亚的岳父住在农村。他偶然捕到野猪后，便会寄给巴黎的巴迪亚。“邮递速度太慢……我的岳父没有小心打包，野猪块寄到时，上面爬满了蛆。我们不可能扔掉，而是用醋洗洗，一秒不停地吞下去。”[88]

与此同时，巴黎的权力斗争仍旧持续。奥托·阿贝茨和皮埃尔·赖伐尔架空了维希政府的巴黎代表拉洛朗西将军，令威斯巴登停战委员会边缘化。后者意识到，阿贝茨想和赖伐尔合力将巴黎打造为法德合作大本营。10 月 22 日，希特勒在距图尔 30 英里的小城蒙特瓦尔（Montoire）会见赖伐尔，两天后在同一地点会见贝当。这两次会面，特别是两国元首的会面，将法德合作的概念提升到重要地位，由全国媒体大力报道。

元首和贝当的蒙特瓦尔会面带有强烈的象征意义，但几乎没有实质内容：直到 10 月 27 日，巴黎媒体才发表了单调的宣言，称希特勒和贝当就法德合作达成基本共识，未来将进一步探讨细节。尽管缺乏具体措施，“合作派”媒体仍将此次会面称为转折点。《巴黎晚报》称，此次会面很大程度上决定了法国的未来。[89]雅克·多里奥的《人民呼声报》认为，希特勒和贝当的对话将“终结法国的颓势，恢复法兰西的元气”。[90]

巴黎媒体称赞贝当的智慧和勇气，再次将他描绘为法兰西的救世主。《小巴黎人》（*Le Petit Parisien*）头条称，法国人不能
140 忘却贝当所做的一切，称此举是“法国灵魂的复活……正是这位纯粹而伟大的法国人，正是他的名字和生命所激发的尊重，让长期羸弱的法国重获新生”。[91]

然而，根据拉洛朗西将军和朗热隆的回忆，巴黎和其他占领区的法国人对蒙特瓦尔会面感到极度不安。“过去几天的事严重伤害了占领区国民的头脑和心灵。”拉洛朗西将军在寄给贝当的信中写道。他表示，赖伐尔已激起了广泛的怀疑和厌恶，他

和希特勒的会面为人们带来“严重的心灵冲击”。拉洛朗西将军承认，最初，希特勒和贝当的会面让法国人感到宽慰，但这种情绪很短暂。他遗憾地说，此次会面是对元帅威望的首次冲击。[92]朗热隆在10月29日的日记中写道，大多数巴黎人对“蒙特瓦尔会面和其对法国的破坏深感愤怒”[93]。

10月26日，让·盖埃诺根据在巴黎街道和地铁站的见闻写道：“元首以人民之名作出的决定让市民愤愤不平。”[94]这天，经济学家夏尔·里斯特表达了对“下一次羞辱”和“落入深渊”的恐惧。[95]根据排队时听到的议论，乔治·伯努瓦-居约德写道，蒙特瓦尔会面并未得到广泛认同，尽管很多巴黎人并未表示否定或怀疑。德国宣称，法德合作双方平等；而就在蒙特瓦尔会议召开同时，纳粹德国以极少的煤炭补贴吞并了三个法国省份①。伯努瓦-居约德认为，这恰是对法德合作的讽刺。[96]年轻的贝诺瓦特·格鲁并未在日记中提及蒙特瓦尔。为了应对1940年秋天的生活困境——德国占领者、食物短缺、歧视女性和犹太人、拘留在德国战俘集中营的法国战俘以及未来的不确定性，格鲁退回自己的世界。“我从未厌倦独处；我有录音机，有磁带，还有书……它们能弥补其他不足吗？是的，的确可以。这便是我的青春。”[97]

贝当和希特勒的会面引发的恐惧乃至敌意令贝当困扰。 141
10月30日，他在广播中提出，自己主动要求会见希特勒，并开始与纳粹合作。他坚称，法德合作政策由他独力提出，希望维护法国统一，推进欧洲和平。他承认，“的确，一些同胞或许出于高尚的谨慎，与我们持有不同的想法”，但他坚称，“法国

---

① 即阿尔萨斯-洛林地区的上莱茵省、下莱茵省和摩泽尔省。

人的第一使命便是保持信任”。[98]

蒙特瓦尔会面的确是重要的转折点。“合作”这个词曾出现在停战协定上，那时，它意味着德国和法国高层的行政和经济合作；但是，法德合作在蒙特瓦尔上升到政治层面，变为道义和政府和约。[99]同时，它基于这样的认识：英国将很快失败，法国将在纳粹欧洲占据重要地位。此外，人们有这样的幻觉，合作是双向的，法德是互惠的。

10 月 30 日的广播讲话中，贝当表示，希望法德合作改善民众的生活：“在不远的未来，国家困难将减轻，战俘处境也将改善，占领开支也将降低。进一步来说，穿越分割线会变得更容易，全法旅行和货物运送也是如此。”[100]

巴黎媒体对贝当广播赞许有加。女神游乐厅的舞台导演保罗·德瓦尔（Paul Derval）在《今日》中热情呐喊道，每个人都有义务相信贝当并追随他。法兰西喜剧院的安德烈·布吕诺（André Brunot）将贝当称作“领导法兰西的伟人”，同时向他致敬，表示“将带着完全的信任和爱”追随他。[101]

并非所有人都认为，贝当在尽力维护法国不受德国占领的影响。罗歇·朗热隆写道，贝当的广播令很多巴黎人更为愤怒、失望和沮丧。[102]德国人也感受到了这样的情绪变化。10 月，军政府首领施太秋将军收到的报告中提出，巴黎人情绪低落。接下来
142 的几个月，法国人并未从蒙特瓦尔会面或法德合作政策中看到好处。同时，自由法国广播从伦敦号召国民反抗。而希特勒进攻英国的计划失败，为法国人带来了微弱的希望。11 月 11 日，即蒙特瓦尔会面和贝当讲话过后不到三周，巴黎的德国人不得不处理学生抗议——学生聚集在香榭丽舍街头的凯旋门。巴黎被占领六个月后，成千上万巴黎人走上街头，反抗德国占领者。

第六章　从街头抗议到“元首的慷慨姿态” 143

蒙特瓦尔会面并未使德方明显让步，巴黎生活如常。不过，蒙特瓦尔会面激起了强烈的反德情绪。此后不久，维希政府驻巴黎代表拉洛朗西将军致信贝当表示，戴高乐在占领区的支持率有所上升。[1]在巴黎，该现象最明显的地区莫过于学生频繁出入的拉丁区。

新学年开始后，一些学生公开抗议德国占领。蒙特瓦尔会面前一周，一小群学生强闯额我略（Grégoire-de-Tours）路两家仅允许德国人出入的妓院，以此抗议占领。强闯未遂后，他们撕下“此楼被德军征用”的海报，大声辱骂里面的德国人。10 月 25 日，索邦大学的学生走出课堂，抗议教室里出现的三名德国军官。此后，两名法国女学生因和德国军官说话而被同学辱骂抗议。次日，她们不得不向系主任求助。[2]

秋天来临时，伦敦自由法国领袖戴高乐成为抵抗的有力符号。不过，他仍是个谜：“高卢”（Gaul）是罗马时期的法国， 144
很多法国人在广播中听到“戴高乐”（de Gaulle）这个名字时，都怀疑这是否为真名，这个人是否存在。德国占领者从未彻底屏蔽自由法国电台——后者猛烈抨击维希政府的失败主义和“合作派”媒体的耀武扬威，为希望脱离德国统治的法国人带来一丝希望。巴黎人发现希特勒未能征服英国后（自由法国仍从伦敦传来消息，报纸并未刊登德国人穿越海峡登陆的新闻），更为支持英国和戴高乐。不过，尽管支持戴高乐的民意上升，蒙特瓦尔会面未给大多数巴黎人带来改变，但占领区和非占领区仍有很多人认为，英雄贝当在尽一切努力保护国民免受德国欺压。的确，自由法国曾收到法国听众来信，指责他们对贝当过分苛责。很多人错误地认为，戴高乐和贝当是在秘密谋划，骗倒德国人。[3]

10月底，罗歇·朗热隆注意到，蒙特瓦尔会面后，拉丁区涌现出自由法国的宣传：越来越多支持戴高乐的贴画；更多支持自由法国的传单散落在建筑物边、夹在图书馆书本里，或贴在墙上，墙上还有粉笔书写的反抗标语和符号；年轻人佩戴自由法国徽章——洛林十字。[4]

反德情绪不只局限在拉丁区。更多巴黎人找到抵抗占领、激怒德国人的方式。根据法国警察记载，自10月起，电影院观众开始在放映宣传影像时表达不满：他们大笑、咳嗽、大声擤鼻涕，或者打喷嚏。电影院老板请求观众不要这样做，并警告他们秩序混乱将导致电影院关门，德国军方将惩戒相关人等，首当其冲的便是电影院老板。不过，警告并不奏效。电影院在播放新闻影像时只好打开电灯。

1941年2月，一些巴黎电影院播放了贡蒂耶·德·瓦塞（Gontier de Vassé）的纪录片。瓦塞是法国飞行员，自称曾被囚
145 禁在英国。他在影片里嘲讽继续将英国视作盟友的法国人。一名警察这样描述某影院的情况：“我几乎听不到他的话，80%的观众有组织地打喷嚏、擤鼻涕或打鼾。引座员试图让观众安静，但噪音变得更大，湮灭了瓦塞的话。”[5]

某些巴黎人更为激进。有人观看头号“合作者”阿方斯·德·沙托布里昂的演讲影像时，因学羊叫被捕。[6]另一个人因吹口哨、学狗叫被捕。有人把鸽子放进一家影院放映厅，还在它

脚上系了法国三色旗。[7] 德国高层对影院观众的举动极端敏感，时常反应过度。有一次，莉莲·詹姆森和母亲一起去电影院。母亲在播放德国新闻影像时向鼻子扑粉，即刻被逮——这名警察此前坐在影院座位上，用帽子遮住眼睛。莉莲和母亲被带到附近警局，两小时后无罪释放。[8] 1940 年 6 月，德国高层关闭出现反德抗议的电影院，关闭时间通常为一周；1940 年 11 月初，26 家电影院受到影响。不过，自 1941 年 2 月起，再也没有影院歇业的记录。[9]

消极抵抗并不局限在电影院。作家、评论家安德烈·泰里夫（André Thérive）曾在拥挤的咖啡馆看到一名德国兵向身边的人递上香烟。"谢谢，我不抽烟。"那人回答说，顺便将烟团吹到德国人脸上。[10] 还有一次，泰里夫在阿勃维尔总部卢滕西亚酒店门口看到一辆德国车开来：德国军官下车，鞋跟响亮撞击地面，并没有发现车后的地面上写着"戴高乐"。[11] 泰里夫还曾看到路边咖啡桌旁的人故意伸长双腿，逼德国兵走下拥挤的人行道。[12]

与最初到达时相比，德国人对巴黎人的态度明显不那么"正确"。晚秋时，很多人抱怨，地铁上的德国兵占用老弱孕妇
及老兵专座。11 月，负责巴黎日常事宜的德国指挥官恩斯特· 146
绍姆堡（Ernst Schaumburg）声明：他已告知地铁管理人员，所有德国士兵（可免费乘坐头等舱）拥有优先乘车权。[13]

随着停战纪念日到来，双方摩擦愈演愈烈。11 月 11 日为法国公共假日，是纪念 1918 年法德签订停战协定的日子，也是第一次世界大战结束的日子。[14] 自那时起，每年法国政府都会纪念一百七十万丧生的法国人，其中包括三十万平民；三百五十万伤兵，其中三分之一成了残废。

1940年的停战纪念日比往常更紧张。这是巴黎人缅怀法国死伤者的日子，同时也让德国人不安地想起二十多年前的失败和羞辱。因此，德国高层宣布，11月11日不再是公共假日，禁止游行。不过，大学生、公立学校的中学生就不这么想了。

11月初，一群大学生分发手写宣传册，号召11月11日下午5点在凯旋门下的无名烈士墓集合。[15]这群异见分子包括：不满领袖消极态度的共产党员；夏尔·莫拉斯领导的“法兰西行动”的民粹主义者和保皇主义者——他们极端怨恨德国人踏足法国领土；还有受戴高乐抵抗鼓舞的“戴高乐主义者”。

大部分人出于政治原因响应号召，聚集在凯旋门，还有些人带着更为私人的动机。罗马路（rue de Rome）的雅克·弗拉尼耶（Jacques Fragnier）和母亲仍在等待父亲的消息，后者是滞留在非占领区的老兵。雅克总和父亲一同参加停战纪念日庆典，他回忆说，“每当这一时刻，我们的心总是紧紧相连。想到缺席的父亲，一种神秘的力量推动我在11月11日来到星形广
147 场（Étoile），正如此前和父亲所做的一样。我只听到班里的模糊传言，便打定主意前往那里”。[16]

凯旋门集会的消息传到男女分校的中学。学生计划逃课参加集会。11月6日，米舍利娜·博德在日记中兴奋地写道：“学校流传着这样一张传单：‘法国人民，德国鬼子不尊重11月11日。我们下午5点在凯旋门前见’……几乎所有人都打算去凯旋门。一定很好玩。如果发生了不幸，我们将被关进监狱。没有作业，没有老师，也没有学校规章。简直太棒了！”[17]

米舍利娜写下日记的那天，圣米歇尔大道（boulevard Saint Michel）的达尔库尔咖啡馆（d'Harcourt）和拉丁区索邦大学都发生了学生和德国士兵的斗殴事件。德国高层立即关闭了该区

域所有咖啡馆。11 月 7 日，《劳动法兰西》报道说，过去几周里，几个闹事鬼参与了“戴高乐行动”，他们自称带着“欧洲合作精神”煽动民意，这些言论都是德国高层反对的。[18]

11 月 8 日下午 4 点，索邦大学旁的法兰西公学外，一小群学生（当中大多数是共产党员）在寒冷和黑暗中抗议。他们反对逮捕国际著名物理学家保罗·朗之万。倘若未被关进桑德监狱（Santé Prison），后者此时应在这里演讲。[19]法国警察和德国士兵站在附近，小心观察这一小群人，但并未上前干预。最后，无人被捕。[20]

自停战纪念日 8 点 30 分起，巴黎人便无视德国人对公共集会的禁令，致敬第一次世界大战的死伤人员。香榭丽舍大道尽头，人们在 1918 年法国总理乔治·克列孟梭（Georges Clemenceau）雕像旁和无名烈士墓前放下鲜花。清晨比较安静，不过警察在 10 点半驱散了二十多名学生，之后又遣散了约一百名在中午前不久赶到的逃课的学生。三十二岁的科学老师勒内·
博杜安（René Beaudoin）[21]在香榭丽舍大道上被警察拦了下来。148
他的雨衣上佩戴着蓝、白、红的小花结。

> 警察问他：“你在这儿干什么？”
>
> “我在香榭丽舍留下鲜花，撞见了学生。”
>
> “你难道觉得应该煽动学生违反规定吗？”
>
> “我告诉他们不要聚集在凯旋门下，要庄重行事，不要带来困扰。我不认为我僭越了教师的责任。”
>
> “那你为什么要留下鲜花？”
>
> “我想对 1914—1918 年的死者表达敬意。”
>
> “为什么要在雨衣上佩戴花结？”

“我想向法国国旗的颜色致敬。”

“你不认为老师该为学生树立好榜样吗?”

“我的责任是教他们做好公民，完成爱国使命。”

“你应该知道，游行是官方禁止的。”

“好吧，如果走在香榭丽舍被视作游行，那便是吧。不过，这正是我要做的事。”

接着，博杜安被判处八个月的监禁。[22]

法国警察听到传言，大学生和中学生打算在凯旋门前集合，但他们不知如何处理。十七岁的伊戈尔·德·肖特曾在6月目睹德国轰炸机轰炸雷诺和雪铁龙工厂。他所在的德萨伊（Janson de Sailly）中学便在星形广场附近。据肖特回忆，下午3点左右，他逃课跑到附近花房，取来几天前预购的花环。让他意外的是，花匠朗德特先生为他制作了一个约两米高的蓝
149 色洛林十字花圈。朗德特猜到肖特想做什么，拒绝收费：“伙计，这不是给你的。这是献给戴高乐将军的，这是献给法兰西的。”

肖特遇到了同学：他和一个叫杜博（Dubost）的朋友抬着洛林十字花圈穿过雨果大街，向星形广场走去，身后跟着一群学生。渐渐地，道路两边的商店关上了金属窗板，大多数同学走开了。距目的地100米处，法国警察拦下了他们——现在只剩肖特、杜博和巨大的洛林十字花圈。据肖特回忆，警察陪两人来到无名烈士墓，放下十字花圈。接着，两个男孩沿香榭丽舍而去，再度被法国警察拦住——这次是便衣。杜博因佩戴洛林十字勋章被捕，在桑德监狱拘禁了一个月。肖特继续沿香榭丽舍而去。此时已近暮色，更多人出现在街上，大多为学生。

肖特之后也被捕了，但据说从警察局逃了出去。[23]

下午 5 点左右，香榭丽舍的蒂罗啤酒店发生冲突——那里是右翼团体时常使用的聚会点。响应号召聚集在凯旋门的学生对抗一百五十多名纳粹支持者，其中包括青年阵线（Jeune Front）——他们曾在 8 月砸碎犹太商店的窗户。双方在飘着小雨的夜里互相羞辱，投掷重物。15 分钟后，在香榭丽舍大道和巴尔扎克路的夹角处，学生和青年阵线成员再次发生冲突，蒂罗啤酒店的情况也更加糟糕。

下午 6 点，凯旋门旁的星形广场聚集了成千上万人，还有不少人在赶往那里的路上，他们主要是学生。《马赛曲》响彻巴黎上空，与“法兰西万岁”“戴高乐万岁”的呼声相应。人们挥舞蓝、白、红的旗帜，向无名烈士墓投去纸质洛林十字和花束。法国警察无力控制局面。星形广场四周围着卡车，武装的德国士兵在篷布下等待。突然，他们跳下车，冲进人群。此前看到法国警察移走克列孟梭雕像前花束的让·盖埃诺现在站在凯旋门边。“我看到德国士兵带着刺刀冲向香榭丽舍的学生，法国警 150 察也将他们推倒在地。”[24]士兵攻击时响起了枪声，他们用枪托殴打示威者，直接捅到人们脸上。三名示威者被打伤了，但没有生命危险，尽管其中一个人在医院里住到次年 1 月。学生英勇反抗。米舍利娜·博德在日记中写道，德国人被打伤了，救护车来抢救伤兵。“法国人兴致高昂，德国鬼子士气低落。”接着，她看到了一群学生围着一个德国人，把后者当作沙袋殴打。那个德国人就快哭了。米舍利娜和姐妹很高兴：“我们的确对他太狠了，但谁让他是德国鬼子呢？”[25]

约一百二十五名抗议学生——其中一百人是中学生——被德国人拖走了。他们被关进谢尔什-米迪监狱和桑德监狱，被迫站在飘着冷雨的黑夜中，被德国兵殴打，被逼问游行组织者的姓名。在谢尔什-米迪监狱，五名示威者被随机挑选出来，遭到死刑威胁。[26]大多数抗议者之后都被释放了。被法国警察逮捕的抗议者比被德国人带走的待遇稍好。据估计，抗议者人数约三千到六千人；其中一千多人在法国警察局接受询问，大多数人当夜就被释放了。但是，约有三十人被移交给德方，他们中的大部分都在监狱被关了五周。法国警察挑选释放了数目不明的抗议者，用小面包车将他们送离这一地区。[27]米舍利娜·博德并未被捕。一切结束后，她说："看来我们将为此付出代价，但至少我可以说：'我当时在那里。'"[28]

为了回应抗议，德国高层勒令巴黎大学停课。学生中，本地人必须每天到警察局汇报，所有外省人被勒令返乡。

住在香榭丽舍附近的米舍利娜·博德发现生活受到更多限
151 制。她在日记中表示，当局禁止人们在香榭丽舍、拉丁区附近和林荫大道步行。这些地区的居民必须申请特殊的出入许可证。博德说："这都是抗议造成的。德国鬼子实在太烦人了。"[29]

11 月 11 日后，逮捕活动并未停止。大学生埃德维热·德·圣韦克泽勒（Edwige de Saint-Wexel）声称自己并未参加抗议，随即被指认撒谎。德国人搜查她的宿舍时，发现了宣传册和写满反德言论的日记。两名德国秘密警察用烟头烫她的乳房和额头，造成终生伤疤，接着把她关进监狱直到 1941 年 2 月。她写道："我像野兽般生活，肮脏、饥饿，一口口舔完汤，没有交谈的对象，不知道牢房之外发生了什么，不知道外面的形势。我像生活在寒冷、黑暗的地狱里一般，简直算不上人。"[30]

巴黎媒体并未报道 11 月 11 日的抗议，但消息口口相传。伦敦的广播播报了此事，但错误地宣称，十名抗议者丧命。莱奥托曾表示，抗议活动“没有意义”，甚至“有害”；一名同事立即回复说：“我不这么看。我们不想让他们（德国人）出现在这里，理应向他们表明立场。这样很好，起码他们意识到，不是所有人都愿意消极接受当下状况。”[31]

不愿消极接受现状的还包括克洛德·阿夫利纳、让·卡苏、马塞尔·亚伯拉罕在夏天成立的小型反抗组织，阿涅丝·安贝尔随后加入。过去几个月内，小团体通过偶遇和招募熟人扩大规模。人类博物馆（Musée de l'Homme）的人类学家热尔梅娜·蒂利翁（Germaine Tillion）首先加入；她带来了博物馆图书管理员伊冯娜·奥当（Yvonne Oddon）及其伴侣——苏联流亡者阿纳托尔·列维斯基（Anatole Lewitsky）。9月，这个小团体制作了第一份宣传册，用博物馆的复印机复印。[32]不久后，高大英俊的鲍里斯·维尔德（Boris Vildé）也加入了他们。维尔德出生在圣彼得堡，二十四岁时（1932年）从爱沙尼亚来到巴黎，在人类博物馆研究民族志，不久被芬兰一所学校录取。维尔德展现出强大的人格魅力，无限的决心、能量、眼光和智慧，152
因而成为组织的实际领导。11月，阿涅丝·安贝尔称他“极有魅力，是我在小组里最仰慕的人，他热心、聪明、富有能量。多好的人啊！”[33]

由于维尔德在巴黎和附近郊区交友甚广，他能够得知德方计划和德军动向，同时有限地扩大组织规模。[34]维尔德还（明智地）称要与英国情报部门建立联系。他物色到从占领区到巴黎北部的一条逃亡路线，帮助英国士兵和飞行员回家。他还招募了年轻的会计学徒勒内·塞内卡尔（René Sénéchal），其绰号为“小子”，以及失业的飞行教练阿尔贝·加沃（Albert Gaveau）。两人都在组织里起到举足轻重的作用。

维尔德坚持认为，组织需要自己的报纸。12 月 15 日，他负责出版了第一份四个版面的《抵抗》（*Résistance*）——自称公共安全委员会（Comité de salut public）的官方刊物。这个宏大的名字以及向公共安全委员会（1793—1794 年法国大革命恐怖统治期间的实际政府）致敬的姿态是深思熟虑的结果。维尔德认为，如果人们误以为组织规模庞大，现在的成员便更可能留下，其他人也更可能加入。12 月底，塞内卡尔极力与非占领区的熟人取得联系，加沃和自由法国代表安德烈·魏尔-居里埃尔（André Weil-Curiel）计划一起从布列塔尼坐船逃往伦敦。他们雇用的渔民被捕后泄露了计划，不过加沃和居里埃尔逃过一劫。

与此同时，奥托·阿贝茨与皮埃尔·赖伐尔会面，极力鼓吹法德政府合作。最重要的是，阿贝茨想借批判贝当分化巴黎人和维希政府的关系。希特勒命令阿贝茨全权负责巴黎媒体，这决定了大多数报纸的反维希论调——它们批评维希政府的合作态度懦弱且缺乏诚意。阿贝茨明白，贝当过分传统保守，不
153 可能接受他认为意义深远的合作，而和赖伐尔则更可能达成这种合作。因此，他急切地想在巴黎建起另一个法国政治权力中心，借此威胁贝当或向后者施压。

阿贝茨认识巴黎各家报纸的大多数编辑和主要记者。他命令不同报纸针对不同人群宣传，以达到分化的目的。尽管媒体监控大多来自编辑和记者的自我审查——他们知道官方的期待，阿贝茨仍保留随时干预的权力。比如，法德开战一周年之际，他指导编辑强调法英两国对战争负有责任；法国人和他们战前选出的政治领袖一同出台了对德的激进政策；因此，法国人必须对自己糟糕的生活境遇负责。[35]

阿贝茨和《劳动法兰西》关系极其紧密，自 7 月起便资助

后者。他和大使馆还为让·吕谢尔（Jean Luchaire，阿贝茨战前好友，其法国妻子苏珊的老板）编辑的晚报《新时报》（*Les Nouveaux Temps*）提供了一半经费。很多巴黎人认为，文学评论周刊《禾束》是知名小说家阿方斯·德·沙托布里昂的私人产业，但事实上，它也起源于德国大使馆。阿贝茨的亲密副手鲁道夫·拉恩之后承认说，《禾束》是“大使馆早期的唯一产业”。[36]它所被允许的发行量远远超出其他“合作派”出版物。[37]

在巴黎知识分子出版界，阿贝茨声势最为浩大的篡权行动便是借让·波朗卸任《新法兰西评论》（法国顶尖文学杂志）编辑的机会，命纳粹小说家皮埃尔·德里厄拉罗谢勒（Pierre Drieu La Rochelle）取而代之。战前，《新法兰西评论》是法国杰出文学作品的出版平台，因此，控制该杂志满足了阿贝茨的文化虚荣心和宣传推进法德思想文化合作的野心。第一期“新”《新法兰西评论》于 12 月出版，不过，杂志名字是唯一延续的 154
元素。新版是对旧版《评论》的浅薄模仿，很快受到文学大腕和新星的共同抵制。[38]

同时，军政府宣传部推进两国在音乐领域的文化合作。除了免费室外音乐会，德国乐团陆续抵达巴黎。占领开始几周后，柏林爱乐乐团在巴黎举办了两场音乐会，在凡尔赛镇举行了第三场演出；11 月之前，夏约宫和香榭丽舍剧院便开始举办其他德国乐团的音乐会。1941 年 3 月，德国曼海姆国家剧院乐团（National Theatre Mannheim）在巴黎歌剧院演奏了瓦格纳的《女武神》（*Die Walküre*），巨大的“卐”字旗悬挂在主台阶之上。两个月后，德国研究所赞助德国国立歌剧院来访巴黎，演出莫扎特和瓦格纳的作品。[39]阿贝茨同样积极参与组织古典音乐会。12 月，赫伯特·冯·卡拉扬（Herbert von Karajan）在夏约宫指导了一场巴赫音乐会。德国研究所抢来该活动的赞助权，阿贝茨为音乐会致开幕词。德国研究所所长卡尔·埃普坦夸赞此次活动是“文化进步和有效宣传的成功例子，令人兴奋”。[40]

此外，德国研究所还推进德语课程。巴黎周边的酒吧、咖啡馆、饭店、商店和饭馆出现了各类德语标志和菜单。德军占领巴黎后，巴黎人和德国人一同出现在购物、用餐、饮酒和娱乐场所。巴黎人发现，知道一些德语单词很有益处。中学和大学里，修习德语课的学生明显增多——掌握德语将增加就业机会，私人德语课程也流行起来。此外，超过五千名学生参加了德国研究所在索邦大学提供的免费课程，该课程还为学生提供廉价的公共交通服务。[41]

战前，修习德语的女学生不到五分之一：1941 年底，这个数字提升到二分之一。这一变化体现出父母的期待：她们的就业机会和嫁给德国人的概率将攀升。[42]这并不仅限于学生。
155 12 月，安杰·鲍伯考斯基发现，在自己当社工的巴黎郊区工厂，一些女性员工注册了德语课程。[43]中产阶级的男性也同样上起德语课。“法国资产阶级或许反对合作，”阿尔弗雷德·法布尔-吕斯观察到，“但他们学习德语，证明他们认为，（占领）情况将持续下去。”[44]

对巴黎人来说，当下的生活有太多值得忧心的事情，无暇考虑未来。配给制并未解决食物和其他必需品的短缺问题。11 月底，米舍利娜·博德瘦了好几斤。她在日记中写道，“这或许是因为供给有限”，尽管她为纤细的身材感到欣慰[45]；1 月底，她发现过去三个月里，自己瘦了 5 斤。[46]食物短缺推动以物易物。比如，教师吉尔贝·巴迪亚教奶站老板的孩子拉丁文，换取牛奶和黄油。巴迪亚回忆道：“无需配给票，每天便能得到

250 毫升牛奶。”[47]很快，一些巴黎人便将某些物品，特别是烟草，当作货币使用。[48]

与以物换物一同兴起的还有黑市交易。9 月，巴黎“合作派”媒体提到黑市[49]；10 月，一份报纸称其为“当下头等问题”。[50]黑市是个相对灵活的名词，它包括自由的个人卖者——通常是法国国家铁路的员工。他们因有权免费通行，可轻松到达乡下。在那里他们买到体积较小、容易隐藏的农产品，再带回家卖给亲人朋友。

某些黑市组织更为有序，比如巴黎南部郊区犹太城的某位“米歇尔”。他用小卡车从乡下运送农产品到巴黎；把食物放进小储物室，接着卖给当地一家咖啡馆，再转手给客人。

规模更大的商家和犯罪组织毫无二致。1 月底的警局报告表明，七名男性和一名女性经营着一家地下公司，高价出售配给货物。他们被抓时，缴获的赃物包括 6 500 个肉酱罐头和
2 250 千克食盐。警察称，他们已赚了几百万法郎。同一份报告 156
表明，1941 年 1 月 22 日，巴黎警察抓获九名男性和两名女性，其中两人在雷奥米尔路（rue Réaumur）非法经营一家布店。警察报告含糊地称，这家商店售卖“各类货物”，存货价值 200 万法郎。[51]

与黑市扩张相伴而生的是“假警察”。1941 年 1 月 20 日的警局报告中指出类似案件：有人售卖黑市产品赚钱，接着假装警察从顾客那里回收货物，并威胁对方说，如果反抗便会被捕。[52]

黑市是风险较高的快速赚钱方式。巴黎人对此类非法交易的反应部分取决于自身经济状况。胆大的富人认为，黑市可以让他们继续购买自己想要的东西；有人认为，这是免于饥饿、

寒冷的坏方法；还有人将此视作救命稻草（如果消费得起）；不过仍有人对此深恶痛绝，坚决不与之产生联系。总的来说，除却从中获益的人，黑市没什么拥护者。1941 年 1 月下半月和 2 月初截获的信件普遍表明：“黑市让某些富人和少数大鳄更加富有，遭到大多数人民仇恨。”[53]不过，占领时间越长，食物便更加稀缺，越来越多巴黎人不得不利用黑市解决营养不良的问题。

很多巴黎人误解了黑市和食物燃料短缺的关系。他们认为，黑市对此负有全部或者起码大部分责任。事实上，是占领力量通过官方或非官方途径，将法国原材料、货物和现金充公，带来了持久的短缺问题，间接推进了黑市迅速发展。通过将食物短缺归咎于黑市，法国政府强化了这样的印象：黑市造成了人民日常生活的困境。这种说法一方面弱化了政府公平分配的问题，另一方面隐藏了问题的根源——1940 年
157 战败的经济后果，德国无情的征用，尤其是维希政府每周向德国人支付的占领开支。[54]

与此同时，利用食物短缺和配给制牟利的现象越发普遍。其中常见的非法手段便是以超出官方指定的价格售卖商品。比如 1 月时，一位名叫博德的先生承认自己以官方指定价格的两倍或三倍售出 100 千克兔肉和 200 千克鸡肉。[55]除却非法买卖和高价售卖，伪造配给票也兴起了。11 月，法国供应部报告，巴黎中央菜市场附近形成了以伪造或偷盗的配给票买肉的庞大网络。[56]两个月后，警察逮捕了四名伪造配给票的嫌犯。他们在公司打印伪票；这类工作常在周日完成，老板便不会发现。截至被捕时，他们已经伪造了一万两千五百张票，可购买 7.5 万千克肉。[57]

饭店为黑市交易提供了理想场所。理论上来说，它们受限于规定：顾客必须用配给票购买肉类，某些食物（如肉类）在某些日子禁售，菜单必须公开展示并被严格遵守。饭店分为五类，每个类别都有饭菜的最高售价限定：最便宜的D类饭店每顿饭收费不超过18法郎，最昂贵的E类饭店收费不超过75法郎。然而，饭店很快违规，收取比官方限定更高的金额，提供更多饭菜品种，在禁肉的日子里提供肉类——有时藏在煎蛋下，并接受现金。[58]

巴勃罗·毕加索时常光顾的玛德莱娜餐厅位于大奥古斯丁路（rue des Grands-Augustins），在银塔餐厅和加泰罗尼亚餐厅附近，被称作“地下美食的圣地”。[59]很多饭店公开违反食物来源、菜品和供应时间的规定。德国军方高层常常光顾此类饭店——这意味着它们不会被法国警察调查。第八区普罗旺斯路 158
122号——曾是拿破仑妹夫缪拉宅邸的所在地——臭名昭著的妓院“一二二”便以非法渠道获取食材。“一二二”拥有二十二个房间，六十名妓女，一天可接待三百人。妓院引以为豪的高档餐厅“牛肉串”（Boeuf à la Ficelle）采用的食材均来自黑市。妓院鸨母“法比耶娜”（Fabienne，曾是妓女若尔热特·佩拉热〈Georgette Pélagie〉）和老板马塞尔·雅梅（Marcel Jamet）在那里举行婚礼时，席间来宾喝掉了一百七十六小瓶和三十四大瓶香槟；婚礼结束时人们全都醉倒在地。[60]

维希政府敦促法国警察打压黑市，以此赢得民心。雅梅夫妇则带着愤怒和伪爱国主义看待此事。法比耶娜·雅梅抱怨道：“警察成立打击黑市的特别分队。他们在国家宪兵和普通警察的帮助下，检查所有道路、火车站出口和巴黎每个入口，收缴货物、收取罚款、勒令商店关门。这就是他们的武器……难以置信！想想吧，这些法国人不想让其他法国人吃饭。”[61] “一二二”每月的官方配给只有一百瓶香槟，但客人们常常一晚上便消费一百五十瓶。妓院的德国常客——其中包括阿勃维尔的巴黎长官威廉·拉德克（Wilhelm Radecke）——乐于让“一二二”得到大量酒。他们为马塞尔·雅梅提供通行证。这样一来，他在黑市买了足够汽油，便可开车到兰斯的酒商那里买来上千瓶酒。

8 月，巴黎人不得不面临新的困境：冬天快来了。贝尔特·奥鲁瓦写道：“巴黎情况极度困难。勒比克路（rue Lepic）市场原来还有很多商品，现在所剩无几……尽管食物短缺，每
159 个人仍希望为官方预报的可怕冬天贮存东西。”[62] 冬天来得很早。10 月 16 日，让·盖埃诺写道：“冬天来了。我们落入了灰色和寒冷中。”[63] 10 月 25 日天气很冷，贝尔特·奥鲁瓦和朋友即使坐在室内，也要用羽绒被盖住冻僵的双腿。

官方严禁收集枯枝落叶，因此寻找柴火极具风险。11 月 4 日，《小巴黎人》报道说，一对提着两袋柴火的夫妻被警察拦下；因丈夫曾被授予法国荣誉军团勋章，他们在法庭上才得以受到宽大处理。[64] 贝尔特·奥鲁瓦发现，每月燃料补贴严重不足：“怎么才能取暖洗澡呢？”她问自己。[65] 终于，她找到一个 1 000 瓦功率的电暖气片；但一个月后才以高价请到愿意安装的电工。

这年早些时候，她收集到一些煤。但是，当煤炭配给变为每月 50 千克时，她意识到，这不可能支持她度过整个冬天。幸运的是，邻居为公寓楼所有住户找来了大块煤。这样一来，奥鲁瓦不必过分依赖暖气片。她艰难地将煤打碎成小块，弄得厨

房里一片黑渣黑灰。二十年来，她首次点燃厨房的炉火，并几乎在那里度过整个冬天。“穿衣服、脱衣服、洗漱、吃饭、社交、写信等——一切都发生在厨房。”[66]

11月，莉莲·詹姆森在房间燃起炭火。不过，她忧虑地意识到，配给票不足以支持整个冬天。房东得到了更多煤炭配给票，但只够让楼里的煤炭暖气片撑两个月。[67]占领期间，煤炭极其珍贵。作家乔治·杜阿梅尔在人行道看到一小块煤，便上前仔细观察，将它装进信封，再放入口袋。[68]德国占领者有足够煤炭，因此，有人几乎认为，从他们那里偷煤是份责任。国家宪兵之子、未来国家宪兵上尉、此时还是小孩子的勒内·翁内斯（René Omnès）被母亲派到一个朋友家，后者为德国海军当管家。[69]勒内回家时，带着满满两大袋煤——这都是管家从德国雇主处偷来的。父亲得知此事后，禁止勒内再去拿来更多的煤。[70] 160

蒙特瓦尔会面后，维希政府总理、外交部部长皮埃尔·赖伐尔频繁会见阿贝茨。赖伐尔希望希特勒尽快宣布解决法国人生活问题的策略。他相信，这将软化法国人的对德态度，为两国未来的合作奠定坚实基础。希特勒却另有所想。

11月，元首向军队高层解释法国在欧洲计划中的位置。“我的对法政策是，与法国达成合作关系，支持未来的对英战争。”[71]正如赖伐尔期待的，法国将成为德国的合作者。不过，希特勒认为，蒙特瓦尔会面只具有象征意义，旨在提高法国人对德国的支持。他希望法国人顺从地维持反英、反戴高乐的宣传攻势；同时暗示，若法国支持德国，便能改善自身现状。因此，此刻是元首做出标志性姿态的关键时机。

12月10日，赖伐尔告诉拉洛朗西将军，希特勒大度地表示，拿破仑·波拿巴之子、拿破仑二世莱希斯塔德（Reichstadt）公爵（绰号“小鹰”）的骨灰将从维也纳回到巴黎。按计划，12月14—15日，即拿破仑骨灰在无名烈士墓安葬的一百周年纪念日，拿破仑二世的骨灰也将被安放于此。

德国人期待贝当出席典礼。流言称，法国政府计划离开维希。医学院学生贝尔纳·皮埃坎在日记中写道，12月初，“每个人都在谈论贝当将回到占领区，或许会住在凡尔赛镇”。[72]

不过，12月13日，即骨灰安放日前一天，维希发生了戏剧性转折：贝当褫夺赖伐尔职位，将其软禁在家。[73]贝当越来越怀疑甚至反感赖伐尔，后者渐渐失去了占领区和非占领区的民心。贝当认为，蒙特瓦尔会面后，赖伐尔没能争取到德国人的
161 任何让步，尽管法国已付出合作的代价。赖伐尔越来越目中无人，常常前往巴黎，与阿贝茨单独会面。贝当还认为，赖伐尔没有利用与阿贝茨的关系，禁止“合作派”媒体（特别是马塞尔·德亚的《事业报》（*L'Œuvre*））的反维希言论。

德亚认为，法国应当尽量与德国合作，并以纳粹理念重建自身。1940年夏天，贝当拒绝了德亚建立法国法西斯党的提议。此后，德亚回到巴黎，担任《事业报》主编，将其打造为巴黎反维希言论最激烈的媒体。阿贝茨期待法国分裂并依附德国，假装支持德亚建立新纳粹法国、使其成为德国最紧密欧洲盟友的理念。由于曾参加一战，德亚不愿攻击贝当，只能利用报纸讽刺维希政府的老顽固和第三共和国的保守政客。德亚认为，维希政府从第三共和国继承了懒惰和优柔寡断的特点，而法国应采取措施从各个层面扫除这些问题。11月，德亚在日记中写道：“很难想象同一群人、同样的政府工作人员和同样的态度能够完成对德合作，或融入（纳粹执掌的）欧洲。这些旧时

代无用的残余人等应被尽快清除。”[74]

12月前，贝当受够了德亚，计划报复。维希政府驻巴黎代表拉洛朗西将军收到一条暗码信息，命令他指挥巴黎警察逮捕德亚。消息写道，“元帅夫人下午5点跨过了分界线”。拉洛朗西按字面意思解读了这条信息，立即致电德国高层，抗议德方对待贝当夫人的方式，要求对方道歉。幸好，他在犯更大的错误前意识到了问题，转而命令朗热隆逮捕《事业报》主编。尽管担忧德国人的反应，朗热隆依旧答应次日黎明时分逮捕德亚。 162
贝当已经清除了赖伐尔；在拿破仑二世骨灰回归时，也将逮捕德亚。

12月14日黎明，巴黎警方逮捕德亚。拉洛朗西拜访德国大使阿贝茨，提醒对方，他（拉洛朗西）才是维希政府在巴黎的唯一代表。阿贝茨愤怒异常，拉洛朗西称他“喷涌着狂暴，像凶猛的野兽”。阿贝茨威胁拉洛朗西，倘若德亚未被立即释放，他们便会将他当作人质逮捕。[75]阿贝茨的朋友让·吕谢尔回忆道，阿贝茨抗议法国政府，威胁说，将逮捕枪杀拉洛朗西和维希政府的主要领导。[76]阿贝茨也不满赖伐尔被夺职，禁止巴黎媒体报道此事，并坚称贝当将出席拿破仑二世的骨灰下葬典礼。几小时内，巴黎新任德军军事领袖奥托·冯·施蒂尔普纳格尔（Otto von Stülpnagel）便收回法国警察对德亚的逮捕令。德亚被释放了。

12月14日晚上9点半，贝当进行广播演讲。让·盖埃诺听了很久后意识到，“出于国内政治原因”，赖伐尔不再担任任何职务，也不再是贝当指定的继承人，取代他的是皮埃尔-艾蒂安·弗朗丹（Pierre-Étienne Flandin）。[77]夏尔·里斯特抱怨说，贝当未对政府核心领导团体的改变提出理由。弗朗丹比赖伐尔更亲德，但里斯特乐见赖伐尔倒台，他认为后者是“吉卜赛人和奥弗涅屠妇的私生子……身上集结着个人、内阁、新闻和财政的全面腐败”。[78]

尽管高层斗争不断，12 月 14—15 日，无名烈士墓依然举行了骨灰下葬仪式。拒绝参加的贝当没有出席。法国政府代表是拉洛朗西、达尔朗上将和埃米尔·洛尔（Émile Laure）将
163 军。洛尔说：“凌晨 1 点，莱希斯塔德公爵骨灰仪仗队到达。德军占领者队伍中，施蒂尔普纳格尔将军和阿贝茨站在第一排，目送沉重的棺木……12 名共和国卫队队员抬着珍贵的棺木，穿过两排在雪中燃烧的火炬，向教堂走去。”[79]阿贝茨在演讲中赞扬赖伐尔“为法德合作创造了环境，对我们而言是合作唯一的保证人”[80]。尽管气氛像天气般寒冷，但一切都顺利进行。

有些巴黎人听说了维希政府和德国占领军间的矛盾，希望次日从媒体上得知细节。但他们失望了——阿贝茨封锁了一切消息。让·盖埃诺发现：“报纸大约晚了两个小时才送达，里面没有关于赖伐尔的一个字，也没有任何贝当的消息。”[81]不过很快，更多流言出现了。医学院学生贝尔纳·皮埃坎听说，赖伐尔曾有个大胆的计划：引诱贝当进入巴黎，“将他囚禁在凡尔赛宫，逼他和德国签订和平协定，将法国推进纳粹阵营”。[82]

周日上午早些时候，即典礼结束后几小时，皮埃坎从参加弥撒的圣方济各·沙勿略教堂走入寒冷的大雾、消融的冰雪和半黑的黎明中。他看到远处无名烈士墓的栏杆后，共和国卫队手握重剑，肃穆而立。他走进旁边的咖啡馆，在那里看到某份报纸头条将骨灰转移仪式称作“元首的姿态”。周围人对此毫不在意。[83]

朗热隆也观察到同样的反应：“巴黎人毫不在意元首的‘伟大姿态’，我是说，他们完完全全不在意。”[84]让·加尔捷-布瓦西埃（Jean Galtier-Boisseière）讽刺地说：“拿破仑二世骨灰送回时，媒体一片赞美之声……不过，‘厚颜无耻’的巴黎人则认为，比起骨灰，他们更需要煤。”[85]作家阿尔弗雷德·法布尔-吕斯写道：“典礼的意义似乎改变了。它不再是两国修好的姿态，而是为了埋葬蒙特瓦尔的政治合作。”[86]

典礼一结束，阿贝茨便展开行动，目的是让赖伐尔重归旧位。自 7 月起，阿贝茨一直向赖伐尔大献殷勤。赖伐尔让阿贝茨成为与维希保持最佳联系的德国占领代表，以此巩固阿贝茨 164
及其上司里宾特洛甫在柏林的地位，压过政敌，特别是军政府宣传部。贝当免去赖伐尔职务后，阿贝茨愤怒异常，展开了一场皮埃坎所说的“异常猛烈的反维希媒体战”，“纳粹报纸指责贝当的亲英亲犹政府”。[87]

12 月 16 日，阿贝茨和一些党卫军成员赶往维希与贝当对峙；贝当拒绝让赖伐尔重归旧位，但作为让步，他同意阿贝茨的提议，让费尔南·德布里农（Fernand de Brinon）取代拉洛朗西将军成为维希政府的驻巴黎代表。[88]而德布里农正是赖伐尔在巴黎的代表人。阿贝茨仍想惩罚贝当逮捕德亚的行动。他取得军政府支持，禁止维希政府人员穿越分界线进入沦陷区。这一举动再次表明，德国人才是控制法国的力量；理论上来说，维希政府管理两个区域，但政府官员却被困在非占领区。

对巴黎的犹太人来说，1940 年 12 月有两个重要的截止日期。在政府工作的犹太人必须在月底之前辞职。12 月 26 日前，犹太店主必须将铺面转移到非犹太管理者手中，并贴出红色海报。巴黎人对辞退犹太教师并未公开表达不满；一切反应都被局限在校园里。犹太教师的反应也不同。伏尔泰中学（Lycée Voltaire）的历史教师艾蒂安·魏尔·雷纳尔（Étienne Weill Raynal）辞职前受到羞辱；但还有些老师收到了学生的送别礼物：书、钱、烟和钢笔。莫里哀中学（Lycée Molière）的历史教师玛格丽特·格洛茨（Marguerite Glotz）在最后一节课上向法兰西致敬。她的学生回忆道：“这是对法兰西及其历史和价值的颂歌。最后，老师高声说‘法兰西万岁’，让我终生难忘。我
165 再没有见过她。”[89]索邦大学附近的亨利四世中学（Lycée Henry-IV），哲学教师米歇尔·亚历山大（Michel Alexandre）的六十七名同事和毕业班几乎所有学生联名上书巴黎学区总督学热罗姆·卡尔科皮诺（Jérôme Carcopino）[90]，请求特许亚历山大和另外两名犹太教师留在岗位。两周后，他们提交第二封请愿信，上面有校长和更多学生的签名。遗憾的是，这并没有帮助。亚历山大唯一的安慰是，一名学生赠予了他最爱的保罗·瓦莱里诗集，上面有作者的亲笔签名。[91]整个巴黎，只有大学督学古斯塔夫·莫诺（Gustave Monod）以辞职抗议解雇犹太教师。几名老师举报了“忘记”申报犹太身份的同事；还有很多教师和学校雇员在犹太教师离开前施以冷眼。

与此同时，反犹宣传愈演愈烈，更加恶毒。12 月 20 日，《示众》为读者特别是女性读者推出年末竞赛，一等奖是三双丝袜。参赛者须提议犹太人的处置措施。吉塞勒（Gisèle）小姐提议将犹太人送到原始森林，不提供食物，让他们只在腰间系块布，完全暴露在野生动物和麻风病的威胁下；还有参赛者建议将他们送到火葬场，“所有人，从老人到新生儿”。《示众》也认为这是个好主意，不过提出这会让市区有股不好闻的气味。还

有参赛者认为，犹太人可以用来做皮制品。“我想象自己穿着犹太鬼做的人皮皮鞋，背着人皮皮包。”[92] 不过，不知道这是真的投稿稿件，还是《示众》的扭曲创造。五个月后，法国犹太人遭到全面围剿；整整十八个月后，柏林万湖会议确定“犹太人问题最终解决方案”。这些恶心的想法合理化了近期通过的犹太法案，同时也让未来更极端的举措更容易被接纳。倘若这些提议的确来自参赛者，那么，这只能说明，巴黎和法国社会已被根深蒂固的反犹情绪浸染。

12 月 24 日，巴黎出现了一份法语和德语写就的海报：“巴 166
黎工程师雅克·邦塞尔让（Jacques Bonsergent）因攻击德国士兵而被德国军事法庭判处死刑。今早执行枪决。”海报日期为 12 月 23 日，由军政府签字授权。很少有人知道这则通告背后的故事。

11 月 10 日，星期日，邦塞尔让等七名二十多岁的年轻人参加完婚礼，回到巴黎。[93] 他们兴致勃勃地离开巴黎圣拉扎尔站（Gare de Paris-Saint-Lazare）向家里走去。此时已是宵禁之后，黑暗中很难看到他们向哪里走去。接下来的细节人们并不清楚[94]，但是，他们和遇到的三名德国士兵发生了冲突。邦塞尔让被抓了起来，扭送到附近德国人征用的咖啡馆[95]，最后被关入谢尔什-米迪监狱。

邦塞尔让出席了 12 月 5 日的军事审判，但他并没有冲撞德国士兵。邦塞尔让曾告诉探监的姑姑，与德国人产生冲突的是另一个跟他戴着类似帽子，穿着相似衣服的同伴。但邦塞尔让不想供出自己的朋友，便被判处了死刑。

邦塞尔让被逮捕的日子恰好是 11 月 11 日凯旋门抗议前一天。德国人忙于处理抗议，审判因此持续了将近三周。占领的最初几个月里，军政府愿意为沦陷区的几桩死刑案件（蓄意破坏罪）减刑。但是，11 月 11 日的抗议改变了一切。因此，邦塞尔让的减刑申请被驳回，这个无辜的人被枪决了。德国人借此警告全体巴黎人，倘若再发生类似 11 月 11 日抗议的事件，他们会有何种下场。这或许也是对维希政府的警告：德国人占主导权，只要他们愿意，就能因最小的疏忽、基于最薄弱的证据裁决法国人。

圣诞节和新年通常是庆祝的日子，但 1940 年的巴黎却不是
167 这样：煤炭和食物短缺冲散了节日气氛。12 月 21 日，莉莲·詹姆森发现，尼埃尔大道上的树木被修剪过后，人们捡来零碎的树皮、树枝当作燃料。[96]让·盖埃诺在寒冷的 12 月 25 日写道："今天是圣诞节。我们快被憋死了。"[97]这天，雅克·别林基写道："这是 1909 年来到巴黎后，我度过的最悲伤的圣诞节。"[98] 12 月 26 日节礼日，他写道，有位熟人家中有三个孩子，父亲因为没有煤炭，"便砸碎椅子做木材……今天，他砸碎了一把旧椅子，旧木头很干，烧得很旺"。[99] 12 月 30 日，莉莲·詹姆森描述自己的新年大餐："汤、白菜、香肠……一点点鹅肝（天哪！快乐的日子又回来了！）和一些蛋糕——最好不要知道它是怎么做成的。"[100]作为一个沉浸于自我世界的年轻人，米舍利娜·博德在日记中写道："1940 年太可怕了，对每个人来说都是这样，对法兰西、对我而言也是这样。"[101]

第七章 抗议，掠夺，象征胜利的“V”字，犹太人围捕 168

尽管戴高乐及其在伦敦的拥护者支持11月11日示威，但他们并未计划或组织本次行动，示威的成功让他们颇感意外，进而计划另一次对抗德国占领的示威活动。

1940年12月最后几天，自由法国电台号召全法民众在1941年1月1日下午3—4点间留在室内。他们希望，占领区的德国人看到空荡荡的街道时，将意识到自己的孤立无援。

元旦前几天，一位年轻女教师在巴黎圣米歇尔桥张贴招贴画，号召巴黎人留守室内，当场被捕。元旦这天，第十六区一名居民因探出窗户喊路人回家而被拘留。[1]很难说此次抗议是否成功。这个寒冷冬日下午的3—4点间，鲜有人外出。巴黎警察将此归结于天气。亲德派枢机主教博德里亚表示同意：“难道大雪没法儿将人们困在室内吗？”[2]无法判断有多少人是为了抗议留在室内的，但至少有人如此。比如，贝尔特·奥鲁瓦和姐姐穿过大雪去巴黎另一头的蒙帕纳斯看话剧。她们决心“3点前抵达剧院，以便像英国电台所说，离开大街抗议德军占领”。[3]这天 169
早些时候遛狗时，米舍利娜·博德兴致勃勃地在雪地上写下“戴高乐万岁”；下午3—4点时，她像伦敦广播倡议的那样和家人留在室内。[4]

天气依旧严酷，人们更难找到食物。1月2日，保罗·莱奥托写道：“林畔丰特奈市场的雪几乎有40厘米厚。没有吃的，我们甚至找不到面包……大风整天整夜哭号，钻进房间各个角落；尽管穿着厚衣服，我还是忍不住发抖；虽然双手一直在动，它们还是被冻僵了。”[5]次日，保罗·莱奥托写道：“巴黎生活极端困难。我们就算有配给票，也买不到任何东西。商店空了。过去两周里，我们完全靠布列塔尼的朋友和表亲寄来的东西过活。”[6]

1月5日，圣克卢门站的雪厚到足以进行滑雪比赛。贝诺瓦特·格鲁和朋友在巴黎西南郊沙维勒附近的树林里滑雪，那里像个度假山庄。[7]不过，快乐的时光总是很短暂。保罗·莱奥托的卧室里塞满了各类宠物：猴子在暖气片上；一只狗趴在沙发上，身上趴着三只猫；另一只狗趴在床角。三四只猫和莱奥托一同睡在床上，还有一只狗在隔壁工作室。[8]

1940—1941年的六十多个夜晚里，巴黎气温降到零度以下，最低达零下十七度。为取暖而耗尽能量的人更饿了。市政府员工为某中学的学生发放维他命加强型饼干，但仍有人因饥饿和寒冷晕倒；住校生不得不睡在床架上，把床垫盖在身上。[9]1月初，索邦大学停止供暖，即使校长办公室也是如此。为了取暖，老师们讲课时不得不走来走去，座位上的学生就算裹着大衣戴着帽子，还是忍不住瑟瑟发抖。[10]

170 尽管圣诞前收到从奥弗涅寄来的包裹，贝尔特·奥鲁瓦还是要买东西。1月初，商店库存未及补上，雪地里排队的人看起来更可怜了。很多巴黎人长了冻疮，在零下十度的天气里排几小时的队，只为“买东西……如果存货不足，他们什么都买不到”。[11]

极低的气温影响人们的穿着。贝尔特·奥鲁瓦花了一些时间优化排队衣装：“两或三层羊毛衫，风衣下裹个小围巾，戴上羊毛斗篷。厚实的针织袜，厚到可以立在角落，看起来像双下水道维修工才会穿的靴子。还有时髦的皮靴，我称之为‘泰蕾兹（Thérèse）靴’，这是从前旧盘子上人物的名字。我最喜欢的是宽大的灰底粉色条纹披风，裹在身上刚刚好，还能把手塞进旧手套里。”[12]找不到肉的一周，米舍利娜·博德在日记中写道，她外出时喜欢穿父亲的铁钉靴，尽管它们跟“旱冰鞋一样重”。不过她称，这鞋既实用又时尚：“巴黎所有女人都穿着这种鞋……很暖和。”[13]这一年，巴黎人不得不比平时花更多时间取暖。1941 年 2 月起，贝尔特·奥鲁瓦称，“新一波严寒冲击”——冰雪降临了。“痛苦再次开始”[14]，土豆成了“稀有的奢侈品”。人们开始在公寓饲养兔子和家禽。奥鲁瓦说，“某天，我在布朗什路一户小公寓教课，隔壁突然传来‘叽叽咕咕’的声音。一只公鸡和一只母鸡被关在水池下的笼子里长达一个多月。可怜的母鸡没能下出蛋来，正在表达歉意。很多顶楼的佣人房间被用来养兔子和家禽——这些动物在找不到肉的日子里便会被宰杀”。[15]

1 月，莉莲·詹姆森发现，所有食物供应不足；几乎找不到黄油、奶酪、肉、鱼，除了苹果、柠檬和芜菁甘蓝，不要奢求任何水果或蔬菜。“很难找到 1 千克土豆，除非你运气极好并持有配给票……当局每周都在出台新限制令。两周前，人们说：‘食物再少的话，我们就活不下去了。’现在我们又在重复这句话。”[16] 171

食物极度稀缺，人们尽量早早在店门口排队；门房开始外租地窖，以便人们在凌晨 5 点宵禁结束时就可走向商店排队。[17]市民火气旺盛，时常抱怨插队的人，特别当几队人排队购买不同东西时。“不好意思女士，这是买土豆的队？”“不是，你看不出来这是买鱼的队吗？旁边是买洋葱的队！”贝尔特·奥鲁瓦被误以为插队，瞬间遭千夫所指。“喂！那个人！那个穿灰大衣的女人。不要挤进来，滚到最后去！”[18]有人（主要是女人）以帮人排队赚钱，她们的孩子常常提供送货服务。这样的人时常引发众怒，莱奥托被错认为帮别人排队时，便受到了此种待遇。[19]

并非所有巴黎人都在为果腹、取暖挣扎。有人饥寒交迫，也有人像往常般生活。加尔捷-布瓦西埃受邀来到一家时尚餐厅，发现不少“暴发户”在尽情享受。“美酒流入口中。富人在新世界沾沾自喜。只要有钱，有很多钱，你便能吃破肚皮；而家庭主妇为了买一片芜菁甘蓝，就要花几个小时在大雪中排队。”[20]“合作派”杂志《禾束》写道，时尚餐厅“鸟巢”里，客人们用番茄大蒜酱裹上牡蛎，配着面包和黄油吃下。文中还写到夜总会的奢侈场景，就餐者吃下“今夜第三顿晚餐，喝下第十瓶香槟”。[21]

贝诺瓦特·格鲁发现，食物赋予人权力。索邦大学一位长相丑陋的同学给了她一些烤牛肉（前者的父亲在巴黎中央菜市场工作），她不得不答应和对方一起看电影。“他极其粗鲁，甚至不等电影字幕放完，便握住我的膝盖。我问自己，因为施予一块烤牛肉，他能做出多么下作的事儿来。”格鲁尽力与他保持
172 距离，对方气急败坏地离开了。[22]

1941年初，饥饿和寒冷是巴黎人主要担心的问题。不过，生活中还有其他困难。1月，维希政府出台法案规定，市政厅将向合格的申请者派发购买券，人们可凭特别购买券购买一双鞋。为知道自己是否有权购买“法国鞋”，莉莲·詹姆森不得不等待很久。[23]被问及想要新鞋的原因时，贝诺瓦特·格鲁想：“好像走路不算原因似的。”[24]和很多人一样，她来到黑市，“打

算去奥尔菲拉路一位鞋匠那里。和所有经验丰富的黑市交易商一样，他在店铺楼上接见巴黎重要人士。你必须在进门前提供通关密码，就像进入秘密组织一样”。[25] 12 月，皮底鞋禁售，木底鞋（有时被称作“休战鞋”）取代前者。1941 年 3 月的女性杂志《嘉人》（*Marie-Claire*）激动地宣称：“穿木底鞋的女人显得更高，因为棉线约 2—3 厘米厚。这也是唯一无需配给票便能买到的鞋。”[26] 它们尽量设计得时尚，很快便遍布大街小巷。次年，莫里斯·舍瓦利耶演唱的《木鞋交响乐》红遍法国。这些结实的鞋往往又重又笨。有一次，米舍利娜·博德带着伪造的德国旅行通行证，被德国警察拦了下来。“本来我可以逃走的；但我穿着木鞋，他们很快便会追上我。”[27]

同时，非官方的“采购办”正在兴起。1941 年 1—3 月，赫尔曼·布兰德尔的“采购办”每天花 1 500 万法郎购买货物，再高价售出赚取暴利；秋天时，这家“采购办”每天花销达 5 000 万法郎。[28] 布兰德尔“采购办”生意兴隆。1941 年春天，它已在圣旺北郊购置了几英亩地。很快，该地区便建起了以物易物的商店，塞满货物的仓库和码头，以及享有铁路和河道优先权的打包集散中心。约四百名打包工人、码头工人、司机和 173
劳工为布兰德尔工作。由于无需任何手续，人们很容易在这个隐蔽之所找到工作。这样，法国或德国官方便难以发现谁在那里工作，以及在做什么。雇员甚至无须提供身份证明；他们只须依指令行事，努力工作，超时工作，不问问题。他们的酬劳很高——每月 0.5 万—1.2 万法郎，而这一时期工厂工人的薪水只有 1 500 法郎。

布兰德尔并非干等客人送上门来：他有当地“中介”或购买商，其中最有名的是约瑟夫·乔诺维希，被称作“约瑟夫先生”。乔诺维希离开故乡比萨拉比亚，1925 年 6 月来到巴黎。他没有受过教育，身无分文，不得不以拾荒为生。经过十五年的精打细算，他白手起家，成为百万富翁。和战前其他商人一样，他时刻保持警觉，深知好商品藏在哪里，谁愿意出售。多亏了乔诺维希这样的隐形人物，布兰德尔和其他德国“采购办”才能大规模开展生意。[29]

这个灰色世界的另一名重要商人是俄国人米歇尔·斯科尔尼柯夫（Michel Szkolnikoff）。战前，他向巴黎高端百货售卖布匹，当中包括老佛爷百货公司和好商家百货公司。现在，他向“采购办”（特别是德国海军“采购办”，即首个“采购办”）卖货，生意兴隆。1941 年 1 月，“采购办”向斯科尔尼柯夫支付 1 000 万法郎，2 月支付 2 000 万法郎，3 月又支付6 000 万法郎。[30] 1941 年春天，人们在他的住处发现了 80 万米布料，而斯科尔尼柯夫的账簿并未提及这些货物。德军占领期间，他是最大的黑市布匹商，拥有香榭丽舍附近五十多栋楼房，还是雷吉娜（Regina）酒店的股东。[31] 德国人愿意和乔诺维希、斯科尔尼柯夫这两名犹太人做生意，表明对于某些占领力量来说，贪婪和实用远比意识形态重要。

1940 年 5—6 月间，不少商人和工业家藏起货物，以防它们落入德国人之手。1940 年秋时，一些普通百姓也都这样做。不过，这主要是因为法国政府出台了遏制通货膨胀的政策——
174 所有私人财产必须上报。此时保有私产是危险的：一经发现，主人便会入狱，所有私产充公。因此，不少人乐于出售私产。布兰德尔的中间商是法国人，至少不是德国人。这令更有爱国情怀的法国人不会过分受到良心谴责。10 月，法国政府引入针对犹太人的新法案。于是，布兰德尔的中间商将注意力转向犹太人。布兰德尔的手下认为，对于持有私产的犹太人来说，他们最好的选择便是出售这些东西，低价出售好过没有任何补贴的掠夺，尤其当政府以监禁作为惩罚措施时。

布兰德尔纠集一群有前科的暴徒，为他征收巴黎市内的合适建筑和郊区土地。他们还派出“保安”保护这些领地和布兰德尔在城市周围转移的大笔经费。战后，法国警察将认定这一“采购办”为“法兰西范围最广泛的腐败、非法交易、叛国、勒索和告发网络”。[32]

德国人急切地掠夺法国艺术品。1940 年初，在赫尔曼·戈林的干预下，这项工作进入新阶段。9 月，阿贝茨极不情愿地接受希特勒的命令：库尔特·冯·贝尔男爵带领的国家领袖罗森贝格任务小组巴黎部将负责艺术品的掠夺工作，不过，阿贝茨至少可从中得利。11 月 1 日，身着白衣的艺术专家、罗森贝格任务小组和纳粹空军军官聚集在国立网球场现代美术馆。他们拿出上百个木箱中的艺术品，一一审核。三天后，赫尔曼·戈林和其幕僚来到美术馆。他一手夹着雪茄，一手拿着香槟，在美术馆徜徉，几乎不敢相信眼前价值连城的宝物是真的。戈林支持任务小组的工作，但前提是，他必须优先挑选艺术品——当然，在元首之后。11 月 5 日，戈林决定，任务小组“解救”和军队保护的艺术品将以这样的方式分配：希特勒最先筛选，接着是戈林，然后是国家领袖罗森贝格任务小组，最后则是德国博物馆；剩余的东西将向德、法艺术品商和法国博物馆拍卖。[33] 175

1941 年 2 月，戈林又一次来到国立网球场现代美术馆，再次检查新掠夺的艺术品。军政府代表沃尔夫-梅特涅想将艺术品从任务小组和希特勒的掌控中夺回，便向戈林表示，艺术品应受到保护。他回忆说，戈林“以极其粗鲁的方式回应，接着便把我赶了出来”。[34]不久后，戈林命令将任务小组掠夺的一批艺术品送给希特勒，其中包括罗斯柴尔德家族收藏的三十多幅画，比如维梅尔的名画《天文学家》、哈尔斯和伦勃朗的肖像画以及布歇的《蓬巴杜夫人》。[35]

在此期间，驻法德国军队仍想表现得行为得当，以防将来受到指责。他们出示文件表明，军队对戈林的行为不负任何责任——这样的盗窃癖和1940年9月希特勒将艺术品运回德国收藏的命令相悖。军队对任务小组的行动也不负有责任。如此一来，他们便不再参与违反《海牙公约》的任何行动。[36]

军队厘清责任的举动恰好被戈林利用。没有军队的干预，他便展开了波及全法的艺术品掠夺。因此，犹太人持有的艺术
176 品被一卡车一卡车地运往国立网球场现代美术馆——占满一层楼的空间。“如此疯狂的掠夺……以致很多非犹太人（姓名被错认为犹太人）的收藏品夹着道歉信被送回原主。”[37]戈林共计访问国立网球场现代美术馆二十多次，几乎和希特勒得到同等数目的艺术品。[38]

在戈林的支持之下，国家领袖罗森贝格任务小组掠夺、藏匿并分发了成千上万件艺术品。在国立网球场现代美术馆工作的罗丝·瓦拉将1941年称作“标志国家领袖罗森贝格任务小组权力巅峰的一年”。[39]多亏戈林的保护，任务小组巴黎部不受德国军方干预；占领第二年，几乎没什么可令他们终止甚至暂缓行动。越来越多卡车驶入网球场现代美术馆。而这里的空间并不足以收藏所有绘画、家具、雕塑、钟表和装饰品。最初，罗斯柴尔德家族是主要目标，他们从那里搜刮了五千多件艺术品。无论纳粹对“堕落”的现代艺术多么反对，他们清楚地知道人

们为此付出的价钱。因此，他们掠夺莫奈和西斯莱这些印象派画家的作品，以及保罗·罗森伯格（Paul Rosenberg）画廊两百多幅现代主义画作。不过，意识形态有时也会占上风。1943 年 7 月，大约五百到六百幅画作因作者被定义为危险人物而在国立网球场现代美术馆的庭院里被烧毁，包括巴勃罗·毕加索、马克斯·恩斯特、费尔南·莱热和保罗·克利的作品。[40]

国立网球场现代美术馆的任务小组对罗丝·瓦朗视而不见，认为她是愚蠢的妇人；德国艺术专家对她更为友好。没人知道，她秘密记下了艺术品的运送目的地。这样做极其危险，但瓦朗无疑意识到所有艺术品被送走后自己的命运——就算没人发现她的密谋。之后，瓦朗写道：“他们渐渐将我视作奇怪的目击者。冯·贝尔决定在战争结束前将我除去。我将被带往德国，一旦跨过国境，我便会被杀。”[41] 与此同时，她竭尽所能保住职位。除她之外的法国公民不可进入重兵把守的国立网球场现代美术馆。德国人并未意识到，纳粹阵营已混入间谍。

自 1940 年秋天起，越来越多巴黎人收听英国广播公司的节目。关于如何应对此事，德国高层看法不一：军政府禁止收听外国广播——除非来自德国或者其他占领国——同时威胁将严惩伦敦电台的听众。阿贝茨则认为，这将适得其反，使禁令无法施行。维希政府出台法案，禁止收听英国广播公司或公开进行“叛国宣传的广播电台”；一经发现，将被处以六个月的监禁，同时可能被没收收音机。[42] 不过，阻止收听英国广播公司节目的举措都是徒劳，尽管德国人的确阻挡了自由法国广播的部分内容。截至 1940 年底，军政府必须承认，“下午 6 点半后，英国广播占据了无线波段”。[43] 1941 年 1 月，德国高层几乎放弃禁止收听英国广播的努力，而是尽力中和广播的内容。他们规 177

定，传播不受德方控制的广播电台的消息是非法行为。巴黎警察代表驻法德军在全市张贴通知："各位注意，过去几天里，经过在公共场所的监察，有人因传播虚假或者可能引发公众恐慌的信息被捕。警察总局告诫民众，任何如此行事的人都将被带上法庭，受到严惩。"[44]大约两周后，保罗·莱奥托在奥德翁站附近和一位朋友喝咖啡，对方大声宣扬反德观点。"靠近我们的一个年轻男人走过来，轻声说，我们要小心，同时表示，自己因在公开场合讲话过火而被关入桑德监狱二十四天。"[45]排队时表明反德观点同样危险。1 月，一位清洁女工在排队时抱怨，德国人夺走了 65% 的物资，让巴黎人忍饥挨饿，而法国政府毫无作为，继而被捕。[46]

冬天以来，鲍里斯·维尔德等人通过与新兴反抗组织的交流，扩大了人类博物馆反抗小组的规模；但自从 1 月起，问题出现了。新年时，巴黎警察突袭，得到了该组织报纸《抵抗》的派发人员名单。三十二岁的社会主义派律师莱昂·莫里斯·诺德曼（Léon Maurice Nordmann）也在名单上。几周后，他乘火车离开巴黎时被捕；与此同时，人类博物馆反抗小组的另一名成员阿尔贝·加沃试图前往布列塔尼半岛，打算从那里坐船前往英国。[47]2 月 5 日，阿涅丝·安贝尔写道："看来我们必须格外小心：柏林的秘密警察赶来了。我们要把这个消息传递出去！"[48]她的恐惧很快被接下来的逮捕证实。伊冯娜·奥当和阿
178 纳托尔·列维斯基劝说维尔德，巴黎于他不再安全。于是，维尔德动身前往非占领区。两周后，奥当和列维斯基被捕。

3 月，安贝尔正在公寓准备下一期《抵抗》时，门铃响了。开门后，她惊讶地发现，维尔德站在门外。他带来了坏消息：

勒内·塞内卡尔没有出现在非占领区的指定见面地点，维尔德认为他被捕了。[49]阿尔贝·加沃请求维尔德回到巴黎，观察形势。维尔德回到巴黎不久后的3月26日，他与加沃和组织另一位成员皮埃尔·瓦尔特（Pierre Walter）一同吃午饭。接着，他离开两人，前往皮加勒广场（Place Pigalle）一家咖啡馆与另一名组织成员碰头。维尔德没能按时到场，因为途中被穿着便衣的德国秘密警察逮捕。他受到审问，被关进桑德监狱，而后转到弗雷内监狱（Fresnes jail）。而计划与他见面的同志则因替其伪造证件被判刑。

三周后，阿涅丝·安贝尔去医院看望母亲时，受到两名德国警察的粗鲁盘问。[50]他们来到安贝尔的公寓，在那里看到《抵抗》尚未完成的头版，上面写着：“复印本刊，然后传播。”二十五分钟后，她便受到控制。不久后，皮埃尔·瓦尔特和女朋友雅克利娜·博尔德莱（Jacqueline Bordelet）也被逮捕。这个抵抗网络四分五裂了，很多成员在监狱等候审判。

阿尔贝·加沃并未被捕。自1940年10月起，他被德国秘密警察聘为间谍，持续向对方传递信息。不过，他这样做只是为了钱，而非任何理念。德国老板对他的“表现”极其满意，加沃的月薪（除去开销）从每月2 500法郎跃升到1万法郎——大约是巴黎工人工资的六倍。[51]

加沃的背叛摧毁了人类博物馆反抗小组，但巴黎开始或即将出现其他反抗小组。早期巴黎反抗小组规模较小；和人类博物馆小组一样，他们宣称自身规模庞大以鼓励成员留下，并吸引新成员或威慑敌人。他们主要发行反纳粹、支持反抗的报纸，收集可能对同盟国有用的信息。

布丰中学法语教师雷蒙·比加尔（Raymond Burgard）是

激进基督教组织共和青年联盟（Jeune République）的积极成员。1940 年 9 月，他与其他四名成员在地铁站、墙壁和公共座椅张贴反德标语。他们的口号是："我们只有一个敌人：入侵者。" 1941 年 1 月，他们开始出版报纸《瓦尔密》——它得名于 1792 年 9 月的一场战役①，那时法国有力阻止了普鲁士入侵巴黎；瓦尔密也是这个小团体的名字。[52] 1942 年 4 月，比加尔被捕（见第十章），小团体被摧毁，但其余成员加入了其他的反抗组织。

爱国的乐谱出版商雷蒙·戴斯（Raymond Deiss）在里沃利路旁的鲁热·德·利尔路（rue Rouget-de-Lisle）上拥有自己的书店。1940 年 10 月，他在那里发行了第一期信息簿《庞大固埃》（*Pantagruel*）。《庞大固埃》公开反对停战，强调维希政府每天向德国"占领势力"支付 4 亿法郎。它提醒读者，无论巴黎的德国士兵表现得多么友好，请不要忘记他们的真正目的；此外，它还抨击反犹主义，声称法国最大的希望来自英国的胜利。一年后，戴斯被逮捕并押送至德国，在这之前，他发行了十六期《庞大固埃》。1943 年 8 月，他在科隆被斩首。[53]

1940 年 12 月，克里斯蒂安·皮诺（Christian Pineau）在韦尔讷伊路（rue de Verneuil）的公寓出版了第一期《解放》。战前，皮诺曾积极参与工会。因此，《解放》的抵抗小组成员多是皮诺在工会的熟人，其中包括《沦陷时期的国民建议》的作者让·特希耶。皮诺在地窖里藏了一份初刊号《解放》，其他六份则匿名地送给了一些朋友，后者将之复印并传播。这个小组展现出巨大的勇气、能量和献身精神，持续每周出版《解放》，直

① 瓦尔密战役：法国大革命时期的一次重要战役。1792 年 9 月 20 日，以法国下层群众组成的革命军，在马恩省的瓦尔密村击退普鲁士和奥地利联军，从此法军开始转入全线反攻。

到占领结束。这份报纸令抵抗行动不断壮大，影响力提升。1941年底，皮诺和分界线两边的反抗组织取得联系。1942年3月，他飞抵伦敦会见戴高乐。

1941年3月，让-保罗·萨特离开德国战俘营，回到巴黎。180
战前，他旁观政治，从未参与其中。返程途中，他说自己将成立一个抵抗小组；朋友们（包括波伏娃）颇感惊诧。随后，萨特和朋友们便联合了哲学家莫里斯·梅洛-庞蒂（Maurice Merleau-Ponty）①及其学生成立的小型反抗小组“铁蹄之下”（Sous la Botte），成立了“社会主义与自由”。“社会主义与自由”的成员几乎都是学生和知识分子，其中包括社会主义者、无政府主义者、马克思主义者和反斯大林主义者。这个新兴的组织中，五十多名成员在巴黎，二十多名成员在格勒诺布尔（Grenoble），每五名成员形成一个小组。[54]他们策划并传播宣传册，其中一些由组织成员多米尼克·德桑蒂（Dominique Desanti）用德语写就。德语宣传册，特别是针对占领力量的部分，常常被放在地铁一等车厢——德国士兵可免费乘坐。宣传册用人性化的字眼强调，抵抗者并非他们的敌人。这个团体还花了很多工夫描述想象中法国解放后的样子。萨特为此拟写了法国宪法。1941年夏天，萨特和波伏娃前往未占领区拜访小说家安德烈·马尔罗（André Malraux）②、安德烈·纪德和达尼埃尔·马耶尔（Daniel Mayer），后者已取代莱昂·布鲁姆成为法国社会党领袖。他们想得到这些人的支持，但最终无果。据波伏娃

---

① 莫里斯·梅洛-庞蒂（1908—1961）：法国现象学哲学家，深受胡塞尔和海德格尔的影响。

② 安德烈·马尔罗（1901—1976）：法国小说家、艺术理论家，戴高乐时期担任法国文化部部长，凭借小说《人的境遇》获得龚古尔文学奖。

所言，两人回到巴黎后，“社会主义与自由”在秋天解散。他们认为，组织缺乏效力，此外还有一名成员被驱逐出境，因而受到重创。[55]战后，多米尼克·德桑蒂坚称，这个组织一直维持到1942年秋天。[56]

“保卫法兰西”是另一个由学生和公共知识分子组成的巴黎抵抗组织。索邦大学学生菲利普·维亚内（Philippe Viannay）是主要组织人员。多亏维亚内工业界的朋友提供经费，这个组织发行了自己的报纸，初刊号问世于1941年8月。通过朋友，维亚内认识了打印员雅克·格鲁-拉德尼兹（Jacques Grou-Radenez），
181 后者同意教两名成员排版技术。得益于维亚内的另一位朋友提供油墨和其他材料，《法国防卫报》成为占领区传播最广、制作最专业的地下抵抗报纸。1942年，戴高乐将军的侄女加入这个团体。不过，直到1943年1月1日的第二十五期报纸，戴高乐的名字才首次出现。[57]1943年7月，这个组织受到渗透、袭击，大多数成员遭到逮捕，被驱逐出境（见第十二章）。

12月底，奥托·阿贝茨赶往维希，但未能说服贝当重新起用赖伐尔。返回巴黎后，他煽动维希政府辞退自己厌恶的拉洛朗西将军，取而代之的是赖伐尔的副手德布里农。出于对贝当和维希政府更加强烈的鄙夷，阿贝茨通过“合作派”媒体展开反维希宣传战，号称“维希政府出卖法国国家利益”。[58]此外，他尽可能破坏赖代尔的继任者皮埃尔-艾蒂安·弗朗丹和达尔朗上将、安齐热将军的铁三角关系。阿贝茨厌恶弗朗丹[59]，他支持达尔朗，认为后者具有足够的政治胸怀和领导才能，是维希政府唯一可能取代赖伐尔的军事领袖。[60]由于阿贝茨的努力，圣诞节希特勒视察博韦（Beauvais）附近的军队时，会见的维希

代表是达尔朗而不是弗朗丹。

1941 年 2 月 4 日，贝当提议赖伐尔可在政府担任闲职，却被后者拒绝。阿贝茨希冀赖伐尔重回巴黎。为了威胁贝当，他声称，赖伐尔可能成为另一个法国政府的首脑。2 月 9 日，阿贝茨的反弗朗丹宣传终于奏效。弗朗丹被军政府、阿贝茨和德布里农孤立，很快辞职，由达尔朗接任其职位。现在，达尔朗成为了总理（部长会议副主席）、外交部部长、海军部部长、战争部部长、内政部部长以及贝当的继任者。

一直以来，马塞尔·德亚的《事业报》是巴黎反维希政府“合作派”杂志的排头兵；现在，阿贝茨打算求得主编支持。贝当反对德亚为扶助“民族革命”而建立法国纳粹政党，于是安排了 12 月的逮捕计划。德亚对此心怀不满。2 月初，德亚在巴 182
黎建立合作主义政党“国家人民联盟”（Rassemblement national populaire）[61]；阿贝茨即刻表示全面支持。他无视德军对政治组织的禁令，这表明他有足够的权力和影响力，尽管前有拿破仑二世骨灰转移和赖伐尔下野的失误。

2 月 1 日，“国家人民联盟”成立，受到巴黎广播、《事业报》和海报的热情宣传。“国家人民联盟”认为：“维希政府意图复辟，利用一场假装的革命，让我们看起来无比荒谬。维希政府正和犹太人、共济会沆瀣一气。”[62]德亚希望，“国家人民联盟”将助他实现野心，通过支持赖伐尔反对贝当而在法国建立纳粹政权。德亚的亲密副手乔治·阿尔贝蒂尼（Georges Albertini），笔名克洛德·瓦雷纳（Claude Varennes），认为“国家人民联盟”的成立与 12 月 13 日赖伐尔的失权相关。“1940 年 12 月 13 日标志着‘国家人民联盟’的开端……目的在于开展运动，推进蒙特瓦尔政治理念，帮助赖伐尔重夺权力。”[63]阿贝茨乐于利用德亚和“国家人民联盟”帮助赖伐尔重返政坛，但他并不想让德亚建立纳粹政权的仿制品。

“国家人民联盟”总部位于圣奥诺雷路128号，成员多为第一次世界大战老兵、工团主义者①和前左翼议员。其中还有激进的“社会革命运动”（Mouvement social révolutionnaire）成员——创始人是欧仁·德隆克勒（Eugène Deloncle），战前曾成立右翼恐怖组织“僧帽党”（La Cagoule）。正如英国历史学家朱利安·杰克逊（Julian Jackson）所言：“德亚想建立一个大众党派，德隆克勒则更想建立突击部队组成的精英团体。德亚的支持者穿着西装，德隆克勒的支持者则穿着制服。”[64]

巴黎合作主义分子谋划、争论之时，伦敦的自由法国展开了又一次对抗德国占领势力的行动。3月22日，“V”字（代表胜利）抗议号召占领区的法国人尽量随时写出“V”字。很快，这个字母出现在巴黎各个角落，贝尔特·奥鲁瓦称之为“泛滥的‘V’字”。[65]有时，粉笔或颜料写出的“V”字出现在墙上或
183 人行道上，德文海报上的“V”字则被钢笔、粉笔或颜料圈出；由于德语的“禁止”是“Verboten”，这样的“V”字往往很多。“V”字还被刻在德国人的汽车上，或者做成剪纸到处抛撒，与此同时，英国广播公司主题曲变为贝多芬第五交响乐的前四个音符，用摩尔密码来说便是“V”。

一名年轻的巴黎妇女向英国广播公司表示，自己曾看到德军宣传车和卢滕西亚酒店（阿勃维尔和德国军事警察所在地）的墙上写着“V”。[66]3月24日，让·盖埃诺写道，一个孩子在

① 工团主义：某种经济改良主义，不涉及政治。它提议将工人、企业和组织统一为工团，工人拥有并管理企业。

自家大门上写下大大的“V”字。[67]莉莲·詹姆森在地铁站看到地上散落着车票撕成的“手工‘V’字”。[68]

米舍利娜·博德的历史老师在黑板上写下一个大大的“V”字，接着向学生讲起乔治一世，称他是“完美的德国人——蠢猪和酒鬼”。放学回家路上，米舍利娜和伊薇特画了一路“V”字。“我在达斯托格路（rue d’Astorg）的一辆德国车上写下‘V’字，直到身后传来皮靴声。正如伊薇特所说，我立即仓皇而逃。那个德国鬼子走近了，看到车上的‘V’字，竟然转身向伊薇特笑了。天哪！这天我们写下无数‘V’字，真没想到能在大白天这样。”[69]

德国高层并不像这名士兵一样轻松。4 月 1 日，为除去“V”字，巴黎媒体宣布减少标语和贴画，声称这些东西有害、威胁公共秩序。因此，房东或门房有义务去除贴画；如果做不到，便会被拘禁。四天后，巴黎人收到通知，六千二百人——多为房东、门房、店主——因未能去除标语而被罚款。[70]写下“V”字的人大多是米舍利娜·博德这样的年轻人。贝尔特·奥鲁瓦说，连着几天，一到孩子放学回家的时段，门房 R.女士便守在楼外，以防万一。[71]

巴黎的情绪发生了明显的变化。德亚和德隆克勒在巴黎稳固力量；与此同时，戴高乐的自由法国也被激起求胜之心，反德抗议更为普遍和大胆。法国政府无力解决物资短缺问题，也 184
无法保证战俘回家，公信力大打折扣。不过，公众指责的并非贝当，而是维希政府内阁。尽管巴黎人面临重重困难，贝当仍旧受人喜爱。贝尔纳·皮埃坎说，喜欢贝当的不仅是“老兵和顽固派”，他在日记中表示，很多巴黎人（除却合作主义分子和法共）认为贝当尽力保护了他们免受德国人伤害，抵消了纳粹影响，重现了法国辉煌。不少人认为，贝当表面上对抗自由法国，私底下却和戴高乐秘密合作，而戴高乐将军的使命便是令法国维持战斗状态，保卫国家尊严。皮埃坎认为，他和朋友可以“既是戴高乐主义者，又是贝当主义者”。[72] 人们之所以产生戴高乐和贝当联手对抗德国人的错觉，是因为“巴黎的‘合作派’媒体每天都在批判维希的亲英姿态和戴高乐支持者的操纵控制”。[73] 不过，皮埃坎在日记中大方承认，也有很多巴黎人“只听英国广播，认为‘贝当先生’不过是一位背叛我们的元帅”。[74]

皮埃坎和朋友试图厘清戴高乐和贝当的关系时，米舍利娜·博德对德国人的态度受到考验。2 月，米舍利娜和伊薇特去游泳，惊讶地发现年轻的法国女人与德国士兵嬉戏。这天晚些时候，米舍利娜的父亲教了她一些礼貌程度不同的德语短句，可在遇到德国兵搭讪时使用。不过，4 月再去游泳时，米舍利娜和年轻德国士兵瓦尔特用英语攀谈起来。瓦尔特坚持和米舍利娜一起离开泳池，乘坐同一班地铁。几天后，他们在米舍利娜十五岁的生日宴会相见。瓦尔特邀她外出。米舍利娜拒绝了并解释说，这不可能，法国人不会允许发生这样的事情，更何况她哥哥在英国皇家空军服役。[75]

185 对米舍利娜来说，与瓦尔特的邂逅带来了痛苦的结果。尽管她尽量疏远他，但莫妮克、伊薇特、妹妹（妮科尔）和母亲都指责她与瓦尔特恋爱。她后悔向她们提及瓦尔特；母亲说，米舍利娜最开始就不该和瓦尔特说话。米舍利娜认为，自己很难将面前有礼貌的年轻人和长久以来听到的残忍、不守信用的野蛮人联系起来。人们教她恨德国人，她喜欢第一次世界大战的故事，那时死了很多德国人。“德国人的恶行让我在没有了解他们的情况下便痛恨他们。"[76]米舍利娜向一位神父提起对瓦尔特的复杂感情。或许因为想的过多，神父直接问起两性问题，米舍利娜羞红了脸。

6月初，米舍利娜想通了一些问题："我一直痛恨德国鬼子……但是，你怎么能恨一个根本不了解的人呢？你只了解多年以前的事情。"她接着说："我痛恨并将始终痛恨德国鬼子。几世纪以来，他们始终是我们的敌人。但一群人和一个人有很大区别。就拿单个德国人来说，他们通常行为有矩。"[77]

不过，米舍利娜对英国的持续支持也带来了问题：莫妮克和其他朋友固执地认为，英国人极其可怕，想杀掉更多法国人。[78]这样的想法明显来自她们的父母——大人希望英国尽快战败，战争尽快结束。

尽管德国高层并未在冬天引入新的反犹政策，但他们也没有闲着。自9月起，阿道夫·艾希曼（Adolf Eichmann）的爱将特奥多尔·丹内克尔（Theodor Dannecker）便来到巴黎。作为犹太事务部领导，他必须在法国实行艾希曼的反犹政策。理论上来说，丹内克尔听命于巴黎秘密警察头领赫尔穆特·克诺亨，但事实上，他直接从艾希曼那里受命。一名法国反犹太主义者形容丹内克尔是"疯狂的纳粹主义者，只要听到'犹太人'这个词，便陷入极端亢奋的状态"。[79]很大程度上来说，丹内克尔仍受制于军方。不过，1941年初，他开始舒展筋骨，谋划成立一个机构，与法国政府协作推进反犹太策略。他还在巴黎建立反犹太宣传机构。艾希曼的这位手下确保了反犹行动被提上 186
日程。

丹内克尔和阿贝茨的犹太事务代表卡罗·蔡特舍尔（Carlo Zeitschel）联手向维希施压，以建立中央犹太事务组织。这个德国人倡导的机构强化了德国驻巴黎大使馆、秘密警察和维希政府的关系，与此同时令军队更为边缘化。3 月，在阿贝茨的劝说下，一个月前成为维希总理的达尔朗表示支持该组织。3 月底，维希政府宣布，犹太问题总署（CGQJ，Commissariat général aux questions juives）成立。它将配合占领区、非占领区的法国政府就犹太问题展开行动。[80]丹内克尔设想，该总署将在“最终解决”——通过精心建立的殖民方案，彻底铲除欧洲的犹太人——中起到重要作用。[81]法国方面希望，这样的合作意味着，维希政府（而不是德国人）将收管被征收的犹太财物和生意。

丹内克尔成功说服维希政府成立一个法国组织，统一并调派分界线两边的反犹行动，但他对维希政府指派的领导扎维埃·瓦拉（Xavier Vallat）心存疑虑。贝当选出的瓦拉并非阿贝茨心仪的候选人。他是个激进的天主教徒，也是第一次世界大战的老兵。尽管瓦拉坚定反犹，但他对犹太人的反感来自天主教教义和教宗诏书，而非出于纳粹的意识形态。他将犹太人看作无法同化的外国人，将对法国国家安全造成威胁。

丹内克尔还为巴黎反犹激进组织犹太问题研究所（IEQJ，anti-Semitic Institut d’étude des questions juives）提供经费。犹太问题研究所位于博埃西路（rue la Boétie）21 号，那里曾是战前知名艺术品收藏家保罗·罗森贝格（Paul Rosenberg）的画廊。犹太问题研究所是巴黎反犹运动的核心阵地，它对维希犹太问题总署带着怀疑甚至轻蔑的态度。犹太问题研究所由保
187 罗·塞齐勒（Paul Sézille）领导。他在巴黎反犹团体中享有盛誉，曾是法兰西殖民地步兵团的上尉和反犹“法国社团”的创始人。[82]犹太问题研究所积极进行反犹宣传，公开诋毁犹太人或

者他们认为是犹太人的人；研究所成员还加入了库尔特·冯·贝尔男爵的国家领袖罗森贝格任务小组，搜查犹太人居所，将其财物充公。

5 月 11 日，犹太问题研究所举行就职会议，列席的有巴黎最有名的反犹太主义者，其中包括小说家路易斯-费迪南·塞利纳和记者吕西安·勒巴泰（Lucien Rebatet）。会议中，塞齐勒攻击了一位客人，声称后者是犹太间谍；在另一个场合，他还指责赖伐尔是犹太人。塞齐勒过激的举动让犹太问题研究所于 1942 年解体，取而代之的是一个研究犹太人和民族种族问题的机构，由臭名昭著的反犹主义者乔治·蒙唐东（George Montandon）领导。[83]

1941 年 5 月，法国警察向几千名犹太人（多为波兰人后裔）发放了绿色卡片，要求他们带着身份证件在 5 月 14 日早上 7 点前到当地警察局报到。这张卡片警告他们，倘若未能履行要求，将会带来怎样的后果。大多数人认为这不过又是一次身份检查。然而，一到警察局，他们便被法国警察逮捕了。警察将他们塞进巴黎绿色大巴，送到奥斯特里茨火车站。超过三千七百名犹太人被装进火车，送到巴黎以南 60 英里的皮蒂维耶或博纳拉罗朗德集中营。这两个集中营由达拉第政府在法国沦陷前建立，主要用于拘留“不受欢迎分子”——法国共产党员和西班牙难民。[84]巴黎犹太人的围剿行动正式开始。

一个匿名的“犹太妇女儿童组织”传播小册子《号召法国人》，它回顾法国维护人权的光辉过去，号召巴黎人抗议对犹太人的随机逮捕和拘留；同时严厉反击“合作派”杂志的谎言——被围剿的人都是黑市商人。小册子表明，这些人不是投机者，大多数是工匠和小业主——裁缝、木匠、皮毛商人——

188 而且很多人曾参加法国志愿军。[85]不知道有多少人看到《号召法国人》，但它的确没有得到什么关注：巴黎没人在乎。不过，第十七区有名非犹太市民愤怒异常。5 月，他致信犹太问题总署的扎维埃·瓦拉，表明围剿运动对自己的影响。他说，他不在乎多少犹太人被拘禁。不过，他把自己和妻子的鞋送到当地的修鞋匠那里，可是去拿这双鞋时，发现商店关门了，修鞋匠被关进了集中营。他痛楚地说，现在几乎买不到鞋，他和妻子更不可能穿拖鞋出门。他说自己去当地警察局，警察无法提供帮助，还告诉他这个问题可能得花几个月才能解决。[86]被逮捕的犹太人的亲戚前往集中营，试图联络家人。十四岁的雅克·阿德勒（Jacques Adler）也在其中，他仍记得父亲在铁丝网后的样子。他们认出了彼此，试图在周围几百人讲话的喧嚣中相互喊话。不过，国家宪兵突然冲了出来，他们将犯人们从围栏边驱逐回去。阿德勒从此再也没有见到父亲。[87]

5 月 14 日，大多数收到绿卡的犹太人听话地去警察局报到，不过，还有少数人没这样做，三十三岁的波兰共产党员、牙医约瑟夫·曼克（Joseph Minc）便是如此。他在 1931 年到达法国，1937 年进入巴黎，1940 年参战对抗德国人时被捕，不过在 9 月回到了巴黎。

5 月 14 日，曼克睡过了头。当从妻子那里听说报告身份的人全被拘禁时，他决定逃走；曼克和家人离开住处，搬到朋友借给他们的一间公寓，住了几周。他的朋友利伯·里满德（Lieber Rymland）没这么走运。他向警察局报告身份后被关进皮蒂维耶集中营。和曼克一样，他也是名共产党员——法共号召集中营的党员“和群众一起”，不要逃走。此后，曼克写道，这个“不可理喻”的指令带来了“灾难性的后果”。他是正确的。战后，人们发现 1941 年 5 月 14 日围剿的犹太人几乎全部被拘禁、引渡，最后被送进灭绝营。战争结束时，利伯・里满德从集中营出狱，偶然和被放逐的妻子重逢。不过，这只是悲 189
剧性的短暂相遇。在返回法国的路上，利伯・里满德死于心力交瘁。[88]

德国人一方面在没有阻力的情况下驱除巴黎的犹太人，另一方面深深担忧巴黎人对自由法国的支持。戴高乐再次号召法国人在纪念圣女贞德的 5 月 11 日行动起来。这位百年战争的英雄现在被自由法国和维希政府共同尊为法国国家统一的符号。“5 月 11 日，即圣女贞德日，所有法国人都心怀同一个想法：祖国的自由，”戴高乐在广播中说，“这一天，下午 3—4 点间，人们将来到城市和乡村的公共场合。他们将独自而行，或携家人、朋友同行。他们不会列队，他们将保持绝对沉默。但是，当他们与同样行动的国民对视时，便表达出共同的理想和希望。”[89]

德国人禁止一切纪念圣女贞德的行进、会议、标语和旗帜。为抵消任何形式的抗议，《巴黎晚报》提醒读者，圣女贞德将英国人赶出了法国。[90]5 月 11 日，法国警察在公共场所武装警戒，特别是在那些可能的集会地点，比如卢浮宫附近的金字塔广场（那里有座圣女贞德骑马的雕像）以及凯旋门（数排警察在无名烈士墓附近列队）。与此同时，德国士兵乘坐卡车高声穿过巴黎市区街道，意欲吓退示威者。

不过，这些都没有阻止巴黎人。无数巴黎人沉默地走上街头，或单独一人或结成小队。那些一起向金字塔广场而去的市民被警察的路障带入附近的杜伊勒里公园。一些目击者说，人们遵守戴高乐绝对沉默的号召；一些人听到“戴高乐万岁”和“拥护英格兰”，还有人合唱《马赛曲》。[91]据警察回忆，约四十二人被捕。晚上6点15分，另一场群众爱国抗议后，一切归于正常。

190 5月第一次犹太人围剿行动开始时，巴黎的德国人似乎仍旧任意妄行。在维希政府的支持下，他们大举压迫犹太人却不受任何惩罚；除了犹太社群，没人在意这回事。很明显，巴黎人对德国人的反感不断发酵，但迄今为止，反抗大多被动且仅具象征意义。不过，这一切都将因东边千里之外的突发事件发生变化。

第八章　抵抗和压迫 191

自 1939 年 8 月起，纳粹德国和苏联便被《苏德互不侵犯条约》绑定在一起。1941 年 6 月，法国战败一年后，这个条约被一个戏剧性的事件打破了。

阿尔弗雷德·利斯科夫（Alfred Liskov）是工人出身的共产党员，来自柏林。他和百万德军一同驻守在苏联国境线上。6 月 21 日，利斯科夫私自离队，游过普鲁特河（River Prut）①，抵达苏联。他告诉苏联人，自己的部队接到入侵苏联的命令。斯大林听到消息后，下令以传播假消息之罪枪决利斯科夫。[1]

几小时后，在几个月的计划下，德军沿苏联国境从波罗的海到黑海形成了 1 000 多英里的前线，对苏联展开强势进攻。三百多万德军，以及芬兰、意大利、罗马尼亚、匈牙利和斯洛伐克四十多个师侵入苏联。支援他们的还有三千五百辆坦克、六十万辆机动车、七十万支冲锋枪和其他武器，以及一半以上的德国空军。“巴巴罗萨”行动（Operation Barbarossa）[2]是历史上规模最大的进攻计划。继波兰、丹麦、挪威、荷兰、比利时和法国之后，苏联也遭受了闪电战。

红军毫无准备，德国陆军在轰炸机协助下横扫苏联防线。192
德军士气昂扬，仅人数便令苏联士兵胆寒，四散投降。[3]炎热的夏日里，坦克冲过干涸的土地，扫起绵延几英里的厚厚黄尘。

---

① 普鲁特河：东欧河流，全长 950 千米，其部分流域现为罗马尼亚和摩尔多瓦及乌克兰边界。

坦克行驶过快，步兵不得不每天行进 25—30 英里。一名德国将军写道，“对我们来说”，进攻“意味着奔跑、奔跑，累到吐舌头时，还是要奔跑、奔跑、奔跑”。[4]进攻路上的苏联平民惶恐不已，大多数人发现自己无处可逃；根据进攻条例，德军杀害平民，毁灭村庄。[5]任何企图逃命的苏联人几乎都被逮捕，由希姆莱的党卫军特别行动队处决——比在波兰时更为野蛮。

早在 1940 年 7 月，希特勒便产生了进攻苏联的想法。[6]他认为，一旦苏联战败，英国便会求和。这还将强化德国东部边境，阻止英国和美国（尚未参战）在苏联建立反纳粹前线。此次进攻将是“十字军东征”，彻底扫清布尔什维克——希特勒认为他们和犹太人沆瀣一气，企图称霸全球；此外德军还可东进拓展生存空间（Lebenstraum）①，掠夺矿产和农产品。[7]

这次侵略行动是几个月深思熟虑的结果。但斯大林仍不愿相信情报部门的消息。最终意识到发生了什么的时候，亲信称，斯大林“垂头丧气”“沮丧紧张”“面色苍白，神色迷茫”。[8]

斯大林并非唯一感到惊讶的人。在法国，维希政府立即和莫斯科斩断一切外交关系。他们希望，与英苏两国交战的德国会减轻对法压力。伦敦的戴高乐向斯大林发去电报，表示支持，
193 希望自由法国和苏联这个新近的纳粹受害者缔结永久友谊。[9]在一次广播演讲中，丘吉尔宣布，大英帝国将永远与德国的敌人，即苏联，站在一起。巴黎经济学家夏尔·里斯特冷冷地说，维希政府会因这条消息将丘吉尔视作布尔什维克。[10]

包括警察在内的大多数巴黎市民目瞪口呆。[11]普遍来说，人们喜出望外，尽管原因不同。此次进攻将法国共产党从 1939 年

---

① 生存空间：法西斯侵略扩张理论术语。它将国家视作有机生命体，为满足其生长发展的“生存空间”，不断扩大领地和殖民地。

《苏德互不侵犯条约》的束缚中解放出来。“社会主义祖国”受到重创，“帝国主义之间的战争”这一概念不复存在。这场战争变为“反法西斯”的国家解放战争。7月3日，斯大林号召所有被德国占领的国家和苏联一起对抗入侵者。法共宣传部门很快便将苏联斗争与法国解放联系在一起。“红军万岁！此时此刻，他们坚决勇敢地捍卫苏联领土，将法西斯入侵者从法国赶走，将纳粹从欧洲铲除！”“红军为打破法国人的枷锁而战！”“苏联士兵在为我们的自由牺牲！”[12]很快，人们对红军的支持便不仅局限在口头上。

很多巴黎人和法共一起期待红军瓦解德意志国防军；苏联的胜利将终结希特勒占领欧洲的计划，带来法国解放。贝尔特·奥鲁瓦写道，政见不同的人兴奋地看到，苏联参战了。[13]米舍利娜·博德称，这个消息“太棒了”，“希望再次出现”。[14]6月22日清晨，莉莲·詹姆森的邻居对她高喊道：“你听到消息了吗？希特勒对苏开战了！”[15]消息传来时，人类博物馆抵抗小组成员阿涅丝·安贝尔还被拘禁在谢尔什-米迪监狱。“我没法老实坐着，只能走来走去，禁不住跳跃歌唱。”[16]她迫不及待地将这个消息告诉狱中同志，其中包括一名即将被枪决的年轻德国犯人——他是西班牙内战的老兵。

小说家柯莱特（Colette）的丈夫莫里斯·古德凯（Maurice Goudeket，他们于1935年结婚）喜出望外。“战争结束了！当然，它或许还将持续三四年，但对我来说，未来是确定的。希 194
特勒已然消失，身边走过的德国士兵只是一些幽灵。”柯莱特认为丈夫疯了。[17]还有人，比如贝诺瓦特·格鲁，尽管怀揣希望，却仍担忧希特勒可能胜利。“如果苏联失败，接下来的几十年将是奴隶般的生活。”[18]同情共产党的埃迪特·托马（Edith

Thomas）认为，支持贝当的巴黎资产阶级认同入侵苏联，这意味着“布尔什维克再次成为‘人类公敌’。纳粹将把世界从这场瘟疫中解救出来”。[19]不过总的来说，对占领者的痛恨超出了布尔什维克带来的恐惧。[20]

有些巴黎人不再感到孤立。他们的格言是“敌人的敌人便是朋友”。让·盖埃诺在日记中写道：“我们现在又有了一亿八千万位朋友。”不过，他担心希特勒的战败可能令共产党横扫欧洲。[21]夏尔·里斯特发现，所有人都对德苏开战鼓掌。他担心人们高估了苏联禁受德国闪电战的能力。[22]医学院学生贝尔纳·皮埃坎认为，或许德国将最终攻克苏联，但他希望，英国人从两大敌人的斗争中得利。不过，他又说：“不要忘记拿破仑”[23]，暗指1812年拿破仑入侵俄国失利。

这个消息让毫无军事知识和经验的巴黎人变为夸夸其谈的专家。比如，安杰·鲍伯考斯基自1月起便住在一家宾馆，那里的老板娘告诉他，德国人很快便要东躲西藏，接着谈起苏联的军事实力。[24]

驻守巴黎的德国兵对这个消息的反应不那么热切——他们可能离开光明之城，前往苦寒的东部前线。作家塞萨尔·福布哈（César Fauxbras）发现，很多德国士兵正在离开，有一名德国士兵和一位巴黎战俘的妻子同居了七个月，现被送去苏联作战。[25]保罗·莱奥托的朋友在巴黎南郊的地方政府和德国人共
195 事，当他问两名德国军官是否将去苏联时，两人竟落泪了。[26]

与此相反，德国进攻苏联的消息引发“合作主义分子”的狂欢。[27]支持纳粹的记者和影评人吕西安·勒巴泰写道，德国对苏联的进攻改变了一切，令他异常兴奋。[28]和希特勒一样，“合作主义分子”认为，此次进攻标志着布尔什维克的终结，有人

打算参战。

在阿贝茨的支持下，巴黎主要“合作主义分子”领袖聚集在一起，创建了法国反布尔什维克志愿者军团（légion des volontaires français contre le bolchevisme，LVF）——志愿者军团将加入东线德军，对抗苏联。[29]皮埃尔·康斯坦丁尼（Pierre Constantini）是巴黎最出位的“合作者”。1940 年 7 月，英国在凯比尔港击沉法国军舰后，康斯坦丁尼以个人名义向英国宣战。他说，反布尔什维克志愿者军团是“代表新秩序的十字军，将对抗盎格鲁人、犹太人和布尔什维克”。[30]

最初，希特勒并不青睐反布尔什维克志愿者军团，因为他不愿意与维希政府分享击溃苏联的光荣，更不想后者借反布尔什维克志愿者军团讨价还价。最终，在阿贝茨的坚持下，希特勒表示同意。但他坚持，组建反布尔什维克志愿者军团的力量必须是“合作主义分子”团体而不是维希政府；志愿军必须在一万五千人之内；法国政府不得因此寻求德国的任何让步。[31]反布尔什维克志愿者军团并未受到维希政府的反对，却遭到巴黎军政府的强烈不满。阿贝茨又一次无视军方首领奥托·冯·施蒂尔普纳格尔的干预，声称自己得到希特勒的直接支持。

7 月 8 日，“合作派”媒体热烈赞扬反布尔什维克志愿者军团的创建，后者自称拥有贝当和希特勒的双重支持。[32]接下来，大使馆煽动新一轮宣传狂潮：海报、报纸、新闻影像、广播节目将反布尔什维克志愿者军团称作“新十字军”。宣传海报上画
着一名十字军战士，他身穿闪亮盔甲，骄傲地站立在熊熊燃烧 196
的苏联建筑前；他一手握剑，一手持盾，上面用蓝、白、红写着“LVF”，身后是一名德国士兵的剪影。[33]阿贝茨将此前官方的苏联旅游部借给反布尔什维克志愿者军团，作为他们的大本

营。[34]此外，他们还占用八十多个空商店作为迎新站，其中大部分是犹太人的商店。

7月18日，冬季自行车竞赛馆举行了反布尔什维克志愿者军团集会。巨大的三色旗前悬挂着醒目的三个字母“LVF”；运动场其他地方悬挂标语“布尔什维克将倒台，法国将崛起!”“布尔什维克的失败重塑欧洲团结!”“合作派”媒体称，一万五千名听众兴奋地欢呼、鼓掌、跺脚、高呼领袖姓名，而领袖轮流诋毁布尔什维克，号召团员击垮它。[35]若想在没有布尔什维克的新欧洲占有一席之地，演讲者坚持说，法国此刻必须加入反共产党的东征。“合作派”媒体对此大肆报道。警察总局报告相对冷静，称约九千人参与此次集会，其中四分之一是女人。[36]

演讲的“合作主义分子”领袖中，粗鲁健壮的前法共党员雅克·多里奥和反布尔什维克志愿者军团关系最为密切，他将在9月前往东部前线。[37]他的热情和劲敌马塞尔·德亚很不同。德亚曾在日记中写道：“我不会参战。”[38]尽管曾参加第一次世界大战，但相比于和反布尔什维克志愿者军团一同去遥远寒冷的东线作战，他更愿意留在巴黎的政坛发展。

多里奥的父亲是铁匠，母亲是裁缝。他曾是法国共产党的新星。1934年，多里奥因与圣德尼北郊其他左翼政党联盟而被开除党籍——当时的法共遵循第三国际政策，强烈反对左翼联盟。
197 1936年6月，法共改变政治立场，公开支持左翼联盟。多里奥厌倦法共的多变和虚伪，对自身境遇感到愤愤不平，急于宣泄政治激情、实现野心，便创立了法国人民党（Parti populaire français，PPF）。渐渐地，该党立场从反法共变为支持纳粹。

停战协定签署和蒙特瓦尔会面后，多里奥公开支持贝当，但谋划铲除贝当身边的保守主义者、反动主义者和朽木。他认为，这些人阻碍了独裁但又充满生机的纳粹政权的建立。法国人民党在占领区拥有自己的报纸《人民呼声报》，总部位于第一区金字塔路，尽管军政府直到 1941 年 12 月才正式承认它的存在。1941 年初，警察报道，法国人民党员达一万人，其中超过四分之一来自巴黎；它吸引了各个阶层的民众，但参加 1941 年 5 月党会的成员一半左右是工人，三分之一曾是共产党员或者社会党员。

多里奥和劲敌马塞尔·德亚有很多共同点：他们属于同一时代（多里奥比德亚年长四岁），两人都在第一次世界大战中获得荣誉勋章，都来自左翼政党（多里奥来自法国共产党，德亚来自社会党），都在被开除前备受尊重，都从极左走向极右，创建右翼政治团体，并且有成为新法国纳粹党领袖的野心。

除此之外，两人极为不同。多里奥被称作“大雅克”，出身工人阶级，自学成才，身材健壮，风流成性，喜欢在人群中公开演讲，总是伺机与人争斗。矮小健壮的德亚则是个聪明害羞的知识分子，曾在著名的巴黎高等师范求学。他性格孤僻，不吸烟不喝酒，在人群中不那么自在。多里奥是超级演讲家，可连续几小时演讲；而德亚大多数时候总是和忠诚的老打字员待在一起，在占领期间写就一千二百篇文章。毫无疑问的是，他们痛恨彼此。

巴黎“合作主义分子”领袖中只有多里奥加入前线。不过，198
其他人还是利用反布尔什维克志愿者军团的招新活动宣传自己的组织。早在冬季自行车竞赛馆集会前，德亚便声称，一万名国家人民联盟成员已志愿参战，并承诺未来还有两万人将加入组织。欧仁·德隆克勒承诺，社会革命运动党将有一万人参战。不愿示弱的多里奥表示，法国人民党派出的人数将多于其他党派的志愿者总和。这完全是疯狂的设想，因为希特勒早就设定了一万五千人的上限。[39]

反布尔什维克志愿者军团招收十八岁到三十岁健康、非犹太血统的法国男性（军官年龄上限为四十岁）。不过，根据巴黎新任警察总局局长巴尔海军上将的报告，7月底时，志愿者人数不足一千。[40] 1941年，自德国入侵后便担任警察总局局长的罗歇·朗热隆被军方逮捕，因为他有保护戴高乐支持者的嫌疑，1940年12月对德亚的逮捕令是压垮他的最后一根稻草。在谢尔什-米迪监狱短暂监禁后，朗热隆被迫退休。[41]

不少反布尔什维克志愿者军团成员因嗜血的热情参战，比如一位不知名的中尉和一名法国人民党党员，还有一位天主教徒。后者从东部前线写信回家说："我们的领袖希特勒总理可随心所欲发号施令。我们将闭着眼睛执行，因为我们相信他。"他还希望，一旦苏联战败，德军将通过屠戮，把英法两国变为纳粹省份。[42]

另一名志愿者军团成员克里斯蒂安·德·拉马齐埃（Christian de la Mazière）将参战的原因归咎于自己传统保守、反布尔什维克的成长教育。在成长过程中，报纸始终将共产党形容为嗜血、反基督的怪物。[43]他同时承认，自己不想只是坐在巴黎和朋友谈论政治，而想真正参与冒险。在2001年的访谈中，他称："我们都相信德国将取胜。布尔什维克对欧洲的自由造成威胁，我们必须参战。别无选择。"[44]一些反犹志愿者认为，犹太人和布尔什维克沆瀣一气，对抗共产主义便意味着对抗犹太人。

199 反布尔什维克志愿者军团的招募标语写道："法国人有责任参加反布尔什维克志愿者军团，也将从中得利。"其中包括经济利益。事实上，很多人参军正是出于经济利益而非意识形态或政治原因：秋天一份德国报道估计，三分之一志愿者是"理想主义者”（即认同参战原因）；其余人大多是为了寻求冒险或找份工作。[45]

还有人出于好奇参军。一名志愿者参战前失业了几个月，本以为身边将是狂热分子和多里奥的死忠支持者，却惊讶地发现，身边很多人和他一样对政治无感。他认为，和自己类似的人比真心参战的人多出 100 倍。[46]志愿者和德国士兵享有同等酬劳[47]，在报名时即可得到第一笔收入。很多人一拿到钱就消失了；还有人几个月后回来，用另一个名字报名，再捞一笔。[48]

入侵苏联的行动看似顺利。7 月 8 日，元首通知宣传部部长约瑟夫·戈培尔，东线战争即将胜利。[49]巴黎广播和“合作派”媒体大肆报道德军东线战况。期待德军胜利的巴黎人欢欣鼓舞；支持苏联的人安慰自己说，这些报道只是纳粹捏造的谎言。只是，这并非谎言。事实上，战局如此顺利，希特勒和反布尔什维克志愿者军团担心，新志愿者还没到东部前线，斯大林就投降了。[50]

巴黎的德国高层出于强烈的自信，将戴高乐的“V”字抗议化为己用。自由法国支持市民在巴黎各处写下“V”字支持盟军。7 月底，德国人开启自己的“V”字运动。7 月 23 日，埃迪特·托马说：“戈培尔恐惧‘V’字抗议，便把‘V’字画满德国人的办公室、报纸头条甚至埃菲尔铁塔和法国众议院。此刻，‘V’代表德军胜利和纳粹即将占领欧洲。”[51]

除却“V”字，这两个标志性建筑上还挂着巨大条幅，上 200
面用黑体的大写字母标出“德国取得全线胜利”。经济学家夏尔·里斯特认为，德国人的“V”字运动幼稚且无用（贝尔特·奥鲁瓦也这么认为）[52]，不过他又说，这至少证明，伦敦的“V”字抗议对德国人有些影响。[53]让·盖埃诺提到“V 字之战”，称德国人想盗用“V”字，勉强说它代表古老的德语词“Victoria”（胜利女神）。[54]同时，盖埃诺还发现，巴黎人继续将地铁票撕剪成“V”“H”（代表荣耀，honour）和洛林十字，剪纸撒满人行道。[55]同时，墙上越来越常见到画着洛林十字的“V”字。[56]

法共成员和支持者并未因德国胜利和纳粹宣传而意志消沉。斯大林号召纳粹占领国对抗入侵者，法共决心彻底展开反纳粹的公开运动。更准确地说，它决定将青年团（Youth Battalions）推到第一线。因此，1941 年夏天，一群巴黎青年（大多来自贫穷的工人阶级）成为对抗入侵者的前锋。[57]

《苏德互不侵犯条约》仍旧有效时，共产党的政治活动停留在书写标语、传播宣传单，诋毁维希政府和“帝国主义之间的战争”，并攻击戴高乐是英帝国主义的小丑。[58]这些举动风险极大，遭到逮捕的人被关进监狱或法国拘留营。1940 年 10 月，十六岁的居伊·莫凯（Guy Môquet）因在巴黎东站附近发放传单被捕。[59]德国入侵苏联后，法共展开更大胆的活动，公开反对纳粹：他们组织突发集会，比如象征性地占领公共场所，尽量长时间停留。其中一个参与者，二十三岁的利利亚娜·莱维-奥斯贝尔（Liliane Lévy-Osbert）回忆道：“我们的行动有了进步。大家在白天开展街头抗议。”[60]

7 月 13 日，青年团组织第一次活动。不过法国警察突然出现，抗议刚开始便不得不结束。他们驱散了十五名示威者，然
201 而，仍有人在逃跑中被捕。法国警察并未施以严惩，他们很快就被释放。[61]第二天的巴士底日，德国高层禁止一切示威游行。大多来自第十一区的小队年轻人穿着蓝、白、红的衣服在共和国广场集合，接着向西跑去；他们大喊口号，四处发放宣传册，直到法国警察从第九区黎塞留-杜罗站附近的区政府冲出来。四

名示威者遭到逮捕，不过四个月后便被释放。[62]

7 月 15 日，军政府首领奥托・冯・施蒂尔普纳格尔发布了一张令人胆寒的海报："法国取缔共产党组织，法共一切政治活动都被禁止……违反禁令的人将被德国军事法庭处死。"[63] 7 月 24 日，因在巴士底日示威中哼唱《马赛曲》被捕的安德烈・马斯龙（André Masseron）被处死[64]；不到一周后，又有法语和德语海报通知，若泽・鲁瓦（José Roig）被枪决，罪名是为自由法国招收成员。[65]

7 月，5 月被围捕的犹太人还关在皮蒂维耶和博恩拉罗朗德的拘留营。这些人的妻子在巴黎和郊区的警察局、政府外要求释放家人，接着被告知应向大巴黎地区犹太人协调委员会上诉。[66]仁善路（rue de la Bienfaisance）委员会办公室外发生激烈抗议，很多犹太人对委员会极度憎恨，认为它是德国人的傀儡。7 月 24 日，丹内克尔任命的委员会会长、犹太"小丑"莱奥・伊斯拉洛维奇（Leo Israelowicz）向示威者讲话。他并未批评德国或法国高层，而是表示，围捕是犹太人自己造成的，同时声称被围捕并被关进拘留营的人是"为其他人赎罪的烈士"，"倘若没有他们的牺牲，便会出现种族清洗"。[67]

示威持续了几天。有时，女性示威者多达五百人。她们谴责委员会逮捕自己的丈夫，一窝蜂似的冲进建筑物，砸碎椅子、设备、玻璃、镜子和门。曾有一次，伊斯拉洛维奇不得不把自 202
己反锁在办公室里；他打电话给丹内克尔，拜托他报警。最终，两名委员陪同一些妇女代表前往巴黎警察总局，警察澄清说，围捕命令由丹内克尔本人发出，完全超出委员会的控制。

还有一次，示威者将手中的东西砸向伊斯拉洛维奇，结果打中了他的同事。伊斯拉洛维奇打电话报警，警察将示威者赶到马路上。这天晚些时候，大约一百名妇女回到委员会，其中很多人怀着孕或带着小孩。她们在大楼外高呼："还我丈夫！""不能这样下去！""我们快饿死了！"两名女性因拒绝离开被捕，另有一名女性因抗议警察逮捕同伴被捕。[68]

巴黎广播声称，拘留者的妻子抗议"抚养费不足"。[69]这完全是胡说八道，广播利用了犹太人贪婪、不知感恩的刻板印象。雅克·别林基在日记中写道："在仁善路示威的妻子们并非寻求物质帮助，而是请求释放丈夫。"[70]1941 年 11 月，维希政府在德国人的压力下，下令将协调委员会和其他犹太组织融合为"法国犹太人联合会"（Union générale des israélites de France，UGIF）。它统一管理占领区和非占领区的犹太事务，即使在非占领区，它也处于德国人的严格控制下。所有犹太人必须从属于"法国犹太人联合会"。联合会表面上代表犹太人（其领导亦希望如此），而事实上，特别是在巴黎，德国人为了实行恶毒的反犹太政策，将联合会变成了控制、压迫犹太人的工具。

与此同时，年轻的法国共产党员计划在 8 月 13 日进行另一次抗议。这天，抗议者得到几个不同抗议地点的指令——或许
203 是为了迷惑巴黎警察。巴黎警察得到密信后，封锁了阿夫尔-科马丹地铁站（Havre-Coumartin）周围。下午 6 点半左右，他们冲进地铁站，逮捕了十七名年轻的共产党员。大约同时，另一小队人马聚集在圣拉扎尔站抗议。

包括利利亚娜·莱维-奥斯贝尔在内的其他激进分子聚集在斯特拉斯堡-圣德尼地铁站（Strasbourg-Saint-Denis）。[71]"我们沿圣德尼大道出发，"她写道，"在车流中行进。我们采取一直以来的策略：领头的人向前冲，其他人在后面跟着。抗议已经

渐渐成形。走了几百米后，一队德国军用车超过我们。[72]糟糕，完了！他们转过头直直开来。法国警察也在那里。双方力量失衡，德国人开枪了。我记得大家的恐慌。有人跑上右边的人行道，消失在小街里；还有人跑上左边的人行道，藏在房门后，之后被捕。我被吓蒙了，站在原地不能动弹。眼前的一切这么混乱，一切发生在几秒内。”[73]

巴黎警察总局报道称，参加抗议的有一百多名年轻人，其中三人举着法国国旗，向共和国广场行进。“德国士兵上前干预，双方发生肢体冲突。这一过程中，枪声响起，两名抗议者受伤，被送入巴黎主宫医院（l'Hôtel-Dieu）。[74]还有一名德国军官和一名法国警察受伤……六名抗议者被捕，四人受到监控，还有两人在医院被控制起来。”[75]德国军方受够了街头抗议。共产党组织恐会遭到重创，不过，更糟糕的事还没有发生。

次日，贝当宣布成立特别法庭，对共产党员和其他抵抗者执行死刑。不过，抵抗依旧持续。7 月开始的“闪电”抗议依然出现在巴黎北部和东部的工人阶级区域。其他地区也发生抗议。8 月 15 日，大约五十人在南部郊区安东尼的运动场馆外抗议。他们举着标语，发放传单，抗议说：“赶走入侵者！”“红军 204
的胜利便是法国的解放！”“占领军滚出去！”两天后，十二个年轻人在市南达盖尔路（rue Daguuerre）挥舞法国三色旗，高唱《马赛曲》。他们在逃跑前扔出了宣传册。这天，约五十名年轻人在巴黎北部沿巴尔贝斯大道（boulevard Barbès）行进，高唱《马赛曲》，高呼口号，直到警察出现。他们并未被捕。[76]

还有一些抗议更为激进。8 月 12 日，有人在巴黎南部舒瓦西门（Porte de Choisy）站纵火，烧毁了德国人征用的卡车。两天后，塞纳河畔维特里（Vitry-sur-Seine）一家工厂的潜水艇和飞机材料被毁。二十五岁的雅克·当迪兰（Jacques d'Andurain）是三名肇事者[77]之一。他用母亲——一位侯爵夫人——6.35毫米口径的女士手枪[78]射中了一名追赶的工人。工人并未受重伤，当迪兰也顺利逃脱。他回忆说，自己心跳极快，之后一直发抖。[79]

8月18日的警察总局报告表明，共产党抵抗运动日益增加。过去一周内，法共蓄意破坏，公开抗议，发放传单、贴纸和海报的事件激增。[80]波兰难民安杰·鲍伯考斯基在日记中写道："锤子和镰刀的贴画出现在德国海报上。共产党对法国占领区的德军宣战了。"[81]

青年团成员仍在抗击德国的前线。他们大多处于青少年末期或二十岁出头，带着强烈的理想主义。和这个年龄段的其他年轻人一样，他们以为自己无坚不摧。他们不是面无表情、沾沾自喜的激进分子，而是喜欢社交、郊游、游泳、在河边嬉戏、相互调情的年轻人。尽管毫无经验，带着强烈的保留态度，但他们在这个夏天开始思考，是否有比街头抗议和蓄意破坏更激烈的抗议手段。他们能否将德国人从自在变为时刻紧张？也就是说，他们能否在街头对抗德国士兵？

205 二十二岁的巴黎人皮埃尔·乔治（Pierre Georges）是正面对抗最强烈的号召者之一。乔治，也被称作"法比安上校"，是西班牙内战的老兵，极其坚韧，近期成为了青年团的军事领袖。吉尔贝·布吕斯特兰（Gilbert Brustlein）是第十一区的激进分子。他记得乔治劝说激进分子无情对抗德国士兵时曾表示：纳粹已开始屠杀巴黎人，他们在法国采取了和在德国时一样有组织的恐怖行动；只要想想处决雅克·邦塞尔让、若泽·鲁瓦和安德烈·马斯龙的海报。恐怖必须以恐怖相抵，乔治说，如果共产党员不以同样方式反击，德国人将营造出恐慌气氛，用可怕的反共宣传将我们隔离。不过，如果我们能够杀死一些纳粹军官，害怕的便是德国人了。[82]

布吕斯特兰记得同志间的热烈讨论。十九岁的学生克里斯蒂安·里佐（Christian Rizo）曾参与 1940 年 11 月的停战日街头抗议。他表示，年轻的共产党员并非杀手；共产党员不是无政府主义者，他们反对挑衅和个人暴力。[83]他的说法和列宁相呼应。列宁曾表示，只有当暴力成为群众运动的一部分时，才具有真正的革命性；倘若使用暴力的只是人群中的一小部分人，那么，这便是反革命的。

二十七岁的希腊籍犹太机械工阿舍·沙米亚（Asher Semahya）是巴士底狱附近德拉罗凯特（de la Roquette）地区的青年团领袖，也是布吕斯特兰小组的成员。他指出，很多德国士兵是身着军装的工人，这样或许会误伤德国共产党员。布吕斯特兰则表示，德国军官中少有共产党员，武装进攻将打击德国人的士气，瓦解纳粹军队无坚不摧的神话。[84]

很多有力的原因支持着武装抗争。共产党和纳粹在交战状态：红军在东部边境击灭德国士兵时，法国共产党员也要在巴黎做出贡献。最终，德国军方的决定性举动让武装抗争成为 206
定局。

8 月 19 日，巴黎出现血红色的法语和德语海报，上面的黑色大字写着：8 月 13 日反抗活动中被捕的年轻人亨利·戈特罗（Henri Gautherot）和萨米埃尔·蒂泽曼（Samuel Tyszelman）[85]“已被处以死刑，罪名是通敌——参加共产党对德国占领军的抗议”。亨利只有二十一岁，萨米埃尔也只有二十岁。为了将“恐怖分子”和“犹太人”联系在一起，海报声称蒂泽曼是犹太人。如果此前某些街头抗议只是为了好玩，那么现在，“游戏”变得严肃；规则发生明显转变。两名年轻的巴黎共产党员因纵火被处以极刑，此事对共产党造成重大影响，尤其一些人还认识这两个男孩。利利亚娜·莱维-奥斯贝尔回忆道，“我们受到重创，悲伤沮丧、士气低落”。经过一段时间的反思，这些年轻人决心更激烈地对抗德国人。[86]

德国军方行动尚未结束。8 月 20 日，戈特罗和蒂泽曼被枪决当天，奥托·冯·施蒂尔普纳格尔没有通知维希政府，便命令巴黎警察总局在第十一区开展大规模犹太人围捕，以惩罚 8 月 13 日的抗议。[87]该地区是犹太人聚居区，大多数居民来自东欧和中欧——这两个地方被视作共产主义的温床。[88]警察没有网罗罪名；犹太人的身份已足以让他们被捕。德国人相信，在犹太—布尔什维克罪犯最密集的地区展开围捕，将同时打击两个最重要的敌人。与此同时，德意志国防军和党卫军正在千里之外屠杀同一群“敌人”。

命令下达后，在德国军方的监督下，两千五百名巴黎警察展开围捕。早上 5 点，进出第十一区的路被切段，所有地铁站
207 被迫关闭。[89]根据 1940 年 10 月的犹太注册记录，法国警察围捕该地区十八岁到五十岁的犹太人[90]，他们还逮捕街上出现的犹太人。如果找不到名单上的某个犹太人，一名男性亲属便会被捕。例如，警察并未在工业基地路找到达维德·朗贝热（David Lemberger），便逮捕了他十七岁的儿子让。

这天，约三千人被捕，而这差不多只达到最初目标（五千七百八十四人）的一半。因此，围捕行动持续了五天，目标扩展到十四岁到七十二岁的犹太男性，地点包括富庶的西部郊区在内的整个巴黎地区。[91]圣保罗的一名犹太人被捕时，告诉警察等一等。他再次出现时，身着法国军装，佩戴勋章，其中包括

两枚英勇十字勋章。尽管如此，他依旧被带走了。最终，四千两百三十名犹太人被捕。不同于此前的“绿色卡片”围捕，此次被捕人群中有一千名法国籍犹太人，其中四十名是著名律师。一直以来，维希政府不干预德方逮捕外籍犹太人，它还出台法律围捕外籍犹太人。不过，尽管维希政府立法禁止法籍犹太人从事某些职业并计划扩大禁止职业范围，却反对随机逮捕、拘留法籍犹太人。德国高层轻易地忽略了维希政府的反对。

所有人被塞进从巴黎地区公共交通公司（STCRP）[92]征用的绿色公交车。它们开往巴黎东北部小镇德朗西，驶向一群废弃的建筑物。1930 年代中期那里启动了一个超现代住宅项目——马蹄形社区，旁边竖立着五座十五层塔楼。战争中止了施工进程。法国政府最初用这个半完成建筑拘留共产党员。1940 年 6 月，德国人在这里拘留英国和法国战俘。1941 年，特奥多尔·丹内克尔和艾希曼强占营地。不过，1943 年之前，这里完全由法国人管理，巴黎警察总局局长弗朗索瓦·巴尔上将负责营地日常运营。法国国家宪兵驻守此处，他们负有监察任务，出任 208
营地看护，向巴尔上将汇报。营地的食物、被褥供给和日常维护是塞纳省省长夏尔·马尼（Charles Magny）的责任。他向维希政府内政部部长皮埃尔·皮舍（Pierre Pucheu）请求更多经费，却未得到回应。[93]皮舍自 8 月上任后，决心严惩法国的敌人——比如犹太人和共产党员。

四千多名犹太人成为这个荒凉建筑群的犯人，和家人分离，不明白自己为什么会在这里，将发生什么，他们沮丧、惊惧且茫然。让·朗贝热回忆自己惶恐地站在院子里等待，旁边的人表示焦虑：“这个建筑被废弃了……没人住在这里……希望能找到些吃的……该怎么联系家人？……妻子一定会担心得生病。”[94]

从家中被捕的人还能打包些行李；在街上被捕的人只有身上的衣服。将近两周时间里，他们没有毛毯、被单或肥皂；配给卡也充公了。每间寒冷、潮湿的屋子里关押了约四十人；在那里，墙和窗户间的缝隙宽到足够将手伸出去。墙上空空如也，除了水泥柱内伸出的锈铁棍，没有可坐的地方，大多数人只能睡在寒冷、布满裂缝和突起的水泥地板上；有些人足够幸运，得到了塞纳省省长提供的铺位。[95]有人担心自己被送往德国做苦役，有人则自信地宣称，贝当已经干预，自己将被释放；还有人声称，他们将与法国战俘交换。[96]总的来说，没人知道未来如何。没人告诉他们为什么被捕，将留在这里多久，接下来将发生什么。

犯人整天被关在房里，除了每天一小时的外出锻炼和点名。当丹内克尔视察营地时，他们被禁止看向窗外。所有私人会面
209 都被禁止；犯人每两周可向家人写信，书信必须使用法语；营地严禁玩牌、读书，尽管人们私下流通秘密读物。

国家宪兵有权惩罚任何违反集中营条例的犯人：扇巴掌、殴打、踢踹、鞭笞或羞辱。[97]不过，德朗西从未出台明确的监狱条例，国家宪兵因而可随时虐待任何人。1942 年，营地同时关押男女犯人时，有名女犯人因走得太慢而被营地首领马塞兰·维厄（Marcelin Vieux）用鞭子抽打。[98]还有人记得，维厄用警棍殴打犯人。他回忆，两名激进的反犹狱卒巡逻时总带着警棍。[99]另一名犯人法尔肯斯泰因（Dr. Falkenstein），看到这些人把一名四岁的小女孩打晕了。[100]

有个特殊的惩罚房间被称作“监狱”（Le Gnouf）。房间约 4 米长、3 米宽，一次可塞入三十名犯人：没有躺下或坐下的空间，只有一个用来盥洗的盆子。宪兵可因任何“违例”行为把

犯人送进“监狱”：削蔬菜时偷走蔬菜意味着在“监狱”里关两天；在宿舍里抽烟的人将被关进“监狱”一两周；交换烟草意味着一个月的监禁[101]，向营地外挥手或是做出其他手势也会招来同样命运。[102]其中有些人曾被关进达豪（Dachau）集中营，他们说德朗西的条件更为恶劣。[103]

点名也是一种惩罚手段。很明显，点名是为了确保没人逃走。这意味着，所有犯人（无论生病或虚弱）被迫在任何天气情况下站三个多小时。有时宪兵数错了，整个过程重新开始；有时病人被迫躺在担架上参加。[104]不过，正如一名犯人所言，倘若无须忍受饥饿，营地里的磨难都尚能熬过。“大家太饿了。看到落在地上的一点点面包屑便会扑过去。胃里太空，脑子除 210
了想着食物，无法思考。”[105]

在最初几个月里，犯人每天只靠两碗清汤、150—200克面包和200克没有削皮的蔬菜过活。9月1日，二十岁的加布里埃尔·拉梅（Gabriel〈Gaby〉Ramet）用指定卡片写信给母亲和姐姐说，自己和父亲身体健康、精神状态良好，尽管他们不得不挤在一张床上。德朗西禁止犯人亲属送食物和烟草，拉梅便让她们寄来毛毯，因为天气开始转凉。[106]除非事态改变，否则犯人们将面临一个漫长、缓慢的死亡过程：从饥饿开始，由寒冷加重。[107]

8月21日——第十一区围捕次日——上午8点，两名年轻的共产党员皮埃尔·乔治和吉尔贝·布吕斯特兰在巴黎北部巴贝斯-洛舒雅（Barbès-Rochechouart）站四号线站台等车。两人都深具勇气和行动力，马上将在巴黎中心对德国占领部队发动攻击。

皮埃尔·乔治坚持认为，此次行动必须在上下班时刻工人聚集的公共场所进行。8点05分，一辆地铁轰隆进站，小队德国海军打算登上地铁。其中，军需供给员阿方斯·莫泽（Alfons Moser）穿着亮丽的蓝色军装，看起来很有地位。就在莫泽登上头等车厢时，乔治抽出手枪，冲着他的后背连开两枪。莫泽向前扑倒时，乔治和布吕斯特兰赶快撤退。两人最后跑到维莱特广场（square Willette），在圣心大教堂下喘气。乔治对布吕斯特兰说："蒂蒂（蒂泽曼昵称'蒂蒂'）大仇得报！"[108]共产党在巴黎打响了武装反抗的第一枪。[109]

德国高层立即做出回应。军政府头领奥托·冯·施蒂尔普纳格尔此时休假不在巴黎，他的副手恩斯特·绍姆堡下达可怕
211 警告。从现在起，不论出于何种缘由，所有被关在监狱里的人都是人质。如果未来出现任何对抗德国人的行动，军方将随机枪毙人质。[110]

维希政府内政部部长皮埃尔·皮舍战前曾是法国人民党成员，也是激进的反共主义者。他表示，维希政府将设立"特别法庭"，重审已被判刑的人，再次量刑。在这种情况下，犯人会因原先的罪行被改判为死刑。8月28日，为了回应莫泽的死亡，三名犯人被送入维希"特别法庭"。[111]之前，其中两人因违法宣传而被判处十五个月和两年监禁；第三个人是犹太人，因持有假身份证而被判刑。他们现在因过去的罪行受到重审，被判处死刑，次日送上断头台。德国人拒绝维希政府的恶心建议——将三人断头过程示众。[112]就在他们死去的第二天，德国高层发布通知说，三名戴高乐支持者因间谍罪，五名共产党员因向德国军方示威而在8月24日被处死。[113]

8月27日，一小群人聚集在凡尔赛博尔尼-德博尔德

（Borgnis-Desbordes）营地。法国反布尔什维克志愿者军团的第一批士兵将从那里前往波兰训练营，向东部前线进发，抗击红军。法国人民党首领、与反布尔什维克志愿者军团联系最为紧密的“合作主义分子”雅克·多里奥此时身在布列塔尼；他的两名副官和不少人民党成员都在场，身着黑色制服。另一“合作主义”团体国家人民联盟领袖马塞尔·德亚也在那里，尽管他不想入伍。列席的还有维希政府巴黎代表费尔南·德布里农、奥托·冯·施蒂尔普纳格尔将军和奥托·阿贝茨的一名代表。法国前总理皮埃尔·赖伐尔也在现场，事后他宣称自己只是在凡尔赛看地产，临时起意参加庆典。[114]

就在人群举起右手向希特勒致敬，高唱《马赛曲》之时[115]，法国三色旗缓缓升起——这是 1940 年 5—6 月的战败之后法国国旗首次在占领区升起。法国反布尔什维克志愿者军团 212
旗帜也被庄重地送到士兵手中。[116]参加典礼的人并不反感在高唱法国国歌的同时向希特勒致敬。他们坚定地认为，为保证法国国家利益，必须支持纳粹统治欧洲并为之奋斗。他们相信独裁、民粹的法国可以碾压一切敌人，其中包括共济会、犹太人和共产党；可以扫清一切腐败议会民主的余孽，与第三帝国形成联盟。

短暂的营地参观过后，他们穿过人群。此时响起五声枪响。就像法共在巴贝斯-洛舒雅站袭击的翻版一样，战前的极右主义者保罗·柯莱特（Paul Collette）开枪打伤了赖伐尔和德亚：赖伐尔胳膊和胸部受伤，德亚胃部中弹。还有两人受了轻伤，其中一个是营地最年轻的反布尔什维克志愿者军团成员、十九岁的塞尔日·巴塞（Serge Basset）。[117]

赖伐尔和德亚被送进医院，不过两人都活了下来。赖伐尔声称："上帝不想让我死，因为我还要拯救法兰西。"[118]在一次采访中，赖伐尔说，他被打伤是因为支持法德合作，而这个计划的最高目标便是令法德两国人民重新修好。他说："这是对我而言唯一重要的理由。"[119]赖伐尔私下表示，此次暗杀的幕后指挥是"社会革命运动"领袖欧仁·德隆克勒，不过这一猜想从未被证实。

维希政府的巴黎代表德布里农为提升自己在德国人眼中的重要性，声称自己才是目标。柯莱特开枪后立即被捕，德布里农试图说服他支持自己的猜想，却并未奏效。和赖伐尔一样，德亚猜测柯莱特受德隆克勒指使，不过暗杀者坚称自己并无同谋，行动目标是赖伐尔，一切均出自爱国主义。

让·盖埃诺在日记中写道，得知赖伐尔被子弹射中时，巴黎人"难以遏制喜悦之情"。[120]自然，巴黎的"合作派"媒体从此次暗杀行动中得到了政治宣传的资本。8月28日，《小巴黎人》扬言，此次行动"是盎格鲁人、犹太人和苏维埃联手打造
213 的罪行"。两天后，这份报纸表示希望此次攻击"让戴高乐狂热的支持者重新思考"，还声称自由法国是"犹太—英国资本主义的随从"，其成员"不满于在广播中传播龃龉和仇恨，进而公开鼓励谋杀"。[121]

9月3日，吉尔贝·布吕斯特兰和两名副手阿舍·沙米亚、费尔南·扎基诺（Fernand Zalkinov）在第十区的宾馆门外刺杀一名德国军官未果[122]；两天后，作为报复，德国人在西北角瓦勒里昂山（Mont-Valérien）枪决了十三名人质。9月6日，有人在第十六区对一名德国军官开火；四天后，一名海军军官在王妃门地铁站（Porte Dauphine Métro）受到枪击，次日又发生了另一场枪击。

自8月绍姆堡在第一名德国士兵受到枪击后发出声明起，任何人只要违反法规，哪怕是无足轻重的，便自动变为人质，面临被行刑队枪决的风险。9月中旬，凯特尔元帅向巴黎驻军传达指示，一旦发生“恐怖袭击”，就枪决五十到一百名法共党员。[123]施蒂尔普纳格尔将军和军政府首领对此踟蹰不前。原则上来说，军政府并不反对枪决平民，1940年12月枪决雅克·邦塞尔让便是明证。不过，他担心，希特勒指示的枪决规模将助长反德情绪，甚至激发抵抗。如此一来，巴黎便会更加危险。这也将损害军政府一直以来拥护的法德合作政策——该政策的支持者一直很少，因为它对巴黎人或法国人并无明显好处。就算军政府行政首领维尔纳·贝斯特（Werner Best）这样坚定的纳粹分子，也在9月3日第十区的暗杀行动后写下自己的疑虑：倘若认定这是共产党的行动，那么惩罚平民非但不公平，还会带来遗憾。[124]

对德国人的袭击仍未停止。作为报复，施蒂尔普纳格尔枪决更多人质，尽管人数并未达到希特勒的要求。9月17日，报纸报道，为惩罚9月6日、10日和11日对德国士兵的攻击，十 214
名人质被枪决[125]，其中五人是犹太人。那天，贝诺瓦特·格鲁在日记中点评这一令人愤怒的事件，提及其中七个人的名字和出生年月。“这十二个人（日记原文如此）的生命刚刚终结，姓名便被公之于众，好像他们是罪犯一样，而其中大多数人只不过和我同龄。我想记住你，达维德·利伯曼（生于1920年1月1日）[126]；还有你，勒内·若利；还有你，吕西安·布卢姆，享年六十二岁，为自己从未做过的事而死。”[127]

巴黎各个角落出现施蒂尔普纳格尔签名的法语或德语告示，上面写着被枪决的人质姓名。塞萨尔·福布哈记录下从9月22日起一周内的告示信息：“昨天，新告示出来了：十二人被枪决。”[128]“为了报复火车遇袭，二十名共产党员被枪决。”[129]“现在，我们每天都会收到通知，又有人被（德国人）枪决了。”[130]总的来说，超过五十名法国人质在6月底到9月底被枪决。[131]

现在，巴黎对所有人来说都是危险的。德亚和赖伐尔受伤后，“合作主义分子”神经紧张；针对德意志国防军的攻击让德国士兵坐立难安。随着警察突袭和搜查的可能性增加，巴黎人越来越担心被捕。9月底，埃迪特·托马写道，法国和德国警察在地铁站拦下路人搜身，寻找武器和宣传册。她发现，巴黎某些地区的住宅被警察包围；住户被拦在外面时，警察将小区搜了个底朝天。[132]9月的官方报道指出，共有七万六千五百六十七人曾被警察拦住，其中将近一千人遭到监禁。[133]

10月，共产党试图将德国人的注意力转移到巴黎之外，便开始攻击外省的德国士兵。此类行动最成功的一次是10月20日的南特行动。吉尔贝·布吕斯特兰开枪打死了卡尔·霍茨（Karl Hotz）——当地指挥官，也是巴黎之外资深的德军军官。希特勒听到消息后，下令枪杀至少五十名人质，倘若四十八小
215 时内无法抓获凶手，将再枪决五十人。这天晚上（10月21日），一名德国军事参谋在波尔多被杀。

布吕斯特兰回到巴黎——在那里，法国警察和德国秘密警察疯狂追捕青年团成员。[134]接下来的复活节前夕，大约三十名年轻的共产党员被枪决。和皮埃尔·乔治一样，布吕斯特兰逃过了追捕。他最终通过直布罗陀到达英国；乔治仍留在法国，积极参与武装抵抗。

10月22—23日，为报复南特和波尔多的枪击事件，德国人枪决了九十八名人质。其中二十七人来自沙托布里昂附近的

舒瓦塞尔（Choisel）营地，那里关押了五百多名政治犯。这群人中包括十七岁的巴黎人居伊·莫凯，他十六岁时因发放传单被捕。[135]他们被带到沙托布里昂旁的采石场，以九人为一组被枪决。犯人拒绝戴上眼罩。维希政府派驻沙托布里昂的专区区长贝纳尔·勒科尔尼（Bernard Le Cornu）声称，内政部部长皮埃尔·皮舍负责选择枪决对象。皮舍劝说德国人减少受害人质数目；作为交换，他提供营地最危险的共产党员名单。[136]南特共有十六人被枪决；其中，和莫凯年纪相仿的十七岁的安德烈·勒莫阿尔（André Le Moal）因高喊“戴高乐万岁”被捕。[137]还有五名人质最初关在南特，后来被转移到巴黎东部丁香镇的罗曼维尔堡（Fort Romainville），在那里被枪决。死者姓名发布在报纸和海报上。无辜者的死亡，特别是十七岁的莫凯，极大震动了年轻的法共党员。不过，大多数党员仍认为， 216
停止刺杀将是对已牺牲平民的背叛。但是，他们意识到，武装斗争让法共在巴黎不那么受欢迎。

米舍利娜·博德对此类刺杀的反应较为典型：“近来，更多德国人被杀。我觉得此类事件极其恶心，因为我们将迎来可怕的报复，更多人质将被枪决。”[138]战后，青年团成员利利亚娜·莱维-奥斯贝尔承认公众的反对情绪。她提及自己和同志被孤立，大多数民众对反德行动不满。她说，巴黎人明确反对抵抗行动。对报复的忧虑影响到所有人，忧虑变为愤怒，发泄对象正是将无辜平民推入险境的“冒险者”。正如她所言，“这正是德国人想要的”。[139]

激进分子马鲁西亚·内齐古（Maroussia Naïtchenko）在一家工厂工作。她在 2003 年出版的回忆录里回忆起四十八名被枪决人质的名单公布后，工友们有何反应。大多数人表达了对枪决的恐惧——他们早从媒体听说此事。“不过，人们谴责‘激起此类报复的恐怖举动’——这正是‘合作派’媒体使用的词汇。对于一些人来说，人质之死的责任并非在于德国占领军，而是在于抵抗组织。”[140]

法共的犬儒主义让青年团更加孤立无援。法共领袖允许刺杀德国人，并在布吕斯特兰回到巴黎时私下表示感谢。[141]不过，公众的不满情绪高涨时，法共宣传一方面强调德国人枪决共产党人质，另一方面不愿公开承认主动抵抗，甚至声称这只是对待纳粹的应激反应。[142]战后，布吕斯特兰声称，法共领袖认为他是耻辱，为了彻底消灭他，派他参加一场自杀式行动。此后不久，布吕斯特兰便逃往伦敦。[143]

尽管大多数巴黎人反对刺杀德国士兵，让·盖埃诺却尊重这一行动和抵抗者的团结。他认为，行动者是一群坚定、自律、
217 经验丰富的激进分子。“刺杀者也可能处于人质的位置，人质也可能处于刺杀者的位置。一切都看运气。”[144]他从未想到，官方所说的“法共恐怖分子”是一群年轻、勇敢却毫无经验的理想主义者。他们被一股热情激励，只想“做些什么”帮助苏联，将入侵者逐出法国。

少数巴黎人看好法共的武装斗争。1935年加入法共的教师吉尔贝·巴迪亚不认为他们会错杀反纳粹的德国士兵，也不认为武装反抗因德国的报复变得毫无意义。之后，他写道：“这是一场战争。我欣赏主动进攻的战士的勇气；我深知自己无法如此。”[145]

贝当强烈反对抵抗，特别是武装抵抗。8月23日，他向希特勒发出电报，哀悼莫泽之死。一个月后，紧随巴黎和占领区其他各处的反德行动，他向占领区发表广播讲话，警告“罪大恶极的袭击”将带来分裂和混乱。他号召听众为政府寻找肇事

者。而这些人，贝当宣称，必然是“外国势力”。[146]盖埃诺指出，“贝当只字未提上周死去的三十名人质”。[147]南特和波尔多发生刺杀后，贝当在另一次广播讲话中再次将“罪名”加在“外国人”身上——他说这些人不在乎法国寡妇、孤儿或战俘的性命；他号召听众抵制谴责这些罪有应得的罪犯。[148]

与此形成鲜明对比的是，戴高乐并未在道德上反对袭击德国士兵。10月23日的伦敦广播中，他告诉听众，法国人杀德国人天经地义。他认为，如果不想被法国人袭击，德国人就应该留在德国，不对法国宣战。同时，他试图阻止更多的杀戮，因为占领军轻易便能报复无辜平民。他号召“耐心、准备和决心”，并向听众呐喊，一旦时机成熟，便会发布命令，从法国外部和内部同时展开对德抵抗。[149]武装抵抗由共产党组织，这点 218
令戴高乐存有疑虑，因为他对这些人不具有影响力。他钦佩他们的勇气，却不信任他们。他希望时机成熟时，自己可作为自由法国的领袖指挥法国国内的武装力量。

夏末秋初之际，德国镇压愈演愈烈，武装抵抗越战越勇，巴黎人也更为恐慌。他们可能因听到奇怪言论，偷听反德评论，存有法共、戴高乐支持者宣传册，或受恶意诋毁而被送进监狱；此外，他们还可能因自己毫不知情的武装抵抗而遭到报复枪决。

巴黎人虽然不支持共产党抵抗，但也不愿帮德国人追捕抵抗分子。为惩罚巴黎人拒绝合作的态度，德国高层越来越频繁地延长宵禁时间。“明天晚上到9月23日，所有人必须在晚上9点前回家，”9月19日，米舍利娜·博德在日记中写道，“任何在此时段后被捕的人将成为人质。”[150]皮埃尔·奥迪亚写到占领时期的巴黎时提及，宵禁时极易被捕。“只要稍不留神，遇到意外，被误了事情，运气差，不小心混入示威队伍或武装斗争，最与世无争的巴黎人也将沦为人质，然后被枪决。”[151]

德国人的恐吓策略并不奏效：巴黎人拒绝为德国人提供袭击的信息。9月20日，让·盖埃诺写道：“我们像孩子一样受罚——冯·施蒂尔普纳格尔将军宣称，这‘都是为了我们好’。我们因没能告发抵抗德国兵的人而领罪。‘占领区政权’尚未活捉任何一个人。”[152]

对一些巴黎人而言，他们是否支持共产党并不重要，当局的恐吓只是因为他们的身份。1941年6月，维希政府出台了第二个犹太法令，为1940年10月3日法令的种族标准又加上了
219 宗教的维度。接下来三个月，维希政府限制犹太学生、律师和医生人数。8月13日，占领区犹太人再次被边缘化，德国人命他们在月底前将收音机上交当地警局，犹太人因此更为恐慌脆弱。雅克·别林基在日记中写道，假警察在犹太人家里搜罗财物。[153]与此同时，强烈的反犹主义宣传软化公众思想，以便进一步引入歧视策略。

海报宣传维持了整个夏天。贝尔特·奥鲁瓦提及一幅海报，称“它是最邪恶、最恶心的海报，令巴黎的白墙蒙羞”。[154]图中，犹太人眼神贪婪残酷，穿着及地长袍，肮脏的头发打着小卷，口咬法国标志，鲜血顺下巴流下。另一幅海报上，一个女人躺在法国国旗上，身上站着一只展翅的巨大秃鹫，它欲袭击女人的胸膛：这只巨禽胸前佩戴六芒星，代表犹太人。[155]海报标语写着：“法国国民，请帮帮我！”贝尔特·奥鲁瓦在地铁站观察巴黎人的反应，却只看到一张张面无表情的脸。“占领让我们变成木头人。”不过，奥鲁瓦仍相信，大多数巴黎人厌恶这些可怕的宣传。她写道：“即使过去对犹太人毫无同情的市民现在也倾向于支持他们。”[156]遗憾的是，她并没有为这个乐观的结论提供证据。

为强化海报宣传，德国人还赞助犹太问题研究所在巴黎进行“犹太人和法国”展览，德国秘密警察提供额外财务支持。1941 年 9 月 5 日，展览在第二区贝利茨馆（Palais Berlitz）举行。[157]入口处悬挂的海报上画着一个贪婪的犹太人。两层楼中展示着雕塑、文本、漫画、照片以及捏造的“数据”，以支持纳粹中心思想——为何以及如何铲除欧洲的犹太人。[158]组织者以反犹视角重新解读犹太历史，聚焦所谓的犹太暴行。展览还以 220
图表指责“犹太人霸占”法国电影行业，并揭发犹太人和布尔什维克以及国际主义间的关系，还指出欧洲不同地区如何解决“犹太问题”。

展览宣传册的封面漫画上是一个肮脏的犹太人，他手握地球，向前祈祷。整个展览传达了这样的谎言，即犹太人和共产党、共济会共谋侵吞世界。根据邪恶的反犹主义者所说，巴黎人无须寻找法国乃至整个世界的问题根源，犹太人便是污染、破坏一切的力量。

报纸、广播、宣传册甚至贝利茨馆外的大喇叭号召巴黎人参观展览。根据犹太问题研究所的统计，此次展览十分成功：1942 年 1 月 15 日展览结束前，超过五十万人曾参观展览，尽管德国研究所给出的人数是二十五万。[159]

10 月 3 日，柏林高层收到施蒂尔普纳格尔的电报：“10 月 2—3 日夜晚，七所犹太会堂遭到爆炸袭击。明显来自反犹组织。尚未逮捕嫌犯。”[160]10 月 6 日的信中，施蒂尔普纳格尔确认了七所犹太会堂被袭击的细节。[161]炸弹埋在会堂墙外。其中一个炸弹未能被引爆[162]，而其他炸弹造成巨大破坏，不仅炸毁犹太会堂，也波及周围建筑。爆炸中，一些法国人和两名德国士兵受伤。

几天后，雅克·别林基来到玛莱区孚日广场旁图尔内勒路上的犹太会堂。通过外墙上的洞，他看到被炸毁的会堂内部，窗户碎了。他还注意到，马路对面一家小咖啡馆的门窗都被炸毁，上面蒙着拉伸材料；附近还有一些建筑的玻璃也都碎了。[163]这一定来自爆炸冲击波。

221 施蒂尔普纳格尔展开调查。他愤怒地发现，这些袭击来自德隆克勒的“社会革命运动”。更有甚者，这些炸药是由党卫军第一中尉、希姆莱在比利时和法国的代表佐默（Sommer）特别定制的，由柏林特地运到巴黎，就是为了炸毁犹太会堂。

施蒂尔普纳格尔还得知，希姆莱秘密警察的巴黎首领赫尔穆特·克诺亨也牵涉其中。将军极度愤怒，对希姆莱的手下敢在没有知会自己的情况下展开袭击感到难以置信。他在报告中写道，自己无法忍受占领区某些德国部门在背后谋划，此类行动很可能破坏军政府原本的计划。[164]他设法让柏林召回佐默，却没能迫使克诺亨下台。克诺亨是莱因哈德·海德里希的心腹，希姆莱的得力助手，这些关系远比施蒂尔普纳格尔的抗议重要。克诺亨仍留在巴黎。

自1940年希姆莱部下穿着军装混入巴黎以来，巴黎军政府和他们的关系便十分紧张。现在，他们几乎就要决裂。巴黎德军高层认为，秘密警察炸毁犹太会堂证明，希姆莱的手下决心入侵“公共安全”这一领域，而军政府高层始终坚持，这是他们的地盘。希姆莱的手下打算再试一番。

第九章　抵抗，惩罚，盟军轰炸和驱逐出境 222

1941 年秋天，巴黎人还在为食物忧心。8 月中旬的警察总局报告指出，人们开始担心如何应对冬天；他们认为，维希政府和纳粹占领军造成食物短缺。[1]一周后的另一份报告显示出更为低迷的情绪，指出“基本食材愈发短缺”。母亲担心食物不足造成孩子虚弱无力，特别忧虑冬天即至。除此之外，鞋袜和衣物的短缺问题也十分普遍，很多孩子没有鞋子或厚衣服，不能上学。

物资短缺带来政治问题。警察总局报告指出，随着生活成本上升，购买力下降，人们几乎拿出了所有积蓄。报告还指出，如果局势继续恶化下去，越来越多巴黎人将倒向英国和戴高乐。[2]

秋天结束前，食物供给问题未能改善。不过，自 10 月 13 日起，对于在法国其他地方有家人的巴黎市民来说，生活相对好转。维希政府正式允许“家庭包裹”。自占领初期，法国人便 223
私下向巴黎的家人寄去食物。至少现在，他们能够合法寄送 50 千克以内、装有某类物资的包裹。[3]实际上，官方很少检查包裹，巴黎人甚至无须证明寄送人是亲戚。尽管食物包裹让巴黎人每天得到 300 卡路里的多余热量[4]，富有的巴黎人还是比穷人多得到 1 倍食物。[5]邮递员通过发放包裹致富。瑞士记者艾德蒙·迪布瓦现在身处巴黎，他记录了第十六区的邮差爬上好几层楼，递送装着蔬菜或兔肉的包裹，得到一些小费。小费很快累积到可观数额。“帕西（Passy）地区每天有一万个包裹，那里的邮差每天共收取 2 万法郎小费。”[6]

将家庭包裹合法化也带来了不幸的后果：市场售卖的食物大幅减少，因而价格更高。在火车上，家庭包裹占用了批发食物的位置。比如，五列火车本应从布列塔尼半岛向巴黎运送洋蓟，现在其中三列装满了家庭包裹。[7]由于人们无须证明包裹是寄给亲戚的，食物便流通到黑市，出现在饭店昂贵的饮食中。

巴黎人每月还是要到区政府排队领取配给票。贝尔特·奥鲁瓦排了三小时队领取牛奶票；她发现，身边的巴黎人“疲惫、泄气、意志消沉、在阴郁的沉默中等待”。人们如此耐心，奥鲁瓦感到沮丧；她说，民众经历了太多不幸，像牛一样温驯地排队。[8]

物资短缺也影响到小商贩的生活。秋天里，奥鲁瓦家门口总是有一个卖板栗的小贩。不过这一年，他几乎没有点热烤炉。“所以，我们的板栗、苹果和坚果呢？”她在日记里问道，“我们的洋葱呢？”谣言称：“德国人从中提取酒精制作炸药。”[9]

224 不过，食物并非唯一的问题。秋天来临后，人们又须应对寒冷。10 月底，奥鲁瓦经过在乡下的短暂休息，回到巴黎。她写道，冬天突然降临：寒风、10 月 24 日的第一场雪、气温降至零度。她说，可供取暖的只有一年前买来的电暖片；它只能将厨房温度提升到七度到十度左右，她不得不在那里度过一整个冬天。“毫不意外，我的双脚生满冻疮。”[10]

不久之后出台的政策令生活更加困难。11 月中旬，莉莲·詹姆森记录道，煤气和电的供给量减少。[11]据让·加尔捷-布瓦西埃所言，因英国轰炸德国鲁尔区，法国电力也供往德国。[12]莉莲·詹姆森写道，地铁站关门，电梯停运，工厂效率下降，政府明令禁止安装新家电。有传闻称，当局将切断煤气。[13]塞萨尔·福布哈写道，这一时段，最奢侈的事情便是到烧着壁炉，放着英国广播的人家做客。[14]

1941 年，德国人尽力确保 11 月 11 日的停战日安然度过。军政府禁止公共集会或示威，严禁在凯旋门前摆放鲜花。[15]德国人不愿冒险，巴黎人也这样想。“我们没听说任何事件。”[16]莉莲·詹姆森第二天写道。不过，米舍利娜·博德在日记中说，第十八区圣奥古斯丁广场的圣女贞德雕像上，有人刻出“为我们报仇”的字样。警察赶走围观行人，留下一群工人去除标语。[17]

12 月前，巴黎交通更为不便。地铁车厢由五节变为四节，有时甚至是三节；地铁班次骤减；地铁和车站上一半的灯泡都没了；电梯无法工作。“晚上 6—7 点的地铁简直是地狱。”安杰·鲍伯考斯基写道。他这样形容从奥尔良门过来的车程：“到丹费尔-罗什洛站（三站之外）时，车厢还是满满当当，乘客难以呼吸。每到一站，人们便像香槟酒瓶的瓶塞一样冲出去，而 225
另一群人则往车上挤……每个人都汗流浃背。车厢臭味弥漫。”[18]乘车条件折磨着乘客的神经。鲍伯考斯基在斯特拉斯堡-圣德尼站换乘地铁时，发现走廊里挤满了大喊大叫的人。一个抱孩子的女人想从出口通道走到站台，以此避开长队，却被地铁工作人员阻拦。排队的人向他高喊，让女人过去。“人群几乎要把他大卸八块。最后，一群男人抓住他，周围的女人高喊‘把他扔到铁轨上去！’抱孩子的女人终于走了过去，人群欢欣鼓舞，地铁工作人员极其羞愧。”[19]

骑自行车是最快捷、便宜、简单的交通方式。不过，自行车需求量极大，车主担心车辆被偷。12 月底，鲍伯考斯基欣慰地看到，特制的自行车车棚出现在主要的行政大楼和咖啡馆前。“小老头发给你一张票，你便不用担心自行车的安全。”[20]不过，几周后，鲍伯考斯基的车胎便完全磨损了，几乎找不到任何替代配件；他不得不走路，或忍受地铁和公交车上的糟糕气氛，所有人都对卖票员高声大叫。[21]

德国人移走了巴黎的八十座雕像，宣称要将它们融化成金属。[22]城市面貌由此改变。让·盖埃诺发现，哲人卢梭的雕塑从先贤祠广场消失[23]；贝尔特·奥鲁瓦哀悼文蒂米利亚广场上作曲家埃克托·柏辽兹的塑像和克利希大道上社会主义者夏尔·傅立叶的雕像[24]；雅克·别林基发现，第一份法国报刊《法兰西公报》的创始人泰奥弗拉斯特·雷诺多（Théophraste Renaudot）的铜像不再挺立在警察总局大楼对面的司法宫。[25]

12 月初，天气短暂转好，但很快变得极冷。圣诞节前，雅克·别林基写道，自己拥有的少量煤炭在几天内便会用完，也
226 不可能找到更多煤炭。[26]贝尔特·奥鲁瓦不得不放弃电暖片，房里的电量无法点亮灯泡。朋友埃琳娜家的中央暖气去年就坏了，现在还没修好。她和家人不得不点燃木材取暖，埃琳娜的双手也平生第一次生满冻疮。[27] 1 月底，米舍利娜·博德抱怨寒冷的天气，气温降到零下十度。不过她承认，这比苏联前线好多了，听说那里降到了零下三十五度。[28]

不过，尽管巴黎人的生活艰难，仍旧好于挤在德朗西的四千名犹太人。最初两个月里，很多人几乎没换衣服。他们从原来犯人留下的旧锡罐里掏出食物。10 月 1 日，红十字会第一次来到营地，犯人抗议，要求更多食物；带头的犯人被关进特殊牢房。与此同时，《巴黎晚报》和《小巴黎人》报道，德朗西的犯人生活优渥，尽情吃喝，而大多数巴黎人生活艰难，很多人的家人还在德国战俘营。[29]

事实上，德朗西的一些战俘自住进集中营后便瘦了 30 多千克①。10 月，集中营爆发流感，一些青少年感染了肺结核；肺结核患者超过三百人，可他们未被隔离。[30] 德朗西变得更为危险。犯人因饥饿和疾病而死，10 月底到 11 月初的十天内，约四十人死亡[31]，人们无法保证个人卫生。诺埃尔·卡莱夫（Noël Calef）和其他五十人被关入肮脏、喧闹、难闻的房间里，犯人们常常吵架。他饥肠辘辘，但看到汤后，又只想呕吐。[32] 淋浴喷头无法使用，天气太冷，人们不能洗澡；三分之一的犯人都染上腹泻。

11 月初，塞纳省一名医生和两名德国军医来到营地。他们发现，饥饿的犯人极度虚弱，甚至无法站立。营地最终负责人丹内克尔前往柏林完婚；借由他的离开，德国军方决定释放一 227
千五百名犯人，犹太医生得到优先释放权。11 月 4 日，约四百名犯人离开德朗西，第二天又有五百五十人离开。不过，丹内克尔 11 月 12 日回来后，很快“中止”了释放计划。那天，雅克·别林基遇到一些“骨瘦如柴的人”，他们刚被释放，但由于过分虚弱，无法站立。[33]

两天后，他写道，七名刚刚从德朗西释放的犯人来到拉马克路的犹太收容所，但因病情严重被送往医院。别林基听说，营地条件有些许改善，所有犯人都得到床垫；犯人现在可从监狱外得到食物。“所以，他们不再因饥饿而死。”[34] 下一场腹泻传染病暴发后，更多的犯人因健康问题被释放。

法国警察在巴黎追查青年团成员。为减轻巴黎压力，布吕

① 原文如此。

斯特兰在南特刺杀德国军官。讽刺的是，这只带来负面作用：法国反恐部门和特别旅认为，展开南特攻击的人逃到巴黎，因而将反恐的焦点放在该市。对抗德国兵的人依旧感到社会和政治上的孤立。受到特别旅审问、折磨的人们极可能供出同志的姓名和地址；这表示，任何和武装反抗有关的人员都有被法国警察抓住的风险。

年轻人风险更大。攻击德国士兵前，法国共产党并未进行基本的安全培训，此后也没有提供保护。[35]同时，巴黎警察总局特别旅擅长跟踪、追捕嫌疑人。11月底，超过一半青年团成员被监禁，很大程度上导致了1941年9—11月底巴黎反德行动的
228 衰落。[36]

尽管大多数巴黎人反对德军占领，但他们并不欢迎法共的刺杀行动。之后，布吕斯特兰的母亲告诉警察，儿子回到巴黎时，她自己没有意识到他参与了南特行动；当时，她评价说，无论谁是刺杀者，都应当自首。[37]由于德国人惩罚无辜人质，现在，即使采取破坏行为也为人不齿。

年轻的共产党员或许感到失落，但并未停止战斗。自由的年轻共产党员比任何时候都更坚定地认为，他们可以采取游击战，以此令德国人认为，共产党员人数比实际情况多。武装反抗的党员人数本来就少，现在只剩下零头。平均来看，武装反抗的共产党员在七个月的“积极活动”之后便会被捕；倘若不考虑抵抗领袖，这个时间段会缩短到五个月。[38]

11月21日，七名激进分子攻击了索邦广场和圣米歇尔大道角落的左岸书店。[39]这里曾是学生聚会的达尔库尔咖啡馆，1940年11月11日大游行后被德国人强行关闭。左岸书店是“合作主义”作家和记者最喜欢的聚会地点，比如罗贝尔·布拉

西亚克，他的姐夫莫里斯·巴代什（Maurice Bardèche）是书店经理。书店由法国警察保护，但这并未阻止皮埃尔·乔治对着窗户扔进一颗炸弹。值班警察出门追捕时，在书店对面等待的另一名法共激进分子路易斯·柯基耶穿过圣米歇尔大道，掷出第二枚炸弹，后沿拉辛路逃走。双方发生短暂枪战，不过没人受伤；炸弹的确对书店造成损坏，却没能让它歇业太久。此次攻击后，德国军方高层决定惩罚所有巴黎人，而不再枪决某些罪犯。巴黎被罚款 100 万法郎，宵禁时间提前一个小时。12 月初，在附近开书店的让·加尔捷-布瓦西埃写道，左岸书店的老板告诉员工，书店每天都收到恐吓信，职员可随意辞职。[40]

11 月 28 日，左岸书店被攻击一周后，法共向第十八区尚 229
皮奥内路的妓院——正午（Midi）宾馆扔下两枚炸弹。三名德国士兵和一名法国妓女死亡；五名士兵和三名女性受伤。[41] 这一次，军政府决定惩罚当地人。

蒙马特（第十八区）所有住户必须下午 6 点前回家，关闭门窗。贝尔特·奥鲁瓦便住在这里，她和邻居聊天时偶然听说了命令。下午 5 点半左右，她回到家，担心姐姐去肖蒙山丘公园附近拜访朋友，不知道这个消息。6 点快到了，姐姐还是没有出现。奥鲁瓦和门房确认后，按响姐姐的门铃。没人响应。她开始焦虑。6 点时，所有商店都关门了。广播车穿过街道，告诉人们回家，紧闭门窗。奥鲁瓦没有选择，只能回到自己的公寓。不过，她违反命令，留在窗户旁边，希望看到姐姐回家。“迟到的人沿街道狂奔，”她写道，“圣心大教堂敲响了 6 点的钟声。街道空了。6 点 15 分时，德国兵离开煎饼磨坊，皮靴沉重的声音打破寂静。我的姐姐呢？”[42]

之后，贝尔特发现，姐姐对宵禁一无所知。6 点 45 分，她走出布朗什广场（place Blanche）的地铁站，想穿过勒比克路，却被困在警察围住的恐慌人群里。女人哭着哀求离开，她要回去照看独自在家的孩子。一名孕妇告诉法国警察，自己马上就要生孩子了，对方担心会被德国人责骂，犹豫再三，还是放走了她。贝尔特的姐姐决定住进附近宾馆，不过那里早已排上长队。最后，她在朋友家过了夜。[43]贝尔特记下了警察和无法回家的市民间的争吵、斯斗，记下了邻居照料独自在家孩童的善意，也记下了布朗什广场附近的一名女性，她接纳了十四名无法回
230 家的妇女、儿童，尽管他们此前并不相识。12 月 3 日，一切恢复正常，不过谣言称，有些人因在宵禁期间上街而被枪杀。

尽管不少共产党激进分子被捕，12 月初反德行动仍旧持续。12 月 2 日，一名德国上尉在第十区中枪受伤。[44]第十三区的反布尔什维克志愿者军团招募处遭炸弹袭击。[45]这两个地区也受到和蒙马特一样的惩罚。海报提醒巴黎人，如果抓不到炸弹袭击的元凶，军政府将采取严厉措施。谣言很快传开，声称德国高层计划禁止售卖面包，切断电力，或者围攻巴黎。不过，这些都没有发生。

12 月 5 日，一名德国纳粹空军少校受到枪击。[46]巴黎警察总局局长弗朗索瓦·巴尔通过巴黎广播通知，全体巴黎人民应该“阻止某些外国势力进行破坏”。[47]人们忽略了这个通知。次日，另一名德国军官在第十七区遭到枪击，身受重伤。[48]12 月 7 日午饭时间，一个下级军官的食堂遭到炸药袭击。[49]作为回应，奥托·冯·施蒂尔普纳格尔决定惩罚全体巴黎人。

军政府命令，12 月 8 日起，在接到进一步命令前，所有餐厅、电影院、剧院和其他娱乐场所必须在下午 5 点前关门；下午 6 点到凌晨 5 点间，塞纳省居民必须留在室内，紧闭门窗。

若有人违反规定，将受到严厉惩罚；德国士兵在必要时可使用武器。[50]

1941 年 12 月 8 日，让·盖埃诺写道："现在是 6 点半。一天结束了。没有声音，没有低语。这就是巴黎！"[51] 12 月 9 日，雅克·别林基发现，大约下午 4 点，地铁和车站挤满了赶回家的人；下午 5 点前，大多数面包店里连一丁点面包屑也不剩，商店和饭店突然关门；下午 5 点后，警察背着枪、骑自行车巡逻，最后一批人离开地铁站。下午 6 点，城市"陷入死寂"[52]，或者就像贝尔特·奥鲁瓦所说，"巴黎变成了一个巨大的黑洞"。[53] 不过，并非每个人都反对新的宵禁时间，米舍利娜·博德和同学们喜出望外："接到进一步通知前，我们将少上两个小时的课。现在，不用等到 6 点 15 分，4 点 15 分就放学了。"[54] 231

德国人决心彻底根除武力反抗。这不仅关乎尊严。疲惫的纳粹军队将被送往巴黎休整恢复。巴黎必须保证安全。12 月 8 日，巴黎广播发布了一条令人齿寒的通知。由于没有逮捕到任何一名发动反德攻击的激进分子，军政府首领施蒂尔普纳格尔命令枪决一百名法共、犹太人和无政府主义者人质。此外，巴黎的犹太人必须上交 10 亿法郎罚款，一千名犹太人将被逐出巴黎。[55] 四天后，一千名犹太人遭到围捕，此后不久，一百名人质被杀。

这次，德国军事警察和秘密警察带头行动，巴黎警察提供帮助。[56] 法国和德国警察从巴黎民居抓捕了七百四十三人：几乎全是法国籍犹太人，其中大多数是巴黎的社会、政治精英。这些人被关进军事学校，之后又和三百名德朗西的犹太人被送往贡比涅集中营。这个集中营位于巴黎北部的贡比涅森林旁边——那里是 1918 年和 1940 年签署停战协定的地方。集中营在6月底投入使用，关押“纳粹敌人”[57]，其中包括在法国的苏联人、“法共煽动者”、工会主义者和社会主义者。和法国人管理的德朗西集中营不同，贡比涅集中营由德国人直接管理，管理人员是德国士兵。

被捕的人中有剧作家让-雅克·贝尔纳。他看到其他人被警察粗鲁地带出家，两三人站成一组，冷静地询问自己为什么被捕。“我从没看到过这么多犹太人在一起。除了一两个人，你几乎无法辨认出典型的犹太人特征。”[58]德国人打算立即驱逐犹太人，不过由于列车数量不足，计划不得不延期。[59]1942年3月
232 27日，第一批犹太人才从法国离开。

1941年12月14日，一支德军分队到达德朗西。他们带着一个名单，里面有五十名将被枪毙的犯人姓名。他们只找到了其中四十四人；其他六人不是死了就是被释放了。不幸的四十四人被转往桑德监狱。他们最后一餐吃了德国酸菜；第二天被带往瓦勒里昂山，和另外五十一名犯人一起被枪决。[60]“合作派”媒体全面支持枪决人质，称他们是犹太人、共产党员和无政府主义者，“不算真正的法国人”。[61]

事实上，早在近期大规模枪决人质前，巴黎人对武装抵抗者的敌意便有所消减。比如，12月8日，安杰·鲍伯考斯基发现市民和抵抗者团结一心；人们甚至对不断出现的反德行动感到欣慰。[62]月底的警察总局报告表示，德国人的计划只带来负面作用：法国共产党员想利用巴黎人对枪决人质愈加强烈的愤怒，说服他们支持武装抵抗，“为那些被德国人镇压的无辜者报仇”。报告总结说，法共宣传或许激起了人们的共鸣。“德方高层采用的镇压方式引发了巨大的不满和敌意，我们或许会看到更多恐怖袭击。”[63]

与这种公众意见的转变相呼应，12 月底，法共不再否认参与了对德武装反抗，最终承认了对德国占领军的财产、机器和人身安全采取的行动。法共通过地下刊物《人道报》宣称，德国人才是恐怖分子，他们枪决无辜人质的方式令一切反德行动变得合理。毕竟，早在法共杀害德国人之前，占领部队就开始枪决无辜的巴黎人。

1942 年 1 月 1 日，巴黎人聆听贝当的新年广播讲话。贝当抱怨说，尽管“被迫处于半流放和半自由状态”，他仍将继续自己的使命。[64]他承认遍布全国的苦闷和厌烦情绪，自休战以来，233 人们正度过第二个可怕的冬天。他严厉抨击了巴黎的反维希“合作主义分子”和伦敦的戴高乐。他将两者称作“背叛者”——利用媒体和广播分裂法国。他还批评了黑市商人，以及利用法国人苦难赚钱的少数人。贝当的广播讲话不仅没有追究德国对法国苦难应负的责任，反倒一再重申，法国的救赎取决于法德两国政府和人民的紧密团结。[65]

让·盖埃诺称这次演讲“奇怪地承认了法国的无能，同时几近绝望地为法国求饶”。他还写道，巴黎的“合作主义派背叛者”心怀愤怒。[66]或许由于贝当对巴黎“合作主义分子”的批判，媒体对此次演讲只字未提。

即使无需担忧贝当的问题，巴黎人也有其他值得担心的事情。处在少女时期的米舍利娜·博德发誓说，自己永远不会让德国男孩亲吻她。[67]保罗·莱奥托绝望地寻找煤炭。贝尔特·奥鲁瓦把卧室改造成小菜田，种了胡萝卜和欧防风①；她在大座椅背后种起土豆，衣橱下也种了土豆和洋葱；韭葱“在火炉前

---

① 欧防风：欧洲防风，中国民间俗称“芹菜萝卜”。这种蔬菜第一次由欧洲引进中国时，因长相与传统中草药“防风”非常相似，所以得名“欧防风”。

茁壮成长，像圣诞老人的礼物”。[68]雅克·别林基说，商店都空了，没人排队[69]；格鲁姐妹在母亲的卧室吃饭，那里是唯一生火的房间。尽管有连指手套和巴拉克拉瓦帽①，她们还是冷得无法思考。[70]让·盖埃诺写道，不知希望在哪儿的生活极其艰苦；在模糊的流言、谎言、假消息和空想里，一切都运转困难。[71]

不过，尽管如此，反对德国占领的人们仍旧带着一丝乐观的情绪。安杰·鲍伯考斯基在新年写道：“今年会是战争结束的一年吗？”[72]让·盖埃诺写道：“接下来的一年一定比过去这年好，我们马上就要看到尽头了。”[73]三周后，他大胆预言，德国
234 注定战败。[74]

这样谨慎的乐观至少有两个原因。第一，希特勒的军队没能到达莫斯科（更别说攻下那里了）；现在他们不但要对抗红军，还要像一个半世纪前的拿破仑一样，受困于苏联的寒冬。第二，希特勒不仅要对抗英国、苏联和寒冬；12 月 7 日珍珠港事件后，美国正式参战。

这场战争变成了真正的世界大战。对于住在巴黎的美国人来说，珍珠港事件带来了严重后果。莉莲·詹姆森的母亲嫁给了美国人[75]，因而必须向德国高层报告。她和莉莲加入了一群混杂着美国身份的人——莉莲称之为“偶然的美国人”，他们讲一口纯正的巴黎腔法语。还有些“真正的美国人”——“整体很可怜，带着浓重的口音，穿着大鞋，画着口红，披着宽大的格子雨衣，大声嚼着花生，以此代替最爱的‘糖果’”。[76]莉莲的母亲在未得允许的情况下不得离开塞纳省，每周必须到警局

① 巴拉克拉瓦帽：一种几乎完全围住头和脖子的羊毛兜帽，仅露双眼和鼻子，发源于克里米亚地区的巴拉克拉瓦。

报到。

不过，贝诺瓦特·格鲁并不相信美国马上会取得胜利。她在圣诞节写道："等到母鸡生出牙齿，我的牙齿掉光，美国才能获胜。"新年夜，她甚至不知道哪年更加凄惨：是刚刚过去的这年，还是即将到来的这年。格鲁写道："我们从不在缺乏信念的情况下祝别人新年快乐。"[77]

人类博物馆抵抗小组成员鲍里斯·维尔德、阿涅丝·安贝尔和其他成员没有理由对自己的命运乐观。他们将近一年前被捕；审判预定在1942年1月8日进行。他们在监狱里时，武装抵抗正式开始，接着是大规模枪决：受审时的社会气氛和被捕时相对平和的社会气氛大不相同。他们的罪名是传播宣传册、刊印报纸，搜集德国部队和军事行动的信息。[78]尽管他们的行动不及此后反德抵抗招摇，但这个勇敢的抵抗小组仍旧意识到了间谍罪的风险。

人类博物馆抵抗小组的十九名成员被关押在巴黎南部马恩 235
河谷的弗雷内监狱。[79]当大家站在牢房前阴暗的走廊里时，阿涅丝·安贝尔惊讶地发现自己竟然有这么多同志，其中很多人甚至从没见过。带着武器的德国士兵将他们护送到专门的审判室，里面挂着"卐"字旗——阿涅丝意外地发现，其中没有悬挂希特勒的肖像。[80]

四名德国人进行审判：主审判官恩斯特·罗斯科滕（Ernst Roskothen）上尉是"一个瘦高的年轻人，带着聪慧、礼貌的气质"[81]；起诉人戈特洛布（Gottlob）上尉是纳粹恶棍，因犯人不愿低头而更为愤怒；还有"两名年迈、肥硕、光头、长着猪脸的审判员"。[82]受审的人因效忠戴高乐而犯通敌罪；他们还犯了间谍罪、宣传敌方罪、帮助在逃犯人罪和其他小罪。[83]所有人都面临着死刑。罗斯科滕想依法审判，礼貌对待犯人和律师；戈特洛布则找到机会就大喊大叫，羞辱犯人。

2月14日，审判结束。戈特洛布夸张地从腰间抽出佩剑，重重砍向桌子，以此强调观点。接着，犯人的律师请求宽容。罗斯科滕告诉犯人，几天后将宣布审判结果。2月17日，罗斯科滕面容苍白地出现在审判室。他说，自己的任务完成得十分艰难，因为他对受审的犯人充满仰慕。其中五人宣布无罪；四人被判监禁：阿涅丝·安贝尔将在德国拘禁五年。十个人被判处死刑，其中包括鲍里斯·维尔德、阿纳托尔·列维斯基、勒内·塞内卡尔（“小子”）、莱昂·莫里斯·诺德曼、皮埃尔·瓦尔特以及三名女性。

审判结果宣布后，维尔德请求对“小子”宽大处理，却没能成功。接着，他请求与主审判官握手，感谢他的礼貌。接着，罗斯科滕留给犯人一些时间道别；而他自己的情绪受到极大影响，直接走到洗手间，呕吐起来。[84]

236 三名被判死刑的女性（伊冯娜·奥当是其中之一）之后被驱逐出境；1942年2月23日星期一，七名被判死刑的男性沿冰雪覆盖的道路被送到瓦勒里昂山，由行刑队枪决，尸体埋葬在巴黎东南郊伊夫里的墓地。次日傍晚，《新法兰西评论》前编辑让·波朗向让·盖埃诺打电话说：“一切都结束了，我的朋友。从昨天下午开始，一切都结束了。”[85]

维尔德和同志们被枪决前，奥托·冯·施蒂尔普纳格尔卸任了军政府首领，取而代之的是他的堂弟卡尔-海因里希·冯·施蒂尔普纳格尔（Carl-Heinrich von Stülpnagel）。“人质政策”令军政府和柏林关系紧张——柏林方面指责军政府过分“软弱”。施蒂尔普纳格尔的确抗议过柏林要求枪决的人数过多，但值得注意的是，12 月 15 日，他独自下令枪决九十五名人质，以报复 11 月 28 日—12 月 7 日的武装抵抗行动。[86]

奥托·冯·施蒂尔普纳格尔对大规模枪决的犹疑主要基于实用主义，而不是道义：他担心抵抗者会愈挫愈勇，此举或将法国送入敌人的怀抱，彻底瓦解他试图推进的法德合作。然而，就在卸任不久前——也就是当天很晚的时候，他表示，自己反对大规模枪决是基于道义，比如 1941 年 12 月他提出将犯人驱逐出境。1942 年 2 月，他写道："我相信，我们可以找到其他惩罚武装抵抗者的方式，也就是减少枪决，大规模驱逐犹太人和法共党员。"[87]

奥托·冯·施蒂尔普纳格尔习惯直接对抗柏林的大规模枪决策略，但他的堂弟就不是这样了。卡尔-海因里希·冯·施蒂尔普纳格尔倾向于接受柏林要求的枪决人质数目，尽管当犯人没被抓住时，他通常不会进行第二轮屠杀。签有"冯·施蒂尔普纳格尔"的海报仍旧出现在街头，巴黎人没有意识到军政府首领已被更换。1942 年 3 月 3 日晚上，月光照亮巴黎城。德意 237
志国防军上尉恩斯特·云格尔（Ernst Jünger）和一个朋友在第十六区马索大街（avenue Marceau）朗波诺时尚餐厅吃饭。[88] 他在日记中写道："饭后，窗外传来沉闷的一声，我以为是爆炸。"随之而来的是更多沉闷的回响。他认为，这或许是巴黎春天常见的暴雨。云格尔的同伴问服务员，外面是否下雨。服务员露出谨慎的微笑说："你们两位绅士以为这是在下雨。我倒觉得，这是爆炸。"[89] 他是对的，英国皇家空军正在对巴黎展开第一次空袭。

罗歇·瓦布尔（Roger Vabre）住在布洛涅-比扬古（Boulogne-Billancourt）西南郊区雷诺二十六号工厂对面建筑的一

楼。他和妻子正在吃晚饭，突然听到门房大喊："轮到我们了！"他们赶快离开公寓，想跑到路对面的防空洞躲避。不过，跑到底层[①]时，他们才意识到，自己几乎不可能离开。"外面像白昼一样明亮，飞机声越来越响。大楼里的人群都跑向地窖，这对夫妇被人群推着向下跑。"[90]

法德停战协定签署两天后，布洛涅-比扬古的雷诺工厂被德军征用。从巴黎奔驰办事处调任而来的特派员及其副手全权负责生产事宜。[91] 1941 年 2 月，约一万六千名工人在雷诺工厂该厂区工作，以支持德国战争事业——雷诺计划在年底前为德军提供一万三千辆左右卡车。

1941 年 6 月，英国战时内阁同意日间轰炸德国占领的欧洲国家工厂；不过由于担心平民伤亡，大臣们最初并未通过轰炸巴黎的决定。1941 年 11 月，空军部提出夜间轰炸巴黎，1942 年 2 月，决议通过。英国皇家空军的第一个目标便是布洛涅-比扬古的雷诺工厂。此次轰炸不但意欲扰乱汽车生产以打击德国战争事业，还要评估法国人对盟军轰炸法国的反应。[92]

238 3 月 3 日，二百三十五架轰炸机分三批离开英国，第一批晚上 9 点过后到达雷诺工厂。轰炸机将新型无线电导航技术"Gee"与照明炸弹相结合，以增进中高空轰炸的准确性。[93] 飞机在 2 000—4 000 英尺的高空投下 400 多吨炸弹。英国人激动地宣称，此次空袭获得巨大成功，该技术日后可用于对德轰炸。几乎每一架飞机都成功轰炸了雷诺工厂大楼，只有第三批飞行的一架"威灵顿"轰炸机失踪了。

巴黎各处都听见或看到了英国皇家空军轰炸。爆炸声震动

---

① 法国公寓楼的底层通常为门房，第二层才算一楼。

了左岸第五区雅克·别林基家的窗户[94]；安杰·鲍伯考斯基在蒙鲁日南郊的家中——那里距雷诺工厂更近，他走上顶楼，观看发生了什么。整个巴黎西部都亮了起来，他眼看照明炸弹从飞机上落下、爆炸，像星辰一样，在空中久久悬挂。[95]巴黎北部的蒙马特，贝尔特·奥鲁瓦最初和云格尔一样，以为低沉的回响是雷声，但望向窗外时，她看到明亮的月光下，“火球魔术般地悬挂在空中”。[96]她逐渐意识到，尽管防空警报并未响起，但这的确是同盟国的轰炸。很快，人们就站在窗边或街上，还有人，包括贝尔特，则走向巴黎圣心大教堂，正如战前欣赏焰火时所做的一样。

云格尔和朋友离开餐厅时听到几声高射炮响，此时离开歌剧院附近另一家餐馆的让·加尔捷-布瓦西埃也听到同样的声音。加尔捷-布瓦西埃走到新桥时，那里已站满了观看西部轰炸的人。他和贝尔特一样，想起了观看烟火的人群，特别是战前巴士底日的烟火。[97]

轰炸当夜，德国人并未发出空袭警报，布洛涅-比扬古及附近地区的居民甚至仍在梦中。盟军得到命令，在住宅区上方不可进行轰炸；根据一名加拿大飞行员所说，地面十分明亮，轰炸几乎不可能犯错。[98]这种轻松自满的自信与英国官方估测相悖，后者认为，平民伤亡在所难免。事实上，轰炸准确性一向极低。1941 年 9 月，一份英国空袭德国的报告（比雷诺空袭高度更高，飞行员还要对抗高射炮）表明，只有 15%的轰炸机在距目标 5 英里之内进行轰炸。[99]雷诺空袭中，炸弹不仅投中目标，还落在附近工人的房子上。将近四百名平民死亡，几乎六百人身受重伤。总的来说，超过两百户民居被毁；其中包括工厂附近的一些建筑，尽管它们并非目标，但被爆炸的冲击波及。 239

伤亡人数超出此前任何一次德国轰炸。[100]

轰炸次日上午，法国总理弗朗索瓦·达尔朗上将短暂造访布洛涅-比扬古。接着，他火速赶回维希。贝当下达官方声明，指责“懦夫的杀戮”引发“人民的愤怒”。巴黎高层和“合作派”媒体借此次空袭大做文章，进行反英宣传，集中报道平民死亡和民居破坏，却并不指出雷诺工厂的损坏情况。3 月 4 日，报纸刊登了巴黎警察总局的一份宣言，指责“英国皇家空军懦夫式的进攻”。宣言声称，英国皇家空军没能击中布雷斯特（Brest）和英吉利海峡的德国舰队，转而攻击巴黎平民区。[101] 次日，各“合作派”媒体均在头版报道空袭，采用了骇人听闻的标题：“英国飞机屠杀巴黎郊区平民”（《事业报》）；“丘吉尔组织巴黎轰炸”（《巴黎晚报》）；“英国令人作呕的进攻：超过一千七百名法国人死亡”（《人民呼声报》）；“我看到英国人屠杀巴黎人”（《巴黎午报》）。[102]《小巴黎人》将此次空袭称作“丘吉尔的罪证”，头版新闻连续五天报道此事。夜间，维希政府驻巴黎代表费尔南·德布里农在巴黎广播上提出奇怪言论。他认为丘吉尔带领的英国政府是“布尔什维克”政权，指责丘吉尔
240 采取“绝望的方式”，回应斯大林武装反抗的号召，随机攻击。“法共称作‘工人阶级’的家庭是主要受害对象。”[103] 印着“谋杀者”大字的德方海报出现在巴黎各处；巴黎广播播报着对伤者的采访，不过，根据贝尔特·奥鲁瓦所言，采访者没能从他们口中得到有助德国宣传的信息。[104]

媒体的愤怒持续了几天。其中一篇报纸文章重提旧有的反英言论：此次战争中，英国在所有战场都经历了惨痛的失败，因而“伦敦冷静地组织了针对和平的法国人民的大屠杀”。[105] 法国和英国并不在交战状态，但这并未阻止报纸号召读者复仇。

《新闻时报》（*Les Nouveaux Temps*）高调宣称“受到英国攻击的法国必须反抗”。[106]马塞尔·德亚的《事业报》建议围捕所有英国间谍——其中大部分身处非占领区。[107]

贝当和其幕僚试图利用此次空袭强化自身的权威，强调对英批判和对死者的同情。3月7日星期六，就在空袭的地方，法国司法部部长约瑟夫·巴泰尔米（Joseph Barthélemy）和教育部部长热罗姆·卡尔科皮诺分别宣读了贝当的慰问信，指出此次空袭是“此前盟友的疯狂进攻”，并细致或许也是相当准确地描述了人、物的受伤、损坏情况：“街道被摧毁，房屋被夷为平地，家人分离，婴儿从襁褓直接进入墓地，可怜的人们在令人窒息的烟尘中守在废墟旁。”[108]

维希政府将3月8日星期日设立为全国哀悼日。不过，维希和德方都想表达对空袭的回应。维希的纪念仪式是巴黎圣母院的弥撒；弥撒过后，枢机主教叙阿尔简短地向“死者的牺牲”致哀。[109]与此同时，塞纳河下游的协和广场上，德国宣传机构在戈培尔的积极推进下组织自己的仪式。德国人在广场建起巨大的临时纪念碑，上面蒙着黑布，鲍伯考斯基将此讽刺地称作 241
“一个烂品味的玩笑”。[110]贝当试图否决德国人赞助的活动，不过和往常一样，每当他和德国人意见相左时，他总是屈从。

德方活动组织者称，成千上万巴黎人响应号召，来到纪念碑前，向空袭死难者致哀。参与此次活动的人中有巴黎主要“合作主义”团体领袖和成员，其中有法国人民党（雅克·多里奥不在其列，他在东部前线）、德隆克勒的“社会革命运动”和德亚的国家人民联盟。

空袭后，盟军飞机向巴黎和受轰炸的郊区投递宣传册。其中一份宣传册向法国工人致敬，感谢他们瓦解德国的战斗力，表达空袭对这场战争的重要性。另一份宣传册的标题写着："雷诺不再为德国驱使。雷诺工厂被攻陷了。"宣传册刊登出受损地区的航空照片，强调雷诺卡车生产对德国军队的重要性。文字同时申明，只有打败纳粹德国才能为死伤法国家庭和工人带来"唯一的安慰"。[111]

德国人报复的方式便是传播自己的宣传册。他们的宣传册模拟英国皇家空军投递的宣传册，只是强调了平民的死伤，以及民居的毁坏。[112]支持纳粹的知识分子发表公开信表示，巴黎人妄想英国终将帮助法国，空袭无疑是重大打击[113]；法西斯主义者吕西安·勒巴泰指责英国皇家空军"冷血杀害巴黎人"。[114]雅克·多里奥的法国人民党发布宣传册，上面写着"够了！……谋杀者们！英国在欧洲、亚洲、非洲、美洲、澳大利亚和世界各地受到重创，却在巴黎取得胜利"。法国人民党建立并组织了工人紧急救援会（COSI）。这个组织在空袭后建立，用于维持多里奥和人民党在巴黎"合作主义分子"中的重要地位。维希政府的巴黎代表费尔南·德布里农成为工人紧急救援会的荣誉主席。此前保持低调的新军政府领袖卡尔-海因里希·冯·施蒂尔普纳格尔
242 下令拨款1亿法郎，帮助家园被毁的人们。报纸公布德布里农接过赈灾支票的照片：这些钱来自巴黎犹太人上交的10亿法郎罚款。[115]

尽管死伤甚多，家园被毁，媒体和反英宣传不断制造恐慌，但大多数巴黎人仍旧支持空袭。空袭后不久，医学院学生贝尔纳·皮埃坎拜访布洛涅-比扬古时，看到塞夫勒大道两侧坦克被烧毁，德军在废墟中搜寻，感到格外欣慰。[116]他发现，当地人并没有被德国和"合作派"媒体的宣传蒙蔽。周围居民的怒气并不针对英国人，而是指向德国人，他们认为，英国人尽力瞄

准雷诺工厂，而德国人却故意不拉响空袭警报，造成大量平民伤亡。[117]

莉莲·詹姆森是戴高乐的支持者。她提到媒体利用文章、照片和海报将空袭渲染为英国罪行。她写道，据报纸所说，英国人来到巴黎的唯一目的便是轰炸平民，杀死他们原盟友的妻子和孩子。“最后……没有一张报纸提到轰炸袭击的军事目标。”[118]不过，她指出“合作派”媒体的报道过分粗糙，巴黎人甚至不知道他们想说什么，反英宣传也没能收到应有效果。“‘这是战争，你还想要怎样呢？’大多数理性的巴黎人只能得出这样的结论。”莉莲写道。[119]这个观点与空袭次日鲍伯考斯基的记叙呼应，他预计的死伤人数多于真实的人数：“通常来说，人们感到欣慰。即使死者高达两千人，他们仍旧支持这次战斗。”[120]贝尔特·奥鲁瓦表示同意，她写道，这次空袭并未改变巴黎人的想法。大多数人似乎接受了死伤情况，没有人责备英国人。不过，她也发现了工人阶级的忧虑，他们担心更多空袭，开始离开居住地，学校几乎空了。[121]加尔捷-布瓦西埃评价媒体对盎格鲁-撒克逊野蛮行径的抨击：“好像德国人从未轰炸平民一样。那么，鹿特丹死去的三万人呢？还有1940年大出逃时死 243
在德国人枪炮之下的平民呢？”[122]

1942年3月1日，一名德国哨兵在部队住所旁被枪击身亡。[123]三天后，也就是雷诺空袭次日，大巴黎地区德国指挥官绍姆堡将军宣布，二十名犹太人和法共党员将被枪决；倘若3月16日前犯人不能被缉拿归案，将再枪决二十名人质。3月4日这名哨兵的葬礼日，所有剧院、电影院和其他娱乐场所必须关闭。这天，众议院所在地波旁宫变为审判室。[124]1940年7月

19日时，它曾成为大礼堂，供德国高层聆听希特勒的演讲。现在，为了和三天前在瓦格朗厅（Salle Wagram）开幕的反共展览呼应，众议院成为审判七名青年团成员的舞台。被告由法国警察逮捕，根据德国人的法令，被移交德国军事高层。[125] 1941年8—10月之间，他们对德国士兵和军事设施展开了十七次武装进攻。其中只有一人超过二十岁；除了一个人之外，其他人都住在第十一区。犯人包括克里斯蒂安·里佐，曾和布吕斯特兰在南特刺杀霍茨，以及参与谋划左岸书店袭击的托尼·布隆古（Tony Bloncourt）。[126]

媒体并未报道1月对人类博物馆抵抗小组的审判。不过，德国高层希望全力报道此次审判。他们将法共“恐怖分子”在媒体前示众，利用一切机会强调其中有两名犹太人。[127] 第一天的审判集中报道被告的个人信息（他们并无前科）、犯罪方式和武器。第二天着重讲述武装反抗事件。犯人的自白书被公之于
244 众：没人否认自己的罪行。审判的结论可有可无：七名被告全部犯罪，将由行刑队在瓦勒里昂山枪决。每名被告均有权向珍爱之人写信。他们表达了为国家牺牲的自豪，唯一的遗憾是，自己的死将给这些最亲近、最挚爱的人带来痛苦和创伤。他们在3月9日被枪决。行刑场中只有五根捆绑犯人的柱子。于是，罗歇·昂莱（Roger Hanlet）和罗贝尔·佩尔蒂埃（Robert Peltier）目睹同志被枪决后，拥抱了同样的命运。[128]

枪决并非纳粹敌人受到的唯一惩罚。1942年3月27日，法国警察征用公交车，将德朗西集中营的五百六十五名犹太拘禁者送到附近的勒布尔热-德朗西火车站。这些人近期被剃了光头，每人携带一个小行李箱或背包、一张毯子、一个铁碗、一把勺子和一叠衣服。他们行程的第一站是贡比涅，另一队犹太

人从贡比涅集中营加入了他们，其中包括 1941 年 12 月被围捕的法国籍犹太人。他们和三十四名南斯拉夫犹太人被一起赶上火车。丹内克尔和他们一同抵达。第一批被法国驱逐出境的犹太人达一千一百一十二人，他们是当局报复法共袭击德国财产和士兵的牺牲品。[129] 犯人既不知道目的地在哪里，也不知道等待自己的是什么命运；他们将被送到波兰克拉科夫附近的一个小镇，那里有一个叫“奥斯维辛”的集中营，德国人又称之为“奥许维兹”。他们当中，只有二十三人活着回到法国。

就在这群人踏上向东的悲剧命运之旅时，巴黎的电影院里，新闻影像播放着另一种完全不同的火车旅行——3 月 18 日，一群名人离开巴黎。四名法国人最喜爱的女演员向镜头搔首弄姿，她们噘嘴眨眼，接着跟随演员阿尔贝・普雷让（Albert Préjean）前往奥地利和德国。[130]

持续的食物短缺让人们不得不进行违法交易。1941 年夏天，巴黎人可以明确地区别黑市和灰市：黑市往往是以盈利为目的的大型专业组织；灰市往往是熟人之间的小型交易，被认为是生活的必要部分。不过，法律却不作这样的区分。 245

未来的抵抗者、阿尔贝・加缪的好朋友、道明会（Dominican）① 神父雷蒙・布吕克贝热（Raymond Bruckberger）说：“自 1941 年中期起，法国整个国家便被甩到法律之外。”[131] 过去，少量巴黎人去乡间寻找食物，现在大批市民离开城市直接从农民手中购买食物，而不使用配给票。这些人几乎都没有汽车、汽油或驾驶执照，只能坐火车前往。最流行的路线是巴黎—奥

① 道明会：又译为多明我会。天主教托钵修会的主要派别之一。

尔良、巴黎—沙特尔、巴黎—鲁昂；根据带回的食物不同，一些火车有了绰号，比如“豆角专列”和“土豆专列”。根据作家阿尔弗雷德·法布尔-吕斯所言，相比付给中间人高价，最好付高价直接从农民那里购买食物。他设想了一个更为平等的黑市：“我们的目的并不是扫除黑市，而是让它更为民主。”[132]

从乡间返回的巴黎人冒着自身被搜查、货物被没收的风险：从一列火车中搜查到的货物可以重达上百千克。不过，搜查并没有让巴黎人放弃购买之旅；他们认为，自己有极大的可能不被搜查，因为警察的人力（动机）不足以搜查每个车厢的每个乘客。即使一列火车被拦了下来，警察看到大家只携带极少的东西，也可能同情心大发；或许他们愿意收取贿赂（食物或金钱）。为了减少被拦截的可能性，巴黎人常常在郊区下车，走路或骑车回家。这通常发生在晚上，甚至在宵禁之后。

不过，被拦住的人依然很多，民众憎恶警察的搜查。为什么在灰市买卖的人要被逮捕并受到惩罚呢？他们问。特别是现
246 在，家庭包裹依然合法。1941 年圣诞节之前不久，巴黎地区枢机大主教叙阿尔向高层请愿，希望他们忽略灰市的小型非法买卖，因为它们对整体经济来说无足轻重，而人们正是依赖这些小买卖获得生活所需。[133]

对于很多愤怒的巴黎人来说，似乎“小人物”才是搜查目标。1942 年 1 月，警察总局报告表示，很多人抱怨，警察只是挑出普通人处罚，却让真正的黑市恶霸横行。[134] 为了赢得读者并攻击维希政府，“合作派”媒体强调灰市对巴黎人的重要性。1 月底，《巴黎午报》表示，警察搜查从乡间带来的包裹时，常常打人；他们应尝试抓捕更大的恶棍。[135] 2 月，《时报》上的文章表明，灰市的小规模非法交易和大型黑市交易极为不同：“放

开这些可怜的城市居民——他们无法在市场中找到自己想要的东西——让他们以自己的方式自由购买吧。”[136]

维希政府最终决定做些什么赢回逐渐丧失的人心（因无法提供足够的食物储备，或建立公平的配给系统）。3 月 15 日，维希政府屈服于大众压力，颁布法令，区别三种黑市交易：以利润驱动的大规模黑市交易；生产者和商人的欺骗行为；“为满足自身和家庭需求不得已而为的非法活动”。不过，除非东部前线的战况有所改善，否则柏林必将更贪婪地掠夺法国资源。这意味着，对法国人来说，事情会变得更糟。

第十章　党卫军揽过安全事宜，
247 黄色星标，冬赛馆大搜捕，“替换计划”

“过去两周，英国的飞机几乎每晚都会飞过巴黎。”让·盖埃诺在他 1942 年 4 月 9 日的日记中这样写道。[1]轰炸机依然以北部工厂和东部市郊为目标，其中包括普瓦西的马德福（Matford）及福特卡车厂[2]，但伤亡均比不上雷诺工厂遇袭的时候。[3]英国皇家空军两次尝试轰炸位于热纳维耶的格诺姆与罗纳飞机发动机工厂，均未能成功，过程中附近的科隆布市郊遭到了袭击。平民受伤，住房被毁，但依然比不上雷诺遇袭的规模。[4]米舍利娜·博德的同学信誓旦旦地描述了四位“威灵顿”战机飞行员之中某一位尸体的惨状，他的朋友曾经见过被炸弹夷平的建筑残骸。[5]

市郊遭遇空袭第二天，米舍利娜·博德本要在科隆布进行体育测试。[6]到科隆布之后，她听说炸弹击中了测试的体育馆，所以测试取消了。米舍利娜想看看破坏情况，于是跑到那里。她看到两个巨大的弹坑，火焰仍然烧着，到处是烟。这里还有 12 枚似乎仍未爆炸的炸弹。乘火车回家前，她在镇上游逛着，对于亲见亲历的情形，她无动于衷，毕竟她和当地人并无关系。
248 让她深感不安的是被击落的两架英国飞机。[7]

最近一次轰炸造成的伤亡极大，但许多巴黎人依然觉得这一次次袭击不太真实，尤其是对住得离炸弹坠落点较远的人而言。他们甚至把轰炸当作免费的消遣。据让·盖埃诺的记录，

//1939 年，巴黎人必须时时刻刻携带防毒面具

//1940 年 6 月，巴黎人大出逃

//1940 年 6 月，德军占领巴黎

//德军进入巴黎后，未来得及出逃的市民

//凯旋门上的纳粹“卐”字旗

//1940 年 6 月，希特勒造访巴黎，在埃菲尔铁塔前留影

//占领期间，塞纳河边与德军交易的书报摊子

//红磨坊对面打上了纳粹标志和德语招牌的咖啡馆（仅向德军开放）

//由于汽油供应不足，自行车成为巴黎市民常用交通工具

//歌剧院广场一家食品店外，人们徒劳地排着长队

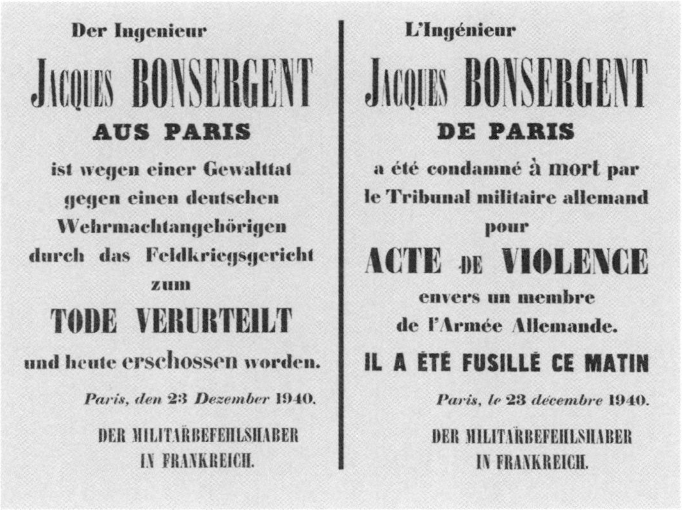

Der Ingenieur
JACQUES BONSERGENT
AUS PARIS
ist wegen einer Gewalttat
gegen einen deutschen
Wehrmachtangehörigen
durch das Feldkriegsgericht
zum
TODE VERURTEILT
und heute erschossen worden.
Paris, den 23 Dezember 1940.
DER MILITÄRBEFEHLSHABER
IN FRANKREICH.

L'Ingénieur
JACQUES BONSERGENT
DE PARIS
a été condamné à mort par
le Tribunal militaire allemand
pour
ACTE DE VIOLENCE
envers un membre
de l'Armée Allemande.
IL A ÉTÉ FUSILLÉ CE MATIN
Paris, le 23 décembre 1940.
DER MILITÄRBEFEHLSHABER
IN FRANKREICH.

//驻巴黎德军发布的第一例死刑公告，
这位不幸的受害者名叫雅克·邦塞尔让

//两位犹太姑娘佩戴黄星走在街上。1942 年 6 月 7 日起，所有六岁以上的
犹太人出门都须佩戴黄星。许多犹太人表示没有人在街上盯着他们看，
但正如这张照片所示，情况也有例外

//1944年春，马努尚抵抗组织成员受审，
于2月21日受到处决（左三为马努尚）

//圣心大教堂穹顶矗立在盟军轰炸过后的废墟之上。战争期间，盟军对巴黎破坏性最强的一次轰炸发生于1944年4月20—21日，目标为城北的小教堂区铁路站场。密集的炸弹还袭击了蒙马特高地和圣旺郊区，造成六百七十名巴黎人丧生。情况极其严重，贝当只得来访，这也是占领期间他唯一一次出访巴黎

//圣雅克路的一座街垒。“守卫者将希特勒、戈林、墨索里尼的大画像贴上街垒，德国兵的子弹就会在他们的英雄脸上开满孔洞。”
让·加尔捷-布瓦西埃，日记条目 1944 年 8 月 24 日

//1944 年 8 月 26 日，人群在香榭丽舍大街上等待向戴高乐致意

人们听到空袭警报的时候，再也不会急急忙忙地跑向掩体，而是拉开窗帘在床上看起烟花。“不幸的是，”他忧伤地写道，“我们的房子太矮了，我只能看到爆炸的炸弹照亮的天际。”[8]

贝尔特・奥鲁瓦的住所靠近轰炸机的目标，比起其他影响，轰炸造成的噪音和睡眠不足更让她烦心。她做好了应对突发事件的准备待在床上，她的包里装着所有贵重财物，还有一件可以迅速套上的皮毛大衣，以便起火或房屋倒塌时出逃。不过她写道：“军队在山上建了一个高射炮台，只要有飞机经过就是一阵巨响。门窗都在震动。我只能把被单蒙得更紧些……楼上的邻居有时候能听到金属碎片落到房顶上的声音。不过到最后就都习惯了。我尽量在飞机经过的间隙睡一会儿，有时候真能睡着。”[9]

1942 年 4 月 7 日，第二次针对更多共产党抵抗人士的庭审在大张旗鼓的宣传之下开始了，这次庭审地点位于化学之家，该机构成立于 1934 年，旨在促进化学研究。[10]庭上这二十七名被控袭击德国人及财产的巴黎人中，超过半数都未满二十五岁。[11]其中一位名叫乔治・通德利耶（Georges Tondelier），当时二十三岁，是个细工皮匠。他从十四岁起就是共产党积极分子，参加过十多次行动，其中包括 11 月的左岸书店炸弹袭击。被捕后，他背叛了同志们，希望能逃过一死。庭审最后，四名被告被判遣送德国，其中包括十五岁的安德烈・基尔申（André Kirschen），他是其中年纪最小的一位[12]，其余被告均被判死刑，通德利耶也在其中。4 月 17 日，除通德利耶以外的人均被送往瓦勒里昂山，面对死刑射击队的处决。桑德监狱的神父弗朗茨・斯托克当时身在现场，他事后证实，就在子弹出膛前的一

249 刻，这群行将赴死的共产党员高举紧握的拳头，他们的声声呐喊在空中回荡："自由万岁！""苏联万岁！""强大自由的法国万岁！"[13]和之前审判青年团成员一样，死刑犯获准可向亲人写一封绝笔信。二十一岁的法国铁路工人、志愿消防队员路易·科基耶（Louis Coquillet）曾向女友致信，诉说自己的无怨无悔。

> 别太绝望，亲爱的。要坚强，为我骄傲。我赌了一把，输了，所以要付出代价……临死之前，我感到宽慰，因为我的生命并没有白白浪费，我为所有至亲的幸福做出了努力，我希望你用全副意志忘了我，这样我的死就只是普普通通的一场死亡，一份会随着时间推移而褪色的记忆。你还有一辈子的时间，只要你不会因时时想起我而虚度，你的人生就会充满希望与幸福。我想你明白我的意思。如果能在死前得知你遇到了其他意中人，和他开始新生活，他能像我一样对你忠诚，给你幸福，那么这就是我最大的幸福了。[14]

叛徒通德利耶仍在桑德监狱，因叛变受到狱友的排斥。但他无须为叛变同志们而伤心太久，他虽然极其卖力地协助德国人，但还是在几个月后的6月11日被德军枪毙了。

《示众》称这次审判的对象是"犹太人收买的共产兵，他们是一群少年犯、不良分子、禽兽……"审判的目的原本是产生震慑作用，然而这一波方才平息，下一场反德游行已经开始，这一次，地点在第十五区的男校布丰中学。[15]4月16日，复活节假期后返校第一天，一小群学生因为他们的授课老师雷蒙·比加尔被捕发起了抗议（比加尔是早期地下抵抗组织网络和报纸"瓦尔密"的创始人[16]，后被遣送至科隆，于1944年被处决。

见第七章)。警察闯入学校平息抗议时，五名学生义愤填膺，他们决定转入地下，投身武装反德斗争。[17]此后几周，他们参与袭击德军占领的建筑和德国士兵；还在共产党员领导的布希路游行中担任护卫小队成员，最终被捕。[18] 250

连月来，共产党员在街市上举行集会，宣传粮食、衣服、燃料短缺是由于占领军征用。他们知道，在光天化日下游行演讲或散发传单比以往更加危险，被捕的人几乎无一例外会被枪毙。然而共产党员绝不将公共空间割让给占领者及其法国同谋。他们策划了一场大规模室外集会，以此鼓舞法国共产党员和支持者的士气，展现共产党员绝不退却的姿态。为让大批民众听到他们的呼声，他们决定于 5 月 31 日一批沙丁鱼罐头将要开售的时候，在布希路的生态食品店外举行游行。此时鱼类已经稀少得堪称奢侈品，共产党员们清楚，这批鱼罐头能引来大批市民。[19]

三十三岁的玛德莱娜·马赞（Madeleine Marzin）是一位经验老到的共产党积极分子，来自第十五区，她受到委派负责组织游行和聚集人群。由于任务十分危险，两队武装护卫负责保护她，其中一队包括布丰中学的四名学生。[20]十九名共产主义激进分子混在店内外的人群之中。上午 10 点 15 分左右，玛德莱娜和另一位名叫玛格丽特·博纳的同志抓起罐头，朝等候的人群抛去。其他积极分子开始高喊反德反维希政府口号，同时散发传单。现场顿时一片混乱。食品店的工作人员想抓住玛德莱娜和玛格丽特，但第一护卫队解救了她们。商店里有人向附近的警察局通报，不一会警察（flic）便来了。布丰中学的孩子们一时间被制服，但很快逃脱了。第二护卫队为了避免其他人被捕开了火，致使两名警察被击毙，一名受伤。

251 第二护卫队也被制服逮捕。玛德莱娜在混战中弄丢了背包，让警察轻松追查到了她的下落，第二天也随之被捕。包括玛德莱娜在内共计十九人受到拘留。这次游行被定性为“恐怖袭击”，玛德莱娜和其他三名护卫队成员被判死刑。由于贝当介入，玛德莱娜的判决改为终身监禁。她的同伴（后来也包括她的丈夫）被判处二十年劳役；其他遭捕女性均被处以五年劳役。[21]

几天后，布丰中学的四名学生因向警察发出声讨被捕，其中年纪最小的皮埃尔·伯努瓦（Pierre Benoît）当时十七岁，一直处于在逃状态，最终于 8 月 28 日被捕，和其他同志一同入狱。[22] 10 月，五人全部被捕，纳粹德国空军特别法庭对他们进行了审判，法庭作出死刑判决，并下令将他们转移到桑德监狱。1943 年 2 月 8 日，五人均在城南步枪打靶场由死刑射击队处决，遗体葬于伊夫里的墓地。

连月来，德国驻巴黎大使奥托·阿贝茨一直斡旋欲让皮埃尔·赖伐尔重新掌权。春季，德国人已对法国总理达尔朗丧失了信心。贝当迫于德方压力，于 1942 年 4 月 18 日解除达尔朗职务，令皮埃尔·赖伐尔取而代之。这位德军的宠儿归来，如今由贝当正式任命为总理①，负责内政及外交政策。[23] 然而公众对赖伐尔的态度并未改变，大体而言，人们依然憎恶他，唾弃他。伦敦英国广播电台还写了一首小调“庆贺”他的归来：“赖伐尔，赖伐尔，德国兵的赖伐尔；赖伐尔，赖伐尔，爱财如命的赖伐尔。”[24] 贝尔特·奥鲁瓦道出了很多人的看法：“全法国属

① 此时的赖伐尔相当于政府领袖，而贝当则因德国人干涉成了“傀儡元首”。

他最惹人恨，是德国人硬派给我们的。”[25] 哪怕在报纸上看见他的照片，她都会不禁作呕。

随着法国政府高层发生变化，某些关于德国安全部门的要事也在巴黎酝酿，不过大部分巴黎人并不了解个中详情。德国党卫军长官海因里希·希姆莱于 1940 年 6 月起用赫尔穆特·克 252
诺亨，以期在巴黎落稳脚跟，自此，包括党卫军在内的德国秘密警察各部门开始设法削弱德军力量，规定一切和安全有关的各方责任。2 月，希姆莱得知奥托·冯·施蒂尔普纳格尔辞去驻法德军首领的职务后，要求与希特勒在法国会面，并说服元首将法国安全相关责任由军方转交给党卫军，在法国占领区任命一人为高级党卫军官员及警察首脑（HSSuPF）。[26]

高级党卫军官员及警察首脑将驻扎巴黎，直接向希姆莱报告。这个巨变意味着从现在起，国家社会主义工人党（NSDAP，简称纳粹党）将通过党卫军这一自有的保安部门，全权负责所有警务、安全，以及“种族维护”事务。

5 月，希姆莱手下的警察及安全首脑来到了巴黎。他就是五十四岁的卡尔·奥伯格（Carl Oberg），他身材圆胖，过去是水果进口商，戴着的金丝边眼镜和希姆莱的有些相像，对希特勒仰慕已久。奥伯格于 1931 年加入纳粹党，次年加入党内的准军事组织党卫军，党卫军成员均以个人身份对希特勒宣誓效忠。1933 年起，纳粹掌握的权力日渐扩大，奥伯格也一路晋升。他作为波兰的党卫军指挥，负责监督处决犹太人和在波兰受控地区强征劳工，其残忍“名不虚传”。他不会法语，对当地情况也知之甚少，而赫尔穆特·克诺亨自 1940 年一直领导秘密警察，现在则成了他的副手，因此奥伯格相当依赖他。

奥伯格在靠布洛涅森林公园东侧的拉纳大街建立了自己的

总部。他在6月1日任命正式生效前，就已经开始解散德军方面的秘密战地警察指挥部。他坚决将自己置于德国驻巴黎秘密警察首脑地位，自占领开始，这个组织的规模便越来越大，重要性也不断提升。他确保向德国政府报告巴黎情况的是他，而非驻法德军，从而使得军方处于边缘位置，也使他可以积极控制手下的行动，同时减少军方的作为。

253 为使驻法德军进一步明确当前安全事务的管理归属问题，希姆莱的左膀右臂，也就是希特勒最忠诚的亲信莱因哈德·海德里希在5月初访问巴黎时认可了奥伯格的任命。两周后，他在布拉格遇到两名捷克斯洛伐克抵抗组织成员的袭击，最终因伤不治身亡。[27]

1941年，维希政府通过法律建立了中央警察组织，但巴黎警方并不在其中，依旧享有一定的自主权，并在首都与德国安全部门紧密合作。[28]1941年秋天起，德国警方、巴黎警察总局局长、法国情报总局局长一直定期会面。德国警方官员常驻巴黎警察总局，情报总局高层成员与德国安全警察保安处（Sipo-SD）每周三在索赛路的德国警察总部会面。[29]

海德里希和奥伯格都想加强法德在安全事务上的合作，尤其是在解决"犹太问题"方面。5月5日，两人在巴黎丽兹饭店与赖伐尔近期任命的警察部队领导勒内·布斯凯（René Bousquet）会面。这支部队是维希政府在一年多以前创立的，赖伐尔希望通过布斯凯加强对法国镇压力量的控制。三人由费尔南·德布里农和路易·达基耶尔（Louis Darquier）邀请加入会议，德布里农是赖伐尔的老友，也是维希政府驻巴黎代表。路易·达基耶尔有个浮夸的自称——路易·达基耶尔·德佩尔波瓦（de Pellepoix），他是个臭名昭著的反犹人士，刚刚替代扎维埃·瓦拉出任维希政府犹太问题总署（CGQJ）负责人。这一机构受到德国支持，但由法国运作，起着协调占领区与非占领区之间犹太政策的作用。与扎维埃·瓦拉相比，达基耶尔对于犹太人极端的仇恨更加符合丹内克尔、阿贝茨、奥伯格等巴黎“犹太问题”要员的口味。瓦拉的反犹主义源于基督教教义，认为法国犹太人和外国犹太人存在区别。[30]强硬派自然会认为这种态度太过优柔寡断。

海德里希到访巴黎不仅是为了表示对奥伯格的支持，他还带来了1月在柏林郊区万湖召开高度机密会议的反馈。[31]这次会议上，与会者制定了纳粹在欧洲占领国及其他德国尚未征服的 254
国家内预计围捕和遣送的犹太人数量。万湖会议后，海德里希嘱咐阿道夫·艾希曼“销毁记录”，并且不要在正式记载中使用“灭绝”一词，实际使用的是“向东方遣送”“驱逐”“重新安置”等词语。在1962年以色列的审判中，艾希曼承认在会议结束时，与会者们喝了些干邑白兰地后开始口无遮拦，使用了“杀掉”“清除”“灭绝”等词语，并且就在此次会议的同一时期，希特勒公开要求过“歼灭”犹太人。[32]

解决法国的“犹太问题”是奥伯格的核心职责之一，德国警力不足，因此需要和法国合作。1940年的停战协定中就包含法国警方和德国官方合作的内容。现在，奥伯格非常乐于与布斯凯建立合作关系，因为如果和法国人建立正式的合作关系，那么各种事件也都有他们担一份责任。在丽兹饭店的会议上，根据布斯凯的说法，海德里希非常高兴看到布斯凯乐于与德国安全部门展开密切合作。他同意了布斯凯的要求，即法国警方会与德国官方紧密合作，但对外仍是独立的。德国官方对于法国政府在没有德国干涉的情况下，在巴黎及其他占领区已采取的反犹措施感到非常满意。然而对阿贝茨、奥伯格、克诺亨、达基耶尔、丹内克尔及其附庸来说，维希政府解决“犹太问题”的手段风险太大，不够专业。万湖会议已经给他们定下了驱逐犹太人的数量指标。现在，他们必须予以达成。

在巴黎和占领区其他地方，犹太人已经在经济层面受到孤立，他们的生意被人夺走，国家机构也不雇用犹太人。犹太人定额制的出台限制了从事自由职业和入读大学的犹太人数量。有些人已经受到围捕遣送。现在，随着希姆莱的党卫军开始执掌巴黎的犹太人政策，是时候从社会层面上将他们边缘化，让他们随德国人的心意成为“贱民”了。当局计划说服巴黎的非
255 犹太人，犹太人不属于这座城市，应该从这里隔离出去。一旦犹太人从经济上和社会上被边缘化，就能将他们一举清除。

计划推行者是丹内克尔、奥伯格和阿贝茨，但实际上是驻法德军顺从地宣布了这一将在整个占领区实行的重大计划。1942 年 6 月 7 日星期日起，所有六岁以上的犹太人只要出门，均须佩戴黄色六芒星——大卫之星。星上用草体希伯来字母印着“Juif”（犹太人）字样，须佩戴于左侧齐胸位置。[33] 所有犹太人须到当地警察局领取六芒星，然而 30 万法郎的制造费用须由德国授意的犹太组织法国犹太人联合会（UGIF）承担。同天，德国官方还向塞纳省下达命令，要求犹太人只能乘坐火车的最次等车厢（二等车厢）。[34]

巴黎及其郊区几乎全部的犹太人都遵守了命令，于 1940 年 10 月在各警察局进行了登记[35]，占据了占领区 80%的犹太人数量。他们这样做的原因大体相同：相信遵守法律是正确做法；害怕违法造成的不良后果；如果不表明犹太人身份，怕被看作懦夫。不同于 1940 年 10 月，这一次，名义上的犹太组织法国

犹太人联合会呼吁犹太人遵守德国人的命令，自豪地佩戴黄星。

多数犹太人都照办了。一位德国秘密警察震惊地说：“竟有那么多的犹太人坐在咖啡馆和餐馆里，挨着德国士兵和军官，他们说对于佩星感到非常自豪，然而那是德国压迫他们的象征。”[36]另一位秘密警察成员说，城市北部金水滴（La Goutte d’Or）、巴贝斯、小教堂区等地工人阶层妇女“高声谈话，好让旁人听到她们为佩戴自己种族的标志（l’insigne de leur race）感到自豪”。[37]

这一事件发生很久之后，莱昂·波利亚科夫①（Léon Poliakov）对戴黄星的犹太人进行了一项调查，证实了佩戴者普遍感到自豪。[38]雅克·别林基也在他的日记中描述了其观察：“他们并不因犹太人的身份感到羞耻，因此谁都没想拒绝。不去领取或不戴星 256
的人是为数极少的特例，他们会受到指责，让人说成是懦夫。”[39]

埃莱娜·贝尔（Hélène Berr）就很害怕让人说成是懦夫。她是一名二十一岁的学生，生在第十六区一个富贵之家。当时她正在索邦大学学习英语[40]，还未决定将来的方向。她的第一反应是拒绝佩戴黄星。她认为，毕竟德国人的这项命令简直让人难以接受，佩戴黄星就代表着向占领者屈服。但另一方面，如果别人都戴而她不戴就会显得自己没有骨气。最终勇气占了上风。她写道：“如果我要戴，就要优雅而堂堂正正的，这样别人才能看到戴的是什么。我想做出最英勇的举动。今晚，这个举动就是戴上黄星。”但她依然十分不安。“只是，这样做之后会引出什么事情？”[41]

犹太人受到禁止，不得同时佩戴战功奖章和黄星，但有些人勇敢地坚持这样做。他们希望表明自己既是犹太人又是法国

① 莱昂·波利亚科夫（1910—1997）：法国历史学家，主要研究大屠杀史和反犹史，出生于俄裔犹太家庭。

爱国者。对此，惩罚措施可能极其严厉。第十五区奈克医院的外科医生勒内·布洛克（René Bloch）就因佩戴包括荣誉军团勋章在内的一战勋章和黄星被捕。他被送进了德朗西集中营，不久后被遣送。[42]

少部分犹太人之所以不戴黄星，既不是为了反抗，也不是因为他们去当地警察局时黄星已经领取一空。很多拒绝戴星的犹太人想方设法前往非占领区（在那里不需要戴星），或是搬离有人认识他们的地方，远离亲朋好友，在城市另一地区过着半保密的生活。犹太人不戴黄星要冒严重的风险。一份法国警方6月12日的报告记载，巴黎警察逮捕了六十六名没有戴星的犹太人。警方将他们全部移交给了德国秘密军警。[43]十七岁的女学生露易丝·雅各布森因没有佩戴黄星，在第十一区家附近的布勒街被捕，在弗雷内监狱和德朗西、博纳拉罗朗德集中营关押后，她最终被送往奥斯维辛，到达后立刻遇害。[44]二十二岁的塔玛拉是贝尔特·奥鲁瓦的犹太朋友埃莱娜的侄女，7月8日，塔玛拉想去听音乐会，不幸的是，如果去听，就无法在晚8点
257 前赶回家，而所有犹太人8点以后必须留在家中。她把犹太人身份证明文件落在了家里，在登上列车一等车厢的时候被一名德国军官拦下。当时，她还戴着蓝白红三色丝带。她被逮捕并关进了里拉车站附近的图雷尔监狱，后被送往德朗西集中营。6月22日，她被遣送至奥斯维辛，再没回来。[45]

这项对犹太人的新法令让很多非犹太巴黎人醒悟了，他们看到同为市民的犹太人，男男女女，甚至包括孩子都戴着黄星，深感震惊。一位为德国秘密警察工作的巴黎情报提供者向上级报告，黄星“激起了直接且一致的愤慨之情。就连反犹人士都反对这一做法，竟连孩子也必须佩星”。[46]另一名巴黎线人同意

上述看法，表示巴黎的总体态度是“非常同情犹太人”，而且尽管黄星十分显眼，人们都尽量不去盯着看。[47]

对于巴黎的犹太人来说，这是个安慰，他们“害怕让人当成野生动物，不管去哪儿，不管在哪儿，都被千百双眼睛盯着，就算这目光中带着同情，伴着善意的微笑也无济于事”。[48] 亨利·施瓦（Henri Szwarc）是布洛涅-比扬古雷诺工厂的一名犹太工人，他第一次戴黄星出门在第十五区的家附近活动时，决定要厚脸皮一些。他紧盯着过路人，如果他们继续对视，亨利就朝他们大吼：“你当我是什么人？什么变态吗？”[49] 埃莱娜·贝尔决定戴上黄星，却发现比想象中困难，冒险出门时她的眼泪几乎夺眶而出。然而当她自豪地昂首走过街道，多数人并没有盯着她看，有些行人甚至朝她露出友善的微笑。遇到少数朝她看的人，她就回敬以目光，有几个人甚至朝她指指点点。地铁上，她经受了被检票员分配在末等车厢的耻辱。6 月 9 日，在索邦大学洒满阳光的校园中，在同学们的包围里，她意识到，佩戴黄星对自己产生了巨大的影响：“我突然感觉我不是自己了，一切都变了，我正在一场噩梦之中。我看到左右都是熟悉的人，但我能意识到他们感到的悲伤和惊讶。我的脑门上好像被烙上了一个印记。”[50] 258

黄星一下子出现在巴黎的大街小巷，很多巴黎人逐渐对贝当的“合作政策”失去了信心。这项政策依然没有带给他们任何实在的好处。与欧洲未来的主人结盟符合法国最佳利益的论调开始显得苍白。巴黎人听着伦敦传来的广播，读着“合作派”媒体的文章：情况似乎显而易见，德国在东线进展并不顺利。或许德国并非不可战胜。或许德国打不赢这场战争。很多巴黎人对当街武装反抗持保留态度，但是正如阿贝茨和冯·施蒂尔普纳格尔之前所畏惧的，德国的疯狂报复完全摧毁了依靠宣传赢得法国民心的可能。他们的行径让巴黎人想起德国人野蛮的旧日典型形象。

德国孤立巴黎犹太人，将其作为单独的一个种族进行展示的计划起到了反面效果。非犹太巴黎人能够亲眼辨别街上戴着黄星的犹太人和“犹太人与法国”展览或是“合作派”报纸上讽刺画里的怪异犹太人，根本截然不同。别林基在日记中写道，客观的观察者只要走访巴黎的犹太人聚居区，就会立刻看穿德国人的谎言。他说，要不是戴着黄星，谁也看不出来这些年轻人是犹太人。[51]

对于支持民主的犹太人而言，佩戴黄星的命令是反动无礼的，完全违背了法兰西共和国自由、平等、博爱的价值观。一份共产主义青年报号召巴黎的年轻人抓住一切机会，展现对犹太人的团结。“黄星：迫害的标志，”报上这样写道，“‘卐’字：爱国者枪中子弹的靶心！”[52]其他人同样在抨击黄星。“倒退回中世纪。”加尔捷-布瓦西埃这样写道。[53]安杰·鲍伯考斯基将其与中世纪对麻风病人的待遇相比较。[54]弗洛拉·格鲁将其描述为“恶名昭彰的行为”。[55]贝尔特·奥鲁瓦则写道，她为人类堕落到此等地步感到耻辱。[56]就连德国军官及知名作家恩斯特·云格尔也表示，身着国防军军装从佩戴星标的犹太人身边走过时感到十分尴尬。[57]

259 非犹太人从言行上都表现了对犹太人的团结。雅克·别林基有一位犹太朋友，他的女儿担心自己天主教的朋友会疏远她，但他们没有，他们来到她家里，每当她佩戴黄星出门，他们都陪在她身边，表达团结之情。亨利害怕雷诺工厂同事的反应，但“他们表现得就像真正的伙伴和朋友”。他松了口气，表示

“我没有感受到他们对我的态度有任何变化”。单位的体检过后，一位与亨利·施瓦素不相识的医生给了他名片，并表示如果需要帮助可以来找他。[58]雅克·别林基戴着六芒星排队购买牛奶时，发现其他买主和往常一样与他聊天。然而在另一间商店，有个男人当面告诉他犹太人没资格在这里排队，但另一个买主叫他闭嘴，店主也像往常一样为雅克服务。

雅克·别林基在6月8日的日记中写道，大多数非犹太巴黎人都很同情犹太人，他或许把情况想得太过美好，但非犹太人确实普遍发自内心地报以同情。[59]在犹太人聚集的拉马克路，人人都戴着黄星，雅克了解到的情况和前文类似，“各方对戴‘佩饰’的人都很友好，只有少数人例外”。[60]

一小部分巴黎人进一步表现出对犹太人的团结，他们的行动彻底打破了之前对待反犹措施的沉默和漠视。佩戴黄星的命令确实驱使巴黎非犹太人首次公开反抗对犹太人的迫害。

6月7日，犹太人必须佩戴黄星的第一天，家住巴黎北部的三十一岁建筑师亨利·莫拉特戴着写有“Auvergnat”字样的黄星（即代表出生在法国中部奥弗涅地区）走上街，一位路人坚持让他取下来。他拒绝了。两人起了争执，亨利被捕并受到拘留。[61]警察还逮捕了其他佩戴黄星的非犹太人，他们佩戴的星上要么没有字，要么写着“佛教徒”“祖鲁人”“戈伊”（goy，犹太语中表示非犹太人的词语）或“摇摆乐”（Swing）等字样。抗议者中，佩戴仿造黄星最为积极的要数学生们。举例来说，有一名学生不仅戴了一颗黄星，还系了一条带有八颗星星的皮带，每颗星上都刻着“胜利”字样。[62]还有报告称，一些学生佩戴写着“Juif”字样的黄星，声称是代表法国大学的知识青年。[63]6月7日，弗洛拉·格鲁说一位同学戴了写有“PHILO” 260

字样的红星，因为他是学哲学的。“我们都决定制作星标，第二天戴上。”两天后她又写道：“据说拉丁区有学生因为佩戴自制的星标被捕，父亲不许我戴自制的星星。”[64]贝尔特·奥鲁瓦写道，她想戴仿制的黄星，希望这种做法能够推广开来。但是后来她没有再提这件事，或许是决定放弃这一做法了。[65]米舍利娜·博德写道，在她读书的中学，女生们都准备戴上自制的星星，但她无意这样做，她觉得这种行为“过激而且毫无意义”。[66]

德国人对于非犹太人佩星的情况感到非常烦躁。泰奥·托拜亚斯金发碧眼，但他是个有立陶宛血统的犹太孩子。回家的路上，他和犹太同学被一名德国军警拦下。军警向托拜亚斯索要证明文件，但没有问他的同学。“他怀疑我不是犹太人，”托拜亚斯写道，“他以为我戴黄星是为了挑衅或是向犹太人表示支持。”[67]

信仰天主教的十九岁学生弗朗索瓦丝·西费德（Françoise Siefridt）因为佩戴写有“Papou”（巴布亚人）字样的假黄星，被法国警察逮捕。她本以为挨顿训斥就能出来，结果却被当地警察局送到了图雷尔集中营，这是1941年5月大搜捕时期的几个集合点之一。弗朗索瓦丝和其他“犹太人”（警察这样称呼佩戴自制星标的人）一同被关押在此。她的狱友包括在奥弗涅出生的亨利·莫拉特，一名受人尊敬的中产阶级女士，她年届六十，此前戴了画着十字架的黄星，还有和犹太人订婚的邮局工作人员，几名办公室白领，一位秘书及一位在自家狗尾巴上系黄星的卖报女士。弗朗索瓦丝和其他几位“犹太人”均被转移至德朗西集中营，一直关押至8月。[68]

巴黎“合作派”媒体大力煽动巴黎某些区域存在已久的反

犹情绪，在恐惧或憎恶犹太人的群体中寻找潜在的受众。“合作派”媒体之中替德国和法国官方呼吁将所有犹太人清除出法国，甚至是杀掉他们的呼声越来越强烈。每个身在巴黎的人都感觉 261
得到，反犹措施还将愈演愈烈。事实会证明，他们预料得没错。

7 月 3 日，一群或穿制服或穿便衣的警察包围了第十二区的罗斯柴尔德犹太医院。[69]塞纳省指定该医院收治患病的德朗西集中营囚犯，他们的疾病有在营内引发传染的风险。医院主管为阿尔芒·科恩。他虽然因犹太身份失去了银行家的工作，但仍然坚信与德国人和解是可能的，他也是法国犹太人联合会的领导成员。法国警察命令交出德朗西集中营的病人，这些患者病情都非常严重。随后警察开始施以殴打，并将他们绑在警车上带回德朗西，其中一名病人在路上死亡，另一名在到达集中营后不久身亡。7 月 19 日，事发两天后，存活下来的病人和德朗西余下囚犯一同被送到了奥斯维辛。[70]

7 月 8 日，德国军方签署了一项新的法令：所有犹太人不得前往任何公共场所，餐厅、咖啡馆、茶馆、酒吧等均包括在内。他们不得进入剧院、电影院、音乐厅及其他娱乐场所，不得进入博物馆、游泳池、图书馆、公共展览场所、城堡及其他历史景点、体育赛事场馆（不管是作为观众还是参赛者）、跑道、露营营地、公园。[71]他们的家庭电话已被没收，现在连公用电话也禁止使用。此外，他们只能在下午 3—4 点购物，而这时商品已经销售一空了（德国人对此一清二楚）。

1942 年 7 月初，巴黎的抵抗组织成员获悉（消息可能来源于法国警察中的同情人士），7 月 16 日或 17 日晚当局将展开一场大规模犹太人围捕行动，目前正在准备之中。他们在犹太人区域散发传单，警告当地住户袭击即将到来。抵抗者们认为这次围捕和之前几次大规模逮捕一样，目标只有男性，所以他们走家串户地提醒犹太男子当晚不要睡觉。

这个建议让犹太人很头疼，他们可以在其他公寓或者在非犹太朋友家里躲上一晚，但是永远离开一个地区则充满了危险隐患，也十分困难。2 月起，犹太人更改地址已是违法行为，如果被抓住就可能被送往德朗西。即使是做好违法准备的人也需要找到去处和到达后愿意帮忙的好心人。即使能到达犹太人
262 无须佩星的非占领区，也需要筹款付给越境向导，在其带领下穿过边境线。雅克·别林基是幸运的，他有个持异议的朋友愿意帮他藏身。7 月 12 日，他搬到了这位朋友所在的郊区。三天后，他在日记中写道，听说不管男女都会被抓起来，然后送到德国去服苦役。[72]

7 月 16 日凌晨 4 点，当巴黎人还在掩上的百叶窗和闭锁房门的家中沉睡，市内常见的绿色大巴和蓝色警车已经驶离了车库和车站。车辆亮着蓝色的车灯驶向全城，占据市内各个位置，在犹太聚居区尤为密集。法国警察分成各小队，持配发的步枪封锁了整个地区，他们设起路障，关闭地铁站点。只等一切就绪，两至三人一组、共计九百组的法国警察逮捕小队即将开始行动，他们还大多有雅克·多里奥法国人民党的混混的协助。警察按照命令逮捕名单上的每一个人，这份名单由 1940 年 10 月大规模登记时采集的信息编制而成。他们得到严令，动作越快越好，不要浪费一丝一毫的时间与逮捕对象理论。[73] 几个星期前，法方警察首脑勒内·布斯凯已经同意法国警察在围捕中出力，而阿贝茨向他保证行动不会针对法国籍犹太人。接着，历史上称为“大搜捕”的大规模围捕（“春风行动”）开始了。

雷曼一家住在第三区教堂街。“经济雅利安化”命令下达之

前，亚伯拉罕·雷曼靠制作皮衣谋生。1941 年 5 月，他收到一张绿色卡片，召他去当地警察局登记，他去后立刻被捕，现在拘禁在皮蒂维耶集中营内。7 月 16 日凌晨，敲门的巨响吵醒了他的妻子马尔卡与两个年幼的女儿玛德琳和阿莱特，两名法国警察前来寻找亚伯拉罕·雷曼。得知他在皮蒂维耶后，他们下令要带走马尔卡和两个女儿，并给了五分钟时间做准备。马尔 263
卡朝警察尖叫起来，把东西朝他们扔去。警察擒住了她，表示他们是奉命行事。马尔卡和两个女儿随后被带到了院子里，和其他排好队的犹太人一起被赶上了已在等候的巴士。[74]

其他地方的警察甚至更加无情。例如在蒙特勒伊郊区，西拉·齐尔贝伯格（Cyrla Zylberberg）藏在公寓里，法国警察用斧子劈开了她的房门。在文森，警察横冲直撞闯入了亨利·勒德尔的公寓。[75]安妮特·米勒当时年仅九岁，她后来回忆道，公寓的门敲得声如雷动，两个穿着鞣料雨衣的人闯进屋子。“动起来，穿好衣服，跟我们走。”他们说。“我母亲趴在地上抱着其中一个人的腿抽泣着说：‘带我走，我求你，求求你，别带走我的孩子！’他们把她踢开了。我看着妈妈，感到愧疚极了。”[76]

有时，警察因为急于完成抓捕目标也会逮捕不在名单上的人。一名警察为了抓捕莎拉·利舍施泰因（Sarah Lichtsztein）的母亲来到了她的公寓，他看到莎拉后询问她的身份。莎拉从来没有登记过，所以并不在警察的名单上。他便把她的名字也加了上去，然后把她带走了。[77]在巴士上，持有武器的警察们得令，如果有人想逃跑，他们可以开火。“只要有丝毫逃跑的意思，”其中一名警察回忆道，“我们就可以朝人群随机射击。带半自动枪就是为了应付这种情况。”[78]

在连月的恐惧、焦虑、迫害和剥夺之后，最新的这一次抓捕中约有一万三千名犹太男女和儿童被捕。对于有些犹太人来说，这一切都太难承受了：据估计约有一百名犹太人选择自杀而非被抓走。有几人从自家的窗户跳楼，第十四区的一位妇女就是用这种方式结束了自己和孩子的生命，才没被警察带走。[79]蒙特勒伊的一位犹太医生为全家和自己注射了毒药，还有一位俄籍犹太女医生注射了大量氯仿。[80]

1942 年 4 月 9 日，为了报复针对在法德国人的袭击，希特勒命令驱逐共产党员，犹太人和“反社会分子”也应计入须处
264 决的人质之列。[81]大规模遣送准备从 1942 年 4 月底开始，为此奥伯格甚至在 5 月 30 日—8 月 11 日一度延迟人质处决。[82]

7 月围捕中抓获的犹太单身男子和没有孩子的夫妻都由巴士直接送往德朗西，这里现在是转送犯人前暂时关押的集中营。围捕后第一批被遣送者被送上了运畜火车，列车于 7 月 19 日发车，载有八百七十九名男性，一百二十一名女性，其中包括从罗斯柴尔德医院押送至德朗西的病人。[83]两天后，火车到达奥斯维辛，其中三百七十五人立刻被毒气杀害。[84]从 1942 年 7 月 19 日—11 月 11 日，共有两万九千八百七十八名犹太人分成三十一批从德朗西运送至奥斯维辛。[85]大部分被遣送者都在到达后立刻被害或停留不久后被害。没有在枪口逼迫下由巴士直接送往德朗西的人，被送到了冬季自行车竞赛馆，通称为冬赛馆，位于第十五区。过去两年来，这里是“合作主义分子”最青睐的会议举办地点，如 1941 年 6 月法国反布尔什维克志愿者军团集会就是在这里进行的。这个场馆的座席区很快坐满了犹太人，主要是妇女和儿童，他们在此经受条件恶劣的关押后，将被送往未知的目的地，可能在法国，也可能是人们口中的“东边的安置区”。谁都不清楚。到 7 月 17 日晚，约七千人集合在场馆

里，最终关押人数达到了八千多人。乍看起来好像每个座位上都坐了人，但再仔细查看，就会发现有些座位上的“人”其实是成捆的衣服、小背包或者行李箱，这是极少数人获准携带的行李，其他人则只有身上的衣服。

这里的条件极其恶劣。冬赛馆只有十几间卫生间，且很快就发生了堵塞，无人修理。密不透风的场馆中酷热难耐，恶臭冲天，人们别无选择，只能在墙边解手，整片地区尿液横流，粪便满地。人们无处盥洗，也没有盥洗用具。马泰-若纳夫人是一战期间的志愿护士，也是极少数获准进入场馆的红十字会员工。她描述了自己的见闻。“水停了，我们只能用壶取水，为人们送水止渴……除了红十字会送来的汤没有别的食物，但也根 265
本不够每个人喝。那里的空气让人窒息作呕，人们在喊，孩子在哭，大人已经身心俱疲。几个发狂的人散布着恐慌情绪。所有人都挤在一起，伸不开腿脚；没有床垫，只能把杂物堆起来当床。”[86]她一刻不停地工作，然而这里没有药品，也没有医疗器械。

一位名叫罗塞特·沙利的女性也在被捕的犹太人行列中，有时她会看到成捆的衣服从场馆高处的座位上掉落下来，她很迷惑。后来她才明白，那是女人们爬到高处想自杀，往往还抱着孩子。[87]场馆内发生了三十多次自杀，大部分都是这样的模式，里面有十个人成功。自杀者坠在地上会发出一声闷响，周围的人群则尖叫着后退。随后这些绝望不幸的人会被抬走，她们带着伤，上气不接下气，要么奄奄一息，要么已经丧命。[88]

“我永远不会忘记那人群，那些哭喊的人，那种哭泣。”埃莱娜·贝尔写道，当时还是孩子的她被囚禁在场馆内。“我也永远不会忘记那种恶臭，那种闷热……到处都是疯狂的景象。他们没有做任何准备供我们睡觉、如厕或者做其他事情……再加上那种干渴、饥饿、喊叫，我们动不了，也不能睡觉，你想象一下我们的处境。”[89]

冬赛馆中的人们处于囚禁状态，但也有几人成功逃脱。[90]二十二岁的安娜·特罗贝在第十区家中被捕，在被绑上巴士前曾经逃跑两次，但都失败了，最终被送到冬赛馆。[91]根据她的证词，她在场馆时伪造出了通行证，用假名打点好了细节，说服了一名场馆内的红十字会工作人员在上面盖章。另一位法国官员帮助她清洁整理了仪表。然后她需要通过场馆内的三道警察岗哨。在第二道岗哨，她被一名相识的警察拦住了。他看了看她，又看了看写有假名的证件。一阵停顿后，他轻声说道：“太棒了，你怎么办到的？”接着放行了她。她来到了法国官员提到的当地一家咖啡馆，第二天母亲和姐姐把她接走了。[92]

266 几千名囚禁在冬赛馆的犹太人被困于此，恐慌不已，度过了漫长的五天。他们不得从外界获取消息、食品、衣服，也不得联系亲友。他们此生从未感受到这样的饥饿，他们的喉咙因灰尘和缺水而干渴。冬赛馆中有婴孩降生，有孕妇流产，有人死亡，其他人都渐渐发了狂。谁也不知道他们的命运将何去何从。然而达基耶尔的参谋、法国犹太问题总署负责人在访问场馆后却认为一切正常，认为在场的两位超负荷工作的医生已经足以应付这些情况。

几名消防员在冬赛馆负责安全检查，其中一位名叫费尔南·博德温。他和同事们与这些人互不相识，也不知他们为何身在此处，但这些人几乎是马上把消防员们团团围住，哀求着放他们逃出这座人间地狱。这当然是不可能的，但费尔南和同事很快就开始帮忙向外界的亲友传递消息。他们开始小心谨慎地接收信件，如果被关押者有零钱，就收下用于购买邮票，没过多久，他们收到的信件就达到了五百封左右。消防队长让队员们第二天放假，并给了他们免费的地铁乘车证，以完全私人的身份建议他们把信件尽量分散投进不同的邮筒，且不要选择繁华地区。队员们谨遵建议。[93]

巴黎的犹太人先是被迫戴上黄色星标，随即又遭遇了近期的攻击事件。围捕的消息逐渐传开，许多非犹太巴黎人十分愤慨。贝尔特·奥鲁瓦在日记中写到警察的行动，母亲和孩子们的痛苦以及自杀情况，她问道：“我们已经堕落到实施如此暴行的地步了吗？”[94]夏尔·里斯特同样深感震惊，他写道：“这些措施引发了恐惧，致使人人心烦意乱。”[95]与贝尔特·奥鲁瓦一样，安杰·鲍伯考斯基将其称为新“圣巴托罗缪大屠杀”，或者应该称之为圣阿道夫之夜。[96]骇人的 7 月围捕甚至引起了天主教教廷一些要人的抗议，不过都是以私人身份。行动期间赖伐尔身在巴黎，对围捕显得无动于衷。但枢机大主教叙阿尔致信作为法国总理的赖伐尔，表示这个“家庭内的小插曲”对他“影响很大”。[97]一周后在巴黎的会面中，占领区的主教起草了一份宣言，267
请叙阿尔大主教给贝当写信。叙阿尔在信中提到了对犹太人的大规模逮捕和他们受到的严酷待遇，尤其是在冬赛馆的情况。他还写道，“以人道和基督教教义的名义，我们呼吁捍卫人类种族中所有成员不可侵犯的权利”。[98]各位主教是否清楚法国政府参与了围捕犹太人和德朗西集中营事务，人们不得而知，信中也并未提及。天主教教会圣统制对现状无力的反应表现出其根深蒂固的反犹情绪，以及教会对维希政府的支持，两者都遵从传统的保守主义价值观。

这是奥伯格担任德国秘密警察首脑后发起的首次犹太人围

捕行动，秘密警察负责的正是安全事务和“种族维护”事务。围捕中逮捕的一万三千名犹太人中，近三分之二是妇女和儿童，但是这个数字远远低于德国定下的在巴黎围捕两万八千人的指标，该指标是根据 1940 年登记记录定下的。[99] 有些犹太人向认识的黑警交了保护费，确保围捕时不在家中。[100] 其他人得到了抵抗组织成员或是法国犹太人联合会成员的提醒，还有些人从德国人那里听说了围捕的消息。几乎没人料想到妇女儿童也会被捕，因此围捕前藏身的大多是男人。围捕开始后，更多的犹太人找到了藏身地点，导致第二天围捕数量减少了约 70%。

7 月 19—22 日，火车将八千一百六十名囚禁在冬赛馆的家长和儿童送往位于巴黎以南占领区的皮蒂维耶和博纳拉罗朗德集中营。7 月 22 日，一名塞纳省警方官员匿名向上级手写了一封短笺，称冬赛馆“已经清空”。馆内只留下了五十名患病的犹太人和一些丢失的财物，这些犹太人和失物都直接送到了德朗西。[101]

7 月 6 日，德国驻巴黎犹太事务部门首脑西奥多·丹内克尔给阿道夫·艾希曼发了一封电报。他告诉上司，皮埃尔·赖
268 伐尔已经保证遣送犹太儿童及其家长。如果没有德国柏林政府同意，对于是否应将十二岁以下儿童送往德朗西，连丹内克尔和维希政府犹太问题总署负责人达基耶尔也是要犹豫的，更不用说直接送往奥斯维辛。因此管理皮蒂维耶和博纳拉罗朗德集中营的宪兵就须强行将滞留的年幼孩子和安排遣送的父母拆散开来。到处充斥着喊声和哭声。法国宪兵用步枪枪托把情绪激动的母亲们（部分还处在哺乳期）打倒在地，好将她们和尖叫的孩子与幼童分开。7 月底至 8 月初，成人和所有十二岁以上的孩子分五列火车直接被送到了奥斯维辛。[102] 幼童则留了下来。不过 7 月底，艾希曼提示丹内克尔将留在皮蒂维耶和博纳拉罗

朗德集中营的孩子送往德朗西。[103]大约两周之后，约四千名孩子乘火车到达了巴黎奥斯特里茨车站，他们的年龄在两岁至十二岁，满身污垢，骨瘦如柴，这些孩子将被送上巴士，直接送到德朗西集中营。

乔治·韦莱（Georges Wellers）是一名生在俄国的犹太人，于1929年来到法国。1938年获得法国国籍，在法国国家科学研究院（CNRS）任高级研究员。1941年12月，他在巴黎被捕并被囚禁在贡比涅集中营内，后被转移至德朗西。他作为集中营内完全形同虚设的“卫生服务”负责人，是极少数几个能在晚上9点之后进入儿童休息区的成年人。据他描述，那些孩子们都慌乱紧张、不知所措，被强行和父母分开，分成每组一百二十人关进屋子里睡觉，而屋内只有一张肮脏的床垫。卫生间太远，幼童没法自己走过去，于是走廊里放着成排的水桶用来解手。营内供应的圆白菜汤引起了腹泻，污物染脏了他们的衣服和被褥。“这里没有肥皂，只能用冷水清洗，这个时候孩子就只能半裸着等衣服晾干。”[104]

阿道夫·艾希曼于1962年在特拉维夫受审，乔治当时是证人，他在庭上描述了夜晚时分，许多孩子哭着找妈妈的情景。“有好几次，一整间屋子里的一百二十个孩子全都在半夜醒来，269
完全失去了控制，他们的尖叫又会吵醒其他房间里的孩子。可怕极了。”谁都不关心这些孩子，不过仍有三组女囚自愿竭尽所能关照他们，这些女囚被遣送之后，其他人会代替她们。[105]获准进入集中营的法国红十字会成员也在尽力帮忙。其中一位成员代一名七岁小女孩向巴黎的门房寄了信，信上这样写道：“门房女士，我给您写信，是因为我没有其他人可以求助了。上周我爸爸被送走了。妈妈之前已经被送走。我把钱包丢了。我一无所有。[106]”在德朗西，成年人为了安抚孩子，便说他们要去皮奇博伊（Pitchipoi）[107]，即犹太民间传说中的仙境。孩子们在德朗西的时间并不会很长。到达两三天后，他们之中的半数就会与其他五百名外国犹太人一同被送走，再过两三天，就轮到了余下的一半孩子。[108]其中无人归来。反纳粹活动家埃迪特·托马在日记中描述了看到遣送列车在面前隆隆驶过的感受，“我看到了一辆货运火车。运牛车厢里有几个孩子。他们的手从带栏杆的窗户往外伸去。人生中头一次，我感到恐惧的寒意顺着脊骨向下蔓延”。[109]

之前，纳粹强行将犹太人驱逐出法国是出于意识形态原因，现在他们急切地招募法国人去德国工作则是出于经济原因。自占领开始时，法国就在向德国提供劳工，但规模较小且以自愿为原则（但实际上很多工人是被迫离开的）。[110]对于法国人赴德工作一说，多数法国公民感到忧虑或持反对态度。占领最开始的几个月，德方在集中营内大肆搜捕劳动力，大部分离开法国前往德国的是外国人[111]，尤其是塞纳省约一百万的无业者，德方保证向他们提供优越的工资和良好的工作条件，但即使加上来自荷兰、比利时、丹麦等其他占领国的劳工，德国战争经济的需要仍然得不到充分满足。[112]

270 1942年初，德国工厂的劳动力短缺达到了极限。德国在苏联的战况极不乐观，致使希特勒不得不接受原计划的“闪电战”将变为持久战的事实。此外，柏林方面也有一些人私下悄声发出反动怨言，流露出德国或许打不赢的意思，一百三十万德军士兵在所谓的“反犹太布尔什维克东征”中丧命，东线空缺只得从工厂人手中抽调，继而工厂又出现了空缺，因此德国现在迫切需要更多工人。

1942 年 3 月，希特勒任命四十七岁的弗朗茨·绍克尔（Fritz Sauckel）负责劳工招募及雇用事务。绍克尔此前是德国图林根州州长，加入纳粹党多年。现在，其职责就是将符合需求且满足任职条件的外国劳工从德国占领国送往第三帝国的军工厂。皮埃尔·赖伐尔迫切地向德方献媚，非常乐意帮忙。5 月 12 日，他致信德国外交部部长里宾特洛甫，表示希望法国能在他所谓的反抗布尔什维克主义的巨大斗争中贡献力量。最后，他希望有尽可能多的法国人补上德国工厂生产线工人奔赴东方战线造成的空缺。[113]

6 月 16 日，赖伐尔会见绍克尔，接受了他经过希特勒应允的条件，德方同意于秋天释放目前关押在战俘营的五万名法国人，但要用十五万名法国熟练工人交换，这批工人须立刻被送往德国。赖伐尔将这个三名工人换一名战俘的计划称为“替换计划”。6 月 22 日，正是两年前签署停战协定的日子，《晨报》刊登了一则热情洋溢的呼吁，赖伐尔也在电台广播中号召占领区及非占领区的工人们都来参加计划。他说这项计划能够使法国战俘获释，并且有助于德国的未来建设。赖伐尔强调：“我希望德国取胜，否则布尔什维克主义将无处不在。”[114]

和法国其他地方一样，巴黎也很快充满了“替换计划”的宣传海报。贝尔特·奥鲁瓦看到的海报上，一名德国工人向法国同伴伸出了手。海报右侧的德国艳阳高照，左侧的法国却被
掩盖在黑暗之中，背景中的姑娘微笑着怀抱可爱的婴儿。“看到 271
这样诱人的前景，法国工人应该一个不剩全跑到德国去了才对。”[115]奥鲁瓦讽刺地写道。

另一张海报上画着三名不同年龄段的女性，号召法国母亲、

妻子、待嫁姑娘鼓励男性亲属去了解这项计划。但还有一张海报则带有宗教意味和行善得救赎的潜台词，上面画着一只手，手中的钥匙伸向一片光源，图画上方写着这样的标语：集中营的钥匙就在你手中！下方写着：法国工人们，去德国就是还囚犯自由！[116]

7月第一周，塞纳省开辟了约三十个“替换计划”招募办公室。二次培训中心也建了起来，例如巴黎以西的库尔贝瓦就有一家，该机构宣称通过其开设的课程，优秀的申请者可在短短六周内成为合格的钢铁工人。[117]宣传大张旗鼓，收效却不大。4—7月，仅有四万名法国男子自愿加入，远远少于绍克尔要求的二十五万人。[118]巴黎警方7月中旬的一份报告干巴巴地描述了赖伐尔的广播和致工业界各巨头的公开信，“替换计划”的宣传似乎并未得到热烈的反响。[119]显然，如果宣传招募不到足够的工人，就必须采取其他手段。

7月，德国安全部队再次施压，显示出党卫军新指挥奥伯格的影响力。7月10日，奥伯格办公室发布了一张法德双语海报，通知巴黎人从今天开始，任何人凡经认定参与反德活动，其亲眷都将受到严厉惩罚。武装袭击或破坏行动实施者的近亲一般会在行动前后予以帮助，该举措是以这一前提为基础颁布的。通知这样写道：“1.所有年满十八岁的男性近亲，不论（比嫌疑犯）年少还是年长，都将处以死刑，其中包括姻亲兄弟和堂表兄弟。2.所有相关女性亲属将被判处强制劳役。3.所有因此受到影响的人员的子女（年龄在十七岁及以下）都将被送往少年管教所。”[120]

这番恐吓似乎收效甚微，袭击照旧发生，但处刑也同样照旧进行。8 月 11 日，奥伯格宣布已经下令处决九十三名实施恐怖行动或与行动相关而被判有罪的“恐怖主义分子”。他还威胁 272 巴黎人，如果当局在追查“恐怖分子”方面得不到进一步配合，他就只能出台使所有人遭殃的措施了。[121]

共产主义青年团遭遇了严重的清剿之后，法国共产党重组了巴黎的武装抵抗力量。青年团作为法国共产党的特殊组织，享有很高的行动自主权。由于青年团遭遇重创，无法重组，另一支法国共产党组织填补了空缺，这个神秘的组织名叫瓦尔密特遣队，它的名号和雷蒙·比加尔在布丰中学创立的小型抵抗组织的名号都取自 1792 年的瓦尔密战役，除此之外两者并没有关系。

瓦尔密特遣队成立于一年多以前，负责实施法国共产党秘密领袖下达的命令，曾处决法国共产党认定的叛徒。在此举出一例。特遣队曾在 1941 年 9 月刺杀了马塞尔·吉东，据说他在战前是党内领导层级中的第三号要员。1940 年 6 月法国战败后，吉东开始公开批评法国共产党、苏联和共产国际。他虽然不是多里奥的法国人民党正式成员，但还是于 1941 年 8 月在《人民呼声报》上公开致信，呼吁工人加入法国人民党。9 月，他在巴黎东郊丁香镇家附近的街道上被瓦尔密特遣队派出的两人小组枪杀。[122] 接下来十个月间，瓦尔密特遣队成员又对党内认定的叛徒实施了八起暗杀，其中含未成功的行动。[123]

1942 年夏天起，瓦尔密特遣队开始和新建立的法国“自由射手与游击队”合作（通称 FTP），对德国士兵和财产实施袭击。8 月 5 日，该组织向在第十六区一处体育场训练的德国国防军成员投掷手榴弹，造成八名德军死亡。这是占领期间发生在巴黎的单次行动中德军死亡人数最多的一次。7 月底至 9 月底，瓦尔密特遣队在巴黎地区实施了至少十五起反德行动。9 273

月 8 日，他们在加雷纳宫电影院引爆一枚炸弹，造成德军一人死亡，四人受伤；两天后，他们向第十九区奥普尔路的国防军分部投掷手榴弹，造成九名士兵受伤；9 月 16 日，市中心的雷克斯影院发生炸弹爆炸，致使五名士兵受伤。[124]总体而言，行动极少造成德军死亡，受伤相对较少，后几次的受伤人数稍有增加，产生的破坏极轻。但这并没有阻止奥伯格对此做出报复，他下令处决了一百一十六名“共产党恐怖分子”。[125]

其中多次袭击效果不如武装分子预料的显著，但也足以起到扰乱占领部队的作用。1792 年 9 月 20 日的瓦尔密战役中，法国革命军打败了普鲁士军，现在“瓦尔密”在另一种背景下抬头了：当日，奥伯格的安全间谍拦截了共产党员号召在巴黎及市郊进行游行的传单。德国人精神高度紧张，对所有巴黎人实行严格限令。官方下令于 9 月 19 日下午 3 点至晚上 12 点关闭塞纳省、塞纳-瓦瑟省、塞纳-马恩省所有的剧院、电影院、卡巴莱①演出场所及其他法国市民使用的休闲场所，他们还禁止一切公共集会，体育赛事也包括在内。第二天，上述三地市民除办理公务外，不得在下午 3 点至晚上 12 点外出。[126]

德军对“帝国的敌人”予以全力追查。巴黎犹太人的处境比以往更加危险，与此同时，共产党员因处于武装抵抗的前线也受到无情的追捕，无辜的受害人每时每刻都冒着被处决的风险。维希政府采取“合作路线”免除麻烦的白日梦彻底破灭了，德国官方在酝酿着实施一项新政策，以前所未有的手段孤立巴黎和法国其他地方的人民。

---

① 卡巴莱：一种歌厅式音乐剧，演绎方式简单、直接，不需要精心制作的布景、服装或特技效果。

第十一章　告发，消遣，剥夺 274

冬赛馆大搜捕和随之而来的遣送让巴黎的犹太人深感恐慌。更糟的还在后面：7 月 19—29 日，五千名囚犯组成的五支遣送队从德朗西集中营前往奥斯维辛，不过当时这些遣送队中的犹太人还不知道他们的命运将何去何从，也不知道到达之后等待他们的将是怎样的情况。[1]冬赛馆大搜捕前，从巴黎逃向非占领区的主要是法国籍犹太人，很多情况下他们还会逃向更远的地方，现在，所有的犹太人都想离开了，尤其是移民和无国籍犹太人。然而并不是每个人都能逃往南方，旅费昂贵，还要找到向导帮忙过境。1941 年，雅克·阿德勒的父亲遭到围捕，正如他所说："有钱逃命才有特权活命。"[2]有些钱财足够离开的人也决定留下来，索邦大学学生埃莱娜·贝尔出于责任感留在了巴黎，作为法国犹太人联合会办公室的志愿者致力于帮助其他犹太人。她觉得离开是怯懦的表现，她不想利用自己相对优越的社会地位，抛弃被逮捕或因财力所限无法离开的犹太人。[3]而且她越发爱慕信仰天主教的年轻学生让·莫拉维奇（Jean Morawiecki），这一点或许也影响了她的决定。还有些人因为要照看年迈或抱病的亲属留了下来，丹尼斯·莱夫谢茨的父亲也 275
是联合会的志愿者，作为一名上过战场的老兵，他自认无所畏惧，但他不肯抛弃自己八十二岁的老母，她已经无力远行；弗郎索瓦·莱昂-凯恩的妻子被诊断出患有癌症，他只得放弃过境前往非占领区的计划。[4]

逃亡者即使负担得起向导费用，也未必能到达目的地。西蒙娜·德·波伏娃在大逃亡时曾搭过比安卡·比嫩费尔德父亲的车，他现在和比安卡的母亲在非占领区。比安卡付了向导一大笔钱，请他把自己送进非占领区。向导把她安顿到分界线北部不远的一家酒店，保证还会回来，但她再没见到此人，钱也被卷走了。诸如此类的诈骗并不鲜见。[5]不过比安卡后来还是进入了非占领区，她取道普罗旺斯艾克斯，当地的朋友帮她弄到了伪造文件。

对于仍在巴黎的犹太人来说，生活极其危险，对于有些人而言更是险上加险。维希政府和德国官方施以一系列限制，很多法国犹太人依然抱有希望，但愿当局能够放过他们；毕竟目前为止被捕的犹太人多是外国人或无国籍人士。法国犹太人联合会的员工中，法国和外国犹太人及其家属都没有遭到逮捕，在德国运营的工厂工作的犹太人也幸免于难。某些住在巴黎的外国犹太国民“受到了保护”，但德方在持续缩减受保护名单上的人数，每次的削减都伴随着新一轮的搜捕。[6]

对于留在巴黎且未“受到保护”的犹太人来说，自保方式包括转入地下，藏起来（一般来说就是由非犹太人帮助藏身），获取伪造身份文件，或是加入抵抗组织。阿尔贝特·格伦贝格（Albert Grunberg）是选择藏起来的犹太人之一，他是一位罗马尼亚理发师，工作及居住在索邦附近。1942 年 9 月，两名法国警察来到其位于学院路 14 号的住所进行逮捕，格伦贝格趁其不备溜到了同一条路上的店里躲了起来。由于门房和几位可靠的邻居给予了帮助，并且有（非犹太人）妻子代为经营生意，他
276 才得以在 8 号店面楼上六层的一个房间里藏身，一直到 1944 年 8 月盟军到来。[7]如果让人告密或发现怎么办？每一个东躲西藏

或是持有伪造文件的犹太人每时每刻都在经受着这样的噩梦困扰。格伦贝格用日记描述了两年藏身生活的经历，是一份引人入胜的记录。日记中提到，他很害怕楼下的一对法西斯夫妻告发他，他认为这两人是拿了报酬的眼线，事实也确实如此。[8]

自从1940年秋第一部反犹措施出台以来，告发对犹太人产生的影响就一直极其严重。每一项新的反犹措施或法律都意味着犹太人必须做或受禁止的事情又增加了，这也就意味着不服从的风险更大了，不管是故意的还是疏忽都包含在内，被上报当局的可能性同样增加了。告发犹太人的动机多种多样，赤裸裸的反犹仇恨是其中一种。维希政府犹太问题总署收到过这样开头的匿名信："亲爱的先生，我痛恨那些给我们带来极大伤害的犹太人，因此我极其荣幸地揭发他们中的一员，他逃避法律，这法律意在阻止那些人伤害我们。"[9]当月，另一封寄往维希政府犹太问题总署的信件开头写道，"亲爱的先生，我痛恨犹太人"，然后寄信人报上了一位犹太人的姓名，称他没有登记，出门没有佩戴黄星。[10]还有一些人告发犹太人是为了搞垮商业竞争对手，例如1941年8月，一位邮票交易商就曾写信给《晨报》告发一位对手，他称对方有个生意伙伴是犹太人。[11]

告发还可能源于反犹主义和仇恨的共同作用，1941年10月，一封致扎维埃·瓦拉的信就是个例子。写信人是一位巴黎妇女，她自称作为"真正的巴黎人，厌恶也厌倦了目睹自己可怜的国家被犹太人蚕食"。她来信是为了告发一位犹太裁缝，并给出了其位于第二十区的住址。据她称，尽管这名裁缝的店铺外贴有红色告示表明店铺由"雅利安人"管理，他却仍然在此工作。她投诉这名裁缝能找到别人都找不到而且是被禁止的布料制衣。结尾，她呼吁警察突袭裁缝的店铺并检查其身份。[12]

告发也可能出于极其私人化的原因。让·卡纳帕（Jean Kanapa）是一名犹太作家，后成为了法国共产党领导成员，他的
277 未婚妻是非犹太人，卡纳帕未来的岳父一想到女儿要嫁给犹太人就怒不可遏，他威胁说要向盖世太保告发卡纳帕，于是这对情侣明智地逃到了非占领区。[13]不管告发者真正的动机为何，他们总能为自己的行为找到合理解释，他们宣称自己是在提醒官方有人违法，从而履行好公民的职责。

安妮特·泽尔曼（Annette Zelman）的故事尤其具有悲剧色彩。[14]安妮特和西蒙娜·德·波伏娃算是相识，她和萨特及波伏娃一样，是圣日耳曼街花神咖啡馆的常客。萨特和波伏娃初次见到安妮特及其未婚夫让·若西翁，是在占领区分界线地带，当时安妮特他们正为其小型反抗组织——“社会主义与自由”（见第七章）招募支持力量，失败后便返回占领区。安妮特和让当时二十岁，正准备结婚。让是声名显赫的医生于贝尔·若西翁的独子，后者在巴黎市郊博比尼的法国—穆斯林（Franco-Muslim）医院管理科研实验室。安妮特的父母对于女儿嫁给不同种族人士不太高兴，但是与让父亲的反应相比根本不值一提。于贝尔联系了德国高层指挥官，要求逮捕安妮特。1942 年 5 月 22 日，在盖世太保驻巴黎犹太事务局指挥西奥多·丹内克尔的命令下，安妮特被捕了。她最初被囚于法国警察总部暗无天日的牢房区内[15]，后被转移至巴黎东部图雷尔的集中营内。她在这里与其他的犹太妇女及囚犯会合了，其中包括因为佩戴仿制黄星被捕的天主教学生弗朗索瓦丝·西费德。

6 月 18 日，包括安妮特在内的八名犹太妇女与其他囚犯隔离，在守卫看守下单独囚禁在一间宿舍中。弗朗索瓦丝·西费德在日记中提到，恐怖的流言称要枪毙被隔离的几个女人[16]，

几天后，她们被转移到了德朗西集中营。同时，在花神咖啡馆，安妮特的未婚夫和她的朋友们只知道她和另一位年轻的犹太常客贝拉·朗佩尔都不见了。“若西翁和朋友仍然光顾花神，”德·波伏娃写道，“他们略显茫然躁动地在几人的小圈子里交谈。”[17]他们不知道的是，6 月 22 日，近一千名犹太人被迫登上火车，组成 3 号遣送队前往奥斯维辛，其中有六十六名妇女，278 安妮特也在其中。遣送队中也包括贝尔特·奥鲁瓦的犹太朋友埃莱娜的侄女塔玛拉·伊塞利，她因为在宵禁之后在外活动并且没有佩戴黄星被捕（见第十章）。和塔玛拉一样，安妮特此去无归。

贝拉·朗佩尔原本和安妮特在同一批遣送队中，但在最后关头她的名字从这批名单上除去了。贝拉在这之后被送往奥斯维辛，到达不久便被杀害。安妮特的未婚夫让·若西翁在抑郁与自杀念头的侵袭之中写出了一本小说，于战后出版。1944 年 8 月，他参与巴黎解放运动，但在几周后德军对洛林的伏击中被捕。他很有可能在遭到德军枪击后不久因伤身亡。其遗体一直没有找到。[18]

战争期间，反犹告发到底发生了多少次，我们无从得知。[19]有数字估计，包括犹太人、共产党员、戴高乐支持者、抵抗组织成员在内，（法国全国）被告发的人数约在 300 万—500 万，历史学者洛朗·若利（Laurent Joly）认为这一数字过高，几十万人可能比较接近真实情况。[20]他还表示，社会各界人士均有告发行为，并不像普遍认为的那样绝大部分是妇女所为。[21]

法国和德国官方投入了大量的人力与时间抓捕巴黎的犹太人[22]，但也并没忘记另一个重要目标——共产党员。其中告发同样起到了重要作用。据若利所说，遭到告发最多的并不是犹太人，而是具有嫌疑的共产党员或“经济犯罪”分子。所谓经济犯罪，就是进行黑市交易活动。[23]

例如1941年5月，法国共产党在巴黎地区的秘密组织负责人让·卡特拉之所以被捕，便是因为阿斯涅尔（Asnières）郊区有两位妇女告密，她们把卡特拉藏身处的地址给了巴黎警方的反共部门。[24]三名青年团成员被警察送上审判席也是由于民众中有人告发。1941年10月，一家名叫沙丁鱼罐头的咖啡酒吧女店主联系了警察，这家店经常有青年团成员光顾。女店主供出了三名活跃分子的名字，布吕斯特兰在南特刺杀当地地区指挥官时，这三人也去了。她希望以此作为交换条件释放关押在德
279 国战俘营内的女婿。[25]

共产党活跃分子拥有秘密组织网络，因此警察倾向于耐心等待观察，而非立刻出击。警察非常聪明，知道放长线跟踪嫌疑人能抓到更多的犯人。这些警察绘制出复杂的示意图，标明活跃分子间的联系网络，这一做法有助于他们为大规模抓捕做好准备。例如对于让·卡特拉，他们便进行了监视，没有立刻逮捕，由此又抓获了其他二十余名活跃分子，其中包括法国共产党另一位领导成员加布里埃尔·佩里（Gabriel Péri）。[26]通过审问或刑讯已逮捕的活跃分子，又能逼问出更多的姓名和信息，由此促成下一轮逮捕。对比之下，犹太人除加入反抗组织的，大部分转入地下的都会完全断绝亲友关系，并搬到巴黎其他地区。警方很快意识到，即使监视这类犹太人也很难引出其他目标，因此他们一旦发现犹太目标，便倾向于直接介入并逮捕他们。

听来或许不可思议，但1942年夏天的巴黎充满了时尚与音

乐的年轻气息，前所未有。惹眼的巴黎年轻人自称为“爵士青年”（Zazous），在全城中招摇过市，尤其是在香榭丽舍和拉丁区的几家咖啡馆附近，他们聚集在这些地方，欣赏他们最爱的音乐：摇摆乐。[27]“Zazou”一词源自摇摆乐曲 *Zah Zuh Zah*，由黑人乐队领队和拟声歌手卡布·卡洛维（Cab Calloway）①在纽约录制，录制后不久，他的乐队于 1934 年来到巴黎演奏了此曲。

德方之所以禁止爵士乐和摇摆乐，是因为纳粹认为这类音乐十分堕落。这不是犹太人作曲，“黑鬼”演唱的歌曲吗？更糟的是，即将成为欧洲摇摆乐明星的又是一名吉卜赛“鼠辈”，他名叫强哥·莱恩哈特（Django Reinhardt）②。摇摆乐源自美国，因此自从美国于 1941 年参战后，它就变成了“敌方音乐”。德国纳粹对摇摆乐的禁止，加上它与离经叛道的“爵士青年”的联系，使得很多人认为这种音乐和叛乱存在关系。无怪乎 1942 年 7 月起，“摇摆乐”和“爵士青年”字样开始出现在巴黎的非 280
犹太人佩戴的黄星上，表达对犹太人的团结。[28]

希特勒的宣传部部长约瑟夫·戈培尔试图通过推广一个名为“查理管弦乐团”（Charlie and his Orchestra）的乐队颠覆摇摆乐。这支乐队的名字来源于队内歌手卡尔·“查理”·施魏德勒，他们表演的是经典摇摆乐曲目，但（英语）歌词是反美、反英、反犹的，这些歌曲在短波电台播放，主要以美国，尤其是英国为目标。[29]

德国虽然禁止爵士乐和摇摆乐，但驻法的德国官方却没有实施此类禁令，他们对于摇摆乐的态度与法国官方和“合作主

---

① 卡布·卡洛维（1907—1994）：美国爵士乐歌手，拟声唱法大师，乐队领队。

② 强哥·莱恩哈特（1910—1953）：法国著名吉他手，爵士乐史上的伟大琴师。1910 年出生于比利时，创作了许多传世的音乐作品，成就令人赞叹。

义分子”相比也更加宽松。摇摆乐在占领时期确实享受了一段黄金时代。早在1940年12月，第八区博埃西路夏沃音乐厅就举办了“法国爵士乐节”。该音乐厅内可容纳一千两百多名观众，但这场活动实在太受欢迎，二十四小时内门票便销售一空，只得在两天后安排了第二场。[30]德国军方从务实角度考虑，认为爵士乐大有用处，它能够传达出巴黎已经恢复正常的信息，这点超过一切意识形态的阻碍。爵士音乐家也充分利用这份宽容，很快，爵士乐便在全城的大街小巷回荡起来。爵士乐之所以能在巴黎繁荣发展，也是因为受到德方占领部队的欢迎（很久之后也受到了美国盟军的欢迎）。

1941年底美国参战后，法国乐队继续演奏美国爵士乐和摇摆旋律，不过曲名多是法国化的。德国人其实不太可能被蒙骗过去，就好像所有人都在出于礼节需要，串通一气玩着打手势猜字谜游戏。[31]战争爆发时，强哥·莱恩哈特正和法国热乐五重奏①在英国巡演。小提琴手史蒂芬·葛瑞佩里留在了英格兰，但强哥对英语一窍不通，于是返回了法国。珍珠港事件后，强哥减少了美国歌曲的演奏，加入了更多自己创作的曲子，其中《云朵》（*Nuages*）这一作品旋律令人久久难忘，在“法国爵士乐节”上赢得三次“安可”，也成为他的代表性曲目，使他跻身明星行列。

281 虽然所有爵士乐队和团体的节目中都包含摇摆乐，但真正使摇摆乐的魅力为爵士乐迷以外的人群所知的，还是一位名叫约翰尼·赫斯（Johnny Hess）的年轻法语歌手（爵士乐纯正派感到非常懊恼）。他在1938年的大热歌曲《我在摇摆》（*Je suis swing*）中

---

① 法国热乐五重奏：吉他手强哥·莱恩哈特和小提琴手史蒂芬·葛瑞佩里于1943年在法国建立的爵士乐团体，是欧洲最早、最重要的爵士乐团体之一。

首次使用了“Zazou”这个词。1942 年 1 月，周刊《红人》（*Vedettes*）的一则报道中提到，《我在摇摆》走红以来，法国年轻人已将赫斯奉为偶像。他们从杂志上撕下他的照片收藏，为了他的签名大打出手，该杂志另一则报道称，“这些二十岁以下年轻人集聚的喊声就是约翰尼的流行曲中唱的‘Zazou! Zazou!’”。[32]

1942 年，赫斯达到了成功的巅峰，他在巴黎四家音乐厅献唱，录制了另一首热曲《爵士青年》（*Ils sont zazous*）。[33]赫斯的前搭档夏尔·特雷内（Charles Trenet）是一位风格生气勃勃的歌手，他也搭上了“爵士青年”的热潮，和强哥·莱恩哈特一起录制了歌曲《爵士小妞》（*La Poule Zazoue*），称自己很荣幸成为“爵士青年”。[34]

除了对摇摆乐的热爱，“爵士青年”在着装方面也很有特色。男性一般在十八九岁到二十岁出头，将留的长发梳成背头，额前留出一缕，身穿裤脚在脚踝以上的紧身裤，厚底鞋，高领衬衫（领带打成小结），打褶的祖特式长款西装外套（衣服肩膀处很宽），经常戴墨镜，手执长柄伞。[35]女性常穿百褶短裙，木头高跟鞋（如果能找得到），化浓妆。[36]他们的衣服要么是自制的，要么是用黑市上买来的衣服改制的。小伙子用拔高的嗓音说话，女士说话则拿捏出一种低吼声。这些特点与守纪严谨的传统保守风格和行为完全对立，而守纪严谨正是维希政府和纳粹推崇的意识形态和形象。

巴黎的“爵士青年”在艰难的环境中维护着自己年轻的身份意识，他们希望与老一代的保守主义、维希政府的清教主义、纳粹主义的压迫行为划清界限。不出所料，维希政府将“爵士青年”轻佻的服饰打扮描述为公然冒犯饱受战争之苦的人民。其他保守人士认为他们挑战了传统的性别差异，让他们极为困

282 扰。对于有些人来说，爵士男青年留长发、穿紧身裤、声音尖细，不仅仅是女性化，更是公开的同性恋表达。

“合作主义分子”很快开始把“堕落”的“爵士青年”与德国军队中充满男子气概的榜样相对比，一位合作主义运动领袖自以为是地说：“你没有将‘爵士青年’和那些遵从希特勒的二十岁士兵做过对比吗？他们刚从苏联冰冻的泥潭里归来。‘爵士青年’在大街上小马驹似地小步走着，扭着臀转着雨伞，而德国士兵们穿着一字领衬衫，满腔自豪地将靴子踏上地面发出重重响声，沉着地目视前方，你不觉得必须承认这点吗？在充满英雄气概、征服他人的种族和我们空虚做作的种族之间，存在着振奋向上与衰退堕落的差别。”[37]

对于保守人士和极右派成员来说，“爵士青年”可耻、堕落，是一群自恋的虚无主义者，对一切都毫无尊重之情，甚至对祖国的苦难也漠然处之。但也不是所有人都抱否定态度。西蒙娜·德·波伏娃认为，他们在以自己奇异的方式表达对贝当民族革命以及极其保守的“新道德”坚定捍卫者的厌恶。西蒙娜观察着花神咖啡馆周围的“爵士青年”，她写道，他们虽然装模作样，但她和萨特还挺喜欢的。[38]

至1942年春天，“爵士青年”声势已十分浩大，他们高呼着“在爵士的欧洲建立摇摆的法国”这样“达达主义”的口号，影响力极其广泛，以致部分“合作主义分子”决定是时候给这些“堕落的败家子”上一课了。1942年5月25日，“爵士青年”和警察在圣米歇尔大道爆发了争斗。此外又有三百名至四百名法国人民党青年团（JPF）成员加入警察阵营，这一团体是多里奥的法国人民党的青年组织，他们刚在附近的互助大厅[39]举行了成立会议。法国人民党青年团领袖罗杰·沃克兰称“爵士青年”代表着民主迷失和犹太人堕落的胜利，他们是法国部分年轻人身心腐化的生动证明。他下令派遣反“爵士青年”小队至讷伊、香榭丽舍、拉丁区。几天后，在“爵士青年”最喜欢的聚会场所之一——香榭丽舍帕姆帕姆咖啡馆附近，一群青 283
年团暴徒与几名“爵士青年”扭打起来。接着警察袭击了帕姆帕姆和另一处“爵士青年”的聚集地点——圣米歇尔大道的斗兽场咖啡馆，约一百名“爵士青年”被法国警方拘留，后予以释放。支持维希政府的《格兰古瓦报》（*Gringoire*）祝贺警方结束了香榭丽舍和拉丁区咖啡馆一带总有“堕落的小鬼”和“游手好闲的小姑娘”的异常状况。[40]

7 月 5 日，法国人民党青年团出版物《青年》刊载了一则报道，称一名青年团成员在拉丁区和香榭丽舍大街袭击了几名男性“爵士青年”，并强行剃去了他们的头发。报道总结说，“必须遏制堕落，惩罚堕落”。[41]之后不久，法国人民党的内部报纸《人民呼声报》开辟了一个名为“青年团在行动”的常规专栏，刊登在巴黎及郊区打击“爵士青年”的报道。他们鼓励希望加入“理发工作队”的读者到位于第十六区奇马罗萨路的法国人民党青年团总部报到。[42]

“爵士青年”是一群叛逆的人，但并不是抵抗组织成员，而且显然反“爵士青年”袭击与对犹太人的围捕和对抵抗运动的压迫有着本质上的不同，“爵士青年”并未被送往德朗西，也没有受到折磨或遣送，更没有被行刑队枪决。但是支持纳粹的暴徒对“爵士青年”的抓捕和袭击形成了一种风气，让部分巴黎年轻人预感到，在公共场合彰显个性，或是做出脱离保守常规的举动显然都可能惹祸上身。

部分“爵士青年”继续在惯常的活动地点见面，但其他人因为害怕警察的骚扰和法国人民党青年团暴徒的袭击而避开了这些地方。很多人躲藏到了全城涌现的秘密舞厅中。早在1940年5月德军入侵法国之后，保罗·雷诺政府的内政部部长乔治·曼德尔便下令禁止在公共场合跳舞。维希政府无意取消这一禁令，他们认为跳舞对于牺牲的法国军人或仍在战俘营中的俘虏是一种侮辱。此外，法国政府认为舞厅代表着威胁战俘妻子妇德的危险，可能会促使妇女和德国士兵展开深交或是更不得当的交往，这种合作可不是贝当希望鼓励的。尤其在维希政
284 府看来，舞蹈以及随之而来的欢愉与放纵会令人追忆起可恶的第三共和国，那个时代任性妄为、风流颓靡的风气会威胁贝当高度保守的民族革命计划。

然而不管维希政府感受如何，实际情况是另一番光景。德国士兵很快开始公然无视上司禁止他们在市内俱乐部和酒吧与法国人跳舞的命令，法国人也很快让步了。至1941年4月，德军官方已经放弃制止士兵并废除了自己的禁令，因为加强执法带来的麻烦远大于它带来的益处。同时，德军官方对于法国人在公共场合跳舞也采取了十分宽容的态度。“他们虽然蒙受了国家战败的耻辱，但他们如果想跳舞，那么从德国利益出发，不应该去阻止。”驻法德军政府的学校及文化部门这样报告。[43]只要巴黎人在室内跳舞，不在外面惹是生非就好。

维希政府的跳舞禁令并没有禁止学舞。早在1940年10月，教授“舞蹈课”的场所就在全巴黎开设起来。此类场所很快就达到了数百家之多，巴黎人既可在此“学习舞蹈”，又能避开警察的监视与管辖。[44]第二年，警方对于“舞蹈课”的流行感到忧心忡忡，其中很多地点非常隐秘，因此当局出台了诸多规定，以确保此类场所内进行的确实只有真正的舞蹈课。例如所有课

程都必须在警察局登记，每次上课人数不得超过十五组，学生必须提前注册至少五次课程且须持有有效会员卡，不设现场乐队，只允许钢琴伴奏或用留声机播放音乐。[45]

这些规定收效甚微。例如转而经商的年轻音乐家爱德华·吕奥（Édouard Ruault）就采取了圆滑的做法应对。吕奥自称为埃迪·巴克莱（Eddie Barclay）[46]，战后，这个名字在流行文化领域大放异彩。巴克莱在第十六区布瓦西埃路 37 号开设“舞蹈课”，他无视现场音乐禁令，因此为音乐家创造了许多工作机会。其中包括强哥·莱恩哈特的合作伙伴、低音提琴手埃马纽埃尔·苏迪厄（Emmanuel Soudieux）。[47]巴克莱没有费心在警察局登记，很快便开始宣传舞蹈聚会（而非舞蹈课）。他的俱乐部 285
吸引了富裕的巴黎年轻人，对于当地的“爵士青年”来说，这是个避难的去处。“我们喜欢在自己人的地方见面，免得挨打。”以前是个“爵士青年”的让-路易·博里说。[48]

“合作派”媒体对于大量未经登记的秘密“舞蹈课”怒不可遏，6 月 11 日，《禾束》发表了一篇题为《舞蹈课大丑闻》的调查报道。文章写道肮脏破旧的下等俱乐部收取 100 法郎的会费，每次入场还要另收 10 法郎。《示众》更进一步，公布了开设“舞蹈课”的场所地址，报道了当法国俘虏在德国战俘营中受苦受难的时候，年轻的“爵士青年”如何把整晚时光耗费在跳舞上。[49]

公共舞蹈的禁令使得巴黎及市郊的私人舞蹈聚会兴盛起来。集诗人、词曲作家、小说家、喇叭吹奏手等身份于一身的鲍里斯·维昂[①]（Boris Vian）和妻子米雪儿每周在阿夫雷镇（Ville

---

① 鲍里斯·维昂（1920—1959）：法国小说家、剧作家、诗人，代表作《岁月的泡沫》《我唾弃你们的坟墓》等，是战后法国的一位重要作家。

d'Avray）举办聚会，从圣拉扎尔车站乘火车不一会儿便能到达。有些来自香榭丽舍帕姆帕姆咖啡馆的“爵士青年”会来参加这些聚会，不过维昂会挖苦他们的爵士乐知识，或者说是挖苦他们此类知识的匮乏。[50]随着此类半波希米亚式私人聚会在全城和市郊开展，典雅精致的音乐聚会遍布整个巴黎（le tout Paris）。其中包括多米尼加共和国的一位大使波菲里奥·鲁比罗萨（Porfirio Rubirosa）主办的聚会，这位大使后来与女演员达妮埃尔·达妮耶结了婚[51]，在他的聚会上，宾客可以伴着包括强哥·莱恩哈特在内的知名音乐家演奏的乐曲，舞至天明。[52]

虽然有些巴黎人能拿出几小时用来休闲舞蹈，但 1942 年 8 月 10 日的警方报告描绘出城市生活更为严肃的一面。“恐怖分子袭击”仍在继续，报告中具体提到了警察和一支法国共产党武装队伍再次发生枪战，当时，法共演讲人正在城南达盖尔路一家大型杂货店外发表即兴演讲。

报告提到，有些巴黎人曾在 7 月 29 日看到大量德军车辆驶过街道，他们疑心这是不是代表要开辟第二战线了。人们在心里自问着，如果要开辟，那会不会影响他们，又会有多大的影响。签订协议赴德工作的法国人寥寥无几，所以很多人担心会不会很快开始强制执行。“总体而言，”报告称，“人们认为艰苦
286 的日子还在后面，感到焦虑紧张。”粮食依旧是巴黎人最大的烦恼。[53]

报告强调，“供给仍然是巴黎人最关注的问题”。巴黎人认为政府在打击诈骗和黑市方面根本没有做足工作，他们认为流通领域大量的伪造面包配给票扰乱了配给制度。巴黎的主妇怨声载道，水果太贵，新鲜蔬菜难得一见，鱼和熟肉更是看不到

影子。他们还将物资短缺归咎于德国人，说德国人忙着把东西全囤积起来了。

不过短缺的不仅是食物。报告指出，服装和鞋子的严重短缺产生了灾难性的影响，对低收入家庭影响尤甚。此外，生活成本不断上升，工资却在低水平保持不变，致使人们易受到激进派（例如共产党）宣传的影响。法国人的生活是不是太困难了？阿贝茨和军方一直以来都在留意由此产生的危险。但是这一观点并没有引起柏林纳粹精英的注意，他们甚至计划从法国征收更多的食物、原材料、人力，以弥补德国的物资和劳力短缺。

以法国工人交换战俘的志愿者制度——“替换计划”——并未像赖伐尔和绍克尔期望的那样取得成功。人数远远低于德国的预期，但赖伐尔依然坚持推广。8 月，他和维希政府及德方高官来到贡比涅火车站，热切地等待第一列载有归国战俘的火车。按原计划，战俘到达的同时应有一列火车的法国工人出发前往德国，让人觉得“替换计划”是用离开的工人平等交换归来的战俘。然而事实上是三名法国工人换一名战俘。

大批媒体准备好捕捉下这一历史性瞬间。“每个人都喜形于色，心中情难自已。”《画报》从人来人往的站台发来了以上报道。[54]然而某些归来者的脸上，写着的或许不仅是喜悦。火车上共有六百名战俘，但他们被灌了一千人配给量的红酒。不少人喝掉了多人份的酒，他们平时喝惯的德国啤酒酒劲小，到达贡比涅车站时已是酩酊大醉。[55]让·盖埃诺极为憎恶劳工 287
“替换计划”，评论说“送回战俘”的说法只是个幌子，实际是为了掩盖道德最败坏的勒索，只有赖伐尔这样的人才能想得出来。[56]

然而德国想要的不仅是劳工。夏季，驻法德军向4月上任的维希政府农业部部长加布里埃尔·勒华拉杜里表示，德国需要从法国获取更多肉类。然而这和帝国四年计划总负责人赫尔曼·戈林心中的宏图相比根本不值一提，8月初，他在柏林对军队指挥官和纳粹高层管理人员发表演讲，申明了对法国和法国人的态度。他表示尽管法国已经是个被征服的国家，但法国人却依然在“胡吃海塞”。“过去，我们只管一味掠夺，”他说，“征服了一个国家，就会把它的财产尽数收入囊中，如今的做法人道多了。至少按我的想法，我准备实施掠夺，并且是报复性的掠夺。”戈林对阿贝茨先生的做派——就好像只有他对“合作”具有垄断性的解释权利——大发牢骚，并总结了自己的观点：“如果法国人亲手交出拥有的一切财产，直到一无所有，并且这一切都是自愿行为，我才会认为这是‘合作’。”[57]

大约一周后，戈林在巴黎会见施蒂尔普纳格尔，并告知这名驻法德军总指挥，他要在两周后向柏林交出具体实施方案，从而达到纳粹领导提出的标准。戈林希望法国人交出200多万吨粮食、35万吨肉、30万吨土豆、15万吨蔬菜、30万吨水果、6亿升葡萄酒，一切都供德国消费。[58]施蒂尔普纳格尔大吃一惊。这个增加量不仅不现实，而且会给治安带来极端严重的风险。这意味着在已经宣布削减12%的配给之上进一步减少。此举还会导致社会动荡，驱使更多法国人加入抵抗组织军队。戈林驳回了施蒂尔普纳格尔的异议。然而德国对法国的掠夺不仅限于食物。据估计，至9月底，法国55%的铝产、80%的镁产、所有机车、无数机器都将为德国征用。70%的毛料、84%的棉制
288 品、87%的亚麻制品也将送往德国。食物征用将达到500万吨以上。[59]据驻法德军计算，即使不算新规定加上的部分，再刨去

黑市交易，巴黎的生活开销在1939年8月—1942年7月也已经上涨了65%以上，自占领开始通胀率蹿升约达50%。[60]多数巴黎人都在缓慢但持续地落入贫困的境地。

戈林要求征收更多法国产品的同时，弗朗茨·绍克尔希望有更多的法国工人去德国工厂劳动。至8月，自愿参加“替换计划”，交换战俘的工人数量仅达到德国预计的10%，绍克尔威胁要将这项制度变为强制制度。[61]

赖伐尔意识到这些要求将导致劳工骚乱、罢工、破坏行为，因此提出反对意见，阿贝茨也表示支持。然而9月4日，赖伐尔还是签署了新《劳动法》，这项法律在占领区及非占领区均具有效力，给予法国政府专门调动男女工人的权力（“为了国家的利益”），其中也包括将工人送往德国。所有十八岁至五十岁每周常规工作时间不足三十小时的男性，都须到当地政府登记。

赖伐尔和“合作派”媒体继续将“替换计划”伪装成自愿制度，并提醒民众未能达标的后果。10月的一次广播中，赖伐尔警告听众，“‘替换计划’要么是自愿计划，会给工人带来各种物质上的利益，要么是强制计划，工人只能被迫离开，他们将成为受害者，面对各种羞辱”。[62]尽管赖伐尔对“替换计划”有种种说法，但9月4日的《劳动法》已将系统性、强制性遣送劳工赴德的进程又向前推进了一步。确实如此，此法通过后不到三周，一名巴黎警察便在报告中描述了国家强制性的劳役，他还指出这项新法已经成为巴黎人当下的热门话题。总体而言，人们强烈反对赴德工作，但也有些人支持这项法律，他们有的认为“流浪汉”和“寄生虫”也应该为国出力，有的认为这是以人质交换条约为代价增加法国政府的权力。

然而此法的反对者认为它再次侵犯了个人自由，且据报告 289

显示，去德国招募办公室的法国工人人数仍然和过去一样寥寥无几。不光是工人总体数量，熟练工的数量也远远低于德国预期。10月，法国工业生产部部长让·比舍洛纳（Jean Bichelonne）承认自愿赴德的工人仅有一万七千名，比德国预计人数少十三万三千人。[63]这还是德国采取关闭法国工厂的策略，希望造成法国工人剩余从而自愿赴德之后的结果。警察报告记录，绝大部分工人将新法看作是维希政府软弱的表现，或是服从德国意愿的表现，他们害怕“替换计划”是将工人大批送往德国的前奏，他们将在那里为帝国的工业战争机器出力。[64]

10月初，另一份警察报告称，新《劳动法》进一步增加了工人的焦虑不安。雪上加霜的是，这一法律中的一项规定给各工厂都分配了派往德国工人的指标，只有可能结婚或家庭庞大的人能够免于入选。“各地的工人都不愿入选赴德工作的行列；在有些工厂，他们干活比平常慢，甚至是完全歇工。”[65]虽然有像米什兰或珀若这样的一两个人能幸免，各工厂管理层还是将名单列出并寄送了出去。同一份报告称，“替换计划”在工人中依然不受欢迎，他们怀疑德国人是否真能将法国战俘送回祖国。

如有公司管理层选定某位工人前往德国，但本人拒绝，德方总是非常乐意配合帮忙。11月，德国军警来到巴黎雪铁龙汽车工厂，带走了一群拒不赴德工作的工人。四十八小时后，这群工人的家人得到消息，称他们已被送至萨克森的汽车工厂。有些巴黎工厂的工人害怕被强迫征召，便逃到乡下，找份农民的工作。[66]然而逃跑并不是次次可行。一位雪铁龙工厂的工人逃
290 到了母亲在乡下的娘家村子，却发现根本待不下去，两周后只好又返回雪铁龙工厂工作。他被划分在下一组赴德名单中，送到了德国。[67]

与此同时，维希政府和巴黎媒体在不遗余力、尽其所能地敦促工人赴德。电影院的新闻片中介绍着“替换计划”的好处。“合作派”媒体发表文章呼吁工人赴德，例如《晨报》头版就曾刊载有一篇题为《为何必须赴德工作》的文章。[68]在一封媒体称是来自法国战俘的公开信中，囚犯们写道，他们担心法国人民并非都能理解战俘营处于怎样的情况，随着时间推移，战俘的痛苦可谓与日俱增。[69]在一篇随此信发表的文章中，两位维希政府部长保证，对于赴德工作的熟练工家人，法国政府将对他们的生活给予关照。[70]

1942 年 10—12 月间，实际约有十八万法国工人离开巴黎赴德劳动。然而他们的做法并未在绝对意义上促进德国的战争。他们的离开致使法国工厂减产，而这些工厂也为德国生产产品，在武器和航空领域影响尤为严重。[71]

巴黎人一方面担心可能实施综合性的强制劳役制度，另一方面随着占领后第三个冬季的到来，他们对于物资短缺的怒气与怨气与日俱增。他们的怒气发泄到了维希政府、德国占领者、依旧存在的黑市获利者身上，当巴黎人发现商店内踪迹难寻的商品由人非法掌握，并以他们难以承受的价格售出时，他们感到怒火愈发难平。

物资短缺再次将巴黎与外省、城市与乡村间暗藏的紧张关系引到了明处。根据 1942 年 10 月的一份巴黎警方报告，农民间对巴黎普遍抱有很强的仇恨情绪。当年秋天，巴黎乳制品和肉类依然极其短缺，但夏季来乡下度假的巴黎人亲眼看到肉类、牛奶、乳酪并不稀缺。巴黎零售商也不得人心，人们认为店主私存货物，所以顾客才接触不到大批量的商品。[72]购物一如既往地费力又劳心。以下是一位巴黎妇女 10 月

291 的购物时间安排：

> 7点30分　去面包店。买些面包。11点有面包干[73]卖。
>
> 9点　今天是买肉的日子。肉店老板告诉我们说，下一次来货要等到星期六。
>
> 9点30分　奶酪店。奶酪下午5点才送到。
>
> 10点　肚肉店。我的票是32号。下午4点才轮到我买。
>
> 10点30分　蔬菜店。蔬菜下午5点开始出售。
>
> 11点　回到面包店。面包干没有了。[74]

她一上午一共跑了六趟，等待了三个半小时，几乎什么也没买到。她下午得再出门一次。第二天又要重来一遍，并且也不能保证可以买到食物。家里的女主人每天都要面对成百上千的问题，如果手头拮据就更是难熬。[75]

食物短缺对于最弱势群体打击最大。9月的一份警察报告称，巴黎自1940年底起肺结核病例有所上升，医学专家倍感忧虑。“患者大都是在成长期内饮食状况不良的年轻人，”报告写道，“以及第一次世界大战期间受伤的老兵。”[76]

巴黎警方的秋季报告记录了巴黎民众对东线战况的强烈关注，苏联人成功保卫斯大林格勒让他们深感惊讶，也让他们思考起这场战役将带来怎样的结果。[77]苏联人坚韧不拔的精神鼓舞了希望德国战败的人，也让“合作主义分子”陷入沉思。对于希望德国占领终结的巴黎人而言，令他们大受鼓舞的事件发生在更近的地方——地中海南岸法国国境以内。

11 月 7—8 日凌晨 2—4 点，“火炬行动”开始了。二百七十艘船只载着的六万余名士兵在非洲北岸登陆，其中大部分是美国人。他们的登陆地点位于法国保护国摩洛哥和宪法规定的法属阿尔及利亚。摩洛哥及阿尔及利亚均效忠维希政府，但在 11 月 7 日阿尔及尔约有五百名反维希政府的当地人占领了市内重要建筑，并将支持维希政府的军界及公民领袖囚禁起来。这一行动帮助盟军于第二天占领了城市，虽然贝当命十二万位于北非的法国精兵抵抗，但盟军还是成功了。起初的武装冲突中，盟军约有一千五百人伤亡，随后他们展开猛烈反击。贝当一度坚决抵抗德方施压，不肯让法国正式向盟军宣战，至 1942 年底，他和赖伐尔都意识到德国取得军事胜利的希望越发渺茫，他们必须多留后路，其中也包括与盟军达成协议。但他们也准许了德国空军在突尼斯降落。 292

得知盟军登陆的消息，巴黎人兴奋极了。“在广播里听到这则新闻的人全都高兴得不能自已，纷纷打电话通报友人。”学校老师让·盖埃诺这样写道。他说，这次登陆意义极其重大，或许将改变目前战争进行的速度。巴黎街头，人们喜形于色，一看便知得到了喜讯。“他们的双眼闪闪发亮，步伐宛若携着春风。”阿尔弗雷德·法布尔-吕斯写道。他注意到喜悦之情压倒了一切：“在战争的隧道终点终于窥见光明的喜悦。”[78]

这或许是尾声的起点，贝诺瓦特·格鲁说，“我们真的感觉德国会受到应有的惩罚。瓦尔基里①将回到她们的洞穴，像瓦

① 瓦尔基里：北欧神话中的女武神，瓦格纳的歌剧作品《尼伯龙根的指环》第二联《女武神》中出现过对瓦尔基里的描写。

格纳的歌剧中那样死去”。[79]埃莱娜·贝尔的父母“十分兴奋”，她明白自己也该高兴，但她对这则新闻还反应不过来，就算其中暗示着战争“快要结束了”。[80]1942年11月10日，温斯顿·丘吉尔在伦敦市长官邸的演讲中，也表达了战争正朝新阶段发展的希望，他说：“这不是尾声，尾声甚至还尚未开始。但或许，这是序幕的结束。”

其他巴黎人被盟军的行动吓坏了。加尔捷-布瓦西埃的一位
朋友害怕一旦法国政府向美国宣战，那么英国不出四十八小时
293 便会轰炸巴黎。[81]乔治·伯努瓦-居约德担心兄弟让的安全，最
后一次听到消息的时候，他在阿尔及尔指挥效忠维希政府的殖
民步兵团。乔治想到让或许要和加入了自由法国的侄子对阵，
感到很是恐慌。[82]

对于盟军登陆，米舍利娜·博德感到“真的很兴奋”，她在日记中写道，虽然德方试图拦截英国广播，但人们仍然一刻不离地注意收听。“合作派”报纸称“美国入侵”意味着“我们会再没有小麦、咖啡、巧克力、红酒等”，但是米舍利娜觉得这说法太怪异了，从占领初期起，大多数巴黎人就再没见过巧克力。[83]想喝咖啡，他们只能靠替代品“国民咖啡”（National Coffee）凑合。米舍利娜说，巴黎人最主要的话题就是“吃饭、取暖、穿衣”。人们根本找不到鞋子，区政府也没有买鞋的配给券。皮底鞋几乎无影无踪。像她这样年轻人的每日食物配给已经降至面包350克，牛奶250毫升。成年人的配给更少——面包275克，没有牛奶。[84]

“火炬行动”开始几天后，德方作出了回应。鉴于赖伐尔和贝当拒不与德国签订军事盟约，希特勒决定全面入侵法国。

11 月 11 日（停战纪念日）早上 7 点，德国军队越过了占领区、非占领区分界线。希特勒称这不是占领，德国军队只是驻扎在此保卫法国，以防南方来的盟军入侵。希特勒在致贝当的信中强调，不应将他的决定视作是反法国的，他希望保持法国政府和行政机构的效力。然而他对德国最高统帅部是这样说的：只有在符合德国利益的情况下，法国政权才会得到认可，“一旦不再符合军事需求，就会立刻予以废除”。[85]因此，德国的轴心国伙伴意大利入侵了法国科西嘉岛以及意大利附近的法国领土，意大利部队也受命前往突尼斯应对盟军。

随着德军向南移动，贝当向维希政府获准保留的法国休战军（armistice army）下达指示，要求他们不要与德国军队交战，只有蒙彼利埃的指挥官拉特尔·德塔西尼将军没有听从，294
他立刻受到了逮捕。两周后，希特勒下令解散休战军。11 月 26 日，拉博德（Laborde）上将不愿法国舰队余部落入德国或盟军之手，遂率其中大部逃往土伦。[86]至当月底，维希政府的名声已经一塌糊涂。其主权的遮羞布已被彻底剥去。“没有军队，没有舰队，”乔治·伯努瓦-居约德写道，“法国大陆上再没有哪怕一寸自由的土地。北非落入英国人和美国人之手；萨瓦、尼斯、科西嘉、突尼斯落入（意大利）法西斯小丑之手。以上便是 11 月严峻的受损状况。”[87]德军占领法国全境，意味着德国虽还在依赖法国政府予以行政支持，尤其是警力，但已经再无必要与维希政府进行商讨。今后德国做出决定后只须通知贝当政府即可。

伯努瓦-居约德乐观地希望贝当能逃往北非，他或许会决定在那里团结法国。[88]让·盖埃诺则并不抱这样的幻想，表示最近的种种事件已经表明 1940 年的停战是愚蠢的背叛行为。“我们获得的只有耻辱。”他总结道，在他看来，贝当自 1940 年起始终一心自顾，从来没有一国领袖如此忽视自己的人民。[89]

德方知道盟军登陆北非激起了反德情绪的新高潮。希姆莱的秘密安全部队成员称，“火炬行动”激发了法国前所未有的仇德情绪，高达95%的人希望盟军取胜。巴黎的德军也十分悲观。“如今德国的朋友不多。”一位驻扎巴黎市郊的德国军官诉苦道。德方的乐观主义正快速消散，也不再趾高气扬了。[90]东线战场持续的问题，以及盟军对德国越发密集的轰炸都使得悲观情绪更加强烈。自1942年起，盟军的轰炸限制越来越小，他们不仅攻击军事设施，也攻击工厂，随后开始攻击平民区域。

巴黎的“合作主义分子”不得不思考起来，“火炬行动”将对他们的计划和目标造成怎样的影响。马塞尔·德亚依旧支持
295 赖伐尔，但厌恶这位总理的人实在为数不少，厌恶者中不仅有戴高乐支持者和共产党员，贝当在维希政府中的随从也对他极不信任，十分痛恨。德亚坚持认为，和赖伐尔结盟再加上其他“合作路线”党派，他也许依然能够实现极权主义的宏图。11月18日，贝当签署了一项法令，规定今后法律只须赖伐尔签字即可生效，德亚感到希望成真的可能性更大了。

然而另一方面，法国人民党领袖、德亚最大的劲敌雅克·多里奥却在谋划接替赖伐尔的位置。他认为维希政府在“合作”方面的政策太过温和模糊，打算予以加强，将法国转变为纳粹式国家。多里奥得到了几支巴黎的纳粹秘密安全力量的支持，加强了他自认为是柏林方面的法国代表的错误想法。他断然排除了与德亚或其他“合作主义派”领导人合作的想法，希望能在巴黎的纳粹盟友支持下，成为法国元首及单一党派的领袖，控制一个极端残酷、意识形态上十分忠诚的安全组织。

德亚对赖伐尔不离不弃的同时，多里奥和法国人民党自从

夏末便在法国全国举办集会，以期为驱逐赖伐尔铺平道路。[91] 11 月 4 日，七千多名法国人民党代表聚集在巴黎高蒙电影院，开始为期五天的“权力会议”。多里奥发表了长达八小时（!）的演说，阐述了将法国建设为极权主义国家的未来构想。他本打算将会议推向胜利高潮，却由于赖伐尔禁止最后一天活动的进行而流产，赖伐尔给出的理由是盟军开始登陆北非了。于是多里奥及其支持者走上街头，沿香榭丽舍大道游行，高喊“赖伐尔下台！叛徒赖伐尔！多里奥上台!”的口号。“火炬行动”后，多里奥曾公开要求赖伐尔立刻向英美宣战，从盎格鲁—撒克逊人手中夺回北非。

如果多里奥希望盟军登陆和德军占领法国全境会使得德国人抛弃赖伐尔，转为扶持他，那么他就大错特错了。奥托·阿贝茨希望“合作主义”组织能在巴黎建立联合统一阵线，法国维希政府中也设有阵线代表。希特勒和阿贝茨一样，希望法国 296
能够采取顺从态度并保持分裂状态，他害怕支持多里奥会催生一个与纳粹德国抗衡的纳粹法国，最终挑战第三帝国的统治。德国政府考虑过废除法国人民党，但最后只是削减了来自德方的供给资金。[92]

讽刺的是，在驻巴黎的德方势力中，“火炬行动”伤害最大的是奥托·阿贝茨。连月来，他和里宾特洛甫一直关系不佳。对里宾特洛甫来说，阿贝茨表现得越发我行我素，加之他强烈支持赖伐尔，这些都激怒了这位德国外交部部长。北非登陆已使政局发生了巨变，戈培尔和戈林等柏林精英并不信任阿贝茨，很快宣称如果柏林不听取里宾特洛甫在巴黎的手下的意见，而对法国采取更严格的管理，情况会比现在好办很多，例如，他们就不必忍受拒不向盟军宣战的维希政府了。

“我们完全可以说，阿贝茨的政策从各方面来看都失败了，”戈培尔指出，“他太支持赖伐尔和那群‘合作主义派’的朋友了。”[93]戈林曾公开嘲讽阿贝茨对“合作主义”的理解，弗朗茨·绍克尔由于交不出足够的工人，依然十分苦恼，这两人都很乐见阿贝茨蒙羞。里宾特洛甫给阿贝茨下了开拔令，召他返回德国。

驻法德国势力也非常高兴阿贝茨被打发走了。这部分势力中的第一股是德国秘密警察，因为阿贝茨一直阻挠雅克·多里奥，而秘密警察一直希望多里奥能当选为法国纳粹党领袖。第二股是驻法德军宣传部门的一些成员，自占领伊始，阿贝茨一直与他们存在冲突。第三股是弗里德里希-卡尔·哈内斯将军，他是戈林安排在巴黎的要员，纳粹空军的参谋长，在罗斯柴尔德男爵位于马里尼大街的宅邸中办公。阿贝茨后来断言道：“所有针对我不怀好意的运动，都是这三股势力在从中作梗。”他还指控这三股势力联合他的另外两个敌人——洛林地区纳粹地方长官约瑟夫·比克尔及希特勒的外国劳工招募负责人弗朗茨·绍克尔，他们的共同密谋害得他被召回了柏林，这其中有些道理。[94]不过，不管阿贝茨怎样把他蒙羞返回柏林的原因归咎于人，他的“合作”政策确实失败了，这点几乎无人能够否认。这些政策没有照他柏林主子的期望为法国带来和平与稳定，只有
297 破碎，也没能激发法国人与第三帝国建立更紧密的关系或联盟的热情。多数巴黎人和其他法国人同样厌恶阿贝茨与赖伐尔的紧密关系，谴责这两人没能为他们的生活带来任何改善。事实上，对于多数人来说，阿贝茨—赖伐尔推行的“合作”意味着更加深重的苦难。

自从德国入侵苏联，巴黎的生活发生了一些重大变化。东

线的一系列战败，盟军在北非登陆及对德国越来越密集的轰炸，这一切都严重挫伤了自信的德国占领者。巴黎的德国人作何反应还有待观察。面对逆流，或许他们只会以自己所知的唯一方式应对：变本加厉的暴行和压迫。巴黎的“合作主义分子”也必须做出判断，是否一切都走到了穷途末路？他们是不是一直押错了宝？如果盟军胜利，他们又会怎样？所有反对占领的巴黎人对于国际战线的发展都感到欢欣鼓舞。过去，有人哪怕表现出一点儿纳粹德国或许会战败，或者德国人也许会撤出巴黎的意思，旁人都会认为他是个愚蠢的空想家，对其置之不理。而现在，这些猜想都很有可能成真。巴黎人的精神虽然振奋起来，生活却依然艰难。多数巴黎人食不果腹，缺衣少穿，取暖的燃料也不足，依然在等待着至亲从德国战俘营归来；对于身强力壮的男人来说，强制赴德工作的恐惧依然笼罩着他们。在这样希望交织着困苦的背景下，反抗力量的组织和财政得到了加强（英国政府提供了资金支持）。[95]然而法国与德国警方还在搜索、抓捕、囚禁、遣送、处决“不受欢迎分子”和“恐怖分子”。1942 年，上千名犹太人继续从德朗西被送往东部集中营，不过北非发生的事件迫使德方在 1942 年 11 月—1943 年 2 月放缓了遣送的步伐，他们不得不在南方投注更多精力。

当时，人们认为 1942 年 11 月是个意义重大的月份。“接下来又会出什么事情?”退休女教师贝尔特·奥鲁瓦纳问道，“我们不得不渐渐学会将出乎意料视作情理之中，每天早上我打开收音机时，手指都在颤抖。对于战争何时结束的预测再次大肆流行起 298
来，总体而言，大多数人认为会在 1943 年夏季结束。但是你也应该看到悲观派摇头，叹息着‘还要再等好几年呢’……与此同时，我们悲惨的生活依然继续。”[96]

299 # 第十二章　劳工征召，抵抗，法国盖世太保

盟军登陆北非，使得战争重心由东线战场转回欧洲。这标志着对抗德国的力量格局发生了改变，也使德军占领法国全境。情况的变化极大地影响了德国战争机器、维希政府、抵抗运动、“合作主义分子”，以及巴黎和其周边“平凡”的男男女女。

驻法德军需要拓展其管辖范围，覆盖过去的非占领区，因而与多方展开尴尬的新接触。一方面是德国军队与秘密警察，另一方面是德国军队与“南方地区”的法国当地官员，尤其是市长和警长。这一变化也为南方区域的居民带来了一系列政治、现实、道德问题，如今，他们必须要弄清，面对德国人该做何反应。

12 月 19 日，德国扩张产生的开销由谁填补的问题得到了解决，德方只是通知了维希政府继续承担占领开销，以及这项费用将从每天 3 亿法郎升高到 5 亿法郎。这一单方面的苛刻命令不过再次证实了维希政府处于近乎附庸的地位，也意味着法国政府可用于满足其人民需求的资金更少了。[1]

300 对于希特勒占领全法的决定，大多数反对占领的巴黎人都为之振奋，这说明希特勒非常重视盟军登陆法国地中海沿岸产生的威胁。盟军登陆阿尔及利亚和摩洛哥让他们欣喜若狂，但是由于盟军并无进一步的新动作，他们的注意力又转回了东线。例如 1943 年 1 月 1 日，伦敦的一则广播新闻称，过去六周，斯大林格勒战场上已有十七万五千名德军死亡。即使这则消息言

过其实，希特勒在向德国人民发表题为《胜利!》的新年致辞时，惯常的雄心与必胜信念也确实少了几分。他说："冬季过后，我们将再次踏上征程，为了自由集中一切力量，换言之，是为我们人民的生活和自由集中力量。敌我之中一方被击垮的日子终将来到。而我们知道被击垮的不会是德国。"[2]

年关将近，让·盖埃诺和安杰·鲍伯考斯基在戈培尔为德国出版物《帝国》的撰文中发现了一丝变化。盖埃诺指出这位纳粹宣传部部长一周比一周悲观，鲍伯考斯基则总结，戈培尔已经无话可写了。[3] 1 月中旬，盖埃诺在日记中写道，他认为纳粹德国必会灭亡。[4]此时银行家及经济学家夏尔·里斯特认为，战争或许会比人们预期的更早结束。在巴黎银行的一场会议当中，里斯特表示，他称之为"合作者"的人全都闷闷不乐，有些人已经准备倒戈，谈起苏联人变得毕恭毕敬起来。[5]

人们对于苏联战况的兴趣演变成了痴迷。安杰·鲍伯考斯基在 1 月 14 日的日记中写道，现在巴黎根本找不到苏联地图，而有地图的人都在一边听广播一边查看。[6]确实如此，就在写完这篇日记的第二天，他去拜访房东时便看到他们听着英国广播公司的节目，同时在地图上搜寻着广播报出的从德军手中收复的村镇。"苏联人在各地节节胜利。"他写道。[7]

可以想见，此时"合作派"媒体用于报道苏联情况的篇幅和早前报道德国入侵苏联时相比少多了。当时德国官方责令法 301
国报纸每天要有六个关于东线战场的专栏，然而 1 月 24 日起，他们将专栏严格限制在两个。为了阻止巴黎人跟进红军的胜利战况，德国公报不再刊登具体地名，但无济于事。[8]

在斯大林格勒，德国国防军发现红军已将他们团团包围。如今就连希特勒也不得不承认，德国的前景从没有这样不容乐观过。1943年1月30日，在受任为德国总理的十周年纪念日上，希特勒提拔了他在斯大林格勒级别最高的军官——弗里德里希·保卢斯将军为陆军元帅。这一举动意在邀请保卢斯“光荣”自尽。第二天，保卢斯决心回绝邀请，并决定投降。2月2日，他真的投降了。某些地区的德军听从希特勒的命令继续作战，但苏维埃部队无情地展开了轰炸，直至他们最终屈服。在斯大林格勒这场战役中，共有二十多万德国士兵死亡，另有二十三万五千名士兵被俘，他们衣衫褴褛，肮脏不堪，胡须未剃，饥肠辘辘，士气低落，虱子缠身，最终得以返回德国的仅有不到六千人。苏联新一轮的军事行动再过几个月才会碾压而来，伟大帝国的锐气却已经被庞大的人力物力成本压垮了。夏尔·里斯特欢呼说这是“斯大林格勒悲剧的终结”，他还说这是1756—1763年的七年战争以来，德国将军首次向俄国投降。[9]

国防军是在斯大林格勒战败了，但柏林纳粹精英并不肯对败给布尔什维克的事实展开细致的反思。他们决定投入更多的兵力和军械与红军对垒。柏林方面急切地希望取得军事胜利，遂决定再征召数十万德国工人入伍，将他们送往东线战场。然而工人中很多从事武器和设备制造，这些产品也是前线所需的，因而这个计划并不是个解决办法。他们得从别的地方寻找劳动力顶替。

即便法国对于“替换计划”充满了怀疑与愤恨，皮埃尔·赖伐尔的“自愿”交换项目还是在1942年6月1日—12月31日期间将二十四万名法国工人送往德国劳动，其中有八万五千
302 人来自大巴黎地区。[10]但赖伐尔意识到，依靠自愿计划和从个别工厂人工挑选不可能达到绍克尔的要求——在1943年1—3月

之间再募集二十五万名工人。2月16日，德军在斯大林格勒战败两周后，赖伐尔采取了令许多人害怕的措施：他出台了全国性的强制劳力征召制度，称为“义务劳动服务”（STO），与“替换计划”同步实施。“义务劳动服务”制度规定，年轻男性（1920年1月1日—1922年12月31日出生）均须前往德国工作两年。如不遵守，则可能获刑三个月至五年及被处以200法郎至10万法郎的罚款。起初，某些职业和群体可以除外，如农民、矿工、警察、学生、铁路工人，但随着德国对法国劳动力需求的增加，很多免除条款要么被修改，要么被废除。[11]

2月底，让·盖埃诺指出，“义务劳动服务”征召体系的遣送效率比之前更高。他写道，愤慨的年轻人像罪犯一样在巴黎各区政府外排队，等待“义务劳动服务”征召登记。他热切盼望反抗精神的出现，如果法国警察拒不协助，德国便需要一整支警察队伍围捕应征者。[12]被封禁的共产党日报《人道报》的观点更进一步。它主张如果人民群众能不再袖手旁观，而是“向警察开枪或是施以痛击”[13]，那么十几个小伙被四五个宪兵押解的恐怖场面就不会再度上演。5月，夏尔·布莱邦的一位朋友在拉丁区看到一卡车即将被送往德国的工人，他们高喊着“赖伐尔滚进茅房!”的口号。“所有站在店门前的店主都在鼓掌。警察不能参与，但你能看出来他们其实也很想拍手。”[14]

“义务劳动服务”制度的实施广泛散播了愤慨和消沉的情绪。让·盖埃诺真不知道他和其他市民是否还能摆脱这份耻辱。[15]4月1日起，所有十八岁至五十岁的法国工人都必须持有写清工作地点及职称的工作证。有些巴黎人依旧尊敬或爱戴贝当，但他懦弱地接受德军占领法国全境，并对赖伐尔实施“义务劳动服务”制度采取默不作声的态度，这两件事严重破坏了 303

他在很多过去的仰慕者心中的名声。越来越多的人将他视作赖伐尔的傀儡或是德国的工具。正如巴黎一位英国广播公司的听众在4月所写的，“贝当元帅在他大多数最忠诚的追随者看来，不过是个可悲的老头子，人们要么说他是糊涂得什么都看不明白，要么说他是心向德国”。[16]对于学生贝尔纳·皮埃坎来说，“义务劳动服务”制度的出台彻底摧毁了维希政府的信用。“‘如果没有贝当，我们会成什么样？’这个问题的答案非常简单，和我们现在的身份——奴隶——没有区别。”[17]但也有人仍然坚持相信贝当在为法国尽最大努力。他们认为法国和欧洲最大的威胁不是纳粹主义，而是布尔什维克主义，必须不惜一切代价予以摧毁。如果法国人去帝国劳动是这份代价的一部分，那么他们可以接受。

1943年1月1日至3月底，又有二十五万名法国工人被送往德国，其中有七万名来自大巴黎地区。但绍克尔仍不满意。他要求到6月底再募集二十二万人。此时，赖伐尔非常清楚“义务劳动服务”制度激发了强烈的反德情绪，他警告绍克尔这样做等于是在支持戴高乐，很不明智。然而一连串的无用抗议之后，赖伐尔还是认输了，同意尽量满足绍克尔的要求。不过从1943年5月到同年年底，只有约十七万法国人前往德国，其中来自巴黎的不足三千人。1942年6—12月，巴黎工人占“义务劳动服务”征召劳工的三分之一；1943年1—3月，占四分之一；到1943年3—12月，只占五分之一。[18]

驻法德军在巴黎的审查负责人赫尔梅斯博士充满信心地预测说，“义务劳动服务”制度征召会将潜在和活跃的抵抗成员送往德国，因而“可使抵抗组织军队自行瓦解”，很多抵抗组织成员也害怕会发生这种情况。[19]然而他们都错了。满心愤恨却仍然尽责响应征召的年轻人虽然不少，但拒绝执行的也数以千计。在法国占领区及非占领区，“义务劳动服务”制度成了反维希政府和反德活动及宣传的焦点。拒不响应“义务劳动服务”征召是一个反抗的机会，既比被动抵抗或是出版报纸积极，又不完 304
全意味着武装反抗。在法国南部地区，由于德国占领者不熟悉情况，抵抗更易发生。

不想响应“义务劳动服务”征召赴德的人有几种选择。有些人不去登记。还有些人登记了，但用体检结果当理由极力拒绝。有些人很幸运，能够碰到有同情心又热切希望破坏强制劳工制度的法国医生体检，这类医生会接受夸大病情或是捏造症状，证明他们不适合进行劳动。不太幸运的人则会碰到支持纳粹的法国医生，不论身体状况如何，他们都会开出适合劳动的证明。路易-费迪南·德图什就是第二种医生，他更常见的称呼是小说家塞利纳。他当时在巴黎西北部 6 英里之外的小镇贝宗（Bezons）从事“义务劳动服务”征召的体检工作。然而，即使是通过了体检的应召者仍然有“消失”的可能，因为出发时他们可以不去报到。

巴黎的一些年轻人得到了当局的豁免。贝尔纳·皮埃坎和其他巴黎医院附属的医学院学生都得到了区政府发放的豁免证。[20]还有一些人则在德方控制的工厂里，甚至是诸如纳粹党军事交通部门（NSKK）的德方组织中谋职[21]，从而躲避征召，这样就不大可能被送去德国了。也有些巴黎人通过加入多里奥的法国人民党从而躲避“义务劳动服务”征召，他们不仅不会受到征召，还能获得食物和收入。1943 年 9 月起，学生被排除出“义务劳动服务”征召免除范围。[22]让·盖埃诺写道，巴黎的学生们为了躲避征召，纷纷进入反纳粹法国老板的矿场和工厂工作。最让盖埃诺痛惜的是，他发现从事体力劳动的经历强化了学生面对工人的优越感，学生轻视他们，而非与他们建立团结的关系，类似事例盖埃诺起码发现过一次。[23]今天，我们并不清楚这种反应的普遍程度。贝尔纳·皮埃坎的一位同学去了蒙梭矿场工作，其他人要么拿到了免征召证明，要么躲了起来。[24]

有些人干脆离开巴黎，前往南方地区或是更远的地方。贝尔特·奥鲁瓦邻居的儿子设法逃到了非洲，加入了当地的反维希政府法国军队，与盟军并肩作战。还有些人决定留在老地方但转入地下。[25]这样做并不容易，因为要拿到新配给卡，就必须出具表明身份的工作证明或是免除“义务劳动服务”征召的官
305 方文件。在巴黎转入地下意味着要找到避难所，并且要依靠某个愿意提供保护的人，这个人还要愿意分出少之又少的食物。为了应对大量巴黎人逃避“义务劳动服务”征召，巴黎警察增加了对年轻人的抽查，尤其在地铁站和电影院及周边地带。拿不出工作证明的男子会立刻遭到逮捕。就连德国人也承认，“义务劳动服务”征召在巴黎不得人心，在逃的被征召者总能得到当地人的帮助，尤其是在工人阶级聚居区。官方曾经计划建设“义务劳动服务”征召看管中心，计划后被废除。原因就在于附近遍布工人住宅，受征召者逃入这片抱有极强敌对情绪的地区简直轻而易举。[26]

1943 年 3 月，让·盖埃诺有一位二十二岁的熟人告诉他说，自己要被送到德国去了。不久，让收到来信，信上说这位年轻人已在柏林市郊的一家爆炸物工厂做工。他和三个年纪在十二岁至十五岁的乌克兰女孩一起工作，负责装载和推动卡车。他们知道，哪怕有一丁点搞破坏的嫌疑都会立刻被交到纳粹手里。秋季，这位年轻人回到了巴黎，工厂的夜班工作强度太大，

导致他的心脏出现严重问题，于是被送了回来。

伦敦广播和抵抗组织宣传利用了人们对于“义务劳动服务”广泛的愤怒之情。“义务劳动服务”实施几天后，夏尔·布莱邦前往索邦大学，发现校内一片哗然，墙上满是“反抗！不要去！”的标语（尽管当时学生还是豁免对象）。[27]夏季，法国青年共产党联盟地下报纸《先锋报》发表了题为《万岁！法国青年！》的文章，报道了巴黎三家电影院展开的针对“义务劳动服务”的抗议行动。[28]盟军在北非取得成功，在斯大林格勒打败德国后，伦敦自由法国已经斗志昂扬，他们利用自己的广播呼吁法国男青年不要赴德，力劝其家人鼓励他们留下。1943 年，“不要去德国”（Ne va pas en Allemagne）这一短语在广播中使用了约一千五百次。[29]英国广播公司也强调维希政府失去了合法性，毕竟这个政府一直袖手旁观，任凭德国占领全法，支持人人憎恶的“义务劳动服务”政策。广播劝诫法国公务员采取 306
“行政破坏”行动，例如放缓“义务劳动服务”征召登记及征召过程，发放配给券时不要求查看征召登记证明等。

“义务劳动服务”制度为公共行政渗透组织（NAP）的成员带来了机会，这是一个由法国官员组成的秘密组织，创立于 1942 年 9 月，致力于从内部破坏法国行政机器运作。其中一名在巴黎的成员名叫让·伊斯梅奥拉里（Jean Isméolari），他在破坏当地“义务劳动服务”征召方面做出了极大贡献。让从战前起就是劳动事务方面的政府检察员。他凭借出奇的足智多谋与勇敢大胆，在劳工部内建立了两个新组织。[30]第一个组织的目标是在招募过程中尽量造成干扰，尽可能让更多人上诉。第二个组织监督上诉陪审小组，安排反对“义务劳动服务”征召的同情人士陪审，并尽可能多开具官方豁免信。[31]一位历史学家统计过，伊斯梅奥拉里凭个人力量阻止了1920—1922年出生的约一万四千名青年男子赴德。据估计，行政抵抗总计使十万人获得了“义务劳动服务”征召豁免。[32]

1943年9月，学生不再是豁免对象，很快便有人向希望躲避征召的学生提供帮助。例如索邦大学法学院的学生得到了院长乔治·里佩尔的帮助。里佩尔在1940年9—12月曾任维希政府教育部部长，在其任内犹太人遭到驱逐，不得担任教职。根据法国历史学家罗贝尔·阿隆（Robert Aron）所说，这同一位里佩尔却在1943年同意学生重填大学登记表，允许他们用假名登记。如果他们需要“消失”一段时间，他允许学生缺课；即使他们的身份证明上没有盖上“义务劳动服务”普查登记的印章，他也允许学生参加考试。[33]

“义务劳动服务”征召并没有像很多德国人所期望的或部分反抗组织领袖所害怕的那样，严重打压占领区反对者，反而促进了抵抗运动的萌芽。至1943年春天，抵抗组织结构更加紧密，占领区和非占领区的人们均可加入组织，不必像过去一样与几个朋友组建小团体。尤其是在南部地区，很多逃跑的年轻
307 男子都在乡下避难。其中一些人和一个称为马基游击队（maquis）的新生农村反抗组织有了接触。这个名字在1943年1月还不为人知，然而六个月后人们已经对其耳熟能详。[34]有人质疑如果没有“义务劳动服务”征召，马基游击队能否这样发展迅猛，但是人们或许也夸大了征召的影响力，一份调查显示，不响应“义务劳动服务”征召的人里只有约10%加入了马基游击队。[35]

在巴黎，绍克尔过度的征召行动惹怒了德国军方高层。绍克尔认为自己对法国经济具有毫无约束的权威，让施蒂尔普纳

格尔将军大为火光。绍克尔十分干脆地无视了施蒂尔普纳格尔的意愿，起用朱利叶斯·里特尔（Julius Ritter）担任其驻巴黎代表，使得这位将军更加恼怒。里特尔与赖伐尔进行私会，把施蒂尔普纳格尔晾在一边，后者抗议驻法德军指挥官才是经过授权、可与法国政府进行谈判的占领方唯一代表，但一切不过是徒劳。[36]

绍克尔对法国工人的疯狂征召最终失败了。他下定决心尽可能多地向德国输送法国劳工，但实际上德国人也需要法国工人在法国本土工厂里劳动，要么是为了德国，要么是为了德国的项目，例如（德国）托德组织①修建的大西洋海岸壁垒。希特勒似乎认为法国能够在提供 50 万工人赴德劳动的同时增加其工厂的武器产量。这纯粹是异想天开。[37] 1943 年 9 月，绍克尔坐了冷板凳，新上任的德国军需部部长阿尔贝特·施佩尔与维希政府工业生产部部长让·比舍洛纳达成协议，免除 60 万法国工人前往德国的征召，将他们重新派遣至法国其他部门，这些部门 75% 的产量是供给帝国的。到 1944 年 1 月，在这些部门工作的法国人达到 100 万以上。[38] 虽然仍有部分劳工被送往德国，但此后赴德劳工人数相对较少，这一协议的签署正是原因。

1942 年 11 月前，由于非占领区没有德国势力，法国官方又忙于抓捕共产党员，因此非共产主义抵抗组织活动较为公开。308
克里斯蒂安·皮诺是占领区抵抗组织“解放北方”的建立者，他在造访里昂时发现，这里的抵抗组织领袖行动起来畅通无阻，能够公开在咖啡馆或餐馆与人会面，他大为震惊。“他们好像只

① 托德组织：二战期间著名的建筑工程组织。大西洋海岸壁垒由托德组织修建，是二战期间德军在欧洲大陆海岸线用来防御西线盟军的重要军事设施。

差拿出名片来了，上面还印着自己在地下组织的头衔。”[39]德国占领法国全境后，抵抗组织急需更加严格的安全措施，不同抵抗运动组织之间发展出了更加紧密的合作关系。这正是戴高乐的私人公使及前省长让·穆兰自1942年初从伦敦返回巴黎后，一直不知疲倦地在奔忙促成的事情。

1943年1月，“解放南方”、“战斗”和“自由射手”三个南部最大的组织网络走到了一起，建立了联合抵抗运动（MUR）的联盟。如今南部正式的合作抵抗组织对抗“义务劳动服务”征召的准备更加充分。联盟向两区所有不愿前往德国的征召者提供支持，包括提供伪造身份文件、工作证明、配给证，以及为有意成为抵抗组织活跃成员的人提供食宿和武器。

1943年春，德国部队占领南部不过六个月，不同组织间的合作已经达到了新的高度。连月来各组织间发生了激烈的谈判，这些争议来自组织间的猜忌、政治差异、政策分歧、结构和程序方面的争端，也来源于私人恩怨和性格冲突。最终，让·穆兰在巴黎圣日耳曼区的一条小街上成功召开了一次历史性会议。

1943年5月27日，第六区富尔路48号一间位于一楼的公寓内，各主要反抗组织的八名代表、六名被禁的政治党派代表、两名贸易联盟（被封禁）代表齐聚一堂。其中共产党有两名代表，一名代表党派自身利益，另一名代表民族阵线（le Front national）——这是一个基础广泛的抵抗运动组织，建立于1941年，采用共和的论调呼吁所有“爱国者”团结起来。穆兰说服了代表们，结成统一体要比各个组织单独行动效率更高。各代
309 表投票一致同意建立全国抵抗运动委员会（CNR）。[40]

穆兰强调，戴高乐虽然与丘吉尔，尤其与罗斯福存在不和，但国内和国际都把他看作法国反纳粹抵抗的象征。穆兰还强调，

全国抵抗运动委员会的各抵抗组织如果能拥戴戴高乐为领袖，那么不仅能在经济和军事方面获利，还可以获得英国的空中支援。此外，戴高乐与英国广播公司有联系，后者的广播能够覆盖到全法，在全国范围内提高士气，协调行动。广播会继续播报全国范围内“普通”民众写的反德信件，从而鼓舞抵抗运动。1940 年秋季起，广播还用以向在巴黎的戴高乐支持者传送加密消息。这一方式可加以拓展，供所有全国抵抗运动委员会的组织使用。

从戴高乐的角度来看，全国抵抗运动委员会能够构成解放后来源广泛的法国政府的根基。委员会将会增强他在英国人眼中，或许最终是美国人眼中的个人威信和权威。抵抗运动承认戴高乐的领袖地位，就相当于给了他一张能与对手亨利·吉罗[①]将军抗衡的王牌。吉罗是一位从德国监狱中脱逃的法国军官，盟军登陆后，他立刻到达北非，作为后盾极力支持美国，希望取代戴高乐成为法国和盟军的主要对话人。结果戴高乐完全以智取胜。早在全国抵抗运动委员会建立前，抵抗运动就已经组织得很出色，并吸引了更多的成员与支持者。不过在巴黎人或法国总人口之中，只有很少一部分称得上是“积极抵抗人士”。

早期的抵抗组织规模很小，维持时间一般不长，大多致力于宣传反对占领，收集对盟军有用的信息。1943 年，德军在斯大林格勒战败后，战况似乎开始向利于盟军的方向发展，抵抗组织对于德国个人及财产的袭击依旧，破坏行动也在继续，但现在他们得到了伦敦的资金和武器支持。在法国的文化中心巴黎，知识分子也展开了反抗，首先是在《自由思想》（*La Pensée libre*）上，其 310

① 亨利·吉罗（1879—1949）：法国陆军上将。1940 年 5 月，在比利时抗击德军时被俘，囚于萨克森，翌年 4 月越狱。

次是在《法兰西文学》（*Les Lettres françaises*）上。

《自由思想》是一份以巴黎为基地的秘密文学期刊，由法国共产党赞助，主要代表是党内的三位学者。第一位是雅克·德库尔德芒什（Jacques Decourdemanche，以雅克·德库尔的名字为人熟知），他是一位小说家，也是战前文学评论《公社》的编辑，还是洛林中学的德语教师。第二位是马克思主义哲学家乔治·波利策（Georges Politzer），第三位是量子物理学研究员雅克·所罗门（Jacques Solomon）。《自由思想》第一期共有96页，于1941年2月面世。这份刊物虽然自称对非共产党员开放，但从各方面看来仍是一份党内刊物。党内对刊物施压，希望它更具文学色彩，少些僵硬的教条，于是皮埃尔·德·莱斯屈勒（Pierre de Lescure）开始负责第二期的制作。战争开始前，莱斯屈勒就已转入巴黎文学圈活动，与著名的伽利玛出版社合作出版过作品，不过之所以起用他，更重要的一点在于，他和共产党有着良好的关系。1940年10月起，德·莱斯屈勒便开始参与情报部门集会，他与英国情报局展开紧密合作，和巴黎人类博物馆抵抗组织也有往来。[41]德·莱斯屈勒还与让·布吕莱（Jean Bruller）结成合作伙伴，布吕莱战前是记者和插画师，占领期间做木匠。在德国空袭刊物印刷所，第二期的材料全部被毁之后，莱斯屈勒和布吕莱决定另找出路进行文学反抗。《自由思想》再没有重新面世。

同时，雅克·德库尔完全接受了跨越政治分歧，将所有反纳粹作家集结到一起的观念。1941年，他和《新法兰西评论》的前任编辑让·波朗及小说家弗朗索瓦·莫里亚克共同创办了全国作家委员会（CNE），委员会准备开办自己的报纸《法兰西文学》。这份全新的秘密文学出版物为谴责占领势力及其支持者，谴责拥护纳粹主义观念的作家提供了一个平台。

德库尔集齐了《法兰西文学》第一期的文字稿件（包括一篇莱斯屈勒的书评），却在 1942 年 2 月出版之前被捕。三个月后，德军对他执行了枪决，而在一周前，他在《自由思想》的同事波利策和所罗门也遭到了处决。出版《法兰西文学》的重任交到了克洛德·摩根（Claude Morgan）手中，直到 1942 年 9 月，第一期才最终问世。六版文章几乎均由摩根执笔，但德库 311
尔为本期准备的社论放在了头版显著位置。《法兰西文学》每月录入后使用蜡纸复印，直至 1943 年 10 月才出现专业印刷模式制作的刊物。除摩根以外，其供稿人还包括让-保罗·萨特、阿尔贝·加缪、让·盖埃诺、雷蒙·凯诺（Raymond Queneau）、保罗·艾吕雅、阿拉贡、埃尔莎·特丽奥莱，让·波朗和埃迪特·托马也参与了此项计划，埃迪特除了对出版做出贡献，全国作家委员会的会议也是在她位于第五区的家中召开的。[42] 正是委员会给萨特开了绿灯，他的戏剧《苍蝇》才得以搬上舞台。1943 年 12 月，《法兰西文学》头版刊登了超现实主义作家及人类学学者米歇尔·莱里（Michel Leiris）为萨特的戏剧写的正面剧评。[43]

《自由思想》第二期材料全部丢失后，布吕莱和莱斯屈勒共同创立了一家地下独立出版社，取名为午夜出版社，旨在帮助作者出版短篇文学作品，在触及德国审查制度的同时避免污染他们的文学成果或名声。这家出版社还挑战维希政府作为法国代表的身份，表明民主及共和价值尚未被击垮。午夜出版社所出的最有名的作品是 1942 年 9 月出版的第一本书，作者为布吕莱，使用了化名维尔高，书名为《沉静如海》（*Le Silence de la mer*）。故事由一位男子用第一人称讲述，他和侄女住在外省的居所内，在部队安排下，一名彬彬有礼且亲近法国的德国军官开始与他们同住，这位军官侃侃而谈着法国和欧洲文化，尝试与主人交往，但迎来的却是沉默的高墙。军官从巴黎回来后告诉屋主，其他德国人对巴黎和法国的看法让他生厌，他已经申请调动前往东线。他说第二天清晨便动身。军官一如往常地向屋主道晚安，只是加了一句“永别（Adieu）”。接着，在片刻动人的停顿之后，姑娘第一次，也是最后一次打破了沉默，轻声回答了一句“永别”。1943 年初，《法兰西文学》的一则书评评价这部作品是“自德军占领以来，我们读到过的最感动人心，最具人文气息
312 的书”。[44]午夜出版社之后又陆续秘密出版了二十多部书籍，和《法兰西文学》一样在巴黎解放后保留了下来。

德国侵略者越发焦躁。东线连败，盟军登陆北非的预感成真。而今遍布全法的德国部队面对越发强大自信的抵抗组织的攻击，暴露程度更高也更加脆弱。1942 年 12 月，希特勒告知赖伐尔，希望他建立新的准军事化组织，与占领部队合作，和反德“恐怖主义”斗争，否则他可能会用对待波兰的方式来对待法国，并派遣党卫军。根据国家人民联盟首脑马塞尔·德亚的说法，赖伐尔考虑这一组织已经有至少一个月的时间了。赖伐尔知道，这一力量将为他带来应对反对者的优势，又能获得德国的保护。“这个计划他仍然处于考虑阶段，”德亚在其 1942 年 11 月 23 日的日记中写道，“但他正在计划筹建可在占领区、非占领区内行动的法国‘民兵’（Militia）组织。”[45]

赖伐尔开始感到据点位于巴黎的“合作主义分子”是更大的威胁。他认为如果“合作主义分子”真如他所害怕的那样建立支持纳粹的法国阵线，那么他控制下的法国国家“民兵”队

伍能够保护他的安全。赖伐尔尤其担心，马塞尔·德亚的国家人民联盟和雅克·多里奥的法国人民党以及约瑟夫·达尔南领导的南方准军事组织维持治安兵团（SOL）联合起来。维持治安兵团起初支持贝当的“民族革命”，但达尔南在1942年夏天访问了德国，当地见闻给他留下了深刻的印象。几个月后，维希政府拒绝支援维持治安兵团在北非对抗盟军，达尔南表示谴责。他向赖伐尔致信，控诉政府在需要采取果断措施时却表现出“惰性”。达尔南相信，盟军胜利意味着腐败民主的旧日时光的回归，是时候坚定地支持德国了。在“合作主义分子”看来，维希政府对于盟军登陆反应软弱，总体而言优柔寡断，也不肯对德国表示无条件的支持，这一切都使贝当的形象一落千丈。

赖伐尔认为，如果以维持治安兵团为基础组建国家“民兵”组织，并让达尔南做领袖，就能够避免达尔南（以南方为基地）与德亚的国家人民联盟、多里奥的法国人民党结盟，这两个组织各自的 313
自卫队都位于巴黎。1942年12月，法国人民党成员再次举行游行，要求赖伐尔辞去政府总理职务，甚至要求这个叛徒开枪自裁。达尔南也威胁要和多里奥一起进行反对维希政府的示威游行。

赖伐尔利用德国对自身部队安全的过分重视，宣称国家“民兵”是以务实的手段兑现他打击德国在法敌人的承诺。贝当已经失去了他的“非占领区”、他的军舰、他的自卫队，无助地眼看法国的殖民地为盟军或戴高乐支持者所占领。他欢迎“民兵”的建立，希望能够以此支撑崩溃之中的“民族革命”体系。他还认为“民兵”今后或许可以作为与希特勒讨价还价的筹码。

1943年初，赖伐尔梦想成真了。同年1月5日，贝当宣布法国“民兵”组织成立，这是一个国家性的自卫队，直接向赖伐尔负责并由达尔南领导。其官方声明是通过宣传、监督、政治动员、打击共产主义及“犹太瘟疫”等方式，“为法国复兴做出贡献”（维希政府对其定义）。至1943年底，“民兵”队伍共有成员1.5万人，约10%为妇女。成员中包括天主教原教旨主义者、君主主义者、纳粹支持者及其他右翼极端分子。参与者中有些仍然笃信贝当的“民族革命”，其他人更多的仅仅是支持德国，达尔南就是其中一位。他们都致力于消灭法国的“内部敌人”，尤其是抵抗人士、犹太人、共产党员和拒绝“义务劳动服务”征召的人。

1月30日，达尔南在维希召开的“民兵”成立会议上致辞，他向听众们表示，他们将与法国政府紧密合作，使得目前分裂混乱的法国变得有序、纯净、团结。达尔南声称，他的最终目标是“在法国建立一个独裁的国家社会主义政权，使其作为一个整体成为未来欧洲的一部分”。[46]“民兵”成员向德国秘密警察及阿勃维尔传递反抗组织活动情报，对里昂、格勒诺布尔、马赛的抵抗组织成员被害负有直接责任。4月29日，抵抗组织发起了第一次反击，南部地区罗讷河口省的“民兵”组织
314 副首脑被枪杀。贝当的反应一如预测，他公开支持“民兵”组织，称其为“对抗所有黑暗势力的关键武器”。[47]6月，“民兵”自己的统一作战部队自由卫士（La Franc-Garde）成立了。赖伐尔错误地认为，将达尔南摆上“民兵”首脑的位置，便能约束这个他视作威胁、不喜欢也不尊敬的人。赖伐尔对于“民兵”的感情就像弗兰肯斯坦博士对“怪物”一样，他意识到自己的创造物已不再受到他的控制。①

① 典出英国作家玛丽·雪莱所著小说《弗兰肯斯坦》。

盟军在苏联、北非、意大利的进展与胜利加强了“合作主义分子”的决心，但也鼓舞了反抗组织成员更加大胆的行动，为所有反对占领的人们带来了更多的希望。越来越多持观望态度的巴黎人——也就是走一步看一步的人，以及并非完全属于“合作主义分子”的人——都已经学会与占领部队相安无事地共处，如今他们开始重新审视自己的位置。巴黎警察也不例外，随着 1943 年形势的发展，占领部队和法国警方地位上的冲突和纠纷迹象不断增加。8 月，德国秘密警察副首脑赫尔穆特·克诺亨在报告中哀叹法国警察消极抵抗，缺乏积极性。他提出盖世太保会解雇不可靠的警察，将他们送到德国，不过并没有真的发生。克诺亨在当月的第二份备忘录中警告说，如果盟军入侵（或者说这只是个时间问题），法国警察大概会在德国士兵背后捅上一刀。他还提到现在最受欢迎的已经不是共产党员，而是更为折中的戴高乐。克诺亨似乎毫不怀疑，警界高层的同情心也是偏向戴高乐支持者的。他坚信，巴黎警察总局的人员“大部分成为了反德派”。[48]

巴黎多个区域的警察反德情绪越发高涨，但特别旅、反抵抗组织警察小队与占领军更加紧密地合作，更加积极地搜索“内部敌人”，审讯手法也越发残酷。德国秘密警察同样变得更加穷凶极恶，他们经常招募乐得帮忙的法国犯罪团伙来完成种种脏活。其中最臭名昭著的，是被称作“洛里斯东路法国盖世太保”的一伙人，其领导者是亨利·尚贝兰（Henri Chamberlin），现在多称为亨利·拉丰（Lafont）。 315

1940 年德军挺进巴黎时，三十八岁的尚贝兰还是个无足轻重的法国小混混，在那年夏天随后席卷整个法国的混乱之中，拉丰和几名因为替德国当间谍被捕的囚犯一起设法回到了巴黎。其中一人把拉丰介绍给了他在德国军事情报局的上司“奥托”·布兰德尔。这位上司当时已经通过“采购办”买卖货物赚了一笔，拉丰成了他手下众多暴徒中的一员，负责对付所有欠款或是赚取差价的人。

拉丰也利用他对巴黎下层社会的了解，为布兰德尔的“采购办”介绍黑市商人，提供交易货物类型、储藏地点等信息。1940 年 8 月，拉丰来到弗雷内监狱，自称是德国警方人员，并且落实了三十多名囚犯的释放。拉丰一举获得了一众由他给予自由的无情恶徒的信任，同时也备受德方器重，因而名声大增。这一点令他大权在手而又危险逼人。弗雷内行动几天后，拉丰在布兰德尔推荐下加入德国警察队伍。1941 年，拉丰取得德国国籍，受任成为国防军中尉，后成为党卫军军官。

拉丰将自己组织的总部设在第十六区洛里斯东路 93 号一栋 20 世纪早期的别墅里，早在 1942 年夏天，克诺亨的秘密警察开始从军方手中强夺安全与警务职责之前，拉丰就已经察觉到了风向。他离开了阿勃维尔，开始结交秘密警察中的领导成员，尤其是盖世太保，这一组织的领导为卡尔·伯梅伯格，总部位于福煦大街索赛路。

1942 年 4 月，一个名字将与拉丰密不可分的人加入了他的行列，这个人就是皮埃尔·博尼（Pierre Bonny）。一位政府部长曾称博尼是法国一流的警察，1930 年代，诈骗犯亚历山大·
316 斯塔维斯基（Alexandre Stavisky）① 的可疑交易和神秘死亡事件轰动一时，博尼因解决此案出了名。然而不久他的名声就一

① 亚历山大·斯塔维斯基：法籍俄国人，因长期从事投机诈骗活动，发行大量伪债券而暴富。1933 年底事情败露，翌年初其诈骗和先后贿赂一千两百名政界人士的罪行被公之于世，成为轰动一时的丑闻。

败涂地，因为贪污和贿赂他被逐出了警察队伍，后又因挪用公款被判有罪。

表面来看，这两个人有着天壤之别。拉丰是个弃儿，随后成了街头混混，没有不敢冒的险，他为行贿受贿双方牵线，擅长操控他人，靠计谋生存。而博尼是个表面看来受人尊敬、顺从热情的官员，虽然腐败贪婪，但还是坐在写字台前面对文件和报告时最为自在。博尼负责出台制度和程序，为团伙的活动带来秩序，拉丰则施展残忍无情的本领。“亨利先生”——拉丰喜欢别人这样称呼他——是无可争议的头目，博尼对他又敬又畏，但两人各司其职，组成的是一曲二重唱。

拉丰对盖世太保头目伯梅伯格献媚逢迎，满足他的所有需求，据称甚至帮他招揽男妓。拉丰献上了很多礼物，但其中不少都是盗窃来的，像是价值百万法郎的美丽银器，就是从美国驻波兰大使的藏品中搜刮来的。[49]伯梅伯格收了拉丰的好处，自然受他摆布，但他也知道拉丰的手下对他及盖世太保作用极大。得益于博尼的管理才能，这个团伙成了一个无情高效而精干的组织。巴黎黑社会对这个组织敬畏有加，它对巴黎黑社会及占领部队多个部门都具有广泛且强大的影响力。博尼—拉丰团伙和盖世太保联合起来后，其领导成员正式获准携带武器。他们获得了配发的德国警察证件和通行证，可在市内外通行无阻。有了德国官方文件和德国秘密警察的支持，意味着他们可以免受惩罚，不受法国警察的管理，且具有超出其他对手团伙的优势。

巴黎人在受到占领的法国境内进行外币（或黄金）交易属于违法行为，而该团伙早期的一项盈利活动就是搜寻需要处理黄金的巴黎人。团伙成员假扮成想把现金换成黄金的谨慎买家，

317 一旦卖家把黄金拿给他们看，团伙成员便出示警察证件，没收黄金并把卖家带回洛里斯东路的总部。如果是犹太人就移交给盖世太保，其他人会予以释放，这些卖家都害怕得不敢发出怨言，他们以为被真正的德国警察抓了个违法交易的现形。黄金会分批送到第九区德国外币办公室，拉丰最多可获得占金价30%的奖赏。[50]

拉丰的手下也用同样的手法没收大黑市商人的货物。他们将查封的货物送往布兰德尔的“采购办”，或是卢滕西亚酒店，那是拉丰在阿勃维尔的联络处。拉丰还与冯·贝尔密切合作，共同劫掠犹太人家宅。他向冯·贝尔派出保安，帮助他驻守位于耶拿大街的总部。拉丰的手下或是自行前往犹太人家中展开劫掠，或是把地址提供给冯·贝尔。[51]

拉丰的团伙也追捕抵抗组织成员。这个团伙早期就曾在图卢兹为阿勃维尔抓获了比利时抵抗组织领袖奥托·朗布雷克特（Otto Lambrecht）。拉丰将他送交给波尔多的德国官方，又在其关系网中逮捕了六百多名成员。拉丰的团伙最了不起的一计，就是渗透了一个以巴黎为基地的抵抗组织，组织名叫“保卫法兰西”，其主要活动为出版同名报纸（见第七章）。[52]一个名叫埃米尔·马龙甘（Émile Marongin）的学生效力拉丰，他深入渗透该组织，向博尼出具报告，内容包括组织成员及同情者个人详情、投信地址、藏身位置及报纸发行前储存地点。1943年7月，信息汇总三个月后，拉丰以第六区波拿巴路的一家书店为重点展开了突袭，这家店是“保卫法兰西”武装分子的一个主要投信地点，行动共抓捕网络内五十余名抵抗组织成员，其中包括戴高乐将军的侄女热纳维耶芙·戴高乐（Geneviève de Ganlle）。拉丰将他们带到了其团伙在美国广场的一处设施内进行拷打，随后交给了德国当局，这些成员后被遣送。[53]热纳维耶芙·戴高乐被送到了拉文斯布吕克（Ravensbrück）集中营，她活了下来，但她的十二名同志未能幸免于难。马龙甘因此获得了 8 万法郎的酬劳。然而不久，德国当局（错误地）判定他为 318
双面间谍并将他遣送至布痕瓦尔德（Buchenwald）集中营。马龙甘后被美国解救，送回法国关押，于 1946 年 12 月 26 日被判死刑并处决。

拉丰—博尼的团伙总部设在巴黎，但也在各省活动。该组织至少与十五次德国秘密警察行动存在关系，它组织追捕英国特工，没收用降落伞运至法国的武器——这些行动据称是在支持纳粹的英国军官和叛变的戴高乐主义抵抗运动成员帮助下完成的。盟军特工时常身携重要的军事文件，有时则身携巨款，曾有一位空降进入法国后被捕的上校携带有 400 万法郎；1943 年 6 月，巴黎以南 70 英里处还曾截获降落伞空投物，是 4 吨多的武器。[54]

拉丰在各省均有提供信息的联系人，但他的人马如被发现私自与当地盖世太保进行交易，则有丧命的风险。拉丰发现他在利摩日的联系人让·勒鲁瓦单独与当地盖世太保合作，于是他从巴黎派出一名团伙成员去刺杀勒鲁瓦。据称杀手带着勒鲁瓦的人头回到了巴黎，以证明完成了拉丰的命令。[55]

拉丰或许是为德国人效力，但他时时注意保持自己处于上风。正如他以慷慨赠礼的方式“收买”伯梅伯格，他也向秘密警察副首脑赫尔穆特·克诺亨赠送了一辆价值 50 万法郎的宾利汽车作为其结婚礼物。克诺亨心中生疑，于是派两名军官留心拉丰，没过几天，两名军官反被拉丰重金贿赂，转而帮助他监视起克诺亨来。阿勃维尔官员和德国秘密警察领导成员中，只有卡尔·奥伯格拒绝与拉丰进行一切往来，也从未收过他的礼物。

处于拉丰权力与人情影响中的不仅是德国人，还有一些身份模糊的人因为有求于他也蒙其恩惠，其中一个就是大字不识、拾荒出身的百万富翁约瑟夫·乔诺维希，他依靠向布兰德尔的“采购办”大量出售金属发了财。早期，布兰德尔还有足够的影
319 响力保护身为犹太人的乔诺维希免受围捕，保护他的工厂在“犹太企业雅利安化”过程中免受征用。然而到 1943 年夏季，布兰德尔的“采购办”日渐衰落，他再也无力保护乔诺维希了。9 月，盖世太保反犹局下发了对乔诺维希的拘捕令，布兰德尔向拉丰求援，拉丰同意保护，但他开出了 500 万法郎的条件。乔诺维希付款后确实没有遭到逮捕。即使在阿勃维尔都无能为力的时候，拉丰仍能从盖世太保手中保护乔诺维希，可见“法国盖世太保”头目的权力和影响力之大。三个月后，盖世太保反犹局要求乔诺维希进行体检，确认他是否受过割礼①。这一次，盖世太保头领卡尔·伯梅伯格几乎是听令于拉丰的指示介入其中，让这件事过去了。[56]

拉丰与魅力四射的贵族上流社会女子有着一系列的逸事，其中包括贝尼托·墨索里尼的情妇玛格达·方达姬（Magdu Fontanges）以及摩纳哥王子的一位情妇。[57]他的另一位情妇塔提娅娜·穆鲁契夫（Tatiana Murutchev）负责洛里斯东路 93 号奢华的装潢事宜，打造出一派雍容的陈设，以供举办让拉丰名声远扬的奢侈晚宴和疯狂聚会。他喜爱佳人权贵陪伴左右，他的晚宴来宾有盖世太保及秘密警察其他部门人员，他从团伙中挑选出的成员，还有女演员、模特、“合作主义”记者、阿勃维尔和德国大使馆工作人员，阿贝茨在被召回柏林前也曾参加。法

---

① 犹太男子普遍行割礼，因此纳粹想通过体检辨别约瑟夫·乔诺维希的身份。

国体育界、电影界、音乐界的明星同样也能享受到他的招待，或是前来请他帮忙，诸如释放监狱里的某个犯人，或是确保某个战俘能获释。艺人莫里斯·舍瓦利耶曾在德军入侵未占领区前短暂拜访拉丰，希望能拿到通行证，以便穿过边境线去蔚蓝海岸的住所。[58]

当整个巴黎的大人物在洛里斯东路楼上气派地享用美酒佳肴、尽情狂欢的时候，地下室却完全是另一派光景。这里是被“逮捕”者移交给伯梅伯格的手下之前，拉丰和同伙对他们施行审讯和拷打的地方。两位宅邸雇的女佣后来作证说，曾经见到过遭狠狠殴打的被扣押者给带了出去，约瑟夫·乔诺维希称曾看到博尼鞭笞一名囚犯，力气大得绷断了手上的戒指。最严酷的待遇是为不肯交代的疑似抵抗组织成员准备的。他们将引线连在 320
囚犯的生殖器上，或者让囚犯经受称为“浴缸”（baignoire）的恐怖折磨。这是早期的一种“水刑”，行刑者将囚犯的手脚捆住，并将其头部按入冰冷的水里，直至犯人昏迷。他们醒来以后如果仍不开口，就一次次重复这个过程。还有一种折磨手段，是将犯人的脚底抹上汽油再点燃。[59]

拉丰及其爪牙在洛里斯东路 93 号的地下室内折磨抵抗组织斗士的同时，巴黎警察特别旅（BS）则在搜捕法国共产党的秘密移民劳工组织（MOI）。这个组织根据语言或民族将成员划分为不同分支，对于党的政治教育、鼓动、宣传都具有重要作用。1942 年 5 月，特别旅逮捕了一群印制新闻传单的南斯拉夫共产党工人，一个月后，他们又逮捕了一百余名“驻法西班牙共产党秘密组织”成员，这是警察对他们的称呼。虽然发生了挫折，但移民劳工组织余下的部门在 1942 年夏季选择了 10%的成员组成了武装分遣队，总称为“法兰西自由射手和游击队—移民劳工组织”（FTP—MOI）。[60]这一组织的部分活动和瓦尔密分遣队相同，警方于1942年秋季捣毁瓦尔密，大部分成员于1943年3月被遣送。

1942年9月到年底，法兰西自由射手和游击队—移民劳工组织武装分遣队对巴黎及周边地区的德方和“合作主义分子”目标发起了近六十次声势浩大的袭击。[61]有些成员被捕了，他们虽然经历了恐怖的折磨，但英勇地直面行刑队，没有向刑讯者吐露丝毫秘密。特别旅由于缺少移民劳工组织和其武装分遣队结构、成员的信息，只得苦苦挣扎破解这两个网络。

然而就在1943年1月，由于有人泄密，特别旅开始跟踪十八岁的亨利·克拉苏茨基（Henri Krasucki），他是移民劳工组织犹太青年分支的领导成员，住在犹太移民众多的第二十区。这场对克拉苏茨基及其女友波莱特·西尔维卡（Paulette
321 Silwka）的秘密监视将特别旅引向了其他武装成员，从而使其获得了更多的姓名和地址。1943年3月，特别旅在抓捕克拉苏茨基和西尔维卡的同时，也抓住了其他六十余名武装成员。克拉苏茨基遭到了吕西安娜·戈德法布（Lucienne Goldfarb）的出卖，这个犹太姑娘住在第十一区工业大楼街，她后来称，之所以供出克拉苏茨基和她认识的第十一区及第二十区的年轻犹太共产党员，是为了交换她被捕的双亲。[62]

年轻的武装分子们被逮到了警察总局特别旅总部，法国审讯者将他们的衣物剥个精光，用系有铅块的鞭子抽打他们，对于克拉苏茨基，则在他母亲莉亚的面前折磨他。十七岁的武装分子安娜·诺伊施塔特由于当时已经怀孕多月，得以免受鞭刑。4月，她诞下一名男婴，取名加比。她设法把消息告诉了孩子的父亲，十七岁的托马·福热尔，他也是共产党武装分子，和多数移民劳工组织的青年成员一样，当时已被送往德朗西集中营。托马在5月31日的长信中写下了这样的结尾："最后再说一句，我最亲爱的安娜和我的小加比，勇敢点，不要放弃希望，要坚信我们年轻而强大的爱会埋葬这群混蛋。亲爱的安娜，这是因为在通往胜利的征途之中，是爱将我们永远维系在一起。"[63]不久，福热尔便被遣送至奥斯维辛，后被送至波兰南部亚沃日诺（Jaworzno）劳动营，至死都没能见到儿子。他的父母也从未见到孙儿，他们和儿子在同一批遣送队中从德朗西转移至奥斯维辛，到达后立刻被害。安娜和七个月大的加比设法到达法国西部的旺代，他们和其他几位犹太人得到了勒诺瓦沃尔特（Le Noirvault）的新教家庭庇护。[64]

1942年11月盟军登陆后，由于火车需要运送人力和物资穿过法国，自德朗西出发的遣送暂停了一段时间。1943年2月遣送重开，当月出发前往奥斯维辛集中营的三批遣送队共有三千人，其中都是法国及外国的犹太男女和儿童。[65]从德朗西前往附近的勒布尔热-德朗西车站途中，两名女囚在巴士上死亡。一个月后的3月23日，第五十二遣送队共有九百九十四名囚犯离
开德朗西，被送往波兰索比堡（Sobibor）灭绝营，其中包括犹 322
太艺术评论家及记者雅克·别林基，他在日记中以严肃的笔调记录了占领早年间的巴黎生活。别林基是2月10—11日夜间的围捕中被捕的一千六百余名老年犹太人中的一员。[66]3月23日出发的遣送队中无人归来。

在法国警方手中拘留三星期后，亨利·克拉苏茨基这位移民劳工组织武装分子被送到了巴黎附近德方控制的弗雷内监狱，这里是专门关押死刑犯的地方。他又被关押了两个半月，谁也

不知道他出了什么事情。随后，他被转移至德朗西集中营并于1943年6月送往奥斯维辛，他所在的遣送队内共有一千多人，其中包括他大部分的同志和他的母亲。亨利是六名幸免于难的移民劳工组织青年武装分子中的一位。[67]他母亲也得以返回法国，两人过世后均葬在巴黎拉雪兹神父公墓。

移民劳工组织武装分子如果被临时调派至法兰西自由射手和游击队—移民劳工组织分遣队，其生活也将发生巨变。他们每个月领取2 000法郎左右的基本生活费，但必须独居，时常饥寒交迫，除了极少数几个指定的组织内成员外，与他人均没有接触。他们过着这样一种生活，他们知道随时可能被捕、受折磨、受处决、被遣送，可能是由于他人叛变或是自己粗心大意，也可能仅仅是因为运气不好。交给他们的任务往往极其危险。

学习过化学的萨缪尔·维斯伯格受临时调派，加入法兰西自由射手和游击队—移民劳工组织的犹太分支，成为了他们的炸弹制造员。1942年12月，他在“实验室”——他小公寓的厨房——组装炸弹时，发生了爆炸。[68]维斯伯格被掀到了屋子另一头，衣服和头发着了火。满屋都弥漫着酸性烟雾。他想办法逃出了公寓，在一条安静的小街上蹒跚而行。万幸，一位店主把他藏在了她商店后面。六小时后，他趁着夜色到达了藏身之所，倒了下去。有人找来了医生，安排把他送到了医院，用的是当时唯一能采用的交通工具——人力车。

几天后，萨缪尔得知医生因为“医治恐怖分子”遭到告发，正受到警察的追捕。萨缪尔被转移到了另一间公寓，由埃莱娜·克罗照料。年纪轻轻的埃莱娜是个犹太人，丈夫是一名战俘，有个四岁的男孩，她在冬赛馆围捕事件之后加入了武装斗

争。后来，她因运送炸药被捕，警察在搜查炸药时把她带到了位于四楼的公寓内，她意识到一切都完了，担心自己会承受不 323
住折磨供出同志的名字，于是趁警察不备冲出窗外，纵身赴死。[69]

1943 年 4 月，特别旅的报告指出，巴黎地区共产党的武装袭击从年初开始有所增加。特别旅作出反应，准备实施一次针对移民劳工组织成年成员分支的打击行动。特别旅特工再次跟踪了已确定的和有嫌疑的武装分子，于 6 月开始实行逮捕。至 1943 年 7 月底，移民劳工组织犹太分支几乎所有领导成员和一百五十名武装分子都落入了警察手中。年初时处于活跃状态的五百五十名武装分子中，如今可自由行动的不足一百人。[70]围捕行动中，警方逮捕了四十名疑似法兰西自由射手和游击队—移民劳工组织成员的武装分子。此举对武装分支造成了毁灭性的打击。然而，巴黎的武装抵抗只是一时受挫，绝非偃旗息鼓。这股力量将会重新部署，准备奋起反击，报仇雪恨。

第十三章　反布尔什维克，黑市，轰炸加剧，德朗西集中营

324

1943年夏天，警察已经彻底摧毁移民劳工组织（MOI）。法国共产党解散了法兰西自由射手和游击队—移民劳工组织分遣队（FTP-MOI）中遭到削弱的队伍，以两个新的队伍替代，其中一个主要由西班牙武装分子组成，专门在巴黎市外制造火车脱轨事故，另一个在巴黎市内外进行武装袭击，由米萨克·马努尚（Missak Manouchian）领导，他是个亚美尼亚人，于1925年移民至法国，曾在雪铁龙工作，于1934年加入法国共产党。马努尚和其队伍内的许多成员一样是犹太人，其他成员大部分有匈牙利或波兰背景，还有几位是西班牙人、意大利人、罗马尼亚人。法兰西自由射手和游击队—移民劳工组织人员虽然有所折损，武装进攻却更加猛烈，6—10月间竟实施了七十多次袭击！[1]

7月28日，一支法兰西自由射手和游击队—移民劳工组织小队轰炸了一辆汽车，他们认为这辆车是德国在大巴黎地区的指挥官绍姆堡将军的。结果绍姆堡并不在车上，而且他已经离任，职务已在两个月前由波伊涅堡-兰斯菲尔德（Boineburg-Lengsfeld）将军接替，而这位将军也不在车上。[2]这场袭击需要非凡的勇气和胆量，因此最终行动的象征意义更大，但这也反映出抵抗组织获取德国的可靠最新情报是何等困难。

325 法兰西自由射手和游击队—移民劳工组织分遣队两个月后

发起的袭击更加成功。几周以来，情报收集部门的罗马尼亚主管克里斯蒂娜·博伊科一直在追踪一辆大奔驰官车的动向。这辆汽车载着一名德国要员，他有时穿军装，有时穿便服，往返于他家所在的第十六区和作为工作地点征用的化学之家两地。[3]9月28日早8点30分，当他一如平常地踏进佩唐克（Pétranque）路18号家门外的车子时，一支突袭小队早已就位。第一轮射击没有击中目标，第二轮的子弹在他想要逃跑时命中腹部。此时目标还活着。小队中的一名成员想结果他，枪却卡住了，于是改用刺刀插入目标胸口，目标的保镖和司机也被消灭。第二天，这群武装分子从媒体报道中得知，他们杀掉的是朱利叶斯·里特尔——强制劳役计划“义务劳动服务”的制定者弗里茨·绍克尔驻巴黎的代表。

刺杀里特尔是法兰西自由射手和游击队—移民劳工组织分遣队当月完成的最重要的一次行动，其他行动还包括在巴黎市外制造四起火车脱轨事故，刺杀德国士兵和警察，对两辆德国卡车、一家德国人经常光顾的咖啡馆、多里奥的法国人民党办公室实施一系列手榴弹袭击。警察也理所当然地紧逼而来。[4]特别旅按惯例追踪他们已掌握的嫌疑武装分子，耐心地把这些嫌疑人与网络中的其他人联系起来。10月，他们逮捕了法兰西自由射手和游击队—移民劳工组织分遣队在巴黎的政治领袖约瑟夫·达维多维奇（Joseph Davidovitch）。他泄密向特别旅供出情报，大部分供述证实了特别旅已经获知的信息。随后特别旅允许他“逃跑”，回到同志们身边。一位同情抵抗组织的警察透露了达维多维奇叛变的详情，于是组织对他进行了审讯。他承认出卖了组织，很快便被处死。然而这一合情合理的严厉惩罚并不能解救组织。11月13日，特别旅利用监视数月搜集的数据

以及通过达维多维奇确认并补充的情报，抓获了一百多名武装
326 分子，如果按警方用语分类，其中共有各国国籍的犹太人五十八名、外国人二十九名、法国“雅利安人”二十一名。[5]法兰西自由射手和游击队—移民劳工组织分遣队遭到摧毁。三天后，米萨克·马努尚也被捕了。被捕者都先经过特别旅的拷问，随后被移送至德方手中。这是个非同寻常的时刻。正如法国历史学家德尼·佩先斯基（Denis Peschanski）辛辣的评论所说：“为法国解放而奋斗的是外国人，而追查他们身份，进行跟踪、逮捕的却是为德国占领军效力的法国警察。”[6]

战后，有人指责法国共产党弃米萨克的组织于不顾，任他们自生自灭。据米萨克的妻子梅琳妮称，她丈夫意识到了组织成员受到监视，也要求过法国共产党秘密组织领导将活跃分子送出巴黎，但他们拒绝了。[7]法兰西自由射手和游击队—移民劳工组织犹太分队领导亚当·拉伊斯基（Adam Rayski）也恳求将抵抗成员疏散出危险区，但只有他自己及其他两名政治领导（而非军事领导）得以逃出巴黎前往安全地带。实施袭击的成员仍然落在后面。

出于国内和国际因素，法国共产党认为在巴黎保留武装组织非常重要，不能将其撤到市外。就算当地的武装分子几乎确信警察正在包围他们也不能撤退。盟军的第二战线开辟时间及地点尚且不知，但抵抗组织已经在着手准备解放法国。1943 年 8 月，巴黎解放委员会成立，它将组织力量解放这座城市，其中半数成员为法国共产党的同情者。斯大林迫切希望美国和英国开辟第二战线并在法国北部登陆，因此对两国采取了安抚的姿态。法国共产党排除了通过发动革命夺取权力的选择，反倒显示出与戴高乐及其法兰西民族解放委员会（CFLN）进行密

切合作的兴趣，这样它便能够在解放后的政治舞台上扮演重要角色。法国共产党需要站定巴黎武装斗争的前沿，以充分证实自己的抵抗组织身份，它付不起撤退武装力量的政治代价。

法国共产党还希望针对德国人的武装袭击能够挫败敌人的士气，以证明德国人并非不可战胜，也能鼓舞巴黎人，尤其是巴黎工人。法国共产党认为这些工人是沉睡的支持力量，这种 327
鼓舞能够引领他们与共产党员站在同一战线。随着市内反德情绪越发强烈，最初对于武装反德行动的异议逐渐消失了，法国共产党担心如果放弃武装斗争，尤其是在德国战败可能性越来越大的情况下放弃，它在公众眼里的政治威信将会降低。法国共产党可能还想向斯大林展示法国的同志们已经做好以身涉险的准备，正如红军一样。

1941 年夏季，法国共产党领导未能考虑到青年团勇敢年轻的武装分子经验不足且天真，把他们置于命悬一线的境地。1943 年秋季，法国共产党拒绝重视马努尚组织中犹太人及（或）外国人危险的处境，并且不遵守战斗中游击队为了保障自身安全而制定的基本规则。必须承认，在城市发动游击战比在农村困难，但正如拉伊斯基之后所写："由于法国共产党领导固执地坚持游击战，又不遵循这种战斗的基本规则，如扰乱、撤退、在两次攻击之间暂歇、运动作战，因而犯下严重的政治错误，无疑对同志们被捕负有部分责任。"[8]

有力的证据表明，米萨克·马努尚也同意这一观点。他在行刑几小时前写给妻子的绝笔信中提到，"我即将和二十三位同志一道赴死，我怀着问心无愧之人的勇气和平静……我原谅所有加害于我或有心加害的人，除了背叛（很可能是指达维多维奇）和出卖我们的那个人"。[9]有人认为，法国共产党领导打算牺牲法兰西自由射手和游击队—移民劳工组织武装分子，因为他们觉得这个外国犹太人组成的群体不符合准备在战后加以宣传的“抵抗党”形象。[10]尽管共产党对二战的正统叙述一直淡化马努尚的组织，但他们不太可能在1943年清楚地做出这样的决定。

法兰西自由射手和游击队—移民劳工组织成员被捕时，德
328 国人正急切地利用巴黎人的恐惧心理，让他们觉得东线溃败意味着布尔什维克将横行法国。1943年2月德军于斯大林格勒战败前，这种宣传就已经开始，当年1月，安杰·鲍伯考斯基在日记中写道，德国当局把苏联取胜后的法国生活描述得极为悲惨。[11]但并非所有人都相信他们的说法。例如米舍利娜·博德认为根本没什么好害怕的，她告诉自己，苏联就算胜利，也要吃上很多苦头，无力对别国构成威胁。[12]与之形成对比的是学生贝尔纳·皮埃坎的态度，他担心德国如果突然陷落，苏联就会在没有英美两国牵制的情况下攻入法国。[13]博德家的一位熟人还因为担心共产党的威胁而消瘦了几分。[14]

德国的宣传将自己描绘成从布尔什维克手中拯救欧洲的斗争领袖，态度越发强硬。这一讯息通过电台得到了前所未有的散播。巴黎全城出现的海报上，红军士兵爬过墙面，破门而入，烧毁谷仓，枪杀男人，侵犯女人。[15]还有一张很有代表性的海报，上面是讽刺漫画风格的红军士兵和巴黎圣母院照片相叠加，士兵口袋里装着一只像是伏特加的瓶子。他一手拿着满满一袋抢来的宗教工艺品，另一手挥舞着偷来的十字架。他身后还有其他苏联兵走进教堂。很多反苏海报上都印着“打倒布尔什维克主义”的标语，但巴黎人盖住了“布尔什维克主义”（Bolshevism）一词中的几个字母，把标语改成了“打倒德国鬼子！”

（“À bas le bo che!”）

1944年2月19日，二十四名马努尚组织成员在巴黎接受德国军事法庭审判，此时反苏宣传势头依然强劲。德国官方对此事进行了最大幅度曝光，希望“证明”大名鼎鼎的法国抵抗组织不过是一群没用的外国犹太人和共产主义罪犯，这也是“合作派”媒体“尽职尽责”宣传的口径。此外，占领者们制作了一种当时非常有名的红色海报（l’affiche rouge），张贴在巴黎大街小巷。这种海报包括十名法兰西自由射手和游击队—移民劳工组织成员的照片，形象尽可能地穷凶极恶，将注意力引到他们的共产党、犹太人、外国人背景上。海报奚落这些人怎能称得上“解放者”，将组织命名为“罪恶部队”（L’Armée du 329
crime）。[16]审判庭用了最短的时间斟酌便判处这群武装分子有罪，其中包括马努尚在内的二十二人在瓦勒里昂山被处决。审讯过程中，被处决者对其行为负全部责任，没有表达出任何悔意或提出减罪情节进行辩护。庭上唯一的妇女奥尔加·邦西也被判有罪，被遣送至德国，于1944年5月10日在斯图加特斩首。审判庭命令另一名被告米格雷特斯在法国法庭受审。

维希政府依然迫切希望向德国人展示出他们对抗布尔什维克主义的坚强承诺，赖伐尔近期成立的“民兵”组织更强化了这一承诺，其任务是在南方地区搜寻“内部敌人”。贝当一直不信任与德军共同对抗红军的法国反布尔什维克志愿者军团，原因在于这支力量总体上与巴黎“合作主义分子”联系紧密，尤其与雅克·多里奥关系密切。然而1943年2月，为表示支持纳粹反布尔什维克远征，贝当从法律上承认了法国反布尔什维克志愿者军团。[17]冰天雪地的东线战场上，志愿者军团身着带有小三色旗标志的德军军装，无情追捕杀害所有他们认为属于反德游击队的人士。但在数千英里之外的巴黎，志愿者军团机构维持着无序的官僚作风，这正是阴谋与敌意的温床，他们高薪雇用“合作主义”派的禄虫，给予奢华的生活及工作条件。正如国家人民联盟领袖马塞尔·德亚所写：“巴黎的反布尔什维克主义把自己人养得富裕极了。”[18]志愿者军团的高层军官在圣乔治路和马勒舍布广场奢华的设施内办公，机构内总有大笔钱财神秘失踪，或是被吸到“合作主义分子”的聚会上，或是进到了领导口袋里。[19]志愿者军团向其支持者赠送咖啡、巧克力、烟草、卷烟及其他物资，这些本该送到东线的东西最后却到了中央委员会成员手里或是黑市里。有一次，整整一车皮的烟草和卷烟都凭空消失、无迹可寻了。自然，在苏联作战的志愿者感到巴黎的腐败文员抛弃了他们。从东线返回休假的志愿者会造
330 访巴黎总部，把他们的想法传达给总部人员，通常还要拳头伺候，充分表明意思。[20]

1943 年 8 月 27 日，法国反布尔什维克志愿者军团成立两周年庆典在荣军院举行，共有三位政府部长出席。之后志愿者军团及其支持者进行了弥撒和游行。志愿者军团及其家人共计一千多人在香榭丽舍附近的大皇宫展厅参加宴会并观看演出，随后军团士兵沿大道行军至无名烈士墓。费尔南·德布里农在这里献了一只花环，此外还有两名德国代表放置了纳粹标志配色的花环。接着，军团沿香榭丽舍大道行进，一群群志愿者军团新兵在后随行，他们从凡尔赛的兵营而来，一路上教训着他们认为显得不够尊敬或热情的过路者。

巴黎警方帮德国人做了不少脏活，但“合作主义分子”仍然认为许多普通警员往好处想是不可靠，往最坏处想则是伪装

的抵抗组织成员或盟军的支持者。反布尔什维克志愿者军团的愚人们殴打了在香榭丽舍附近执勤的警察，对他们拳打脚踢，施以棍棒。一名志愿者军团成员朝他们大喊："混蛋！我们应该要他们的命。如果美国人来了，他们肯定要敞开怀抱热烈欢迎！"[21]在对警察的追赶中，一名志愿者军团成员威胁要将一名警察刺死，另一名警察面部及颈部受到击打，随后摔在地上遭人踩踏。当晚事件中，受伤警察达七十多人。

巴黎人很快显示出对志愿者军团的厌恶，使得很多志愿者隐藏起自己的身份。夏尔·布莱邦的一位医生朋友碰到过德语很差的德国士兵，暴露了他其实是法国人，是反布尔什维克志愿者军团成员，他实在受够了羞辱，所以摘掉了德军制服上的法国三色旗标志，想伪装成国防军成员蒙蔽别人。[22]

为了体现法国热心参与德国领导的反布尔什维克战争，皮埃尔·赖伐尔于 1943 年签署了一项法令，允许男性"加入德国政府组建的军队，从而在法国之外对抗布尔什维克"，换言之即加入武装党卫军。武装党卫军起初是党卫军的武装部门，后成 331
为一支精英战斗部队，无条件效忠希特勒，与国防军共同作战。随后希特勒允许创立国外的武装党卫军部队，这类部队同样宣誓对他无条件效忠。武装党卫军很快自称欧洲政治军。[23]法国的武装党卫军志愿团于 1943 年成立，一年后在希姆莱的推动下成为法国党卫军指派的突击旅。[24]武装党卫军在第十六区的庞加莱大道开辟了征兵处。《巴黎晚报》兴奋地称，法国武装党卫军的士兵能够与德国兄弟一同击败布尔什维克主义，取得欧洲的胜利，从而脱颖而出。[25]

和法国其他地方一样，巴黎处于德国强力的宣传运动之中，媒体称武装党卫军将团结全欧洲的公民，保卫他们的国家免受布尔什维克的侵害。有这样一张海报，一名法国士兵挺立在德国坦克的炮台上，下方标语写道："希望法国长存，就加入武装党卫军抗击布尔什维克！"[26]另一张海报上则是一排排轮廓鲜明、相貌英俊的年轻人特写，他们身穿军装，头戴钢盔，上面均印有党卫军标志。标语为："在党卫军标志下团结欧洲同志，你必将胜利！"[27]还有一张海报上，党卫军士兵身上写着"并肩作战，对抗公敌"字样，另一张海报上写着"还有你！同志们在法国武装党卫军等你！"[28] 1944 年 1 月，为表彰法国武装党卫军，巴黎举办了一场为期十天的摄影展，德国组织者称展览每天能够吸引两千多名参观者前来，周末人数还要更多。[29]武装党卫军中的法国人深信，他们命中注定要"净化"法国，迎接一个美好的纳粹化新世界。一位法国武装党卫军志愿者轻蔑地否认了贝当所谓的"民族革命"，他写道："如果我们赢了这场战争，那么扫除所有肮脏的垃圾，建立清洁健康的国家社会主义法国的，将会是我们——党卫军。"[30]

至 9 月底，约八百名武装党卫军志愿者已经在德国控制的各主要征兵中心报到。8 月，"民兵"首脑约瑟夫·达尔南向希
332 特勒宣誓效忠，以中尉军衔加入武装党卫军，为表示对他的认可，德方向"民兵"提供了一些武器——冲锋枪五十支。

根据 1943 年 12 月的一份德国公报，10 月报名加入国防军—党卫军的法国志愿者中近半数是学生、农民以及其他年龄在十八岁至二十岁的年轻人，近三分之一来自巴黎。[31]与早期的法国反布尔什维克志愿者军团相比，新招募者中从意识形态上认同这支军队的更多，但和加入志愿者军团的人一样，也有些人参军是寻求冒险或想打破过去。[32]到 1944 年 1 月，征兵人数达到约两千五百人。[33]

伴随反布尔什维克宣传的还有反英及反美宣传，其目的在于鼓动巴黎人和其他法国人民抵抗盟军。早在 1943 年 2 月德军在斯大林格勒失败之前，巴黎就已经出现了反英宣传，海报上印有法国历史及文学经典形象，配以反英标语，这些标语要么是引用他人著述，要么是宣传者自己杜撰的。“我宁可将灵魂交给上帝，也不愿落入英国人手中。”（圣女贞德）“新欧洲将会建立，但英国和俄国将被排除在外。我们会把英国人赶到远海，把俄国鞑靼人赶到大草原去。”（维克多・雨果）德国宣传还将英美刻画为劲敌，有这样一张海报，丘吉尔和罗斯福都紧抓着非洲，奋力将它从对方手里抢过来。[34]

1942—1943 年的冬天虽然比 1940—1941 年和 1941—1942 年要暖和一些，但贝尔纳・皮埃坎和他的同学们还是要聚集在唯一一间供暖的房间里，紧紧依偎在他们用纸团做燃料的炉子旁。他们在自己的卧室里工作时要裹着层层毯子，贝尔纳是为数不多的幸运者，手指上没有生冻疮，写字时不必忍受疼痛。[35]缺少燃料的不只是贝尔纳和他的同学。4 月，米舍利娜・博德拜访了一位妇女，她的私人藏书室中藏有一本精美的皮面大百科全书。其中一半书页缺失，因为这位女士被迫用书本点火。她甚至要给米舍利娜几本书，让她也燃书点火。[36]

1943 年，法国的粮食配给量是欧洲最低的：面包每天 275—350 克，具体依配给对象年龄而定，奶酪每周 50 克，糖每月 500 克。肉类配给量在 1 月又有所削减，降至每月 120 克。333
然而即使是这样可怜的配给量，巴黎实际获得的能提供给住户的肉量也只有该标准的一半。因此巴黎人获得的粮食时常少于配给，或者根本得不到配给。给幼童的牛奶配给票毫无意义，因为人们根本找不到售奶的商店。到1943年6月，送达巴黎的蔬菜量比上一年减少50%。[37]“我们越发饥饿，”夏尔·布莱邦在1月的日记中写道，“商店里什么也不剩。我们全靠乡下送来的包裹过活，但包裹送达也越来越不规律了”[38]。

粮食短缺部分原因在于柏林的决定，这是其战略的一部分：将法国经济融入“欧洲战争经济”，也就是直接从维希政府征收包括粮食在内的更多产品，从而填补德国的物资短缺。1942年起，由于更多的农业劳动者应征入伍被派往东线作战，德国的农业产量巨幅减少，而东线战事持续不断，意味着德国打算从苏联获取农产品的计划落了空。[39]

从巴黎前往乡下获取粮食的行程更危险，也更少见。运行车次减少，被捕风险更高，且不仅是被法国警察，也可能被多里奥的法国人民党成员和德国秘密警察抓获，又或者是被假扮成法国或德国官员的单独作案罪犯和犯罪团伙抓住。即使是设法到了乡下，人们也发现粮食更难找了，除非有亲朋好友住在当地，很多巴黎人根本不再费心尝试。1943年4月，夏尔·布莱邦身在普瓦捷以西的泰内扎伊，他之前在这里找到了不少粮食。“再也找不到黄油了，”他写道，“山羊奶酪也找不到了，把手放在1千克的豆子上抚摸，真是比登天还难。”[40]除了德国本土的粮食需求量大幅增长，许多供应者的行为模式也发生了改变。越来越多的农民在德国士兵来到乡下休假时与他们直接交易，士兵们愿意付高价购买粮食。这一现象导致乡村的粮食价格飞涨，近乎巴黎黑市价格的两倍，绝大部分巴黎人根本负担不起。[41]其他供应商和大黑市组织建立了联系，致使粮食和其他
334 商品更加短缺。这些犯罪团伙支付给供应商的价格和乡下的货物价格持平，向他们提供稳定的现金流。

巴黎黑市中获得丰厚私利的是巨鳄，帮他们办事的却是小跑腿，要冒最大的被捕风险。其中很多人在大车站收货或是在市内非法运输时被捕。一份报告对1943—1944年间巴黎因从事低端黑市活动被捕人员的社会背景进行了研究，结果显示其中25%的人处于失业状态，就像布尔维尔在电影《穿越巴黎》（*La Traversée de Paris*）中哀悼的那位出租车司机。[42]很多人是年轻小伙子，经常组成小团体，聚集在车站或劳动阶层地带，交易者经常利用他们销售或递送违禁品。被控人士中约20%从事较为低端的工作，多为食品或餐饮业。肉店伙计或餐馆、咖啡馆服务员能接触到可销售的产品，并与许多潜在顾客进行日常联系。

这些人约15%为工厂工人，占领开始以来他们的工资消费力下降了30%，9%为司机、送货员或搬运工，即需要在全市移动的人群，他们能够与潜在顾客频繁接触。很多在黑市出售商品的工人同时也是买主，从而维持生活。夏尔·布莱邦在日记中写道，生活是那么的费钱又艰难，就连最老实的工人也打算参与黑市交易，好养家糊口。[43]布莱邦也意识到越来越多的未成年人参与到黑市之中，凡尔赛警察局长听人说，口袋里装着1万到1.5万法郎的十二三岁小孩比比皆是。“他们把食品包圆买下再以天价卖给德国人。”[44]

还有7%为市政厅、邮局及其他行政部门的白领，他们有机会偷窃货物、配给证或配给票。余下被逮捕者为门房（4%）和其他职业（具体未注明，19%）。[45]

黑市遍布巴黎全市，但某些地方与它的联系更为紧密。一位 335
记者称，早在1940年10月，巴黎的主要市场——巴黎中央菜市场内就几乎有售各类食品，水果、蔬菜、乳制品、鲜花、肉类、禽类，不用配给票也能买到。[46]跳蚤市场也是黑市活动的聚集地，纺织品商贩的生意在科里尼安古尔门（Porte de Clignancourt）蓬勃发展。在附近的圣旺市场，如果你出得起钱，那么花上 1 000法郎能买到自行车胎，2 500 法郎能买到鞋。某些餐馆因为能供应黑市来的食品而名声在外，从最奢华的到最普通的，应有尽有。商贩也在地铁走廊里违法交易，但人数实在太多，警察已经差不多放弃赶走他们了。[47]

在巴黎出行更加困难了，1943 年初，夏尔·布莱邦在地铁站看到一张海报，上面通知又将关闭一批车站。[48]销售自行车税额达到近 40%，可供购买的货源也十分稀少。烟民更新烟草配给卡需要交纳 10 法郎，4 月，烟草配给削减三分之一，自此烟民每月仅能购得二十根一包的香烟两包或者是烟草一袋。[49]兔子、禽类、鱼甚至是蛇，没有特殊允许都不得运输；号称“国民咖啡”的混合物中，咖啡的含量降至 10%。[50] 10 月起，红酒配额为每月 4 升。以茴香为原料的名酒法国茴香酒自 1940 年 8 月起已列入禁酒行列，制酒工厂也关闭了。人们找还能找得到，但售价达 70 法郎一杯。巴黎人还受到警告清理所有茴香酒的违法“替代品”，这种酒绰号“小酒店 43 号”，售价为 15—20 法郎一杯。[51]当局警告这种酒可能致死，或导致耳聋、失明、发疯。[52]香榭丽舍大道精品咖啡馆内的流行饮品是从法国南部佩皮尼昂直接运来的波特酒。喝不起真品的人则可以选择巴黎生产的“精简版”，由红酒、黑醋栗、糖精制成。

然而并非所有巴黎人都在挣扎，富裕的巴黎人总能找到办法继续按习惯的方式生活下去，而奢侈品通常来自黑市。一些德国人也过得非常惬意。德国纳粹空军将军二十一岁的侄女乌尔苏拉·吕特·冯·科伦贝格（Ursula Rüdt von Collenberg）
336 有份档案委员会的工作，她之前住在讷伊的一幢别墅里，原主人是一位富有的犹太女人。1942 年 4 月，她搬到了受征用的奥赛酒店。此后十八个月，她住在一间布置齐全，带卫生间和电话的宽敞房间内。她在酒店用早晚餐，在德国大使馆用午餐，常常出入于剧院、歌剧院，参观橘园美术馆和人类博物馆的艺术展览。她购买上好的材料，再由白俄罗斯的服装师做成衣服。她后来这样回忆在黑市购买红酒、食品、鞋子的经历："我们想买什么就买什么，比法国人买的多得多。"也难怪她形容在巴黎的这段日子是"年轻时候最美好难忘的时光"。[53]

另一个大多数巴黎人必须面对而基本没有影响占领军的问题，就是供电不可靠。自从占领早期开始这一直是巴黎的一个难题，其中部分原因在于不再从英国进口煤炭。到 1943 年，由于盟军对德国的轰炸空袭加剧，德国停电状况更为恶化，导致法国的主要电力被转至德国。早在 1942 年，电力设施的销售和租赁已属非法，商店橱窗照明同样是违法行为，餐馆和咖啡馆必须减少一半的照明。1943 年 1 月出台了更为严格的限制，规定巴黎人在家使用电暖设备属于违法行为，5 月，电吹风和咖啡机列入禁用电器设备清单。家庭消费者如果超出配额用电，将面临高额罚款，屡犯不改者可能会被彻底切断供电。[54] 1942 年起，用电量造假愈演愈烈，巴黎人省钱心切，于是修改电表读数，重装电力公司取走的保险丝，违法绕开电表将电器直接接在输电干线上。伪造现象极其普遍，塞纳省警察自行开展了一次整治，力求杜绝此类做法，但事实证明基本毫无效果。

1943 年 9 月，停电已经再寻常不过，"特殊顾客"清单应运而生，即使出现大规模停电，这些地方也不受影响。其中包括医院、电话局、消防站，当然还有美琪酒店、克里雍酒店、众议院、参议院及其他德方征用建筑。[55]

337 粮食、燃料、衣服和能源短缺，加之课税上涨，收入减少，就好像这一切还不够似的，1943 年，巴黎人还不得不忍受盟军进一步的空袭轰炸。4 月 4 日星期日，巴黎人纷纷外出，享受美妙的温暖春日。下午 2 点左右，安杰·鲍伯考斯基正在家中，准备骑车出游。突然传来一声恐怖的巨响，听来像是德国在巴黎架设的高射炮开火，紧接着是持续一分多钟的沉重轰鸣，随后传来嗡嗡作响的引擎声。[56]美国第八轰炸机指挥部刚刚实施了在巴黎的第一场轰炸行动，目标为雷诺工厂，就在一年前，英国皇家空军也对同一目标进行过轰炸。五百多颗重达 1 000 多磅的炸弹投掷下来，美方最初的报告虽称炸弹基本落在了目标区域内，但他们后来发现击中雷诺设施的大约只有一半炸弹，其余的全落在了附近的郊区住宅内，致使约三百名平民死亡，四百人重伤。

德军上尉及作家恩斯特·云格尔描述道，周日出行散步的巴黎人看到了一群群伤者，他们上气不接下气地喘息着，衣衫破烂，抱着臂，捂着头，一位母亲将浑身是血的婴儿紧抱在胸前。他还写到塞纳河上的一座桥被击中，人们从河中打捞尸体。[57]米舍利娜·博德的妹妹妮可很幸运，她和女童军一起出游，走进地铁时，野餐篮开了，里面的东西撒得台阶上到处都是。等她和朋友们把东西全捡起来，列车已经开走了，几分钟后这辆列车就在塞夫勒桥地铁站被盟军炸弹击中，造成八十人死亡。[58]

炸弹还落在了布洛涅森林公园中的隆尚赛马场内，导致七人死亡。遇害者遗体被放在跑道上一个半小时才有人移走，这样才能开始首场比赛。在让·盖埃诺看来，这样的做法显示出行为礼仪标准已经堕落不堪。他在第二天的日记中写道，就连他人的死亡也不能阻止人们赌马，报纸登载遇难者名单的同时也刊登了比赛结果。[59]对此米舍利娜·博德的笔调则更为轻松，她描述说一位家里的朋友在隆尚赛马场吓坏了，竟然把礼帽拉到了耳朵以下。空袭过后他挣扎着想摘掉帽子，朋友都来帮忙， 338
但他又担心再也买不到这样的礼帽，所以急切地要朋友别剪。[60]

工程师费尔南·比卡代表上司路易·雷诺访问了雷诺工厂，他报告称最近一次空袭造成的损失比 1942 年 3 月要严重得多。“合作派”媒体再次试图利用空袭使公众舆论反对盟军。第二天，《晨报》头版刊载了一篇题为《英美杀手新罪行》[61]的头条文章。为表示哀悼，4 月 7 日遇难者葬礼当天，市内所有娱乐场所根据规定闭店停业。

德国官方和维希政府虽然竭力煽动市内的反盟军情绪，但究竟有多少巴黎人将空袭归咎于盟军，又有多少人责怪德国人，我们不得而知。莉莲·詹姆森称轰炸空袭是“德国人在我们中间造成的又一个悲伤可惜的结果”。[62]夏尔·布莱邦起初谴责将炸弹投向隆尚的美国飞行员是“愚蠢的罪犯”。他说人们指责美国人延长了战争，他们先是等了很久才参战，然后又在突尼斯拖拖拉拉。然而就在同一本日记中，他又称隆尚发生的事情是“可怕的事故”，这一次他指责德国人把高射炮架设得离赛马场太近。[63]还有一名男士的儿子在空袭中遇害，他当然心生不满，然而隔壁邻居却大发支持戴高乐的言论，这让他怒不可遏，空袭几天后，他抓住邻居三岁的儿子，徒手把孩子掐死了。[64]

接下来的一次空袭发生在秋季，与 4 月的空袭相比具有更强的惩罚意味。这次空袭依然发生在日间，但盟军将炸弹投向巴黎而非城郊工业区，这还是第一次。此后两周内又发生两起空袭（针对郊区）。9 月 3 日，当空袭警报开始嘶鸣，安杰·鲍伯考斯基正在左岸圣日耳曼德佩广场附近。高射炮开火，空军中队的飞机从头顶掠过，机腹在阳光下闪着光。炮弹的爆炸声响彻云霄，鲍伯考斯基跑向附近一栋建筑物大门，寻求庇护。突然，人群狂奔而来，他们身后的蒙帕纳斯火车站和雷恩路被
339 一团烟云吞噬。[65]位于雷恩路一头的迪帕路上，一栋大楼忽然倒塌，让·加尔捷-布瓦西埃的一位朋友险些因此丧命，而站在他身旁的一位妇女被飞来的砖石砸中头部。[66]空袭结束后，鲍伯考斯基骑车来到炸弹轰炸的地区，他发现蒙帕纳斯车站附近一座六层建筑物已经倒塌，炸弹还落在了雷恩路和南谢尔什-米迪路。他看到警察和消防员，空中回荡着救护车的警笛声。[67]其他炸弹坠落在凡尔赛门附近的第十五区尼维十字街，以及第十六区穆兰路附近一带，夏尔·布莱邦就住在这里。[68]

美军飞机计划再次瞄准雷诺和雪铁龙工厂，但是他们的炸弹几乎都没有击中目标，甚至连边都没有挨到。炸弹散落范围达 750 英亩左右，比工厂本身占地大约 70 倍。[69]虽然伤亡人数较少（八十六人死亡，一百九十人重伤），费尔南·比卡仍深感震惊。他说，轰炸导致人们普遍十分紧张，因为人们不明白炸弹为什么轰炸这么大的范围，这些地方离军事目标很远，而且炸弹坠落地点位于已建成的城市街区内。比卡总结说，由于平民死亡加上雷诺工厂实际上受到的影响较为轻微，空袭在军事上和心理上都是错误。人们不理解，为什么需要这样一场空袭推动战争进程。[70]安杰·鲍伯考斯基当然了解自己的祖国波兰遭受了怎样的暴行，他严词抨击巴黎人的大惊小怪。他这样描述自己的工作地点："全工厂一片哗然。人人都在抢电话。全巴黎都在打电话联系亲朋好友。他们轰炸了巴黎。哎呀呀！三颗小炸弹！真是大惊小怪的！"[71]

六天后，空袭瞄准了西北部郊区阿斯涅尔（Asnières）的希斯巴诺-苏伊莎工厂，这家工厂为德国生产汽车和武器，然而炸弹却雨点般地落入附近的郊区，约一百名平民遇害。9月15日，轰炸机再次袭来，在地面强大的高射炮火力下空军依旧试图轰炸西南部郊区的工业目标。雷诺工厂附近的一座教堂于9月3日遭到空袭，化为一堆瓦砾。这一次，猛烈的轰炸对雷诺 340
工厂造成的破坏比上次更加严重，15%的占地面积被毁，工作坊全数关闭，机械工具无一能够运转。不过这次行动也并非完全顺盟军的心意。在费尔南·比卡称为“巴黎遭受的最猛烈的空袭”中，目击者称，数架飞机在几秒钟内喷出火焰，一头扎向地面，降落伞在飞行员试图逃离炼狱时起火。[72]

当晚，比卡终于回到位于贝康莱布吕耶尔西郊（Bécon-les-Bruyères）的家中时，他发现妻子和女儿坐在屋外，火光笼罩了左邻右舍。房子半径50米的范围内坠落五颗炸弹，半径100米内坠落十一颗炸弹。比卡夫人和女儿们害怕房子不稳固，一旦倒塌会把她们埋在下面，所以来到室外。[73]

9月23—24日凌晨1点30分左右，英国皇家空军的一架兰开夏轰炸机在巴黎市中心上空被高射炮击中，飞机起火后坠入卢浮宫附近的一家大型百货商店内。飞行员跳伞逃出飞机，人们后在博物馆屋顶发现其尸体，飞机残骸散落在附近街道上，其中发现机组成员遗体。[74]部分飞机残片悬挂在博物馆四周的栏杆上。第二天，乔治·伯努瓦-居约德也在博物馆外聚集的人群中。他注意到建筑上部着了火，听说有六名飞行员遇难。皮埃尔·奥迪亚写道，找到焦黑的遗体时，人群中一片哗然。[75]

德朗西集中营自1941年8月建立起，一直由法国行政机构管理，狱卒从宪兵军阶的士兵中选出。但 1943 年 7 月起，德方开始直接对集中营负责。阿道夫·艾希曼须任命德朗西负责人。在他参加的万湖会议上，莱因哈德·海德里希确保了德国高级官员和政客对灭绝欧洲犹太人政策予以支持。艾希曼选中了阿
341 卢瓦·布伦纳（Alois Brunner）。这是一名残酷暴虐的奥地利人，在维也纳、柏林、希腊萨洛尼卡围捕遣送犹太人时迅速高效，因此恶名昭彰。

布伦纳接手后，德朗西开始由党卫军中挑选出的残暴的军官管理，法国宪兵被降格，只负责巡逻营地围栏外区域。最初几周，党卫军挑选出囚犯，在院子中其他囚犯面前施以惩罚，以此取乐，表明如果行为越界，这无疑就是他们会遭受的下场。党卫军还采取手段让囚犯们反目，有两名囚犯被指控将信件偷带出集中营，党卫军命两人在其他犯人面前用棍棒殴打对方。[76] 党卫军的暴徒们还在一个绰号“地堡”的地下室内有计划地折磨犯小错的囚犯们，其他囚犯看不见里面的情况，但能听到声音。在布伦纳掌管德朗西期间，囚犯们被剥去衣服，赤身裸体地遭到鞭笞、毒打，他们受罚挨饿，或是被灌下冰凉的水。[77]

布伦纳引进了在东欧集中营，尤其是诸如奥斯维辛和布痕瓦尔德使用的控制方法，他从囚犯中招募狱卒，负责日常纪律，以此残酷无情地在囚犯中散布沮丧、绝望、恐惧情绪。狱卒在囚犯群体和党卫军之间起到中介作用，因此布伦纳只需少量党卫军亲信就可管理集中营。

布伦纳还尽力通过残忍的“家庭重组”政策诱捕更多的囚犯。遣送在即的囚犯会收到一则假消息：他们有机会与家人一起走，“在东部重整生活”。他们需要做的就是给家人写信，请他们来集中营加入自己的行列。贝尔纳·伊万尼斯基当时六十

四岁，体弱多病，他从罗斯柴尔德医院被转移到了德朗西集中营，被迫给妻子写了一封信。“德国当局邀请你带上行李来找我，这样就可以把我们一起送走。如果你一周之内未能到达，他们就送我一个人走。”[78]信件没有回音，7 月 31 日，他被送走了，妻子没有和他在一起。

德朗西拘留犹太人给了党卫军收集囚犯最新个人信息的机会。所有新来者都必须给家人写一封信，党卫军便能获得住址， 342
拒不泄露个人家庭情况的囚犯都会在众目睽睽下受到毒打。有些拘留犯绰号“传教士”，党卫军会把他们送到巴黎及周边地带，令其根据掌握的地址和姓名找到仍是自由身的犹太人，鼓动其和集中营里的亲属团聚。这些“传教士”的家人在集中营里作为人质，他们受到威胁，如果未能返回，家人便会被立刻遣送。德朗西囚犯乔治·韦莱生于俄国，是加入法国籍的犹太人，他表示这项计划是失败的。在二十二名“传教士”于 8 月拜访过的五百五十户家庭中，响应的只有不到八十人。[79]党卫军很快放弃了这项计划，布伦纳将注意力转移到了围捕南方地区的犹太人上面。

布伦纳的行为没有底线。德国授意成立的犹太组织法国犹太人联合会得到指示，被遣送者到达目的地后要有生活必需品可使用，但向德朗西供货的巴黎商店内几乎找不到商品。多亏黑市，联合会得以将一车车的毯子、床单、鞋子、衣服送到德朗西，配发给即将被遣送的人。被遣送者被迫交出钱财并拿到收据（按波兰币兹罗提计算），他们被告知到达波兰后可以赎回。当然，此类退还并未实行，他们一到达奥斯维辛，携带的被单和衣服就被没收了，连一块手帕都未留下。随后他们的个人物品经分类后转至德国。布伦纳就这样找到了便利免费的方法将衣服、鞋子、被单等必需品送到德国。[80]

9月，布伦纳离开集中营前往法国南部及当时已归党卫军控制的意大利前占领区，监督犹太人围捕事宜。[81]与此同时，德朗西集中营的一群囚犯想出了一个大胆的主意，打算挖一条40米的逃亡地道。地道起点在德朗西集中营西侧建筑内的一个地窖内，延伸至让-饶勒斯街的一个防空避难设施，位于集中营的关押范围外。约二十名囚犯分成三组，轮流使用短柄镐开辟道路，他们挖起底土，开出一条高约1.33米，宽约60—80厘米的地道。

343 很多挖地道的人可以借在集中营的职位之便，到其他囚犯去不了的区域。如果他们在放哨时碰到党卫军成员问话，总能编出理由。这种相对的自由也使得囚犯能够从运到集中营的工具和建材中按需取用。囚犯们自行找来了支撑地道的薄木板和用来连通电灯的电线。地道内出现缺氧问题后，化学家克劳德·阿隆（Claude Aron）从党卫军医务室里偷来一些过氧化钠和漂白粉混合物，这种物质遇水即可生成氧气。地道里挖出的土则分散运到了几个德国人从来不去的地窖内。

11月8日，挖地道的囚犯已经拿到空袭避难所的钥匙，距离他们的目标只有几米之遥，党卫军却突袭进入地窖，发现了地道。据说他们收到了贡比涅的一名囚犯的线报，这名囚犯从一名最近自德朗西转移过来的犯人那里听到了地道的消息。亨利·施瓦茨原是巴士底狱附近一家家具店的店主，也是逃亡队伍中的一名领导，他把工作服留在了地窖里，暴露了身份。拷打之下，他供出了其他挖地道囚犯的名字，这同一群囚犯只得再把地道填上封住。挖地道囚犯们被编入德朗西一支一千两百人的遣送队，于11月20日从博比尼火车站出发。[82]当晚，十七名囚犯在图尔附近从仍运行中的火车上逃跑，其中包括十二名挖地道的囚犯，化学家克劳德·阿隆也在其列。他设法逃到南方，加入了马基游击队，但在里昂遭到逮捕。之后他被带回德朗西与母亲和其他家人会合。他在遭到拷打后再次被遣送，同行的还有他的母亲。母子二人无一归来。[83]

布伦纳和党卫军接手德朗西时，其性质发生了改变。它不再是拘留营，而成了迁徙营（Abwanderungslager）。遣送的人数、规模和上一年相比虽然有所降低，但德国人一如既往地热心于多多遣送犹太人。[84]为了回应维希政府因为遣送法国犹太人产生的不快，也是为了能够遣送更多的外国犹太人，德国人计划更改"法国人"的法律标准。1943 年 3 月，在四个月前替代丹内克尔出任巴黎犹太事务部首脑的海因里希·罗特克（Hein- 344
rich Röthke）采纳了阿贝茨在 1941 年 4 月提出的想法，即应该剥夺所有 1927 年以来自然归化的犹太人的法国国籍。只此一举，这一群体便不再是法国人，维希政府就不能阻止围捕和遣送他们。

1943 年 6 月，赖伐尔签署这一举措的草案。德国人希望增加在巴黎的法国及德国警察人手，进行一次大规模行动，抓捕即将失去法国籍的犹太人。但赖伐尔后来改变了主意。他表示这个措施需要贝当许可，但贝当不同意。贝当确实回绝了，但他并不是突然开始反对贯穿占领期间的反犹政策。事实上，他在回绝信中强调他一直乐于与德国人在其他诸多问题上合作，但"法国明明还有许多其他犹太人，为什么要遣送法国籍犹太人，他感到不解"。[85]

贝当虽然头脑愈发昏聩，但他和赖伐尔都很清楚，自 1942 年的大搜捕以来情况已经发生了巨变。当时他们满心欢喜地看到数千名外国犹太人从法国各个集中营转至德朗西，然后予以遣送。但现在大战已显现出盟军占优的局面。5月，德方在突尼斯投降，6月，戴高乐在阿尔及利亚建立了法兰西民族解放委员会。7月，国防军失去了东方战线的库尔斯克和奥廖尔，盟军登陆西西里岛，墨索里尼倒台。如今，贝当因为愈发不得人心而坐立难安，赖伐尔则一如既往受到法国全体民众的憎恶，“义务劳动服务”制度的实施又加深了这股恨意。两人都权衡着不能再冒险让五万名法国犹太人失去国籍，更加不得民意。他们也都不想疏远盟军，赖伐尔依然希望看到布尔什维克主义战败，但也在重整他与英美关系的计划，这样一来如果环境需要，他便可以担当西方盟军和德国缔结和平协约的中间人。

海因里希·罗特克深知，要再次组织大规模围捕犹太人的行动，法国政府的配合必不可少，因为如果没有法国警察参与，
345 德方根本没有人手实施。赫尔穆特·克诺亨要求二百五十名额外人手，帝国安全总局中央办公室却告知只能调派四人，显示出人手确实紧缺。巴黎警察特别旅仍在热情高涨地围捕共产主义“恐怖分子”，而负责安全事务的德国党卫军军官卡尔·奥伯格认为他们缺少“对抗犹太人”的动力。对于追踪“义务劳动服务”制度的反对者，法国各级警察普遍感到不满甚至是愤怒。连月来，德国取胜的希望愈发渺茫，越来越多的巴黎警察也在重新权衡他们与占领军的关系。[86]

在巴黎大规模搜捕犹太人的行动并未实施。1942年的大规模遣送使得占领区的犹太人口几近枯竭，虽然奥伯格虚张声势称德国警察自己也能开展新一轮搜捕，但他的副手赫尔穆特·克诺亨要现实得多。他告诉艾希曼，最近的法国反抗和德国人手不足意味着在短期内完全消除犹太人对法国的影响极不现实。[87]布伦纳没有将注意力放在围捕巴黎的犹太人上，转而关注

法国南方地区和前意大利占领区的犹太人。在这里他只得依靠当地告发者、准军事组织“民兵”、多里奥法国人民党的法西斯恶棍和其他反犹群体的帮助，残忍的党卫军队伍在当地搜捕各年龄、各国籍的犹太人，法国籍犹太人也不例外。无数犹太人从这一地区逃走，或是由当地人藏起、保护、偷带出去，因此到 1944 年 3 月，五个月的疯狂搜捕过后，布伦纳只抓捕了两千人，远远少于他预估的上万人。但是据罗特克称，到 1943 年 8 月，有五万两千名犹太人从德朗西被遣送，占领区余下七万犹太人，其中六万人住在大巴黎地区，还有二十万左右位于法国其他地方。从法国被遣送的犹太人人数较为可靠，为七万五千七百二十一人，最终返回的仅有两千五百六十六人。[88]然而不管难以言喻的非人待遇怎样恐怖，不管在很多情况下杀害无辜的男男女女和少年儿童的行径怎样恐怖，这些数字都意味着法国有四分之三的犹太人没有被遣送。

此外正如布伦纳在法国南部发现的，犹太人得到了非犹太人的保护。这些出手相助的非犹太人有些在战后获得了以色列和法国官方授予的国际义人称号。[89]这种现象也发生在巴黎。人 346
们会帮助整个家庭和独身女人，也帮助独身男子（但这种情况较为少见），向他们提供藏身之所，给他们送饭，予以保护，不过以这种方式免于遣送的犹太人总数和保护支持他们的人数很难量化。[90]米舍利娜·博德在 1943 年 4 月 16 日的日记中偶然提到有一家人藏匿了一名中学二年级的犹太女孩。[91]一位名叫艾娃的波兰姑娘得到了一对法国夫妻的照应，从 1942 年夏天到 1945 年 5 月一直和他们在一起。她随后写到他们很有勇气，给予她无条件的热情招待。一位名叫约瑟夫·莱博维奇的裁缝和他的妻子女儿得到了其员工的帮助，这位员工和她丈夫帮助裁缝一家人在巴黎找到三个藏身地点，协助他们在几地间转移。其中一个藏身地点所在的大楼内，公寓几乎全部被德国人占领，只有莱博维奇一家使用的这一间除外。在各个藏身所之间转移极其危险，但也再寻常不过。三十一岁的摩尔达维亚①犹太人卢德梅先生得到了热尔梅耶女士和她的女儿米雷耶的保护，每次他在两个藏身所之间行动时，米雷耶总是陪着他。“她让我挽住她的胳膊，经过法国或德国警察身边时总是用很重的巴黎口音高声说话。这样就能避免身份检查，我们从来没被查过。”[92]

1943 年，巴黎开设了两个德朗西集中营的附属营地。1944 年 3 月又开辟了第三家。在这些附属机构内，犹太囚犯要把贝尔手下从巴黎城内和周边地带的犹太家庭中掠夺来的东西分类打包，将这些东西寄到住家被炸毁的德国人手中。盟军自 1942 年 5 月开始对德国进行猛烈的空袭轰炸，约有一千颗炸弹坠落在科隆，德国流离失所的人数急剧增长。

其中一个新附属机构原来是一家大型家具店，店主叫沃尔夫·莱维坦，这家商店位于第十区近郊圣马丁路，距离东站不远。[93]征用后，莱维坦家具店更名为东营，专门负责分类包装日用品。1943 年 7 月，一百二十名犹太人从德朗西主营被转移到这里生活劳动。

347 四个月后，第十三区的工业基地内开设了德朗西集中营的第二家附属机构，这一区与巴黎奥斯特里茨车站相连，和东站一样设有直通德国的铁路线。伊冯娜·克卢格曾经是这家机构的囚犯，后被遣送至奥斯维辛，她描述这里是“你能想象到的最大的偷盗、搬迁、赃物交易组织。所有从犹太人家偷来的财

① 摩尔达维亚：东欧的一个地区，包括了今罗马尼亚东北部、摩尔多瓦、乌克兰局部地区。

物和家具都运到这里分类，再送到德国去”。[94] 1944 年 3 月，第十六区巴萨诺路开辟了第三家较小的集中营。这座建筑以前是座私宅，是法国最富有的一户银行业名门迈耶-卡昂（Meyer-Cahens）家族后代的住所。该机构一般简称巴萨诺营，专门负责处理服装和奢侈品。

大部分从德朗西送到巴黎附属机构的犹太人（当时）经分类后都得到了豁免，不予遣送，免受遣送的群体包括法国战俘的犹太妻子，配偶为非犹的犹太人及其子女。1943 年 7 月—1944 年 8 月，共有八百余名德朗西的囚犯在各附属机构停留。他们在楼下劳作，在楼上的“宿舍”休息。第一批来到东营的人们发现他们的“宿舍”就是一间大屋子，男女囚犯同宿，中间仅用帘子隔开，室内没有床也没有床垫，只有两个盥洗盆。不过条件比之德朗西，的确是有显著提升。

卡车源源不断地隆隆驶进奥斯特里茨营和东营，车上载着诸如床、床板、橱柜、衣橱、桌子、椅子、写字台等家具，但也有钢琴、炉子、炊具、保险箱、留声机，都是从犹太人家里掠夺来的。此外还有数以千计的板条箱，里面混杂着寝具、衣服、餐具、银器、玻璃器皿、厨具、垃圾桶、废纸篓、玩具、书籍、台灯、地毯、钟表、手表、图画、照片、个人文件等物品。原本拥有这些东西的犹太人家里被劫掠一空。据一位从奥斯特里茨营转至东营的犯人说，每个工作日从巴黎和其他省份运来的板条箱大概有两千四百个。[95] 而工作日的长短很大程度上由卡车数量和频率而定，犯人们一般早 8 点开始工作，至少持续十小时，而且经常比这要长，他们搬箱、卸货、再把物品重新装箱，这些板条箱装满时每只重 35—60 千克。有时候德国人会半夜把囚犯叫醒去上二十四小时班，以此进行惩罚。[96]

348 板条箱从卡车上卸下后要搬往楼上。东营一般用机械搬运，但由于停电频繁，囚犯们只得自己搬。奥斯特里茨营很长一段时间都没有电梯，因此一般靠人力搬运。然后家具和板条箱里的东西需要仔细分类打包，准备运往德国。当时的囚犯吉尔贝·雅各布后来回忆道，有时候“犯人能在这些物品中认出自己的所有物，却被迫为‘绅士们’包装这些东西”。另一位囚犯罗贝尔·法比尤斯看到了曾经在他岳父家中摆放的物品，其中包括装裱起来的罗贝尔妻子的照片，于是得知岳父被捕了。[97]

送到德国的东西都必须保持完好，因此德朗西主营囚犯中技艺精湛的工匠们被移送到附属营，修理损坏物品。例如埃尔纳·埃佐贝格曾经在巴黎一家大型女装店工作，掌握制衣技能，因此从德朗西被转移到东营，后来又转移到巴萨诺营。[98]服装师和裁缝负责制作、缝补、改制服装；钟表匠修理报时装置；家具匠修补转移时损坏的家具；油漆匠制作向德国运输赃物的板条箱，也为附属营地制作小桌和置物架。每周有数千只板条箱离开巴黎的集中营运往德国。有些奢侈品会跨过莱茵河，送到最高层的德国将军家中。例如在击败法国过程中起到重要作用的古德里安将军用来布置希特勒所赠房产的家具即来自德朗西在巴黎的附属营。[99]一位曾经的囚犯回忆道：“每天都有贴着（纳粹）政权要员名字的板条箱送到德国。”[100]前来巴黎参观或驻扎在此的德国精英也都会捞到些好处。

库尔特·冯·贝尔负责对犹太家庭持续性的掠夺，这场行动称为“家具行动”（Möbel-Aktion）。他频繁地“巡查”附属集中营，带领客人前来，请他们拿走看中的东西。两家工作坊本来要为德国的男孩、女孩分别制作裤子、裙子，但实际上大量从犹太人那里偷来的材料都用来给德国官员本人及太太们做

了衣裙和西装，其中包括贝尔虚荣任性的澳大利亚妻子。“冯· 349
贝尔男爵订作了几十双靴子，裁缝还在不停地为他做制服。”一名犹太囚犯后来回忆道，“他妻子也一样，她对鞋子和提包简直是痴狂，这些东西都是犯人中的能工巧匠为她做的。”[101]有一次，贝尔的妻子将整条手臂没入板条箱内翻找，奋力从里面拽出鳄鱼皮提包和丝绸礼服（这些是“得为男爵夫人放在一边留好”的东西），此情此景让囚犯们大为吃惊。[102]

1943年秋天，柏林的德国人希望将贝当作为名誉元首保留，且仍然将赖伐尔当作法国最佳盟友。法国“合作主义分子”在越发明确地支持纳粹的同时，对赖伐尔的敌意也越来越强。多里奥一直反对赖伐尔，计划驱逐他，现在马塞尔·德亚等多里奥的对头也对这位总理失望起来，他们看到了他是如何不受公众的欢迎，人们认为他是个不可靠的机会主义者，他的政策缺乏活力和远见，他只关心自保。德亚在他的政治回忆录中描述赖伐尔采取观望态度，写道他“什么都不干预，任由事情自行发展，任由德国人滑入厄运，自己却在设法脱身”。[103]德亚还阐述了在他看来，赖伐尔的合作意见（每天交换一点法国的利益）和他自己的区别所在，他的意见需要对法国的政治、经济和社会进行大幅度的重建，赖伐尔的则是达成新欧洲中的法国—德国协约。[104]

简而言之，“合作主义分子”认为赖伐尔阻碍了他们所期盼的“纳粹法国”的创建。9月，其中五人签署了一项他们称为复兴法国的计划，包括约瑟夫·达尔南、国家人民联盟主席马塞尔·德亚、多里奥的法国人民党宣传负责人乔治·吉尔博，他们把计划寄给了希特勒和他在柏林的心腹，其中包括希姆莱。

他们在计划中呼吁撤销赖伐尔的政府首脑职位，用一支基本包含所有“合作主义”领导的队伍取代他（除了多里奥，他当时仍在东方战线）。他们提出清洗国家机关，尤其要清洗警察队
350 伍，还提议创建一个单一党派和在全国范围内行动的单一国家军队。他们宣称，这样一个政权能够为名副其实的法国—德国合作建立基础。这一提议被断然拒绝了。他们不理解，希特勒当然会坚决反对在家门口设置一个可匹敌自身的纳粹政权。当时，与赖伐尔共事，同时保留贝当的元首职位最符合德方的意思，即使后者越发近似于一种象征也无妨。

贝当抱怨连连且愈发糊涂，他在事实上或许毫无权力或影响力，但作为稳定的象征对德方而言仍具有意义。贝当虽然职权微弱，却在谋划智胜赖伐尔，再次将他赶下政府职位。贝当作为公开的反民主人士，却在愤世嫉俗地规划共和政权，这一政权设有国民议会、强有力的行政机构和最高法院，赖伐尔在其中将失去权力。贝当希望这一举措能够阻挡源自戴高乐位于阿尔及利亚的法兰西民族解放委员会跨过地中海吹来的民主之风。他还希望自己显而易见向民主的转向能够赢得罗斯福的赞许与支持，从而在法国战后保全自己。贝当已经做好准备于 11 月 13 日通过广播电台宣布宪政方案，但是德国人并没有这样的打算。他们禁止广播，坚持保留赖伐尔的总理职位。贝当荒唐地进行“罢工”，拒绝履行职责，不过其职责到底为何，实在难说，他不过是照常顺遂德国人的意思给予同意，即使抗议，也会被忽略。

阿贝茨再次得到柏林支持，作为大使回到法国，他于 12 月 4 日访问维希政府，并给贝当捎去了冯·里宾特洛甫于 11 月 29 日写的信件。信上要他停止“罢工”，与他人步调保持一致。里

宾特洛甫重申柏林绝不会允许贝当继续提出的宪政改革，还提出贝当打算对法律施加的任何修改都要先经过柏林审查。他指示赖伐尔在各部进行洗牌，建成德国首肯的政府。[105]柏林希望建立“合作主义分子”占据要职的法国政府，它得到贝当认可，能让公众信服，又可通过赖伐尔继续加以控制。贝当抗议，但一如既往地让步照办。12 月，赖伐尔撤销了勒内·布斯凯警察首脑的职务。他在围捕行动中对外国犹太人的做法让德国人非 351
常满意，但对于围捕法国犹太人不情不愿，因此在德国人看来并不可靠。约瑟夫·达尔南取代了他。达尔南令人忧心，他作为法国人领导“民兵”组织，8 月加入纳粹党卫军时以个人身份宣誓效忠希特勒，现在掌握着法国所有治安部队，尤其是法国国家警察和宪兵，他也负责监狱事务。[106]

第二项部长任命落到了菲利普·昂里奥（Philippe Henriot）身上，他绰号“法国戈培尔”，也是“民兵”组织的一员。作为一名极富才华的播音员，他充分发挥了自己的才能，每天散布毒害人心的反犹反共宣传，起初通过法国电台（维希电台）播送，1942 年起通过巴黎广播电台播送。1 月，昂里奥出任法国情报与宣传部部长。现在，法国政府中包括纳粹党卫军军官达尔南，他此前已是一支致力于搜捕犹太人和抵抗组织成员的武装军事组织领导，同时负责国内安全事宜；还包括技巧娴熟、极具说服力的播音员昂里奥，可以指望他开展持续的纳粹宣传。希特勒还希望马塞尔·德亚担任政府部长，但贝当早在 1940 年 12 月就极力要求逮捕他，现在也抗议提拔，因为德亚一直在他的《事业报》专栏上攻击维希政府。希特勒不过是等待着时机到来：1944 年 2 月，贝当表示就算接受德亚作为政府部长的任命，他也会反对德亚支持的一切观点，让德亚脸上无光。几周内，德亚便上任劳工部部长，贝当徒劳地拒不认可。德亚甚至没有费心离开巴黎前往维希任职，对贝当发出最后的嘲弄；他认为最坏的情况是政府大部分的部长会阻碍他意下的合作，最好的情况是袖手旁观。德亚计划招募1923年、1924年、1925年出生的劳工，同时取消一些豁免条款，再送五十万人前往德国，但没能实现。德亚的任命与达尔南和昂里奥的任职时间相距很近，标志着支持纳粹的“合作主义分子”的胜利。希特勒反对“合作主义分子”的计划，显示出他没有准备好对他们放手，但是他愿意实行紧密的法国—德国合作，同时利用他们招
352 募工人，强化压迫和宣传组织。反法德国官员西塞尔·冯·伦特-芬克（Cecil von Renthe-Fink）被派往维希紧盯政治无能、心理脆弱的贝当，确保他不会越线。

1940年10月，贝当在蒙特瓦尔将法国引上了国家合作的道路。他任命赖伐尔为总理，两人均公开支持德国，他们之所以对德国言听计从，是希望能在新（纳粹）欧洲为法国保住一个领导席位。后来他们又为支持德国提出了另一个理由，对于希望阻止共产主义传播的人而言，德国是唯一希望。在没有德国驱使的情况下，维希政府公然出台对犹太人、外国人、共济会成员的歧视性法律；追捕及惩罚反德占领人士；提供人力逮捕犹太人并将他们遣送出法国；为德国组织强制性劳工征召，近期又创建了“民兵”。但到1943年底贝当和赖伐尔几乎都完全失去了影响力。尽职尽责的纳粹支持势力接管了这片权力的真空地带。维希政府逐步“纳粹化”。

对于反对德国、身在巴黎的人而言，1943年是希望交织着绝望的一年。整整一年他们都在自问，备受期待的盟军登陆还能否成真。“今年会是盟军登陆，开辟欧洲第二战场的关键一年

吗？”学生贝尔纳·皮埃坎在 1943 年 1 月 5 日的日记中这样写道。[107] 即使是安杰·鲍伯考斯基这样愤世嫉俗的悲观主义者也承认，战争或许会在这一年结束。[108] 盟军在 1942 年 11 月登陆北非后引起的强烈期望很快化为了沮丧与绝望，多数巴黎人欢迎“火炬行动”的喜悦也消失得无影无踪。1943 年 1 月，丘吉尔和罗斯福在卡萨布兰卡会面，同意只有德国无条件投降才能结束战争。月底，夏尔·布莱邦观察到巴黎人由于盟军在北非迟迟没有进展，极力压抑着怒火与不耐烦。他们饥肠辘辘，已经不再询问盟军在哪反攻，怎样反攻。人们的嘴边只挂着一句话：“什么时候反攻？”[109]

2 月，布莱邦称很多巴黎人都认为盟军是在利用突尼斯的 353
战役为其军队增加一些作战经验，还有些人认为盟军在拖延战事，从而迫使德国军队离开东线，减轻红军压力。[110] 当月，红军在斯大林格勒取胜后不久，鲍伯考斯基写道，英国宣传又提起盟军登陆，整个巴黎都深信盟军将在 3 月登陆。[111] 3 月，莉莲·詹姆森也写道，巴黎人开始抱怨盟军故意在突尼斯拖延时间，他们将轴心国部队拖在那里，造成敌军损失，降低敌军士气，同时准备某些规模更大的行动。[112] 夏尔·里斯特也感受到了大事发生的气息。他写道：“我们生活在一种狂热的期盼状态中，等待‘某些事情’的发生。即将到来的盟军登陆将成为决定性的突破。”“英国人和美国人对于未来越是自信，我们等他们展开决定性的一击就越是不耐烦。”[113] 贝尔纳·皮埃坎在 3 月写道，他期待着“6 月或 7 月”盟军“绝对会在法国靠英吉利海峡的海岸线一带登陆”。[114] 到了月底，他不那么乐观了。“可以确定的是，总有一天盟军会登陆的，但那是什么时候？”[115] 丘吉尔在 7 月 1 日的广播中预测盟军将在落叶时节之前登陆，再次燃起了法国人的希望。然而这位英国首相想的可能是当月晚些时候在西西里的登陆，而这一行动已经处于较为成熟的计划阶段，又或者他只是想安抚催促立刻开辟第二战线的斯大林和其他人。9月初，贝尔纳·皮埃坎写道，所有人都期待盟军将在“几天内”踏入意大利。[116]据他说，意大利无条件投降以及盟军已经在拿波里附近登陆的新闻鼓舞了巴黎人的精神，但是在经历种种失望过后，几乎没有人敢去期盼盟军对飞机场的大规模轰炸必然预示着将在法国开辟新的战线。[117]

皮埃坎称，期盼着战俘、集中营遣送者或德国工厂的劳工归来的巴黎人比以往更加沮丧。德国占领者利用丘吉尔无法兑现的诺言，称他许诺轻率。他们把传单做成树叶状从巴黎最有
354 名的梧桐树上散下，上面的标语是“我落下了，丘吉尔。你在哪儿？你的士兵又在哪儿?”[118]另一张宣传单上印着英国首相站在麦克风前，说明写着：“丘吉尔承诺落叶之前实现解放。”下面是一幅巴黎清扫工正用扫帚清扫落叶的画，相关标语写着“树叶已落”。[119]希望把德国人赶出巴黎的人们热切期盼着，1944年将是愿望成真的一年。

第十四章　连环杀手在逃，贝当出访巴黎，乱局中的“民兵”，盟军将至 355

巴黎人等待着盟军登陆消息的同时，凯旋门附近一条街道上突发的惨状震惊了巴黎。1944 年 3 月 11 日，警察接到报案，第十六区勒叙厄尔路 21 号的烟囱中飘出滚滚黑烟，同时散发着酸味，遂开始调查。警察赶到木板围住的房屋地下室时，他们的发现让人吃惊和作呕，地板上满是散落的尸体残骸，还有些在楼梯上堆叠起来。炉子中火焰熊熊，一只烧焦的人手残骸伸出炉门。

后续调查中，警方发现了 5 千克重的头发和十多张完整的头皮，他们还发现一只麻布袋，里面装有砍成两半的尸体，但没有头、脚及内脏。人们还在后院发现两个深坑，坑内尸体残骸混有生石灰。由于破碎的残肢和骨骼实在太多，法医专家根本无法就死亡人数及死者性别达成一致，死亡时间和死因更是无从判定。女装、化妆品、香水等物品显示死者中很大一部分是女性，但她们被杀的原因和手法仍是谜题。更加神秘的是，警方还发现一间三角形小屋，墙壁上装有金属环，设有窥视孔。他们怀疑可能是杀人者为了观看被绑的受害人痛苦翻滚的样子而设置的。

据说这里的屋主是老派又可敬的马塞尔·珀蒂奥（Marcel
Petiot）医生，他和妻子住在第十八区的科马丹路。夫妇似乎对 356
独子热拉尔宠爱有加，他们常常在家消遣、打桥牌，不时光顾电影院和剧院。负责这一案件的是法国警官乔治-维克多·马叙(Georges-Victor Massu)，他也是乔治·西姆农①(Georges Simenon)笔下的虚构角色麦格雷探长的原型之一。马叙警官接到上级发来的电报："得德国官方令。逮捕珀蒂奥。危险的疯子。"于是他立即发布了珀蒂奥医生的人相描述，还有医生本人、其妻子及兄弟莫里斯的逮捕令。

媒体一片哗然，各报纷纷用发现的人体残骸竭尽所能地制造轰动效应。珀蒂奥被冠上了一系列称号，包括"新一代朗德吕"（朗德吕是法国臭名昭著的连环杀手，因杀害十一人于1922年被判有罪，上断头台处决）、"巴黎刽子手"、"凯旋门剥皮客"、"勒叙厄尔路禽兽"、"恶魔食人怪"、"撒旦医生"等。全城的咖啡馆、餐馆、工作场所中，人们都在猜测珀蒂奥为何杀害这些人，现在又身在何处。有关珀蒂奥暴行的新闻占据了瑞士、北欧各国、比利时甚至是美国报纸的头条。《时代》杂志指出："这一事件的报道把战事新闻挤下了头条。"（不过撰写这则报道的记者和很多人一样，认为珀蒂奥是纳粹为转移巴黎人对日常问题的注意力捏造出来的）实际上警察和媒体并不知道的是，珀蒂奥正藏身在一个朋友位于第十区近郊圣德尼路的公寓里。[1]

3月15日，德国秘密警察交给马叙一份文件，称珀蒂奥开辟了一条通往巴黎市外的"逃亡路线"，供犹太人、坠机的盟军飞行员、德军逃兵和任何想离开巴黎的人逃走。此类逃亡路线从占领初期已在运作。例如人类博物馆成员就和法国北部的一条逃亡路线存在联系，曾在1940—1941年尝试帮助人们逃到英

① 乔治·西姆农（1903—1977）：比利时小说家，麦格雷探长是其探案作品中的重要角色。

国。德国方面深信珀蒂奥的逃亡路线确实存在，他们以渗透珀蒂奥的组织为条件，释放了贡比涅集中营一个名叫伊万·德雷福斯的犹太人，他后来失踪了，据推测已被珀蒂奥杀害。

调查开始几天后，马叙便怀疑珀蒂奥医生开辟“逃亡路线” 357
是为了引诱想逃出城外的人们。他向有意出逃的人保证提供安全的逃亡路线，然后杀掉他们窃取钱财，再肢解尸体，设法弃尸。3 月 15 日，这一推断似乎得到了证实。有人前来拜访马叙，想了解其犹太朋友及商业伙伴约阿希姆·古什诺的情况，在“雅利安化法”要求下，他于 1940 年从古什诺手中买下了他的毛皮商店。1941 年 5 月和 8 月的围捕之后，古什诺迫切地想要离开巴黎，同意付给其医生（珀蒂奥）25 000 法郎，医生则保证帮他乘上马赛开往阿根廷的船偷渡出境，并可代办所有文件。古什诺在衣服和行李箱中藏了一些贵重宝石及 100 多万法郎现金。他还带了一些毛皮大衣，以便到达布宜诺斯艾利斯后开店。出发日期前不久，他和妻子曾在凯旋门附近用晚餐。之后音讯全无，古什诺的妻子再没见过他。

约瑟夫·勒库西厄的案件同样引起了警方注意，勒库西厄人称“拳击手阿乔”，他也得离开巴黎，而且要快。但是和古什诺不同，他不是为了躲避德国人，而是为了躲避上司亨利·拉丰——洛里斯东路的法国盖世太保帮派头目。拉丰发现约瑟夫穿着德国制服做私活，在犹太家庭搜刮钱财，中饱私囊。约瑟夫面见自称“尤金医生”的珀蒂奥，并接受了医生偷偷带他出城的提议。医生让约瑟夫再次会面时独自前来，他却带了一个名叫弗朗索瓦·阿尔贝蒂尼（科西嘉人弗朗索瓦）的帮派成员，他也想离开巴黎——两人还带上了各自的情妇。两名匪徒可能是为了防止彼此出卖交换了情妇，因此弗朗索瓦是和阿乔的情妇克劳迪娅先行离开的。秋天，珀蒂奥（仍然伪装成尤金医生）告诉阿乔收到了阿根廷的来信，两人已经安全到达。10月底，阿乔和弗郎索瓦的情妇安妮特以及另外一个女人启程，紧随弗郎索瓦和克劳迪娅。但就像后来的人一样，他们根本没能走出勒叙厄尔路21号。他们当时携带有珠宝和现金，其中阿乔的西
358 装内缝有140万法郎，他准备用这笔钱去南美开妓院。几周后，有人看到珀蒂奥戴着阿乔那块浮夸的金表，他声称这是阿乔送给他的礼物。[2]

拉丰的盖世太保团伙中，还有一个名叫阿德里安·埃斯泰布泰居伊的成员同样急切地想躲避上司。这名成员人称"巴斯克的阿德里安"，是拉丰最初从弗雷内监狱解救出的成员之一（见第十二章）。巴斯克人阿德里安的工作之一是"说服"别人售出黄金，但拉丰怀疑他卖掉了其中一部分并据为已有，在空袭中洗劫私人宅邸时聚敛的财物他可能也没有放过。阿德里安于1943年3月失踪，他的兄弟埃米尔后来称拉丰利用珀蒂奥的逃亡路线处置了阿德里安。[3]

直到1944年10月，巴黎解放两个月后，珀蒂奥才终于被捕，他当时乔装成法国内地军（FFI）的抵抗组织战士。[4] 1946年对珀蒂奥的审判发现，他过去犯有贪污和实施非法堕胎罪。人们发现他过去的一个情妇被害，另一个神秘失踪，还有一名曾经目击珀蒂奥贩毒的关键证人也失踪了。珀蒂奥辩解说他是抵抗组织的爱国成员，参与一个逃亡网络的运作，这条网络取了个怪异的名字——"飞毒"（一种很受欢迎的消毒剂），但人们并不相信。人们也不相信勒叙厄尔路房子后院里六十三具恐怖的尸体是德国人、"合作者"和法国的其他敌人，杀掉这些人他深感自豪之类的说辞。珀蒂奥因为杀害二十六名希望获得帮

助逃亡的人被判有罪，但实际杀害人数显然可能更多。巴黎首席法医及法庭专家证人阿尔伯塔·保罗认为，受害者可能达到一百五十人。珀蒂奥的上诉要求被驳回，于 1946 年 5 月 25 日上断头台处决，然而很多问题仍然没有得到解答。

到了 1944 年春天，巴黎人已经尽可能地习惯了盟军轰炸。1942 年 3 月起，地处巴黎西南部的雷诺和雪铁龙工厂遭到轰炸，其他几次轰炸出现在北部及西北部市郊热纳维耶、科隆布、 359
普瓦西、阿让特伊一带。也有若干炸弹落在了巴黎市内的雷恩路和南部郊区。

从 4 月初起，盟军轰炸机开始对法国全境展开轰炸。他们的目的在于捣毁铁路网，破坏车辆，为盟军登陆做好准备。如今巴黎人已经知道，大多数反复的警报都预示着真正的空袭，一听到警铃响起便会奔到最近的避难所中。4 月 9 日，在文森的一家避难所中，青年雷蒙·吕芬遇到了一位怀抱婴儿的女子，她的故事可谓一个缩影，展现了战争对平民具有何等毁灭性的威力。她的丈夫受“义务劳动服务”征召被送到德国，在盟军轰炸中死亡，父母也在盟军对法国大西洋沿岸南特的轰炸中丧生。法国平民死亡人数在全国范围内攀升，临近码头、工厂、铁路枢纽的住宅区伤亡尤为惨重。例如 4 月 19 日，盟军轰炸机的空袭目标之一是位于巴黎南部的铁路枢纽圣乔治新城，这场轰炸导致两百五十多名平民死亡，近一百七十人受伤。[5]

4 月 18 日，雷蒙·吕芬又在文森避难，这一次的避难所在巴黎大道的一个地窖中。炸弹在附近坠落时，地窖陷入了彻底的黑暗，随后的轰炸接踵而至，尘土从天花板上倾泻而下，“又一轮轰炸的恐怖声响中，传出了难以描述的哭喊、尖叫、咳嗽，彼此交织”。[6]所幸那间避难所中没有发生伤亡。其他落在诺瓦西勒塞克（noisy le sec）的炸弹摧毁了铁路调车场、机车库、车间等建筑。年轻的弗朗辛·克里斯托夫在德朗西集中营内看到一名飞行员跳伞，降落在集中营附近。她望着诺瓦西勒塞克的建筑物和仓库烧了一整夜。不知出于什么原因，她说建筑物燃烧的景象让她发笑，但又说“高射炮发出的声响吓得我发抖”。[7]诺瓦西勒塞克空袭损毁及破坏房屋近三千所，致使四百五十多名平民死亡，三百七十人受伤。[8]

当晚，炸弹还落在了南郊的另一个铁路枢纽于维希。当时十九岁的玛塞勒·蒂乌从特鲁瓦前来看望她两周大的小外甥女。
360 午夜时分，一家人被闪光照醒。玛塞勒和姐姐、姐夫带着婴儿立刻跑到路对面的临时避难所中。一颗炸弹落在了避难所附近，四人全被埋在了石块瓦砾下。婴儿在爆炸中死亡，玛塞勒的姐夫不久之后也死去了。玛塞勒被困长达三小时，外甥女小小的身体一直紧贴着她。最终，人们将她和姐姐从这个满是尘灰，地狱一般的洞窟中挖了出来。随后，玛塞勒在人行道上一列排开的尸体中看到了外甥女（“她的嘴巴张开歪扭，眼睛上翻”）和姐夫。包括他们两人在内，空袭在于维希及周边地区共造成一百二十五人丧生，此外有四百七十五人受伤。玛塞勒满身擦伤，是人们用铁锹把她从瓦砾中挖出来时弄的。[9]4 月 20 日，夏尔·布莱邦在日记中写道：“昨天和前天，诺瓦西勒塞克、圣乔治新城、鲁昂的铁路调车场发生大规模轰炸，引发极大骚乱。必须承认，轰炸非常恐怖。造成数百人死亡。”[10]圣路易中学的学生被叫来帮忙救援又被送回家去，因为炸弹在坠地一周内仍有可能爆炸。

然而事实证明破坏性最大的要数 4 月 20 日在巴黎北部发生

的轰炸。这是一次针对城市而非市郊的全力轰炸，造成严重伤亡，足以迫使贝当来访巴黎，这也是巴黎被占领近四年以来，他的首次来访。

4 月 20 日，午夜刚过，警察总局局长首席秘书莫里斯·托埃斯卡（Maurice Toesca）从剧院返回位于讷伊的家中，他听到几声高射炮响和防空警笛的嘶鸣。他跑到窗前，看到星光点点的夜色下，空中炮火仿佛溶解为一片片漂浮的液状光芒。[11]这是针对第十八区小教堂区铁路调车场大规模空袭的前奏，开头的轰炸是为了制造出火光，引导后面的轰炸机找到目标。紧接着细细的铝条便雨点般落了下来，以扰乱德国的雷达系统，误导地上的高射炮。随后第一批轰炸机自南方空中飞来。

警报响起后，炸弹很快落地，住在巴黎东北部的教师让·盖埃诺根本来不及跑向避难所。他待在室内观看这奇观，称其“壮观但也非常恐怖”，同时他也沉思着人类的强大无比和愚蠢至极。[12]飞机又投下了照明弹，但在西北风作用下，盟军无意间将轰炸目标拓展到了附近的住宅区。空袭一开始，贝尔特·奥鲁瓦态度还比较乐观，但她很快恐惧地意识到目标地区延伸到了蒙马特区她家住的地方。另一名目击证人——作家阿尔弗雷德·法布尔-吕斯描述称“一大片红光照亮了整个圣心大教堂”，周边所有的房屋都在颤动。[13] 361

贝尔特就在其中的一个房间里，她透过厨房窗户的玻璃看去，天空就像在燃烧。她回到卧室，因为恐惧和寒冷瑟瑟发抖。她感觉浑身瘫软，以为房子随时可能倒塌。贝尔特怕得没法找邻居一起去地面的避难所，但邻居们来敲她的房门，与她一起避难。“我们相互依偎，共同面对危险能让我们踏实一点。”停电了，但轰炸和之前一样猛烈，持续了一个小时。“他们决定把巴黎夷为平地吗？”贝尔特纳闷。[14]随后，轰炸停了。

贝尔特和邻居们冲到窗边，看到北方的烈火蹿向天空，不过附近地区似乎并没有受到直接轰炸。贝尔特和邻居们热泪盈眶地相视而笑。然而轰炸再次开始，这份松口气的感觉立刻烟消云散。这一次他们倒下时能听到炸弹落地时尖利的哨音，随之而来就被可怕的爆炸摇撼。最终，空袭结束的警报响起。轰炸结束了。然而两周后贝尔特写道，她无论何时想起这次空袭都感觉如同被抛进了地狱。英国高层指挥部下结论称这次空袭取得了成功，“仅有几颗炸弹偏离了目标”。[15]不管这是英国方面的妄想还是忽视，地面上的景象和人们的感受都与此结论大相径庭。

“偏离目标”的炸弹导致约六百七十人死亡，大部分位于第十八区的建筑和地窖内，少部分位于圣旺郊区。数百人受伤，但令人吃惊的是人们竟从蒙马特区建筑坍塌的地窖内救出了四千五百三十名未受伤住户。[16]2.5 平方英里左右的区域内落下两
362 千多枚炸弹。小教堂地区至圣心大教堂所在的蒙马特高地一带，残破的景象仿佛月球，散落的铁轨七扭八歪，和机车相互堆叠，“好像在进行某种骇人的交尾行为”[17]，盟军在敌方炮火中损失了六架兰开夏轰炸机。

空袭第二天，贝尔特·奥鲁瓦冒险去了轰炸点附近。她发现圣心大教堂附近坠落了十多颗炸弹。教堂后一整个街区被炸弹命中，人们立起了注意未爆炸弹的警示标志；一条严重损坏的街道给封了起来；忧心忡忡的人群从远处观望着救援队清理现场，从废墟中解救被埋者；一个住在附近镇子的朋友告诉贝尔特，圣旺的一家工厂完全损毁。周一，贝尔特看到几辆灵车拉着棺材来到圣心大教堂，准备后事。“有些棺材里装着的肯定

只是尸体碎片。”她写道。[18]

住在蒙马特区的巴黎人一直认为轰炸不会降临到自己头上，因为这个区域既没有工厂也没有军事目标。然而他们忘了小教堂区的铁路调车场。贝尔特注意到她周围的人在轰炸之后态度纷纷发生了变化，过去对空袭警报无动于衷的人现在只要听到第一声警报就会立刻逃进防空洞。每当夜幕降临，地铁站里都挤满了一家家担惊受怕的人，他们霸占了长椅。贝尔特前去和姐姐住在一起，姐姐家附近公寓街区的勒比克路 90 号建有一个用作空袭避难所的地窖。空袭警报变得越发频繁。每晚贝尔特都要匆匆起床穿衣，和这一街区其他住户一起躲进地窖，紧抱财物浑身颤抖。[19]人们将愈发频繁和猛烈的轰炸视作盟军就快登陆的信号：虽然很多人都依靠这个信念鼓舞自己，但它依然无以安慰 4 月 10—25 日在盟军对巴黎、于维希郊区、诺瓦西勒塞克、圣乔治新城轰炸中死去的一千五百人。[20]巴黎所有的主要火车站都建在人口密集的住宅区，巴黎人认为这些车站将是接下来的轰炸目标。[21]

“合作派”媒体再次利用空袭抨击盟军，这是可以料想的， 363
但即使是反对占领的巴黎人也被他们扰乱了心思，尤其是小教堂区的人们。作家塞萨尔·福布哈就写道，人们对于轰炸及可能导致的结果情绪激动：很多巴黎人担忧铁路网的破坏意味着送到巴黎的食物还会减少，配给也将进一步缩减，乡下也无法再向市内运送食品包裹。[22]银行家及经济学家夏尔·里斯特明白空袭的目的是扰乱德军部队和交通运作，但是假设英国方面没有采取任何行动，他很纳闷德方打算何时使用铁路网。里斯特写道，戴高乐谈起过进攻即将到来，广播提及苏联正在重新整编部队，打算向柏林进发。而与此同时，巴黎的人们或是性命难保，或是被迫东躲西藏，或是遭到逮捕。[23]

自从1940年12月的惨败发生，拿破仑·波拿巴之子的骨灰从维也纳送往荣军院安葬以来，贝当要回巴黎的说法就一直流传着，但都只是传言而已。然而就在4月底，贝当经德国方面允许，开始了自从停战协定签订以来首次前往北部地区的访问之旅，德国人认为他有潜力成为反盟军宣传的载体。法国元首贝当于4月26日来到巴黎，这是访问盟军轰炸城市行程的一部分，他在当地向空袭死难者表达了哀悼。从4月20日空袭发生到贝当来访中间相隔一周，其间贝当还庆祝了他的八十八岁生日。他看起来身体依然硬朗，但头脑已经开始迟钝，也越发难以掌控周遭局势。

4月26日上午，贝当在巴黎圣母院参加了空袭死难者追悼仪式，随后他乘车前往市政厅。与各位高官共进午餐后，他于下午3点现身特别搭建的发言台，向大约一万人发表了演讲。到场者很多是附近学校的孩子，在动员之下来参加这次活动，他当然获得了热情的欢迎，还有些人称这种欢迎可谓欣喜若狂。莫里斯·托埃斯卡的看法则有些微妙的不同。他写道，总体而言四十岁以上的群体态度较为被动，仅仅是好奇；二十岁到四十岁的听众兴趣盎然，很多人似乎深受感动；十岁到十五岁的
364 孩子们极度热情，处于狂热状态。[24]贝当在简短的发言中向人们保证还会再次来访，让德国政治顾问伦特-芬克十分恼火的是，他短短地插了一句事先准备的讲稿上没有的话：他再来这里时将不必通知卫兵。[25]贝当信守了重访巴黎的诺言，但情况或许和他预想的不同，他再次来到巴黎是在1945年7月，戴高乐临时政府将他送上叛国罪审判法庭的时候。贝当于26日在市政厅演讲过后，访问了市北的比沙医院，很多空袭伤患都在那里接受

治疗。下午 6 点左右，贝当启程前往北部其他遭到盟军空袭的城市。当晚，就在贝当离开几小时后，英国和加拿大的飞机又来了。它们轰炸了城市东部及东南部市郊的舒瓦西勒鲁瓦、马恩河畔诺让、迈松阿尔福、阿尔福维尔、克雷代伊的调车场和工厂。小教堂区的空袭过后，北站已经关停，4 月 27 日，巴黎人一早醒来，发现里昂火车站也关闭了。

贝当来访令民众欣喜若狂，巴黎媒体仍然认为他发挥着分散戴高乐和盟军对民众凝聚力的作用。作家和记者安德烈·布里索甚至称人群对于贝当的接纳相当于“公民投票”。[26]这种看法显然毫无道理。然而迎接贝当的欢呼却足够真实。一时间，似乎就连对贝当失去信心的人们而言，他也成为了法国爱国主义象征。占领初期以来，赖伐尔就发挥了避雷针的作用，转移了大部分对于维希政府的不满和幻灭情绪，在场的人中很多并未意识到其实贝当也乐意与德国人展开密切合作。当天到场的人为了法国欢呼，站在他们面前的是受到支持纳粹媒体抨击的贝当，是在国旗下向众人发表演讲的法国一战英雄，视野中没有德国人。布里索也阐明了这一态度：“我们聆听着元帅讲话，我们眼望着国家元首，但目光却被自休战以来第一次在市政厅上方飘扬的国旗吸引。”[27]作家弗朗索瓦·莫里亚克之子克洛德写道，有位朋友看到人群中的一位母亲把法国三色旗指给自己的幼子看，这个孩子还从未见过这面旗帜，这一幕让他深受感 365
动。[28]上千人欢迎贝当的事实本身激发了积极的爱国主义情感。这种感情甚至感染了克洛德·莫里亚克，他从最初便反对合作，现在更是受到抵抗组织的吸引，一个月后，他将成为戴高乐的私人秘书。他在街上的人群中等待了两个小时，在贝当乘车经过时他承认自己“非常激动，虽然还不足以大喊，但心中充满感激与敬爱”。[29]

贝当在前非占领区受到的待遇则大不相同。在巴黎，民众强烈地意识到德国人无处不在，他们逃无可逃，倾向于错误地相信，法国政府的法律都是迫于德国压力出台的。但是在非占领区，1942 年底之前都没有德国官方人员正式出现，让贝当能够往他们身后躲藏，这里的民众对于维希政府政策和秉性的相关消息了解更多。贝当确实深得民意，但那是在很久以前，到 1944 年春天，贝当曾经在南方享受到的爱戴、尊敬、信任都已经荡然无存。例如贝当在巴黎得到热烈欢迎几周后公开出现在圣艾蒂安时，获得的便是人群中为数不少的倒彩。[30]

维希政府的一些部长希望元帅出访巴黎及奥尔良、南希能够显示出对他的支持力量尚未消失殆尽。然而就在 4 月 28 日，贝当返回维希后第二天，一则电台广播表明，尽管他残存些许象征性或怀旧性质的影响力，实际上依然严格受到德国控制。他在广播中宣扬内战威胁，对听众说“所谓的自由”不过是海市蜃楼，真正的爱国者应该坚定不移地忠于政府。贝当虽然没有指名道姓地将矛头指向戴高乐及其支持者，但他对听众说，有些人让自己的国民去冒险，自己却远远避开，他们试图将法国引入新的冒险之中，而其结果风险极大，他警告听众不要追随他们。他控诉受到抵抗组织吸引的人“损害国家前途”，还说“对占领军采取正确忠诚的态度”符合他们的最大利益。他还表
366 示，“当眼下的悲剧告终，当我们的文明多亏德国对这片大陆的保卫，绝对远离布尔什维克主义的危险，处于安全之中的时候，才是法国再次寻求和巩固她恰当位置的时刻”。[31]

6 月 3 日，戴高乐在阿尔及利亚将法兰西民族解放委员会

重新命名为法兰西共和国临时政府，随后应丘吉尔邀请乘飞机前往伦敦。戴高乐当时并不知道诺曼底登陆将在几天内实施。

6月6日，期待着占领结束的巴黎人终于听到了盼望已久的消息。盟军已登陆法国。“霸王行动”①——这是英吉利海峡法国一侧的盟军登陆行动的代号——已经开始。在数千架飞机的掩护下，超过十五万名盟军士兵从诺曼底卡昂到瑟堡之间的五处海滩登陆，或借助降落伞在附近的村庄内着陆。一批又一批的士兵与武器进入法国。至7月底，约一百万盟军登陆法国，与决心将他们赶回大海的德军士兵展开殊死搏斗。

罗斯福将戴高乐视为潜在的独裁者，坚决地将他限制在边缘地位，将自由法国的作用降至最小。美国总统不承认戴高乐的临时政府，坚持所有解放地区都将由占领地区盟军军政府（AMGOT）管理。[32]6月14日，戴高乐和一大批随行人员勉强获准离开英国，短暂造访诺曼底巴约。戴高乐不顾丘吉尔禁止他进行公共集会的指令，在镇上临时搭建的讲台上发表了慷慨激昂的演说。戴高乐在演讲结尾说：“法国政府向巴约——法国将要解放的第一个城镇——致敬。”戴高乐并没有暗示所指的政府是法国临时政府。重要的是，戴高乐离开时留下了四名代表，组建新的行政组织核心，巴约短暂地成为了法国解放地区的首 367
都。这是戴高乐成功阻止盟军在“他的”国土上建立行政机构的第一步。

1942年11月“火炬行动”以来，盟军登陆（或者按德国人和“合作主义分子”的说法称为“入侵”）的流言就散布着，而现在真的发生了。巴黎人失望的次数太多，因此许多人都对

① “霸王行动”，现也多译为“大君主行动”。

这个消息将信将疑，夏尔·布莱邦的门房就是其中之一。布莱邦称巴黎人心中充满希望，但又害怕这份希望化为泡影，于是他们保持着冷静。[33]鲍伯考斯基也形容市里的气氛十分冷静，还提到德国人嘉奖了这份安宁，将宵禁时间延后一小时，以便巴黎人外出看电影。[34]

但也有些人对这则消息感到激动。“这次是传言中的登陆。”贝诺瓦特·格鲁写道，“有人说欧洲大陆上已经有十八万人登陆。多么了不起的成就……这一次盟军真的登陆了。希望不再远在天边，希望已经降临到我们城中。”[35]莉莲·詹姆森高兴得几乎热泪盈眶。她脑中有个声音不断重复着“他们已经登陆了！他们已经登陆了！他们已经登上法国的国土，正朝我们赶来。就是这样！盟军真的登陆了！”[36]贝尔特·奥鲁瓦听到巴黎广播电台宣布这个消息时对这则新闻轻描淡写。但那一刻，贝尔特感觉热血涌向了心脏。

与此同时，无处不在的普遍喜悦之中，巴黎人也在忧虑市内的粮食短缺问题。他们自问道：“如果交通中断我们到哪儿去弄食物？如果没有水、电、燃气，该怎么过活？”[37]盟军登陆两天后，贝尔特看到巴黎人将面包店团团围住，6 月 8 日将近中午的时候，面包店已经贴出告示：“面包售完”。[38]贝尔特估计随着战火离巴黎越来越近，她和其他巴黎人都要从早到晚躲在防空避难所里。她已经准备了些干粮和合适的衣服。[39]

战斗在诺曼底展开，前进的盟军在当地遭遇激烈抵抗，巴黎的德国人竭尽全力振作精神，维持市内的文化生活和正常氛围，自四年前进入巴黎以来尚属首次。驻法德军宣传部门通知将在 6 月举办九十多场音乐会，国营剧院工作日开放，较小的
368 私营剧院周末上演剧目。德鲁奥酒店举办了艺术品拍卖活动，

以数十万法郎的价格售出马蒂斯①和伯纳②的画作，人群蜂拥至东京宫参观艺术展览，到7月最后一天橘园美术馆仍有新的水彩画展开幕。[40]

德方这种保持些许正常秩序的迫切努力造成了消极影响。盟军登陆并未在城市中引发反德高潮，让巴黎的一些抵抗人士大失所望。在袭击和起义的谣言中，德国秘密警察继续抓捕着抵抗组织嫌疑人士、盟军同情者和秘密特工。另一方面，法国警察越发积极地与德国占领者撇清关系。这其中不包括特别旅，他们直到穷途末路仍十分狂热而残忍。6月30日—7月14日，德国秘密警察在巴黎地区抓获近四百名抵抗组织嫌疑人，而法国警察仅抓获四十六人。[41]

在巴黎的德国侵略者十分狂热且在意识形态上极其忠诚，盟军登陆激怒了他们，德国秘密警察实施的虐待更加频繁，手段更加极端，因为施刑人会将沮丧与怒气全都发泄在不幸的囚犯身上。1954年巴黎审判的证据显示，德国秘密警察头目卡尔·奥伯格不仅实施令人作呕的残酷行径从抵抗组织嫌疑成员身上挖出情报，而且他的做法已经是纯粹的虐待狂式恐怖行为，包括剜眼、用小刀锯断手指、砍下生殖器等。[42]

1944年1月起，“民兵”正式在前占领区行使权力，但在此前，人们早已看到达尔南的部下趾高气扬地阔步巴黎城中，尤其是在其位于沙托丹广场的总部附近。他们占领了几所中学作为成员驻地，其中包括圣米歇尔大道左岸书店对面的圣路易中学。对于“民兵”，德国军方有些紧张，但达尔南的准军事组

① 亨利·马蒂斯（1869—1954）：法国著名画家、雕塑家、版画家，野兽派创始人和主要代表人物。

② 埃米尔·伯纳（1868—1941）：法国印象派画家。

织与德国秘密警察存在密切合作，奥伯格的副手赫尔穆特·克诺亨称匪徒达尔南“在政治上绝对无可挑剔”。[43]

达尔南在南方地区设立了德国秘密警察都会为之骄傲的特殊“民兵”法庭。每个法庭设有三名法官，他们几乎都是“民
369 兵”成员而非真正的法官，均由达尔南或其心腹挑选。被告没有律师，无权上诉。任何被判有罪的嫌疑人都会立刻受到处决。在里昂，“民兵”的庭审很少超过十五分钟，这样的庭审一旦在巴黎展开，结果毫无疑问也是一样的。[44]

在巴黎，“民兵”很快效仿德国秘密警察和法国特别旅，在其位于第九区佩尔蒂埃路44号的总部内系统性地折磨他们的对手，其中有真对手，也有假想敌。在这里，曾经的酒保和皮条客共同合作，强迫犯人躺在刑架上忍受强烈的电击或是迫使他们喝下二三十升的水，以此获得变态的乐趣。行刑者还经常把金属圈套在犯人头上，然后像虎钳一样逐渐锢紧。他们经常在同谋嫌疑人面前实施这些骇人的残忍暴行，希望吓住对方，从而得到情报。[45]

巴黎之外，抵抗组织和“民兵”的冲突不断升级。盟军在诺曼底一路作战向前推进的同时，法国其他地区似乎也处在内战的边缘。6月7日，达尔南动员“民兵”“救国”，第二天，他来势汹汹地宣布所谓的抵抗组织由敌人组成，必须以极大的决心与之斗争。“民兵”已经显现出其残忍无情的本质，几个月前的2—3月，法国东南部安纳西（Annecy）格利埃（Glières）高原打响了一场大规模战斗。约五百名马基游击队的抵抗成员最终被三千名德军士兵和“民兵”组成的联军打败。三百名抵抗组织成员逃脱，但有一百四十九人在战斗或在后续的残忍报复中被杀。将数量如此之多的抵抗成员聚集一处属于严重的战

略错误，但马基游击队的英雄气概使得格利埃高原成为了一种象征，代表着法国人不惜一切代价抵抗德国侵略者的决心。[46]

6月，抵抗组织开始监视菲利普·昂里奥，他是“民兵”成员，“合作主义分子”中的要员，也是一名播音员。赖伐尔任命他担任法国新闻和宣传部部长后，昂里奥依旧每天播送两条讽刺性“社论”，有时播放三条。在这些猛烈抨击中，他利用人 370
们对内战的恐惧攻击犹太人，痛斥抵抗组织是一群恐怖分子和共产党组成的乌合之众，谴责盟军是“侵略者”或“空中杀人犯”。昂里奥拥护全面合作，是个极其出色的演说家。伦敦的自由法国非常重视他，单独对他进行打击并对抗其支持纳粹的宣传。与此同时，巴黎一支十六人组成的突击队计划绑架他，再将其送到阿尔及尔。他们得到命令，昂里奥如果反抗就取他性命。

6月28日清晨不到6点，有人敲响了昂里奥位于苏法利诺路宣传部内卧室的门，前一晚他和妻子在这里过夜。来者称他们是“民兵”成员并从门下把身份证件塞了过去。昂里奥打开门，看到外面站着三个人，手里各端着一挺机关枪。昂里奥试图夺过他们的武器，而且几乎得手了，但此时小队领导下令开火。昂里奥倒地，他伤势过重无法施以逮捕，在倒地位置被击毙。[47]

赖伐尔在他的新闻和宣传部部长曾经播报的节目中公布了其遇刺的消息。他向听众提起昂里奥的口才与热情。“他们无法回应菲利普·昂里奥的发声，便让他彻底沉默，”他说，“他们无法使他缄口，便让他合上了双眼。”[48]这条标语很快也出现在遍布巴黎的海报上，上面展示有昂里奥的照片，配以标语“他道出真相……却遭到杀害”。[49]昂里奥离世第二天，他工作的新闻部办公室外立起了巨大的灵台，随后搬到市政厅。6 月 30 日，其葬礼在巴黎圣母院举行。

昂里奥是德方维系占领的重要人物，他的遇刺引起了广泛关注。就连曾在地下机构午夜出版社出书，对抵抗组织出版做出贡献的著名作家弗朗索瓦·莫里亚克都中了昂里奥的魔咒。其子克洛德写道，父亲从锁定英国广播公司变成了昂里奥的听众，昂里奥恶名昭彰，但他就是管不住自己去听，还边听边反驳他的观点，就好像他需要说服自己一样。[50]人们对于昂里奥之死反应各异，有的不齿、恐惧，有的感到舒心或是诚心赞赏。他的支持者视他为法国最大的希望，许多人排起长队瞻仰他的
371 遗体，致以敬意。昂里奥的遗体被放置在部委大楼内一个敞开的棺材中，由“民兵”组成的仪仗队守卫。

其他人赞赏昂里奥的口才，但也意识到他也因此极其危险。夏尔·布莱邦同意这一看法并总结道：“杀他的爱国者为国家做了件大好事。而且罪有应得的人里起码有一个得到了惩罚。”[51]民族阵线谴责昂里奥是投奔希特勒的叛徒，“法国戈培尔”。他付出了叛国的代价。[52]让·盖埃诺写道，“昂里奥死得太轻巧了”，接着他又写下这样的猎奇之语，“应该把他关在橱柜里，用绳子吊住脖子”。[53]弗朗索瓦·莫里亚克则较为宽容，称他是“一项恶行的牺牲者，他在为之斗争的时候就已经输了”。[54]乔治·伯努瓦-居约德从原则上讲不赞同刺杀，但同时又很乐于看到昂里奥的终局。他说，昂里奥“是个传播错误观念的可悲小贩，他作为政府部长，以促进新欧洲内法国—德国调解为借口致力于散播敌方宣传，很长一段时间，我认为他就是在给第三帝国干白工”。[55]贝当拒绝在广播中为昂里奥致悼词，他之所以受到排挤，正是因为支持纳粹的人士在其政府中得到任命，其

中包括昂里奥、达尔南、德亚。他对昂里奥遇刺事件给出的评论无力而简短：“他不是我的部长，我不赞成提名他。”[56]

1943 年 3 月，马塞尔·德亚也曾遇刺但保住了性命，他谴责杀害昂里奥的行为可憎而懦弱，并要求为他报仇。“民兵”也发誓报仇，并且付诸行动，在图卢兹、克莱蒙费朗、格勒诺布尔、马贡实施屠杀。但他们还在搜寻一个更重要的“战利品”——乔治·曼德尔，1940 年他在保罗·雷诺政府短暂担任内政部部长，反对 1940 年 6 月的停战。他是一个议会代表团的成员，这个团体曾经尝试前往北非，希望在当地继续反德斗争，但以失败告终。他遭到逮捕后被判终身监禁，和爱德华·达拉第、保罗·雷诺、莱昂·布鲁姆、莫里斯·甘末林一样囚于比利牛斯波尔塔雷的监狱内。1942 年 11 月，曼德尔被德方人员送往德国。1944 年 7 月 6 日，曼德尔被送回巴黎桑德监狱。第二天，德国秘密警察将其移交给达尔南在占领区的部长代表马克斯·克尼平（Max Knipping），克尼平又将曼德尔转交给一小伙“民兵”，他们驾车载着他趾高气扬地前往维希。行驶约 372
30 英里后，押送曼德尔的“民兵”在枫丹白露森林将其杀害，并声称遭到了抵抗组织袭击。7 月 13 日，曼德尔在凡尔赛宫墓园下葬，仅有八人获准参加葬礼。[57]

“民兵”杀害曼德尔并非孤立事件，德军中有多个部门也重新开始采取残忍的恐怖策略。1944 年 6 月 8 日，党卫军坦克师在驶向诺曼底与盟军作战的路上，于利摩日东南部的蒂勒展开行动。抵抗组织武装部队法国内地军曾经占领过这个小镇。6 月 9 日，党卫军士兵为了报复，在阳台上、树上、路灯上绞死九十九人，他们还挑选了一百四十九人予以遣送，战后得以返回的不到三分之一。

6月10日，该坦克师部展开了对法战争中最骇人的大屠杀。格拉讷河畔的奥拉杜尔村成为报复目标是偶然的，当地并没有抵抗组织活动的记录。村里的男人被带到谷仓遭到枪杀，尸体被焚烧。所有妇女儿童都被赶到教堂，士兵们在这里用机关枪扫射，婴儿车上的弹孔证明他们特地把枪口放低以命中儿童。随后，他们将教堂付之一炬，还未死去的人或是被烧死，或是窒息而亡。劫掠村庄之后，士兵们将村庄中余下的东西烧得一干二净，然后启程去往下一个目的地，只留一小支队伍返回将尸体埋进沟里。[58]此次事件中共有六百四十二名村民被害，仅有五名男子和一名女子从教堂的一扇窗户逃生，他们是这场大屠杀中仅存的生还者（和证人）。

与此同时在巴黎，全国抵抗运动委员会和巴黎解放委员会号召人们在7月14日——巴士底日走上街头游行示威。全国抵抗运动委员会一些怯懦的成员担忧这一号召如果被人忽略，会显得抵抗组织弱小愚蠢；得到响应又可能造成流血和报复事件。
373 结果街头游行大获成功。巴黎全市和郊区共有数万人走上街头。他们身穿红白蓝色的衣服行进，高声歌唱，呼喊口号。除几个逮捕特例（包括一些铁路工人）之外，德国和法国警察几乎均未采取行动；实际上，人们甚至说起警察在先贤祠背后的护城（Contrescarpe）广场上唱起《马赛曲》，说起在贝勒维尔的游行者高喊“警察站在我们这边！”[59]这种对游行者的放松态度和绝大部分法国警察过去四年的行为相矛盾，但是态度和行为发生转变的并不仅限于警察，正如知名的共产党激进人士克里斯蒂安·沙尼奥所说，很久以来，这是共产党员第一次在巴黎人的热情欢迎下公开进行游行。他提到：“局势中的某些因素已经发生变化，每个人的意识也随之发生了变化。”[60]

巴黎人庆贺胜利将至，但他们也认为不远的将来并不乐观。诺曼底登陆之后，盟军轰炸和盟军与德军之间的激战严重摧毁了巴黎和法国其他地区间的公路和铁路线，战争引起的一波又一波经济和社会混乱意味着粮食比以往更加匮乏。“从今天的状况看，我们一直经历的极度困难的日子还将持续很久。”贝尔特·奥鲁瓦在日记中这样写道，“十家食品店里有九家关门，剩下的一家也几乎空空如也。除了能在小货车里面发现一把欧芹或鲜薄荷外，什么都没有！”[61] 在责骂黑市（像她这样依靠微薄的退休金过活的人消费不起），去商店购物一无所获而心情沮丧，遭遇没有足够的烹饪用燃气之后，她承认情况还将更加严峻。“我们已经接到正式通知，巴黎人今后要过上一段断粮的日子。没有铁路，在很长一段时间里，我们都不能指望收到供应首都的蔬菜。”[62]

她纳闷，巴黎人是不是得靠吃草和老鼠过活了？接着她又表示，这可能是法国经历的最严酷的粮食短缺，很可能会让市民遭殃：“酒。人们想借酒浇愁都办不到。”[63]

虽然未来还有许多困难与问题，但正如巴士底日游行展现出的景象，不少人依然欢笑以对。对另一些人来说，1944 年的巴士底日光景则截然不同。德国人在 1940 年 6 月逼近巴黎时，桑德、谢尔什-米迪、弗雷内监狱均疏散了犯人。现在，由于盟 374
军似乎已经启程前来，桑德监狱的“普通”罪犯或一般罪犯（非“政治犯”）计划实施一场大规模越狱达成“自主疏散”。7 月 14 日晚 10 点刚过，暴乱的囚犯们打破了囚室牢门。看守急忙藏身，囚犯们开始暴动。一小时后，从情况看来囚犯们有可能彻底越狱成功。于是典狱长决定寻求德国方面帮助。不到半小时，指挥官奈费丁便在赫尔穆特·克诺亨陪同下与几百名手下来到了监狱，同样抵达的还有巴黎警察总局局长阿梅代·比西埃（Amédée Bussière）以及四名“民兵”的最高层成员。

他们达成一致，“民兵”应该负责重整秩序，奈费丁对“民兵”的一名领导，也是达尔南的心腹皮埃尔·加莱（Pierre Gallet）说，“我希望走进牢房的时候看到他们鲜血横流”。[64]占领区“民兵”指挥官让·巴松皮埃尔（Jean Bassompierre）从驻地圣路易中学调派了两个小队。这些“民兵”得到命令，封锁所有囚犯出入口，并将囚犯赶回各自的牢房。秩序迅速残忍地重建起来，共有六名囚犯被击毙，十人受伤。

经过挑选，五十名一般罪犯在“民兵”特殊法庭受审，由皮埃尔·加莱主持，加莱的两名助理之一是马克斯·克尼平，是他将曼德尔移交给了“民兵”的刺杀者。另一个是乔治·拉迪西，他是“民兵”的一名领导成员。

这次军事法庭于 7 月 15 日下午开庭。如果是处理“政治犯”，庭审时间很可能要比这短，就算不是全部，大多数被告也会被判以暴乱罪，受到枪决。这次陪审团无罪释放了二十二名囚犯，但余下二十八人均被判有罪并处以死刑，其中一人十八岁，十一人十九岁，六人二十岁。最后一场审讯后不久即执行死刑。死刑犯每七人一组被处决。组成行刑队的六名成员对于命令要求感到极为厌恶，有些人故意射偏。然而这只能意味着可怜的犯人必须要面对又一轮射击。[65]

375 随着盟军在法国北部和意大利不断向前推进，东线德军取得“最终胜利”的希望彻底消失，越来越多的德国人愈发清醒地意识到败局已定，但任何胆敢公开言明的人都可能因叛国罪名遭到枪毙。巴黎的德国军队开始仔细思考撤出这座城市的可能：施蒂尔普纳格尔派人在法国东部搜索可能的避难所，他们选定了斯特拉斯堡西南部的城镇圣迪耶，一旦发生“特殊情况”（这是巴黎落入盟军之手的委婉说法），这里是个合适的撤退地点。施蒂尔普纳格尔与德国心灰意冷的国防军官员保持着联系，后者深感希特勒采取了鲁莽的政策，并且固执地拒不寻求与盟军达成任何协议。这些做法都在将德国推向败局和毁灭。当希特勒的自大狂妄演变为偏执的疯狂行为，这一小群高官比以往更加确信，为了德国，刺杀元首迫在眉睫。

新近上任的克劳斯·冯·施陶芬贝格上校是后备军司令弗里德里希·弗里姆上将的参谋长，施陶芬贝格在波兰和法国服过役，后又前往北非，他在当地失去了左眼、右手和左手两根手指。1943 年 9 月，他遇到一群国家主义者和保守派军官，他们决心除掉希特勒，于是施陶芬贝格开始与他们谋划刺杀。[66]几个月后，施陶芬贝格遇到一个好机会，他受派于 7 月 20 日在波兰东北部拉斯腾堡的元首行营参加简报会。他携带装有两枚炸弹的公文包来到作为简报地点的木造营房。由于行动不便，他只来得及准备好其中一套装置，然后他把公文包放在了大木桌旁，希特勒就站在这张桌子旁倾身查看地图。之后施陶芬贝格称要打电话，离开了房间。他从不远处看着炸弹起爆，炸毁小屋，以为也炸死了希特勒。他随即乘车赶往附近的机场飞往柏林，到达后，他向同谋保证，这样的爆炸，希特勒不可能存活，肯定已经死亡。这些同谋也通知各位盟友政变取得了成功。

施陶芬贝格电联的人之中包括亲戚凯撒·冯·霍法克（Caesar von Hofacker），他在巴黎担任驻法德军官员的副官。施陶芬贝格告诉他希特勒已死，要他通知施蒂尔普纳格尔。施蒂尔普纳格尔是巴黎级别最高的军官，也参与了反希特勒密谋，听到这个消息，他立即采取行动，下令逮捕全市的秘密警察。376

夜色掩护下，巴黎市内及郊区的军事长官博伊内堡-伦斯费尔德（Boineburg-Lengsfeld）将军带领突击队逮捕了约一万五千名市内的警察，其中包括卡尔·奥伯格。

米舍利娜·博德当晚在家里，她意识到出怪事了。她从公寓的窗口向圣奥诺雷路望去，看到一长串车灯熄灭的卡车，从马戏团路（rue du Cirque）驶向马蒂尼翁大道，几十个德国人涌下卡车，尽量不发出半点声音。她以为这又是一次对犹太人的围捕，但士兵们排成了一列，他们的长官压着嗓子指挥。随后他们全部朝索赛路进发。“他们手持上着刺刀的步枪，低下头，像是要发起攻击”[67]，第二天，卡车不见了。米舍利娜的叙述中并未提到索赛路是盖世太保和德国秘密警察其他部队总部所在地。遭逮捕的人大多被关进了弗雷内监狱或是北郊圣德尼的东营。

当博伊内堡-伦斯费尔德到达拉斐尔酒店报告逮捕成功的消息时，希特勒生还的消息已经传到了驻法德军那里。这则消息让冯·施蒂尔普纳格尔大为意外，十分震惊，他担心自己命不久矣，遂立即下令释放奥伯格。博伊内堡-伦斯费尔德现在要办苦差了，他要去关押奥伯格和他手下其他高官的大陆酒店释放他们。最终，双方相安无事地结束了会面，奥伯格甚至同意去拉斐尔酒店和冯·施蒂尔普纳格尔喝杯香槟。第二天晚上，博伊内堡-伦斯费尔德再次为奥伯格和他的高层官员举办和解聚会，结束时，奥伯格赠给这位主办人一盒精美的黑市雪茄。[68]

在柏林，部分刺杀谋划者自杀身亡，另有四人遭到枪杀，其中包括施陶芬贝格。希特勒发布了一则简短的广播，谴责称此次犯罪在德国历史上绝无仅有。他还想告诉听众，自己依然健在，他三次提到这次幸免于难是他应该继续其大业的天兆，因此他将照做。[69]

在巴黎，施蒂尔普纳格尔被停职处理并召回柏林解释原委。377
于是他乘车返回，在行驶到凡尔登以北的瓦谢罗维尔（Vacherauville）附近时，他提出下车走走。随后他的向导听到一声枪响，连忙跑过去，发现将军漂浮在运河上。起初，他们以为将军遭到抵抗组织射杀，但他被送往凡尔登的一家医院后，医生发现是他笨拙地试图用枪自杀，结果导致失明。奥伯格来到凡尔登，与施蒂尔普纳格尔面谈，将军打算替所有牵连到这场政变尝试中的驻巴黎军方人员担下一切罪责。8 月，施蒂尔普纳格尔和其他三名巴黎军官（其中包括施陶芬贝格的亲戚凯撒·冯·霍法克）在柏林受审，四人全部被判有罪并处以绞刑。“沙漠之狐”陆军元帅隆美尔也牵涉政变之中，于 10 月自杀身亡。

盟军登陆并未阻止德方继续围捕巴黎的犹太人。由于德国人手不足，法国又不予合作，德朗西集中营指挥官布伦纳认为最有效的方法便是突袭市内为人熟知的犹太人聚集地。他瞄准了儿童救济所和孤儿院，声称是为了消除未来的“恐怖分子”。一名党卫军军官与德国出资成立的法国犹太人联合会取得联系，列出了巴黎及市郊为犹太儿童设立的六家孤儿院，以及在上述各地登记的儿童人数。他们派出两辆巴士，两晚间共搜捕二百五十名儿童和三十余名工作人员，并将其送往德朗西。7 月 23 日，部分孩子和一些法国战俘的犹太妻儿被遣送至贝尔根-贝尔森集中营，之中大部分儿童归入第七十七遣送队被送往奥斯维辛集中营，这也是此次战争中规模最大的一支遣送队。7 月 31 日，遣送人数达到一万三千，留在德朗西的囚犯仅有八百七十一人。[70]

378

第十五章　巴黎解放

1944年8月1日，自由法国第二装甲师的一万五千名士兵登陆诺曼底海岸犹他海滩。他们的指挥官是菲利普·德·奥特克洛克（Philippe de Hauteclocque），他是一名法国贵族，为防止德国人报复家人化名勒克莱尔（Leclerc）。在他的师里人们虽政治观点各异，但都决心为法兰西解放发挥自己的作用。有些人像勒克莱尔一样在伦敦加入了戴高乐麾下；还有些人在法国投降时正身处英国；另外有些人是曾在西班牙抗击佛朗哥的无政府主义者和社会主义者，他们结成了一支称为“第九军团”[①]的部队，由法国人雷蒙·德罗纳（Raymond Dronne）上尉领导。第二装甲师属于法国师团，但由美国配发武器装备和制服，在美国军队中受训，很快受派遣加入乔治·巴顿（George S. Patton）将军的第三军团。

盟军自6月登陆诺曼底后，激战了两个月才取得重大进展。法国新教领袖马克·博涅（Marc Boegner）于8月6日到访巴黎。“刚刚过去的一个星期令我们深感震惊，”他写道，“美国人驾着坦克向前推进了300千米，苏联人已将战争打到了德国国土上。”[1]盟军解放了位于诺曼底和巴黎之间的勒芒，但双方的人
379 员伤亡均十分惨重，尤其是住在这一地区的法国平民。至8月中旬，盟军士兵共有四万人死亡，十七万人受伤，德军伤亡约

① 得名于古罗马第九西班牙军团。

二十四万人，被俘二十万人。法国平民死亡人数超过五万，此外卡昂、阿让唐、利雪（Lisieux）、法莱斯、库唐斯等许多小镇化为废墟。[2]

8 月初，诡计多端的皮埃尔·赖伐尔回到巴黎谋划政坛生路。他希望巴黎能像 1940 年 6 月那样再度成为不设防城市，他计划在盟军到达的同时召开一次国民议会特殊会议。议会主席将由爱德华·赫里欧担任，他曾于 1940 年 6 月执掌此职，目前被关押在南锡附近的一家精神病院内。赖伐尔打算以法国政府的名义欢迎盟军的到来，他希望议会会议能够赋予他民主公信力，作为一个狡猾的时局操控者，一个彻头彻尾的机会主义者，赖伐尔认为美国人会支持他，这很大程度上是因为选择他就能把戴高乐排除在政局之外。[3]他算计着，取得这项计划的权力代理人身份足以使他自保。赖伐尔也确保了阿贝茨对此项计划的支持，并将赫里欧接到巴黎，为他在市政厅准备了房间。

8 月 5 日，狄特里希·冯·肖尔铁茨（Dietrich von Choltitz）将军正在诺曼底，他意外受到召集，要他前去波兰与希特勒会面。两天后，元首通知肖尔铁茨接手负责巴黎的全部德国军队和警察部队，并强调要肖尔铁茨直接听从他的命令。肖尔铁茨受命，立即组织疏散所有在巴黎的非必需德国行政人员，余下的将留下守卫巴黎，直至最后一刻。8 月 9 日，肖尔铁茨抵达巴黎，将总部设置在莫里斯酒店，此前负责城市日常事务的大巴黎区指挥官一直以此为基地。

8 月 10 日，东郊诺瓦西勒塞克火车站车库工人开始罢工，他们要求提薪，抗议当局仍然关押参加 7 月 14 日街头游行的工人。随着行动不断扩展，德军逮捕了整个地区的示威者，将他们挟为人质。之后德国当局同意释放从罢工伊始抓捕的人员并 380

审查此前更早的逮捕案件，罢工的势头才平息下去。虽然德方顺利地缓和了事态，但反抗已经开始。贝尔纳·皮埃坎现在在一家医院工作，从1944年2月起他就为巴黎的一支反抗组织当信使，他认为这次示威是“战斗即将展开的前兆”。[4]

这之后发生的一场反德行动让很多巴黎人深感震惊，因为参与人员是警察。至1944年8月，共有三个抵抗运动组织出现在警察队伍之中，分别为支持共产党的“警察民族阵线”（Front national de la police）、受社会主义者影响的“警察与祖国”（Police et Patrie），以及戴高乐支持者组成的“警察荣誉”（Honneur de la police）。德方认为巴黎警察不可靠已有时日，8月13日，在占领军部队的一次突然行动中，城郊阿斯涅尔、库尔贝瓦、圣德尼的法国警察在自己的警察局内被德国秘密警察缴了械。

警察民族阵线领导者号召于8月15日星期二展开巴黎警察总罢工，社会主义者和戴高乐支持者群体对于罢工的时机持保留意见，并反对宣传单的口吻，尤其反对不参加罢工的警察一律击毙的威胁。然而社会主义者和戴高乐支持者两派都不想造成警察抵抗运动的分裂，也不想让共产主义人士占据上风。随后传单的遣词缓和了一些，三个警方反抗组织都支持罢工呼吁，字眼更温和的传单散发到了巴黎各个警察局。

8月15日，组织者表示，警察基本一致支持罢工。“他们突然离开自己的岗位，脱掉制服，从首都的街头消失了，就好像有人施了魔法。”[5]第六区警察局的一位高级官员费迪南·迪皮伊这样写道。当天下午，共有一千五百多名公务员在巴黎市政厅外游行。无疑，他们都受到了盟军（这一次包含大量的法国部队）已从法国地中海海岸登陆这一消息的鼓舞。

起初，居民对于警察的突然失踪感到困惑不解。住在圣米歇尔大道的一位法国退伍军官注意到这里的警察局关着门，整整一天，街上一个警察也没有。“直到第二天我们才发现真相： 381
警察罢工了。”[6]

法国警察或许从街上消失了，但是德国军方和秘密警察仍然活跃。“为了维持秩序，我们将采取任何手段，坚决镇压骚乱。”[7]肖尔铁茨在警察罢工开始当天这样威胁，并表明只有在秩序稳定的状况下才能保障粮食供应。与此同时，德国方面仍然在消除市内的“不受欢迎”分子。数千名囚禁在巴黎市内或周边的抵抗组织成员被送往东部郊区的庞坦火车站。他们被送上等在那里的牲畜车厢，送往德国的集中营，男人去布痕瓦尔德，女人去拉文斯布吕克。

德国秘密警察加紧搜索、杀害抵抗组织的其他成员。在一次行动中，四十多名抵抗组织成员受到了德国人的蒙骗，他们自称也是抵抗组织成员，并表示愿意提供急需的武器。8 月 16 日，其中的三十四人被装上卡车送往布洛涅森林风景优美的著名景点——小瀑布（Les Cascade），在他们爬下卡车时即遭到机枪扫射，尸体随后被手榴弹炸成碎片。其中大部分被害者年纪不到二十五岁，最小的只有十七岁。其余七名抵抗人士同样认为会得到武器补给用以对抗占领军，却在十六区勒鲁路遭遇伏击中枪身亡。[8]

8 月 17 日，皮埃尔·赖伐尔展开了迫在眉睫的自保计划。已是法国政府部长的马塞尔·德亚大怒，将赖伐尔的计划通报了党卫军军官卡尔·奥伯格，并要求立刻将赖伐尔和赫里欧逐出巴黎。德亚和很多其他在巴黎的“合作主义分子”一样，已经准备离开首都前往临近德国边境的贝尔福，他并不想让赖伐尔利用这个机会，乘虚而入。[9]在奥伯格的鼓动下，希姆莱下令逮捕赫里欧，这位曾经的国民议会主席由德国人送到了波茨坦，一直被关押到1945年4月移交苏联人手中。8月17日晚，赖伐尔在其巴黎马提翁酒店的办公室内举行了最后一次部长会议，仅有五名维希政府官员出席。由于断电，他们只得点着蜡烛开
382 会，此时此景和他们的心情一样惨淡。晚11点30分，奥托·阿贝茨打断了会议，通知与会的法国政府成员已受到“邀请”离开巴黎。

赖伐尔抗议称希望留下，他想在盟军到来时代表法国政府，但还是和妻子一起被绑上了一辆德国汽车送走。德方也接到了其他身在巴黎的维希政府部长，组成了一支德国遣送队，于8月19日抵达贝尔福。对于德国人而言，赖伐尔气数已尽。在柏林的德国精英看来，赖伐尔对盟军的示好是一种傲慢自大的机会主义，他们不再姑息。8月20日，贝当在维希发出抗议，德国人逮捕了他并将其关入监狱，之后同样驱车把他送到了贝尔福。

“合作主义分子”在逃，维希政府的余党在贝尔福处于德国人看守之下，现在，巴黎的命运掌握在五股主要力量手中：巴黎人民自己、戴高乐的自由法国、共产党员和其他抵抗组织、盟军、肖尔铁茨将军统帅的德国部队。

1940年6月的时候，没有出逃的巴黎人曾经随着德军逼近焦虑不安地等待。而在1944年8月初的今天，另一支部队将向这座城市开来，巴黎人又一次等待着，不知前路如何。这一次到来的是盟军，而留在巴黎的德军占领了市内各主要建筑物，已经做好了大战的万全准备。1940年6月，在巴黎四处行动还

不算困难，燃气和用电供应还算可靠，人们还能从商店中买到大部分所需的货品，尽管很快就要变样了。而到了 1944 年夏天，在长达四年多的漫长占领之后，绝大部分巴黎人的生活变得无比艰难。

7 月底，巴黎仅有八条地铁线路仍在运营，8 月 6 日，列车仅在上午 6 点到 11 点，下午 3 点到 10 点运营。8 月 12 日下午 1 点，整个地铁网络停止运营，原定于 8 月 16 日星期三晚 8 点重新开始正常服务，但实际并未恢复。工人们都去参加罢工了。自行车比以往更加抢手，被盗自行车市场欣欣向荣，车辆每次转手价格约为 8 000—10 000 法郎，是工厂工人月薪的四倍到六 383
倍。有些德国人已经不顾一切，用尽一切办法逃出巴黎，他们拦下巴黎人，没收他们的自行车。约瑟夫·波自从地铁停运后一直骑儿子的自行车上班，他尽可能避开这些德国人。“我上班都是走小道，没有撞上德国鬼子的风险。”他在日记中这样写道。[10]

供电几乎完全中断。虽然官方称晚 10 点到早 5 点供电，但这只是个很粗略的规定，因为在此期间断电还是可能发生。很快，不在优先供电线路上的人每天只有二十分钟电可用，他们用这二十分钟一边做饭，一边听收音机。由于供电时间全城并不同步，巴黎人就给住在城市不同地区的朋友打电话，拼凑出盟军的完整消息。[11]为了不错过听新闻或是用电灯的机会，人们常常开着电灯和收音机入睡，不管时间多么短暂，也希望能够通电。维多利亚·肯特是西班牙内战难民，她就是这样做的，有天半夜 1 点她给吵醒了，当时，她的房间突然一片明亮，她听见居住的公寓楼各层的收音机都响了起来。[12]由于供电时间短暂不定，巴黎人靠点蜡烛、树脂、纸张、焦炭来给房间照明。[13]

以纸为燃料的小型取暖器热销，新任母亲们可以用它在十五分钟内温热孩子的奶瓶。手工作坊和小零售店在街区中安装了一种自行车，雇用了一群人力工，他们奋力蹬车即可产生持续电流，驱动公司的设备和机器。[14]

供电短缺导致医院无法拍摄 X 光片，也不能使用消毒医疗设备。天然气供应也受到严格限制。采取回避策略防止德国人偷车的约瑟夫·波写道："我们已经一无所有，只剩每晚半小时的一点天然气了。"[15] 然而没过多久，燃气也被完全切断。医院和诊所可分得为数不多的瓶装丁烷气。8 月 15 日，让·加尔捷-布瓦西埃回到家中，发现不供燃气了。每个住户可以在当地
384 餐馆中择一登记，每天领取一餐热食。弗洛拉·格鲁和父亲去区政府领取了紧急配给证，凭此证才能领到每天供应的一餐。[16] 他们在区政府看到人们排起长队，表情显得对四年来的排队日子已经习以为常。[17]

盟军收到的报告称共有四百万巴黎人陷入饥荒，这个数字有些虚高，但粮食供应确实已经达到了危险程度。8 月 17 日，巴黎市内的面粉储备做出的面包只够巴黎人消费一周。面包店相继关门，还营业的店前排起了长龙。肉类仅够每位住户分得三份 90 克的配给。意大利面还够每人食用十二顿，但饼干每人仅能分得 350 克。可供饮用的牛奶也少得可怜，而且天气炎热，大量牛奶还不等配发出去就已经馊掉，更减少了可供食用的存量。

黑市一如既往存在，但由于粮食极端短缺，日常食品的价格市民根本难以承受。例如黄油的官方价格为每千克 60 法郎，但同样分量在黑市的价格可达到十倍，换言之，区区 1 千克黄油价格为月薪 2 000 法郎的普通办公室职员收入的三分之一。面包的涨幅也差不多，官方价格为每千克 3.75 法郎，但黑市价

格为 35 法郎。8 月前两周，两千五百多家商业零售店接受了检查，六百五十多人被控进行黑市交易。检查中共缴获价值 700 万法郎的货物，包括面粉、剃须刀片、布料、白兰地数瓶、肥皂、整片牛肉若干。[18]

伴随着燃气和供电的忧虑以及严重的粮食短缺，盟军位置及其到达巴黎时间的消息在坊间疯传，彼此矛盾。有一点是确信无疑的，那就是随着 8 月慢慢过去，德国人在城市内开始采取防御态势，同时大批人开始撤离。正如 1940 年 6 月弃城而逃的巴黎人很快从一小股化为一道洪流，现在的占领者也呈现出同样的势头。8 月 8 日和 9 日，夏尔·布莱邦在日记中写道，德国人正撤出巴黎；让·加尔捷-布瓦西埃在 8 月 17 日写道，“大批德国鬼子逃跑了”。德国人自索邦、东站、北站出逃，从马真塔大道和拉法耶特路匆匆而过。“所有这些道路上，都有数十上百的卡车马车驶过，车上满载着快要冒出来的行李，枪被拖着，急救车上满是他们的伤员——有的跟在后面开，有的超过前面车辆，有的相向而行，擦肩而过。”布瓦西埃写道。[19] 由 385
于法国警察都罢了工，交通只得由德国警察指挥。而与此同时在凯旋门附近的高级酒店外，加尔捷-布瓦西埃看到戴着单片眼镜的将军身边陪伴着优雅的金发女郎，她们穿得像是去享受时尚海滩假日，其他德国人则坐在露天咖啡座里喝着啤酒。

撤出巴黎的德国人或许为数不少，但留下的却让人无法忽视，他们不加区分地朝建筑物和行人射击。最后一辆卡车离开索邦广场后，加尔捷-布瓦西埃看到党卫军哨兵开火，过路人朝四面八方逃去，子弹从空中呼啸而过。他迅速离开了俯瞰广场的阳台，回到了公寓里。[20]

第二天，布瓦西埃冒险外出，发现附近的窗户上满是弹孔，索邦教堂已经被弹药弄得伤痕累累。“有个过路人告诉我，昨天在圣米歇尔大道有五六人死亡。”他在日记中这样记录，“拉辛路附近有个门房朝地上的血泊泼了一桶水，开始愤怒地擦洗。‘有个女人被杀了，’她解释道，‘还有一个死在了香烟店门前。’”[21]

巴黎人完全受制于德国人毫无规律的攻击。与此同时，没人知道市内的抵抗组织计划采取什么行动，什么时候动手。8月14日，戴高乐任命亚历山大·巴罗迪为未解放地区部长。巴罗迪是一名公务员，自1940年以来一直在巴黎为戴高乐的自由法国效力，决定了解放后的政治及行政体制，戴高乐赋予他以法国名义发言的权力。问题在于，事态将会以极快的速度发展，而与戴高乐的沟通太慢，巴罗迪必须按自己的想法做出决定。戴高乐的军事代表雅克·沙邦-戴尔马和巴罗迪并肩作战，他于8月16日回到巴黎。此前他在伦敦待了一个月，见到了法国内地军指挥官皮埃尔·柯尼希将军，这个组织成立于1944年6
386 月，是一个由全国各地的抵抗组织组成的单一武装组织，其中也包括巴黎的组织。[22]塞纳省及周边三省的地区司令是一位共产党员，也是西班牙内战老兵，名叫亨利·罗尔-唐吉（Henri Rol-Tanguy）。

巴黎的抵抗组织由众多令人迷惑不清的小组和委员会组成。全国抵抗运动委员会成立于1943年5月27日（见第十二章）。随着抵抗运动次数不断增加，委员会也日益壮大。1943年夏季，让·穆兰被捕，在折磨之下身亡，乔治·皮杜尔继任全国抵抗运动委员会主席。[23]委员会成员身份比过去更加多样，包括保守派人士、天主教徒、中间派人士①、社会主义者，但共产

① 中间派人士：政治观点介乎于左派和右派的政治派别，反对过度激进和过度保守。又可细分为中间偏左和中间偏右。

党员仍然具有很强的影响力。全国抵抗运动委员会设有军事分支——军事行动委员会（COMAC）。[24]共产党员组成了其坚强的核心。巴黎也设有自己的解放委员会（CPL），成立于1943年9月，其中半数成员为共产党员或其同情者。

巴黎反德部队中意见不合的焦点主要存在于共产党员和戴高乐支持者之间，此外也有一些抵抗组织和个人不加入任何一方阵营。[25]共产党员大力呼吁发动起义，将巴黎从德国人手中解放出来。然而戴高乐支持者的代表巴罗迪和沙邦-戴尔马则非常犹豫，始终敦促要谨慎行事，其中巴罗迪尤甚。

1942年4月18日，戴高乐宣布每个法国人均有责任运用一切掌握的方式与德国敌人及其维希政府帮凶展开斗争。他强调“国家解放离不开国民起义”。[26]然而巴黎起义何时开始，由谁领导，又该进行多长时间（按此类事件一般计划时间），人们并未达成一致。

谨慎的戴高乐支持者认为应推迟所有起义。戴高乐的国家军事代表沙邦-戴尔马回忆说：“我们认为应该在盟军靠近巴黎时开始行动。”[27]他从伦敦返回巴黎时，也带回了柯尼希的严令，将军认为不应在时机“尚不成熟”时发动起义。戴高乐支持者也认为但凡起义，持续时间都不应过长，可能的话不应超过四十八小时，一旦第一批盟军士兵到达，戴高乐派领导人在巴黎就位后，应立即停止。[28]

有些人认为戴高乐支持者可以在盟军进入巴黎的同时发动 387
一次小规模起义，但不幸的是这种设想存在重大缺陷，因为美国领导的盟军根本不准备进入巴黎。沙邦-戴尔马在访问伦敦时曾经恳求盟军改变计划但无济于事，巴黎对他们而言不具备任何军事战略上的重要意义。盟军第十二军团指挥官奥马尔·布拉德利（Omar Bradley）将军轻描淡写地称巴黎“不过是我们地图上的一个墨点，我们朝莱茵河行进途中要绕开的一个地方”。[29]英美的第一要务是追击朝东撤退的德军。停下脚步在巴黎开战意味着失去宝贵的时间与人力。美国人还要达成另一个目标，无暇顾及巴黎，那就是夺取港口（安特卫普较为理想），以便接应补给，这样便无须从瑟堡进行 400 千米的陆路运输。此外，盟军认为四百万巴黎市民已经处于饿死的边缘，不想负责解决他们的吃饭问题。

巴黎的戴高乐支持者呼吁谨慎行事的同时，巴黎人认为盟军正朝他们进发，加上大批德国人慌忙逃窜出城，因而全城都极为乐观，罗尔-唐吉和巴黎的法国内地军受到了这种情绪的鼓舞，急不可耐地准备起义。驱逐余下入侵者的起义呼声不断高涨。巴黎解放委员会、法兰西民族解放委员会及其军事行动委员会的部分成员已经心痒难耐。他们认为，起义是必然的行动，自从 7 月 14 日的游行开始就在集聚力量，也是历经无数苦难的巴黎人民宣泄压抑情感的途径。人们的心境已经变化，但巴罗迪和沙邦-戴尔马依然保持高度谨慎的态度。

8 月 18 日，德国秘密警察首脑奥伯格和克诺亨驱车离开巴黎。德国大使馆关闭，美琪酒店不再作为驻法德军总部之用，但依然是德军的一个要塞，四百多名德军士兵在酒店内就位做着防守准备。8 月 18 日也是巴黎两大工会发动大罢工的日子，
388 分别是左倾的法国总工会和较为右倾的法国基督教工会。现在，巴黎的起义氛围已经十分浓厚了。

法兰西民族解放委员会与巴黎解放委员会会面，商讨目前是否应举行起义；然而罗尔-唐吉决定不再等待。他以法国内地军地区指挥官身份设计了一张传单，号召巴黎人民加入工作地

点或住处的法国内地军，动员他们拿起武器，尤其要夺取德国人的武器，打击占领军，同时夺取粮食，保护水、燃气、电力供应，以防敌人破坏。[30]

8月19日一早，罗尔-唐吉还未在全市散发传单，巴黎解放委员会和法兰西民族解放委员会也还未发布联合公告号召起义，巴黎警察又让所有人大吃一惊。破晓时分，数百名警察占领了巴黎圣母院对面的警察总局。正如巴黎解放委员会的一名代表在日记中所述："起义没有等我们行动就先开始了。"[31]

上午11点，科西嘉前省长夏尔·吕泽（Charles Luizet）来到总部，他是戴高乐委派的警察总局局长人选，无人对他下达的命令提出异议。[32]这标志着随着起义真正开始，戴高乐领导的法兰西共和国临时政府代表接管了主要建筑物。随后罗尔-唐吉与吕泽同戴高乐代表巴罗迪会面，并起草宣言。这份宣言以"法兰西共和国"为抬头，宣布包括巴黎警方抵抗部队在内的所有部队均为法国内地军的组成部分，由罗尔-唐吉担任军事领导。宣言动员所有能够拿起武器的十八岁至五十岁男性加入战斗，结尾为"戴高乐万岁！共和国万岁！法兰西万岁！"[33]

犹豫再三，巴罗迪最终决定支持起义。他之所以犹豫，是担心在盟军到达前发动起义会造成大量平民伤亡，德军坦克和仍然留在市内的大炮还可能摧毁历史建筑。然而他在全市各地参加会议的过程中意识到，人们的抗德情绪日益高涨[34]，他也意识到罗尔-唐吉和其他共产党员在大力推动起义，戴高乐如不
同意，抵抗组织之中就将产生分歧，因此他对起义予以支持。389
"我认为我的职责之一就是维持法国抵抗组织的团结，直到最后一刻，直到戴高乐将军抵达巴黎。"二十年后，他这样解释道，"否则，如果在起义问题上存在深层的分歧，当时我们就将面临

抵抗组织四分五裂的巨大风险。”[35]此外还有一个原因，戴高乐支持者害怕被起义者压倒，被排挤出政治舞台。

巴黎各地的解放委员会成员控制了区政府和其他公共建筑，三色旗在旗杆顶端飘扬，还时常伴着演奏得跑调但感情真挚的《马赛曲》。多数情况下，起义者们都不会遇到德国人的反抗，即使反抗也并不动真格。8 月 19 日将近中午时，全市二十个区政府上空都飘起了法国国旗，待到第二天一早，巴黎和塞纳省的行政中心市政厅上方还将升起五面三色旗。一支反抗部队已经占领了大厦，逮捕了维希政府的塞纳省省长勒内·布费（René Bouffet），由另一位戴高乐提名的自由法国成员马赛尔·弗卢雷（Marcel Flouret）接替其职位。

在多数政府建筑内，维希政权公务员顺从地接受了新的行政组织，有些甚至提出帮助抵抗组织，比如第十九区。在第十七区，一群年轻的抵抗成员于 8 月 18—19 日晚闯入区政府，开始了疯狂的庆祝派对，而区政府外，其余几名抵抗成员抓住了当地疑是“卧躺合作者”的女人，也就是与德国士兵有染者，他们公然剃去了这些女人的头发以示惩罚。

随着市镇一一解放，这样的暴行在法国全国上演着。疑与德国人厮混的女性被剥至半裸，游街示众。贝尔特·奥鲁瓦听说有个女人被剃光了头发，额头上给画上了纳粹标志。她写道，自己去了家所在的勒比克路附近的托洛兹路，那里正是剃发惩罚的执行地点，她到达时看到街上散着一缕缕的头发。她还提到，有人说巴蒂尼奥勒和蒙马特的区政府外栏杆上挂着“卧躺
390 合作者”的“头皮”。[36]瑞士记者艾德蒙·迪布瓦报道称第十七区区政府外栏杆上也挂着“头皮”。[37]在第十六区，当地解放委员会发放了一份传单，提醒本地市民不要擅自执法：“严禁对有投

敌嫌疑的人士采取惩罚性措施（包括剪去他人头发，实施逮捕，盗窃财产）。如有上述行为将受到严惩。”[38]安杰·鲍伯考斯基家附近有“合作”嫌疑的人及疑从黑市获利的商店店主也受到了逮捕。[39]

在第一区，几个德国人占领了废弃的区政府，但没过多久便与一群法国内地军发生小规模冲突，随后撤退。在第二十区，抵抗组织被赶出了区政府，在讷伊郊区，是当地维希政府官员出面干预，才避免了德国人处决抵抗组织成员。在茹安维尔、阿尔福维尔、罗尼、马恩河畔讷伊，是共产党员而非戴高乐支持者最先到达区政府，并接管及行使当地的行政职责。地方级别的占领或许显得混乱，并未按照清晰的计划进行，但到 8 月 19 日晚，多个重要政府部门和公共建筑都已掌握在法兰西共和国临时政府代表者手中。其他建筑、工厂、补给站、设施等掌握在抵抗组织手中。“合作派”媒体的办公室和印刷厂也被占领，交至抵抗组织的地下报社。[40]

但占领并不总是轻而易举。德国方面显然不会坐以待毙，眼睁睁地看着抵抗组织和自由法国掌控城市。德军虽已大批撤退，但肖尔铁茨仍掌握有两万兵力及约八十辆坦克和六十门大炮。在警察总局附近的桥边和圣米歇尔广场，德国人和巴黎抵抗组织展开激烈战斗，在总局内，警察向过往的德国车辆乱射。8 月 19 日下午，一辆德国虎式坦克现身警察总局楼外，发射了几发炮弹，但德国方面人手不足，或许士气也匮乏，无力展开 391
进一步攻击，他们没有继续使用坦克，转而选择效率较低的迫击炮和手榴弹攻击。

8 月 19 日一整天，巴黎各地都传来德方与抵抗组织战士发生武装冲突的消息。贝尔特·奥鲁瓦在日记中提到城北传出打仗的响动，据说是巴尔贝斯附近传来的。“机关枪一刻不停地轰响，左轮手枪声夹杂着炮火声此起彼伏。”[41]午后不久，新教牧师马克·博涅在巴黎大皇宫外听到东边的协和广场上传来机关枪的声音。德军和抵抗组织正在那里一决胜负。“子弹射进大皇宫的墙壁里。我出来取自行车，听到协和广场来的人说，抵抗组织正在攻占海军部。”[42]

德国部队除了与抵抗组织展开街头战，还多次向手无寸铁的平民发起毫无缘由、不加区别的攻击。当天清早，德·波伏娃从窗户向外望去，看到的是无比熟悉的景象，“卐”字旗仍在参议院大楼上空飘扬，主妇们依旧在塞纳路的食品店里寻找食物，面包店前依然排着长队。这不过是占领之下的巴黎城中又一个平凡的日子。突然间，两名骑车人从街上飞速驶过，高喊着：“警察总局拿下了！”紧接着一队德国士兵离开参议院，向圣日耳曼大道走去。“德国兵在转过街角前用机关枪齐射开火。”波伏娃写道，“路人四散奔逃，尽可能在建筑门前隐藏，但所有的门都紧闭起来，一个男人在大力敲门时被击中倒地，其他人都倒在了大街上。”[43]

弗洛拉·格鲁听到机关枪响时正骑车去取“紧急”配给券，她周围的人都猛地卧倒在地，起初，她骑在车上定在了原地，随后才俯身去寻找掩体。“我等待了一会儿，一切又复归宁静。”她写道，“坐在车里逐个瞄准射击人群的德国人走了，去别处继
392 续杀戮。”[44]安杰·鲍伯考斯基也在日记中提到了乱射：“今天下午，街上响起了枪声。德国人不时地从汽车中随意开枪。谁也不敢外出。”[45]

8月19日和之后几天发生的事件并未构成大规模起义。“巴黎日常生活”和德军士兵乱射、占领各区政府以及抵抗组织

成员与德军的激战并行着。起义期间，让-保罗·萨特在城中漫步，其见闻发表在抵抗组织报纸《战斗》的前七期上。这份报纸于 1941 年 12 月创办，阿尔贝·加缪任编辑，现在可以公开销售。“起义并非随处可见，”萨特观察到，“盖特路上，一名盲眼手风琴师坐在折叠凳上，拉着《茶花女》的音乐。人们冲进小酒馆，好赶快喝上一杯。塞纳河沿岸的男男女女穿着泳装，有的游泳，有的享受日光浴。然而战事又无处不在。”[46]萨特看到警察局撕掉了张贴的贝当照片，写道能从人们紧张的脸上看到焦虑、期待、喜悦等神情。“很多人深感这是个历史性的时刻，凭直觉穿上了最好的衣服。”[47]

实际上，巴黎人最主流的情绪是喜悦。看到过去四年来只挂着“卐”字旗的地方又飘扬起了法国国旗，他们感到大为振奋。“一切都过去了，”鲍伯考斯基写道，“法国国旗都升起来了。”[48]弗洛拉·格鲁激动地在日记中写道：“今天我看到了法国国旗！我看到了两面，第一面在第六区的区政府，第二面刚在第七区的区政府升起。人们都站立着，满腔热情地唱起《马赛曲》。能有幸看到这一幕，我心中充满感激。”[49]有些巴黎人像贝尔特·奥鲁瓦一样，和邻里聚集起来自己制作国旗，准备在盟军到来时挂在自家窗外。

许多巴黎人认为自由在握，因此满怀新的自信之情。贝尔特·奥鲁瓦写道，一位犹太邻居如今敢不戴黄星四处走动，所以喜气洋洋的。[50]能够看到他不必在外套上“戴着过去两年都不得不戴的可怕黄星”，贝尔特也很高兴。[51]

巴黎人仍然无法得知自己的城市内发生的情况。米舍利娜·博德听到香榭丽舍大道和马里尼大道传来手枪和机关枪的响声，重型武器震动着她家的窗户。“我不知道发生了什么，” 393

她写道，“因为我们显然不能出去。”[52]

过去的信息获取方式行不通了。8 月 18 日，巴黎广播电台销声匿迹，最后一次广播中称，国防军由于掌握秘密武器，将取得胜利。然而广播台的员工似乎并不相信自己的说辞，他们迅速乘上卡车逃回了德国。“合作派”的报纸无影无踪，而新开的抵抗组织媒体仍处在初始阶段。正如乔治·伯努瓦-居约德在 8 月 19 日所写：“我们仍然没有报纸，没有广播，没有可靠的消息。”[53]

各种不着边际的流言蜚语肆虐横行，填补了消息的空白。米舍利娜·博德肆意发挥着想象力，她估计巴黎已有数千人死亡，比盟军空袭造成的总死亡人数还多。她在日记中写道，仅协和广场就有四百人被杀害，皇家路上血流成河。[54]

8 月 19 日，巴黎人之间达成的唯一共识，就是这座城市很快会由盟军或是他们所称的“美利坚人”解放。然而他们并不知道，美国人当天还完全没有这样的打算。

8 月 19 日将近傍晚，拉乌尔·努德灵（Raoul Nordling）接到一名法国人（直到今天其身份仍是个谜）打来的电话，敦促他出面斡旋停火。努德灵是瑞典驻巴黎领事，而瑞典在整场战争中一直保持中立，两天前，他曾利用中立的立场与德方交涉，救下了约三万两千名法国政治犯，使其免遭流放或处刑。[55] 联络他的无疑是个法国人，随后他也确与肖尔铁茨展开对话。人们并不清楚接下来发生的事情，虽然没有人找罗尔-唐吉商量，也没有公布正式的文件，但当晚还是停火了。努德灵和自由法国同样欢迎这个消息。罗尔-唐吉想继续作战，但抵抗组织
394 其他领导都谋求扩大停火范围。接下来的二十四小时一片混乱，

有些人谴责他人叛变，遭谴责者又以诽谤中伤还击，有些人下达命令，又被其他人迅速撤销。

支持停火的人主要在戴高乐支持者以及政治立场较为中立的抵抗组织成员中。他们重申起义时机尚不成熟，敌人在巴黎的兵力占上风，而抵抗组织成员的武器与弹药均不足，这一切意味着起义将造成大量人员伤亡，最终失败。但其他抵抗成员，尤其是共产党员，担忧停火就是与德方签订条约的前奏。他们认为，这违背了一直以来的奋斗目标，也辜负了自占领之初许多命丧德国人之手的同志们。共产党员依然认为起义能够犹如滚雪球一般，集聚成全民运动。它力量强，范围广，最终能将德国人扫出巴黎。

肖尔铁茨清醒地意识到了停火的益处，不过他在很久之后称从来没有考虑过这些因素。[56]他认为德国战败已成定局，最先考虑的是如何保全名声，保障人身安全。他知道将面临种种令人难堪的质询，包括自己在东线的恶行，在布洛涅森林杀害抵抗组织成员，以及令其部队在巴黎街头进行乱射。[57]肖尔铁茨盘算着，不再命令自己的士兵死守巴黎至最后一刻，免得让盟军在他的罪状上再加一笔，这才最符合自身利益。不管希特勒可能下达怎样的命令，他并不打算承担古老的地标建筑被毁及数千平民丧生的责任。

8月20日，安装了喇叭的汽车和货车在全城穿梭，宣布停火。马克·博涅在香榭丽舍的街道上看到其中两辆。让·加尔捷-布瓦西埃在索邦广场附近看到一辆法国警车和一辆乘有四名德国人的绿色汽车。[58]一辆装着喇叭的汽车在蒙马特广场引起了轩然大波，贝尔特·奥鲁瓦还以为是盟军终于来了。[59]处处都广播着同样的信息，德国高层指挥部已经同意，不破坏公共建筑并根据战争规定处理战俘，德军部队完全撤出巴黎之前抵抗组织成员不应对其展开射击。

在抵抗组织内部激烈争论的同时，很多巴黎人对停火的消
395 息感到欣喜若狂，不过他们之中有些人误解了停火的意思。让·加尔捷-布瓦西埃提到有人在街上鼓着掌高喊道："希特勒请求停战！……战争结束了！"[60]贝尔特·奥鲁瓦家的左邻右舍窗前几乎都挂着法国国旗，街上的人群让她想起1918年停战协定签订时的街头庆祝。[61]鲍伯考斯基也注意到法国国旗在某些房子前飘扬着。[62]

然而停火协议（或者按一些巴黎人的说法称其为"休战"或"停战"）宣布没多久就被打破了。弗洛拉·格鲁听说德国坦克又开回了杜伊勒里公园和荣军院附近[63]；伯努瓦-居约德写道："停战协议确实达成了，然而只是昙花一现……街头战和往常一样打着。"[64]他在8月20日的日记中称法国内地军战士已经逐户通知巴黎人取下法国国旗，因为德军会朝所有挂着国旗的建筑物开枪。[65]8月21日严格来说仍在停火生效期间，但很多抵抗组织成员（尤其是法兰西自由射手和游击队与法国内地军的共产党员）无视协议，他们坚决地反对停火，继续针对和打击德国人，导致停火协议失去了效力。[66]

又一次激烈争论后，支持停火的抵抗组织领导意识到一线战士们仍在继续作战，实际上导致协议失效，于是他们正式撤回了停火命令。8月22日起停火正式结束。抵抗组织又一次团结起来，比以往更加坚决地要将市内的德国人一扫而空。罗尔-唐吉随后表示在所谓的停火期间共有一百零六名法国人被害，三百五十七人受伤，而同时德国人只有五名被害，受伤的仅有若干人。[67]

很快，情况愈发明朗：战争还将继续。多数巴黎人紧锁门窗，尽可能足不出户。然而粮食告罄时还是得尽快地出门去找食物。其他人虽然感到危险，但仍然被街道上发生的激烈战事所吸引（或许正是因为危险才有吸引力），想在第一线观战。一些业余摄影师拍摄的照片中即有成群的观战者入镜，他们聚集在街角或是透过窗户观望。这些平民目击者是起义停火前、停火中、停火后的一大鲜明特色。8 月 20 日星期日，让·加尔 396
捷-布瓦西埃在拉丁区街上看到了一些围观者，他们显得“兴趣盎然，极其蛮勇，有时会突然害怕起来……围观者们起初天真地当自己只是观众，并不参与战斗，因而没有危险。等子弹穿过或是有人倒在地上，他们才真切感受到观战的风险。人群一哄而散，冲向大门躲藏，或是朝四处逃去。一眨眼，街上已空无一人。然而五分钟后，所有的围观者在难耐的好奇心驱使下又都回来了，再次以身犯险”。[68]

加尔捷-布瓦西埃还写道，观战的危险程度受所处位置的影响。例如在圣米歇尔广场的战斗中，最危险的围观者位置是抵抗组织成员正后方，还有人在圣日耳曼大道观望，更小心一些的在距圣米歇尔大道 100 米左右的学院路尽量远观。最谨慎的巴黎人则在索邦广场尽可能地关注战事进展。[69]

8 月 19 日，米舍利娜·博德从公寓向外看，发现街道上全是满载德国人的卡车，他们的步枪和机关枪对准街上的每一个人，她写道：“太刺激了，我没想到妈妈会同意我下午去看牙医。”[70]两天后，她和姐姐带着相机又出了一次门，拍下了街上的景象。她们很害怕，但又欣喜若狂。米舍利娜写道：“太少见了，这种让人屏息的对垒就称作战争。”[71]两个姑娘走到临近圣拉扎尔车站的罗马路尽头时，已经兴奋得不害怕了。但街上还是十分危险，死亡也许会从天而降。在圣日耳曼大道不远的圣托马斯·阿奎那教堂前，德军向参加弥撒后离场的教徒射击，一个小伙子在教堂的阶梯上中枪身亡。[72]弗洛拉·格鲁写道，佩戴医务臂章的菲利普·A.在里昂车站附近骑车时中枪身亡，一名身穿军装的德国女人目睹了枪击，摸走了他的手表和钱包。[73]

8月20日，戴高乐自盟军登陆后第二次飞抵法国。飞机在瑟堡降落后他直奔勒芒附近的总部，与盟军总司令德怀特·D.
397 艾森豪威尔召开会议。艾森豪威尔说明了盟军战略，戴高乐也认为此战略符合逻辑。然而正如他后来所写，有一点令他深感担忧，那就是没人打算进入巴黎。[74]他敦促艾森豪威尔向巴黎派军，并且提到入城时最重要的位置应该属于自由法国第二装甲师。

第二天（8月21日），戴高乐致函艾森豪威尔，称巴黎已经几无警察部队。他表示，这一不足意味着发生骚乱的风险很大，有可能威胁未来的军事行动。美国人希望避免与德军在巴黎展开激烈对峙，但戴高乐仍想催促艾森豪威尔令盟军出兵巴黎，因此他故意弱化了市内德军占领情况。戴高乐对艾森豪威尔说，“德军部队已经基本完全消失”，城中只有发生零星冲突和轻微破坏的风险。[75]

勒克莱尔对美国人也抱着厌烦又沮丧的情绪。他不相信他们所给的法国军队能获准解放巴黎的保证。美国军队东进的同时，勒克莱尔的坦克部队仍在巴黎以西160英里处的阿让唐附近与德国方面作战。8月21日晚，勒克莱尔终于忍无可忍了。他未向美国上级报告就命令一个法国坦克小分队向巴黎进发。他们的任务是评估敌军实力，确认最佳攻击计划，最重要的，是要确保万一美国最终改变主意决定开进巴黎，最先进入首都的是法国部队。

8 月 22 日，罗尔-唐吉派出的特使罗歇·科克托（Roger Cocteau，代号“加卢瓦”）经德国路线成功离开巴黎，来到美军奥马尔·布拉德利将军位于拉瓦尔的总部，这座小镇地处勒芒和雷恩之间，在巴黎西南部约 190 英里处。科克托向布拉德利及其他将军作简报介绍了巴黎的情况：德国军队已经失去士气，在城市及周边地带所剩数量也不多。他要求盟军支援，并且请他们同意由法国军队解放巴黎（罗尔-唐吉决定派多位信使联络盟军寻求支持，否定了巴黎共产党准备起义夺权的观点，之所以是多位，是因为第一名信使被杀身亡）。布拉德利前往与艾森豪威尔会面不久，勒克莱尔到达拉瓦尔，希望能面见布拉 398
德利，再次为自由法国第二装甲师争取机会，希望能获准打头阵进入巴黎。

艾森豪威尔和布拉德利会面，最终决定盟军与勒克莱尔的第二装甲师共同挺进巴黎，装甲师将在盟军部队之前进入。会后，布拉德利乘机返回拉瓦尔，发现勒克莱尔正在等他。还不等对方开口，布拉德利便先问好：“啊，勒克莱尔！很高兴见到你。我正要给你下达命令，打头阵进入巴黎。”[76] 勒克莱尔回到阿让唐，通报了这个让法国士兵们盼望已久的消息：“我们直接去巴黎。”

戴高乐和勒克莱尔一直施加的压力当然对美国最高指挥部态度的大转变产生了影响，早在 1943 年 12 月，艾森豪威尔已向戴高乐保证，法国军队将领导解放巴黎事宜。但这些因素单独作用并不太可能改变美国指挥官的想法。虽然巴黎市内德军士兵实施残忍暴行，发起激战，但肖尔铁茨痛快地签订停火协议明白地显示他不会苦守巴黎直至穷途末路。巴黎不会像斯大林格勒那样上演城市战，造成极大的破坏和死亡，这点似乎显而易见。

盟军无疑受到了戴高乐和科克托报告的影响，他们称市内仅有少量毫无士气的德军。戴高乐暗示巴黎可能陷入混乱也起到了一些作用。盟军意识到武装起义已经兴起，但抵抗组织弹药无多，需要军事支持，这一点同样发挥了影响。

距离勒克莱尔和第二装甲师约 160 英里处的巴黎市内，抵抗组织想出了自己的一套武器补给办法。8 月 22 日，第二装甲师终于得到前进令的当天，全城出现了以法国内地军大巴黎区指挥官名义发布的传单。其大标题为“巴黎开战（Paris se bat）”，巴黎人再次准备加入法国内地军或组成自己的爱国军事团体。在“每人一个鬼子”（Chacun son Boche）的口号指引
399 下，巴黎人备受鼓舞，打击城市内的德国人，夺取其武器。[77]同一天，以罗尔-唐吉名义发出的海报呼吁法国内地军和市民为巴黎而战。海报号召巴黎人建造街垒，将德国人困在几个死胡同之中以防报复。他们的战斗口号是“人人进街垒”。[78]

男男女女和儿童响应号召，在各条街道，甚至是小巷阻挡或至少拖慢德军坦克或部队的部署。据估计约有六百个街垒在巴黎全城很快散布开来。街垒的地理位置与之前起义和革命的发生地点相一致，尤其聚集在北部和东部的贫困区和工人阶级区域，他们在 1936 年为人民阵线投过票。与之形成对比的是，上流社会所在的第七区、第八区和第十六区街垒较少。[79]街垒使用一切易得的材料建成，如街上拆下的鹅卵石、用镐挖下的沥青、旧家具、铁栏、床垫、汽车轮胎、市内树木上砍下或锯下

的树枝。8月21日清晨，让·加尔捷-布瓦西埃去遛狗。“毫无疑问停火了，”他看到圣日耳曼大道路口附近圣米歇尔大道上大量的街垒后，得出了这样的结论，“人们用公园长椅、铸铁床、咖啡馆前搬来的盆栽树、保护树木的金属栏搭起街垒。一切皆成材料。”不久，他又在附近的圣雅克路看到了另一个用沙袋和鹅卵石建成的街垒。[80]三天后，他注意到有人把希特勒、戈林、墨索里尼的照片贴上了街垒，他猜测这些照片是从圣日耳曼大道一家支持轴心国的意大利书店拿来的，德国士兵如果向街垒开火，子弹也会在他们心中英雄的画像上留下弹孔。[81] 8月22日，现在已是抵抗组织联络官的贝尔纳·皮埃坎骑车从一家抵抗组织中心将情报送往另一家时，看到人们正在搭建街垒。所有人都参与了进来。“这是一场盛大的派对。”他在日记中这样写道。[82]

街垒本是为了阻挡德军部队运动，但有些时候其象征意义大于实际作用。它们是对巴黎革命历史——法国大革命、1830年与1848年革命和1871年公社运动的致敬，但也使普通巴黎 400
民众成为了实现自由的参与者，不再仅仅是被动的旁观者。同时，它也是抵抗者射击德军或使用燃烧瓶发起袭击时的理想掩体。街垒也可以用来划分抵抗组织解放的区域，或是阻挡重要的交通道路，不过它们几乎都无法抗衡德军坦克的履带碾压。

搭建街垒的人戴着各种各样的臂章，有些人戴着代表法国的蓝白红三色加上代表支持戴高乐的洛林十字架臂章，还有些人戴着写有法国内地军字样的臂章。共产党法兰西自由射手和游击队已经并入法国内地军，但有些成员仍然更愿意佩戴游击队的标志。他们只在安全地带佩戴臂章，在城市四处行动时便摘下来。有些人在建造街垒时身穿军装式的卡其色制服，戴着头盔；其他人则一身打猎似的装束；很多人打扮得好像1871年公社运动时期的革命者，他们颈上系着围巾，衬衫敞至腰部，紧系腰带。1944年8月的巴黎热得出奇，很多街垒中的男女穿着轻薄的休闲夏装，只有头盔和靴子显示出他们是战士。人们搜寻所有能找到的武器，有旧猎枪、古怪的装饰手枪和左轮手枪，还有一些从德军手中夺来的机关枪和其他武器。[83]

8月22日星期二进入街垒的号召发布后，紧接着是两天激战。周三，巴黎人被东边的爆炸声吵醒，米舍利娜·博德的公寓如果冻一般摇晃。人们认为是卢森堡公园参议院大楼里的德国卫戍部队遇到了轰炸，但事实证明他们弄错了。米舍利娜起初对德国人的态度较为模棱两可，现在已经转变成了彻底的仇恨。她写道："我恨他们，曾经我还把他们当人看。我们永远不会忘记。但愿我们能报仇雪恨。"[84]

8月23日上午9点左右，法国内地军成员在附属于大皇宫的一家警察局内向过往的德国士兵开枪。德国方面立刻从附近的协和广场召集增援，包括两辆虎式坦克，两辆"歌利亚"坦克——这是一种可移动的小型遥控地雷，各装有75千克的爆炸物。大皇宫的一位高级雇员称，其中一辆"歌利亚"坦克在建
401 筑物外墙爆炸，火光照亮了大皇宫，朝巴黎上空释放出滚滚浓烟。[85]消防员到达后遭到德国士兵袭击，起火建筑内的法国内地军成员投降，德国人将他们俘虏带走后，熊熊大火才得到控制。为1900年世博会建造的大皇宫内部完全损毁，但著名的玻璃屋顶和艺术装饰风格的金属框架保留了下来。

这次事件导致一匹马死亡，可能是过路的拉车马，或是在大皇宫内表演的霍克马戏团的马，它被流弹射中，倒在附近的蒙塔涅大街上。饥肠辘辘的巴黎人几乎立刻一拥而上，将它大

卸八块。据一位目击证人称，剩下的只有一堆内脏和马头，它浑浊的眼睛似乎凝视着什么。[86]

大皇宫的火情得到了控制，柏林向肖尔铁茨发送了一则无线电信息，命他不惜一切代价守住巴黎。希特勒和他的亲信显然没有意识到这里的起义已如火如荼地展开，而肖尔铁茨得到命令，要对一切叛乱做出反击：炸毁城市公寓街区，公开处决主要领导者。希特勒命肖尔铁茨做好准备拆除塞纳河上的桥梁，强调除非巴黎化为一片废墟，否则不能让它落入敌人之手。[87]

午饭时分，大皇宫的烟飘向空中，巴黎人怀疑这是否意味着德国人准备将巴黎夷为平地。然而他们收听伦敦广播时大吃一惊，播音员宣布巴黎已于昨天解放。英国广播公司过度解读了自由法国官员乔治·鲍里斯（Georges Boris）准备的公报。鲍里斯或许是为了强调法国内地军和普通民众在巴黎起义中的作用，故意暗示巴黎已经得到解放。“昨日 8 月 22 日，四天的战斗后，各处的敌人都被击败。爱国者占领了市内所有的公共建筑。维希政府代表要么被逮捕，要么已经逃跑。巴黎人民正是这样在首都解放中发挥了决定性作用。”[88]“巴黎解放”的消息传遍世界，全法的教堂都鸣钟以示庆祝。米舍利娜·博德对于英国广播公司说巴黎响起钟声感到“十分愤怒”。[89]让·加尔
捷-布瓦西埃写道，伦敦比巴黎时间过得快一点，因为他所在的 402
地区中战斗还在继续。[90]愤怒的让·盖埃诺强调，这些谎言甚至根本起不了宣传作用。“真相比这要好得多，真相是巴黎已经拒绝屈从于德国的控制，这所城市已经恢复民主体制，而仅仅是这些收获，分分毫毫都是用无数鲜血换来的。”[91]贝尔特·奥鲁瓦当晚上床时，根本不清楚巴黎情况如何。她知道城市各地都立起了街垒，她能听到街上沉沉的重武器的声音和小型武器的开

火声，与此同时，英国广播公司宣布巴黎已经解放，电台里播放着《马赛曲》。[92]据皮埃尔·奥迪亚回忆，“巴黎人被恐惧与希望折磨着，8 月 23—24 日，他们睡得甚至还不如从前的夜晚安稳”。[93]

仿佛是要嘲讽英国广播公司的宣告一样，激战在全市展开，在卢森堡公园、协和广场和圣拉扎尔车站尤其激烈。让·加尔捷-布瓦西埃一整天都听到枪声响起。下午 5 点左右，德军坦克在索邦广场附近的圣米歇尔大道就位，再次朝这条主路上的一座大型街垒开火。“第一发炮弹爆炸的响声震碎了左岸书店所有的窗玻璃，”加尔捷-布瓦西埃写道，“爱国者曾经多次以它为攻击目标，德国炮却只消一下就把它击个粉碎。”[94]

米舍利娜·博德住处附近的战斗尤为激烈，她只能在晚上出门几分钟时间。“巴黎一整天都在开火打仗，”她写道，“我真不知道城市里还剩下些什么……人人都有些灰心。我们现在的生活过得太紧张了，根本无力去思考未来，也说不好这所有一切何时才能结束，我们不知道（盟军）还会不会来了。”[95]

8 月 24 日星期四，激战持续。然而德军节节溃败。例如在东北部肖蒙山丘公园的武装冲突后，抵抗组织俘虏了一百三十七名德国人。但抵抗组织战士仍然缺少所需的重型武器，无法
403 摧毁敌军士兵安全藏身的几个棱堡。例如，一千多名德军士兵躲藏在共和国广场附近的尤金亲王堡垒内。德国还在广场附近建立了堡垒，用两辆坦克和包括机关枪在内的其他武器守卫。他们已经变为防守方，但偶尔也会发起进攻行动，例如他们在寺院路以及第十一区伏尔泰路对抵抗组织堡垒的打击就产生了效果。[96]

巴黎的德军必然已得知勒克莱尔及其坦克部队步步逼近，但肖尔铁茨在公共场合仍然虚张声势，施加威胁。他并不打算

听从希特勒歇斯底里的命令，夷平巴黎，坦率而言这些命令简直是疯话。即使他真想这样做，也没有必需的人力和物资。德国陆军和空军均没有足够人手和机械摧毁这座城市。有流言称，德军已经在塞纳河的桥上设置了地雷，在全城的建筑物中安装了炸弹，这些都是彻底失实的谣传。不过肖尔铁茨也没有下令停战。

8 月 24 日，夏尔·布莱邦的一位朋友惊慌地打来电话，他被困在圣米歇尔大道的一栋公寓内，外面的“纳粹巡逻兵”正大笑着朝窗户和过路行人开枪。他刚刚看到对面房子里的一个人被击中。当晚，夏尔得知德军从隆尚赛马场用重型武器向巴黎开火，部分弹壳落在了第十五区。[97]平民上街时是否会有性命之忧仍是个概率问题。8 月 24 日，巴黎自由法国的成员让·贝德尔（Jean Bedel，后成为知名记者和艺术史学家）在奥德翁广场上，身边是他的门房和好友维克多·拉斯泰洛（Victor Rastello），拉斯泰洛当时四十五岁左右，他寻到一杆旧步枪，正留心着德国人，却被德国狙击手击毙，突然倒地。[98]

勒克莱尔和大部分从南方及西南方前往巴黎的第二装甲师部队遇到的抵抗比预想中要大，储备的第三支部队则向凡尔赛和巴黎西部进发。他们挺进巴黎的同时，德军的撤退显得更加混乱狼狈。勒克莱尔部队中有一支由三辆坦克组成的小分队，由雷蒙·德罗纳率领，他们得令前进，赶赴市政厅，正如德罗纳后来解释说：“那里是首都的中心，是巴黎人民和国家自由的象征。”[99]

8 月 24 日晚 8 点 45 分，德罗纳率坦克及主要由第九军团的西班牙人组成的队伍来到城市南缘的意大利门。市内敌军部队似乎无影无踪，德罗纳的坦克在街上密密麻麻的人群中行进， 404

人们叫喊欢呼，向坦克和军人们扑去。这支纵队驶过第十三区的街道，跨过奥斯特里茨桥，沿塞纳河右岸行驶。9 点 22 分，这支多国籍的队伍抵达市政厅，受到全国抵抗运动委员会主席乔治·皮杜尔和戴高乐的代表亚历山大·巴罗迪与雅克·沙邦-戴尔马的接见。

罗尔-唐吉仍在丹费尔-罗什洛巨大的地堡内，指挥市内的抵抗行动。[100]为响应抵抗运动广播（于 8 月 21 日开始播音）发出的号召，全巴黎都回荡着教堂钟声，其中包括巴黎圣母院发出的洪亮钟声。巴黎全城的人们沉浸在喜悦与欢呼中，与亲朋好友甚至是彻头彻尾的陌生人彼此拥抱。有些人的庆祝方式更加怪异。贝勒先生家住玛德莱娜教堂附近一条狭窄的小街，他从广播中听到勒克莱尔的师部已经到达，听到巴黎圣母院的钟鸣，还听到一股水流浇到街上的声音，紧接着他听到对面房中的男人在朝妻子喊："我太高兴了，尿到窗外去了！"[101]

第一支分队已经到达。随后，8 月 25 日 9 点 30 分左右，勒克莱尔的坦克师余部也从巴黎南部自奥尔良门进入城市，向市中心行进。让·加尔捷-布瓦西埃和妻子从索邦广场的公寓向附近的圣雅克路跑去。他们见到了一幕难忘的景象，"兴奋的人群涌动着包围了法国坦克，坦克上盖着法国国旗和一簇簇花朵"。每辆坦克、每辆装载着武器的汽车以及车上穿着卡其色军装的士兵们都被成群的姑娘、妇女、孩子和佩戴法国内地军臂章的人们围住。街道两侧的人们在鼓掌、亲吻、握手，向胜利者表达他们获得解放的喜悦。[102]同时，雷蒙德·巴顿（Raymond Barton）少
405 将率领的美国第四步兵师也进入巴黎。巴顿的部下之前在第二装甲师主力部队的东部，现横扫巴黎南部郊区，到达巴黎东部，先占领巴士底，随后向民族广场和位于文森的德军堡垒进发。

一路上，他们发现自己置身欢乐之中，用美国战地记者欧尼·派尔的话来说，“绝对是有史以来最盛大的一场乱糟糟的集体欢庆”。[103]然而不管如何欢呼庆祝，巴黎的战斗还没有结束。

抵抗组织依然在打击德军，但随着勒克莱尔和盟军的到来，冲突的性质发生了变化。在街上巡逻的德军越来越少，留在建筑堡垒内奋力守卫的则越来越多，现在，这些堡垒要与法国及美国的坦克抗衡。

不过并非所有德军都驻守在堡垒中。让·加尔捷-布瓦西埃和妻子在跑去看勒克莱尔部队抵达途中听到了枪声，几乎可以肯定是德军狙击手或是“民兵”成员从建筑物屋顶朝街上开枪。抵抗组织成员也拿着来复枪躲在屋顶，希望消灭德军狙击手。令人伤心的是几名平民和其他抵抗成员被误认为敌人，中枪身亡。贝尔纳·皮埃坎就差点遭遇这样的事情，据他描述，8 月 25 日是他人生中最疯狂也最出彩的一天。他听门房说纳粹狙击手在屋顶后，便勇敢地拿起左轮手枪，戴上法国内地军的医疗臂章，和父亲跑到顶楼，父亲作人台助力，帮他爬上了屋顶。他看不到半个人影，但子弹马上从四面八方袭来，街上的其他一些法国内地军成员错把他当成了敌军狙击手。[104]

让·加尔捷-布瓦西埃的妻子也死里逃生。事发时她正坐在五楼的卧室里，机关枪射出的十多颗子弹穿透百叶窗，雨点似的砸在墙上，她当时如果站着就没命了。开枪的是勒克莱尔的一名士兵，当时正在射击公寓楼顶的狙击手。[105]

8 月 25 日，抵抗组织占领了档案路的电话局，以防德方破坏，最后的反德攻势开始了。激战进一步在巴黎南部卢森堡公园的参议院大楼和荣军院附近的军校这两大德军要塞展开。在 406
第十六区，勒克莱尔上校统帅的法国部队和坦克消灭了美琪酒店外驻法德军总部的三辆德国坦克及其他车辆，总部内三百五十名德国人投降。勒克莱尔的另一名部下皮埃尔·比约特上校率部队及坦克包围了里沃利路上的莫里斯酒店，那里是肖尔铁茨的根据地。第二装甲师的步兵冲进一楼，用机关枪开火并投掷手榴弹。

肖尔铁茨意识到自己已处于无望境地，面对勒克莱尔的两名军官，他交出了佩剑和手枪，同意令部下停火，随后，肖尔铁茨被带到警察总局，勒克莱尔、巴罗迪、沙邦-戴尔马正在那里等候。法国内地军代表罗尔-唐吉和军事行动委员会代表莫里斯·克里格尔（代号“瓦尔里蒙”）强烈抗议让他们去另一个房间等待的要求。最终，他们获准见证了肖尔铁茨与勒克莱尔签署停战书，宣布巴黎德军立刻投降。此次戴高乐支持者试图排除法国内地军和军事行动委员会代表的做法意味深长。这是此后许多纷争的初次显露，预示着随着威胁已经过去，戴高乐及其追随者将逐步把抗争战斗、不惜命丧街头的抵抗组织排挤到冷板凳上。

肖尔铁茨被带到了勒克莱尔总部所在的蒙帕纳斯火车站。罗尔-唐吉总算在这里将自己的名字签上了投降书。这样，广播和抵抗组织媒体便可以宣布肖尔铁茨不仅是向第二装甲师，也是向法国内地军投降。接着，肖尔铁茨向仍然驻守在参议院大楼、众议院、尤金亲王兵营及其他地方的所有士兵下令，于今日之内投降。绝望无谓的最终抵抗后，城内所有德军都投降了。肖尔铁茨的大部分手下均被关押，但仍有小部分顽固分子和党卫军狂热分子在逃。

戴高乐于凌晨 4 点抵达巴黎，短暂访问了勒克莱尔的总部。他一如既往希望抵抗组织保持在原有位置，当他发现沙邦-戴尔马和勒克莱尔允许罗尔-唐吉签署投降书，而且他的名字还在勒克莱尔上面时，感到大为不满。不过满足戴高乐雄心的是，两人均是以法国临时政府而非盟军的名义签下的名字。换言之，德国是向自由法国投降，而非向“盎格鲁—萨克逊”人投降。戴高乐在战争部昔日的旧办公室驻足片刻并访问警察总局后，于 7 点 15 分左右抵达市政厅。 407

“巴黎！”他在向抵抗组织代表演讲时宣告，“巴黎历经屈辱！饱受破坏！遭遇攻击！但现在巴黎已经解放！靠的是自己，是人民，是法国军队以及整个法国的支持与帮助，靠的是战斗的法国，唯一的法国，真正的法国，永恒的法国。”[106] 四天后，他才在广播中感谢所有帮助解放巴黎的力量，公开承认“出色勇敢的盟军军队及其领导发挥了作用，他们势不可挡的挺进才使巴黎解放成为可能，他们加入我们的行列，粉碎德军势力，才确保了全国的解放”。[107]

在市政厅，全国抵抗运动委员会主席乔治·皮杜尔敦促戴高乐代表抵抗组织宣告共和国成立，但戴高乐辛辣地回答共和国一直存在。在他看来，维希政府一直是非法的，而自 1940 年 6 月起的黑暗日子里，是他独自一人代表着共和的法国。因此他认为他作为法兰西共和国政府首脑（尽管还是临时的）没有理由宣告其存在。

戴高乐随后来到市政厅阳台上，高举双臂，向兴高采烈的欢呼人群致意。过去四年来，总有一个名字鼓励他们去相信还没有一无所有，总有一个声音告诉他们不要放弃希望，鼓励他们反抗占领。此时此刻他们终于将这个名字和声音对上了面孔。

8 月 26 日星期六，当戴高乐走过香榭丽舍大道时，似乎全城的人都出来欢迎他，欢迎这个抵抗运动的国家象征了。戴高

乐一如既往地重视象征的意义，他知道在勒克莱尔和法国军队
408 陪同下领导阅兵，得到巴黎人的称赞，对于其政治前途至关重要。勒克莱尔的第二装甲师实际上仍然听令于盟军，但他们无视了美国下达的前往巴黎北郊的命令，当地的部分德国人仍然拒不投降，他们听从了戴高乐的指示，加入胜利游行队伍。[108]“看起来就像汪洋大海！”戴高乐回忆起站在香榭丽舍大道街头的那一刻时这样说。街道两旁都是密集的人群，大概有两百万人。屋顶上也黑压压地挤满了人。人们聚集在窗前，每扇窗外都挂着国旗。人们还攀着梯子、旗杆、路灯，目之所及，阳光下、三色旗下，只有人的欢呼。[109]家住瓦雷纳路的于盖特·罗贝尔当时亲历现场。“天热得像开了锅，十分憋闷。我站着等了两小时。最后队列终于来了，将军在中间步行前进，传来的喊声铺天盖地，‘戴高乐万岁！’‘勒克莱尔万岁！’”[110]

戴高乐代表着法国政权的重建，国家的骄傲，占领的终结。希望战胜了绝望，在独裁和奴役所统治的地方，民主与自由通过全国抵抗运动委员会宪章得以伸张，这份宪章是解放后政治、经济、社会重建的蓝图。支持戴高乐的巴黎人感到终于有机会亲手建设自己的未来，而非为他们被迫加入的纳粹建造的新欧洲服务。

米舍利娜·博德坐在马里尼大道和香榭丽舍大道夹角处一辆停放的卡车上，观看阅兵。“戴高乐将军走了过去。我因为喊得太多而喉咙嘶哑，鼓掌鼓得太久而两手酸疼。”据她描述，戴高乐“谦逊不凡”，“个头极高，明显高出众人”。[111]戴高乐在杜伊勒里公园附近坐上敞篷车，准备经市政厅驶往巴黎圣母院参加一场特殊的弥撒。

当天并非事事都如计划进行。协和广场上数发子弹突然齐

射，人群惊恐地散开，不知有多少庆祝解放的人倒在地上，或死或伤。一个女人头部中枪，她就距坐在卡车上的米舍利娜不远。[112]当时也在人群中的安德烈・奥维内认为子弹是从海军部大楼或附近的克利雍酒店射出的。勒克莱尔的坦克回以炮击，震碎了海军部大楼的玻璃。安德烈毫发无损地离开，但他表示 409
听到众议院和塞纳河对岸又传来枪声。[113]开枪的很可能是党卫军成员，或是“民兵”，又或是德军中持异见者，也可能是内地军为庆祝朝天放枪。当天究竟有多少人中枪，不得而知。一位历史学家称死亡人数达到三百人，但她并未给出具体出处。[114]

4 点 15 分左右，戴高乐抵达巴黎圣母院，有人“建议”巴黎大主教叙阿尔不要参加弥撒。他欢迎过贝当来访巴黎，为遭抵抗军刺杀的“合作主义分子”兼播音员菲利普・昂里奥主持过葬礼，他的名誉已经在占领期间受损。戴高乐下车来到大教堂外时响起了枪声。内地军和建筑物前广场上的第二装甲师开始朝教堂塔楼疯狂射击，接着走廊里的射手也加入枪战，教堂内传出的交火声更加猛烈。到底是谁开枪，目前还没有令人满意的答案。有一种理论认为，巴黎圣母院内紧张的步枪手将鸽子飞向高空的声音误认为是敌方狙击手在楼上走廊发出的响动，因而开枪。起先戴高乐没有在意这件事，但他听到城市其他地方也响起枪声后开始重视了。他后来怀疑是共产党员组织了枪击，以证明敌人仍然活跃，还需要军事行动委员会、全国抵抗运动委员会、巴黎解放委员会和当地其他抵抗组织应对，他们应负起整顿、制裁责任，应负责清洗“合作者”。戴高乐的这一观点并没有证据支持。

8 月 26 日的庆祝在冷静与压抑的氛围中结束。将近午夜时，数架德国飞机向巴黎实施报复性轰炸，任意投掷炸弹。九个区内共有一百二十人死亡，部分发生在此前一直幸免于空袭的市中心，塞纳省共有一百九十人遇害，其中包括第十八区比沙医院的工作人员、病人、儿童，贝当曾于4月来此访问。

410 对抗德军的战争又持续了九个月。不过巴黎人在欢庆城市解放时洋溢的狂喜远超过1945年5月8日战争正式结束的时候。[115]巴黎解放过程中，共有约三千两百名德国人死亡，近一万五千名德国人被俘，其中第二装甲师歼灭的约占三分之一，在向巴黎前进及占领城市的过程中，七十一人死亡，二百二十五人受伤，二十一人失踪。至1944年8月，共有两千八百七十三名巴黎人死亡。[116]

戴高乐迅速采取行动，确保抵抗组织不会威胁其政治目标。1944年8月28日，他召见了约二十名抵抗组织高级成员，祝贺他们为城市解放做出的贡献，同时告诉他们，其军队现在可编入法国常备军了。随后他会见了全国抵抗运动委员会的领导，告知他们的任务已经完成。他后来写道："我向他们清清楚楚地讲明了我的意图，一旦巴黎从敌人手中解放，全国抵抗运动委员会便成为了光辉解放史的一部分，但它没有理由作为行动机构继续存在。随后政府将独立担负责任。"[117]

新的法国国家行政机构将由戴高乐设计。巴黎获得了自由，再次成为法国的首都。8月31日，戴高乐将政府从阿尔及尔搬到巴黎。他立即任命可信的阿尔及尔心腹担任政府高层职务。这意味着很多抵抗组织的成员（他既不认得也不信任）受到排挤，他们之中很多人在解放及解放后已占据政府和国家部门要职。这又一次证明了戴高乐不会留下抵抗组织与他对立的后患，也当然不会给共产党员任何机会影响他的势力，这是他一直所害怕的情况，尤其是在他们于8月19日的起义中发挥了极大作用之后。

戴高乐误解了共产党“政变”的威胁。一些共产党员个人确实希望对抗德国的民族解放斗争能够直接转变为全面开花的对抗法国统治阶级的革命，但这并不是法国共产党领导在1944年8—9月的意图。法国共产党一如既往忠于苏联，而莫斯科的 411
第一要务是维持它与英美的同盟关系。此外，在法国仍与德国开战的情况下，试图发起工人阶级领导、针对统治阶级的全国共产主义起义势必要与戴高乐及其支持者发生冲突，并且极有可能将法国引入内战。如果开战，法国境内的盟军部队不可能对共产党和法国同盟的冲突袖手旁观，而这绝不是斯大林希望看到的局面。

巴黎解放事件还要补加一笔。1945年4月2日，解放将近八个月后，戴高乐作为法兰西共和国临时政府首脑，授予巴黎市解放十字勋章的荣誉，表彰该市在1944年夏进行的起义。当时正是普通市民勇敢地直面子弹，抵御侵略者。

412

余　论

解放后，巴黎再次成为法国的政治权力中心。9 月初，戴高乐宣布，首个临时政府在法国本土建立。戴高乐有三个主要目标：重建秩序，统一这个地理上支离破碎、政治上分崩离析的国家，使法国重新跻身世界大国之列。在德国四年多的剥削之后，大部分巴黎人少了几分自命不凡，多了几分紧迫的忧愁。

占领期间，巴黎人一直在重申是德国人夺走了一切。因此许多人认为既然德国人已经离开，物资短缺的情况应该不会再发生。随着勒克莱尔将军的坦克驶入巴黎，有些人深信不疑，新的黎明已经到来，他们甚至撕掉了配给证。[1]然而铁路网遭到轰炸破坏意味着货物、粮食、原材料的运输严重受限。[2]占领后期，抵抗组织鼓励农民拒不交出农产品，从而反抗德国征粮。如今德国人离开了，乡下的农民则倾向于自己消费绝大部分的农产品，或是把剩余产品卖给黑市。[3]这一趋势进一步减少了城市内的粮食供给。由于劳动力短缺（身在战俘营的农民还要在
413 那里待上至少九个月）、畜力不足，尤其是马匹、化肥短缺，粮食产量本身也低于战前水平。

巴黎解放的喜悦很快便烟消云散，取而代之的是人们普遍感到沮丧。巴黎人发现他们再次处于排队领取配给证、寻找可供购买（也可能找不到）食物的失望之中。8 月 31 日，贝尔特·奥鲁瓦排了六小时的队，其中排队买面包就花去三小时。第二天她得再次排队，只为买六个土豆，几个梨子。下午继续

排队，这次是为了买花椰菜。[4]

1944 年 10 月，巴黎人费尔南·比卡在日记中写道，面包配给量从 300 克提高到 350 克，肉类配给定为每周 250 克（约 8 盎司），“但黄油、烹饪用油和红酒供应仍有困难”。[5] 1945 年 2 月，他提到在巴黎及其他城市，“大部分人挨饿的情况比以前更严重”[6]。配给制并非短时间措施，此制度仅在 1944 年底取消过两个月，此后一直持续到 1948 年 11 月 1 日，牛奶配给制于 1949 年 4 月 15 日结束，到 5 月咖啡、烹饪用油、大米、糖仍为配给制。直到 1949 年 12 月，配给制才终于结束，该制度在巴黎解放之后持续时间长达五年半，比占领期本身还要长。

粮食短缺是主要问题，但并非巴黎人需要面对的唯一困难。1944 年 9 月中旬，剧院、电影院、音乐厅仍然处于关闭状态，地铁虽运行，但提供的服务受限。10 月，有限的邮政服务开始运营，但每天供电时间仍然只有四十五分钟，燃气仅在午饭时间通半个小时。1944—1945 年的冬天十分寒冷。美国记者詹妮特·弗拉纳在 1945 年 1 月这样写道：“巴黎人感觉现在比战时的任何一个冬天都要寒冷，他们也更加饥饿。”[7] 解放初期住房条件差异很大，不过从前就是这样，有奢华宽敞的公寓，也有狭窄肮脏的贫民窟，巴黎近半数的公寓内没有公共卫生间或浴室，约十万户配备家具的住宅不适合居住。这种状况显然影响健康，414
对和医疗条件相关的疾病影响尤甚，例如与居住环境不佳有密切联系的肺结核。

配给制助长了配给证伪造市场的发展，这片市场繁盛得一如战时，曾经有这样一桩情节恶劣的案件，警察突袭了一家酒店的房间，在两年多的时间内，这里仅一名伪造者就制造了一百多万张面包配给证。[8] 黑市也卷土重来，1944 年 9 月 4 日的警察总局报告中这样写道："解放时似乎不太起眼的黑市重新开张。卷烟、食品罐头、肉类……再度以奇高的价格出售。"[9]同年年底节日期间，餐馆供应售价高达 7 000 法郎的菜肴，其原料即是从黑市购得。不得人心的粮食部部长保罗·拉马迪耶（绰号"拉马节食"或"拉马斋月"，拼写同穆斯林节日"斋月"①）命令警察突袭巴黎多家顶级餐馆，关闭了其中二十余家。另一个占领期间的特有产物——家庭食品包裹依然由乡村送往巴黎。然而一位巴黎警察在 1945 年 8 月的报告中称，据估计几乎全部 540 吨送往巴黎的家庭食品包裹都是用假名寄送的，最终全流入黑市。和占领期间一样，有些工人进入了黑市从事销售，因为他们要么失业，要么只能找到临时工作。1945 年 4 月 9 日的一份警方报告中这样写道：

> 巴黎地区的工厂很难招到工人。冗余的工人要么是工厂被毁（受到盟军轰炸），要么是因为原材料短缺只能拿到 75%的工资，他们之中有不少人更愿意享受自由，不愿回去工作。因为时间自由，他们可以去农业区带几千克粮食回来，在巴黎全城销售赚钱，再加上失业补贴，收入比正常工作还高。[10]

在占领期间借黑市发财的人没有全都干下去。敲诈勒索的超级富翁米歇尔·斯科尔尼柯夫逃到了西班牙，1945 年 6 月在
415 马德里遭到刺杀。旧货百万富翁约瑟夫·乔诺维希在占领后期向警方销售武器，背叛了法国盖世太保头目博尼和拉丰，也在

---

① 保罗·拉马迪耶姓氏为 Ramadier，与绰号"拉马节食"（Ramadiet）、"拉马斋月"（Ramadan）相近。

1947 年受到逮捕。两年后他因经济勾结被判有罪，处以五年监禁，罚款 60 万法郎，法庭还下令没收他多达 5 000 万法郎的财产。1944 年 12 月，十二名法国盖世太保受审，头领博尼和拉丰及其他几名盖世太保被判有罪，圣诞节后立刻在蒙鲁日堡受到处决。[11]

事实证明，解放后的“正义”伸张复杂而漫长，而且到头来几乎无人满意。司法体系再度运行前，法国内地军成员逮捕了上千名“合作者”，将其带到冬赛馆，这里是 1942 年关押犹太男女和儿童的地方。随后他们乘上在占领时期同样载过犹太人的巴士，前往德朗西集中营。囚犯们由法国内地军抵抗人士看守至 9 月 20 日，此后由监狱人员接过看守职责。1944 年 10 月底，这所集中营共关押六千多名囚犯，四个月后只剩九百人。[12]弗雷内监狱关押的犯人中包括一些高调拥护维希政府的“合作者”，其他人则平静地留在原岗位上，和他们为维希政权工作时一样勤勉地服务戴高乐领导的新政府。

解放后，残酷的清洗（l'épuration sauvage）席卷法国，巴黎也没有逃过。一些可疑分子和犯罪分子想方设法和法国内地军扯上关系，自称是抵抗组织成员，这种情况愈演愈烈。英国作家马尔科姆·马格里奇曾经受到这类组织的邀请，参加了他们的一次夜间清洗活动。他写道：“他们年纪轻轻，行为却麻木不仁、傲慢残忍得可怕。”[13]他们吹嘘着执行的死刑，偷窃香烟盒、珠宝、钱款。马格里奇后来发现这个组织的领导已经被捕，而且在占领期间是个“合作者”。[14]

解放后的几周时间里，巴黎运出了几十具尸体，都缀着纳粹“合作者”的标牌，另有二十八人头部中枪，被抛进了塞纳河。在第十三区，一支法国内地军部队以牙医协会为据点，这 416

里也是巴黎地区非官方监狱网络的一部分，被指控为“合作者”的人会在这里受到“审讯”，“被绑着”接受宣判。9月中旬，法国内地军领导层下令关闭牙医协会[15]，10月初，政府新设立了三个法庭，处理通敌嫌疑相关的犯罪。

在处理清洗问题的做法上，戴高乐和共产党员之间存在一个根本性区别。戴高乐在对黑暗年代的叙述中强调除了极少数“合作者”，法国人民都充满英雄气概地抵抗德国占领者，因此激进的清洗运动是不必要的。大规模的清洗运动也会破坏他设想的国家团结计划，并且他认为“法国需要他所有的孩子进行国家重建”，大规模清洗与此背道而驰。共产党由于排除了革命起义的选择，则呼吁激进清洗。这一要求以伸张正义为名义，但同时也使得法国共产党将党员和其同情者安排在文化领域[16]、近期收归的国有产业、新设的政治和行政领域重要职位上。[17]此举有助于补充其竞选策略，也就是将自己塑造为代表抵抗组织的党派，这个策略使其在1945年10月的议会选举后成为法国第一大政党。共产党在戴高乐政府中获得四席，但都不是它所希望保住的关键席位。[18]1946年1月，戴高乐看到各政治党派均采取自私政策，将个人利益放在国家利益之上，感到十分失望，于是辞去职务。1946年10月，公投通过了第四共和国宪法提案，1947年1月，樊尚·奥里奥尔（Vincent Auriol）成为第四共和国第一任总统。

樊尚·奥里奥尔获选之后，官方清洗仍在继续，一直持续到1948年底。全国共开庭审理案件约十六万起，其中近一半最终无罪开释；四分之一的被告被判剥夺公民及政治权利（dégradation nationale），剥夺时长各不相同，罪名成立的人中16%被判监禁，8%被判强制劳动，4%被判死刑，但七千零三十七人之中有一多半是在缺席庭审的情况下被判有罪的。法国的清洗程序比比利时、荷兰、挪威、丹麦要温和得多。[19]多数人回忆起战争年月并不觉得自豪或快乐，这种感觉十分强烈，并不只是希望逃避惩罚、仅要要嘴皮支持戴高乐神话（即大多数法国人都在反抗），展望未来而非囿于过去的极右派才会有。总体而言，审判越迟，判决越宽大。这意味着被控经济勾结的人受到的刑罚也可能相对较轻，或是案子被一笔勾销，因为收集公司的账簿、信函和其他文件需要时间。 417

早在 1947 年，对于失去公民权利和政治权利人士的特赦就已开始实施。到 1954 年 3 月，所有缺席宣布的判决均予以取消；法官面对从国外归来上庭的被告则较富同情心，他们要么被无罪释放，要么被判缓期执行。已经宣布的判决在上诉后会从轻处理，至 1964 年法国解放二十年后，“合作者”均已被释放出狱。[20]

曾公开以自身名誉担保支持“合作”，或者是在印刷品中表达过对纳粹支持的人受到处理或被判死刑的时间可能更早。1944 年 10 月 23 日，“合作派”日报《今日》编辑乔治·苏亚雷兹（Georges Suarez）成为首个在法国本土合法建立的法庭中被判死刑的人。[21]他曾支持对所有占领反对者实施残忍报复，要求将自由法国领导者的亲属作为人质击毙，并且对希特勒竭尽溢美之词。[22]1944 年 11 月 9 日，行刑队处死了苏亚雷兹。记者和作家罗贝尔· 布拉西亚克因在《我无处不在》专栏上大发反犹言论，同样被判死刑，包括阿尔贝·加缪和弗朗索瓦·莫里亚克在内的作家虽上书请求对其宽大处理，但他最终还是于 1945 年 2 月 6 日受到处决。

1945 年 4 月，刚刚庆祝过八十九岁生日的菲利普·贝当离开德国锡格马林根城堡，在德方武装人员护送下前往瑞士，他在当地向法国官方自首。8 月，案件在巴黎司法宫审理三个多星期后，贝当以叛国罪被判死刑。戴高乐将其减刑为终身监禁，六年后，贝当在狱中离世。

418 皮埃尔·赖伐尔就没这么幸运了。多亏里宾特洛甫提供飞机，他从锡格马林根县逃往西班牙，但在当地被捕，随后受到驱逐，经奥地利引渡回法国。1945 年 10 月 9 日，赖伐尔在巴黎受审，与贝当使用的是同一审判室。如果说对贝当的审判是彻底而不失尊严，那么对赖伐尔的审判则是仓促而混乱，仅仅五天时间，赖伐尔便被判有罪，宣布死刑。处决当日早晨，赖伐尔尝试用氰化物自杀。为了促进血液循环，他双脚脚跟被砍。经受十七次洗胃，他最终苏醒过来，神志恍惚地被带到监狱后的一块空地，绑在一根桩子上由行刑队处决。

雅克·多里奥本是法国共产党内冉冉升起的新星，后来变为狂热的反布尔什维克主义者，支持纳粹，他先从巴黎逃到了诺伊施塔特（德国），随后来到一座小岛，此岛位于横跨奥地利、德国、瑞士的康斯坦茨湖上。在纳粹的支持下，多里奥于 1945 年 1 月在当地建立“法国解放委员会”总部，这个组织怀着疯狂的野心，想从戴高乐和盟军手中“解放”法国。1945 年 2 月，他驾车与达尔南和德亚会面，商讨两人参加其新行动的事宜。但多里奥没能到达目的地，车子在半路遇到两架飞机的扫射，他当场毙命。[23]

约瑟夫·达尔南，第一次世界大战的英雄，后成为“民兵”组织领袖，他于 4 月离开锡格马林根县，和意大利法西斯一同作战对抗游击队。此后英国特工将其逮捕并移交至法国。1945 年 10 月 3 日，他被判死刑，一周后受到处决。

费尔南·德布里农，赖伐尔的左膀右臂，维希政府第三任也是最后一任驻巴黎代表。他试图逃往瑞士，途中在巴伐利亚向美军投降，被扭送至巴黎，此后两年一直在监狱医院的病榻上和自己的牢房中度过。德布里农于1947年3月受审，被判有罪，于4月15日行刑。他是被宣判死刑并执行的最后一人。

马塞尔·德亚，国家人民联盟创始人，《事业报》编辑，他和妻子也去了意大利，并在当地得到天主教神父的帮助。夫妻二人在热那亚住了两年，从1947年起搬到都灵居住，德亚于1955年1月自然死亡。

路易·达基耶尔（·德佩尔波瓦），狂热反犹分子，1942 419
年继任扎维埃·瓦拉担任维希政府犹太问题总署负责人，后逃至佛朗哥统治的西班牙。1947年他和瓦拉共同在缺席情况下受审，瓦拉被判十年监禁，但两年后便予以释放，达基耶尔被判死刑，但所有引渡尝试均告失败。他在马德里定居，用假名在一所语言学校里教书。1980年，他平静地在西班牙去世，离世几年前，他接受了法国《快报》（*L'Express*）的采访，他否认大屠杀的存在，声称在奥斯维辛集中营遭到毒气杀害的只有跳蚤。[24]

勒内·布斯凯，赖伐尔任命的法国警察首脑。他逃到了德国，战争结束时身在巴伐利亚。他于1949年在法国受审，被判剥夺政治及公民权利五年，然而这项判决从未实施，法庭接受了他曾经积极帮助抵抗组织的说法。战后，布斯凯作为银行家和记者取得了新的事业成功。1991年，布斯凯被控反人权罪，但他长期以来与法国总统弗朗索瓦·密特朗保持着密切的友谊，审理因而一再推迟。1993年6月，审理终于将要开始的几周之前，八十四岁的布斯凯在公寓内被射中头部，狙击手称是为惩罚布斯凯在战争期间犯下的罪行。

占领期间驻巴黎的德国要员是否受到了应有的惩罚，很难说清。驻法德军将领奥托·冯·施蒂尔普纳格尔于1948年2月在谢尔什-米迪自杀。奥托·阿贝茨于1949年6月在巴黎的军事法庭受审。他因牵涉掠夺犹太人财产，遣送抵抗组织成员，造成人质死亡尤其是乔治·曼德尔的死亡等事件被判有罪。他必须服二十年劳役，此外再加二十年不得在法国居留。法国与德国开始广泛和解后，阿贝茨于1954年4月获释。1958年，他和妻子在德国的一场高速公路汽车相撞事故中丧生。有人怀疑这是谋杀，但始终没有得到证实。阿卢瓦·布伦纳，1943年至巴黎解放前夕主持德朗西集中营事务，1954年缺席庭审被判死刑。当时他身在埃及，受雇于美国中央情报局，也从事非法武器经销。[25]他后来搬至大马士革，在阿敏·哈维兹（后成为叙
420 利亚总统）麾下的安保部队教授拷问技术，并且牵涉暗杀世界犹太人大会主席的密谋。[26]1954年10月，党卫军将军、德国驻巴黎秘密警察首脑卡尔·奥伯格及其副手赫尔穆特·克诺亨均被法国法庭判处死刑。1958年两人获得减刑，奥伯格须服二十年劳役，克诺亨则改为终身监禁。同一年，戴高乐当选为法国第五共和国总统，于1962年赦免并释放两人。奥伯格于1965年离世，克诺亨于2003年离世。

新的审判机制竭力维护正义的同时，新的法国政府正在努力想出办法，解决成千上万返回巴黎的战俘、被遣送者以及“义务劳动服务”征召工人的问题。政府对这些归来者的态度反映出它在努力实现民族团结：归来者均在巴黎以外的地方度过战争时期或是其中一段时间，现在，他们需要重新融入战后的法国。

法国政府注意到纳粹支持分子正试图潜入法国，因此在冬赛馆、高蒙电影宫和雷克斯电影院设立了战俘和“义务劳动”征召工人处理面谈中心。为了容纳数量庞大的归国“流亡者”，政府征用了七百七十多家酒店，几乎相当于占领期间德方占用数量的一半。

政府称理想状况下，社会再融合可通过与家人、朋友、邻居、同事取得联系实现。[27]囚犯、被征召劳动者、被遣送者已经和巴黎中断联系达数年之久，其中一些人被囚于极其耻辱、骇人的恶劣环境中，与外界完全隔绝联系。

归来的人们没有经历过占领期间巴黎的生活，缺少和经历过的人们相同的参照点。有些归来的人惊讶地发现他们归国的喜悦和遍布巴黎的愁云惨雾形成鲜明对比，一直住在巴黎的人之所以愁苦，是因为发现日常生活并没有改善。[28]曾经熟悉的地方现在却变得陌生，归来者显得格格不入。一位被征召的学生回到了拉丁区，他曾经在这里学习欢笑，过得无忧无虑。这位学生写道：“两年的征召劳役后，我和圣米歇尔大道的年轻人还有什么共同之处？完全没有。我已经不属于这里了。”[29]另一位归国的被征召者写道：“我从另一个世界归来，那里的价值观和这里不同。我得彻底从头学习如何生活。”[30]归国的工人受到了 421
欢迎，但也受到了“不爱国”的怀疑，某些人批评他们没有留在法国加入抵抗组织。有些被征召工人归来后继续从事原本的职业，有些则处于失业境地。

战俘中关押时间最长的达到五年，他们中多半都已经结婚生子。所有战俘家庭成员都必须适应他们的归来。一位战俘妻子年幼的儿子从 1940 年起就一直和母亲一起睡，现在只能“不情不愿地给一个从德国战俘营归来的早衰男人让出位置”。[31]战俘们（以及一部分离家时间较短，问题不如战俘严重的受征召的已婚工人）为夫为父的方式已经发生变化，他们不得不面对这点。男人对于被捕时常感到耻辱或尴尬，他们被动地度过了战争时期，如今，他们发现妻子完全挑起家庭事务的责任，更活跃、更独立，比从前更习惯做出决策。一定程度上，战争刚结束时离婚率之所以激增，部分原因在于丈夫曾被关押在德国的夫妻重新相处时会遇到很大困难。[32]

然而战俘和被征召的工人无论遇到什么困难，都不能和出于政治原因被遣送的人（法国共产党相关人员或是抵抗组织成员），尤其是犹太人的遭遇相提并论。解放初期，国家将大部分注意力集中于自愿或被迫赴德劳动的工人以及战俘身上，两者人数远远超过了“激进分子”和出于政治原因被遣送者的总和。[33]当八十万名工人和上百万此前仍在敌方营中的战俘终于返回家乡的时候，被遣送者尤其是犹太人尚未归来。据最可靠的数据显示，法国共有约十四万人受到遣送，在六万五千名由于政治原因遭遣送的人中，约有 60%返回了法国。但在七万五千七百一十二名受遣送的犹太人中仅有 3%（两千五百六十六人）归来。[34]

被遣送者乘火车抵达巴黎（一般到奥赛火车站，即今天的奥赛博物馆），或是乘坐公共汽车从勒布尔热机场返回。他们随后被带到卢滕西亚酒店，这里前不久还是阿勃维尔的总部，
422 1945 年 4—8 月，这家酒店一直用作集中营或灭绝营归来人士的接待中心。[35]这些从地狱归来的难民一般都没有身份证明，在这里还要遭受进一步的创伤，他们要努力说服盘问者自己不是间谍、党卫军成员，也不是其他假扮成被遣送者的纳粹成员。

酒店在其数百间宽敞的房间内各设置了三张到四张床铺，

供归来者休息，直至与家人团聚。单人间分配给无家可归的人，他们的入住时间也会延长。需要医治的人送到比沙医院或萨彼里埃（Salpêtrière）医院。酒店从早到晚都让人围得水泄不通，很多人挥舞着至爱亲友的照片，恳请归来者看看，询问他们是否认得上面的人，有没有他们的消息。

战俘和劳动征召归来者往往在重新融入家庭方面存在问题，但多数情况下他们还有家可回。很多返回法国的犹太人则是其直系血脉甚至整个家族中唯一的幸存者。还有很多返回巴黎的犹太人发现公寓里的财产被掠夺一空，屋子里已经住进了其他人。原屋主一般能把入侵者驱逐出去，但可能要花一大笔钱打上很久的官司。

法国共产党员（和犹太共产党员）在党内有一个“家”，他们可以回到这个家里，但也并非易事。共产党员皮埃尔·戴（Pierre Daix）参加了1940年11月11日的游行，后加入一个武装共产党组织，1942年于法国入狱，1944年3月被遣送至德国毛特豪森集中营。回忆起归来的经历，戴写道：“我现在的生活与过去的格格不入。”他总是情不自禁地想起葬身集中营的人们，在床上难以入眠（只好铺毯子睡在地上）。被遣送者希望找到其他有着相似经历的人，能够彼此分担焦虑之情。谈及自己的恐惧，他们说：“我不知道该跟妻子说些什么。”“我都认不出自己的孩子了，”一位受过遣送的女性担忧地说，“我不知道还能不能跟丈夫过下去。他现在比我年轻那么多。”[36] 此外，受到马克思和列宁理论熏陶、经验老道的工人阶级武装分子发现，当地的党组织内新人数量超过了他们，这些新人受到吸引是因为共产党反对德国，他们的社会背景不仅与老一辈不同，而且对于共产党的历史、文化、理论了解甚少，十分可悲。 423

政府决定不对战俘、受征召工人、被遣送的政治犯和犹太人作出区别，因此对于从奥斯维辛等灭绝营惨无人道的残酷环境中得以幸存的少数犹太人来说，他们的经历很难凸显出来。他们感到讲述这段经历极其困难。起初，他们保持沉默，一部分原因在于他们不想让仍然盼望家人归来的人们失望，另一部分原因在于他们的经历可怕得让人难以置信，对很多人来说，这段经历真的难以用言语描述。即使他们说得出来，也没有人愿意听。西蒙娜·韦依①(Simone Veil) 是一名律师，也是政界人士，后成为欧洲议会议长，她在1991年的采访中说："以我自己为例，我随时准备着谈论、作证，但是没人愿意听我们说。"[37]想讲出经历的人发现自己甚至会受到威胁，有人会指责他们寻求特殊待遇。一份"致四年后归来的犹太爱国者"的传单，警告他们不要小题大做，声称人人都饱受战争之苦。传单告诫犹太人，如果他们把自己塑造成"有特权的受害者"，就可能助长或已抬头的反犹主义。[38]在学校以及范围更广的社会中，犹太人曾经遭受的残酷待遇被迅速遮掩了起来，这层遮掩在巴黎解放三十年后依然存在。现在是巴黎第八大学讲师的让-马克·贝纳马写道，"我小时候（1968—1975），从来没人教过我种族驱逐这段历史。同龄的孩子都以为犹太人是被遣送去和德国人打仗。我看到一个朋友的父亲带着刺青的手臂，才知道奥斯维辛是什么地方"。[39]

在日记中对1939—1944年间巴黎生活发表珍贵见解的人

① 西蒙娜·韦依（1927—2017）：法国著名政治家和女性权利捍卫者，也是犹太大屠杀的幸存者。1974年，她在出任卫生部部长时，曾抵住保守派巨大压力推动立法，允许女性合法堕胎，成就法国历史上的重大事件。

们，他们后来又怎么样了？在我能够追踪到下落的人士之中，贝尔特·奥鲁瓦（1880—1968）一直住在蒙马特，直至离世。埃莱娜·贝尔（1921—1945）和父母遭到逮捕，被送进德朗西，于1944年3月27日被遣送至奥斯维辛集中营，当天也是她二十三岁的生日。她的父母在集中营遇害，她本人则被送往贝尔 424
根-贝尔森集中营，于1945年4月死亡，当时距离这所集中营的解放仅有几天时间。雅克·别林基（1881—1943）于1943年从德朗西被遣送至索比堡，此去无归。米舍丽娜·博德（1926—1980）成为了记者和作家。波兰难民安杰·鲍伯考斯基（1914—1961）在1939年战争爆发时正准备去往南非，他被困巴黎，后于1947年离开法国，在危地马拉安家落户。夏尔·布莱邦（1889—1976）于1948年出任法国国家档案馆（Archives de France）馆长，至1959年一直担任此职务。塞萨尔·福布哈（1899—1968）在战前用加斯东·斯泰柴克曼的笔名出版了大量著作，解放后他却发现作品因为颠覆性太强遭到抵制。他做回会计，日记于死后出版。让·加尔捷-布瓦西埃（1891—1966）出版了日记后续，他从战前即开始写作，至1960年一直笔耕不辍。贝诺瓦特·格鲁（1920—2016）[①] 和弗洛拉·格鲁（1924—2001）的合著作品《四手联弹记》（*Journal a quatre mains*）取得成功后，她们又合著了两部支持女权主义的作品。两人均从事记者工作，各自出版有单独著述的作品。贝诺瓦特是一家协会的会长，致力于使职业名称和工作描述用词成为阴性词，她最近接受了电视节目《占领密谈》的采访（已发行DVD）。[40]让·盖埃诺（1890—1978）出版了他在北非、南非、非洲、日本的

---

① 本书出版于2015年，贝诺瓦特·格鲁于一年后去世。

旅行见闻以及一系列自传性作品和散文。他于1962年加入法兰西学士院。阿涅丝·安贝尔（1894—1963）于1942年被遣送至德国，她在当地条件极其恶劣的人造纤维工厂里劳动了三年。回到巴黎后，她拒绝复归国家民俗博物馆职务，在严重的健康问题困扰下依然出版了大量艺术和雕塑的相关书籍。罗歇·朗热隆（1882—1966）成了专精法国复辟时期（1814—1830）的历史专家，出版有著作，1960年被选举为法兰西道德和政治科学院成员。保罗·莱奥托（1904—1967）依然是个爱好辩论、直言不讳的文学评论家，他的日记分为十九卷，于1954—1966年间出版。乔治·萨杜尔（1904—1967）著有大量电影书籍，其中包括共计六卷的电影史。埃迪特·托马（1909—1970）受任成为国家档案馆图书管理员主管，一直在此工作，直至离世。1949年，她
425 退出法国共产党，此后一直是左派拥护者。作为女权主义作家，她极负盛名，1968年，被选为费米娜文学奖评委，这一奖项每年评选一次，奖励女性所著的最佳小说作品。1944年8月，罗丝·瓦朗（1898—1980）曾经通知抵抗组织，一列满载艺术品的火车将离开法国，很可能是去米库洛夫（位于今天的捷克共和国内）。抵抗组织在奥奈丛林截下火车，缴获运载工具和运载货物。[41]巴黎解放后，罗丝作为法国军方官员前往德国，在确定失窃艺术品所在地方面发挥了重大作用。她还是纽伦堡审判高级纳粹官员的证人。返回法国后，她担任艺术品保护部门领导，于1968年退休。她获得诸多法国及国外奖项，包括法国荣誉军团勋章（法国）、总统自由奖章（美国）以及联邦德国勋章。亚历山大·韦斯（1901—1969）于1946—1949年间担任《卫报》驻莫斯科记者，出版有战后法国及苏联政治与社会相关书籍。

“卐”字旗在埃菲尔铁塔塔顶飘扬，德国国防军与香榭丽舍的人群交错混杂的日子距今已经有七十多年了。然而观察细致的来客还是能够在巴黎发现许多战时的痕迹。

警察总局、主宫医院、西岱岛巴黎古监狱、圣米歇尔大道的矿业学校建筑上的子弹和弹片痕迹依然肉眼可辨。它们都见证了解放巴黎的战役。人们为地铁站冠上战争中的受害者和英雄的名字：雅克·邦塞尔让，德军杀害的第一位巴黎人；居伊·莫凯，1941 年 10 月行刑队处决的少年人质；法比安上校，皮埃尔·乔治的假名，他于 1940 年在巴黎刺杀了第一名德国人，1944 年 12 月在米卢斯附近遇地雷爆炸身亡。亨利·罗尔-唐吉的名字出现在丹费尔-罗什洛地铁站名下方，这一站靠近他的地下总部；勒克莱尔将军的名字出现在奥尔良门地铁站的标志上，这一站位于一条大道尽头，这条大道也被冠以勒克莱尔的名字。

巴黎全市还有数十条街道使用了抵抗组织英雄的名字，例如第十四区的让·穆兰大道是以戴高乐驻巴黎代表的名字命名的，1943 年 5 月，穆兰在富尔路的一间公寓里确保了各个抵抗 426
组织结盟。第二十区的一条街道有幸被冠以抵抗人士组成的“马努尚组织”的名字。1943 年 2 月，德军在巴黎南部射击场枪决了五名布丰中学男生，第十四区的一个广场用了他们的名字[42]，以此纪念。他们的遗体从伊夫里墓地被转移到索邦教堂，五人均被追授法国荣誉军团勋章、十字军功勋章、抵抗勋章。布丰中学设立了一块牌匾纪念他们，1959 年，他们的形象被印上了抵抗英雄系列邮票。全城的墙上都悬挂着牌匾，上面写有 1944 年 8 月解放期间以及更早时候占领期间的死难者及被遣送者的名字，每逢他们的忌日和公共假日，都有人前来献花。

西岱岛东端巴黎圣母院大教堂背后立有一座大部分埋于地下的纪念碑，用以纪念纳粹遣送的犹太人。卢森堡公园也矗立着一座纪念碑，纪念在抵抗运动中为法国献出生命的中学生和大学生。1994 年，蒙帕纳斯开辟了一家博物馆纪念勒克莱尔和让·穆兰，馆名很长（即使对法国人而言），叫勒克莱尔·德·奥特克洛克将军博物馆与巴黎解放博物馆及让·穆兰博物馆。

多年来，维希政府在遣送犹太人方面所起的作用以及外国抵抗人士在对抗占领军过程中扮演的角色一直为人们忽视、贬低或否认。1995 年，雅克·希拉克总统在 1942 年 7 月冬赛馆围捕纪念日上发表了历史性的演讲，他是第一位承认维希政府在将数千名犹太人送往纳粹灭绝营一事上存在罪责并且参与同谋的法国国家首脑。“法国是启蒙运动和人权的发源地，是一个欢迎他人，为他人提供庇护的国家，然而在那一天，它却犯下了无可挽回的错误，打破了自己的誓言，将处于它保护下的人们送到了行刑者的手中。”[43] 如今，发生过犹太人围捕、遣送的学校和机构的牌匾上都会明确写清法国在此类行动中所起的作用。

2007 年 6 月，当时新当选的右翼总统尼古拉斯·萨科齐作出了一项决定，之后引发的争端显现出战争和占领时期事件在法国仍然相当敏感。十七岁的居伊·莫凯在被德国行刑队处决
427 前曾写给母亲一封书信，萨科齐宣布法国每一所中学都必须在每年莫凯诞辰当天朗读这封鼓舞人心的信件。这一决定引发了民众强烈的不满①，人们指责萨科齐的做法属于政治机会主义，

① 当时，一些法国民众认为对学生进行爱国主义教育没错，但程序正义更重要，总统不能强制学生学什么。还有一些教师、反对派领导、历史学者认为总统是出于政治目的利用这位烈士的遗言。

试图绑架抵抗运动的记忆。

“这些战争年代的提示又怎样表现了巴黎（和法国）历史上这段混乱的岁月？”这个问题在解放后一直引起社会各界不同的反应。战后最初二十五年左右，历史叙述基本只有一种声音——戴高乐神话，巴黎和法国自我抵抗、自我解放。1968 年 5—6 月，学生和工人发起抗议运动，戴高乐的公信力受到冲击，1970 年，运动发生两年后，戴高乐离世，自此叙述的风向开始变化。马塞尔·奥菲尔（Marcel Ophuls）1971 年的修正主义纪录片《悲哀与怜悯》（*Le chagrin et la pitié*）在法国电视台遭禁，但最终得以在电影院放映，路易·马勒 1974 年的电影《拉孔布·吕西安》（*Lacombe Lucien*）则在“人人合作”的假象取代“人人抵抗”的神话的新时代中占据中心地位。本书尽力展现出的巴黎（和其他地方一样）的情况并不是非黑即白：在巴黎，有些人（极少数充满勇气的一群人）投身抵抗，其中很多人都付出了巨大的代价；有些人（同样也是极少数人）出于意识形态和投机的原因，为了个人利益或是谋求提升地位与纳粹合作；还有些人利用战时物资短缺的境况从中牟利。然而绝大多数巴黎人都在越来越多的困难和剥削中尽力求生，同时尽己所能地不予妥协。

注　　释

序幕

428—429 1. Noth (n.d.), p.43.

2. Shirer (1970), p.383.

3. Crémieux-Brilhac (1990), p.26.

4. 法国甚至具体表示，只要德国进攻波兰，法国军队将在十三天内完成军事动员，攻入齐格菲防线（Siegfried Line，纳粹德国二战前在西国境修筑的防线，与马其诺防线对抗），同时英国将对德展开空袭。

5. Weber (1995), p.258.

6. 德亚矮小微胖，出身微贱。1914 年，他进入乌尔姆街的巴黎高等师范学校学习。第一次世界大战中，他从士兵做起，最后成为上尉，并获得法国荣誉军团勋章以及五项部队奖章。退伍后，他重拾学业，随后成为一名哲学老师，并以政治积极分子的身份为大众所知。他曾两次当选法国社会党代表，被推选为社会党领袖候选人。1933 年，他因与法国社会党领袖莱昂·布鲁姆在理念和策略上存在分歧，被开除党籍。之后，他参与创建了法国“新社会主义党”，也曾短暂担任政府官员。他的和平主义立场不断与支持德国的情绪产生共鸣，极度反对法国因德国侵犯波兰而出兵，并写下《为但泽赴死，是否值得?》表达自己的不安。

7. Déat (1939).

8. Amouroux (1997), pp.94—95.

9. *Le Figaro*, 3 July 1939, p.1.

10. 1880 年代，法国将 7 月 14 日设立为纪念日时，是为了纪念 1790 年 7 月 14 日（即为增进国家统一的联盟节）而不是 1789 年 7 月 14 日（即巴黎市民攻占
430 巴士底狱的日子）。不过，尽管仍是全国性的节日，大多数法国人越来越将 7 月 14 日与巴士底狱攻陷日联系在一起。

11. *Le Matin*, Saturday 15 July 1939, p.4.

12. 马其诺防线得名于安德烈·马其诺。这位国防部部长始终监督防线的工程进展，直至1932年去世。

13. 斯大林被慕尼黑会议排除在外。为防止英法两国与希特勒达成私下协定，他决定主动出击。从希特勒的角度来看，条约表明他无需担心来自莫斯科的军事或政治干预，可随心所欲地实现开疆辟土的野心。

14. Charpentier（2008），p.320.

15. Duchatelet（2002），p.348.

16. De Beauvoir（1960a），p.428.

17. Amouroux（1997），p.100.

18. 仅塞纳一省便有九名共产党国民议会议员、二十九个共产党管理或由共产党员担任市长的市镇，以及二十多家地方共产主义杂志（其中不包括地方基层组织或工厂发行的刊物）。

19. 1939年8月30日，媒体报道，巴黎市内九万册共产主义宣传册和三千张海报被收缴，凡尔赛镇不明人数的共产党员被捕；次日，六万册宣传册在巴黎南郊的蒙鲁日（Montrouge）被没收；9月1日，三十万本宣传册在巴黎城东工人阶级聚集的贝勒维尔区（Belleville）阿克索（Haox）路某处被收缴。

20. Koestler（1941）.

21. De Beauvoir（1960a），p.431.

22. Braibant（1940），p.21.日记条目1939年8月28日。

23. *Le Figaro*, 29 August 1939, p.2.

24. *Le Figaro*, 29 August 1939, p.2.

25. Maurice Privat, 1940, *une année de grandeur français*（Paris: Éditions Mondiales, 1939），quoted in Kupferman（1987），p.207.

26. Amouroux（1997），p.94.

27. *Le Matin*, 31 August 1939, p.1.

28. 全名是 Villey-Desmeserets。

29. *Le Matin*, 31 August 1939, p.1.

30. *Le Matin*, 1 September 1939, p.2.最初，政府预测五万两千名市民将撤

离，但当8月30日撤离计划执行时，约两万名市民已经离开了。

31. 截至1940年1月中旬，超过五十万巴黎流民被安置在十二个指定省内。

32. Alary（2010），p.41.

33. Alary（2010），pp.31—32.

34. Rayssac（2007），p.96.

431 35. Rayssac（2007），pp.98—99.

36. Anon.，*Ce que le public doit savoir en matière de défense passive*，Préfecture de Police（Paris），1938.

37. *Le Matin*，1 September 1939，p.2.

38. De Beauvoir（1990a），p.15.日记条目1939年9月1日。

39. Anatole de Monzie，*Ci-devant*，p.142，quoted in Crémieux-Brilhac（1990），p.57.

40. *Akten*，vol.7，no.538，quoted in Crémieux-Brilhac（1990），p.57.

41. 那时，萨特还是一名哲学老师，因短篇小说集《墙》和1938年的小说《恶心》被视为存在主义作家。

42. 第十八区的埃贝尔广场（Place Hébert）。

43. De Beauvoir（1990a），p.15.日记条目1939年9月2日。

44. "二九级"，即1909年时二十岁和1939年时二十岁的人都被动员入伍了。

45. Alain Laubreaux，*Écrit pendant la guerre*（Paris：Éditions du Centre d'études de l'Agence Inter-France，1944），p.43，quoted in Richer（1990），pp.32—33.

46. Cornick（2010），p.288. Armand Petitjean信件1939年6月6日。

47. Sartre（1976），p.179.

48. Dubois（1946），p.10.

49. *Le Matin*，2 September 1939，p.2.

50. Alfred Fabre-Luce，quoted in Veillon（1995），p.17.

51. Dubois（1946），p.10.

52. Fabre-Luce（1947），p.68.

53. Sadoul（1977），p.15.日记条目1939年9月2日。

54. De Beauvoir（1990a），p.19.日记条目1939年9月3日。

55. Léautaud，vol.12（1962），pp.300—301.日记条目 1939 年 9 月 1 日。

56. Dubois（1946），p.11.

57. Georges Perec，*W*，*ou le souvenir d'enfance*（Paris：Gallimard，1993），quoted in Ragache（1997），p.8.

58. 民防机构的总部位于第七区圣道明路。

59. Dupays（n.d.），p.16.

60. Dupays（n.d.），pp.7—8.

61. Braibant（1940），p.28.日记条目 1939 年 9 月 3 日。

第一章

1. Paul Valéry，*Cahiers*，vol.2（Paris：Gallimard，Pléiade edition，1974），p.1498，quoted in Charpentier（2008），p.18.

2. Quoted in Crémieux-Brilhac（1990），p.55.

3. Quoted in Charpentier（2008），p.18.

4. Léautaud，vol.12（1962），p.302.日记条目 1939 年 9 月 5 日。

5. Buisson（2008），p.9. 其中给出的数字是八千。

6. Amouroux（1997），p.120.

7. De Beauvoir（1990a），p.24.日记条目 1939 年 9 月 4 日。 432

8. Stéphane（1946），p.18.

9. Braibant（1940），p.32.日记条目 1939 年 9 月 5 日。

10. *Le Temps*，6 September 1939，quoted in Richer（1990），p.65.

11. Léautaud，vol.12（1962），p.303.日记条目 1939 年 9 月 7 日。

12. De Beauvoir（1990a），p.24.日记条目 1939 年 9 月 5 日。

13. Hastings（2011），p.11.

14. De Beauvoir（1990a），p.56.日记条目 1939 年 9 月 5 日。

15. Quoted in Richer（1990），p.66.

16. Quoted in Richer（1990），pp.66—67.

17. *Les Veillées des chaumières*，October 1939，quoted in Veillon（1995），p.17.

18. Hastings（2011），pp.16—17.

19. Braibant（1940），p.45.日记条目 1939 年 9 月 14 日。

20. Sartre（1983）.

21. Quintin Hoare's introduction in Sartre（1984），p.ix.

22. 自 9 月 29 日起，共产党自称为“工人农民联合会”。

23. Amouroux（1997），p.101.

24. Amouroux（1997），pp.184—185.

25. De Beauvoir（1990a），p.26.日记条目 1939 年 10 月 17 日。

26. De Beauvoir（1990a），pp.20—21.日记条目 1939 年 9 月 3 日。

27. Braibant（1940），p.88.日记条目 1939 年 10 月 10 日。

28. Braibant（1940），p.38.日记条目 1939 年 9 月 8 日。

29. Léautaud，vol.12（1962），p.319.日记条目 1939 年 10 月 29 日。

30. Junot（1998），p.23.

31. Missika（2001），p.35.

32. De Beauvoir（1990a），pp.111ff；Bair（1990），pp.221—222.

33. 1989 年之后更名为 Le Bon Marché。

34. *L'Illustration*，23 December 1939，quoted in Veillon（1995），p.25.

35. Veillon（1995），p.24.

36. Courtois（1980），chapter 3，“À bas la guerre impérialiste，” pp.82—122.

37. 莫里斯·多列士逃往莫斯科。尽管没有出席审判，他仍旧被判处六年监禁。

38. Sartre（1995），p.205.日记条目 1939 年 11 月 20 日。

39. Sadoul（1977），p.89.日记条目 1939 年 12 月 12 日。

40. Sartre（1995），p.472.日记条目 1940 年 2 月 23 日。

41. Mousset（1941），p.95.

42. Sartre（1995），p.430.日记条目 1940 年 2 月 17 日。

43. Truffaut（1985），quoted in Ragache（1997），p.11.

44. Quoted in Veillon（1990），p.35.

45. Sadoul（1977），p.106.日记条目 1939 年 12 月 16 日。

46. Sadoul（1977），p.109.日记条目 1939 年 12 月 19 日。

47. Sadoul（1977），p.108.日记条目 1939 年 12 月 18 日。

48. Sadoul（1977），p.111.日记条目 1939 年 12 月 22 日。

49. Sartre（1995），p.430.日记条目 1940 年 2 月 17 日。

50. Sadoul（1977），p.110.日记条目 1939 年 12 月 19 日。 433

51. Sadoul（1977），p.121.日记条目 1940 年 1 月底。

52. Sadoul（1977），p.141.日记条目 1940 年 2 月 27 日。

53. Crémieux-Brilhac（1990），p.321.

54. Article reproduced in Crémieux-Brilhac（1990），p.322.

55. Amouroux（1997），p.137.

56. Amouroux（1997），p.139.

57. Amouroux（1997），p.138.

58. 1949 年成立的《巴黎竞赛》前身。

59. Junot（1998），p.16.

60. Sadoul（1977），p.146.日记条目 1940 年 3 月 4 日。

61. Giraudoux（1987），p.116：“Maison de la propagande,” 24 December 1939.

62. Giraudoux（1987），pp.76—77：“Le Front de la démocratie,” 27 October 1939.

63. Giraudoux（1987），p.76：“Le Front de la démocratie,” 27 October 1939.

64. Giraudoux（1987），pp.79—80：“Le Front de la démocratie,” 27 October 1939.

65. Quoted in Michel（1971），p.205.

66. Monzie，quoted in Maurice Barthélemy，“En Guise d’Introduction,” in Giraudoux（1987），p.14.

67. De Polnay（1957），p.17.

68. 1940 年 3 月 20 日，保罗·雷诺取代达拉第成为总理。达拉第因未能带领法国协助芬兰对抗苏联而被迫辞职。

第二章

1. Junot（1998），p.51.

2. Ernest May，*Strange Victory*（New York：Will and Wang，2000），quoted in Jackson（2003），p.39.

3. Werth（1940），p.28.日记条目 1940 年 5 月 12 日。

4. Werth（1940），pp.29—30.日记条目 1940 年 5 月 12 日。

5. André Beaufre，*The Fall of France*（London：Cassell，1967），p.189，quoted in Jackson（2003），p.47.

6. Groult and Groult（1962），p.17.日记条目 1940 年 5 月 13 日。

7. Werth（1940），p.39.日记条目 1940 年 5 月 12 日。

8. Groult and Groult（1962），p.17.日记条目 1940 年 5 月 14 日。

9. Groult and Groult（1962），p.17.日记条目 1940 年 5 月 15 日。

10. Werth（1940），p.43.日记条目 1940 年 5 月 16 日。

11. Quoted in Jackson（2003），p.10.

12. Quoted in Tombs and Tombs（2007），p.549.

13. Quoted in Cobb（2009），p.13.

14. Crémieux-Brilhac（1990），p.551.

15. Bourget and Lacretelle（1959），p.9.

16. Quoted in Junot（1998），p.66.

17. Quoted in Junot（1998），p.67.

18. Werth（1940），p.53.日记条目 1940 年 5 月 18 日。

19. Junot（1998），p.68.

434 20. Werth（1940），p.51.日记条目 1940 年 5 月 18 日。

21. Crémieux-Brilhac（1990），p.556.

22. Michel（1981），p.26.

23. Diamond（2007），p.35. 当中提供的数字是两百万，大概占总人口的三分之一。

24. Werth（1940），p.65.日记条目 1940 年 5 月 21 日。

25. 位于巴黎大林荫道（Grand Boulevards）的高端百货商场。

26. Werth（1940），p.70.日记条目 1940 年 5 月 22 日。

27. Groult and Groult（1962），p.26.日记条目 1940 年 6 月 1 日。

28. 总共三十三万八千二百二十六名士兵，其中十九万八千三百一十五名为英军，其余则为盟军（当中大多是法国士兵）。

29. Diamond（2007），p.42.

30. De Foville（1965），pp.95—96.

31. De Foville（1965），p.85.

32. 位于弗朗索瓦・米勒街。

33. De Foville（1965），p.57.

34. 今天，第十五区的大部分工厂已经消失不见，这里成为时尚街区。1930年代的圣夏尔路附近居住着工人；1936年，选民选举共产党党员夏尔・米歇尔为第十五区代表。

35. Groussard, quoted in Walter（1960），p.20.

36. Groussard, quoted in Walter（1960），p.20.

37. Bood（1974），p.21.日记条目1940年6月12日。

38. Vidalenc（1957），p.251.

39. Dubois（1946），p.58.

40. Dubois（1946），pp.58—59.

41. De Polnay（1957），pp.33—34.

42. 大多数离开的巴黎人都是女性，同时，逃亡人群中四分之一到三分之一都是孩子。

43. *La Gerbe*，11 July 1940，quoted in Walter（1960），p.32.

44. Pierre Mendès-France, quoted in Amouroux（1997），p.327.

45. Ilya Ehrenbourg，*La Chute de Paris*（Paris：Éditions Hier et Aujourd'hui，1944，p.432），quoted in Rajsfus（1997），pp.42—43.

46. Sadoul（1977），p.319.日记条目1940年6月13日。

47. Sadoul（1977），p.319.日记条目1940年6月13日。奥尔良距离巴黎将近70英里。

48. 后来，莫洛亚坐飞机前往伦敦，再从那里去往美国，秋天时抵达纽约，度过二战的剩余时期。因为他是犹太人（原名埃米尔・萨洛蒙・埃尔佐格，Émile Salomon Herzog）并离开法国，因此常在巴黎沦陷时期受到“合作派”报纸的猛烈攻击。

49. Buisson（2008），p.50.

50. 在孔卡尔诺。

51. Groult and Groult（1962），pp.32—33.日记条目 1940 年 6 月 9 日。

435 52. Werth（1992），p.14.

53. Werth（1992），p.17.

54. Werth（1992），p.30.

55. Werth（1992），p.38.

56. Werth（1992），p.48.

57. 比安卡·比嫩费尔德是波伏娃的学生，曾与波伏娃和萨特发生过三角关系。在波伏娃和萨特的文章里，她被称作路易丝·韦德里纳（Louise Védrine）。波伏娃和萨特死后，他们的书信发表。看到他们对自己的真正感情后，比嫩费尔德曾一度精神崩溃。

58. De Beauvoir（1990a），p.307.日记条目 1940 年 6 月 11 日。

59. Sadoul（1977），p.363.日记条目 1940 年 6 月 16 日。

60. 女性拥有投票权的首次选举发生在 1945 年。

61. Ollier（1970），p.169.

62. Anne Jacques，*Journal d'une française*（Paris：Seuil，1946，p.38），quoted in Buisson（2008），p.54.

63. Diamond（2007），p.77.

64. Werth（1992），p.40.

65. Diamond（2007），p.56.

66. Sadoul（1977），p.320.日记条目 1940 年 6 月 13 日。

67. Buisson（2008），p.60.

68. Diamond（2007），p.63.

69. Gabriel Danjou，*Exode 1940*（Paris：Alternance，1960，pp.111—112），quoted in Rajsfus（1997），pp.41—42.

70. Arved Arenstam，quoted in Lottman（1992），p.239.

71. Bourget（1970），p.39.

72. Ollier（1970），p.156.

73. Ollier（1970），p.156.

74. Guidez（1989），pp.25—26.

75. Amouroux（1997），pp.335—337.

76. Amouroux（1997），pp.354—355.

77. Quoted in Langeron（1946），p.17.日记条目 1940 年 6 月 11 日。

78. Langeron（1946），p.18.日记条目 1940 年 6 月 11 日。

79. Michel（1981），p.18.雷诺后来在巴黎否认自己说过此话。

80. Léon Blum，quoted in Bourget（1970），p.38.

81. Bourget and Lacretelle（1980），p.20.

82. Langeron（1946），p.18.日记条目 1940 年 6 月 11 日。

83. J.J.Hiappe，G.Contenot，R.Fiquet，M. de Fontenay，M.Héraud，N.Pinelli，and A.le Troquer.

84. Bourget（1970），p.44.

85. Bourget（1970），p.41.

86. Bourget and Lacretelle（1980），p.21.

87. 巴黎郊县，位于圣德尼北部 8 英里处。

88. 这个误解来自法国警官的错误翻译。德国人本意是“遭射击”而非“被杀”。

89. Lottman（1992），p.338.

第三章

1. Goglin and Roux（2004），p.22. 436

2. Langeron（1946），p.40.日记条目 1940 年 6 月 14 日。

3. Langeron（1946），p.41.日记条目 1940 年 6 月 14 日。

4. Archives de la Préfecture de Police de Paris，B/a 1792，Dossier 1. Lallam（1999—2000），p.22.

5. Ehmer（1943），p.154.

6. 这天晚些时候，在一些市议员的坚持下，“卐”字旗被移除了。

7. Quoted in Kageneck（2012），pp.56—57.

8. 事实上，巴黎没有什么组织有力量领导抵抗运动。法国军队弃甲而逃。决定巴黎不设防后，政府和大多数公务员一道逃走。唯一一个或许有能力反抗的组织是法国共产党。巴黎是法共的传统重镇，拥有法共总部。约三分之一法共成员在巴黎和市郊工作、生活。但是，法共领袖对《苏德互不侵犯条约》的支持严重削弱了这一优势：他们不再是反法西斯斗争的先锋，而是宣称英法两国和德国的冲突是“帝国主义之间的战争”，因此引发党内不满和松动。此外，法共遭法国政府禁止，领袖转向地下，无数党员被警察搜捕和拘禁。

9. Personal account supplied by Police Commissioner Gaubiac to Pierre Bourget in Bourget（1970），pp.59—62.

10. Langeron（1946），p.46.日记条目 1940 年 6 月 14 日。

11. 整个事件中，他们并未受到惩罚，两人后来都被维希政府起用。登茨成为法属中东殖民地司令，格鲁萨尔则负责维希法国的国家安全。

12. Quoted in Kageneck（2012），pp.56—57.

13. 玛德莱娜教堂于 1763 年始建，最初计划是修造教堂，在 1790 年左右中止施工。1806 年，拿破仑命令将它建为纪念法国军队的庙宇。后来，路易十八掌权，决定将其改造为教堂，于是 1845 年，玛德莱娜教堂成为天主教堂。

14. 路易十四执政期间，政府为大约四千名伤残士兵修建了荣军院。1840 年，英国将十九年前去世的拿破仑的遗体送回法兰西。1861 年，拿破仑的遗体被放入特殊棺木，葬在荣军院。

15. Quoted in Kageneck（2012），p.69.

16. 莱奥托住在丰特奈-玫瑰镇（Fontenay-aux-Roses）的盖拉尔路（rue Guérard），距市中心约 5 英里。

17. De Beauvoir（1990a），p.330.日记条目 1940 年 7 月 2 日。

18. De Polnay（1957），p.49.

19. Lottman（1992），p.349.

437 20. Léautaud vol.13（1962），p.82.日记条目 1940 年 6 月 14 日。

21. Depuy（1940），p.12.

22. De Polnay（1957），p.51.

23. Depuy（1940），p.17.

24. Lottman（1992），p.351.

25. De Polnay（1957），p.50.

26. Lottman（1992），p.351.

27. 约瑟夫·梅斯特（Joseph Meister）是历史上首位狂犬疫苗接种者，后在巴斯德研究院工作。历史学家常常认为，他也在那天自杀。不过，最近的研究表明，事实并非如此。梅斯特不像通常所说在6月14日或16日自杀，而是在6月24日自杀。他并没有开枪自杀，而是用毒气自杀。原因或许是，他误以为送出巴黎的妻子和孩子已在敌军的炸弹下丧生了。

28. Le Boterf（1974），p.31.

29. Langeron（1946），p.62.日记条目1940年6月15日。

30. 巴黎中央菜市场出现在20世纪初，经历改造后，1969年转移到奥利机场（Orly Airport）附近的杭济斯（Rungis）。19世纪的巴黎中央菜市场曾出现在埃米尔·左拉小说《巴黎的肚子》和乔治·奥威尔的纪实作品《巴黎伦敦落魄记》中。

31. Langeron（1946），pp.69—70.日记条目1940年6月17日。

32. 6月17日首刊单独版面的《晨报》里，编辑古斯塔夫·埃尔韦（Gustave Hervé）批驳第三共和国的“党派议会制”，攻击1919年《凡尔赛条约》，并表示支持希特勒的政治理想。不过，德国高层并没有被他的豪言壮语打动，尽管他号召人们追随通向“博爱”和国际联盟的道路。6月19日的版面上，埃尔韦更明确地表达立场，支持“所有欧洲国家，无论大小，形成联邦，拒绝来自单一国家的霸权”。这与德国人的立场颇有出入。

33. Deutsches Nachrichten Bureau.

34. Walter（1960），p.64.

35. Benoît-Guyod（1962），p.33.日记条目1940年7月17日。

36. De Beauvoir（1990a），p.312.日记条目1940年6月30日。

37. 雷诺遗憾地发现，同僚并未采纳丘吉尔提出的英法合并、继续战斗的建议。当阿尔贝·勒布伦总统（Albert Lebrun）邀请贝当替代雷诺时，这位狡猾的耄耋老人冷静地从口袋里抽出一张纸条，上面罗列着内阁成员的姓名。可见他很早就预计到了这种结果。

38. Bourget and Lacretelle（1980），p.23.

39. Pétain（1989），p.57.

438 40. Langeron（1946），pp.66—67.日记条目 1940 年 6 月 17 日。

41. Shirer（2002），pp.412—413.

42. Rist（1983），p.73.日记条目 1940 年 6 月 19 日。

43. Humbert（2004），p.91.日记条目 1940 年 6 月 20 日。

44. Humbert（2004），p.92.日记条目 1940 年 6 月 20 日。

45. Langeron（1946），p.75.日记条目 1940 年 6 月 18 日。

46. Audiat（1946），pp.16—17.

47. 范围从吉内梅街到德·美第奇路。

48. Langeron（1946），p.86.日记条目 1940 年 6 月 21 日。

49. Langeron（1946），p.88.日记条目 1940 年 6 月 21 日。

50. Langeron（1946），p.90.日记条目 1940 年 6 月 21 日。

51. 毕业考试在高中学业结束时举行。通过考试的学生自动获得进入大学的资格。

52. Langeron（1946），p.82.日记条目 1940 年 6 月 20 日。

53. 贡比涅森林的空地，巴黎以北 30 英里处。

54. 这个地区包括埃纳省、阿登省、默兹省、默尔特-摩泽尔省和孚日省。

55. Guéhenno（2002），p.17.日记条目 1940 年 6 月 25 日。

56. Groult and Groult（1962），p.37.日记条目 1940 年 6 月 18 日。她们混淆了贝当停战讲话和停战协定的签署。

57. Langeron（1946），p.93.日记条目 1940 年 6 月 23 日。

58. La Jeunesse étudiante chrétienne.

59. Pierquin（1983），p.29.日记条目 1940 年 8 月 11 日。

60. Quoted in Burrin（1995），p.30.

61. Paul Claudel，*Journal II*，*1933—1955*（Paris：Gallimard，1969，p.317〈条目 1940 年 6 月 25 日〉），quoted in Burrin（1995），p.25.

62. Sadoul（1977），p.378.日记条目 1940 年 6 月 23 日。

63. 历史学家和亲历者对希特勒访问日期的看法不一。法国政治家皮埃尔·孟戴斯-弗朗斯（Pierre Mendès-France）在日记里称，希特勒 6 月 15 日造访。未来鼓吹合作的枢机主教博德里亚则认为是 6 月 16 日；陪同希特勒的布雷克尔称正确的日期是 6 月 28 日，正如赫伯特・洛特曼（Herbert Lottman）《法国沦陷》（*The Fall of France*）一书中指出的。和希特勒同在巴黎的阿尔贝特・施佩尔记得日期是 6 月 28 日，这也是英国历史学家伊恩・克肖（Ian Kershaw）在希特勒传记中采用的日期。在 1990 年发表的《1940，可怕的一年》（*1940，l'année terrible*）一书中，杰出法国历史学家让-皮埃尔・阿泽马（Jean-Pierre Azéma）选择了 6 月 23 日，但是，在 2010 年出版的修订版中，他则选取了 6 月 28 日。让事情更为复杂的是，法国警察总局局长朗热隆在《1940 年 6 月的法国》（*Paris Juin 1940*）一书中宣称，希特勒分别在 6 月 18 日和 23 日两次造访巴黎。

64. Arno Breker，*Paris*，*Hitler et moi*（Paris：Presses de la Cité，1970，p.96），quoted in Cointet（2001），p.35.

65. Lifar（1965），p.180.

66. Langeron（1946），p.101.日记条目 1940 年 6 月 26 日。

67. Langeron（1946），p.108.日记条目 1940 年 7 月 4 日。

68. Quoted in Le Boterf（1974），p.163.

69. 1911 年，德・沙托布里昂获龚古尔文学奖。1935 年，他在德国见到希特勒。他对纳粹主义带有某种奇怪的半宗教化看法，致使他宣称，希特勒一手拥抱大众，一手抓住上帝。6 月 11 日，《禾束》创刊，办公地点位于第九区肖沙街 23 439
号。当天，作品剧场（Œuvre Theatre）开门营业。

70. Le Boterf（1974），pp.163—164.

71. Albert Speer，*Inside the Third Reich*（New York：Simon and Schuster，1970，p.184），quoted in Riding（2011），pp.50—51.

72. 依法，自 1941 年 12 月 20 日起，票价可上涨 30%。不过，剧院引入票价上涨的速度极慢。

73. 四个公共电台包括国家电台、巴黎电台、埃菲尔电台和巴黎 PTT 电台。

74. Quoted in Cointet（2001），p.80.

75. Groult and Groult（1962），p.101.日记条目 1940 年 10 月 1 日。

76. 德军入城前，《巴黎晚报》的老板让・普鲁沃斯特（Jean Prouvost）带雇员离开巴黎，前往里昂。唯一留下来的员工是位独眼阿尔萨斯人，名叫席斯勒（Schisselé）。他后来找到打印机和记者，重新出版报纸。8 月，报纸销售量超过八十万份。《巴黎晚报》的重新发行也限制了比诺-瓦里拉的《晨报》出版晚间版的计划。

77. Quoted in Amouroux（1998a），p.361.

78. 这或许暗中呼应了1939年秋天风靡巴黎的莫里斯·舍瓦利耶演唱的歌曲《巴黎永远是巴黎》。

79. Feyel（1999），p.175.

80.《晨报》、《巴黎晚报》、《巴黎新闻报》（*Les Dernières Nouvelles de Paris*）和《劳动法兰西》。Langeron（1946），p.108.日记条目1940年7月3日。

81. Walter（1960），p.76.

82. Bourget and Lacretelle（1980），p.27.

83. *Le Matin*（Paris edition），6 July 1940，p.1.

84. 纳粹德国空军管弦乐队常常在卢森堡宫附近的卢森堡公园演奏。

85. 朗热隆提到，在7月21日巴黎圣母院前的音乐会，听众多达一千人。三天后，共和国广场的音乐会大约有两千名听众。

86. Dupuy（1940），p.44.

87. 他曾在德·格雷内勒路的劳工部任职。

88. Noël quoted in Bourget（1970），p.173.

89. Langeron（1946），p.116.日记条目1940年7月11日。

90. 战前最后一次人口普查（1936年）称巴黎20个区的人口为二百二十七万八千六百三十三人，塞纳省总人口为四百一十三万八千六百一十四人。

91. De Beauvoir（1990a），p.314ff.

440 92. Mme. D，in *Pairs Jour*，24 June 1940，quoted in Buisson（2008），p.81.

93. *Le Matin*，30 July 1940，p.2.

94. 7月22—29日，巴黎里昂车站每天有四千名乘客到站，一周后，人数增至五千人到六千人。蒙帕纳斯站则更加繁忙：7月29日—8月4日，每天平均乘客约为两万一千人。奥斯特里茨车站的列车从法国中部和西南部带来难民，其中60%是平民：7月22日，六千名乘客到站；一天后，十一辆列车带来一万四千人，其中包括五千名被遣散的军人；接下来的几天内，每天超过两万人回到这里。

95. Langeron（1946），p.121.日记条目 1940 年 7 月 16 日。

96. Auroy（2008），p.87.日记条目 1940 年 7 月 6 日。

97. Bood（1974），p.36.日记条目 1940 年 7 月 30 日。“德国鬼子”（Boche）是第一次世界大战期间法国人对德国人常用的蔑称。

98. Groult and Groult（1962），p.56.日记条目 1940 年 7 月 26 日。

99. De Beauvoir（1990a），p.311.日记条目 1940 年 6 月 30 日。

100. De Beauvoir（1990a），p.312.日记条目 1940 年 6 月 30 日。

101. 莫里斯·萨克斯（1906—1945），战前巴黎精英文人，和安德烈·纪德、让·谷克多是朋友。他对共产主义产生过短暂的兴趣，之后混迹于黑市和同性恋旅馆，成为“合作主义分子”（尽管是犹太人）。1942 年，他被派往德国，暗中监视法国工人。他和一位年轻的耶稣会反抗者成为伴侣，之后被逮捕拘禁。1945 年 4 月，犯人们被迫疾步行进，无法跟上的人被当场射杀。人们认为，萨克斯便是在那里丢掉了性命。

102. Quoted in Amouroux（1997），p.576.

103. Quoted in Amouroux（1997），p.576.

104. Auroy（2008），p.95.日记条目 1940 年 7 月。之后，她在夏天离开巴黎，后在秋天回来。

105. Groult and Groult（1962），p.52.日记条目 1940 年 7 月 19 日。

106. Bood（1974），p.35.日记条目 1940 年 7 月 30 日。

107. Gex le Verrier（1942），p.32.

108. Groult and Groult（1962），p.60.日记条目 1940 年 8 月 5 日。

109. Groult and Groult（1962），p.78.日记条目 1940 年 8 月 22 日。

110. Groult and Groult（1962），p.78.日记条目 1940 年 8 月 22 日。

111. Alary et al.（2006），pp.150—151.

112. Borgé and Viasnoff（1975）.

113. Groult and Groult（1962），p.78.日记条目 1940 年 8 月 22 日。

114. Auroy（2008），pp.105—106.日记条目 1940 年 8 月。吕雄是法国、西班牙边界处比利牛斯山附近的温泉小城。

115. Dubois（1946），p.70.

116. Report from the prefect of the Seine-et-Oise department to the minister of the interior, 9 September 1940, quoted in Junot（1998），p.225.

117. Léautaud，vol.13（1962），p.73.日记条目 1940 年 6 月 11 日。

118. De la Hire（1940），p.85.

441 119. Amouroux（1997），p.585.

120. De Beauvoir（1990a），p.329.日记条目 1940 年 7 月 2 日。

121. De Beauvoir（1990a），p.331.日记条目 1940 年 7 月 2 日。

第四章

1. Einsatzgruppen.

2. 德意志国防军也参与此类恶行。为维护军队尊严，高层极力撇清此事与特别行动队的关系。

3. Oberkommando der Wehrmacht（OKW）.

4. 军政府更全面的分析见 Eismann（2010），其中 pp.97—137 详细记述了军政府的结构。

5. General Bogislav von Studnitz and General Kurt von Briesen.

6. 宣传科及其下属宣传单位。

7. 阿贝茨的助手包括前德国领事馆参谋恩斯特·阿亨巴赫（Ernst Achenbach），他与巴黎和德国的工业家关系密切。此外还有战前《法兰克福报》的驻法记者、畅销书《上帝是法国人吗？》（*Dieu*，*est-il francaçis*？）的作者弗里德里希·西堡（Friedrich Sieburg）以及战前法德协会副主席弗里德里希·格里姆（Friedrich Grimm）。

8. 警察被划分为两个子部门：秩序警察和治安警察。治安警察包括政治和刑事调查组织，也就是“盖世太保”（国家秘密警察）和刑事警察。1939 年 9 月，党卫军秘密警察、党卫军保安处与治安警察合并，成立帝国安全总局，以此完成政府和纳粹部门的合并。帝国安全总局由莱因哈德·海德里希领导。他本应向海因里希·希姆莱汇报，现在却转而向希特勒汇报。

9. 1942 年 6 月前，秘密战地警察和战地宪兵（Feldgendarmerie，FG）由党卫军全国指挥所统帅总部管辖、协调，负责维持社会秩序。战地宪兵的主要责任是维持交通秩序，确保德军命令得到遵守，开展巡街、身份审查并与法国警方合作。秘密战地警察大多为身着便衣的专业警察，属阿勃维尔的执行部门，关注反纳粹行动，特别是抵抗行动。

10. 此后搬到斯克里布酒店（Hôtel Scribe）、拉纳大道（Boulevard Lannes）57号，最后是福煦街（avenue Foch）。第一个桥头堡建立起来后，党卫军一级突击中队长基弗（Hauptsturmführer Kieffer）带领第二支类似规模的特遣队（Sonderkommando）加强了组织；接着8月，三级突击中队长诺塞克（Untersturmführer Nosek）带领第三支分遣队到达巴黎，专门收集政治信息。

11. The Geheime Staatpolizei. 对德国安全力量的详细记述可见 Auda（2002），pp.29—39。

12. Langeron（1946），p.55.日记条目 1940 年 6 月 15 日。 442

13. 一经宣战，部分文件便由特别列车或卡车送到蒙托邦。还有一些文件和25千克炸药一起由驳船送出巴黎，如此一来，文件便会在落入德军之手前被炸毁。

14. Langeron（1946），p.71.日记条目 1940 年 6 月 17 日。

15. 分别位于第十九区的卡代路（rue Cadet）和第十七区的皮托路（rue Puteaux）。

16. Rossignol（1981），p.97.

17. 掠夺者有两份参考文件。其中一份是300页厚的清单，战前在柏林博物馆馆长奥托·屈梅尔（Otto Kümmel）的监督之下修订。他们还有一份长达3 000页的《法国图书馆档案清单》（*Inventory of the Archives of French Libraries*），当中记述着德国人认为最重要的历史文献在法国档案库和图书馆的细节和具体位置。

18. José Corti，*Souvenirs désordonnés*（Paris：Librarie José Corti，1983，p.190），quoted in Biélinky（1992），p.40，n.9.

19. Léautaud，vol.13（1962），p.138.日记条目 1940 年 7 月 25 日。

20. Langeron（1946），pp.103—104.日记条目 1940 年 6 月 20 日。马然将军，外号“屠夫”，支持从法国殖民地征兵。德国人声称他用德国妇女满足黑人士兵。1957年，布勒特伊街竖起了马然将军的新雕塑。

21. 1915 年 10 月 12 日，艾迪丝·卡维尔被军事法庭判处叛国罪，由德国行刑队枪决。她曾帮助无数英国、法国和比利时士兵逃离德国占领的比利时。战后，西敏寺（Westminster Abbey）为她举行国葬；其纪念碑坐落于特拉法加广场（Trafalgar Square）附近的圣马丁路。为纪念她，英国发行了有她头像的 2 英镑硬币。

22. Bourget（1979），p.31.

23. 阿贝茨加入纳粹相对较晚，主要是因为 1933 年 5 月之后纳粹中止招纳新党员。在里宾特洛甫的支持下，阿贝茨在 1935 年加入党卫军后，迅速升为少将。Burrin（1995），p.100.

24. Quoted in Bourget（1979），p.137.

25. 关于阿贝茨解救战俘的详细信息可见 Burrin（1995），pp.378—379。

26. 1941 年 6 月后，德尼·吉诺兰在反抗运动中起到了重要作用。遭到逮捕后，她被关进拉文斯布吕克妇女集中营（Ravensbrück concentration camp），后被转入毛特豪森集中营（Mauthausen concentration camp）。被释放后，在 1945—1951 年之间，吉诺兰担任共产党代表。

27. 宣传部（Propaganda Abteilung）。

28. 他们还谈到重新出版法共晚报《今夜》。

29. 阿贝茨特意选用法共标语“劳动法兰西”为报纸名。

443 30. Lambauer（2001），p.152.

31. Rayssac（2007），pp.149—150.

32. Rayssac（2007），p.150.

33. 此类影院被称作“士兵影院”（Soldatenkino），而剧院被称为“德军剧院”(Deutsches Soldaten theater)。

34. 此前的汇率为 1∶12。

35. Audiat（1946），p.20.

36. Auroy（2008），p.96.日记条目 1940 年 7 月。

37. Audiat（1946），p.20.

38. Audiat（1946），p.28；Bourget（1970），p.151.

39. Audiat（1946），p.28.

40. 德语全称为 Nachrichtenbelferinnen。

41. Audiat（1946），p.29.

42.《写给德国人的巴黎指南》（*The German Guide for Paris*）。

43. 当中列出了凯旋门、协和广场、玛德莱娜教堂、巴黎歌剧院、旺多姆广场、卢浮宫、巴黎圣母院、巴黎司法宫（Palais de justice）、卢森堡宫、先贤祠（Panthéon）、荣军院、埃菲尔铁塔、夏约宫（希特勒造访巴黎时曾在这里拍照）、圣心大教堂和巴黎文森动物园。

44. 本段基于参考文献 Gordon（1996），p.290。

45. Bourget and Lacretelle（1980），p.37.

46. Léautaud，vol.13（1962），p.128.日记条目 1940 年 7 月 11 日。

47. Meinen（2006），pp.88—89.

48. Quoted in Kageneck（2012），p.71.

49. 二战前，德国拥有地下交通系统的城市只有柏林（1902 年开放）和汉堡（1912 年开放）。

50. Quoted in Kageneck（2012），p.70.

51. 士兵闯入一户民居，攻击房东，将她推倒在地，再用手枪反复击打她。女人严重受伤，被送往医院，头和手都血肉模糊。

52. Buisson（2009），p.174.

53. Le Boterf（1975），pp.151—162.

54. Buisson（2008），p.291.

55. Fishman（1991），p.47.

56. Fishman（1991），p.47.

57. Fishman（1991），p.49.

58. Fishman（1991），p.59.

59. Buisson（2008），pp.294—295.

60. De Beauvoir（1990a），p.327.日记条目 1940 年 7 月 1 日。

61. Fishman（1991），p.28.

62. Fishman（1991），p.29.

63. Fishman（1991），p.64.此处为匿名。 444

64. Quoted in Deroy and Pineau（1985），p.28.

65. Fishman（1991），p.64.

66. Fishman（1991），pp.69—70.

67. Fishman（1991），p.71.

68. Fishman（1991），p.73.

69. Galtier-Boissière（1944），p.11.日记条目 1940 年 8 月 16 日。

70. Mitchell（2008），p.7.

71. Jean Texicer，*Conseils à l'occupé*，reproduced in Bourget（1979），pp.54—55.

72. Bourget（1979），p.55.

73. Cobb（2009），p.41.

74. Langeron（1946），p.64.日记条目 1940 年 6 月 16 日。

75. Groult and Groult（1962），p.56.日记条目 1940 年 6 月 16 日。

76. Pierquin（1983），p.30.日记条目 1940 年 8 月 11 日。

77. Guéhenno（2002），p.41.日记条目 1940 年 9 月 7 日。

78. Audiat（1946），p.30.

79. Gex le Verrier（1942），p.42.

80. Gex le Verrier（1942），p.42.

81. Biélinky（1992），p.40.日记条目 1940 年 7 月 31 日。

82. Claude Aveline，*Le Temps mort*（Paris：Mercure de France，1962，p.160），quoted in Cobb（2009），p.50.

83. Jean Cassou，*Une Vie pour la liberté*（Paris：Robert Laffont，1981，p.138），quoted in Blanc（2004），p.23.

84. Humbert（2004），p.97.日记条目 1940 年 8 月 6 日。

85. Humbert（2004），p.100.日记条目 1940 年 8 月 11 日。

86. Bourget（1970），pp.81—83.

87. Langeron（1946），pp.147—148.日记条目 1940 年 8 月 13 日。

88. Bourget（1970），p.83.

89. Mitchell（2008），p.19.

90. 8 月 20 日，贝当任命福内尔·德·拉洛朗西将军替代诺埃尔担任维希政府驻巴黎代表，希望拉洛朗西因军方背景更能被德军高层接受。

91. Atkin（2000），p.187；Atkin（2001），p.62.

92. De Beauvoir（1990b），p.155.信件 1940 年 7 月 11 日下午。

93. Groult and Groult（1962），p.56.日记条目 1940 年 7 月 19 日。

94. Auroy（2008），p.95.日记条目 1940 年 7 月。

95. Biélinky（1992），pp.12—32；Friedlander（2009），pp.196—197.

96. Biélinky（1992），pp.39—40.日记条目 1940 年 7 月 26 日和 29 日。

97. Bood（1974），p.36.日记条目 1940 年 7 月 30 日。

98. Pétain（1989），p.73.

99. Paris Prefecture of Police，*La Situation à Paris*：*Rapports de la quinzaines*，19 August 1940.

100. Paris Prefecture of Police，*La Situation à Paris*：*Rapports de la quinzaines*，9 September 1940；16 September 1940.

101. Quoted in Grenard（2008），p.40.

102. Groult and Groult（1962），p.64.日记条目 1940 年 8 月 6 日。

103. Groult and Groult（1962），pp.77—78.日记条目 1940 年 8 月 22 日。 445

104. Léautaud，vol.13（1962），pp.161—162.日记条目 1940 年 8 月 30 日。

105. Jackson（2001），pp.142—165.“民族革命”的分析可见 Cointet（2011），pp.211—345。

106. Paxton（1982），p.171.

107. Lambauer（2001），p.155.

108. 攻陷法国的迅速和轻松令希特勒大感惊讶，因此他对法国的未来含糊不定。在自传《我的奋斗》（*Mein Kamp*，1925—1927）中，希特勒认为法国“将霸权强加在欧洲之上的想法令人难以接受”，将法国称作怨恨德国的敌人；除却想击垮法国之外，书中没有提出法国战败后的详细计划。1940 年 6 月 9 日，第三帝国政府发布一则指令做出澄清：“未来法国将起到‘大瑞士’的作用，成为旅游和时尚中心。因此，支持法国政府建立权威地位并不合理。任何提升法国权威地位的方式都会被德国否决。”

109. Memorandum from Abetz，30 July 1940，on“Political Work in France”；extracts reproduced in Cointet and Cointet（2000），p.11.

110. Otto Abetz, *Histoire d'une politique franco-allemande*, quoted in Assouline (2006), p.367.

111. Lambauer (2001), p.160.

112. 1942 年夏天，沃尔夫-梅特涅卸任。战后，他因在巴黎沦陷期间保护艺术珍品而得到法国政府授予的勋章。

113. Valland (2014), pp.235—236. 1940 年 9 月 17 日德军最高统帅部总长、陆军元帅威廉·凯特尔致电军政府的通话记录。

114. Nicholas (1994), pp.125—126.

115. Quoted in Rossignol (1981), p.105.

116. André Combes, *La Franc-maçonnerie sous l'Occupation* (Paris: Éditions du Rocher, 2001). Amouroux (2005), pp.481—482.

117. Guéhenno (2002), p.45.日记条目 1940 年 9 月 19 日。

118. R. de Beauplan, *L'Illustration*, 12 October 1940, quoted in Rossignol (1981), p.94.

119. Amouroux (1997), p.687.

120. 1930 年代，费伊是极右团体中的积极分子；1937 年，他参与创建了“重铸法国全国运动委员会”，其原则符合贝当“民族革命”的标语。

121. Delarue (1993), p.25.

122. 1939 年 4 月 21 日所谓的《马尔尚多法》修正了 1881 年的法律。

123. Winock (2004), pp.105—215; Benbassa (1997), pp.215—249; Hyman (1998), pp.91—159.

446 124. Langeron (1946), p.134.日记条目 1940 年 7 月 29 日。

125. Poznanski (1997), p.49.

126. Biélinky (2011), pp.41—42.日记条目 1940 年 8 月 8 日。

127. Biélinky (2011), p.45.日记条目 1940 年 8 月 20 日。

128. Biélinky (2011), p.47.日记条目 1940 年 8 月 29 日。

129. Biélinky (2011), p.40.日记条目 1940 年 8 月 1 日。

130. Biélinky (2011), p.45.日记条目 1940 年 8 月 22 日。

131. Biélinky (1992), p.46.日记条目 1940 年 8 月 25 日。

132. Langeron（1946），p.124.日记条目 1940 年 7 月 18 日。

133. Langeron（1946），p.140.日记条目 1940 年 8 月 3 日和日记条目 1944 年 8 月 7 日。

134. Langeron（1946），p.155.日记条目 1940 年 8 月 26 日。

135. 今天属于巴黎北郊的一部分。

136. Biélinky（1992），p.50.日记条目 1940 年 9 月 6 日。

137. Wieviorka（1986），p.62.

第五章

1. Langeron（1946），pp.158—161.日记条目 1940 年 9 月 1 日。

2. Milward（1970），p.292.

3. 举例来说，战前雷诺工厂的工人人数达到两万五千人，此时则削减至两千人；战前雪铁龙的工人人数为两万一千，现在削减为一千五百五十人。Michel（1981），p.180.

4. “随冬天来临”，一百万名战俘中，约五十三万七千人来自巴黎；1941 年 4 月之前，这个数字降为三十万。Courtois（1980），p.170.

5. Michel（1981），pp.180—181.

6. Michel（1981），pp.180—181.

7. Michel（1981），p.181.

8. 详见第七章。

9. Michel（1981），p.200.

10. Langeron（1946），p.167.日记条目 1940 年 9 月 16 日。

11. *Aujourd'hui*，13 September 1940，quoted in Walter（1960），p.94.

12. Assouline（2006），p.359.

13. 贝纳德（Bernhard）书单。

14. Galtier-Boissière（1944），p.16.日记条目 1940 年 9 月底。

15. 德国人对心理分析的反感意味着卡尔·荣格也在被禁作者名单上。

16. 马克斯·雅各布是犹太人，在第一次世界大战期间受洗成为天主教徒。

17. Assouline（2006），pp.374—375.为了反犹宣传，萨拉·贝纳尔剧院

(Sarah Bernhardt Theatre，为纪念法国女演员萨拉·贝纳尔）更名为城市剧院(Théâtre de la Cité)，尽管媒体（乃至德国媒体）仍将其称作前萨拉·贝纳尔剧院；儒勒·伊萨克（Jules Issac）和马莱（Mallet）撰写的标准历史教材只署名“马莱”，尽管伊萨克完成了大部分的写作。

18. Mitchell（2008），p.30.

19. Simonin（2008），p.14.

447 20. Biélinky（2011），p.51.日记条目 1940 年 9 月 16 日。

21. Guéhenno（2002），p.45.日记条目 1940 年 9 月 10 日。

22. Benoît-Guyod（1962），p.121.日记条目 1940 年 10 月 30 日。

23. Veillon（1995），p.116.

24. Biélinky（1992），p.55.日记条目 1940 年 9 月 25 日。

25. Pierquin（1983），p.31.日记条目 1940 年 9 月 15 日。

26. Besson（n.d.），p.40.

27. Langeron（1946），p.168.日记条目 1940 年 9 月 21 日。

28. Bobkowski（1991），pp.180—181.日记条目 1940 年 12 月 19 日。

29. 位于第六区奥德昂站附近，圣日耳曼大道和塞纳河之间。

30. Benoît-Guyod（1962），p.113.日记条目 1940 年 10 月 10 日。

31. *La Situation à Paris*：*Rapports de la quinzaine*，巴黎警察总局报告 1940 年 9 月 30 日。

32. Veillon（1995），pp.101—102.

33. 有关布兰德尔的信息详见 Delarue（1993），pp.27—61。

34. Paxton et al.（2009），p.67.

35. Guéhenno（2002），p.68.日记条目 1940 年 11 月 20 日。

36. Auroy（2008），p.116.日记条目 1940 年 10 月。

37. 他们聚居在 5 个区：第十一区的巴士底广场附近、第二十区东部贝勒维尔附近、巴黎北部的第十八区、第三区和包括玛莱区在内的第四区。

38. Kaspi（1997），pp.28—29.

39. 犹太人口下降情况详见 Poznanski（1992），p.27。

40. Langeron（1946），p.131.日记条目 1940 年 7 月 25 日。

41. Josephs (1989), p.28.

42. Robert Debré, *L'Honneur de vivre* (Paris: Stock, 1974, p.214), quoted in Kaspi (1997), p.95.

43. Wieviorka (1986), p.59.

44. Jean Giraudoux, *Pleins pouvoirs* (Paris: Julliard, 1994, p. 66 〈First published, 1939〉), quoted in Badinter (1997), p.26.

45. Marrus and Paxton (1995), p.36.

46. Lambauer (2001), pp.199—200.

47. Eismann (2010), p.181.

48. 为了让回应破坏或暗杀的行动看似公正，“报复”这个争议性词汇不再被使用，取而代之的是“压制”或“补偿”。《海牙公约》第五十条明确使用这两个词语。详见 Eismann (2010), p.125；法律和政治方面的论述详见 Eismann (2010), pp.123—124。

49. 军政府的法律和警察部门代表同意。法律部门表示：“犹太人的定义并非根据种族，而是基于宗教。《海牙公约》第四十六条规定，出于安全，此类考虑 448
是合理的。”警察部门认为：“占领区内，犹太人对纳粹带有明确的敌意。占领区的犹太人对占领势力而言是长期的威胁。”Eismann (2010), p.180.

50. 犹太人以宗教层面定义，也就是拥有两名及以上犹太祖父母的犹太教信徒。

51. 海报上用德语和法语写着“犹太生意”。

52. 巴黎和周边郊区，约十一万三千四百六十二名十五岁以上的犹太人注册：其中约两万八千九百八十九人出生在法国，两万八千五百零二人归化入法国国籍，将近五万五千八百四十九人是外国人，当中一半（两万六千一百五十八人）是波兰人。人口普查细节登记在多色卡“蒂拉尔”(Tulard) 文件系统中——以发明该系统的警察名字命名。Rayaski (1992), p.23.

53. 第十一区民族广场附近的街区是波兰犹太人的聚居点。

54. Edgar Morin, *Vidal et les siens* (Paris: Éditions du Seuil, 1989, p.264), quoted in Semelin (2013), p.195.

55. Poznanski (1997), p.60.

56. Foss and Steinberg（1996），p.49.

57. 可参见（或许）由左翼犹太复国主义者书写的三十六页厚的匿名打印文件，当中涉及1940年9月到1941年春天的事件。Rayski（1992），p.23.

58. 穷人区挂出黄色海报的犹太商店分别是：740号（第三区），717号（第十区），746号（第十一区），517号（第十八区）和496号（第二十区）；巴黎西部富人区则是：69号（第十六区）和192号（第十七区）。Poznanski（1997），pp.62—63.

59. Biélinky（2011），p.57.日记条目1940年10月4日。

60. Biélinky（2011），p.57.日记条目1940年10月5日。

61. 玛莱区犹太商店集中的地带。

62. Biélinky（2011），pp.63—64.日记条目1940年10月25日。

63. Biélinky（2011），p.61.日记条目1940年10月14日。

64. Biélinky（2011），p.64.日记条目1940年10月25日。

65. Auroy（2008），p.147.日记条目1941年2月。

66. Rochebrune and Hazera（1995），p.540.

67. Auroy（2008），p.147.日记条目1941年。

68. Auroy（2008），p.147.日记条目1941年。

69. 第一部《犹太法》在1940年10月4日通过，并在1940年10月18日发布。1947年，1940年时任维希政府司法部部长和法律设计者的拉斐尔·阿利贝尔（Raphaël Alibert）接受审判。没有证据表明，这个法律的设计和实施与德国高层有任何官方或非官方的联系，更别说来自他们的压力了。Marrus and Paxton（1995），p.5.

70. 根据法国法律，犹太人被定义为"任何拥有三个犹太祖父母，或配偶是犹太人且拥有两名犹太祖父母的人"。

71. *Le Matin*，18 October 1940，quoted in Poznanski（1997），p.61.

72. Guéhenno（2002），p.57.日记条目1942年10月19日。

449 73. Rist（1983），p.99.日记条目1940年10月20日。

74. Groult and Groult（1962），p.114.日记条目1940年10月17日。

75. 接近香榭丽舍大道，位于协和广场西边。

76. Quoted in Rossignol（1981），p.121.

77. Thérive（1948），pp.36—37.

78. Amouroux（2005），p.494.

79. Rossignol（1981），费伊在 1940 年 11 月 22 日收到的信。党卫军中尉奥古斯特·莫里茨（August Moritz，原名鲁道夫·内特曼〈Rodolph Noterman〉）负责监督费伊的工作。他曾谋杀人权活动家维克托·巴施（Victor Basch）和其妻子。Poulain（2008），p.111.

80. Léautaud，vol.13（1962），p.192.日记条目 1940 年 10 月 13 日。

81. Schroeder（2000），p.55.日记条目 1940 年 10 月 19 日。

82. Auroy（2008），p.117.日期不明，可能在 1940 年 10 月。

83. Badia（1995），p.12.

84. Badia（1995），p.12.

85. E 类：三岁以下的孩子；三岁到二十一岁的人分为两类，J1 和 J2；二十一岁到七十岁的人被划入 A 类；七十岁以上的人被划入 V 类，他们获得更多配给；J3 指孕妇和从事繁重工作的人。

86. Auroy（2008），p.119.日期不明，可能在 1940 年 10 月底或 11 月初。

87. Bood（1974），p.41，日记条目 1940 年 10 月 10 日。

88. Badia（1995），p.12.

89. Cotta（1964），p.90.

90. Cotta（1964），p.90.

91. "Monsieur le Maréchal，merci，" *Le Petit Parisien*，24 October 1940，p.1.

92. Junot（1998），pp.229—233. See esp. pp.229—230.

93. Langeron（1946），pp.183—184.日记条目 1940 年 10 月 26 日。

94. Guéhenno（2002），p.60.日记条目 1940 年 10 月 26 日。

95. Rist（1983），p.100.日记条目 1940 年 10 月 26 日。

96. Benoît-Guyod（1962），pp.119—120.日记条目 1940 年 10 月 30 日。

97. Groult and Groult（1962），p.119.日记条目 1940 年 10 月 30 日。

98. Pétain（1989），pp.94—96.

99. Bourget（1970），p.207.

100. Pétain（1989），p.95.

101. *Aujourd'hui*，15 and 16 November 1940，quoted in Walter（1960），p.94. Ory（1995），pp.63—64.

102. Langeron（1946），p.185.日记条目 1940 年 10 月 30 日。

第六章

1. 1940 年 10 月 27 日，拉洛朗西将军写给贝当的信。Junot（1998），pp.232—233.

2. Buisson（2008），p.107.

3. Luneau（2005），p.107.

4. Langeron（1946），p.181.日记条目 1940 年 10 月 28 日。

5. Lallam（1999—2000），p.88.

450 6. Bood（1974），p.83.日记条目 1941 年 2 月 18 日。

7. Lallam（1999—2000），p.87.

8. Schroeder（2000），p.68.日记条目 1941 年 2 月 13 日。

9. Lallam（1999—2000），p.93.

10. Thérive（1948），pp.24—25.日记条目 1940 年 10 月。

11. Thérive（1948），pp.25—26.日记条目 1940 年 10 月。

12. Thérive（1948），p.27.日记条目 1940 年 10 月。

13. Mitchell（2008），p.15.

14. 11 月 11 日 11 点。

15. 无名烈士墓位于凯旋门下的星形广场（今天的戴高乐广场）、香榭丽舍大道尽头。

16. Tandonnet（2009），p.97.

17. Bood（1974），p.83.日记条目 1940 年 11 月 6 日。

18. Tandonnet（2009），p.67.

19. 战前，保罗·朗之万是法共成员、国际人权联盟成员和反法西斯知识分子警惕委员会会员。他于 1940 年 10 月 30 日被捕。

20. 不过，两周后，抗议的组织者之一克洛德·拉莱（Claude Lalet）被捕，被迫上交一份罗列十九名成员的名单。名单上的成员都被逮捕，三个月后被判处三个月到一年的监禁。

21. 文献中出现的姓氏是 Beaudoin 或 Baudouin（Amouroux〈2005〉，p.621）。

22. Tandonnet（2009），p.112.

23. Tandonnet（2009），p.250.

24. Guéhenno（2002），p.66.日记条目 1940 年 11 月 15 日。

25. Bood（1974），pp.45—46.日记条目 1940 年 11 月 11 日。

26. Tandonnet（2009），p.131ff.

27. Monchablon（2001）中提及，抗议者人数为三千；在场的共产党活动家皮埃尔·戴（Pierre Daix）指出，6 点时已经天黑，几乎不可能精确估计在场人数，Daix（2013），pp.24—25。一份警察总局报告估计，下午 6 点前，约两万四千五百人走过凯旋门。报告指出那里留下了一千五百束鲜花和五十八个花圈，却未提及肖特和杜博的洛林十字。Amouroux（2005），p.621.

28. Bood（1974），p.46.日记条目 1940 年 11 月 11 日。

29. Bood（1974），p.49.日记条目 1940 年 11 月 23 日。

30. David Schoenbrun，*Soldiers of the Night：The Story of the French Resistance*（London：Hale，1981，p.94），quoted in Cobb（2009），p.47.

31. Léautaud，vol.13（1962），p.216.日记条目 1940 年 11 月 15 日。

32. 博物馆馆长、卡苏的朋友保罗·里韦（Paul Rivet）暗中帮忙。

33. 1940 年 11 月 23 日安贝尔写给乔治·弗里德曼的信（Georges Friedman）。Blanc（2010），p.145.

34. 乔治·弗里德曼的朋友、一位人类博物馆社会学家住在布列塔尼半岛。他寄来圣纳泽尔潜艇基地和干船坞的图纸。他们计划将图纸送往伦敦，辅助英国 451 在 1942 年 3 月攻击圣纳泽尔船港，到时满载火药的英国驱逐舰将冲入港口。抵抗组织的铁路工人由索邦大学的中世纪历史教授罗贝尔·福捷（Robert Fawtier）带领，提供部队转移的消息。Cobb（2009），pp.53—54.

35. Lambauer（2001），p.192.

36. Chadwick（2002），p.150.

37. Chadwick（2002），pp.150—151.

38.《新法兰西评论》的更多内容详见 Hebey（1992）。

39. Simeone（2006），pp.27—28.

40. Mitchell（2008），pp.27—28.

41. Lambauer（2001），p.240.

42. Burrin（1995），p.305.

43. Bobkowski（1991），p.178，quoted in Burrin（1995），p.305.

44. Alfred Fabre-Luce，quoted in Burrin（1995），p.305.

45. Bood（1974），p.49.日记条目 1940 年 11 月 21 日。

46. Bood（1974），p.70.日记条目 1940 年 1 月 17 日。

47. Badia（1995），p.12.

48. 1941 年 11 月 16 日的日记中，夏尔·里斯特提到烟草成为“购买其他商品的货币”。Rist（1983），pp.208—209.

49. 早期有关黑市的文章见于 1940 年 9 月 21 日《小巴黎人》。

50.《事业报》1940 年 10 月 24 日刊登《如何反击黑市》，quoted in Grenard（2008），p.18。

51. 巴黎警察总局报告条目 1941 年 1 月 27 日。*La Situation à Pairs*：*Rapports de la quinzaine*.

52. 巴黎警察总局报告条目 1941 年 1 月 20 日。*La Situation à Pairs*：*Rapports de la quinzaine*.

53. Grenard（2008），p.47.

54. Grenard（2008），p.49.

55. 巴黎警察总局报告条目 1941 年 1 月 27 日。*La Situation à Pairs*：*Rapports de la quinzaine*.

56. Grenard（2008），p.32.

57. 巴黎警察总局报告条目 1941 年 1 月 27 日。*La Situation à Pairs*：*Rapports de la quinzaine*.

58. Grenard（2008），pp.37—39.

59. Le Boterf（1975），p.121.

60. Jamet et al.（1975），p.135.

61. Jamet et al.（1975），p.125.

62. Auroy（2008），p.123.日记条目约为 1940 年 10 月。

63. Guéhenno（2002），p.56.日记条目 1940 年 10 月 16 日。

64. Amouroux（1997），p.603.

65. Auroy（2008），p.120.日记条目，日期不详。

66. Auroy（2008），p.123.日记条目约为 1940 年 12 月。

67. Schroeder（2000），p.57.日记条目 1940 年 11 月 28 日。

68. Georges Duhamel，*Chronique des saisons amères*，quoted in Veillon（1995），p.135.

69. 在附近第八区当茹路，玛德莱娜站和圣拉扎尔站之间。 452

70. Omnès（1991），pp.22—23.

71. 11 月 4 日希特勒向德国军方高层发出的声明。Jäzckel（1968），p.178.

72. Pierquin（1983），p.37.日记条目 1940 年 12 月 27 日。

73. 贝当命令所有维希政府部长上交辞职申请，但只接受了赖伐尔和教育部部长乔治·里佩尔（Georges Ripert）的申请，后者原本就想辞职。

74.《事业报》1940 年 11 月 2 日刊。Veillon（1984），p.83.

75. Bourget（1970），pp.252—253.

76. Lambauer（2001），pp.266—267.

77. Guéhenno（2002），pp.79—80.日记条目 1940 年 12 月 15 日。

78. Rist（1983），p.117.日记条目 1940 年 12 月 15 日。

79. Bourget（1970），p.263.洛尔将军日记。

80. Guéhenno（2002），p.80.日记条目 1940 年 12 月 15 日。

81. Guéhenno（2002），p.80.日记条目 1940 年 12 月 15 日。

82. Pierquin（1983），p.38.日记条目 1940 年 12 月 27 日。

83. Pierquin（1983），p.38.日记条目 1940 年 12 月 27 日。

84. Langeron（1946），p.212.日记条目 1940 年 12 月 15 日。

85. Galtier-Boissière（1944），p.25.日记条目 1940 年 12 月 15 日。

86. Fabre-Luce（1946），p.316.

87. Pierquin（1983），p.38.日记条目 1940 年 12 月 27 日。

88. 一战和二战之间，阿贝茨和德布里农相识于法—德圈子。1933 年，德布里农因发表第一份希特勒采访录成名。相比于拉洛朗西，德布里农更符合阿贝茨的理想。和阿贝茨一样，战前，德布里农也曾被当作德国间谍。

89. Singer（1992），p.159.

90. 卡尔科皮诺是贝当的私人朋友。11 月 11 日抗议之后，卡尔科皮诺取代古斯塔夫·鲁西（Gustave Roussy）成为学区总督学。

91. Singer（1994），pp.193—194.

92. Veillon（1984），pp.236—237.

93. 婚礼在巴黎西北方向 12 英里的小镇埃尔布莱（Herblay，现属巴黎郊区）举行。

94. 目击者的回忆可见 Bourget（1970），pp.278—279。

95. 邦塞尔让于 1912 年 9 月生于布列塔尼半岛，是家中九个孩子里最为年幼的。邦塞尔让毕业于昂热的工艺学院（École des arts et Métiers），6 月法国战败后进入北部郊区圣德尼的工厂工作。

96. Schroeder（2000），p.62.日记条目 1940 年 12 月 21 日。

97. Guéhenno（2002），p.85.日记条目 1940 年 12 月 25 日。

98. Biélinky（2011），p.84.日记条目 1940 年 12 月 25 日。

99. Biélinky（2011），p.84.日记条目 1940 年 12 月 26 日。

100. Schroeder（2000），p.63.日记条目 1940 年 12 月 31 日。

101. Bood（1974），p.62.日记条目 1940 年 12 月 31 日。

第七章

453 1. Luneau（2005），p.119.

2. Cardinal Baudrillart，*Les Carnets du cardinal*（Paris：Le Cerf，1998，p.774），quoted in Luneau（2005），p.119.

3. Auroy（2008），pp.134—135.日记条目 1941 年 1 月 1 日。

4. Bood（1974），p.63.日记条目 1941 年 1 月 1 日。

5. Léautaud，vol.13（1962），p.258.日记条目 1941 年 1 月 2 日。

6. Guéhenno（2002），p.89.日记条目 1941 年 1 月 3 日。

7. Groult and Groult（1962），p.151.日记条目 1941 年 1 月 3 日。

8. Léautaud，vol.13（1962），p.263.日记条目 1941 年 1 月 5 日。

9. Levert（1994），pp.121—125.

10. Mathieu（2011），p.95.

11. Auroy（2008），p.143.日记条目 1941 年 1 月。

12. Auroy（2008），p.145.日记条目 1941 年 1 月。

13. Bood（1974），p.65.日记条目 1941 年 1 月 5 日。

14. Auroy（2008），p.143.日记条目 1941 年 2 月。

15. Auroy（2008），p.145.日记条目 1941 年 2 月。

16. Schroeder（2000），pp.64—65.日记条目 1941 年 1 月 10 日。

17. Brasillach（1955），p.163.

18. Auroy（2008），p.140.日记条目 1941 年 1 月。

19. Léautaud，vol.13（1962），p.301.日记条目 1941 年 3 月 4 日。

20. Galtier-Boissière（1944），p.37.日记条目 1941 年 2 月 13 日。无处不在的芜菁代表了可怕的食物短缺。战前，芜菁只是牛吃的食物。1941 年 2 月 6 日，雅克·别林基写道："每个人都觉得芜菁很恶心；但它到处都是，无需配给票甚至无须排队便能购买，但营养价值极低。" Biélinky（1992），p.96.1942 年 2 月起，人们只能用配给票买到芜菁。

21. Quoted in Halami（1976），p.43.鸟巢于 1941 年 3 月 4 日开业。

22. Groult and Groult（1962），pp.163—164.日记条目 1941 年 1 月 28—29 日。

23. Schroeder（2000），p.66.日记条目 1941 年 1 月 17 日。

24. Groult and Groult（1962），p.154.日记条目 1941 年 1 月 11 日。

25. Groult and Groult（1962），p.190.日记条目 1941 年 4 月 5 日。

26. Veillon（1990），p.83.

27. Bood（1974），p.203.日记条目 1943 年 7 月 9 日。米舍琳娜用伪造的德国身份证件免费乘坐地铁。抓住她的德国警察并未惩罚她。

28. Delarue（1993），p.68.

29. Aziz（1984），pp.53—62，esp. p.54；Delarue（1993），pp.17—140.

30. Grenard（2008），p.46.

31. Desprairies（2009），p.35.

32. Quoted in Sanders（2001），p.175.

33. 1940 年 11 月 5 日，戈林下达的指令。Valland（2014），p.72.

34. Wolff-Metternich，quoted in Rayssac（2007），p.240.

35. Nicholas（1994），p.131.

36. Nicholas（1994），p.132.

454 37. Nicholas（1994），p.133.

38. 戈林来访巴黎时，住在丽兹酒店一间宽敞的房间——这个房间永久归他所有。他还拥有奥赛码头的一间豪华办公室。那里曾是普恩加莱总理的办公室。办公桌上有个墨水盒，来自著名法国外交官塔列朗。

39. Valland（2014），p.95.

40. Valland（2014），p.187.

41. Valland（2014），p.105.

42. Luneau（2005），p.104.

43. MBF report quoted in Mitchell（2008），p.30.

44. Bourget and Lacretelle（1959），p.49.

45. Léautaud，vol.13（1962），p.277.日记条目 1941 年 1 月 30 日。

46. Quoted in Veillon（1995），p.129.

47. 4 月，诺德曼被判处两年监禁。

48. Humbert（2004），p.121.日记条目 1941 年 2 月 5 日。

49. Humbert（2004），pp.127—128.日记条目 1941 年 3 月。

50. 若弗鲁瓦-圣伊莱尔路（rue Geoffroy-Saint-Hilaire）。

51. Blanc（2010），p.391. See also Humbert（2004）；Blanc（2000），pp.89—103；Cobb（2009），esp. pp.50—57；Blmenson（1997）.

52. Jackson（2001），p.405.

53. Thorval（2007），pp.26—27.

54. 2008 年 4 月 27 日，“社会主义与自由”两名健在的成员多米尼克·德桑蒂和西蒙·德沃阿索克斯·德步（Simone Devouassoux Debout）在巴黎盖内戈路（rue Guénégaud）然佩尔和穆勒美术馆（Gimpel and Müller gallery）的一次会议中这样表示。

55.“社会主义与自由”的更多信息见 Cohen-Solal（1985），pp.224—244。

56. Desanti et al.（2004），p.77.

57. Amouroux（1998a），p.589.

58. Lambauer（2001），p.295.

59. Lambauer（2001），p.280.

60. Lambauer（2001），p.272.

61. Lambauer（2001），p.296.

62. Quoted in Le Marex and Zwang（1995），p.61.

63. Claude Varennes, *Le Destin de Marcel Déat*（Paris：Éditions Jeanmaray），quoted in Tournoux（1982），p.90.

64. Jackson（2001），p.193.

65. Auroy（2008），p.151.日记条目 1941 年 3 月。

66. Luneau（2002），p.132.

67. Guéhenno（2002），p.120.日记条目 1941 年 3 月 24 日。

68. Schroeder（2000），p.86.日记条目 1941 年 5 月 30 日。

69. Bood（1974），pp.92—93.日记条目 1941 年 3 月 28 日。

70. Bourget and Lacretelle（1959），p.55.

71. Auroy（2008），p.151.日记条目 1941 年 3 月。

72. Pierquin（1983），p.45.日记条目 1941 年 3 月 21 日。

73. Pierquin（1983），p.45.日记条目 1941 年 3 月 21 日。

74. Pierquin（1983），p.45.日记条目 1941 年 3 月 21 日。

75. Bood（1974），p.98.日记条目 1941 年 4 月 12 日。

76. Bood（1974），p.102.日记条目 1941 年 4 月 27 日。 455

77. Bood（1974），p.106.日记条目 1941 年 6 月 9 日。

78. Bood（1974），pp.106—107.日记条目 1941 年 6 月 9 日。

79. Xavier Vallet, quoted in Delarue（1962），p.276.贝当任命瓦拉为犹太问题总署负责人。

80.“犹太问题总署负责出台法例，将犹太人从法国政治中清除，执行一切关于犹太人的政府决议，推动其他政府机构的反犹行动，没收犹太人财产，任命负责人，监督负责人，推动针对犹太人的警察活动。”Billig，*Le Commissariat general aux questions juives*，3 vol.（Paris：Éditions du Centre，1955—1960），p.76，quoted in Callil（2006），p.231.

81. Callil（2006），p.230.

82. 塞齐勒直接听命于国家领袖罗森贝格任务小组巴黎分部领导库尔特·冯·贝尔男爵。

83. 有关蒙唐东的史料请见 Chevassus-au-Louis（2004），pp.185—198。

84. 1940 年 3 月，法共被取缔后，集中营中关押了超过三千名法共党员。接着，拘留营扩大规模，收押了大约三十五万名外国人，其中包括佛朗哥赢得西班牙内战后翻越比利牛斯山而来的共和党人以及德国和奥地利的反法西斯难民。阿瑟·库斯勒（Arthur Koestler）被关入勒韦尔内拘留营。他在自传《渣滓》一书中写道，拘留营的条件“差于纳粹集中营”；1940 年到 1941 年冬天，比利牛斯山附近的居尔拘留营每天有三十人死去。法国集中营的史料详见 Peschanski（2002）。

85. Rayski（1992），pp.60—62.

86. My thanks to Alan Riding and Jacques Toros for this letter.

87. 他父亲在 1952 年 6 月被送入奥斯维辛。Alder（1987），p.ix.

88. Minc（2006），p.115.

89. BBC scripts quoted in Luneau（2005），pp.152—153.

90.《巴黎晚报》，1941 年 5 月 11 日刊，p.2，quoted Luneau（2005），p.154。

91. Luneau（2005），pp.156—157.

第八章

1. Montefiore（2004），p.317.

2. 巴巴罗萨计划，得名于 12 世纪神圣罗马帝国国王腓特烈一世巴巴罗萨。他发动第三次十字军东征，企图从萨拉丁手中夺回耶路撒冷。

3. 7 月第二周之前，超过六十万苏联人被捕入狱。Evans（2009），p.179.

4. 戈特哈德·海因里希将军（General Gotthard Heinrici），Evans（2009），

p.179。

5. 5月19日，军队接到指示，“对布尔什维克抵抗者、破坏者、犹太人以及一切抵抗者进行无情打压”。Evans（2009），p.179.这意味着他们可以杀任何人。

6. Lukacs（2006），p.7. 1941年2月，希特勒告诉博克将军，倘若德国攻破苏联，英国将不再进行无望的抗争。Bock（1996），p.197.一个月后，他向军队高层领袖重申进攻苏联的意图。Bock（1996），p.206. 456

7. 5月2日，在德军讨论进攻和占领的会议上，秘书记录道：“1.倘若德意志国防军从第三年起从苏联得到供给，战争就能持续。2.如果从苏联取得我们需要的一切，那里的数百万人便会饿死。”Hastings（2011），pp.141—142.德国入侵苏联更多背景信息请见Kershaw（2008），pp.54—90；Evans（2009），pp.160—178；Mazower（2009），pp.140—157。

8. Montefiore（2004），p.323.

9. Ferro（2012），pp.326—329.苏联同意与自由法国建立外交关系，但强调这并不代表他们承认自由法国政权的独立性。

10. Rist（1983），p.172.日记条目1941年1月22日。

11. Mitchell（2008），p.47.

12. Rossi（1954），p.189.

13. Auroy（2008），p.168.日记条目1941年6月。

14. Bood（1974），p.108.日记条目1944年6月22日。

15. Schroeder（2000），p.89.日记条目1941年8月9日。

16. Humbert（2004），p.173.

17. Thurman（1999），p.454.

18. Groult and Groult（1962），p.203.日记条目1941年6月25日。

19. Thomas（1995），p.138.日记条目1941年6月22日。

20. Maurice Baudot，“L'Opinon publique devant l'invasion de la Russie”，*Revue d'histoire de la deuxième guerre mondiale 64*（October 1966），quoted in Bourget（1970），pp.292—293.

21. Guéhenno（2002），pp.155—156.日记条目1941年6月23日。

22. Rist（1983），p.172.日记条目1941年6月25日。

23. Pierquin（1983），p.60.日记条目 1941 年 6 月 23 日。

24. Bobkowski（1991），p.205.日记条目 1941 年 6 月 22 日。

25. Fauxbras（2012），p.40.日记条目 1941 年 6 月 22 日和 1941 年 7 月 5 日。

26. Léautaud，vol.14（1963），p.18.日记条目 1941 年 7 月 21 日。

27. Delarue（1993），p.147.

28. Rebatet（1976），p.20.

29. 6 月 22 日，非占领区里昂郊区维勒班的法国人民党大会上，多里奥号召成立这样的武装力量，承诺自己将是第一批离开的志愿者；6 月 23 日，“社会革命运动”领袖欧仁·德隆克勒致信贝当，号召成立志愿者联盟。

30. Costantini（n.d.），p.1.

31. 8 月，达尔朗表示赞同。尽管贝当此时立场相对模糊；但 11 月，他在信中（由德布里农执笔）表示支持法国反布尔什维克志愿者军团，这封信后来被用作反布尔什维克志愿者军团的宣传。Ferro（2012），p.331.

32. 贝当毫不情愿地默认反布尔什维克志愿者军团，希特勒并未禁止它的存在。

33. Bourget and Lacretelle（1980），pp.56—57.

34. 1942 年 1 月，反布尔什维克志愿者军团中央委员会迁到第九区圣乔治街 19 号。

457 35. Giolitto（2007），pp.40—44.

36. 1941 年 8 月 21 日警察总局报告，详见 Bourget（1970），pp.301—304。

37. 多里奥的积极参与提升了他在法国人民党中的地位；在反布尔什维克志愿者军团团结统一的假象下，多里奥也在“合作主义分子”团体的相互斗争中平步青云。多里奥日益提升的地位也将成为对抗皮埃尔·皮舍的武器，后者自 7 月中旬成为维希政府的内政部部长，是马里奥和法国人民党坚定的反对者。Wolf（1969），p.349.

38. Brunet（1986），p.367.

39. 阿贝茨相信这些话，报告希特勒，反布尔什维克志愿者军团可提供八万人到十万人的兵力。Giolitto（2007），p.47.

40. Bourget（2007），p.305.志愿者数目不足的原因有很多。如果这个方案得到德国或者法国政府的热烈支持，那么穿着法国军装对抗苏联的想法或许会吸引很多人。尽管反布尔什维克志愿者军团的领袖宣称，希特勒和贝当默认这个计划，但维希或柏林并未提供积极支持。巴黎街头持续出现的德国人提醒着法国的战败：很少有人愿意为造成近一年食物燃料短缺、囚禁成百上千战俘的国家送命。如果有人想这样做，也将受到家人和朋友的反对；倘若身着德国军装，便可能受到攻击。

41. Langeron（1946），pp.216—218.日记条目 1941 年 1 月 3 日—1941 年 1 月 20 日。

42. Giolitto（2007），pp.71—72. 1944 年 4 月 15 日—5 月 15 日之间的信件。

43. 克里斯蒂安·德·拉马齐埃，前反布尔什维克志愿者军团成员、武装亲卫队队员。Ophuls（1980），p.173.

44. Kageneck（2012），p.166.

45. Burrin（1995），p.439.

46. "Souvenirs d'un volontaire de la legion antibolchevique"（New Delhi：Bureau d'information de la France combattante，1943），p.1，quoted in Giolitto（2007），p.77.

47. 倘若留守法国，单身士兵每月可得到 1 800 法郎；如果参加前线战斗，他们月薪是 2 400 法郎。已婚士兵的月薪分别为 2 400 法郎和 3 000 法郎。参战的士兵和有孩子的士兵每天还能得到补助。Giolitto（2007），p.46.

48. Giolitto（2007），p.51.

49. Evans（2009），p.187.

50. 他们无需担忧。第一个小分队在 9 月离开时，东部前线的战斗尚未打响。

51. Thomas（1995），pp.141—142.日记条目 1941 年 7 月 23 日。

52. Auroy（2008），p.173.日记条目 1941 年 8 月。

53. Rist（1983），p.176.日记条目 1941 年 7 月 23 日。

54. Guéhenno（2002），p.167.日记条目 1941 年 7 月 25 日。

55. Guéhenno（2002），p.167.日记条目 1941 年 7 月 25 日。

56. Auroy（2008），p.173.日记条目 1941 年 8 月。

57. 青年团是法国共产党特别组织，负责保护传单发放者的安全，并监督破坏工作。不过，青年团有很强的自主性。传统法共观点下的青年团信息可见 458

Ouzoulias（1967）。法共领袖的重要观点请见 Daix（2013）。

58. 1941 年 6 月前，共产党是否积极参与反抗活动仍是颇具争议的问题。尽管法共成员开始抵抗德国占领力量，但法共官方宣传仍将这场抗争称作反帝主义运动，他们攻击维希政府的保守和被动，同时将戴高乐诋毁为英帝国主义的工具。不过，就在德国进攻苏联之前的几个月里，地下《人道报》越来越反德，它号召人民团结起来，维护法国独立。Courtois（1980）；Azéma（1986）；Avakoumovitch（1980）；Avakoumovitch（1981）；Avakoumovitch（1983）；Bourderon and Villard（1983）；Pike（1993）；Rossi（1954）；Imlay（2005）.

59. 居伊·莫凯的父亲普洛斯珀·莫凯（Prosper Môquet）是第十七区的法共代表，在 1940 年 3 月受到法国高层监禁。1940 年 10 月，居伊·莫凯被捕，1941 年 1 月被短暂释放，接着因行政命令再次被监禁，最终在 1941 年 5 月转移到舒瓦塞尔。1941 年 10 月 22 日，他被选作枪决人质；这天晚些时候，他和同一营地的二十七名其他犯人同时被枪决。他常被视作法国年轻人反抗纳粹的标志，尽管当他被捕时，法共宣传册的打击对象是戴高乐、英国和维希政府，而非纳粹占领者。和雅克·邦塞尔让一样，巴黎一个地铁站也以居伊·莫凯命名。Berlière and Liaigre（2009）.

60. Lévy-Osbert（1992），p.37.

61. Lévy-Osbert（1992），pp.37—38.

62. Lévy-Osbert（1992），pp.39—40.

63. Berlière and Liaigre（2004），p.52.

64. Amouroux（1998a），pp.657—658.

65. Bourget and Lacretelle（1980），p.62.

66. 在丹内克尔的压力下，大巴黎地区的犹太人协调委员会在 1941 年 1 月成立。Laffitte（2003），pp.27—39.

67. Rayski（1992），p.62.

68. Laffitte（2003），p.63.

69. Rayski（1992），p.63.

70. Biélinky（1992），pp.135—136.

71. 让·盖埃诺宣称，两个地方都发生了游行和冲突。Ouzoulias（1967），

p.98.

72. 还有一些记录称，来的是德国摩托车——这种可能性更大。Ouzoulias（1967），p.98.

73. Lévy-Osbert（1992），p.48.

74. 西岱岛一家医院，位于巴黎圣母院和警察总局之间。

75. 1941 年 8 月 18 日巴黎警察总局报告。 459

76. 1941 年 8 月 18 日巴黎警察总局报告。

77. 莫里斯·勒贝尔（Maurice Le Berre）、雅克·当迪兰和马塞尔·布尔达里亚（Marcel Bourdarias）。Bourget and Lacretelle（2004），pp.100—101，p.284.

78. 他和母亲——富有的当迪兰侯爵夫人——住在塞纳河畔讷伊富人区一幢别墅。她是巴黎社交圈的常客，吸食可卡因，走私鸦片，参与间谍活动，或许同时为英国、法国和德国工作。1948 年，她被杀害；尸体从丹吉尔湾运回。

79. Berlière and Liaigre（2004），pp.100—101.

80. 1941 年 8 月 18 日巴黎警察总局报告。

81. Bobkowski（1991），p.212.日记条目 1941 年 8 月 18 日。

82. Brustlein（1989），pp.102—103.

83. Brustlein（1989），p.96.除了对革命组织和政府作用的基本认识不同之外，无政府主义者认为，个人展开的武力行动将推进革命；法共则认为，倘若个人暴力行动和工人革命分离，将会离间工人阶级，他们相信，历史决定，工人革命将是革命先驱。

84. Brustlein（1989），p.96.

85. 1920 年，戈特罗出生在巴黎，在让蒂伊当金属工人。1921 年，萨米埃尔·蒂泽曼出生在波兰。1924 年，他和母亲来到巴黎和父亲团聚，后者一年前来到巴黎。他们在 1939 年归化获得法国国籍。

86. Lévy-Osbert（1992），p.50.

87. 维希政府在“围剿”前一天得到通知。Wieviorka and Laffitte（2012），p.25.

88. 根据警察记录，8 月下旬，那里出现五百零二个政治标语和宣传册，与此相较，第十九区有一百九十三个，第二十区有七十八个，而第九区有四十八个。同样的情况持续到1941年9月、10月和11月。因此，“从法共宣传的角度来看，第十九区是巴黎最为活跃的区域”。Berlière and Liaigre（2004），p.106.

89. 沙隆站、伏尔泰站、圣昂布瓦斯站和奥贝坎普站。

90. 除了美国籍犹太人。Wieviorka（1986），p.106.希特勒不愿对抗美国，不过第十一区的美籍犹太人极少。1941年5月，到警察局报到之后，只有外籍犹太人和无国籍犹太人被捕；此时，被拘留的人中，法国公民约一千人，包括两次世界大战的一百五十名老兵和四十名律师。

91. 比如，讷伊的火车站外，两名法国警察逮捕了萨米埃尔·斯坦伯格（Samuel Steinberg）医生。Rajsfus（2004），p.31.

92. The Société des transports en commun de la region parisienne.

93. Wieviorka and Laffitte（2012），p.31；Epelbaum（2009），p.103.

460 94. Israel（1975），pp.111—112.

95. 塞纳省省长直到最后一刻才知道德朗西将被用作关押犹太人的营地，不过还是提供了一千个床位。Anon（2010），p.4.

96. Israel（1975），p.113.

97. Epelbaum（2009），p.117.

98. Christian Lazare，quoted in Rajsfus（2004），p.84.

99. Rajsfus（2004），p.85.

100. Rajsfus（2004），p.85.

101. Epelbaum（2009），p.109.

102. Wieviorka and Laffitte（2012），pp.66—67.

103. Rajsfus（2004），p.84.

104. Epelbaum（2009），pp.112—114.

105. Epelbaum（2009），p.117.

106. 1941年9月1日，布里埃尔写给母亲和姐姐的信。Sabbagh（2002），p.23.

107. Wellers（1973），p.126ff；Wieviorka and Laffitte（2012），esp. pp.21—32；Rajsfus（2004），esp. pp.29—76.

108. Brustlein（1989），p.113.

109. 某些记录提及一名德国军官离开奥尔良门一家妓院时遭到刺杀（Amouroux〈1998a〉）。不过，也有学者进行详尽调查研究，并未发现此次攻击的记录，他们总结说，这或许只是传言。Berlière and Liaigre（2004），pp.101—102.

110. 在写给枫丹白露军事首长的信中，绍姆堡表示，枪决人数应与“抵抗行动的严重程度成正比”，这将让“一些犹太共产党员”受到死刑。Mitchell（2008），pp.48—49.

111. 这三个人分别是安德烈·布谢雷（André Bréchet）、埃米尔·巴斯塔尔（Emile Bastard）和亚伯拉罕·奎斯皮奇（Abraham Trzebucki）。Ouzoulias（1967），p.133.

112. 该提议由法国内政部部长巴黎代表让-马里萨·安格朗（Jean-Maris Ingrand）和维希政府的巴黎代表费尔南·德布里农起草。

113. 戴高乐支持者是奥诺雷·德蒂安·多弗斯（Honoré d'Estienne d'Orves）、贝利埃·多尔尼克（Berlier Doornik）和亚·多尔尼克（Yan Doornik），共产党员是诺加雷德（Nogarède）、奥坦诺（Ottino）、西戈内（Sigonney）、拉皮纳（Rapinat）和朱斯蒂斯（Justice）。

114. 赖伐尔与反布尔什维克志愿者军团没有直接联系。欧仁·德隆克勒的一位密友通过私人关系找到他，坚持让他出席庆典。

115. 德国军队禁止演奏《马赛曲》。Giolitto（2007），p.58.

116. 反布尔什维克志愿者军团会议的活动形式极为少见——允许法国国旗升起，允许人们高唱《马赛曲》。

117. 高层很快就指责“共产党员”，同时传出谣言，宣称“合作主义分子”之间相互报复。不过，柯莱特最可能单独行动。他最初被判处死刑，后来变为终身苦役。1943年，他被引渡回国，战后回到诺曼底。1984年，他获得法国荣誉军团勋章。Giolitto（2007），pp.58—69. 461

118. Kupferman（1987），p.307.

119. Kupferman（1987），p.308.

120. Guéhenno（2002），p.182.盖埃诺记错了日期。日记的日期是8月26日，而他却说，报纸报道的刺杀行动发生在“昨天上午”。

121. 1941年9月1日巴黎警察总局报告。

122. 1941 年 9 月 3 日，第十区斯特拉伯格大道的艾斯特酒店外，恩斯特·奥夫曼（Ernest Hoffmann）的左肩被射中。Berlière and Liaigre（2004），p.285.

123. Cardon-Hamt（2005），p.34.

124. Mitchell（2008），p.49.

125. 1941 年 9 月 17 日《晨报》，p.1。

126. 因参加 7 月 14 日游行被捕。Biélinky（2011），p.149，no.90.

127. Groult and Groult（1962），p.218.日记条目 1941 年 9 月 17 日。

128. Fauxbras（2012），p.71.日记条目 1941 年 9 月 22 日。

129. Fauxbras（2012），p.75.日记条目 1941 年 9 月 28 日。

130. Fauxbras（2012），p.75.日记条目 1941 年 9 月 29 日。

131. Mitchell（2008），p.50.

132. Thomas（1995），p.151.日记条目 1941 年 9 月 28 日。

133. Mitchell（2008），p.55.

134. 巴黎警察组织极度复杂。站在反共产党前线的是特别行动旅。1939 年 9 月，达拉第政府成立特别行动旅，他们拥有最新的法共党员和嫌疑人名单——可追溯到 1920 年法共成立之时。特别行动旅位于负责处理政治安全事务的情报部门之下。特别行动二旅（成立于 1941 年 1 月）主要负责认定、追捕以及无情审问他们怀疑计划或实施“恐怖袭击”的人。

135. 见注释 59。

136. Ferro（2012），pp. 344—345；Amouroux（1998），pp. 705—709，esp. p.707.沙托布里昂的一名德国军官明确指出了皮舍在其中的作用。

137. Amouroux（1998a），p.704.

138. Bood（1974），p.118.日记条目 1941 年 9 月 19 日。

139. Lévy-Osbert（1992），p.52.青年团最激进的成员阿尔贝·乌祖利亚斯（Albert Ouzoulias）和皮埃尔·乔治同意这个观点。“随便哪天晚上走上街头，只要看到军官或者纳粹士兵，就走上去杀死他——你要知道，这对一个十八岁的孩子或任何一个人来说意味着什么。当大部分人不理解甚至诋毁行动者时，此类抗争就变得更为困难。”

462 140. Naïtchenko（2003），p.247.

141. 从南特回来的路上，法共一位领袖告诉布吕斯特兰："我代表党内领袖告诉你，'干得好，孩子。现在，让我们干掉施蒂尔普纳格尔吧！'" Brustlein（1989），p.156.

142. 比如，9月25日的《人道报》称："现在，德国士兵开始杀害自己的军官。德军内部曾有多次叛乱。而施蒂尔普纳格尔在找一切借口杀害人质。"两天后，另一份地下法共报纸宣称，巴贝斯站莫泽被杀完全是因为军官之间的感情问题。这年年底，继11月25日尚皮奥内路一家德国宾馆被炸弹袭击后，12月5日的《人道报》带着胜利的喜悦宣称："第十八区被炸毁的著名饭店不过是德国人使用的妓院。很可能是一名纳粹分子炸毁了这个建筑。" Courtois（1980），p.225.

143. Brustlein（2011）.

144. Guéhenno（2002），p.202.日记条目1941年10月26日。

145. Badia（1995），pp.17—18.这番言论须谨慎对待，巴迪亚承认，"今天我很难想起当初对这些问题的看法"。

146. 1941年9月21日广播演讲。Pétain（1989），pp.184—185.

147. Guéhenno（2002），p.187.日记条目1941年9月22日。

148. 1941年10月22日广播演讲。Pétain（1989），pp.203—204.

149. Luneau（2005），pp.170—171.

150. Bood（1974），p.118.日记条目1941年9月19日。

151. Audiat（1946），p.137.

152. Guéhenno（2002），p.187.日记条目1941年9月22日。

153. Biélinky（2011），pp.144—145.日记条目1941年9月2日。

154. Auroy（2008），p.160.日记条目1941年7月。

155. Bourget and Lacretelle（1980），p.77.

156. Auroy（2008），p.169.日记条目1941年7月。

157. 1930年代的建筑，位于意大利大道、路易大道、米舒迪耶路和阿诺夫尔路之间。最初，它被称作阿诺夫尔馆，之后由于附近建起了贝利茨语言学校而更名为贝利茨馆。

158. Kaspi（1975）；Kaspi（1997），pp.104—110.

159. Desprairies（2008），p.57.

160. Roger Berg，"Les Attentats contre les synagogues en 1941"，quoted in Klarsfeld（1987），p.38.

161. 分别位于胜利路、圣母院拿撒勒路、圣伊索尔路、哥白尼路、沙瑟卢-洛巴路、宫殿路和帕韦路。

162. 第四区帕韦路的犹太会堂。

163. Biélinky（2011），p.155.日记条目 1941 年 10 月 10 日。

164. Roger Berg，"Les Attentats contre les synagogues en 1941"，quoted in Klarsfeld（1987），p.40.

第九章

463 1. 1941 年 8 月 18 日巴黎警察总局报告。

2. 1941 年 8 月 25 日巴黎警察总局报告。

3. 除却 3 千克之内的家禽，寄送土豆和肉类是违法的。人们可以寄送 5 千克竹笋，2 千克蘑菇，10 千克的当季水果和柑橘，1 千克牛肚和下水，5 千克蔬菜罐头，1 千克鱼罐头和两打鸡蛋。Veillon（1995），p.174，n.29.

4. Veillon（1995），p.176.

5. Sauvy（1978），p.134.富有的区域指第七区、第八区、第九区和第十六区。

6. Dubois（1946），p.130. Veillon（1995），p.176，n.34.

7. Veillon（1995），p.176.

8. Auroy（2008），pp.184—185.日记条目 1941 年 10 月底。

9. Auroy（2008），p.185.日记条目 1941 年 10 月底。

10. Auroy（2008），p.184.日记条目 1941 年 10 月底。

11. Schroeder（2000），p.110.日记条目 1941 年 11 月 19 日。

12. Galtier-Boisseière（1944），p.103.日记条目 1941 年 11 月 26 日。

13. Schroeder（2000），p.110.日记条目 1941 年 11 月 19 日。

14. Fauxbras（2012），p.84.日记条目 1941 年 11 月 21 日。

15. Schroeder（2000），p.108.日记条目 1941 年 11 月 12 日。

16. Schroeder（2000），p.109.日记条目 1941 年 11 月 12 日。

17. Bood（1974），p.121.日记条目 1941 年 11 月 11 日。

18. Bobkowski（1991），p.244.日记条目 1941 年 12 月 16 日。

19. Bobkowski（1991），p.244.日记条目 1941 年 12 月 16 日。

20. Bobkowski（1991），p.249.日记条目 1941 年 12 月 23 日。

21. Bobkowski（1991），p.295.日记条目 1942 年 2 月 5 日。

22. Le Marec and Zwang（1995），pp.90—91.命令最初由维希政府在 1941 年 10 月下达；它们最初作为金属回收。Perrault（1987），p.27；Poisson（2006）.

23. Guéhenno（2002），p.231.日记条目 1942 年 1 月 7 日。

24. Auroy（2008），p.207.日记条目 1942 年 1 月。文蒂米利亚广场后被更名为柏辽兹广场。

25. Biélinky（2011），p.180.日记条目 1942 年 1 月 3 日。

26. Biélinky（2011），p.173.日记条目 1941 年 12 月 22 日。

27. Auroy（2008），p.199.日记条目 1941 年 12 月。

28. Bood（1974），p.128.日记条目 1942 年 1 月 25 日。

29. Wieviorka and Laffitte（2012），p.37.

30. 德朗西的情况请见 Wieviorka and Laffitte（2012），pp.33ff；Biélinky（2011），pp.287—290；Poznanski（1997），pp.266ff。

31. Wieviorka and Laffitte（2012），pp.44—45. 勒妮·波兹南斯基（Renée Poznanski）称，10 月 20 日—11 月 5 日之间“约三十人死亡”。Biélinky（2011），p.162，n.108.

32. Noël Calef，*Camp de répresailles*（Paris：Éditions de l'Olivier，1997），p.335 and p.369，quoted in Wieviorka and Laffitte（2012），p.44. 464

33. Biélinky（2011），p.163.日记条目 1941 年 11 月 12 日。

34. Biélinky（2011），p.164.日记条目 1941 年 11 月 14 日。

35. Daix（2013），esp.chapter 9.

36. 9 月发生了二十五次反德攻击；11 月时，这个数字降到了十三次。Berlière and Liaigre（2004），p.245.

37. Berlière and Liaigre（2004），p.141.

38. Berlière and Liaigre（2004），p.246.

39. 皮埃尔·图雷特（Pierre Tourette）、乔治·通德利尔（Georges Tondelier）、

路易·科基耶、莫里斯·勒贝尔（Maurice Le Berre）、皮埃尔·乔治、马塞尔·布尔达里亚（Marcel Bourdarias）和莫里斯·费弗曼（Maurice Feferman）。Berlière and Liaigre（2004），p.288.

40. Galtier-Boisseière（1944），p.106.日记条目1941年12月2日。

41. 由青年团和法共特殊组织一同。

42. Auroy（2008），p.189.日记条目1941年12月2日。

43. Auroy（2008），pp.189—190.日记条目1941年12月2日。

44. 约瑟夫·克舍尔（Joseph Kerscher）在第十区马真塔大道因枪击受伤。枪击事件发生在晚上11点半左右。

45. 法国反布尔什维克志愿者军团招新站设立在国家人民联盟办公室。枪击发生在下午晚些时候，并未造成伤害。

46. 晚上8点半，弗里泽少校在塞纳路和第六区克莱芒路交叉口受伤，臀部中了两枪。

47. Fauxbras（2012），p.87.日记条目1941年12月5日。

48. 保罗·拉尔（Paul Rahl）中尉腹部受伤。枪击发生在雷内奎尔路和佩雷尔大道交叉口。

49. 第十五区展览路171号。

50. Bood（1974），pp.123—124.日记条目1941年12月8日。

51. Guéhenno（2002），p.221.日记条目1941年12月8日。

52. Biélinky（2011），p.169.日记条目1941年12月9日。

53. Auroy（2008），pp.194—195.日记条目1941年12月9日。

54. Bood（1974），p.124.日记条目1941年12月8日。12月14日，下午6点的宵禁便解除了。“多么遗憾啊！”米舍利娜·博德写道。Bood（1974），p.125.

55. 德国人命令法国犹太人联合会（UGIF）向犹太人收取10亿法郎作为反德攻击的赔款，尽管没有证据证明嫌犯中有犹太人。1941年11月29日，维希政府成立犹太人联合会，以此取代一切犹太组织。这样的组织可令德国占领力量和维希政府控制并协调反犹政策。德国人计划每次收取2.5亿法郎，分四次收取，第一次罚款在1月15日截止。为了凑够罚款，犹太人联合会恳求法国政府借款，抵押物便是充公的犹太人财物和冻结的犹太人银行账户。二十九个银行和法兰西

银行出借款项，接着冻结更多犹太富人的银行账号。Poznanski（1997），pp.281— 465
282.根据别林基所言，月收入超出 1.3 万法郎的犹太人将必须接受“罚款”，不过，没有证据表示此事成真。别林基讽刺地说，自己一年也挣不了 1.3 万法郎。Biélinky（2011），p.174.

56. 当时人们认为，这主要是因为德国前一天对美国宣战。不过，此次行动在日本攻击珍珠港（12 月 7 日）之前便开始谋划，是施蒂尔普纳格尔报复反德攻击者的政策。1942 年 3 月，大多数被捕的人被遣送到奥斯维辛。

57. Eismann（2011），p.271.

58. Jean-Jacques Bernard，*Le Camp de la mort lente*：*Compiègne*，*1941—1942*（Paris：Albin Michel，1944），quoted in Kaspi（1997），p.216.

59. Michel（2012），p.203 and p.218.

60. Wieviorka and Laffitte（2012），pp.107—108.人质当中包括法国高层关押的六十七名无政府主义者和共产党员，其中五十一人是犹太人；十九名共产党员受到法方审判，至少两名共产党员被德方审判。Eismann（2010），p.562.

61. Galtier-Boisseière（1944），pp.108—109.日记条目 1941 年 12 月 15 日。

62. Bobkowski（1991），p.240.日记条目 1941 年 12 月 8 日。

63. 1941 年 12 月 27 日巴黎警察总局报告。

64. Pétain（1989），p.216.

65. Pétain（1989），pp.211—216.

66. Guéhenno（2002），pp.230—231.日记条目 1942 年 1 月 3 日。

67. Bood（1974），p.125.日记条目 1941 年 12 月 21 日。“不管你多爱一个‘德国鬼子’——在我们这个年龄，这种爱总不是太深——他终究是一个‘德国鬼子’。如果我把初吻给了一个不认识的敌人，将后悔终身。”

68. Auroy（2008），p.200.日记条目 1941 年 12 月 15 日。

69. Biélinky（2011），p.181.日记条目 1942 年 1 月 10 日。

70. Groult and Groult（1962），pp.245—246.日记条目 1942 年 1 月 4 日。

71. Guéhenno（2002），p.216.日记条目 1942 年 1 月 1 日。

72. Bobkowski（1991），p.259.日记条目 1942 年 1 月 1 日。

73. Guéhenno（2002），p.229.日记条目 1942 年 1 月 1 日。

74. Guéhenno（2002），p.232.日记条目 1942 年 1 月 24 日。

75. 莉莲的父亲 1897 年出生在美国。他在第一次世界大战中为法国而战，娶了一位法国女人。1920 年 10 月，莉莲出生在法国。1935 年，父亲离开母亲，回到美国；但是他们的离婚手续此后才完成，莉莲母亲因而被捕。

76. Schroeder（2000），p.119.日记条目 1941 年 12 月 17 日。

77. Groult and Groult（1962），p.244.日记条目 1941 年 12 月 31 日。

466 78. 这不意味着，1941 年 6 月之前，德国高层总是宽容对待抵抗者。1940 年 6 月，占领区的抵抗者被带到德国军事法庭秘密接受三名军事法官的德语质问。被告不能看证据，也无权恳求移交上级法院重审。1940 年 6 月—1941 年 7 月，死刑达到一百六十二例，其中四十二例被执行。1941 年 6 月—1942 年 5 月，四百九十三个死刑案例中的 80% 得到执行。Blanc（2010），pp.425—426. Gaël Eismann“La Politique de ‘maintien de l'ordre et de la sécurité’ conduit par le Militärbefehlshaber in Frankreich et ses services，1940—1944，” doctoral dissertation presented at Institut d'études politiques de Paris，2005.

79. 接近巴黎奥利机场。

80. Humbert（2004），pp.189—190.日记条目 1942 年 1 月 8 日。

81. Humbert（2004），p.191.日记条目 1942 年 1 月 8 日。

82. Humbert（2004），p.191.日记条目 1942 年 1 月 8 日。

83. Blumenson（1977），esp. pp.227ff.

84. 罗斯科滕的行为给阿涅丝·安贝尔留下了深刻印象。1946 年安贝尔日记发表之后，还给罗斯科滕寄去了一本。

85. Guéhenno（2002），p.242.日记条目 1942 年 2 月 24 日。盖埃诺认识那些被枪决的人，因为他们也在教育界工作（尽管盖埃诺以为三个女人和七个男人一起被枪决了）。知识分子抵抗者的先驱、地下反抗刊物《法兰西文学》（*Les Lettres françaises*）的编辑让·波朗和人类博物馆抵抗小组关系密切。1941 年 5 月，维尔德被捕两个月后，他因私藏人类博物馆抵抗小组的复印机受到询问。维尔德和列维斯基被捕时，他打碎了复印机，把碎片扔进塞纳河。由于德里厄拉罗谢勒的干预（阿贝茨让他取代波朗成为《新法兰西评论》的主编），波朗被无罪释放了。

86. Eismann（2010），pp.294—297.

87. Eismann（2010），p.290.

88. 1941 年 4 月，云格尔到达巴黎；两个月后住在拉斐尔酒店。这个酒店接近军政府总部。云格尔在那里任职到 1944 年。

89. Jünger（2008），p.288.日记条目 1942 年 3 月 3 日。

90. Hatry（1974），p.2.

91. 第一位特派员是卡尔·席佩尔特（Carl Schippert），他来自巴黎的奔驰办事处。六个月后，他的副手普林斯·冯·乌拉赫（Prince von Urach）取代了他，他也来自巴黎奔驰办事处，一直在那里待到巴黎解放。Hatry（1974），p.8，n.37.

92. Overy（2013），p.556.

93. 战争初期，英国人对德国展开日间“精确空袭”，但是很快，英方发现这种方式过分昂贵，耗费人力物力甚重，于 1940 年 3 月废除。此后，英国人采用夜间“精确空袭”策略，不过 1941 年 8 月的一份报告表明，这样的策略成效并不大，炸弹常常击不中目标。1942 年 2 月的一份报告表明，Gee 技术，再加上照明炸弹，可以让目标更为清楚。D’Abzac-Epezy（1993），pp. 74—75. Overy（2013），pp.273—274，290—291.

94. Biélinky（2011），p.192.日记条目 1942 年 3 月 3 日。 467

95. Bobkowski（1991），p.302.日记条目 1942 年 3 月 3 日。

96. Auroy（2008），p.209.日记条目 1942 年 3 月 3 日。她后来得知，这些只是“从飞机上坠下的降落伞，降落伞上系着成串炸弹”。Auroy（2008），p.210.日记条目 1942 年 3 月 3 日。

97. Galtier-Boisseière（1944），p.123.日记条目 1942 年 3 月 3 日。

98. Oberlé（1942），p.477.

99. Quoted in Evans（2013）.

100. Overy（2013），p.556.

101. Hatry（1974），p.4.

102. Hatry（1974），p.12.

103. Hatry（1974），p.5.

104. Auroy（2008），p.212.日记条目 1942 年 3 月 3 日。

105. 1942 年 3 月 5 日《新闻时报》。Hatry（1974），p.4.

106. 1942 年 3 月 6 日《新闻时报》。Hatry（1974），p.4.

107. 1942 年 3 月 4 日《事业报》。Hatry（1974），p.4.

108. Pétain（1989），pp.239—240. 巴泰尔米在布洛涅-比扬古区政府的台阶上宣读；热罗姆·卡尔科皮诺在塞夫勒的教堂前宣读。

109. Hatry（1974），p.6.

110. Bobkowski（1991），p.304.日记条目 1942 年 3 月 5 日。

111. Bourget（1979），pp.128—129.

112. Bourget（1979），pp.130—131.

113. Hatry（1974），p.9.这份公开信的标题是："您必须分辨占领和灭绝"。Florentin（2008），p.73.信件有这些人的署名：德里厄拉罗谢勒、阿方斯·德·沙托布里昂和塞利纳。Guéhenno（2002），p.245.日记条目 1942 年 3 月 16 日。

114. Florentin（2008），p.73.

115. Brunet（1986），p.334.

116. Pierquin（1983），p.76.日记条目 1942 年 3 月 3 日。皮埃坎或许指的是塞夫勒路，他可能搞错了，觉得这些坦克是雷诺生产的。尽管雷诺工厂曾为法国军队生产坦克，但它从未向德军提供坦克。皮埃坎看到的废墟应该是工厂外的坦克。

117. Pierquin（1983），p.76.日记条目 1942 年 3 月 3 日。

118. Schroeder（2000），p.130.日记条目 1942 年 3 月 13 日。

119. Schroeder（2000），p.130.日记条目 1942 年 3 月 13 日。

120. Bobkowski（1991），p.303.日记条目 1942 年 3 月 4 日。

121. Auroy（2008），pp.212—213.日记条目 1942 年 3 月 3 日。

122. 还有人引用称，鹿特丹的空袭造成九千人死亡。加尔捷-布瓦西埃或许捏造了一个数字，也许混淆了无家可归的人和死伤的人。Galtier-Boisseière（1944），p.124.日记条目 1942 年 3 月 4 日。

468 123. 计划是炸毁第十九区塔格路 41 号德军征用的一个学校。皮埃尔·乔治计划了这次袭击，他虽然在场，但炸弹却没能爆炸。Berlière and Liaigre（2004），p.293.

124. Alary（2000）.

125. 1941 年 9 月 19 日的条例记载："所有因参与共产党或无政府主义暴动而被捕的法国男性都有可能成为军政府的犯人。" Alary（2000），p.72.

126. 其他的被告还有罗歇·昂莱（十九岁），皮埃尔·米兰（十七岁），罗尔·佩尔蒂埃（二十岁），费尔南·扎尔科夫（十九岁）和阿谢·沙米亚（二十七岁）。除了住在第二十区的沙米亚之外，所有人都住在第十一区。Alary（2000），pp.65—67.

127. 审判过后，一份关于 1942 年 2—3 月占领情况的德国报告表明："七名参与布吕斯特兰团伙的法共恐怖分子审判结束。媒体头一次参与审判。占领区和非占领区的媒体大肆报道此次审判和七个死刑判决。" Alary（2000），p.70.

128. Alary（2000），p.75，pp.117—123.

129. Wieviorka and Laffitte（2012），p.119.

130. 四名女演员分别是朱妮·阿斯托尔（Junie Astor）、叙兹·德莱尔（Suzy Delair）、达妮埃尔·达妮耶（Danielle Darrieux）和薇薇安·罗曼斯（Vaviane Romance）。他们十二天的旅行是 1941 年 10 月三次亲善文化之旅——从法国去往纳粹德国——的延续。前两次旅行是作家和记者在魏玛参加的第一次欧洲作家会议：10 月 4 日，雅克·沙尔多内（Jacques Chardonne）、马塞尔·茹昂多（Marcel Jouhandeau）和拉蒙·费尔南德斯（Ramon Fernandez）离开法国，在到达魏玛前游览了德国和奥地利。第二批人数更多，其中有皮埃尔·德里厄拉罗谢勒和罗贝尔·布拉西亚克，他们直接去往魏玛。Dufay（2000）；Riding（2011），pp.247—249. 第三批艺术家在 10 月 30 日离开，其中包括雕刻家夏尔·德斯比奥，曾与奥古斯特·罗丹合作过的画家、雕刻家阿里斯蒂德·马约尔，以及安德烈·德兰。

131. Raymond Bruckberger，*Tu finiras sur l'échafaud*（Paris：Flammarion，1972，p.342），quoted in Grenard（2008），p.99.

132. Fabre-Luce（1946），p.401.

133. Quoted in Grenard（2008），p.125.

134. Quoted in Grenard（2008），p.129.

135. 1942 年 1 月 29 日《巴黎午报》，quoted in Grenard（2008），p.129。

136. 1942 年 2 月 5 日《时报》，quoted in Grenard（2008），p.129。

第十章

1. Guéhenno（2002），p.249.日记条目 1942 年 4 月 9 日。

2. 英国皇家空军少将阿兰·李认为普瓦西现代化的马德福工厂每天可为德国国防军生产二十辆卡车。英国皇家空军散发的传单称，福特卡车厂拥有欧洲最先进的现代设备。其在普瓦西新厂（现在福特在法国唯一的生产中心）的卡车产量和雷诺汽车厂几乎一样高。见 Florentin（2008），p.78 及 pp.80—81。

469 3. 例如，4 月初在普瓦西的空袭造成一人死亡，二十人受伤，四十栋房屋被毁，四百栋受损。见 Florentin（2008），p.78，p.80。盟军的炸弹也落在了科梅勒、萨努瓦、阿让特伊的郊区。

4. 4 月 5—6 日的空袭中，热纳维耶的一座私人房屋、一所公用住宅，一家酒店餐馆以及十三户民宅受到轰炸，科隆布共有五人死亡，三十三人受伤，四百多人无家可归，十座公寓楼被毁。月底的第二次空袭发生后，格诺姆与罗纳工厂没有受到直接损坏，但仍须更换数以千计的窗户玻璃和顶棚。附近的科隆布并非正式打击目标，却再次受到严重损毁，共有五座工厂遭到轰炸，三十一座建筑被毁，二十人死亡，四十人受伤，七百二十多人无家可归。见 Florentin（2008），pp.81—83。

5. Bood（1974），pp.135—136.日记条目 1942 年 4 月 27 日。

6. *Le brevet sportif*.

7. Bood（1974），p.137.日记条目 1942 年 4 月 30 日。

8. Guéhenno（2002），p.249.日记条目 1942 年 4 月 9 日。

9. Auroy（2008），p.215.日记条目 1942 年 4 月。

10. 位于第七区圣多米尼克路，是左岸众多学术中心之一。

11. 其中包括斯帕塔科·吉斯科（Spartaco Guisco），霍茨遇刺时他正在南斯。

12. 被驱逐的是玛丽-特瑞斯·勒菲弗和西蒙娜·施勒斯这两位妇女，两人获得了减刑，皮埃尔·勒菲弗因未能注意妻子行动被判处五年监禁，安德烈·基尔申由于年纪较轻被判十年监禁。勒菲弗夫妇和基尔申后来返回了法国，施勒斯于 1942 年在科隆被斩首。

13. 见 Rossel-Kirschen（2002），p.35。

14. Rossel-Kirschen（2002），pp.81—82.

15. 位于第十五区巴斯德大街。

16. 比加尔后被驱逐至德国，于 1944 年 6 月在科隆被处决。

17. 其中四个孩子来自布丰中学，他们是皮埃尔·伯努瓦、让-玛里·阿蒂斯、雅克·博德里、皮埃尔·格雷洛。还有一人是其他中学的吕西安·勒格罗。法国人将他们合称为布丰中学五烈士。

18. 包括 5 月 10 日在沃吉拉街袭击一名德国官员，5 月 19 日在马拉凯码头袭击一名德国空军上校。

19. 另一派说法认为，他们原本的设想是“劫掠生态连锁店旗下专为德国顾客开设的一家大商店”。Yvonne Dumont，可查阅网址 http：//www.cahiers dug-erme.info/index.php?id=152（查阅时间为 2013 年 3 月 22 日）。

20. Benoît，Legros，Arthus and Grelot.

21. 2009 年，在她离世后第二年，人们将第二十区的一条街道命名为玛德莱娜·马赞街。

22. 被捕地点为圣拉扎尔车站附近的路易十六广场。

23. 11 号宪法法案。见 Rémy（1992），pp.177—178。

24. Laval，Laval，Laval. Qui aime tant les Allemands. Laval，Laval，Laval. Qui aime tant l'argent. 470

25. Auroy（2008），p.221.日记条目 1942 年 5 月。

26. Höherer SS-und Polizeiführer 或 HSSuPF。一项 11 月颁布的法令已经授权希姆莱可在帝国的各个军事地区任命高级党卫军官员及警察首脑。他在挪威、荷兰、波兰、苏联也都任命了高级官员。

27. 关于海德里希的详情可查阅 Gerwarth（2011）。Binet（2013）介绍了袭击海德里希的事件，此事件与其编史理念相互交织。

28. 1941 年 5 月 6 日，《官方公报》公布了一项于 4 月 23 日通过的法律，规定“警察工作归属于内政部部长职权下，由国家警察总监领导”。见 Delaarue（1980），p.9。

29. Peschanski（2003），p.4.

30. 瓦拉是一位天主教民族主义者，他感到设想和德国人共事并付诸实际行动十分困难。他的反犹观念根植于对基督教教义的解读，他的国家主义精神驱使他尽力去保护法国犹太人，但牺牲外国犹太人他是愿意的。

31. 电视电影《阴谋》（英国广播公司BBC和美国家庭影院HBO制作，2001年）重现了令人发寒的万湖会议过程，由弗兰克·皮尔森导演。本片目前可通过Youtube或DVD观看。感谢约翰·多加特出借本片拷贝。

32. 例如1942年1月30日，希特勒在柏林体育宫发表总理就任周年演说时警告道，如果犹太人挑起世界大战，德国人就将遭到歼灭。自1939年起，犹太人已经挑起战争的说法就成了他说辞的一部分。“我们很清楚，”他对听众说，“这场战争只有一种结束方式：要么是雅利安人被清除，要么是犹太人从欧洲消失。”见Evans（2009），p.267。

33. 命令（*ordonnance*）颁布时间为5月29日，具体内容见Poliakov（1990），p.43。星标必须“与手等大，勾有黑边，用草体希伯来文印上‘Juif’字样”，每个犹太人可到当地警察局凭价值一积分的服装配给票领取三枚星标。

34. 警察局遵守了命令，但坚持不张贴海报，且认为公众不应从官方渠道获知这一消息。见Berr（2008），p.59，n I。

35. 至截止日期前，居住在占领区的十万四百五十五名犹太人中，共有七万八千六百五十五人领取星标。总计有九万两千六百名犹太人到警察局报到领取三枚星标。见Laffitte（2006），pp.129—130。

36. 引用自Poliakov（1999），p.52。

37. 引用自Poliakov（1999），p.53。

38. Poliakov（1999），p.48.遗憾的是，波利亚科夫并未给出调查的时间或进一步详情。

39. Biélinky（2011），pp.213—214.日记条目1942年6月1日。

471 40. 其父曾任库尔曼化学集团公司副总裁，后受“经济雅利安化”措施影响被免职。1971年，库尔曼与佩内西合并，成立佩内西-优劲-库尔曼公司。感谢让-马克·贝纳马提供此条信息。

41. Berr（2008），p.54.日记条目1942年6月4日。

42. Poznanski（1997），p.293.

43. 由情报总局报告，引用自Rajsfus（2002a），p.66。

44. 1943年2月13日。见Burinovici-Herbornel（2001），p.58.感谢西蒙·基

斯顿提供此条出处。

45. Auroy（2008），pp.229—238，p.424.

46. 引用自 Poliakov（1999），p.114。

47. 引用自 Poliakov（1999），pp.113—114。

48. 佚名目击者，引用自 Poznanski（1997），p.297。

49. Henri Szwarc，“Souvenirs：l’étoile jaune，” *Annales. Économies*，*Sociétés*，*Civilisations*，1993，Vol.48，No.3，p.630.引用自 Semelin（2013），p.316。

50. Berr（2008），p.60.日记条目 1942 年 6 月 9 日。

51. Biélinky（2011），p.217.日记条目 1942 年 6 月 8 日。

52. *L’Avant-Garde*，共产党青年联盟于 1942 年 7 月发行的一份报纸。见 Poznansiki（1997），p.360。

53. Galtier-Boissière（1944），p.133.日记条目 1942 年 6 月 6 日。

54. Bobkowski（1991），p.334.日记条目 1942 年 6 月 9 日。

55. Groult & Groult（1962），p.264.日记条目 1942 年 6 月 7 日。

56. Auroy（2008），p.227.日记条目 1942 年 6 月 7 日。

57. Jünger（2008），p.310.日记条目 1942 年 6 月 7 日。

58. Szwarc（1993），引用自 Semelin（2013），p.316。

59. Biélinky（2011），p.217.日记条目 1942 年 6 月 8 日。

60. Biélinky（2011），p.222.日记条目 1942 年 6 月 14 日。

61. 巴黎警察博物馆内展出有警方报告复制品及若干“改制版”黄星。地址为 4，rue de la Montagne-Sainte-Geneviève，in the 5th *arrondissement*。

62. 见 Walter（1960），pp.185—186。

63. Marrus and Paxton（1995），p.239.

64. Groult & Groult（1962），p.264.日记条目 1942 年 6 月 7 日。

65. Auroy（2008），p.227.日记条目 1942 年 6 月 5 日。

66. Bood（1974），p.142.日记条目 1942 年 6 月 1 日。

67. 引用自 Foss and Steinberg（1996），p.150。

68. 详情见 Siefridt（2010），pp.97ff。盖世太保反犹部门 6 月的一份报告提到“四十余”个非犹太人佩戴假黄星，见 Rajfus（2002a），p.91。巴黎人佩戴假黄星进一步详情，见 Rajsfus（2002a），pp.81ff。

69. 位于桑德尔（Santerre）路。

70. 见 Lévy & Tillard（1967），p.117。

71. 清单来源为 Poliakov（1999），pp.56—57。

72. Biélinky（2011），p.233.日记条目 1942 年 7 月 15 日。

73. 警察在带走犯人前，先要检查确认关闭燃气、水电，并将动物和钥匙交给门房，门房负责保管公寓内留下的物品。如没有门房，钥匙就转交给邻居。

472 74. Vincenot（2012），pp.123—125.

75. Laloum，Jean，*Les Juifs dans la banlieue parisienne*，CNRS Éditions，1998，p.220.引用自 Rajsfus（2002b），p.43。

76. Annette Muller，*La Petite Fille du Vél' d'Hiv'*（Paris：Denoël，1991），p.85，引用自 Rajsfus（2002b），p.44。

77. 见 Rajsfus（2002b），p.45。

78. Lévy & Tillard（1967），p.51.

79. Lévy & Tillard（1967），p.45.

80. Rajsfus（2002b），p.49.

81. Cardon-Hamet（2005），p.46.

82. Cardon-Hamet（2005），p.49.

83. Wieviorka & Lafitte（2012），p.158.

84. Lévy & Tillard（1967），p.117.

85. Wieviorka & Lafitte（2012），pp.131 & 147.

86. J.M.Matthey-Jonais，引用自 Taieb（2011），pp.192—193。

87. Rosette Shalit，in Karek，William & Finger，Blanche，*Vent printanier*（Paris：La Découverte，1992），pp.37—39，引用自 Rajsfus（2002b），p.70。

88. 见 Josephs（1989），p.63。

89. Hélène Zytnicki，in William Karel and Blancher Finer，*Vent Printanier*（Paris：La Découverte，1992），pp.154—155，引用自 Rajsfus（2002b），p.69。

90. 例如，Gabriel Wachman 当时为十四岁。见 Wachman and Goldenberg（2006）。

91. 她住在第十区朗克里（Lancry）路。

92. Traube（2005），pp.28—34，见 Semelin（2013），pp.362—363。

93. Fernand Baudvin，a fireman（sapeur-pompier）at the station in the rue des Entrepreneurs，见 Taieb（2011），pp.186—192。

94. Auroy（2008），p.253.日记条目 1942 年 7 月 15 日。

95. Rist（1983），p.262.日记条目 1942 年 7 月 25 日。

96. Bobkowski（1991），p.344.日记条目 1942 年 8 月 4 日。圣巴托罗缪大屠杀指的是 1572 年 8 月 23 日晚至 24 日凌晨，上千名胡格诺派教徒（法国新教徒）在巴黎遇害的事件，之后，这场屠杀蔓延到了其他市镇。

97. 引用自 Duquesne（1996），p.274。

98. Cointet（1998），p.225.

99. 被捕总人数为一万两千八百八十四人（男性三千零三十一人，女性五千八百零二人，儿童四千零五十一人）。

100. 详情见 Ménager（2007），pp.20—21。

101. Photograph of letter in Anon，*La Rafle du vélodrome d'Hiver*（n.d.）.

102. 来自皮蒂维耶遣送队的遣送日期为 7 月 31 日、8 月 3 日、8 月 7 日，来自博纳拉罗朗德的日期为 8 月 5 日及 8 月 7 日。见 Wellers（1973），p.104。

103. 见 Lévy & Tillard（1967），p.107。

104. Wellers（1973），p.141.

105. 乔治·维莱在艾希曼审判中的证词，1961 年 5 月 9 日。见 http：//www.holocaustresearchproject.org/trials/wellers.html，esp. p.6。也见 Wellers（1973），pp.140—142。

106. 引用自 Joseph（1989），p.71。

107. 取自两个波兰语词汇 pić（喝），poïć（给家畜喂水）。

108. Wellers（1973），p.142.

109. Thomas（1995），p.188.日记条目 1942 年 8 月 31 日。这篇日记也是头版 473
文章《呐喊真相》（"Crier la vérité"）的灵感来源，文章刊载于反抗组织地下报刊《法兰西文学》（*Les Lettres françaises*）中。她在对真理热情洋溢的呼吁中强调，身为作家就应该"写出真相。没有真相就毫无意义。而真相是这样的：人们不得不在胸口戴着黄星，母子被迫分离，每天都有男人受到处决，整个民族正在堕落——而且真相受到了禁止”。见 Eychart 和 Aillaud（2008），p.27。

110. 1940 年 12 月，当时处于占领区的北部工业城市里尔出现了更为极端的一件事例。有三百多名男子在走出电影院后被拦下。对方给出了到里尔火车站报到的时间，并恐吓他们如果拒绝，家人就将遭到报复，这些人随后被送往德国劳动。见 Evrard（1972），p.26。

111. Arnaud（2014），p.22.

112. 根据德国资料来源，1941 年 9 月—1942 年 3 月，仅有一万四千名志愿者离开法国，离法劳工总数仅为六万两千六百人，荷兰劳工数为十三万四千人，比利时劳工数十二万两千人，丹麦劳工数六万三千人。法国资料记载至 1942 年 6 月 1 日，共有八万两千人离开法国，但之后其中一多半（四万五千）利用返法休假都没有回到德国。见 Evrard（1972），p.47。

113. 见 Kupferman（1987），pp.333—334。

114. 引用自 Bourget & Lacretelle（1980），p.94。

115. Auroy（2008），p.223.日记条目 1942 年 5 月。

116. Bourget & Lacretelle（1980），p.97.复制品。

117. Evrard（1972），p.47.

118. Kupferman，p.341.

119. 巴黎警察总局，*La Situation à Paris*：*Rapports de la quinzaine*，1942 年 7 月 13 日。

120. 见 Bourget & Lacretelle（1980），p.91。复制海报。

121. 引用自 Bourget & Lacretelle（1980），p.108。

122. Marcel Cretagne and Fosco Focardi.详情见 Berlière and Liaigre（2007），pp.85—93。

123. 见 Berlière & Liaigre（2007），p.383。

124. 袭击效果方面，Berlière and Liaigre（2007），pp.384—385；Bourget & Lacretelle（1980），p.108 列出以下数据：加雷纳宫（9 月 8 日）：一名德国士兵死亡，若干人受伤；袭击奥普尔路的一支巡逻队（9 月 10 日）：一名士兵死亡，九人受伤；雷克斯电影院（9 月 16 日）：两人死亡，十九人受伤。

125. 共计从罗曼维尔关押犯人中选出四十六名，另有七十人在波尔多被处决。

126. Bourget & Lacretelle（1980），p.108.

第十一章

1. 见 Wieviorka 和 Laffitte（2012），p.151。

2. Adler（1987），p.43. Adler 表示："7 月的事件造成的后果中，具体离开巴
黎的犹太人数量无从估算，但有证据显示人口发生了显著变化。"非占领区法国 474
犹太人联合会各办公室均表示 1942 年 8 月有大量犹太人入境，临近边境线的办公室通报数字尤其巨大。

3. Berr（2008），p.93.日记条目 1942 年 7 月 3 日。

4. Semelin（2013），p.331.

5. De Beauvoir（1960a），p.587.

6. 9 月 14 日，两百多名波罗的海诸国、保加利亚、荷兰、南斯拉夫的犹太人被捕，一周后（9 月 23 日），一千五百多名罗马尼亚犹太人被捕。

7. 见 Grunberg（2001）。

8. 1944 年 4 月，格伦贝格描述 L 先生是个法西斯分子，称有人每月付 L 先生 7 000 法郎雇他跟踪认识的人并向当局举报。见 Grunberg（2001），p.299。日记条目 1944 年 4 月 21 日。

9. Joly（2007），p.142.

10. Joly（2007），p.142.

11. 见 Laurent Joly，"La Dénonciation dans la traque des communistes et les Juifs 1940—1944，" in Joly（2012b），p.120。

12. Halimi（1998），p.2.

13. Joly（2013）. 感谢 Laurent Joly 在其文章发表前夕把它发给了我。

14. 见 Joly（2013），p.40。

15. *Le Dépôt de la Préfecture de police*.

16. Siefridt（2010），p.101.日记条目 1942 年 6 月 18 日。

17. De Beauvoir（1998），p.611.

18. 见 Joly（2013），p.40。

19. 告发者可向多个部门写信，如德国安全机关、政府犹太问题总署、德国军方、法国警方、当地政府等。这些信件基本都没有被保存下来，此外还需要加上以电话或当面举报的形式进行的告密，其数量不得而知。

20. 见 Joly（2012b）。

21. 见 Joly（2007），pp.140，144—146。

22. 德国组织或德国支持组织包括优先遣送外国犹太人的党卫军；犹太问题总署（CGQJ）及其警察力量犹太事务专务部（SSAJ），后者还有武装部门调查监督组（SEC）。巴黎警方也有专门的小组追捕犹太人。

23. Joly（2007），p.141.

24. 见 Berdlière 和 Liaigre（2004），p.158，referred to in Joly（2012a），p.124。

25. 见 Berlière 和 Liaigre（2004），p.135。

26. 见 Berlière 和 Liaigre（2004），pp.158—159。

27. 拉丁区的两个主要聚会场所是圣米歇尔大道的卡普拉德和杜邦-拉丁两家咖啡馆，在香榭丽舍大道聚会的“爵士青年”族总体年龄更大一些，主要聚会场所为帕姆帕姆或斗兽场咖啡馆。

475 28. 见 Siefridt（2010），pp.120—121 照片。

29. 以上歌曲收录于四碟装选集 *Swing Tanzen Verboten*：*Swing Music and Nazi Propaganda*；*Swing Music During World War II*，Properbox Records，Properbox 56，Proper Records Ltd，Gateway Business Centre，Kangley Bridge Road，London SE26 5AN，England。“黑暗年代”期间巴黎人常听的爵士乐曲目见 CD *Jazz sous l'Occupation*，Universal Music（2002），issued on the Gitanes label。

30. Régnier（2009），p.58.

31. 1941 年 1 月 16 日及 18 日，夏沃音乐厅演出的两场音乐会节目包括 Count Basie's“Blue and Sentimental”（advertised as Bleu et sentimental），Jean Kruppa's“My Grandfather's Clock”（L'Horloge de grand'père），Bix Beiderbecke's“In a Mist”（En souvenir）。除犹太人外，所有作曲家均予以列出。

32. *Vedettes*，1942 年 1 月 11 日；见 Tournès（1999），pp.318—319。

33. The Folies Belleville，the Alhambra（in the show *Rythmes 42*），Bobine，the

European.

34. 赫斯和特雷内最初进入演艺界时进行双人表演，一些迹象暗示两人也是性伴侣关系。见 Buisson（2008），pp.220—221。

35. 除墨镜和雨伞外，他们和 20 世纪 50 年代英国的“泰迪男孩”（Teddy Boys）有很多相似之处。

36. 见 Régnier（2009），pp.132—133。

37. “法兰西主义运动”领袖马塞尔·比卡尔 1942 年的一次会议上所作发言。引用自 Buisson（2008），p.218。

38. De Beauvoir（1960a），p.588.

39. 1936 年 11 月起，法国人民党成立了自己的青年组织——法兰西青年联盟。到 1942 年 5 月，该联盟和其他八个受法国人民党影响很大的组织共同合作，组成了法国人民党青年团（JPF）。

40. 见 Buisson（2008），p.219。

41. 见 Loiseau（1977），p.157。

42. 之后不久，法国人民党青年团（和多里奥的法国人民党）成员参加了法国警方对犹太人的大规模搜捕行动。

43. 见 Halls（1981），p.176。

44. Loiseau（1977），p.162.据这位作者称，当时约有一百多处“舞蹈课”授课场所。作者未给出数据日期及来源。此外他表示星期天舞会多在郊区官方关闭的建筑内，以及私人聚会上举办。

45. 此外，除学生及其家长以外，他人不得上课，过程中不得饮酒，不得进行广告宣传。见 Régnier（2009），p.163。

46. 他后来成为了成功的音乐制作人，与雅克·布雷尔和夏尔·阿兹纳武尔等歌手进行过合作。

47. 见 Régnier（2009），p.164。

48. 引用自 Loiseau，p.163。

49. 引用自 Buisson（2008），p.460。

50. “第二届摇摆乐音乐会上，鲍里斯·维昂温和地挖苦着‘爵士青年’音乐素养的匮乏”，《百首十四行诗》中这样写道。这是一部一百一十二首诗歌组成的诗集，诗歌作于 1940—1944 年。见 Boris Vian，“Swing-Concert II”，in *Cent*
476 *Sonnets*（Hritiers Vian et Christian Bourgeois，1984），p.52。Regnier（2009），p.135
节选了“Swing-Concert II”。

51. 两人于 1942 年 9 月结婚，婚姻维持至 1947 年。

52. 见 Régnier（2009），p.165。

53. Paris Prefecture of Police，*La Situation à Paris*：*Rapports de la quinzaine*，10 August 1942.

54. *L'Illustration*，15 August 1942，quoted in Kupferman（1987），p.356.

55. 见 Vinen（2006），p.197。

56. Guéhenno（2002），p.283.日记条目 1942 年 8 月 23 日。

57. 引用自 Tournoux（1982），pp.164—165。

58. 见 Mitchell（2008），p.65。接下来几章中有不少材料都源自此书。

59. Mitchell（2008），p.66.

60. Mitchell（2008），p.66.

61. 见 Arnaud（2014），p.30。

62. Speech reproduced in *Le Matin*，21 October 1942，p.1，under the heading “Cette épreuve est décisive”（“This test is decisive”）.

63. “Comment seront recrutés pour la relève les 133 000 spécialistes”（“How 133 000 specialists will be recruited for *la relève*”），*Le Matin*，6 October 1942，p.1.

64. Paris Prefcture of Police，*La Situation à Paris*：*Rapports de la quinzaine*，21 September 1942.

65. Paris Prefcture of Police，*La Situation à Paris*：*Rapports de la quinzaine*，5 October 1942.

66. Auroy（2008），p.261.日记条目 1942 年秋。

67. Vittori（1982），pp.65—66.

68. *Le Matin*，18 September 1942，p.1.

69. “We are worried that not all French people have understood，” *Le Matin*，3—4 October 1942，p.1.

70. “France will look after the families properly，” *Le Matin*，3—4 October

1942，p.1.

71. 1942 年 5 月，绍克尔告知赖伐尔需要三十五万名工人，其中十五万为熟练工。见 Arnaud（2013），p.19。

72. Paris Prefcture of Police，*La Situation à Paris*：*Rapports de la quinzaine*，5 October 1942.

73. 烤过后出售的面包，常作早餐。

74. Article in *Documents français*，15 February 1943，quoted in Veillon（1995），p.220.

75. 见 Veillon（1995），p.220。

76. Paris Prefcture of Police，*La Situation à Paris*：*Rapports de la quinzaine*，21 September 1942.

77. Paris Prefcture of Police，*La Situation à Paris*：*Rapports de la quinzaine*，21 September 1942.

78. Fabre-Luce（1946），p.450.

79. Groult & Groult（1962），p.300.日记条目 1942 年 11 月 12 日。

80. Berr（2008），p.161.日记条目 1942 年 11 月 8 日。

81. Galtier-Boissière（1944），p.153.日记条目 1942 年 11 月 8 日。

82. Benoît-Guyod（1962），p.227.日记条目 1942 年 11 月 8 日。

83. Bood（1974），p.166.日记条目 1942 年 11 月 9 日。 477

84. Bood（1974），p.166.日记条目 1942 年 11 月 8 日。

85. Adolf Hitler，1942 年 12 月 23 日。引用自 Jäckel（1968），p.371。

86. 拉博德了解到希特勒下达了夺取法国舰队的命令，他不愿让舰队落入德国或法国海军的宿敌英国的手中，于是下令击沉军舰。代表着法国 90%海军军力的五十多艘现代战舰就此永远失去了战斗力。

87. Benoît-Guyod（1962），p.228.日记条目 1942 年 11 月 27 日。

88. Groult & Groult（1962），p.300.日记条目 1942 年 11 月 12 日。

89. Guéhenno（2002），p.300.日记条目 1942 年 11 月 14 日。

90. 见 Mitchell（2008），pp.94—95。

91. 这个消息传到了柏林，希特勒只得介入告知阿贝茨这种情况是绝不能发生的，指示他平息所有这类谣言。

92. Burrin（2003），p.479.

93. 引用自 Lambauer（2001），p.582。

94. 见 Lambauer（2001），p.583。

95. 1942 年，BCRA（自由法国情报部门）告知共产党将收到 300 万法郎的资金，抵抗组织中的关键人物，同时也是第一批加入戴高乐阵营的法国人雷米上校后从个人资产中又向法国共产党捐赠 200 万法郎。见 Cobb（2009），p.118。

96. Auroy（2008），p.264.日记根据 1942 年 12 月的笔记写成，但落款日期为 1944 年 11 月。

第十二章

1. 起初定量为每天 400 万法郎，但 1941 年 4 月减为每天 300 万法郎。

2. *Le Matin*，2 January 1943，p.1.

3. Guéhenno（2002），p.308.日记条目 1942 年 12 月 27 日。Bobkowski（1991），p.402.日记条目 1943 年 1 月 19 日。

4. Guéhenno（2002），p.311.日记条目 1943 年 1 月 18 日。

5. Rist（1983），p.315.日记条目 1943 年 1 月 29 日。

6. Bobkowski（1991），p.401.日记条目 1943 年 1 月 14 日。

7. Bobkowski（1991），p.401.日记条目 1943 年 1 月 15 日。

8. Rist（1983），p.314.日记条目 1943 年 1 月 25 日。

9. Rist（1983），p.318.日记条目 1943 年 2 月 1 日。

10. 数据出自 Mitchell（2008），p.119。

11. Arnaud（2013），p.20.

12. Guéhenno（2002），p.320.日记条目 1943 年 2 月 22 日。

13. *L'Humanité*，12 March 1943，quoted in Amouroux（1998b），p.469.

14. Braibant（1945），p.188.日记条目 1943 年 5 月 2 日。

15. Guéhenno（2002），p.320.日记条目 1943 年 2 月 22 日。

16. Luneau（2005），p.236.

17. Pierquin（1983），p.95.日记条目 1943 年 3 月 6 日。

18. 本段数据引自 Mitchell（2008），p.119。 478

19. 见 Cobb（2009），p.161。

20. Pierquin（1983），p.94.日记条目 1943 年 2 月 25 日。但是到了夏季，1942 年班的学生须接受“义务劳动服务”征召，9 月轮到了皮埃坎所在的 1940 年班，当时他们即将结束学业。见 Pierquin（1983），pp.101，104。

21. Das Nationalsozialistische Kraftfahrkorps.

22. D'Hoop（1971），p.80.

23. Guéhenno（2002），日记条目 1943 年 11 月 7 日。

24. Pierquin（1983），p.102.日记条目 1943 年 6 月 30 日。

25. Auroy（2008），p.289.日记条目“End of the summer 1943”。

26. 见 Vinen（2006），p.253。

27. Braibant（1945），p.132.日记条目 1943 年 2 月 18 日。

28. Evrard（1972），p.115.

29. Arnaud（2013），p.21.

30. 位于第九区莫加多（Mogador）路。

31. 见 Evrard（1972），pp.128—139。

32. 见 Evrard（1972），p.141。

33. Aron（1979），p.158.

34. 见 Cobb（2009），p.161。

35. 见 Arnaud（2013），p.22。

36. Mitchell，（2008），p.96.

37. Arnaud（2013），p.21.

38. 见 Arnaud（2013），p.21。

39. Christian Pineau，*La Simple Vérité*（Jullaird，1960），quoted in Cobb（2009），p.66.

40. 马修·科布对于全国抵抗运动委员会建立背景的精彩分析见 Cobb（2009），esp. pp.88ff。

41. Simonin（2008），pp.43ff.

42. 15，rue Pierre-Nicole.

43. “Oreste et la Cité,” *Les Lettres françaises*, 12 December 1943, p.1, in Eychart and Aillaud (2008), p.103.

44. *Les Lettres françaises*, January-February 1943, reproduced in Eychart and Aillaud (2008), p.52.

45. Marcel Déat, *Journal de guerre*, 日记条目 1942 年 11 月 23 日，引用自 Tournoux (1982), p.233。

46. 引用自 Giolitto (2002), p.127。

47. Pétain (1989), p.304.

48. 见 Mitchell (2008), pp.97—98。

49. 见 Delarue (1985), p.65。

50. 德国驻法货币局，Devisenschutzkommando Frankreich (DSK)，有时也称作 Devisendeutschkommando (DDK)，位于第九区皮耶-威尔路上的拉扎德兄弟银行旧址。

51. 1942 年 3 月 25 日，巴黎罗森贝格任务小组（ERR）负责展开的劫掠家具行动移交给了西方办事处（Dienstelle des westens）①，由库尔特·冯·贝尔将军领导。当日起共劫掠巴黎四千多处犹太人住所，搬走 4 万多吨家具和室内装饰品，见 Desprairies (2009), p.491。

52. 1944 年 11 月，《保卫法兰西》（*Défense de la France*）更名为《法国晚报》
479 （*France-Soir*）。

53. Thorval (2007), pp.76—77.

54. Auda (2002), pp.157—159.

55. 见 Aziz (1970), pp.133—137。

56. 见 Auda (2002) pp.123—128。

57. Lormier (2013), pp.75—76.也见 Buisson (2008), pp.425—428。

58. 见 Auda (2002), pp.135—136。

59. 有关用刑的详情，可查阅 Auda (2002), pp.159—166。

60. 包括罗马尼亚分支、犹太分支、意大利分支——主要由西班牙人和亚美

---

① 原文如此，疑为 Dienststelle des westens。

尼亚人组成，从1943年7月起专门制造火车脱轨事故。此外还有一个保加利亚"小组"，他们人数较少称不上分支。见 Courtois et al.（1989），pp.146—149。

61. 9月，法兰西自由射手和游击队—移民劳工组织进行了二十场袭击，其中一次袭击由三名意大利人组成的小组实施，目标是多里奥的人民党，造成两人死亡，一人受伤。小组的一名成员在附近的茉莉（Jasmin）地铁站当场被捕。10月，该组织对十一起武装行动负责，罗马尼亚分支成员用手榴弹攻击了当时在蒙鲁日让-布安体育场训练的德国士兵。两名成员当场被捕，另两名成员几天之后也遭到了逮捕。几人均在次年3月于瓦勒里昂山被处决。11月，组织又进行了十次行动，12月进行了十二次行动。见 Courtois et al.（1989），pp.164，171。

62. Lucienne Goldfarb（真名为 Kajla Goldfarb），1924年生于波兰，1931年随父母来到巴黎。解放后以妓女身份再度露面，后成为鸨母，受警察保护。见 Courtois et al.（1989），pp.208—209。

63. Courtois et al（1989），p.217 复制信件。

64. www.crrl.fr/Ressources/concours _ resistance/Concours 2008/cacheJuifs/htm＃. Anna Neustadt；www.crrl.fr/Ressources/concours _ resistance/Concours 2006/noirvaut.htm.查阅日期2014年2月23日。

65. 遣送队于2月9日、2月11日、2月13日出发。见 Wellers（1973），p.247。

66. 其中六十岁段六百八十九人（别林基六十二岁），七十岁段四百四十七人，八十岁段五十四人，九十岁段四人。见 Renée Poznanski，"Introduction" to Biélinky（2011），p.11。

67. Courtois et al.（1989），p.218.

68. 位于第十五区圣夏尔路。

69. Courtois et al.（1989），pp.164—169.

70. Courtois（1985）.

第十三章

1. 数字引自 Courtois（1985），p.3。

2. 两名占领者为莫里兹·冯·拉利博尔（Moritz von Ralibor）中校和科维（Corvey）参谋。法兰西自由射手和游击队—移民劳工组织虽然宣称车上的占领者被炸得粉碎，但实际上两人均未受伤。见 Courtois et al（1989），p.319。

480 3. 1942 年 3 月，抵抗组织在化学之家受到了最大规模的一次庭审。

4. 据法兰西自由射手和游击队—移民劳工组织的领导鲍里斯·奥尔班称，该组织在 1943 年前六个月里共实施九十二次行动，包括十四次火车出轨和破坏行动，三十四次袭击建筑行动，四十三次袭击德国军方人员行动。这一数字不包含组织成员个人进行的不计其数的炸弹和手榴弹袭击。见 Boris Holban，*Testament*（Paris：Calmann-Lévy，1989），p.157，引自 Berlière & Peschanski（1997），pp.146—147。

5. Figures given in Courtois（1985），p.3.

6. Peschanski（2014），p.14.

7. Interview，Mélinée Manouchian，in Boucault（2013）.

8. Adam Rayski，引自 Courtois（1985），p.5。

9. "Missak Manouchian to his wife". Letter dated 21 February 1944，reproduced in Krivopissko（2013），p.203.

10. Philippe Ganier-Raymond，interviewed in Mosco Levi Boucault（2001）. Ganier-Raymond set out his arguments in *L'Affiche rouge*，Fayard，2001. For a critique of Ganier-Raymond's position，见 Wieviorka（1986），pp.224—226。

11. Bobkowski（1991），p.402.日记条目 1943 年 1 月 23 日。

12. Bood（1974），p.183.日记条目 1943 年 2 月 4 日。

13. Pierquin（1983），p.93.日记条目 1943 年 2 月 9 日。

14. Bood（1974），p.183.日记条目 1943 年 2 月 4 日。

15. 见 Audiat（1946），p.231。

16. 罗歇·盖迪吉昂（Roger Guédiguian）根据马努尚及其同志的事迹拍摄有同名电影，影片已于 2009 年上映，可观看 DVD。

17. Law No. 95 of 11 February 1943.见 Rémy（1992），p.209。

18. 引自 Giolitto（2007），p.243。

19. 1977 年起马勒舍布广场更名为卡特鲁将军广场。

20. 见 Delarue（1993），p.226。

21. 引自 Giolitto（2007），p.255。

22. Braibant（1945），p.275.日记条目 1943 年 9 月 7 日。

23. 一小部分为国家社会主义党运输军团（NSKK）效力的法国人已经成功转至武装党卫军或者直接前往布鲁塞尔、安特卫普的武装党卫军征兵处。见 Giolitto（2007），p.390。

24. Französich SS Freiwilligen Sturmbrigade.见 Ory（1976），p.265；见 Giolitto（2007），p.422。

25. 引自 Giolitto（2007），pp.399—400。

26. 见 Bourget & Lacretelle（1980），p.138。

27. 见 Bourget & Lacretelle（1980），pp.140—141。

28. 引自 Giolitto（2007），pp.401—402。

29. Burrin（1995），p.441.

30. 引自 Giolitto（2007），p.414。

31. Forbes（2010），p.44.

32. 见 Giolitto（2007），pp.409—415。

33. 2 480 是 Ory（1976）给出的数字，p.266。

34. Reproduced in Bourget & Lacretelle（1980），pp.118—119. 481

35. Pierquin（1983），p.93.日记条目 1943 年 2 月 9 日。

36. Bood（1974），p.195.日记条目 1943 年 4 月 20 日。

37. 巴黎人如每周配给 120 克肉，每天需 900 吨肉，实际上城市内每周只能收到 500 吨，如要满足年幼孩子的需求，每天需牛奶 47 万升，而官方的供给量已降至 41.5 万升，见 Meyer（1979），pp.1672—1673。

38. Braibant（1945），p.107.日记条目 1943 年 1 月 23 日。

39. 根据 Grenard（2008）引用的数字，德国人的谷物需求量从 1941—1942 年的 48.5 万吨（总产量 12%）上涨到 1942—1943 年的 71.4 万吨（总产量 17%）。同一时期供应德国的肉类从 14 万吨（总产量 15%）上涨到 22.7 万吨（总产量 23%）。Braibant（1945），p.179.

40. Braibant（1945），p.179.日记条目 1943 年 4 月 18 日。

41. 布莱邦引用了一个来自诺曼底的同事的报告，他称德国士兵可花费 800—900 法郎购买 1 千克黄油，而同样分量在巴黎黑市售价仅为一半（官方定价为每千克 64 法郎）。见 Braibant（1945），p.87.日记条目 1943 年 1 月 12 日。

42. 电影《穿越巴黎》由法国和意大利联合制作，克洛德·奥当-拉哈导演，布尔维尔、让·加本、路易·德·菲内斯主演。影片于 1956 年公映，根据马塞尔·埃梅所著同名短篇小说改编。见 Marcel Aym，*Le Vin de Paris*，Gallimard，1947（Collection Folio），pp.27—82。

43. Braibant（1945），p.87.日记条目 1943 年 1 月 12 日。

44. Braibant（1945），p.87.日记条目 1943 年 1 月 12 日。

45. Grenard（2008），pp.176—178.

46. *Les Nouveaux Temps*，1940 年 11 月 29 日，引自 Grenard（2008），p.160。

47. Grenard（2008），p.160.

48. Braibant（1945），p.85.日记条目 1943 年 1 月 8 日。

49. Braibant（1945），p.177.日记条目 1943 年 4 月 16 日。

50. Meyer（1979），p.1673.

51.《小酒店》（*L'Assommoiré*）是埃米尔·左拉的一部小说的标题，指的是出售劣质酒的下等酒吧，这种酒会把酒客"灌倒"（assommé）。

52. Meyer，（1979），p.1675.

53. Pryce-Jones（1981）采访，p.244。

54. Beltran & Carré（1991），p.280.

55. Beltran & Carré（1991），p.285.

56. Bobkowski（1991），p.449.日记条目 1943 年 4 月 4 日。

57. Jünger（2008），p.490.

58. Bood（1974），p.191.日记条目 1943 年 4 月 11 日（米舍利娜的十七岁生日）。博德提到马塞尔-桑巴是事发地铁站，有"三百多人死亡"。八十人死亡的数据来自 Florentin（2008），p.161。

59. Guéhenno（2002），p.333.日记条目 1943 年 4 月 5 日。

60. Bood（1974），p.191.日记条目 1943 年 4 月 11 日。

61. *Le Matin*，1943 年 4 月 5 日，p.1。

62. Schroeder（2000），p.185.日记条目 1943 年 4 月 29 日。

63. Braibant（1945），pp.165—166.日记条目 1943 年 4 月 5 日。

64. 事件援引自 Florentin（2008），pp.164—165。

65. Bobkowski（1991），p.520.日记条目 1943 年 9 月 3 日。 482

66. Galtier-Boissière（1944），p.203.日记条目 1943 年 9 月 3 日。

67. Bobkowski（1991），p.521.日记条目 1943 年 9 月 3 日。

68. Braibant（1945），p.270.日记条目 1943 年 9 月 3 日。

69. Florentin（2008），p.238.

70. Florentin（2008），p.238.

71. Bobkowski（1991），p.521.日记条目 1943 年 9 月 3 日。

72. Florentin（2008），p.242.

73. Florentin（2008），p.242.

74. 见 photograph reproduced in Fonkenell（2009），p.135。

75. 见 Florentin（2008），p.260；引自 Fonkenell（2009），p.134；Benoît-Guyod（1962），p.248。日记条目 1943 年 9 月 25 日；Audiat（1945），p.251。

76. Wellers（1973），p.188.

77. 援引自 Wieviorka & Lafitte（2012），p.227。

78. 引自 Wieviorka & Lafitte（2012），p.250。

79. Wellers（1973），p.191.

80. 见 Wellers（1973），p.194。

81. 墨索里尼垮台后的 9 月 3 日，盟军与以巴多格里奥为首相的意大利政府签订停战协议，按照协议的部分规定，意大利部队已经撤退。

82. 见 Wieviorka & Lafitte（2012），pp.283—290；Wellers（1973），pp.216—218。

83. 见 Wieviorka & Lafitte（2012），pp.283—290；Wellers（1973），pp.216—218。

84. 1942 年 7 月 16 日—1943 年 7 月 31 日，共有五十二支遣送队离开德朗西。7 月 18 日和 31 日的遣送是在布伦纳到达后实施的，但其中也包括在他到来前逮捕的犯人。1943 年 7 月 2 日—1944 年 8 月 17 日（不包含 7 月 18 日和 31 日），共有二十支遣送队出发。上述第一个时间段的月均遣送数为 4.52 队，布伦纳和党卫军接管集中营后的月均数字为 1.54 队。见 Wellers（1973），pp.249—250。

85. Serge Klarsfeld，*Le Calendrier de la pérsecution des Juifs en France 1940—1944*，p.74.引自 Callil（2006），p.357。

86. 有关法国警察态度的演变见 Kitson（2002）。

87. 见 Mitchell（2008），p.134。

88. 从法国遣送的七万五千七百二十一名犹太人中两万四千五百名为法国人，其余为外国籍、无国籍或国籍不明人士。Serge Klarsfeld，*Le Mémorial de la déportation des Juifs en France*（self-published，1978），引自 Wieviorka（1992），p.142。

89. 战后，很多义人拒绝政府赞扬他们的英勇举动，但 2007 年法国共有两千七百四十人获得勋章，其中巴黎有二百七十人。见 Ménager（2007）。

90. 见 Ménager（2007），p.45。

91. Bood（1974），p.193.日记条目 1943 年 4 月 16 日。

92. 例子取自 Ménager（2007），pp.16—18。

483 93. 沃尔夫·莱维坦逃到了法国南部，战后，他在巴黎西北部重建了房屋，到 20 世纪 80 年代为止一直用作家具店，目前位于蒙蒂尼-科尔梅耶，感谢让-马克·贝纳马提供此信息。

94. Dreyfus & Gensburger（2003），p.113.

95. Dreyfus & Gensburger（2003），p.129.

96. Dreyfus & Gensburger（2003），p.145.

97. Dreyfus & Gensburger（2003），p.133.

98. Dreyfus & Gensburger（2003），p.118.

99. Dreyfus & Gensburger（2003），p.138.这座房屋位于瓦尔特高（Warthegau），波兰和第三帝国在此接壤。

100. Dreyfus & Gensburger（2003），p.139.

101. Georges Geissman，引自 Dreyfus & Gensburger（2003），p.157。

102. Georges Geissman，引自 Dreyfus & Gensburger（2003），p.159。

103. Déat（1989），p.838.

104. 见 Déat（1989），p.836。

105. 信件文字见 Ferro（2012），pp.506—510。

106. 他掌管的其他部队包括所有特警部队、消防队、监狱部门。见 Cointet（2011），p.655。

107. Pierquin（1983），p.92.日记条目 1943 年 1 月 5 日。

108. Bobkowski（1991），p.402.日记条目 1943 年 1 月 20 日。

109. Braibant（1945），p.110.日记条目 1943 年 1 月 27 日。

110. Braibant（1945），p.110.日记条目 1943 年 2 月 1 日。

111. Bobkowski（1991），p.407.日记条目 1943 年 2 月 16 日。他还注意到红军已经收复卡尔科夫，罗斯托夫和伏罗希洛夫格勒已于两天前收复。

112. Rist（1983），p.325.日记条目 1943 年 3 月 8 日。

113. Pierquin（1983），p.95.日记条目 1943 年 3 月 6 日。

114. Pierquin（1983），p.95.日记条目 1943 年 3 月 28 日。

115. Pierquin（1983），p.98.日记条目 1943 年 3 月 28 日。

116. Pierquin（1983），p.104.日记条目 1943 年 9 月 7 日。

117. Pierquin（1983），pp.104—105.日记条目 1943 年 9 月 7 日。

118. Bourget & Lacretelle（1980）复制传单，p.144。

119. Audiat（1945），p.233.

第十四章

1. King（2012），pp.94—99.

2. 见 King（2012），pp.130—133。

3. 见 King（2012），p.331。

4. 1944 年 9 月 19 日，一位名叫雅克·约内的记者和抵抗组织战士在《抵抗》上发表《帝国士兵珀蒂奥》一文。《抵抗》过去是一份地下报纸，现在已公开销售。报纸收到一份对经过鉴定的珀蒂奥手写笔迹的批驳，长达八页。10 月 18 日，《抵抗》将此文全篇刊载。文章不仅证明了珀蒂奥还活着，并且给出了一些 484
其行踪的线索。10 月 31 日上午，珀蒂奥在圣芒代-图雷尔火车站被捕。当时他自称亨利-让·瓦勒里，是法国内地军的反间谍小队领导，肩负追踪叛徒和“合作者”的重任，同时正在积极搜寻珀蒂奥。见 King（2012），pp.194—198。

5. Florentin（2008），p.390.

6. 引自 Florentin（2008），p.397。

7. 引自 Florentin（2008），p.398。

8. 数字见 Florentin（2008），p.399。

9. 见 Florentin（2008），pp.400—401。

10. Braibant（1945），pp.441—442.日记条目 1944 年 4 月 20 日。

11. 引自 Florentin（2008），p.407。

12. Guéhenno（2002），p.405.日记条目 1944 年 4 月 20 日。

13. Alfred Fabre-Luce，引自 Florentin（2008），p.409。

14. Auroy（2008），pp.296—297.日记条目 1944 年 4 月 20 日。

15. 引自 Florentin（2008），p.410。

16. 数字见 Florentin（2008），p.410。

17. Fabre-Luce（1947），p.607，引自 Florentin（2008），p.411。

18. Auroy（2008），p.297.日记条目 1944 年 4 月 20 日。

19. Auroy（2008），pp.298—300.日记条目 “The day after the bombing”。

20. 数字见 Ferro（2012），p.542。

21. Audiat（1946），p.252.

22. Fauxbras（2012），p.177.日记条目 1944 年 4 月 21 日。

23. Rist（1983），p.399.日记条目 1944 年 4 月 23 日。

24. 引自 Cointet（2001），p.271。

25. Ferro（2012），p.543.

26. Andre Brissaud，引自 Amouroux（1999a），p.336。

27. 引自 Amouroux（1999a），p.336。

28. Claude Mauriac，*La Terrasse de Malagar*：*Le Temps immobile*，Grasset，1977，引自 Jackson（2001），p.536。

29. Claude Mauriac，*La Terrasse de Malagar*：*Le Temps immobile*，Grasset，1977，引自 Cointet（2001），p.270。

30. Ferro（2012），pp.545—546.

31. Pétain（1989），pp.325—326.

32. 见 Beevor（2009），p.17。

33. Braibant（1945），p.489.日记条目 1944 年 6 月 6 日。

34. Bobkowski（1991），p.555.日记条目 1944 年 6 月 8 日和 1944 年 6 月 10 日。

35. Groult（1962），p.423.日记条目 1944 年 6 月 10 日。

36. Schroeder（2000），p.222.日记条目 1944 年 6 月 6 日。

37. Auroy（2008），p.306.日记条目 1944 年 6 月 8 日。

38. Auroy（2008），p.307.日记条目 1944 年 6 月 8 日。

39. Auroy（2008），p.308.日记条目 1944 年 6 月 8 日。

40. 见 Mitchell（2008），pp.140—141。

41. 数字见 Mitchell（2008），p.141。

42. 见 Mitchell（2008），p.142。

43. 引自 Azéma（1990），p.94。

44. Cointet（2011），pp.665—666.

45. 见 Giolitto（2002），p.289。 485

46. 见 Cobb（2009），pp.239—241；Guérin（2000），pp.1138—1148。

47. 见 Giolitto（2002），pp.303—314，esp. pp.310—314。

48. 赖伐尔的广播，引自 Giolitto（2002），p.315。

49. 海报复制自 Bourget & Lacretelle（1980），p.177。

50. 引自 Jackson（2001），p.531。

51. Braibant（1945），p.501.日记条目 1944 年 6 月 28 日。也引自 Giolitto（2002），p.318。

52. 引自 Giolitto（2002），p.319。

53. Guéhenno（2002），p.421.日记条目 1944 年 6 月 28 日。也引自 Giolitto（2002），p.318。

54. 引自 Giolitto，p.319。

55. Benoît-Guyod（1962），p.275.日记条目 1944 年 6 月 28 日。

56. Giollito（2002），p.315；也见 Ferro（2012），pp.574—575。

57. 曼德尔及其受害详情见 Giollito（2002），pp.338—359 以及 Delpierré de Bayac（1969），pp.505—515。

58. 选择奥拉杜尔实施屠杀似乎是偶然的，大屠杀的目的是震慑在此地区十分活跃的马基游击队。通过向平民施加极其残酷的报复，党卫军希望将游击队吓退，转入被动状态。

59. 见 Cobb（2013），p.20；Kitson（1995），pp.43—44。

60. 引自 Ouzoulias（1967），p.398。

61. Auroy（2008），p.312.日记条目 1944 年 7 月 14 日。

62. Auroy（2008），p.314.日记条目 1944 年 7 月 14 日。

63. Auroy（2008），p.315.日记条目 1944 年 7 月 14 日。

64. 引自 Giolitto（2002），p.416。

65. 这一插曲也见 Delpierré de Bayac（1969），pp.493—495。

66. 施陶芬贝格尝试刺杀希特勒的简要前情见 Kershaw（2000），pp.655—671。

67. Bood（1974），p.306.日记条目 1944 年 7 月 22 日。

68. Manvell & Fraenkel（1964），p.155.

69. Kershaw（2000），p.684.

70. 见 Wieviorka & Laffitte（2012），pp.300—302。

第十五章

1. Boegner（1992），p.276，引自 Cobb（2013），p.30。

2. Ousby（1999），p.277.

3. 作为赖伐尔亲信之一的安德烈·昂费尔（André Enfière）称，已得到美国间谍头目、日后的美国中央情报局局长艾伦·杜乐斯（Allen Dulles）保证，罗斯福会支持赖伐尔的计划。见 Cobb（2013），p.53。

4. Pierquin（1983），p.130，1944 年 8 月 13 日。铁路罢工相关详情可参阅 Cobb（2013），pp.46—49。

5. Dupuy（1945），p.5.

486 6. 引自 Amouroux（1999），pp.891—892。

7. 引自 Cobb（2013），p.75。

8. 相关详情可参阅 Cobb（2013），pp.99—104。

9. 达尔南于 8 月 15 日离开，德布里农紧随其后于第二天离开，德亚又过了一天于 17 日离开。多里奥的法国人民党成员于 8 月 17 日离开首都，“民兵”成员相隔不久。乔治·伯努瓦-居约德看到圣米歇尔大道的圣路易中学外停着卡车，这里是他们的基地之一，车辆正准备将他们送出城外。多里奥于 8 月 19 日离开巴黎直奔德国，与一位名叫约瑟夫·布尔克（Josef Bürckel）的德国朋友在一起，后者此前曾负责法国洛林省被并吞的地区。

10. 引自 Amouroux（1999），p.871。

11. Audiat（1946），p.268.

12. Kent（1947），p.201.

13. Audiat（1947），p.268.

14. 在特吕弗的电影《最后一班地铁》（*Le Dernier Métro*）中，莫里斯·里什扮演的技工雷蒙·布尔西耶就是用这种方法蹬车为工作的剧院发电。

15. 引自 Amouroux（1999），p.873。

16. Galtier-Boissière（1944），p.252.日记条目 1944 年 8 月 15 日。

17. Groult & Groult（1962），p.432.日记条目 1944 年 8 月 17 日。

18. 见 Michel（1982），pp.287—288。

19. Galtier-Boissière（1944），p.253.日记条目 1944 年 8 月 17 日。

20. Galtier-Boissière（1944），pp.253—255.日记条目 1944 年 8 月 17 日。

21. Galtier-Boissière（1944），p.255.日记条目 1944 年 8 月 18 日。

22. Seine-et-Oise，Seine-et-Marne，Oise.

23. 穆兰于 1943 年 6 月被逮捕。他先后在里昂和巴黎受到痛苦折磨，随后被转移至德国，于 6 月 8 日死于梅斯和法兰克福之间某地，没有任何消息透露此事。

24. The Comité d'Action Militaire.

25. 巴黎解放中抵抗运动各部分分析见 Wieviorka（1994）。

26. Olivier Wieviorka，引自 Lévisse-Touzé（1994b），pp.137—138. 1941 年 10 月 23 日，共产党员开始刺杀在巴黎的德国士兵后，戴高乐从伦敦发布广播，他在广播中表明已经料想到国内的武装力量在进行抵抗，不过是在他的命令之下，也料想到了他们将会帮助法国驱逐德国人。见 Luneau（2005），p.171。

27. Chaban-Delmas in Francis Crémieux，*La Vérité sur la Libération de Paris*，Pierre Belfond，1971，p.187.引自 Kaspi（2004），p.110。

28. “时间必须要短，”戴高乐的内政部部长于 1944 年 5 月给巴罗迪发送了这样的电报，“不应超过三天到四天，可能的话应在四十八小时之内。”见 Wievorka

（1994），p.138。

29. General Omar Bradley，引自 Cobb（2009），p.259。

30. 海报复制自 Lévisse-Touzé（1994），opposite，p.264。

31. Léo Hamon，引自 Cobb（2013），p.145。

32. 见 Footitt & Simmonds（1988），p.125。

33. For the text of this appeal，见 Dansette（1966），pp.373—374。

34. 见 Footitt & Simmonds（1988），p.125。

35. Parodi in *Le Figaro*，19 August 1964，引自 Footitt & Simmonds（1988），p.125。

487 36. Auroy（2008），p.324.日记条目 8 月 19 日。

37. Dubois（1944），p.72，引自 Cobb（2013），p.452。

38. 海报复制自 Bourget & Lacretelle（1980），p.202。

39. Bobkowski（1991），p.608.日记条目 1944 年 8 月 19 日。

40. 见 Footitt & Simmonds（1988），pp.128—129。

41. Auroy（2008），p.319.日记条目 1944 年 8 月 19 日。

42. Boegner（1992），p.283.日记条目 1944 年 8 月 19 日。

43. De Beauvoir（1960a），p.677.

44. Groult & Groult（1962），pp.433—434.日记条目 1944 年 8 月 19 日。

45. Bobkowski（1991），p.608.日记条目 1944 年 8 月 19 日。

46. Sartre（1944），p.1.波伏娃后来承认《战斗》上的七篇文章中有部分是她写的。

47. Sartre（1944），p.1.

48. Bobkowski（1991），p.608.日记条目 1944 年 8 月 19 日。

49. Groult & Groult（1962），p.434.日记条目 1944 年 8 月 19 日。

50. 几个过路人对他说，如果不立刻把黄星撕掉，他们就要自己动手去撕了。

51. Auroy（2008），p.318.日记条目 1944 年 8 月 19 日。

52. Bood（1974），p.316.日记条目 1944 年 8 月 19 日。

53. Benoît-Guyod（1962），p.285.日记条目 1944 年 8 月 19 日。

54. Bood（1974），p.317.日记条目 1944 年 8 月 19 日。

55. Bourget（1994），pp.243—244.

56. 见 Cobb（2013），p.162。

57. 肖尔铁茨极力把自己描述成反纳粹人士，但他于战后被关押在英国期间，曾对威廉·里特·冯·托马将军说："我完成的最可怕的工作，是（在俄罗斯南部）消灭犹太人，但还是坚决完成了。"他从未因实施这些暴行按战争罪受到裁决。见 Beevor（2009），p.482。

58. Boegner（1992），p.285.日记条目 1944 年 8 月 20 日。Galtier-Boissière（1944），p.264.日记条目 1944 年 8 月 20 日。

59. Auroy（2008），p.322.日记条目 1944 年 8 月 20 日。

60. Galtier-Boissière（1944），p.264.日记条目 1944 年 8 月 20 日。

61. Auroy（2008），p.322.日记条目 1944 年 8 月 20 日。

62. Bobkowski（1991），p.610.日记条目 1944 年 8 月 20 日。

63. Groult & Groult（1962），p.435.日记条目 1944 年 8 月 20 日。

64. Benoît-Guyod（1962），p.292.日记条目 1944 年 8 月 20 日。

65. Benoît-Guyod（1962），p.292.日记条目 1944 年 8 月 20 日。

66. 8 月 20 日有关停火的会议及商谈详情可参阅 Cobb（2013），Chapter 9，pp.165—185。

67. Rol-Tanguy 引自 Crémieux，*La Vérité sur la Libération de Paris*，Belfond，1971，p.91，in Bourget（1994），p.250。

68. Galtier-Boissière（1944），p.261.日记条目 1944 年 8 月 20 日。

69. Galtier-Boissière（1944），p.261.日记条目 1944 年 8 月 20 日。

70. Bood（1974），p.317.日记条目 1944 年 8 月 19 日。

71. Bood（1974），p.323.日记条目 1944 年 8 月 21 日。

72. Benoît-Guyod（1962），p.289.日记条目 1944 年 8 月 20 日。 488

73. Groult & Groult（1962），p.435.日记条目 1944 年 8 月 20 日。

74. 见 de Gaulle（1956），p.347。

75. de Gaulle（1956），p.491.

76. Erwen Bergot，*La 2ème DB*，Presses de la Cité，1980，p.107，引自 Cobb（2013），p.223。

77. 文字复制自 Dansette（1966），p.393。

78. 文字复制自 Dansette（1966），pp.393—394。

79. Beevor & Cooper（1995），p.41.

80. Galtier-Boissière（1944），p.265.日记条目 1944 年 8 月 21 日。

81. Galtier-Boissière（1944），p.273.日记条目 1944 年 8 月 24 日。

82. Pierquin（1983），p.131.日记条目 1944 年 8 月 22 日。

83. 见 Audiàt（1946），pp.294—295。

84. Bood（1974），p.329.日记条目 1944 年 8 月 23 日。

85. 见 d'Astier（1965），pp.203—205。

86. 见 Cobb（2013），pp.231—232。

87. 见 Cobb（2013），p.233。

88. 引自 Dansette（1966），p.254。

89. Bood（1974），p.331.日记条目 1944 年 8 月 23 日。

90. Galtier-Boissière（1944），p.272.日记条目 1944 年 8 月 23 日。

91. Guéhenno（2002），p.437.日记条目 1944 年 8 月 24 日。

92. Auroy（2008），p.329.日记条目 1944 年 8 月 24 日。

93. Audiat（1946），pp.318—319.

94. Galtier-Boissière（1944），p.272.日记条目 1944 年 8 月 23 日。

95. Bood（1974），p.331.日记条目 1944 年 8 月 23 日。

96. Amouroux（1999a），p.947.

97. Braibant（1945），p.554.日记条目 1944 年 8 月 24 日（午夜）。

98. 在巴黎对贝德尔进行的采访。贝德尔是自由法国抵抗组织成员，这个组织由过去的《晨报》记者组成，向伦敦提供情报。今天，圣塞弗兰路和孔代路之间拉斯泰洛倒下的位置设有牌匾。

99. Raymond Dronne，*La Libération de Paris*，Presses de la Cité，1970，p.82，引自 Cobb（2013），p.269。

100. 这座地堡位于地下 26 米深处，是法国政府在战前为防巴黎遭到轰炸建造的。地堡内有二十多个房间，包括宿舍、发电机、空调系统以及最重要的电话交换台——凭借该设施罗尔-唐吉能与警察总局和市政厅保持联系。见 Cobb

(2009), p.262 and Cobb (2013), p.195。

101. 引自 Amouroux (1999), p.950。

102. Galtier-Boissière (1944), pp.275—276.日记条目 1944 年 8 月 25 日。

103. Ernie Pyle，引自 Cobb (2013), p.286。

104. Pierquin (1983), p.134.日记条目 1944 年 8 月 27 日。

105. Galtier-Boissière (1944), p.277.日记条目 1944 年 8 月 25 日。

106. de Gaulle (1956), p.496.

107. Kaspi (2004), p.130. 489

108. 8 月 29 日，戴高乐和布拉德利将军进行阅兵，美国第二十八步兵师及第五装甲师二十人并排通过城市，随后是美国坦克和野战炮兵，他们穿过巴黎，正准备与巴黎北部及东部的德国军队交战。见 Cobb (2013), pp.340—341。

109. de Gaulle (1956), p.364.

110. 引自 d'Astier (1965), p.216。

111. Bood (1974), p.338.日记条目 1944 年 8 月 26 日。

112. 见 Amouroux (1999), p.976, n.2。

113. Auvinet (2012), p.15. 感谢西蒙·基特森引起了我对这份文件的注意。

114. Lévisse-Touzé (June 1994), pp.76—77.

115. La Rochelle, Saint-Nazaire and Lorient remained in German hands until 9 May 1945.

116. Beevor (2009), p.513.

117. de Gaulle (1956), p.371.

余论

1. Sauvy (1978), p.221.

2. 直到 1944 年 10 月，第一条主干线铁路才得以通车，每天在巴黎和马赛之间往返，仅运营十二小时。

3. Steven Philip Kramer, in *Revue d'histoire de la Seconde Guerre mondiale*, No.3, July 1978, pp.26 ff., 引自 Bourget & Lacretelle (1980), p.205。

4. Auroy (2008), pp.342—343.

5. Fernand Picard，*Carnets de guerre et d'occupation 1939—1945：Usines Renault*，quoted in Veillon（1995），p.291，n.5.

6. Fernand Picard，引自 Veillon（1995），p.293，n.12。

7. Janet Flanner，*Paris Journal*，*1944—1965*，引自 Giles（1991），p.16。

8. 见 Grenard（2008），p.259。

9. 引自 Grenard（2008），p.259。

10. 1945 年 4 月 9 日警察总局报告，引自 Grenard（2008），p.260。

11. 拉丰于 1944 年 12 月 26 日处刑，博尼于 1944 年 12 月 27 日处刑。

12. 见 Wieviorka & Laffitte（2012），p.310。

13. Muggeridge（1973），p.217.

14. Beevor and Cooper（1995），p.92.

15. 见 Cobb（2013），p.352。

16. 文化界对这场辩论的分析见 Assouline（1990）。

17. 1944 年 9 月，北方煤矿转为国有，1945 年 1 月，路易·雷诺的汽车制造厂也收归国有。雷诺被控与德国合作遭逮捕。1945 年 5 月，战争期间对德国有所贡献的格诺姆与罗纳公司也收归国有，一个月后，国营航空公司——法国航空公司
490 创立。

18. 共产党认为他们极受推崇，因此至少应该分得一个重要的部门（内政部、国防部或外交部）。戴高乐拒绝，于是共产党接受了四个其他部门，分别是国家经济部、经济部、劳工部、工业生产和军备部。

19. 见 Giles（1991），p.14。

20. Dank（1974），p.323.

21. 维希政府内政部部长皮埃尔·皮舍于 1944 年 3 月 22 日在阿尔及尔被处决。

22. 见 Dank（1974），p.277。

23. 多里奥之死详情可参阅 Brunet（1986），pp.487ff。

24. 达基耶尔生平详情可参阅 Callil（2006）。

25. 这并不是一起孤立事件。中央情报局聘用了“里昂刽子手”克劳·巴比（Klaus Barbie）教授玻利维亚安保部队审讯技术，其中包括用刑的技术。

26. 见 Josephs（1989），pp.180—186。

27. Amouroux（1999），p.725.

28. 见 Arnaud（2014），p.546。

29. Jean-Louis Quereillahc，引自 Arnaud（2014），p.549。

30. 见 Arnaud（2014），p.550。

31. Vinen（2006），p.364.

32. 见 Arnaud（2014），p.550。

33. 每八名被遣送者对应一百名“义务劳动”征召工人和战俘，如果不包括犹太人，这一比例就会降至 4%。见 Wieviorka（1992），pp.47—48。

34. 见 Kaspi（2004），p.287，n.41。

35. 皮埃尔·阿苏利纳提供了杜撰的集中营归来者的采访报道（有深入研究为证），Assouline（2005），pp.325ff。

36. Daix（1976），p.141.

37. Simone Veil，引自 Wieviorka（1992），p.170。

38. 引自 Poznanski（1997），p.552。

39. Jean-Marc Benammar in an email to the author.

40. Clark and Costelle（2011）.

41. 详情见 Rayssac（2008）and Riding（2011），pp.165—167。

42. Place-des-Cinq-Martyrs-du-Lycée-Buffon.

43. “Allocution de M. Jacques Chirac，Président de la République prononcé lors des cérémonies commémorant la grande rafle des 16 et 17 juillet 1942”（Speech delivered 16 July 1995）. 2014 年 7 月 2 日查阅爱丽舍宫官网（http：//elysee.fr）。

参考文献

未注明出版地点的法语文献均在巴黎出版；未注明出版地点的英语文献均在伦敦出版；未注明译者的翻译文本均由作者完成。

Adler, Jacques. *The Jews of Paris and the Final Solution*. Oxford: Oxford University Press, 1987.

Alary, Eric. *Un Procès sous l'Occupation au Palais Bourbon, mars 1942*. Éditions Assemblée Nationale, 2000.

———. *L'Exode*. Perrin, 2010.

Alary, Eric, Bénédicte Vergez-Chaignon, and Gilles Gauvin. *Les Français au quotidien, 1939–1949*. Perrin, 2006.

Amouroux, Henri. *Les Français sous l'Occupation*. Audiocassette K1052, "La LVF/Les Premières mesures anti-sémites," Cassettes Radio France/France Inter, n.d.

———. *La Grande Histoire des Français sous l'Occupation*. Vol. 1, *Le Peuple du désastre/Quarante millions de Pétainistes 1939–1941*. Collection Bouquins. Robert Laffont, 1997.

———. *La Grande Histoire des Français sous l'Occupation*. Vol. 2, *Les Beaux Jours des collabos/Le peuple réveillé juin 1940–juin 1942*. Collection Bouquins. Robert Laffont, 1998a.

———. *La Grande Histoire des Français sous l'Occupation*. Vol. 3, *Les Passions et les haines/L'impitoyable guerre civile: avril 1942–décembre 1943*. Collection Bouquins. Robert Laffont, 1998b.

———. *La Grande Histoire des Français sous l'Occupation*. Vol. 4, *Un printemps de mort et d'espoir/Joies et douleurs du peuple libéré septembre 1943–août 1944*. Collection Bouquins. Robert Laffont, 1999a.

———. *La Grande Histoire des Français après l'Occupation*. Vol. 5, *Les Règlements de comptes/La page n'est pas encore tournée*. Collection Bouquins. Robert Laffont, 1999b.

———. *Pour en finir avec Vichy*. Vol. 2, *Les Racines des passions, 1940–1941*. Robert Laffont, 2005.
Anonymous. *La Rafle du Vélodrome d'Hiver: Les archives de la police*. Préfecture de Police (Paris), Service de la mémoire et des affaires culturelles, n.d.
———. *Ce que le public doit savoir en matière de défense passive*. Préfecture de Police (Paris), 1938.
———. "Le Camp de la cité de la Muette à Drancy 1941–1944." *Patrimoine*, no. 37, Conseil général de la Seine-Saint-Denis, 2010.
———. *Wohin Paris? Où sortir à Paris*. Alma, 2013.
Arnaud, Patrice. "Le STO: Cadeau inespéré à la Résistance." In "Résistants et collabos, 1943: La France déchirée." *Le Nouvel Observateur*, Hors Série 84 (November–December 2013): 19–23.
———. *Les STO: Histoire des Français requis en Allemagne nazie, 1942–1945*. Collection Biblis. CNRS Éditions, 2014.
Aron, Robert. "De la Relève au S.T.O." *Les Années 40*, no. 42. Tallandier/Hachette, 1979, 1149–1158.
Assouline, Pierre. *Gaston Gallimard: Un demi-siècle d'édition française*. Collection Folio. Gallimard, 2006. First published Éditions Balland 1984.
———. *L'Épuration des intellectuels*. Éditions Complexe, 1990.
———. *Lutetia*. Collection Folio. Gallimard, 2005.
Atkin, Nicholas. "Seduction and Sedition: Otto Abetz and the French, 1918–1940." In *Problems in French History: Essays in Honour of Douglas Johnson*. Edited by Martyn Cornick and Ceri Crossley, 180–196. Palgrave, 2000.
———. *The French at War, 1934–1944*. Seminar Studies in History. Pearson, 2001.
Auda, Grégory. *Les Belles Années du "milieu," 1940–1944*. Éditions Michalon, 2002.
Audiat, Pierre. *Paris pendant la guerre*. Hachette, 1946.
Auroy, Berthe. *Jours de guerre: Ma vie sous l'Occupation*. Bayard, 2008.
Auvinet, André. *Journal de la Libération de Paris, 18 au 28 août 1944*. http://liberation-de-paris.gilles-primout.fr/mon-journal-de-la-liberation-de-paris-2. Accessed 12 June 2014.
Avakoumovitch, Ivan. "Le PCF vu par le commandement des troupes d'occupation allemandes, août 1940–mai 1941." *Le Mouvement social* 113 (October–December 1980): 91–99.
———. "La Résistance du PCF vu par la Wehrmacht." *Cahiers d'Histoire de l'Institut de recherches marxistes* (6 July–September 1981): 16–36.
———. "La Résistance du PCF vue par l'occupant, juillet 1940–juin 1941." *Cahiers d'Histoire de l'Institut de recherches marxistes* 14 (numéro spécial) (September 1983): 47–110.
Azéma, Jean-Pierre. "La Milice." *Vingtième Siècle: Revue d'histoire* 28 (October–December 1990): 83–105.
Azéma, Jean-Pierre, Antoine Prost, and Jean-Pierre Rioux. *Le Parti Communiste Français des années sombres, 1938–1941*. Seuil, 1986.
Aziz, Philippe. *Tu trahiras sans vergogne*. Fayard, 1970.
———. *Le Livre noir de la trahison: Histoires de la Gestapo en France*. Éditions Ramsay, 1984.
Badia, Gilbert. "Vivre à Paris, 1939–1944: Impressions d'un témoin." In *Paris sous l'Occupation/Paris unter deutscher Besatzung: Actes du 3ème colloque des Universités d'Orléans et de Siegen*, 11–22. Heidelberg: Universitätsverlag, 1995.

Badinter, Robert. *Un Antisémitisme ordinaire*. Livre de Poche, 1997.
Bair, Deirdre. *Simone de Beauvoir: A Biography*. Jonathan Cape, 1990.
Bardoux, Jacques. *Journal d'un témoin de la IIIe République*. Fayard, 1957.
Beauvoir, Simone de. *La Force de l'âge*. Folio. Gallimard, 1960a.
———. *La Force des choses*. Gallimard, 1960b.
———. *Journal de guerre*. Gallimard, 1990a.
———. *Lettres à Sartre*. Gallimard, 1990b.
Beevor, Anthony. *D-Day: The Battle for Normandy*. Viking, 2009.
Beevor, Anthony, and Artemis Cooper. *Paris after the Liberation*. Penguin, 1995.
Beltran Alain, and Patrice A. Carré. *La Fée et la servante*. Belin, 1991.
Benbassa, Esther. *Histoire des Juifs de France*. Éditions du Seuil, 1997.
Benoist-Méchin, Jacques. *De la Défaite au désastre*. Vol. 1, *Les Occasions manquées, juillet 1940–avril 1942*. Julliard, 1984.
Benoît-Guyod, Georges. *L'Invasion de Paris*. Les Éditions du Scorpion, 1962.
Berg, Roger. "Les Attentats contre les synagogues en 1941." In *Mémoire du génocide: recueil de 80 articles du "Monde juif," 1946–1986*. Edited by Serge Klarsfeld, 38–40. Revue du Centre de la Documentation juive, 1987.
Berlière Jean-Marc, and Franck Liaigre. *Le Sang des communistes*. Fayard, 2004.
———. *Liquider les traîtres: La face cachée du PCF, 1941–1943*. Robert Laffont, 2007.
———. *L'Affaire Guy Môquet: enquête sur une mystification officielle*. Larousse, 2009.
Berlière, Jean-Marc, and Denis Peschanski. "Police et policiers parisiens face à la lutte armée, 1941–1944." In *Pouvoirs et polices au XXème siècle*. Edited by Jean-Marc Berlière and Denis Peschanski, 137–176. Brussels: Éditions Complexe, 1997.
Berr, Hélène. *Journal*. Tallandier, 2008.
Besson, Jean-Louis. *Paris rutabaga: souvenirs d'enfance, 1939–1945*. Gallimard, n.d.
Biélinky, Jacques. *Un Journaliste juif à Paris sous l'Occupation*. Le Cerf/CNRS, 2011.
Binet, Laurent. *HHhH*. Vintage Books, 2013.
Blanc, Julien. "Le Réseau du Musée de l'Homme." *Esprit* 261 (February 2000): 89–103.
———. "Introduction." In *Notre guerre*. By Agnès Humbert, 9–80. Tallandier, 2004.
———. *Au commencement de la Résistance: Du côté du Musée de l'Homme, 1940–1941*. Éditions du Seuil, 2010.
Blumenson, Martin. *The Vildé Affair*. Boston: Houghton Mifflin, 1977.
Bobkowski, Andrzej. *En Guerre et en paix*. Montricher, Switzerland: Les Éditions noir sur blanc, 1991.
Bock, Fedor von. *The War Diary, 1939–1945*. Translated by David Johnston. Schiffer Military History. Atglen, PA: Schiffer, 1996.
Boegner, Philippe. *Carnets du Pasteur Boegner, 1940–1945*. Fayard, 1992.
Bood, Micheline. *Les Années doubles*. Robert Laffont, 1974.
Borgé, Jacques, and Nicolas Viasnoff. *Les Véhicules de l'Occupation*. Balland, 1975.
Boucault, Mosco Levi. *Des "Terroristes" à la retraite*, 1985. Released on DVD as *Les FTP-MOI: Paris-Toulouse 1942–1944*. Arte France, 2013. This DVD includes another film directed by Boucault entitled *Ni Travail, ni famille, ni patrie*.

Bourderon Roger, and Germaine Willard. “Documents communistes (mai 1939–novembre 1941).” *Cahiers d'Histoire de l'Institut de recherches marxistes* 14 (numéro spécial) (1983): 159–193.
Bourget, Pierre. *Histoires secrètes de l'Occupation de Paris*. Vol. 1, *Le joug*. Hachette, 1970.
———. *Paris, 1940–1944*. Plon, 1979.
———. “La Trève.” In *Paris 1944: Les enjeux de la libération*. Edited by Christine Lévisse-Touzé, 243–257. Albin Michel, 1994.
Bourget, Pierre, and Charles Lacretelle. *Sur les Murs de Paris, 1940–1944*. Bibliothèque des Guides Bleus. Librairie Hachette, 1959.
———. *Sur les Murs de Paris*. Hachette, 1980.
Braibant, Charles. *Lumière bleue*. Fayard, 1940.
———. *La Guerre à Paris*. Éditions Corrêa, 1945.
Brasillach, Robert. *Journal d'un homme occupé*. Les Sept Couleurs, 1955.
Brunet, Jean-Paul. *Jacques Doriot: Du communisme au fascisme*. Balland, 1986.
Brustlein, Gilbert. *Le Chant d'amour d'un “terroriste à la retraite.”* Société européenne des arts graphiques, 1989.
———. *Agir*. In the series *Le Choix des hommes*. DVD. La Documentation française, 2011.
Buisson, Patrick. *1940–1945: Années érotiques*. Vol. 1, *Vichy, ou les infortunes de la vertu*. Albin Michel, 2008.
———. *1940–1945: Années érotiques*. Vol. 2, *De la grande prostituée à la revanche des mâles*. Albin Michel, 2009.
Burinovici-Herbornel,. Claudine. *Une Enfance traquée*. L'Improviste, 2001.
Burrin, Philippe. *La France à l'heure allemande, 1940–1944*. Collection Points Histoire. Seuil, 1995.
———. *La Dérive fasciste*. Seuil, 2003.
Callil, Carmen. *Bad Faith: A Story of Faith and Fatherland*. Vintage, 2006.
Cardon-Hamet, Claudine. *Triangles rouges à Auschwitz: Le convoi politique du 6 juillet 1942*. Collection Mémoires 115. Éditions Autrement, 2005.
Carroll, Sean, and Héloïse Dufour. “Great Myths Die Hard.” *Nature* 502 (October 2013): 32–33.
Chadwick, Kay. *Alphonse de Châteaubriant: Catholic Collaborator*. Bern: Peter Lang, 2002.
Chapsal, Jacques. *La Vie politique en France depuis 1940*. Presses universitaires de France, 1966.
Charpentier, Pierre-Frédéric. *La Drôle de guerre des intellectuels français, 1939–1940*. Lavauzelle, 2008.
Chevassus-au-Louis, Nicolas. *Savants sous l'Occupation*. Perrin, 2004.
Clarke, Isabelle, and Daniel Costelle. *L'Occupation intime*. DVD. TF1-Vidéo, 2011.
Cobb, Matthew. *Resistance*. Simon & Schuster, 2009.
———. *Eleven Days in August*. Simon & Schuster, 2013.
Cohen-Solal, Annie. *Sartre*. Gallimard, 1985.
Cointet, Jean-Paul. *Paris 40–44*. Perrin, 2001.
Cointet, Michèle. *L'Église sous Vichy*. Perrin, 1998.
———. *Nouvelle Histoire de Vichy*. Fayard, 2011.

———. "La Milice: L'état meurtrier." In "Résistants et collabos: 1943, La France déchirée." *Le Nouvel Observateur*, Hors Série 84 (November–December 2013): 28–30.

Cointet, Michèle, and Jean-Paul Cointet, eds. *Dictionnaire historique de la France sous l'Occupation.* Tallandier, 2000.

Cornick, Martyn, ed. *Paulhan-Armand Petitjean: Correspondance 1934–1948.* Gallimard, 2010.

Costantini, Pierre. *La Haute Signification de la Légion.* Imprimerie spécial de la LVF, no. 185, n.d.

Cotta, Michèle. *La Collaboration, 1940–1944.* Collection Kiosque. Armand Colin, 1964.

Courtois, Stéphane. *Le PCF dans la guerre.* Éditions Ramsay, 1980.

———. "Le 'Groupe Manouchian' sacrifié ou trahi?" *Le Monde*, 2–3 June 1985. http://www.lemonde.fr/archives/article/1985/06/03/le-groupe-manouchian-sacrifie-ou-trahi_2754119_1819218.html.

Courtois, Stéphane, Denis Peschanski, and Adam Rayski. *Le Sang de l'étranger: Les immigrés de la MOI dans la Résistance.* Fayard, 1989.

Crémieux-Brilhac, Jean-Louis. *Les Français de l'an 40.* Vol. 1, *La guerre oui ou non?* Gallimard, 1990.

d'Abzac-Epezy, Claude. "Les Premiers Bombardements alliés sur la France et leur utilisation politique." *Revue historique des armées*, no. 191 (June 1993): 73–84.

Daix, Pierre. *J'ai cru au matin.* Robert Laffont, 1976.

———. *Les Combattants de l'impossible.* Robert Laffont, 2013.

Dank, Milton. *The French against the French.* Cassell, 1974.

Dansette, Adrien. *Histoire de la Libération de Paris.* Fayard, 1966. First published 1946.

D'Astier, Emmanuel. *De la Chute à la Liberation de Paris.* Gallimard, 1965.

Déat, Marcel. "Mourir pour Dantzig?" *L'Œuvre*, 4 May 1939.

———. *Mémoires politiques.* Denoël, 1989.

Delarue, Jacques. *Histoire de la Gestapo.* Fayard, 1962.

———. "La Police sous l'Occupation." *L'Histoire* 29 (December 1980): 6–15.

———. "La Bande Bonny-Lafont." *L'Histoire* 80 (July–August 1985): 62–69.

———. *Trafics et crimes sous l'Occupation.* Fayard, 1993.

Delatour, François. "SS et Français: Pourquoi?" *Historia*, Hors Série 32 (1973).

Delpierré de Bayac, Jacques. *Histoire de la Milice, 1918–1945.* Fayard, 1969.

Deroy, Jacqueline, and Françoise-Renée Pineau. *Celles qui attendaient . . . témoignent aujourd'hui.* Melun, France: ANRPAPG, 1985.

Desanti, Dominique, Jean-Toussaint Desanti, and Roger-Pol Droit. *La Liberté nous aime encore.* Odile Jacob, 2004.

Desprairies, Cécile. *Ville lumière-années noires: Les Lieux du Paris de la collaboration.* Éditions Denoël, 2008.

———. *Paris dans la collaboration.* Éditions du Seuil, 2009.

D'Hoop, Jean-Marie. "La main-d'oeuvre française au service de l'Allemagne." *Revue d'histoire de la Deuxième Guerre mondiale* 81 (January 1971): 73–88.

Diamond, Hanna. *Fleeing Hitler: France 1940.* Oxford: Oxford University Press, 2007.

Drake, David. *Intellectuals and Politics in France from the Dreyfus Affair to the Occupation*. Palgrave Macmillan, 2005.
Dreyfus, Jean-Marc, and Sarah Gensburger. *Des Camps dans Paris: Austerlitz, Lévitan, Bassano, juillet 1943–août 1944*. Fayard, 2003.
Dubois, Edmond. *Vu pendant la libération de Paris: Journal d'un témoin*. Lausanne, Switzerland: Librairie Payot, 1944.
———. *Paris sans lumière*. Lausanne, Switzerland: Librairie Payot, 1946.
Duchatelet, Bernard. *Romain Rolland tel que lui-même*. Albin Michel, 2002.
Dufay, François, *Le Voyage d'automne*. Plon, 2000.
Dupays, Paul. *Paris: Chronique historique, septembre 1939–juin 1940*. Éditions de la critique, Hachette, n.d.
Dupuy, Ferdinand. *Quand "ils" entrèrent à Paris*. Librairie-Imprimeries réunies, 1940.
———. *La Libération de Paris vue d'un commissariat de police*. Librairie-Imprimeries reunites, 1945.
Duquesne, Jacques. *Les Catholiques français sous l'occupation*. Points Histoire. Bernard Grasset, 1996.
Ehmer, Wilhelm. *La Nuit devant Paris: 13 juin 1944*. Trois Épis, 1943. Translation by J. Berthelle of *Die Nacht vor Paris*. Stuttgart: Verlag J. Engelhorns Nachf., Adolf Spemann, n.d.
Eismann, Gaël. *Hotel Majestic: ordre et sécurité en France occupée, 1940–1944*. Tallandier, 2010.
Epelbaum, Didier. *Obéir. Les déshonneurs du capitaine Vieux, Drancy, 1941–1944*. Stock, 2009.
Evans, Richard J. *The Third Reich at War*. Penguin, 2009.
———. "The Staggering Inaccuracy of Bombs." Review of Richard Overy, *The Bombing War: Europe 1939–1945* (London: Allen Lane, 2013). *The Guardian* (Review Section), 28 September 2013, p. 9.
Evrard, Jacques. *La Déportation des travailleurs français dans le IIIe Reich*. Fayard, 1972.
Eychart, François, and Georges Aillaud, eds. *Les Lettres françaises et les Étoiles dans la clandestinité, 1942–1944*. Le Cherche Midi, 2008.
Fabre-Luce, Alfred. *Journal de la France, 1939–1944*, Éditions Amiot-Dumont (La Diffusion du Livre), 1947.
Fauxbras, César. *Le Théâtre de l'Occupation*. Éditions Allia, 2012.
Ferro, Marc. *Pétain*. Collection Pluriel. Fayard, 2012.
Feyel, Gilles. *La Presse en France des origines à 1944*. Ellipses, 1999.
Fishman, Sarah. *We Will Wait: Wives of French Prisoners of War, 1940–1945*. New Haven, CT: Yale University Press, 1991.
Florentin, Eddy. *Quand les Alliés bombardaient la France, 1940–1945*. Collection Tempus. Perrin, 2008.
Fonkenell, Guillaume. *Le Louvre pendant la guerre*. Éditions Musée du Louvre, 2009.
Footitt, Hilary, and John Simmonds. *France, 1943–1945*. Leicester University Press, 1988.
Forbes, Robert. *For Europe: The French Volunteers of the Waffen-SS*. Mechanicsburg, PA: Stackpole, 2010.

Foss, Myriam, and Lucien Steinberg. *Vie et mort des Juifs sous l'Occupation*. Plon, 1996.
Foville, Jean-Marc de. *L'Éntrée des Allemands à Paris*. Calmann-Lévy, 1965.
Friedländer, Saul. *Nazi Germany and the Jews*. Phoenix, 2009.
Galtier-Boissière, Jean. *Mon Journal pendant l'Occupation*. La Jeune Parque, 1944.
Gaulle, Charles de. *Mémoires de guerre: L'unité, 1942–1944*. Collection Pocket. Plon, 1956.
Gerwarth, Robert. *Hitler's Hangman: The Life of Heydrich*. New Haven, CT: Yale University Press, 2011.
Gex le Verrier, Madeleine. *Une Française dans la tourmente*. Hamish Hamilton, 1942.
Giles, Frank. *The Locust Years: The Story of the Fourth Republic, 1946–1958*. Secker & Warburg, 1991.
Giolitto, Pierre. *Histoire de la Milice*. Collection Tempus. Perrin, 2002.
———. *Volontaires français sous l'uniforme allemand*. Collection Tempus. Perrin, 2007.
Giraudoux, Jean. *Messages du Continental: Allocutions radiodiffusées du Commissaire à l'information*. Cahiers Jean Giraudoux 16. Grasset, 1987.
Goglin, Jean-Louis, and Pierre Roux, eds. *Souffrance et liberté: Une géographie parisienne des années noires*. Paris-Musées, 2004.
Gordon, Bertram. "*Ist Gott Französisch?* Germans, Tourism, and Occupied France." *Modern and Contemporary France* NS 4, no. 3 (1996): 287–298.
Grenard, Fabrice. *La France du marché noir, 1940–1949*. Payot, 2008.
Groult, Benoîte, and Flora Groult. *Journal à quatre mains*. Livre de Poche, 1962.
Gruat, Cédric. *Hitler à Paris, juin 1940*. Éditions Tirésais, 2010.
Grunberg, Albert. *Journal d'un coiffeur juif à Paris sous l'Occupation*. Éditions de l'Atelier, 2001.
Guéhenno, Jean. *Journal des années noires, 1940–1944*. Collection Folio. Gallimard, 2002.
Guérin, Alain. *Chronique de la Résistance*. Éditions France Loisirs, 2000.
Guidez, Guylaine. *Femmes dans la guerre*. Collection Terres des Femmes. Perrin, 1989.
Halami, André. *Chantons sous l'Occupation*. L'Harmattan, 1976.
———. *La délation sous l'Occupation*. Edition 1, 1998.
Halls, Wilfred D. *The Youth of Vichy France*. Oxford: Clarendon, 1981.
Hastings, Max. *All Hell Let Loose: The World at War, 1939–1945*. Harper Press, 2011.
Hatry, Gilbert. "Objectif Renault: Le bombardement du 3 mars 1942." In the biannual review of the Section d'histoire des Usines Renault: *De Renault Frères à Renault Régie Nationale*, June 1974, 1–24.
Hebey, Pierre. *La Nouvelle Revue française des années sombres, 1940–1941*. Gallimard, 1992.
Hire, Jean de la. *Le Crime des évacuations: Les horreurs que nous avons vues*. Éditions Tallandier, 1940.
Hoare, Quintin. Translator's Introduction to Jean-Paul Sartre, *War Diaries: Notebooks from a Phoney War 1939–1940*, vii–xviii. Verso Editions, 1984.
Humbert, Agnès. *Notre guerre: Souvenirs de Résistance*. Tallandier, 2004. First published in 1946 by Éditions Émile-Paul.

Hyman, Paula. *The Jews of Modern France*. Berkeley: University of California Press, 1998.
Imlay, Talbot. "Mind the Gap: The Perception and Reality of Communist Sabotage during the Phoney War." *Past and Present* 189, no. 1 (November 2005): 179–223.
Israel, Gérard. *Heureux comme Dieu en France*. Laffont, 1975.
Jäckel, Eberhard. *La France dans l'Europe de Hitler*. Fayard, 1968.
Jackson, Julian. *France: The Dark Years 1940–1944*. Oxford: Oxford University Press, 2001.
———. *The Fall of France*. Oxford: Oxford University Press, 2003.
Jamet, Fabienne, Albert Kantof, and René Havard. *One Two Two*. Olivier Orban, 1975.
Jarreau, Patrick, and Edwy Plenel. "Les ombres de 1943." *Le Monde*, 2 July 1985. www.lemonde.fr/archives/article/1985/07/02/les-ombres-de-1943_2739476_1819218. html?xtmc=les_ombres_1943&xtcr=9. Accessed 15 May 2015.
Joly, Laurent. "La Délation anti-sémite sous l'Occupation." *Vingtième Siècle: Revue d'Histoire* 96 (October–December 2007): 137–149.
———. "La Dénonciation dans la traque des communistes et des Juifs 1940–1944." In Laurent Joly, ed. *La Délation dans la France des années noires*. Perrin, 2012a.
———. "Quand la délation empoisonnait la France." Interview with Laurent Joly. Fribourg, Switzerland. *La Liberté*, 3 February 2012b. http://www.laliberte.ch/sites/default/files/article_pdf/histoirevivante_ve030212.pdf. Accessed 15 May 2015.
———. "Le Cas Annette Zelman et les débuts de la 'solution finale' en France (mai–juin 1942)." *Vingtième Siècle: Revue d'Histoire* 119 (2013): 29–41.
Josephs, Jeremy. *Swastika over Paris*. Bloomsbury, 1989.
Jünger, Ernst. *Journaux de guerre*. Vol. 2, *1939–1948*. Bibliothèque de la Pléiade. Gallimard, 2008.
Junot, Michel. *1940, tel que je l'ai vécu*. France-Empire, 1998.
Kageneck, August von. *La France occupée*. Perrin, 2012.
Kaspi, André. " 'Le Juif en France': Une exposition à Paris en 1941." In *Mémoire du génocide: recueil de 80 articles du "Monde juif," 1946–1986*. Edited by Serge Klarsfeld, 60–72. Revue du Centre de la Documentation juive, 1987. First published in *Le Monde juif*, 1975.
———. *Les Juifs pendant l'Occupation*. Éditions du Seuil, 1997.
———. *La Libération de la France, juin 1944–janvier 1946*. Collection Tempus. Perrin, 2004.
Kedward, H. R. *Occupied France: Collaboration and Resistance, 1940–1944*. Basil Blackwell, 1987.
Kent, Victoria, *Quatre ans à Paris*, Le Livre du Jour, 1947.
Kershaw, Ian. *Hitler, 1939–1946: Nemesis*. Allen Lane, 2000.
———. *Fateful Choices: Ten Decisions That Changed the World, 1940–1941*. Penguin, 2008.
King, David. *Death in the City of Light*. Sphere, 2012.
Kitson, Simon. "The Police in the Liberation of Paris." In *The Liberation of France: Image and Event*. Edited by H. R. Kedward and Nancy Wood, 43–56. Oxford: Berg, 1995.

———. "From Enthusiasm to Disenchantment: The French Police and the Vichy Regime." *Contemporary European History* 11, no. 3 (August 2002): 371–390.
Knowles, Elisabeth, ed. *The Oxford Dictionary of Quotations.* Oxford: Oxford University Press, 1999.
Koestler, Arthur. *Scum of the Earth.* Jonathan Cape, 1941.
Krivopissko, Guy, ed. *À vous la vie: Lettres de fusillés du Mont-Valérien, 1940–1944.* Tallandier, 2013.
Kupferman, Fred. *Laval, 1883–1945.* Balland, 1987.
Laffitte, Michel. *Un Engrenage fatal.* Liana Levi, 2003.
———. *Juifs dans la France allemande.* Tallendrier, 2006.
Lallam, Sandra. *La Population de la Seine et les forces d'occupation allemandes, 14 juin 1940–25 août 1944.* Master's thesis, Paris IV Sorbonne, 1999–2000.
Lambauer, Barbara. *Otto Abetz et les Français.* Fayard, 2001.
Lamblin, Bianca. *Mémoires d'une jeune fille dérangée.* Éditions Balland, 1993.
Langeron, Roger. *Paris, juin 40.* Flammarion, 1946.
Léautaud, Paul. *Journal littéraire.* Vol. 12, *mai 1937–février 1940.* Mercure de France, 1962.
———. *Journal littéraire.* Vol. 13, *février 1940–juin 1941.* Mercure de Paris 1962.
———. *Journal littéraire.* Vol. 14, *juillet 1941–novembre 1942.* Mercure de France, 1963.
Le Boterf, Hervé. *La Vie parisienne sous l'Occupation.* Vol. 1. Éditions France Empire, 1974.
———. *La Vie parisienne sous l'Occupation*, Vol. 2. Éditions France-Empire, 1975.
Le Marec, Gérard, and Suzanne Zwang. *Paris, 1939–1945.* Martelle Éditions, 1995.
Levert, Jean-Pierre. *Un Lycée dans la tourmente.* Calmann-Lévy, 1994.
Lévisse-Touzé, Christine. *Paris libéré, Paris retrouvé.* Collection Découvertes. Gallimard, 1994a.
———, ed. *Paris 1944: Les Enjeux de la Libération.* Albin Michel, 1994b.
Lévy, Claude, and Paul Tillard. *La Grande Rafle du Vél' d'Hiv'.* Robert Laffont, 1967.
Lévy-Osbert, Liliane. *La Jeunesse vers l'abîme.* Études et documentation internationales, 1992.
Lifar, Serge. *Ma Vie.* Hutchinson, 1965.
Loiseau, Jean-Claude. *Les Zazous.* Le Sagittaire, 1977.
Lormier, Dominique. *La Gestapo et les Français.* Pygmalion, 2013.
Lottman, Herbert. *The Fall of Paris.* Sinclair-Stevenson, 1992.
Loyer, Emmanuelle. *Paris à New York: Intellectuels et artistes français en exil, 1940–1947.* Collection Pluriel. Hachette, 2005.
Lukacs, John. *June 1941: Hitler and Stalin.* New Haven, CT: Yale University Press, 2006.
Luneau, Aurélie. *Radio Londres: Les voix de la liberté, 1940–1944.* Collection Tempus. Perrin, 2005.
Manvell, Roger, and Heinrich Fraenkel. *The July Plot.* Pan, 1964.
Marchand, Bernard. *Paris: Histoire d'une ville, XIXe–XXe siècle.* Seuil, 1993.
Marrus, Michael, and Robert Paxton. *Vichy France and the Jews.* Stanford, CA: University of Stanford Press, 1995.
Mathieu, Georges. *La Sorbonne en guerre, 1940–1944.* L'Harmattan, 2011.
Maurois, André. *The Battle of France.* Translated by J. Ludman. John Lane/The Bodley Head, 1940.

Mazower, Mark. *Hitler's Empire*. Penguin, 2009.
Meinen, Isna. *Wehrmacht et prostitution sous l'Occupation, 1940–1944*. Payot, 2006.
Ménager, Camille. *Le Sauvetage des Juifs à Paris, 1940–1944*. Mairie de Paris, 2007.
Meyer, Charles. "Obsession du ravitallement." *Les Années 40* 60 (19 December 1979): 1672–1676.
Mezzasalma, Philippe. "De la Défense du parti de la Résistance: Itinéraires de jeunes militantes communistes." *Les Cahiers de la GERME* 25 (2005): 84–96. Available as a PDF at www.germe-inform.fr/wp-content/uploads/2013/10dossier-cahiers25.pdf. Accessed 14 May 2015.
Michel, Alain. *Vichy et la Shoah*. CLD Éditions, 2012.
Michel, Henri. *La Drôle de guerre*. Hachette, 1971.
———. *Paris allemand*. Albin Michel, 1981.
———. *Paris résistant*. Albin Michel, 1982.
———. *La Libération de Paris*. Brussels: Éditions Complexe, 1990.
Milward, Alan S. *The New Order and the French Economy*. Oxford: Clarendon, 1970.
Minc, Joseph. *L'Extraordinaire Histoire de ma vie ordinaire*. Éditions du Seuil, 2006.
Missika, Dominique. *La Guerre sépare ceux qui s'aiment, 1939–1945*. Grasset, 2001.
Mitchell, Allan. *Nazi Paris*. Oxford: Berghahn, 2008.
Monchablon, Alain. "La Manifestation à l'Étoile du 11 novembre 1940," *Vingtième Siècle: Revue d'Histoire* 110 (April–June 2011): 67–81.
Montefiore, Simon Sebag. *Stalin: The Court of the Red Tsar*. Weidenfeld & Nicolson, 2004.
Mousset, Paul. *Quand le temps travaillait pour nous*. Grasset, 1941.
Muggeridge, Malcolm. *Chronicles of Wasted Time*. Vol. 2, *The Infernal Grove*. Collins, 1973.
Naïtchenko, Maroussia. *Une Jeune Fille en guerre*. Imago, 2003.
Nicholas, Lynn H. *The Rape of Europa*. Macmillan, 1994.
Noth, Erich Ernst. *La Guerre pourrie*. Montreal: Valiguette, n.d.
Oberlé, Jean. "Images anglaises," *La France libre* 3, no. 18, 17 (April 1942): 475–478.
Ollier, Nicole. *L'Éxode: Sur les routes de l'an 40*. Robert Laffont, 1970.
Omnès, René. *Pourquoi as-tu fait cela mon fils?* Les Éditions La Musse, 1991.
Ophuls, Marcel. *Le Chagrin et la pitié*. Éditions Alain Moreau, 1980.
Ory, Pascal. *Les Collaborateurs*. Collection Points Histoire. Seuil, 1976.
———. *La France allemande*. Gallimard, 1995.
Ousby, Ian. *Occupation: The Ordeal of France, 1940–1944*. Pimlico, 1999.
Ouzoulias, Albert. *Les Bataillons de la jeunesse*. Éditions Sociales, 1967.
Overy, Richard. *The Bombing War: Europe, 1939–1945*. Allen Lane, 2013.
Paris Prefecture of Police. *La Situation à Paris: Rapports de la quinzaine*. Prefecture de Police, 1939–1944.
Paxton, Robert. *Vichy France*. New York: Columbia University Press, 1982.
Paxton, Robert, Olivier Corpet, and Claire Paulhan. *Archives de la vie littéraire sous l'Occupation*. Tallandier/IMEC, 2009.
Perrault, Gilles. *Paris sous l'Occupation*. Belfond, 1987.
Peschanski, Denis. *Vichy, 1940–1944: Contrôle et exclusion*. Brussels: Éditions Complexe, 1997.
———. *La France des camps: L'internement, 1938–1946*. Gallimard, 2002.

———. "La Confrontation radicale. Résistants communists parisiens vs Brigades spéciales." http://hal.archives-ouvertes.fr/hal-00363336/fr/, 2003. The text later appeared in François Marcot and Didier Musiedlak, eds., *Les Résistances, miroir des régimes d'oppression. Allemagne, France, Italie*, 335–349. Besançon: Presses Universitaires de Franche-Comté, série historiques, 2006.

———. "Des Étrangers engagés dans la libération de la France, filés et arrêtés par des policiers français oeuvrant au service de l'occupant." In *Vingt et trois étrangers et nos frères pourtant*, *L'Humanité* hors série, February 2014, 14–15.

Pétain, Philippe. *Discours aux Français, 17 juin 1940–20 août 1944*. Albin Michel, 1989.

Pierquin, Bernard. *Journal d'un étudiant parisien sous l'Occupation*. chez l'auteur, 1983.

Pike, David Wingate. "The French Communists from the Collapse of France to the Invasion of Russia." *Journal of Contemporary History* 8, no. 3 (July 1993): 465–485.

Poisson, Georges. "La Guerre des statues." *Magazine 39–45*, January 2006, pp. 9–13.

Poliakov, Léon. *L'Étoile jaune*. Editions Grancher, 1999.

Polnay, Peter de. *Death and Tomorrow*. Panther, 1957 (First published by Secker & Warburg, 1942).

Poulain, Martine. *Livres pillés, lectures surveillées*. Gallimard, 2008.

Poznanski, Renée. "Avant les premières grandes rafles: Les Juifs à Paris sous l'Occupation, juin 1940–avril 1941." *Les Cahiers de l'IHTP (Institut d'Histoire du Temps Présent)* 22 (December 1992): 25–66.

———. *Les Juifs en France pendant la Seconde Guerre mondiale*. Pluriel. Hachette, 1997.

Pryce-Jones, David. *Paris in the Third Reich: A History of the German Occupation, 1940–1944*. Collins, 1981.

Quéval, Jean. *Première page, cinquième colonne*. Librairie Anthème Fayard, 1945.

Ragache, Gilles. *Les Enfants et la guerre*. Perrin, 1997.

Rajsfus, Maurice. *Les Français de la débâcle*. La Cherche-Midi, 1997.

———. *Opération étoile jaune*. Le Cherche Midi, 2002a.

———. *La Rafle du Vél' d'Hiv'*. Collection Que Sais-Je? Presses universitaires de France, 2002b.

———. *Drancy: Un camp de concentration très ordinaire, 1941–1944*. J'ai Lu, 2004.

Rayski, Adam. *Le Choix des Juifs sous Vichy*. Éditions de la Découverte, 1992.

Rayski, Benoît. *L'Affiche rouge*. Denoël, 2009.

Rayssac, Michel. *L'Éxode des musées*. Payot, 2007.

———. "Août 1944: Le train d'Aulnay-sous-Bois." *Historail*, January 2008, pp. 30–33.

Rebatet, Lucien. *Les Mémoires d'un fasciste*. Pauvert, 1976.

Régnier, Gérard. *Jazz et société sous l'Occupation*. L'Harmattan, 2009.

Rémy, Dominique, ed. *Les Lois de Vichy*. Éditions Romillat, 1992.

Richer, Philippe. *La Drôle de guerre des Français*. Olivier Orban, 1990.

Riding, Alan. *And the Show Went On*. Duckworth, 2011.

Rioux, Jean-Pierre. *La Vie culturelle sous Vichy*. Brussels: Éditions Complexe, 1990.

Rist, Charles. *Une Saison gâtée*. Fayard, 1983.

Rochebrune, Renaud de, and Jan-Claude Hazera. *Les Patrons sous l'Occupation*. Éditions Odile Jacob, 1995.
Rol-Tanguy, Henri, and Roger Bourderon. *Libération de Paris: Les cent documents*. Pluriel. Hachette, 1994.
Rossel-Kirschen, André. *Le Procès de la Maison de la Chimie*. L'Harmattan, 2002.
Rossi, A(ngelo?). *La Guerre des papillons: Quatre ans de politique communiste, 1940–1944*. Les Îles d'Or, 1954.
Rossignol, Dominique. *Vichy et les Francs-Maçons: La liquidation des sociétés secrètes, 1940–1944*. J-C Lattès, 1981.
Sabbagh, Antoine. *Lettres de Drancy*. Tallandier, 2002.
Sadoul, Georges. *Journal de guerre 39–40*. Éditeurs français réunis, 1977.
Sanders, Paul. *Histoire du marché noir, 1940–1946*. Perrin, 2001.
Sartre, Jean-Paul. "Un Pomeneur dans Paris insurgé: I., L'insurrection," *Combat*, 22 August 1944, 1–2.
———. *Situations X*. Gallimard, 1976.
———. *Lettres au Castor*. 2 Vols. Gallimard, 1983.
———. *War Diaries*. Verso, 1984.
———. *Les Carnets de la drôle de guerre*. Gallimard, 1995.
Sauvy, Alfred. *La Vie économique des Français de 1939 à 1945*. Flammarion, 1978.
Schotten, Igor de. "Juin 1940: Le bac d'un lycéen." Archives of the Paris Prefecture of Police (PPP), B^{A}2361 (n.d.).
Schroeder, Liliane. *Journal d'Occupation: Paris, 1940–1944*. Guibert, 2000.
Semelin, Jacques. *Persécutions et entraides dans la France occupée: Comment 75% des Juifs en France ont échappé à la mort*. Les Arènes-Seuil, 2013.
Shirer, William. *The Collapse of the Third Republic*. William Heinemann/Secker & Warburg, 1970.
———. *Berlin Diary*. Baltimore, MD: The John Hopkins University Press, 2002.
Siefridt, Françoise. *J'ai voulu porter l'étoile jaune*. Robert Laffont, 2010.
Simeone, Nigel. "Making Music in Occupied Paris." *Music Times*, Spring 2006, 23–50.
Simonin, Anne. *Les Éditions de Minuit 1942–1955*. Institut Mémoires de l'édition contemporaine, 2008.
Singer, Claude. *Vichy, l'université et les Juifs*. Collection Pluriel. Les Belles Lettres, 1992.
———. "L'Exclusion des Juifs de l'université en 1940–1941: Les Réactions." In *Les Facs sous Vichy*. Edited and presented by André Gueslin, 189–204. Clermont-Ferrand, France: Publications de l'Institut d'Études du Massif Central Université Blaise-Pascal (Clermont II), 1994.
Stéphane, Roger. *Chaque homme est lié au monde*. Éditions du Sagittaire, 1946.
Taieb, Karen. *Je vous écris du Vél' d'Hiv'*. Collection J'ai Lu. Robert Laffont, 2011.
Taliano-des-Garets, Françoise, ed. *Villes et culture sous l'Occupation*. Armand Colin, 2012.
Tandonnet, Maxime. *1940, un autre 11 novembre*. Tallandier, 2009.
Thalmann, Rita. *Mise au pas*. Fayard, 1991.
Thérive, André. *L'Envers du décor*. Éditions de la Clé d'Or, 1948.
Thomas, Edith. *Pages de journal, 1939–1944*. Viviane Hamy, 1995.
Thorval, Anne. *Paris: Les Lieux de la Résistance*. Parigramme, 2007.
Thurman, Judith. *Secrets of the Flesh: A Life of Colette*. Bloomsbury, 1999.

Tiersky, Ronald. *French Communism, 1920–1972*. New York: Columbia University Press, 1974.
Tombs, Robert, and Isabelle Tombs. *That Sweet Enemy*. Pimlico, 2007.
Tournès, Ludovic. *New Orleans sur Seine*. Fayard, 1999.
Tournoux, Raymond. *Le Royaume d'Otto: France, 1939–1945*. Flammarion, 1982.
Traube, Anna. *Evadée du Vél' d'Hiv'*. Éditions du Manuscrit, 2005.
Valland, Rose. *Le Front de l'art: Défense des collections françaises, 1939–1945*. Réunion des musées nationaux–Grand Palais, 2014.
Veillon, Dominique, ed. *La Collaboration: Textes et débats*. Livre de Poche, 1984.
———. *La Mode sous l'Occupation*. Éditions Payot, 1990.
———. *Vivre et survivre en France, 1939–1947*. Payot, 1995.
Venner, Dominique. *Histoire de la collaboration*. Éditions Pygmalion/Gérard Watelet, 2000.
Vidalenc, Jean. *L'Exode de mai-juin 1940*. PUF, 1957.
Vincenot, Alain. *Vél' d'Hiv', 16 juillet 1942: Des survivants de la rafle témoignent*. L'Archipel, 2012.
Vinen, Richard. *The Unfree French*. Allen Lane, 2006.
Vittori, Jean-Pierre. *Eux, les S.T.O.* Éditions Ramsay, 1982.
Wachman, Gabriel, and Daniel Goldenberg. *Évadé du Vél' d'Hiv'*. Calmann-Lévy, 2006.
Walter, Gérard. *La Vie à Paris sous l'Occupation*. A. Colin, 1960.
Weber, Eugen. *The Hollow Years: France in the 1930s*. Sinclair-Stevenson, 1995.
Wellers, Georges. *L'Étoile jaune à l'heure de Vichy: De Drancy à Auschwitz*. Fayard, 1973.
Werth, Alexander. *The Last Days of Paris*. Hamish Hamilton, 1940.
Werth, Léon. *33 jours*. Viviane Hamy, 1992.
Wieviorka, Annette. *Ils étaient Juifs, résistants, communistes*. Denoël, 1986.
———. *Déportation et génocide*. Hachette Pluriel, 1992.
Wieviorka, Annette, and Michel Laffitte. *À l'intérieur du camp de Drancy*. Perrin, 2012.
Wieviorka, Olivier. "La Résistance intérieure et la Libération de Paris." In *Paris 1944: Les enjeux de la libération*. Edited by Christine Lévisse-Touzé, 137–151. Albin Michel, 1994.
Winock, Michel. *La France et les Juifs*. Éditions du Seuil, 2004.
Wolf, Dieter. *Doriot: Du communisme à la collaboration*. Translated by Georgette Chatenet. Fayard, 1969.

大事年表

黑体条目与巴黎有直接关系。

1938 年

9 月 29 日　《慕尼黑协定》签署，协定将捷克斯洛伐克（苏德台）北部及西部割让给德国所有。

9 月 30 日　**爱德华·达拉第凯旋巴黎。**

1939 年

3 月 15 日　德军挺进残余的捷克斯洛伐克国土，继续对其分割占领；斯洛伐克成为德国的受保护国（3 月 16 日），德军占领波希米亚和摩拉维亚（今捷克共和国）。

5 月 4 日　《事业报》登载马塞尔·德亚所撰文章《为但泽赴死，是否值得?》（Mourir pour Dantzig?）

8 月 23 日　德国和苏联签署互不侵犯条约。

8 月 25 日　法国政府查封共产主义报纸《人道报》和《今晚报》。

9 月 1 日　德国入侵波兰。

9 月 1 日　法国政府宣布实行全国总动员。

9 月 2 日　法国议会投票支持军事援助。

9 月 3 日　德国拒绝从波兰撤军。

9 月 3 日　法国与英国向德国宣战。

9 月 3 日　**“第一次巴黎大撤退”开始。**

9月26日　法国共产党及其组织被取缔。

1940年

3月20日　保罗·雷诺替代达拉第出任法国政府总理。

5月10日　德国入侵比利时、荷兰、卢森堡。

5月13日　德军跨过默兹河从迪南和色当进入法国。

5月15日　第一次世界大战英雄菲利普·贝当从马德里被召回巴黎。

5月17日　**雷诺公开否认法国政府将撤出巴黎。**

5月18日　雷诺任命贝当为法国副总理。

5月19日　雷诺解除甘末林将军的法军总司令职务，由魏刚取代其职；**“第二次巴黎大撤退”开始**。

6月3日　**德军飞机轰炸位于巴黎西南郊的雷诺和雪铁龙工厂。**

6月10日　**法国政府宣布撤出巴黎。**

6月13日　**巴黎宣布成为“不设防城市”。**

6月14日　**德军进入巴黎。**

6月16日　雷诺辞去政府总理职务，贝当取代其职。

6月16日　贝当发布广播，号召停战。

6月18日　夏尔·戴高乐从伦敦发布广播，号召让抵抗的火焰燃烧不灭。

6月18日　法德在贡比涅签署停战协定。

6月28日　**希特勒访问巴黎（也有部分历史学家认为访问日期是1940年6月23日）。**

7月1日　法国在维希建立政府。

7月3日　英国在凯比尔港击沉法国军舰。

7月9日　**莱昂·诺埃尔受任为维希政府驻巴黎官方代表。**

7月10日　到达维希的六百四十九名国民议会成员中共有五百六十九人为贝当投票，贝当获得制定新宪法的全权。

7月11日　贝当成为新“法兰西国家”（État francais）元首，第三共和国结束。

7月12日　皮埃尔·赖伐尔受任为总理（部长会议副主席）及贝当职位的继承人。

7月19日　**奥托·阿贝茨与皮埃尔·赖伐尔首次会面；诺埃尔辞去维希政府驻巴黎代表职务。**

7月22日　维希政府宣布将对1927年以来的全部移民归化进行审查。

8月2日　戴高乐在缺席庭审情况下被判死刑。

8月13日　维希政府宣布解散所有秘密社团（以打击共济会为目标）。

8月23日　**伯努瓦-莱昂·福内尔·德·拉洛朗西受任为维希政府驻巴黎代表。**

8月27日　维希政府废除《马尔尚多法》，这部法律禁止以民族和宗教为依据煽动仇恨。

9月17日　奶酪、面包、肉类开始实行配给制。

9月27日　驻法德军颁布犹太人界定标准。要求犹太人在10月30日前到当地警察局登记；犹太商店须张贴黄色的招牌表明所有者种族。

9月28日　“奥托书单”发行，这是一份禁书名录。

10月3日　维希政府颁布其自定的犹太人标准，禁止犹太人在媒体及教育行业工作或担任高级公务员职务。

10月13日　**反共济会展览在巴黎开幕；居伊·莫凯在巴黎东站外散发共产主义传单时被捕。**

10月20日　德国颁布命令，要求一切犹太商店由非犹太人接手。

10月20日　配给制度将年龄和需求纳入考量。

10月24日　希特勒与贝当在蒙特瓦尔会面。

10月25日　奥托·冯·施蒂尔普纳格尔受任为驻法德军指挥官。

10月28日　赖伐尔受任为维希政府外交部部长。

10月30日　贝当在广播中宣布已选择“合作”路线。

11月11日　**中学生及大学生发起大规模游行，走上街头反对德军的占领。**

12月13日　贝当免除赖伐尔职务。

12月14日　**马塞尔·德亚因维希政府命令被捕，后在德国施压下被释放。**

12月14—15日　**拿破仑二世（欧洲之鹰）的骨灰在荣军院下葬。**

12月18日　**费尔南·德布里农取代德·拉洛朗西出任维希政府驻巴黎代表。**

12月23日　**雅克·邦塞尔让因对“德军成员的暴力行为”而被处决。**

1941年

1月1日　戴高乐从伦敦发布广播，呼吁“室内抗议”。

2月1日　马塞尔·德亚建立国家人民联盟。

3月22日　自由法国（伦敦）发起“V”字（胜利）行动。

3月29日　扎维埃·瓦拉受任为法国维希政府犹太问题总署负责人，该部门于六天前成立。

5月11日　反犹组织犹太问题研究所举办创立仪式。

5月11日　戴高乐呼吁在贞德诞辰这一天静默示威。

5月14日　**法国警察展开第一轮大围捕，仅在巴黎就逮捕了三千七百多名犹太人（大部分为波兰人）。**

6月22日　德军入侵苏联（“巴巴罗萨行动”）。

7月8日　法国反布尔什维克志愿者军团（LVF）公开宣布创立，于8月8日正式建立。

7月　**德国“V”字（胜利）行动开始。**

8月19日　**两名年轻的共产党员因在六天前上街抗议被处决。**

8月20日　**四千二百三十二名巴黎犹太人遭到围捕，被拘禁在巴黎近郊的德朗西集中营，其中大部分来自第十一区。**

8月21日　**皮埃尔·乔治（法比安上校）在巴贝斯-洛舒雅地铁站刺杀了一名德国人。**

8月27日　**法国反布尔什维克志愿者军团在凡尔赛举办结业会操过程中，保罗·柯莱特射伤了德亚和赖伐尔。**

9月5日　**反犹展览“犹太人与法国”开幕。**

10月2—3日　**七所犹太会堂发生爆炸。**

10月11日　**驻法德军宣布拆除法国公共广场上的雕像。**

10月13日　维希政府允许乡下向城市寄送“家庭食品包裹”。

10月20日　德军战地宪兵指挥官霍茨在南特被刺杀。

10月22日　多名人质被处决，其中二十七名人质（包括居伊·莫凯）在沙托布里昂，十六名在南特，五名在巴黎附近的罗曼维尔堡。

10月23日　五十名人质在波尔多被处决（此举为报复10月21日枪击德军顾问事件）。

11月21日　圣米歇尔大道通敌的左岸书店遭到袭击。

11 月 28 日　三名德军士兵在正午酒店（第十八区）的袭击中身亡，整个第十八区因此实行宵禁。

11 月 29 日　法国犹太人联合会成立。

12 月 7 日　日军突袭珍珠港，美国参战。

12 月 8—14 日　**驻法德军为惩罚反德袭击，对整个塞纳省实行了从下午 6 点至早上 5 点的宵禁。**

12 月 12 日　**七百四十三名犹太人遭围捕，和德朗西集中营转移过来的三百名犹太人一同被拘禁在贡比涅集中营内。**

12 月 15 日　**九十五名人质在瓦勒里昂山（位于巴黎西郊）被处决。**

12 月 17 日　**巴黎的犹太人被处以 10 亿法郎罚款，这是报复行为的一部分。**

1942 年

1 月 8 日—2 月 17 日　**巴黎人类博物馆抵抗小组成员受审。**

2 月 13 日　卡尔-海因里希·冯·施蒂尔普纳格尔替代其堂亲奥托担任驻法德军指挥官。

2 月 23 日　**巴黎人类博物馆抵抗小组的七名成员被处决。**

3 月 1 日　**布尔什维克主义抨击展开幕。**

3 月 3 日　**巴黎西南部郊区的雷诺汽车工厂受到盟军轰炸。**

3 月 4 日　**旧众议院开庭审判七名共产党青年团成员。**

3 月 15 日　维希政府通过法律允许小规模黑市交易。

3 月 27 日　**德朗西集中营发往奥斯维辛的第一班火车出发，遣送 8 月 20 日和 12 月 12 日大围捕时抓获的一千一百一十二名犹太人，其中仅二十三人返回。**

4 月　**盟军对郊区工业设施展开进一步轰炸。**

4月7日　**二十七名武装反抗组织成员在化学之家受审。**

4月16日　**布丰中学展开反德抗议。**

4月18日　赖伐尔再度出任法国政府总理，总揽内政外交职责。

5月6日　达基耶尔（·德佩尔波瓦）替代瓦拉出任法国维希政府犹太问题总署负责人。

5月31日　**布希路生态食品店外街道发生游行，两名法国警察中弹身亡。**

6月1日　安保和警察职责正式由德国军方移交至卡尔·奥伯格领导的党卫军秘密警察手中。

6月7日　**占领区六岁以上的犹太人须按规定佩戴黄色六芒星。**

6月22日　赖伐尔通过广播宣布“替换计划”，并表示希望德国取胜。

6月8日　**占领区禁止犹太人前往公共场所，且仅可在下午3点至4点去往商店购物。**

7月16—17日　**大围捕，一万三千五百名犹太人被捕（其中45%为妇女，31%为儿童）。**

8月11日　赖伐尔在贡比涅欢迎“替换计划”中第一批返回法国的战俘。

9月4日　赖伐尔签署新劳工法，授权维希政府可将法国男性派至德国劳动的权力。

11月7—8日　“火炬行动”，盟军登陆北非。

11月11日　德军占领南部地区（此前未占领部分）。

1943年

1月30日　极右派组织“民兵”召开成立会议，该组织由约瑟夫·达尔南指挥。

2月2日　保卢斯将军在斯大林格勒投降。

2月8日　五名布丰中学的反抗学生被处决。

2月9日　德朗西集中营重新开始向奥斯维辛遣送囚犯。

2月16日　赖伐尔引入强制劳役征召制度。

4月4日　盟军轰炸巴黎西南郊工厂；隆尚赛马场受到袭击。

4月27日　**全国抵抗运动委员会举行成立大会，团结各主要抵抗运动力量，各领导一致承认戴高乐为抵抗组织首脑。**

6月3日　戴高乐领导的法兰西民族解放委员会在阿尔及尔创立。

7月2日　**阿卢瓦·布伦纳领导的德方人员接管德朗西集中营。**

7月22日　赖伐尔签署协议，允许法国公民加入德国军队，“对抗布尔什维克主义”（例如加入武装党卫军）。

7月　**德朗西集中营在巴黎开辟附属机构，地点位于第十区的莱维坦家具店旧址。**

8月　达尔南加入纳粹党卫军，宣誓效忠希特勒。

9月3日　**盟军轰炸巴黎南部各区（蒙帕纳斯，第十五区及第十六区）。**

9月9日　**盟军轰炸巴黎西北郊。**

9月15日　**盟军以雷诺汽车厂为目标再次进行轰炸。**

9月23—24日　**一架盟军飞机坠落于卢浮宫附近的一家百货商店。**

9月28日　**法兰西自由射手和游击队—移民劳工组织刺杀绍克尔的驻巴黎代表朱利叶斯·里特尔。**

11月　**德朗西集中营在奥斯特利茨火车站开辟第二家附属机构。**

12月30日　达尔南受委派掌管法国政府的治安事务，1944年

1月1日生效。

1944年

1月 **巴黎举行为期十天的摄影展，以致敬法国纳粹党卫军。**

1月6日 菲利普·昂里奥受任为法国情报及宣传部部长。

1月27日 **“民兵”获准在巴黎及其他前占领区活动。**

2月19日 **马努尚抵抗组织的二十三名成员受审，德军称其为“罪恶部队”，所有成员均于2月21日受到处决。**

3月11日 **第十六区勒叙厄尔路21号发现多具烧焦的人体遗骸。**

3月 **德朗西集中营在第八区和第十六区的巴萨诺路开辟第三家规模较小的附属机构（该路连通耶拿大街和香榭丽舍大道）。**

3月16日 德亚成为法国政府劳工部部长。

4月20日 盟军对巴黎北部小教堂地区进行大规模轰炸，造成六百五十多名平民死亡。

4月26日 贝当自德国占领后首次访问巴黎。

6月 包括巴黎在内，全国各反抗组织斗士团结在自由法国领导的法国内地军旗帜下，其总指挥为皮埃尔·柯尼希将军（驻伦敦）。

6月3日 戴高乐在阿尔及尔的法兰西民族解放委员会改称为法兰西共和国临时政府。

6月6日 盟军在法国南部诺曼底海滩登陆。

6月7日 达尔南向“民兵”发出号召，拯救法国。

6月9日 德国党卫军在蒂勒实施暴行，九十九人被施以绞刑，一百五十人被遣送。

6月10日 德国党卫军在格拉讷河畔奥拉杜尔屠杀六百四十二

名村民。

6月14日　戴高乐短暂访问巴约，这是法国解放的第一座城镇。

6月28日　维希政府新闻和宣传部部长菲利普·昂里奥被抵抗组织成员刺杀。

7月7日　“民兵”杀害雷诺政府前任内政部部长乔治·曼德尔。

7月14日　巴士底日，街头展开庆祝活动。

7月14日　桑德监狱囚犯尝试大规模越狱，被“民兵”平息。

7月20日　德军军官刺杀希特勒计划失败。

7月21日　**施蒂尔普纳格尔下令逮捕所有德国安全部门工作人员。**

7月21—22日　**布伦纳组织搜捕了约二百五十名犹太儿童。**

7月31日　**大部分21—22日逮捕的儿童被归入第七十七遣送队，这是德朗西集中营遣送人数最多的一批（一千三百人）。**

8月1日　勒克莱尔将军领导的法国第二装甲师在诺曼底犹他海滩登陆。

8月5日　希特勒从波兰召回狄特里希·冯·肖尔铁茨将军，任命他为德国驻巴黎军队及警察首脑。

8月9日　**狄特里希·冯·肖尔铁茨将军抵达巴黎。**

8月10日　**巴黎郊区诺瓦西勒塞克铁路工人展开罢工。**

8月12日　**地铁停运。**

8月14日　**亚历山大·帕罗迪自1940年一直驻扎巴黎，戴高乐任命其为未解放区公使。**

8月15日　**德朗西驶往奥斯维辛的最后一班火车发车；巴黎警察举行罢工；一千五百名公务员在市政厅外游行示威；盟**

军在法国南部登陆。

8月16日　德军在布洛涅森林和第十六区诱捕并枪杀约四十名青年抵抗组织成员。

8月17日　赖伐尔和其他驻巴黎的法国维希政府部长在德军护送下被迫前往贝尔福；这是巴黎最后一天出现通敌宣传。

8月18日　党卫军成员奥伯格和克诺亨离开巴黎；法国总工会和基督教工会呼吁发起总罢工；罗尔-唐吉准备标语，号召巴黎人加入自由法国领导的法国内地军；巴黎广播电台停止广播。

8月19日　警察占领警察总局；全市发生武装冲突；德军坦克向警察总局开火。

8月20日　停火命令发布，但许多抵抗人士无视命令；抵抗组织占领市政厅；塞纳省省长勒内·布费被捕；德军在维希囚禁贝当并驾车将其送往贝尔福。

8月22日　盟军指挥官同意勒克莱尔向巴黎推进；罗尔-唐吉宣布停火命令正式失效；罗尔-唐吉发布“全民进入街垒应战”号召。

8月23日　大皇宫起火；英国广播公司发布新闻称巴黎已经解放。

8月24日　当晚，勒克莱尔领导的第二装甲师驶入巴黎。

8月25日　法国第二装甲师余部及巴顿（Barton）将军指挥的美国第四步兵师进入巴黎；肖尔铁茨投降；戴高乐抵达巴黎并在市政厅发表讲话，聚集在厅外的人群欢呼致意。

8月26日　戴高乐在香榭丽舍检阅胜利行军；戴高乐参加了巴黎圣母院的集会；大教堂及其他多地发生枪击；当晚，德军发起惩罚性空袭。

8月28日　戴高乐向抵抗组织领导表示他们的工作已告结束；抵抗组织成员将被纳入法国军队。

8月31日　**法国临时政府由阿尔及尔迁至巴黎。**

1945年

4月2日　**戴高乐授予巴黎市解放十字勋章，表彰该市在法国解放中发挥的作用。**

5月2日　德国投降。

人物表

奥托·阿贝茨　德国驻巴黎大使。

皮埃尔·奥迪亚　记者、作家，家住巴黎。

贝尔特·奥鲁瓦　退休教师，家住勒比克路（第十八区）。记有日记。

弗朗索瓦·巴尔　海军上将、巴黎警察总局局长（1941 年 5 月 15 日—1942 年 5 月 21 日）。

西蒙娜·德·波伏娃　教师、充满理想的哲学家及作家。

库尔特·冯·贝尔　巴黎罗森贝格任务小组负责人。

乔治·伯努瓦-居约德　法兰西共和国卫队官员，退休不久，居于格雷内勒路。记有日记。

埃莱娜·贝尔　犹太学生，在索邦大学学习英语。记有日记。

雅克·别林基　生于维帖布斯克（今白俄罗斯），入法国籍的犹太人，艺术评论家、记者。记有日记。1943 年 3 月 23 日被遣送。

安杰·鲍伯考斯基　波兰难民，在巴黎工厂担任社工。记有日记。

卡尔·伯梅伯格　巴黎盖世太保首领，这一组织总部位于福煦大街索赛路。

皮埃尔·博尼　亨利·拉丰在法国盖世太保机构中的密友。

雅克·邦塞尔让　工程师，1940 年 12 月 23 日成为德军处决的第一位巴黎人。

米舍利娜·博德　巴黎学生，与父母同住于巴黎香榭丽舍附近的圣奥诺雷路。记有日记。

勒内·布费　塞纳省省长（1942 年 9 月 21 日—1944 年 8 月 19 日）。

勒内·布斯凯　公务员，1942 年 4 月由赖伐尔任命为法国警察首脑。

夏尔·布莱邦　档案员，家住穆拉路（第十六区）。记有日记。

赫尔曼·“奥托”·布兰德尔　阿勃维尔机关官员，在管理“采购办”过程中大发横财。

阿卢瓦·布伦纳　残忍的奥地利党卫军上尉，1943 年 7 月被派至德朗西集中营主事。

吉尔贝·布吕斯特兰　共产党青年团领导成员。在南特刺杀霍茨。

阿梅代·比西埃　巴黎警察总局局长（1942 年 5 月 21 日—1944 年 8 月 19 日）。

雅克·沙邦-戴尔马　夏尔·戴高乐在巴黎的军事代表。

狄特里希·冯·肖尔铁茨　将军，1944 年 8 月任驻巴黎德国军队及警察首脑。

爱德华·达拉第　法国政府总理（1938 年 4 月 10 日—1940 年 3 月 20 日）。后由保罗·雷诺继任。

西奥多·丹内克尔　阿道夫·艾希曼的追随者，1941 年夏季至 1942 年 3 月担任纳粹保安部犹太事务部门驻巴黎的负责人。

约瑟夫·达尔南　法国一战英雄，后倒戈支持纳粹。“民兵”首脑。1943年12月30日受任为维希政府内政部部长。

路易·达基耶尔（·德佩尔波瓦） 激进反犹人士。1942年5月接替扎维埃·瓦拉，担任维希政府犹太问题总署负责人。

马塞尔·德亚 前政府部长，社会主义者，后转为极右派。“国家人民联盟”创始人。1944年3月16日受任为维希政府劳工部部长。

欧仁·德隆克勒 “社会改革运动”领导人，战前极右派恐怖组织“僧帽党”创始人。

亨利·登茨 法国将军，巴黎地区指挥官（1940年6月4日任命）。

雅克·多里奥 原为共产党员，后成为“合作主义分子”。法国人民党创始人，效力于法国反布尔什维克志愿者军团。

皮埃尔·德里厄拉罗谢勒 “合作主义分子”，受德方委派担任《新法兰西评论》编辑。

艾德蒙·迪布瓦 驻巴黎的瑞士记者。记有日记。

费迪南·迪皮伊 巴黎第六区警察局总行政官。

伊利亚·爱伦堡 苏联作家、记者，西班牙内战老兵。

卡尔·埃普坦 巴黎德国研究所所长。

塞萨尔·福布哈 作家。记有日记。

让·加尔捷-布瓦西埃 记者、散文家。记有日记。

莫里斯·甘末林 法国军队将军及总指挥，1940年5月19日雷诺将其罢免，任命魏刚将军取而代之。

夏尔·戴高乐 自由法国领导人，该组织总部位于伦敦，后迁至阿尔及尔。法兰西共和国临时政府领袖。

皮埃尔·乔治（法比安上校） 西班牙内战老兵，实施了巴黎第一起刺杀德国人的行动。

约瑟夫·戈培尔　德国宣传部部长。

赫尔曼·戈林　希特勒的副手，德国纳粹空军首脑。

贝诺瓦特·格鲁和弗洛拉·格鲁　两姐妹，1940 年分别为十九岁、十五岁，居于第七区。

阿尔贝特·格伦贝格　罗马尼亚籍犹太理发师，1942 年秋至 1944 年 8 月一直藏身于其理发店楼上。

让·盖埃诺　中学教师、散文作家，居于利拉路（第十九区）。记有日记。

菲利普·昂里奥　“民兵”组织成员，维希政府新闻及宣传部部长，1944 年 6 月在巴黎被抵抗组织刺杀。

皮埃尔·黑林　将军，巴黎军事长官（1940 年 6 月 4 日任命）。

阿涅丝·安贝尔　巴黎人类博物馆反抗小组成员，1942 年被驱逐至德国服苦役。

莉莲·詹姆森　自由法国支持者，母亲是法国人，父亲是美国人。记有日记。

约瑟夫·乔诺维希　旧货商百万富翁，出生于罗马尼亚比萨拉比亚，黑市商人。

恩斯特·云格尔　作家、德军上尉。

威廉·凯特尔　德国陆军元帅，德国军队最高司令部总指挥。

赫尔穆特·克诺亨　德国驻巴黎保安部队副长官。

皮埃尔·柯尼希　将军，自由法国领导的法国内地军总指挥（驻伦敦）。

亨利·拉丰（真名为亨利·尚贝兰）　小喽啰，却成了“洛里斯东路法国盖世太保”头子。

罗歇·朗热隆　巴黎警察总局局长（1934 年 3 月 17 日—

1941 年 2 月 26 日）。记有日记。

伯努瓦特-莱昂·福内尔·德·拉洛朗西　法国将军，维希政府驻巴黎官方代表（1940 年 8 月 23 日—1940 年 12 月）。

皮埃尔·赖伐尔　维希政府总理（部长会议副主席）（1940 年 6 月—1940 年 12 月 13 日），维希政府首脑（1942 年 4 月 18 日—1944 年 8 月）。

保罗·莱奥托　怪异的作家、文学评论家。记有日记。

菲利普·勒克莱尔（真名为菲利普·德·奥特克洛克）将军，自由法国领导的第二装甲师指挥官，这支部队是 1944 年 8 月第一支进入巴黎的盟军部队。

利利亚娜·莱维-奥斯贝尔　共产主义青年团成员。

夏尔·保罗·马尼　塞纳省省长（1940 年 11 月 4 日—1942 年 9 月 10 日）。

米萨克·马努尚　亚美尼亚籍犹太移民，最为著名的法兰西自由射手和游击队—移民劳工组织领导。

居伊·莫凯　1941 年 10 月，当时十六岁的居伊因在巴黎东站外发放共产主义传单被捕。1941 年 10 月被处决的二十二名人质中，他是年纪最小的一位。

莱昂·诺埃尔　维希政府驻巴黎首席官方代表（1940 年 7 月 9—19 日）。

卡尔·奥伯格　德国驻巴黎保安部队长官。

亚历山大·巴罗迪　戴高乐将军在法国本土未解放区的总代表。

菲利普·贝当　法国元帅，1940 年 6 月 16 日接替雷诺成为政府总理，后成为维希政府元首。

马塞尔·珀蒂奥　医生、连环杀手，他诱骗巴黎人称可帮忙出城，从而将其杀害。

费尔南·比卡　工程师，供职于巴黎西南部郊区布洛涅-比扬古的雷诺汽车公司。

贝尔纳·皮埃坎　医学生，天主教学生组织中的积极分子，参与解放巴黎。记有日记。

彼得·德·波内　亲英派匈牙利人，德军进驻时居于巴黎。

保罗·雷诺　1940 年 3 月 22 日接替达拉第成为总理。1940 年 6 月 16 日辞职，由菲利普·贝当接替其职。

约阿希姆·冯·里宾特洛甫　德国外交部部长（1938—1945 年）。

夏尔·里斯特　银行家、经济学家。记有日记。

亨利·罗尔-唐吉上校　共产党员、西班牙内战老兵，自由法国领导的法国内地军塞纳省及毗邻三省地区的指挥官。

恩斯特·罗斯科滕　审讯巴黎人类博物馆反抗小组的法庭庭长。

海因里希·罗特克　1942 年 11 月接替丹内克尔担任纳粹保安部犹太事务部门驻巴黎的负责人。

乔治·萨杜尔　超现实主义者，后响应共产党号召。记有日记。

让-保罗·萨特　教师、作家。记有日记。

弗里茨·绍克尔　受希特勒任命，监管从占领国招纳劳动力到德国工厂工作事宜。

卡尔-海因里希·冯·施蒂尔普纳格尔　替代其堂亲奥托担任驻法德军指挥官。1944 年 7 月牵涉谋划刺杀希特勒。

奥托·冯·施蒂尔普纳格尔　驻法德军指挥官（1940 年 10 月 25 日—1942 年 2 月 13 日）。

埃迪特·托马　作家，1942 年加入法国共产党。全国作家协会成员。记有日记。

罗丝·瓦朗　在巴黎网球场现代美术馆供职期间曾秘密追查德方掠夺的艺术品下落。

扎维埃·瓦拉　1941 年 3 月 29 日受贝当任命担任维希政府犹太问题总署负责人。

鲍里斯·维尔德　民族志学者，巴黎人类博物馆反抗小组实际领导人。

阿希尔·维莱（全名维莱-德梅泽赫）　塞纳省省长（1934 年 2 月 5 日—1940 年 10 月 13 日）。

亚历山大·韦斯　《曼彻斯特卫报》记者。记有日记。

莱昂·韦尔特　作家、散文家。

马克西姆·魏刚　法国将军，退役后又重返政界，1940 年 5 月 19 日接替甘末林担任法国军队总指挥。支持与德国休战，支持贝当的“民族革命”。

弗朗茨·沃尔夫-梅特涅伯爵　驻法德军艺术珍品保护协会会长。

术语表

Abwehr　阿勃维尔，德国军事情报部门，其法国总部位于卢滕西亚酒店。

AMGOT　占领区盟军军事政府。法国解放后，盟军以此管理法国，直至法国战后首次大选。

Arrondissement　区，巴黎行政区域，全市共有二十个区。

BS 特别旅，巴黎警察总局下设情报机构，擅长收集法共信息，跟踪、审问、折磨法共党员，最后（大多数情况下）将其移交德国人。

CFLN　法兰西民族解放委员会，法兰西共和国临时政府的前身，由戴高乐领导，位于阿尔及尔。

CFTC　法国基督教工会。

CGQJ　犹太问题总署。1941 年 3 月 23 日，维希政府成立犹太问题总署，协调占领区和非占领区的反犹政策。

CGT　法国总工会。

CI　新闻信息监管署。达拉第政府设立的新闻和信息审查部门，总部位于大陆宾馆。

CNR　全国抵抗运动委员会，1943 年 5 月 27 日成立于巴黎，以协调法国抵抗运动。

COMAC　全国抵抗运动委员会军事行动委员会。

Comintern　共产国际，亦称第三国际（1919—1943 年）。

CNE　全国作家协会，作家和知识分子成立的地下反纳粹、反占领组织，与民族阵线相关。

Commissariat（de police） 警察局。

CPL 巴黎解放委员会，巴黎抵抗力量的领导机构，成立于1943年8月。

2e DB 法国第二装甲师，菲利普·勒克莱尔带领的法国陆军第二装甲师。

department 省，1939年，法国被划分为九十个省份，巴黎位于塞纳省。1968年，塞纳省被四个新省份取代。

ERR 国家领袖罗森贝格任务小组，法国分部由库尔特·冯·贝尔男爵带领，在掠夺犹太人和共济会成员艺术品时起到至关重要的作用。

FFI 法国内地军，于1944年6月成立，集合了法国主要抵抗组织。亨利·罗尔-唐吉是巴黎和周边地区的部队领导（法兰西岛大区）。

Front national 民族阵线，1941年5月15日法国共产党组建的抵抗组织；并非1972年让-马里·勒庞组建的右翼组织。

FTP 法国自由射手和游击队，法共武装组织。

FTP-MOI 法国自由射手和游击队—移民劳工组织。

GFP 德军秘密战地警察。德国秘密军事警察机构。

GPRF 法兰西共和国临时政府，1944年6月3日成立，取代法兰西民族解放委员会。

HSSuPF 党卫军—警察高级领袖（卡尔·奥伯格），负责警备和安全。

IEQJ 犹太问题研究所。由德国人赞助的巴黎反犹机构和宣传中心。

La Nueve 第九军团，菲利普·勒克莱尔法国陆军第二装甲师中西班牙内战共和主义者组成的分队。

LVF　法国反布尔什维克志愿者军团，成立于1941年8月，召集法国人志愿参军，在东线与德军一道作战。

Lycée　中学。

mairie　巴黎区政府。

Maquis　马基，法国乡村地区抵抗组织统称。

MBF　军政府，驻法德军军事领导力量，总部位于美琪酒店。MBF既是军政府机构缩写，也代表军政府的领袖。

Milice　法兰西“民兵”，1943年1月30日成立的挺纳粹组织，由约瑟夫·达尔南带领，负责搜捕犹太人和拒绝强制劳动者，对抗抵抗者。

MOI　移民劳工组织，法国共产党组织。

MSR　社会革命运动，欧仁·德隆克勒带领的“合作主义分子”组织。

NAP　公共行政渗透组织，法国政府内部的抵抗运动组织。

NSDAP　纳粹党，全称国家社会主义工人党。

NSKK　纳粹党交通部，也被称作国家社会主义汽车军团或国家社会主义运输军团。

PCF　法国共产党，成立于1920年。

POW　法国战俘。

PPF　法国人民党，1936年10月由雅克·多里奥组建，法国“合作主义分子”组织之一。

Prefecture of Police　巴黎警察总局，位于西岱岛。

Prefecture of Seine Department　塞纳省省府，位于巴黎市政厅，负责塞纳省行政管理。

RSHA　帝国安全总局。海因里希·希姆莱领导的纳粹安全机构，实际上是包含盖世太保在内的秘密警察组织，用以对抗德国纳粹国内和国外的敌人。

RNP 国家人民联盟，1941 年 2 月 1 日由马塞尔·德亚成立的法国“合作主义分子”组织。

SFIO 工人国际法国支部，法国社会主义政党。

SNCF 法国国家铁路公司，法国国营的铁路公司。

SOL 战士军团，即维持治安兵团，极右翼准军事组织，“民兵”前身。

SS 党卫军。最初负责保卫希特勒的安全，后在海因里希·希姆莱的领导下成为第三帝国最强大的安保力量。

STCRP 巴黎地区公共交通公司。公司为巴黎市内和市郊提供公共交通服务，1942 年并入巴黎市区铁路公司。

STO 义务强制劳动，强制法国工人进入德国工厂工作。

TSF 法国无线电广播电台。

UGIF 法国犹太人联合会，创建于 1941 年 11 月 29 日，取代一切犹太人组织。表面上来看，联合会“代表犹太人面对公众与高层”，不过事实上，它在德国人的控制下推进反犹政策。

Wehrmacht 德意志国防军。

致　谢

我非常感谢以下各位的帮助，他们或是为我答疑解惑、递送参考资料，或是出借、寄送书籍文章，有一次他们还借给了我 DVD，他们是：帕特里斯·阿诺德、琼·比德尔、伊安·比查尔、让-皮埃尔·布莱、马克·布耶、托尼·班扬、马丁·科尼克、汉娜·戴蒙德、约翰·多加特、安迪·爱德华兹、莎拉·费什曼、奈吉尔·方丹、阿兰·盖斯马、法布里斯·格里纳德、劳伦·乔利、乔纳森·朱达科恩、安迪·利克、芭芭拉·梅勒、让-克洛德·默尼耶、吉约姆·皮凯蒂、伊安·品达、皮埃尔·拉梅尔、米歇尔·拉波波尔、基斯·里德、约翰·里德、蕾妮·斯图尔特、罗斯玛丽·苏利文、雅克·托罗、奥利弗·威韦约卡。我还要感谢克雷泰伊和马恩河谷省老年大学的学生们与我分享他们的战时巴黎回忆，这些学生是：安德烈·布瓦、丹尼丝·康达纳、加埃唐纳·雅尼娜、肖韦、罗贝尔·库唐、居伊·拉米、雅尼娜·帕斯科埃、安妮-玛丽·维旺戈。感谢杰弗里·派克救下了我电脑里的资料，原本别人告诉我说已经无可挽回了，还要感谢他在地图和照片方面给予的专业帮助。

我要感谢大英图书馆、上议院图书馆、伦敦历史研究会的工作人员提供帮助。巴黎方面，感谢圣热纳维耶芙图书馆、楠泰尔当代国际档案图书馆、巴黎警察总局员工的帮助，感谢档案处的各位工作人员以及文化事务纪念处的埃马纽埃尔·布鲁·富科和弗朗索瓦丝·格里凯。我还要感谢国家抵抗运动博物馆馆长以及勒克莱尔·德·奥特克洛克将军博物馆与巴黎解放博物馆及让·穆兰博物馆员工的鼎力相助。

此外我想感谢两个人的善良和慷慨。感谢安托万·萨巴格允许我翻阅他外祖母阿涅丝·安贝尔的照片。让-巴蒂斯特·奥达允许我拷贝了一些他收藏的占领期间短期票券图片，这些收藏非常了不起，其中一部分可在他的网站上浏览（www.occupation-de-paris.com）。

写书或许是件孤独的事业，但我得到了以下各位莫大的帮助，他们阅读了此书部分或全文，并提出意见。苏·吉以小说家的眼光阅读了开头几章，西蒙·基特森以其专业背景审阅了书中内容，约翰·里德则以"普通大众"的身份阅读了此书。好心的让-马克·贝纳马以其对法国政治、文化、历史的广博知识欣然审读全书，指出我无意间搞错了巴黎的地形。开始写作本书时，我有幸结识了马修·科布，他著有《抵抗运动》这一出色的作品，我们相识时，他正在撰写另一本有关巴黎解放的书籍，此书现已出版，名为《八月的十一天》。马修发给我许多文章和参考资料，与我进行讨论，解答我的疑问，他还阅读了我的手稿，对文风、书中包含内容（及缺少内容）等方面给出了严格的意见。

在我赴巴黎调研期间，我的两位挚友莫妮克·普吕内和马克·布耶均把他们的公寓借给我暂住。我很高兴地再次公开感谢他们的友善大方。我还要感谢伦敦的卡米拉·帕尔默和安德鲁·尼科尔，在我找到固定办公地点之前，他们在家中为我开辟了工作室。之后固定的办公地点是在简·埃尔森的家中，她善良又慷慨地允许我占用一个房间，有关巴黎和占领时期的书籍在里面堆积成山，长达几年之久，她为我提供了一片免受打扰分神的安宁绿洲。谢谢你，简。

感谢我的代理简·特恩布尔和哈佛大学出版社的约翰·库尔卡，他们给予我鼓励，并对最初几章提出了十分有益的建议。

我最要感谢的，是莎拉·哈里森。从写作此书的念头刚刚萌生，到最终完稿，她始终从行动上和情感上支持我。甚至在她无力顾及的成书最后阶段也是如此。她对于这个项目的支持、兴趣、建议、疑问极其宝贵。

当然，此书的最终结果以及文中可能出现的纰漏之处由我负责。

索　　引

（页码为原书页码，即本书边码）

图书在版编目(CIP)数据

烽火巴黎:1939～1944/(英)戴维·德雷克(David Drake)著;李文君,王玥玄译. —上海:上海人民出版社,2018
书名原文:Paris at War: 1939－1944
ISBN 978－7－208－15243－4

Ⅰ.①烽…　Ⅱ.①戴…②李…③王…　Ⅲ.①第二次世界大战-史料-法国-1939－1944　Ⅳ.①K565.46

中国版本图书馆CIP数据核字(2018)第128153号

责任编辑　范　晶
装帧设计　周伟伟

烽火巴黎:1939—1944
[英]戴维·德雷克 著　李文君　王玥玄 译

出　　版　上海人民出版社
　　　　　(200001　上海福建中路193号)
发　　行　上海人民出版社发行中心
印　　刷　上海盛通时代印刷有限公司
开　　本　889×1194　1/32
印　　张　19
插　　页　9
字　　数　421,000
版　　次　2019年1月第1版
印　　次　2019年1月第1次印刷
ISBN 978－7－208－15243－4/K·2755
定　　价　88.00元